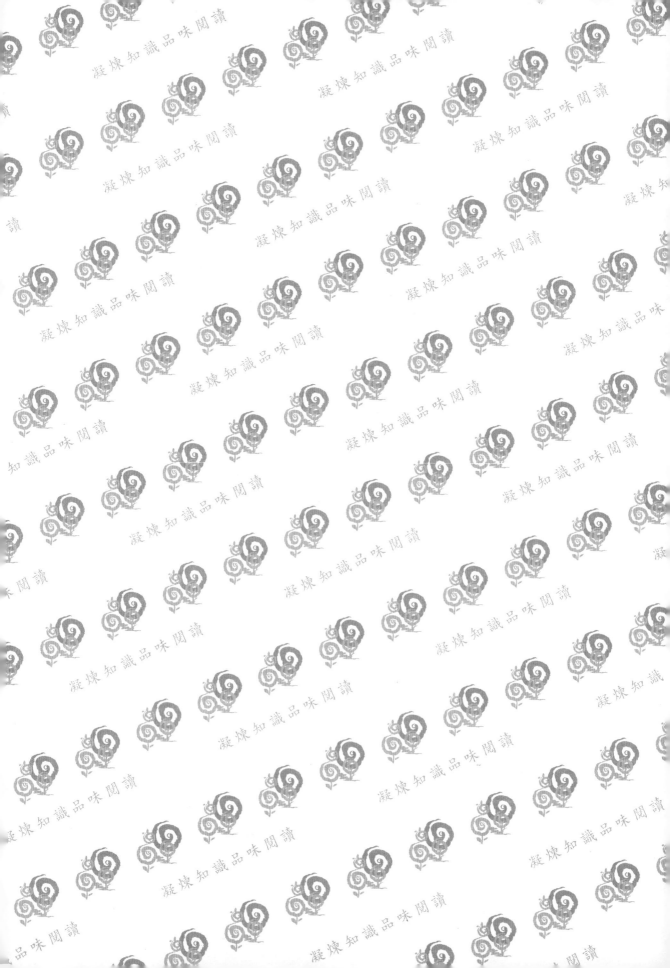

國際貿易實務

第6版

莊銘國、李淑茹 合著

五南圖書出版公司 印行

于序

在臺灣經濟成長的過程中，國際貿易一直有顯著的貢獻。因應業界的需求，在大學教育的國際貿易系所和國際企業系所的課程中，也將「國際貿易實務」列為必修課。因此，坊間已有很多相關的教科書。銘國兄向我提及其在撰寫《國際貿易實務》一書，根據市場上過去對他著作的評價，我想此書必有特色。在拜讀初稿後，果然如我所預期的，這本書不僅打破一般人讀書時對國貿實務枯燥的印象，更能引領讀者印證理論與實務，使學習更為深入、有趣。

《國際貿易實務》一書，再度反映出銘國兄一向重視的「做中學」及「學習貴在應用」的觀念與風格。本書分為「演練篇」、「操練篇」、「教練篇」三部分：演練篇是理論的闡述；操練篇是學生的實作記錄；教練篇是企業家的經驗分享，使讀者更容易掌握實務上的運用，其結果正如「操練篇」中的一位同學所言：「我們學習到成立一家虛擬公司會面臨的問題，無論是出口、進口、保險、運費，甚至實務上會用到的信用狀、D/P、D/A、O/A，我們全部都學習到了。這一學期，我們真的都過得比以往辛苦，那是因為我們真的在學習，有如社會般的實地操作！」

臺灣已漸漸融入國際經濟體系，愈來愈多企業走向國際，因此貿易業者的經營方式，也要隨著調整，選擇適當的經營方式和善用他國的資源是業者常須考慮的議題，銘國兄在「教練篇」所述之「現在的貿易組織形態亦隨著時代在變形，貿易不再是單純佣金的賺取，而是趨向於一種虛擬型組織」，已指出現階段貿易業者應警惕之處。

銘國兄在事業有成後，將其實務經驗帶入教育界，教育部亦敦請擔任技術學院評鑑委員，除誨人不倦外，更勤於著書立言。《國際貿易實務》為銘國兄之另一本力作，本人相信本書必能嘉惠學子與社會大眾，獲得學術界和企業界的迴響也是可期的。

于卓民 謹識

國立政治大學企管系所教授

（註：于卓民教授，美國密西根大學企管博士，曾任政治大學商學院院長、企管系主任，為國際企業領域之泰斗）

林序

與莊銘國教授相識是在筆者任教於大葉大學國際企業管理研究所期間，後來我轉任到臺北大學企業管理研究所，前不久又受彰化縣長翁金珠的邀請，擔任彰化縣副縣長，又再次與銘國兄同在彰化鬥陣打拚。回想與銘國兄在大葉大學一同教書的那段日子，他一直是所上最受學生喜愛的紅牌教授，一開課往往吸引眾多學生前往聆聽，挾著縱橫國際貿易數十年的實戰經驗，銘國兄由「實務界跨入學界」後，毫不保留地將他累積多年的撇步傾囊相授，也讓理論與實務間得以融合、激盪。

《國際貿易實務》一書的出版，相信可以讓許多準備從事或是正在從事國際貿易者，得到最寶貴的參考依據，遇到任何問題只要按圖索驥，大多可從這本國際貿易的武功祕笈中，找出遇到問題時的實際解決之道。本書內容長達六百多頁，區分為「演練篇」、「操練篇」與「教練篇」，將繁複的國際貿易過程化繁為簡，一一地仔細介紹，幾乎可說是一套國際貿易實務的標準「SOP」專書。

臺灣在進入WTO後，許多中小企業也必須學習直接跟世界貿易體系接軌，才能在充滿競爭的經貿世界裡生存下來，銘國兄的這本《國際貿易實務》，鉅細靡遺地詳述貿易陷阱與貿易糾紛的處理過程，佐以實際案例的解構，更可以讓許多「千金難買早知道」的貿易損失，獲得事先的防範與事後的因應之道。能夠替莊教授的大作寫序，本人至感榮耀，相信隨著本書的問世，將可以讓有心從事貿易的企業尖兵，協助他們打通國際貿易的任督二脈。

林靖　謹識
彰化縣前副縣長
國立臺北大學企業管理研究所副教授

（註：林靖先生，國立政治大學國際貿易所碩士、法國巴黎第一大學國際企業博士，為彰化縣翁金珠縣長敦聘擔任副縣長，貢獻專才，造福縣政。）

楊序

敝人與作者莊銘國教授在十五年前，認識於車輛業界所戲稱「彰化幫」的一個協力廠商聚會。我當時對他最深刻的印象是：與會中的所有各個公司的高階主管都無不畢恭畢敬的跟健生工業公司當時的總經理（即莊教授）親切打招呼，並請教公司管理的各項策略與祕訣。莊教授待人接物中規中矩，儀態優雅，具翩翩君子之風，自那時起在我心中即奉為學習的標竿。能具有管理理論基礎及實務經驗的管理高層，在臺灣實在是鳳毛麟角，若有機會與莊教授一席談話或聆聽其演講或拜讀其專書者，應能深同吾感。

莊教授卓越的企業管理能力，無人能望其項背，其服務的健生公司在他的領導下，不僅榮獲第七屆國家品質獎，並數次奪得全國團結競賽的金塔獎，而他個人所獲得的榮譽亦是不遑多讓，包括榮獲第二屆國家十大傑出經理、管理雜誌全國企管名師列榜等，著有《國際貿易個案研究》等書數十本，其本人曾赴世界八十國訪視，在了解莊教授傑出的經歷背景後，也就不難想像本書的可讀性。此次莊教授將其多年來實務工作、教學及研究的理論與實務經驗，完整且詳盡的付梓成書，其獨特的編排及豐富的內容，深入淺出詳細的介紹國際貿易操作實務，相信會讓各位讀者能容易學習，立即上手，大讚值回票價。

我有幸能捷足先登閱讀本書，先睹為快的一些感想願與各位讀者分享：國際貿易為島國型經濟發展主要策略之一，亦為臺灣經濟轉型順利成功之鑰，但有系統將國際貿易實務加入整理歸納卻極其少見。恩師莊教授以其豐富的學養，在本書的第一部分的演練篇，詳細有系統的介紹國際貿易的基本理論，鉅細靡遺的讓讀者能綜覽國際貿易的全貌，並演練貿易的基本功（本篇由李淑茹老師主筆，莊教授校閱）。第二部分的操練篇則由學習者從基本的貿易準備著手，例如樣本準備、目錄設計、貿易談判、各項文件製作、押匯及結匯等實務流程，身歷其境、親自操作與互相觀摩，輕鬆而嚴謹地學習到國際貿易的實務操練。第三部分的教練篇，則由莊教授多年來累積起來的人脈，邀請了國際貿易有實戰經驗的現職專家，分成各個貿易階段規劃主題，做公開的實務傳承與經驗交流，使讀者在實際操練之外，又有實務專家傳授祕笈並予灌頂加持，在國內學術界可謂創舉，能先閱讀他們的心得結晶，實屬受益良多。莊教授又囑咐為序，個人欣然接受，相信本書對初學者入行定有莫大的助力，且對專業人

士更有如虎添翼之效。

楊震成　謹識
正新橡膠工業（股）公司副總經理

（註：正新輪胎為臺灣十大國際品牌的第五名，品牌價值達87億元，MAXXIS品牌多年蟬聯消費者理想品牌第一名，產品暢銷世界一百多國，聲名遠播，享譽國際。楊震成先生擁有國際企管碩士學位，專攻國際行銷，曾獲選為第二十二屆國家十大傑出經理。）

作者序—莊銘國

在以前，靜宜大學還叫做靜宜女子文理學院，當時商學系的國貿組開了一門「國際貿易實務」的課程。為了找尋有實務又有任教資格的老師，所以託人穿針引線找到我來兼任。斯時，擔任一家企業的外銷部經理，拜臺灣正值經濟起飛、外銷掛帥之機緣，自然學會了貿易實務的十八般武藝，從寄目錄、送樣品、議價成交的坐以待「幣」、到主動出擊、海外走訪、國際參展等。將「蜘蛛」戰法延伸至「蜜蜂」戰法，加上部分原料、零件、機器要自國外進口，進口的工作是出口的反向，不久也熟能生巧，瞭若指掌。這些經歷足以現買現賣，所以「講臺」變成了「舞臺」，唱作俱佳，連外系都紛紛來選修，甚至在附近的中興大學學生也不少人來旁聽。值得一提的是，在教書生涯，早期曾有位「蔡緣」的同學，日後在國際貿易學術領域大放異彩，國貿專著，有口皆碑，也擔任過僑光技術學院國貿系主任，青出於藍，曾對筆者數次教學相助，至表謝忱。

「國際貿易實務」課程有如「臨床醫學」於醫學科系，應該著重實際的體驗，始能奏效。否則徒背若干名詞及原理原則，俟面臨現場狀況，茫然不知所措，方覺書到用時方恨少。執教「國際貿易實務」多年，為達實務的效果，必須採用Learning by Doing及Learn Through Play手法，使學習面加深加寬，筆者授課的方式是在上課講解要點、原則及經驗，從基本概念、交易條件、貿易磋商、信用狀，檢驗簽證、單據製作、裝運通關、糾紛索賠等，使能在有限學習時間內熟悉重要貿易問題。下課後規定與課題相關實例，一人一組自組虛擬貿易公司及進出口產品，從公司規劃，以至目錄、紙盒設計、樣品包裝、貿易條件、船務模擬、產品推銷、文件處理、經迄貿易損益、售後服務等等，每週必須親自出外景、上郵局、外匯銀行、輸出入銀行、報關行、海關、空運公司、海運公司、貨櫃公司、產物保險公司、貿易公司等才能完成「貿易週記」，亦附帶貿易臨場對話、貿易書信練習、期末考加上長達四小時真實案例、Case Study會考，學生在學習過程中相當辛苦，然深有成就感。在此運作模式有全套國貿的「課程內容」（Content）、有與貿易「社群」（Community）互動、有營造「學習氣氛」（Context），三C要素產生發酵，學習目標自然達成。美國管理大師Ackoff說：「管理教育應該從創造一個公司開始，選擇一項產品，

讓學生來設計規劃自然學到相關管理，隨著案例進行，功能性的知識，適時切進來（Learning On Demand）學生學習動機較強，比從教科書學得更多，這樣的學習可以轉換至另一行業，另一產品。」管理如此，國貿亦然。達到F4效果——Freedom（主張自由）、Fantasy（擁抱夢想）、Future（放眼未來）、Fun（追求好玩）。

後來，隨著個人職務變動，從外銷部經理轉任生產部經理，升任副總經理、總經理，兼任課程亦由「國際貿易實務」改為「經營管理實務」及「國際企業實務」。但「國際貿易實務」學門也常在生產力中心、企業經理協進會講授不斷。直到從企業界退休下來，擔任大葉大學國際企業管理系「專任」教職。既然是專任，執教科目相對增加，「國際貿易實務」又重披戰袍，為使學生「一身技、一生翼」，再實施「臨床貿易」的伎倆，讓學生了解更透澈，學習更有效。我常覺得現代學生像飼料雞，肉質甚差，在籠子活久了，對外界變化無動於衷，好逸惡勞，將來在職場就敗陣下來；反之，山雞肉質特別好吃，牠的活動空間大，充分運動。這告訴我們，唯有不斷訓練才會脫穎而出。所以國貿實務號稱大學四載最具挑戰的魔鬼訓練，成為學長嚇唬學弟妹的「夢幻」課程。誠如菜根譚所言：「投入才能深入，付出才能傑出，操練才能熟練。」所謂「勤學、苦練、多思、好學」、「寧願辛苦一陣子，不要勞苦一輩子」。為了更上一層樓，在下一學期再推出「國際貿易專題」的選修科目，它相當於「進階」層次，除了自己主講外，尚動用個人人脈，敦聘國貿業界菁英，就專業領域進行專題演講及Q & A，填補理論與實務之差距。在此對羿冠貿易公司董振仁董事長替專題投入心力，亦師亦友，銘感肺腑（羿冠公司在中部地區是一家頗具規模貿易商）。

近年來陷入了「失業潮」，勞委會職訓局為了培育第二專長或待業者輔導就業，特開設「國際貿易實務」課程，拉拔沒有貿易知識或背景的生手教導到上手，所以時間長達60小時至150小時不等。除了「實務」外，「貿易英文」亦是強調之重點，遠遠超越大學正式課程時數，真是慢工出細活。或晚上，或週六、日全日上課，這種長時間煎熬非一人能勝任，所以與二位忘年之交合作，其一是精於國際匯兌的陳美蘭小姐（現任臺灣五十鈴汽車總經理，第廿一屆國家十大傑出經理），其二是專於國際貿易的李淑茹小姐（現任揚格貿易工作室負責人）。由於她們實務經驗豐富，教學認真，言之有物，深受學員肯定，班班爆滿。現本課程已由李小姐主授。

在多人鼓勵下，五南圖書公司的張毓芬副總編輯盛情邀約，特將講授內容

編輯成書，本書共分三篇，第一篇為「演練篇」：將國貿實務之通則、架構、名詞加以解說，並附上練習題及貿易花絮，本篇由李淑茹小姐主筆，鉅細靡遺，面面周詳。第二篇為「操練篇」：係由學生虛擬進出口商，隨著上課進度起舞，每週課題抽樣上臺報告，由老師加以指導修正，並互相觀摩，很快見賢思齊，舉一反三，及早進入狀況，在本書選錄了近年二組代表作，是：①陸生之烏龍茶外銷；②臺生之拼圖外銷。二篇均予講評，一個好的作品應符合ABCD原則，即Authority（權威性）、Better（比過去好、比別人好）、Communication（讓人了解、溝通）、Different（與眾不同），再附上未講評之佳作若干篇，製成P.P.光碟，以利切磋，努力程度，令人動容！並配合國際貿易證照考試，將輔導學生之模擬試題製成光碟，以嘉惠學子。除了傳授專業知識及提供學生虛擬學習環境外，還安排參觀知名外銷績優廠商、貿易公司及相關單位，如報關行、海關、外貿協會、海空運公司、保險公司、外匯銀行等，使學生了解企業內部及外部運作情形，期末還有不同之模擬會考，更能面面俱到。這種「體驗式」學習，必能「一身技、一生翼」，課程結束，保證畢生回味，久久不已。第三篇是「教練篇」：就上述專題演講整理，所謂「臺上三分鐘，臺下十年功」、「千點萬點不如名師一點」，可以縮短了悟時間，學歷代表過去，只有學習力才是代表將來。尊重經驗的人，才能少走彎路，「學時思其用，做時究其理」。也謝謝廖佩妤、陳奕如、陳宣妤、彭梓誠、王靜雯、洪斐怡六位同學認真地錄音筆記，有幾篇因時空不宜、忍痛割愛。在此感謝產官學前輩賜序（以姓氏筆畫為先後），增色不少。這種演練、操練、教練「三合一」的實務組合，希望讀者獲得更多的價值及超乎預期的效果。將所學知識用在工作上，透過組織運作，繁衍企業及個人更多的競爭力。

　　遠在1980年曾為臺北重慶南路一段的巨浪商業圖書公司寫了一本《國際貿易個案研習》，經過數版早已下市，僅留二本紀念，而後出書朝向經營管理及國際企業。走過風雨，走過歲月，四分之一世紀後又來重寫國貿實務，真是百感交集：「用皺紋記錄笑顏，用白髮增長智慧」；「莫讓餘年空留去，當使晚霞照人間」；「Make a hay, while the sun shine」！2012年滿66歲，屆齡退休，大業大學特聘為榮譽教授（Honorary Professor），仍兼課「國貿實務」課程，做薪火相傳，略盡一己之力。

莊銘國　謹識

作者序—李淑茹

　　古者陶朱，堪稱貿易先驅，南貨北賣，北貨南售，時空背景換成講求地球村的今日，只是將貿易範圍擴大罷了。惟國際貿易商業行為，因為語言不同、文化差異、地理遙遠等諸多因素的考量下，專業人才的需求更是國際貿易界不可或缺的必備要件，而培育更多優異專業人才更是任重而道遠的工作。

　　有多少人想學習國際貿易？從每年在彰化縣工業會開班授課報名踴躍的程度就可一探究竟，或基於危機意識，有感於職場如戰場，不進則退，或準備轉換跑道，或增加第二專長，紛紛在工作之餘，藉著參加72～120小時不等的在職訓練課程，由於成員都是來自各行各業的菁英，藉著授課的機會，在教學相長的互動中，我傾囊相授，學員們熱烈回應，不吝分享各行各業的專業經驗，令彼此在國際貿易的專業領域中更上一層樓，由衷感謝彰化縣工業會提供這麼一個絕佳的舞臺，讓我盡情揮灑。

　　第一本著作《國際貿易實務》出版之後，即引起諸多讀者的共鳴，也許是淺顯易懂，讓初學者很容易進入國貿的領域中；也許是書中的實際案例經驗分享，讓資深的國貿人感同身受，常接獲讀者的鼓勵與支持，令我感動不已；也接獲許多批評指教，我虛心接受，當成砥礪；更有企業按「書」索驥，邀請我擔任其企業的國貿顧問，或為他們的員工上在職訓練課程，個人的工作生涯也因此有更多的挑戰與機會。

　　最意外的是書中「貿易花絮」的經驗談，居然引起最多的共鳴。以此書在許多大學授課，許多學生後來告訴我，原本不清楚未來工作的方向為何，看了書中的經驗談之後，覺得這個工作太有趣了，燃起對國貿工作無比的嚮往，因而選擇加入這個行業，這令我欣喜無比，終於為國際貿易做了成功的「置入性行銷」。

　　國際貿易最大的特點是多變及多元化，理論在實務上的應用，往往有戲劇化的差異，非一成不變，也無關孰是孰非。

　　很感謝大家對此書的肯定，在最新一版書中，除了根據實務更新內容，更增列實務應用廣泛的國際最新法條及規範介紹，例如商業人權規範、供應鏈安全管理（C-TPAT）、歐盟環保指令（RoHS）、生產零件核可程序（PPAP）、

產品責任險（Product Liability Insurance）等，確保讀者更能掌握國際貿易的脈動。

日新月異、變化快速的全球市場，令人目不暇給，為了符合國際趨勢，加上目前最夯的網路貿易模式，包括：B2B、B2C、C2B、C2C，及如何善用O2O策略，虛實整合創造佳績，配合網路貿易，付款方式也有了跨時代的改革，也就是目前最熱門的付款方式「第三方支付」，均有詳細的註解及說明。

另外為了使國際貿易不落入刻板教條式窠臼，具輕鬆多元化特性，此版增加了一些貿易實務小故事——您可能不知道的眉角，期許讀者在國際貿易實務上一點就通，輕鬆上手，勝任愉快！

出版此書，主要目的在於理念傳遞、經驗分享。本著作的完成，最要感謝親愛的家人全力支持，讓我無後顧之憂的全力以赴之外，也很感謝諸多好友無論在精神上或實質上鼎力相助，甚至連筆者的國內外客戶都熱忱無比的提供許多實際案例，在此感謝諸位先進及好友提供相關的專業資料及校稿。

張淑茹　謹識

作者簡介

莊銘國

現職：大葉大學國際企業系榮譽教授Honorary Professor

國家文官學院・東海大學進修推廣部講座

帝寶、至興、輔祥上市公司獨立董事

經歷：

- 在學中通過金融普考、企管高考、中央銀行特考。
- 任職企業26年，先後擔任各部門經理及公司總經理。
- 榮獲1983年國家十大傑出經理、1996年國家品質獎、1998年全國品管圈大賽金塔獎，均蒙總統召見。
- 轉戰學界數十年，曾獲大葉大學優良教師獎勵，管理雜誌評選全國500大名師列榜，曾任教於國立雲林科技大學、靜宜大學EMBA多年。
- 曾任國家品質獎評審及技職院校評鑑委員。
- 遊歷世界百餘國，出書20多本，獲2010第34屆金鼎獎。
- 未來將成立全臺首座世界鈔票及國旗博物館。

著作：

著有《國際貿易個案研習》、《企業顏色管理》、《企業數字管理》、《企業看板管理》、《企業情境管理》、《工廠管理革新》、《人生經營經營人生》、《國際經營投資實戰錄》、《觀世界世界觀》、《行銷戰略》、《經營管理實務》、《國際禮儀與海外見聞》、《國際貿易實務》、《莊老師瘋國旗》、《遇見鈔票》、《看電影學管理》、《典藏鈔票異數》等書。

李淑茹

　　李淑茹小姐多年來一直在國際貿易的領域中不斷地成長，是位傑出的國貿專家，不但有完整的國內外貿易實務經驗，目前更是專業的國際貿易顧問師。除了輔導中小型廠商進出口實務、參展行銷外，同時也在各大學及工商企業機構教授國際貿易實務、國際商展行銷、商用英文等課程。而成功的定義，對作者而言是「在自己喜歡的領域中盡情發揮」，同時這也是令作者保持工作熱忱的信念。

　　在國貿顧問工作方面，作者協助外貿經驗不足的中小企業，拓展外銷市場，直接與外國客戶聯繫，諮商及危機處理，促成買賣雙方無數的商機，更由於其優異的專業能力及協調溝通能力，深受中、外客戶好評。

　　作者曾擔任各種不同行業的國貿顧問，挑戰過無數的危機，豐富的工作經歷完全呈現在此書中，鑑於臺灣為一海島國家，天然資源少，加上近年來傳統產業大量外移，未來臺灣是否在國際舞臺上占有一席之地，國際貿易將是一大關鍵要素。

　　儘管作者在國際貿易的領域中有卓越表現，「教書」還是作者的至愛，在忙碌的外貿工作之餘，抽空授課，期許以自己多年來豐富的外貿經驗，培養更多優異的生力軍，感性跟理性兼具的獨特魅力，深受學生愛戴，是位極受歡迎的老師。

　　多年來的國貿顧問生涯中，作者深深了解中小企業缺乏國貿人員之苦，於是除了在培育外貿人才方面不遺餘力外，也常常擔任媒介工作者的角色，為學生安排適合的工作，也為廠商遴選適合的員工，雙贏政策，皆大歡喜。

　　實務、教學、文采各領域均有傑出表現，精華彙整、妙筆生花，著作精采用心，是位全方位的國貿專家。

經歷：

進、出口國際貿易諮詢顧問

外貿協會（TAITRA）——國際貿易講師、商展行銷講師、商用英文講師

臺中科大、逢甲大學、大葉大學講師

麒策品牌顧問有限公司國際會展推廣顧問

揚格國貿顧問公司執行總監

E-mail: monica.yogo@msa.hinet.net

著作：

《國際貿易實務》

《國貿實務菁華》

《國際商展完全手冊》

《圖解國貿實務》

contents

contents

contents

contents

第二篇　操練篇

contents

contents

contents

contents

第一篇
演練篇

第 **1** 章

國際貿易基本概念

　　國際貿易（International Business, Foreign Trade, Overseas Trade）簡而言之，是指國與國之間對於商品、知識和服務的交易，它是各國間分工的表現，充分地顯現出各國在經濟上彼此的相互依賴性。而國際貿易實務（Practice of International Trade）即是在研究國際間商品交易時的相關作業與實際流程，亦即具體的貿易作業（Trade Operation）。

第1節　國際貿易的種類

一、依貨物進行的方向歸類

　　在進行商品交易時，呈現出供需雙方，貨品由本國移出賣到他國，或由他國買入。輸出入的貨品並不一定是貨物，也有可能是一種勞務、技術或知識等。

1. 出口貿易（Export Trade）

　　視為供方，意指本國販售貨品或勞務至國外，亦指貨品由國內通關運往國外的交易行為，就本國而言即稱為出口貿易或輸出貿易。

2. 進口貿易（Import Trade）

　　視為需方，將國外貨物或勞務買入至國內市場，亦指貨品由外國通關運往本國的交易行為，就本國而言即稱為進口貿易或輸入貿易。

3. 過境貿易（Transit Trade）

　　貨物自出貨國出貨，目的地已確定，可能因政治、地理環境等因素，未直接運往進口國，而經由第三國轉運，對於第三國而言，此即為過境貿易。而過境貨物在進入第三國時，以保稅運輸（Bonded Transportation）方式，按已核定的路線再運往進口國。事實上，貨物一直留在將其帶進第三國的船隻或飛機之內，第三國對於過境貨物並不課稅，但是可藉此裝卸、倉儲、轉運等獲得相關的勞務費用。

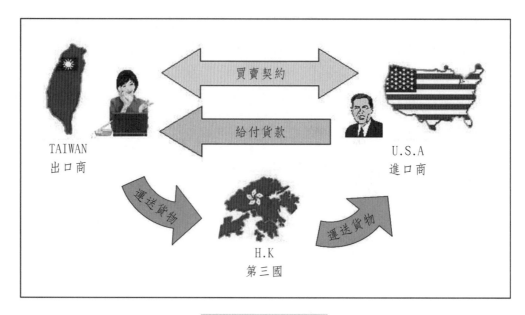

圖1-1　過境貿易

二、依交易進行的角色歸類

1. 直接貿易（Direct Trade）

　　意指製造商在自己生產國內將貨物直接賣給消費國家（進口國），買方及賣方無透過中間人的情況下，雙方直接進行交易謂之。

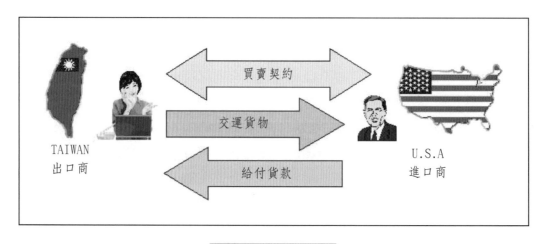

圖1-2　直接貿易

2. 間接貿易（Indirect Trade）

意指製造商在自己生產國內將貨物透過一仲介者，並不直接賣給消費國家（進口國），這個仲介者通常就是俗稱的貿易商，而貿易商的角色也會因所處的地區不同，可分爲：

　　(1)出口貿易商（仲介者是在出口地境內）。

　　(2)進口貿易商（仲介者是在進口地境內）。

　　(3)三角貿易商（仲介者是在第三國境內）。

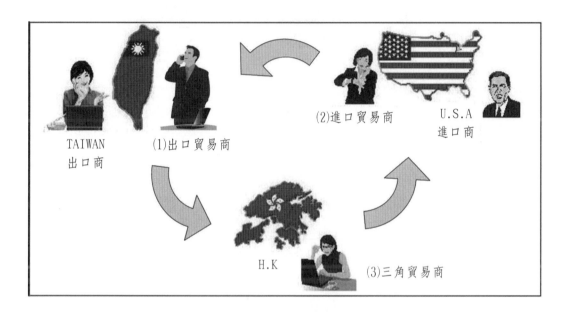

(2)進口貿易商　　U.S.A 進口商

TAIWAN 出口商　　(1)出口貿易商

H.K　　(3)三角貿易商

圖1-3　間接貿易

3. 轉口貿易（Intermediary Trade）

這屬於間接貿易的一種，第三國的仲介商自出口國採購貨物運至第三國境內後，經過改變包裝、略以加工或原封不動方式，再將貨物輸出至眞正進口國，商品從出口國運出前，有時尚未確定進口國，進入第三國境內加工之後，才決定最後進口國。

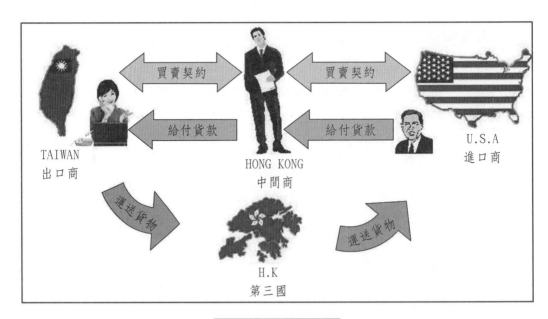

圖1-4　轉口貿易

4. 三角貿易（Triangular Trade）

亦稱媒介貿易，仲介商居於買方的地位，在接到他國的進口商（輸入國）所下的訂單後，即向第三國（輸出國）購買貨品，且貨品直接由輸出國運往輸入國，此種貿易方式即稱之。通常由從事國貿經驗豐富的仲介商主導整個交易，仲介商在一買一賣之間就可賺得差額利潤。

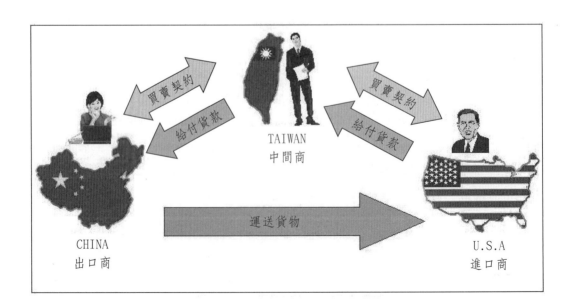

圖1-5　三角貿易──傳統型

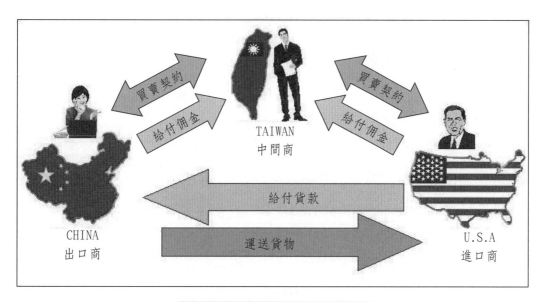

圖1-6　三角貿易——仲介型

5. 多角貿易

　　許多先進國家，例如美、日、歐洲等國，即利用多角貿易方式把持諸多弱勢國家市場。廣大的世界，各個種族及區域存在著諸多差異，礙於地理、文化、民族性等差異，需要靠多重的仲介商居中斡旋，才可使國際交易順利進行。例如東歐的其他諸國經常委由捷克向臺灣聯絡，再由臺灣分別向亞洲其他地區購買商品，而捷克及臺灣在此一交易中均扮演中間商的角色，如再加上實際的進口國及出口國，此已屬「多角貿易」。

三、依貨物運輸方式歸類

1. 陸路貿易（Trade by Land Route）

　　以陸運方式運輸貨物，通常運用在陸地相鄰的國家，以卡車、火車等陸上交通工具運送。臺灣因地理環境限制，並無法進行此貿易。

2. 海路貿易（Trade by Sea Route）

　　以貨輪海運方式運輸貨物，大部分的國際貿易均採這種方式，是最普遍的貿易運輸方式。臺灣四面鄰海，最適合海運運輸方式。

3. 空運貿易（Trade by Airway）

　　以飛機空運方式運輸貨物，通常用於出貨時間緊迫，或是運送市場週期短

的貨品，抑或是高價產品等。

四、依交易型態不同歸類

1. 普通貿易（Regular Trade）

單純的進出口交易，出口商自行購料、生產自己的產品，並行銷給進口商，這是一般最普遍的交易型態。

2. 加工貿易（Improvement Trade）

加工貿易為臺灣早期貿易經營型態之大宗，然近年來隨著中國及東南亞以低成本優勢，迫使我方要產業升級，將加工的機會讓給低製造成本地區，傳產業也紛紛外移至海外設子工廠。加工貿易最常見的兩種類型，其一為「進料加工」，例如子廠從國外（或母廠）購進機器設備、原物料、零配件等，在當地加工製成成品或半成品後，再出口到國際市場行銷，獲取利潤。其二為「來料加工」，國外買主將原料供應給生產廠商加工後，再出口給國外買主，生產工廠就只能賺取加工費而已。

五、以企業經營的模式歸類

OEM（Original Equipment Manufacture）由於先進國家各項製造費用相當高，或是限於某些情況，製造的產品供不應求，遂有俗稱代工的OEM貿易產生。又稱為原廠裝配品、原廠委製品或原廠委託製造、生產代工等，通常是國外的廠商委託成本比較低的國家製造、生產。

貨物之製造廠依據委託廠商，將自己研發及設計好的圖樣、半成品、成品等交給代工廠生產製造，再以委託廠商自己的品牌或是商標在市場上行銷。若銷售國為已開發國家（如：美、日、德、英等先進工業國），其客戶在國內已建立其自有品牌，且具有相當程度之貨品研發及設計能力，考量國內之生產成本較高或生產比較高級的產品，而將較低價位的產品移到生產成本較低廉的國家，採委託加工的方式生產，並購買委託製造者之貨品輸入在國內販賣，以替代其本身的製造。

此種受國外委託加工之貨品實際加工廠稱為OEM，被委託代工的國家通常會從外國委託的廠商學到代工的技術，所以外國委託商如果有怕被盜版的顧慮，最好不要輕易授權專利機密的技術給OEM廠。

ODM（Original Design Manufacture）是一種比OEM更上一層樓的代工方

式，又稱爲原廠委託設計、原廠設計製造、設計代工等，由受託廠設計製造出的商品，或是委託商將產品的構思交由受託廠設計製造出產品，委託商可將此新品專利權買斷，以自己的品牌獨家在市場上銷售。如果受託廠開發的商品未被買斷，受託廠可以自己的品牌行銷，也可掛上其他買主的品牌行銷，產品主權掌控在自己手中，惟如此一來，必須花費巨額資金在研發部門上。如果該廠商本身市場行銷的能力不佳，無法將產品推銷出去，也是功虧一簣。

OBM（Original Brand Manufacture）有別於上述二項代工方式，稱之爲原廠品牌製造、自創品牌，近年來在企業界頗爲流行，發展出自己的企業形象，進而獲取最大的經濟利益，建立品牌成爲新市場的長遠發展動向。一個開發中的國家，其整體產業的架構，通常會從OEM發展到ODM，再來是OBM。「OBM」是需要靠時間累積的，才能與國際間許多歷史悠久的品牌競爭，如NIKE、香奈兒、IBM等。臺灣目前較成功的企業案例，例如宏碁電腦（Acer）、捷安特自行車（Giant）、正新輪胎（MAXXIS），在世界上知名度極高。

六、依貨款清償方式歸類

1. 商業貿易（Commercial Trade）

以貨幣償付貨款的交易謂之。一般國際貿易應用最廣的付款工具是貨幣，而且是以國際上均能接受的關鍵貨幣（Key Currency）爲主，例如：美元、歐元等。

2. 以貨易貨貿易（Barter Trade）

國與國之間以貨物交換貨物，不以貨幣償付貨款的交易謂之。以貨物直接交換，這是遠古時期老祖先採用的辦法，目前已日漸式微了，不過一些外匯不足的國家，無法以一般的商業方式採貨幣付款，只好利用此一方式，貨物交換通常是同時進行。交貨（Delivery）與相對交貨（Counter Delivery）少有遲於一年者。貨物交換通常是兩國貿易行爲，不涉及第三國原則；如果其中一方無法以相對貨物供應，通常會運用「轉換貿易」變通方式交易，即出口國經由第三國來轉換所需外匯。

3. 補償貿易出口（Compensation or Buy-back）

這是相對貿易的一種，是以產品作爲支付手段，即以進口設備生產的產品

或其他經協商同意的產品償還。進口與出口是相互聯繫、不可分割的，進口設備必須在出口產品中得到補償；補償貿易的整個外貿活動過程始終與生產活動結合在一起，並透過產品出口來實現交換的目的；補償貿易雙方除以實物交換外，還經常發生信貸關係，出現債務債權現象，此種交易型態常出現在國際間的合作關係上，資金短缺及金額高的交易，可採取此貿易類型。

七、依貨物取得管道及權限方式歸類

1. 代理貿易（Agency Trade）

由於國際貿易管道日趨發達，除了形成國際間交換貨物便利，相對地也造成市場上激烈的競爭。代理貿易形成的原因有兩種：(1)出口商為了保護各行銷市場，往往在各個市場授權當地的進口商為獨家代理商，以期透過買賣雙方彼此的合作默契，降低削價競爭、鞏固及強化市場占有率；(2)出口商將須有售後服務的商品，完全委託給當地的進口商，產品有代理商售後服務保證，是最基本的行銷保證，對於市場行銷將無往不利，最常見的就是電器用品、電子用品、機械設備、汽車等。

2. 平行輸入（Parallel Importation of Genuine）

除了自正式代理商管道取得貨物來源之外，目前尚可利用平行輸入方式取得真實商品，通常稱這類商品為「灰色商品」。「真品平行輸入」其實早就充斥在你我生活中，只是一般人對它了解不深，觀念籠統，但是如果換句較淺顯易懂的名詞，其實就是「水貨」，目前市面上隨處可見的手機、電器用品、電腦軟體、百貨公司的名牌貨、可愛的玩具等，都可經路邊攤或特定的管道購買。

而通常稱「真品平行輸入」，多指進口商自行由國外進口與代理商所經營相同商標之真品而言，在特定的規範下，此類輸入並不構成侵害商標專用權。只要其進口之商品在國外係由商標權人所製造或授權製造之「真品」，基本上即不構成侵權，業者可進行銷售，但是銷售時不能以水貨冒稱代理商的商品，否則可能有違反公平交易法等責任；另外，該商品在國內若已由代理商取得另一商標，例如：平行進口國外之汽車「BENZ」，倘若該汽車在我國已由代理商另行註冊取得「賓士」商標，則平行進口商在銷售該汽車時，則僅能使用「BENZ」商標，而不得使用「賓士」商標，否則即有可能違反商標法之虞。

除上述有關進口相同商標之「真品平行輸入」，原則上並不會有違反我國

商標法之規定外，另有一類係進口有著作權之商品，在此，即大大不同於進口相同商標之商品。因為依據我國著作權法之規定，原則上係禁止平行輸入在我國有著作權之真品著作物，尤其是以進口銷售為主之商業行為，係違反著作權法之規定。

承前所述，若我們以較完整的方式來探討「真品平行輸入」，可以參考下列具體的實例，使各位更能清楚地了解。

假設有一美國威尼化妝品公司之香水產品商標是「Cadis」，與臺灣的安迪公司簽約，讓安迪公司擁有在臺灣銷售的代理權，而安迪公司在臺灣則另向我國經濟部智慧財產局申請註冊「Cadis」之中文名稱商標「卡迪斯」。

第一型：在同一時期，臺灣的捷思公司見此商品大有商機，遂逕行至美國大量採購該香水，直接引進臺灣銷售。捷思公司在市面銷售是以其自己名義銷售，且僅使用「Cadis」商標，則捷思公司此行為並未違反我國商標法之規定。

第二型：若安迪公司在臺灣銷售前述香水時，以其註冊之「卡迪斯」商標大做廣告，一般消費者亦多認識「卡迪斯」勝於「Cadis」，因此捷思公司就在進口香水、銷售廣告或價目表上使用「卡迪斯」商標，此時，捷思公司所銷售之香水即使係真品，亦侵害安迪公司之「卡迪斯」商標專用權。

第三型：在同一時期，越南的西貢公司亦獲得美國威尼公司授權在越南的代理權（和我國安迪公司享有同樣的權利）。而在臺灣的捷思公司見越南生產香水成本很低，即使進口回臺灣都還有很高的利潤，於是向合法被授權的西貢公司大量購買香水，並再引進臺灣販售，而且僅使用「Cadis」商標銷售，則捷思公司仍未違反商標法之規定。

3. 網路貿易

係指在網路平臺上直接進行線上貿易（Trade on line）。網路快速成長，不但加速人的聯絡，更為交易模式帶來劃時代革命，利用最新電子科技通過網際網路及電子數據交換EDI（Electronic Data Interchange），讓買賣雙方將洽談、簽約、交貨、付款、海關、運輸等過程與自動化連接起來進行貿易往來。

國際貿易無遠弗屆，為了符合趨勢，交易不但全球化且虛擬化，其交易型

態可分為四類型：

第一型：企業對企業（B2B）——企業間以網路進行交易，網路貿易以此類型最普遍，例如易成網（iDealEZ）、阿里巴巴等。

第二型：企業對消費者（B2C）——企業以網路販售產品給消費者，例如著名書商亞馬遜（Amazon.com）。

第三型：消費者對企業（C2B）——企業建立網路平臺， 消費者可集合有意買家集體向企業議價，例如淘寶網。

第四型：消費者對消費者（C2C）——企業建構網站，擔任中間商促成消費者之間的買賣，例如eBay、Yahoo拍賣網站均屬此類。

八、依交易標的物的型態歸類

1. 有形貿易（Visible Trade）

交易的標的物是實體存在物，這類的貨品在進出口時都須報關，例如：電子產品、成衣製品、機械產品、五金產品、文具玩具等，一般國際貿易均屬此類。

2. 無形貿易（Invisible Trade）

交易的標的物是無實體存在物，一般而言是指勞務的輸出與輸入，包括：保險、運輸、觀光、專利、技術等，其重要的特色是無須通關，因此無形商品的國際收支並不顯示在海關的貿易統計上，這是目前許多先進國家最主要的國際貿易型態。

第2節 國際貿易的特性

由於從事國際貿易所涉及的層級較從事國內貿易複雜、困難，因此除了須了解整個交易過程外，其所存在的風險及牽涉的法律問題都應當熟悉與了解。

茲將國際貿易之特性，簡單說明如下。

一、國際貿易的難度較國內貿易高

1. 各國語言文字不同

各國所通用的語言不同，當然交易的過程中相對的也就較國內貿易複雜，經常造成買賣雙方的誤解。尤其東方人說話迂迴、客套，迥異於西方人的直接、坦白，雖然國際貿易以英語為主要溝通語言，各國的英語不但在用字遣辭及文法上大異其趣，加上各式各樣的口音，備增溝通難度。例如：「出口」在英式英文為「Way out」，美式英文為「Exit」；「電梯」在英式英文為「Lift」，美式英文為「Elevator」。

即使是「同文同種」的國家相互交易，也不見得會較具優勢，兩岸三地語言相通、文化相近，但在觀念想法及溝通用語上還存在很大的不同，同一字句，兩岸的語意可能完全相反，例如在中國「很牛」是很厲害的意思，但在臺灣卻表示很固執。各國包括商品選擇、物流、金流和服務之差異，都是影響交易成敗的關鍵。

2. 所涉及的風俗習慣和法律不同

各國的商品交易法律規章、制度及風俗習慣不一，除必須熟悉本國相關法律規定外，對於對手國及交易國的法律規章、制度、風俗習慣以及相關的國際規則也必須通曉，並隨時注意相關法令規章、制度的變動，以掌握情況，適時地做調整，使交易順利進行，糾紛圓滿解決。

例如：美國是一個凡事頗好訴諸法律的國家，人民的權利高漲，與其商務往來須小心謹慎。例如：國內一家果凍工廠因涉及果凍噎死小孩，因此被美方求償數億新臺幣；很遺憾的是，此工廠由一家小小食品廠，因拓展美國市場而茁壯成為跨國企業，結果竟是栽在這裡，真所謂是「成也蕭何，敗也蕭何」。

3. 貿易障礙

各國在進行貿易時，政府為了要保護其國內之產業生存，常會採取一些限制措施，以免國內產業受到衝擊，甚至危害到國家安全，對於很多產品進口均需採取「配額」及高關稅等方式，例如：工具機械、紡織品、汽車等。但目前在臺灣加入WTO（世界貿易組織）、ECFA（兩岸經濟合作架構協議）之後，這些貿易障礙日益縮小。

除此之外，也有非關稅壁壘之貿易技術壁壘，這是以國家或地區的技術法

規、協定、標準和認證體系（合格評定程式）等形式出現，涉及的內容廣泛，針對特定的產品採取「配額」直接限制進口的數量或金額，或是訂定苛刻難以達到的各項標準，應用於國際貿易交易中，呈現名目繁多的規定，然這類壁壘多數以技術面目出現，藉此披上合法外衣，常成為國際貿易中最為隱蔽、最難應付的非關稅壁壘。

4. 市場調查、信用調查

從事國際貿易須對國際貿易商情調查分析及彼此的信用狀況一一掌握，才可穩操勝算、降低風險。然而早期對國際商情的蒐集、分析費時費力，且很難完整獲得，信用狀況亦不易取得的情況下，國外市場調查確實較國內市場調查來得困難。但由於資訊發達，世界宛如一個地球村，目前可透過官方或一些私人徵信機構獲得完整資料，另外也可從同業中取得相關的訊息，因此同業間必須互動良好，使同業之間成為互通有無、互助合作的夥伴，而不是競爭的敵手。

5. 交易接洽

早期國際貿易買賣雙方以電報、信函往返洽商，曠日費時；以電話聯繫，所費頗多，且又牽涉時差問題，在交易接洽上較國內貿易不便。現今世界已成一個地球村，溝通的管道很多，例如：利用網際網路的視訊會議系統、電子郵件（E-mail）或網路即時通訊（Skype）、手提電腦、行動電話等工具，只需算好時差，國際貿易的接洽便不再受時空拘束。

6. 外匯匯率變化

國際貿易因牽涉使用外幣，相形之下比國內貿易在成本掌控上又多了匯率的不定風險，大多數先進國家的外匯市場由供需決定匯率，而開發中國家通常會利用「弱勢匯率」，不但增進出口，也可以提高進口品價格，達到對抗或緩和通貨緊縮。一國幣值匯率是否合理，根據有趣的一項統計——英國《經濟學人週刊》每年均會發表「大麥克指數」（Big Mac Index），調查全世界120國，將其麥當勞大麥克漢堡（麥香堡）的價格換算成美元，再跟美國當地麥香堡售價相比，如果價格高於美國，則表示該國貨幣被高估，有貶值的可能；反之，如低於美國，則表示該國貨幣低估，有升值的可能。

1999年歐元剛推出之際，許多世界級專家都視為利多，惟《經濟學人週刊》發表了大麥克指數，獨斷視歐元為利空；後來歐元問世之後，持續貶值，

果真應驗了，令專家學者莫不嘖嘖稱奇。

二、國際貿易比國內貿易複雜

1. 國際匯兌的計算複雜

國際間，其匯率變動非常快速，報價到接單往往須經一段期間，報價時的匯率估算，尤其重要，不能以當時的匯率為計算匯率，須視當時外匯市場狀況小心斟酌。以出口而言，若新臺幣幣值估算太高，則價格勢必提高，往往買方無法接受；若估算太低，價格隨之降低，但是遇上新臺幣突然巨幅升值，則必遭損失，此時倘若雙方沒有事前約定匯率風險如何分攤，將產生買、賣雙方不必要的紛爭。

2. 各地的商業習慣迥異

了解各國不同的宗教信仰、機構文化及時間意識等商業習慣，是國際貿易合作及談判上成功的關鍵。例如：與中東回教國家生意往來，要特別注意產品上不得有女性圖片、星形符號、酒瓶圖片等，且中東客戶很喜歡賣方定期到訪，然後再當面給訂單；日本客戶重視品質，注重效率；歐美客戶步調慢，又喜歡度假，加上時差關係，聯繫時須特別注意；中南美洲客戶由於政局較不穩，外匯不足，治安較差，出狀況的機會較多，應多注意付款條件。

3. 海關制度及其他貿易法規繁多

此項僅在國際貿易上才會接觸到。海關在國際貿易中扮演很重要的角色，貨物通關須經貿易公司或委託報關行辦理申報通關手續，現今較為普遍的報關方式，已由人工轉為自動化通關，業者可透過上網查詢的方式，了解貨物目前通關的情況。但是一些開發中的國家，海關制度不健全，尚採人工驗關制度，不但速度緩慢，且弊端較大，較容易引起貿易糾紛。

貿易法規部分會因各國政治法令的不同而有所差異。現在因各國陸續加入世界貿易組織（WTO），使得關稅壁壘將會日益減少。

4. 地理位置造成運送不便及障礙

國內貨物運送多以陸運為主，從事國際貿易時則以空、海運較多。一般而言，空運費用較高，相對的成本亦會增加，因此，空運通常會用於價值昂貴、體積小的產品上，或是緊急特殊狀況下；而海運是較普遍被使用的，它適用於大宗物品的運送，費用亦較空運經濟。貨物的運送成本有時會影響交易意願，

例如一些採購量不大的歐洲客戶，經常會就運費成本及航運期間考量，捨低成本的亞洲國家，就鄰近國家採購，因遠從亞洲採購，運費成本高且交貨期長，完全不符經濟效益。

全世界目前除了環保意識抬頭、重視減碳效應外，更面臨油價居高不下、運輸成本大增的困境，距離遙遠的企業界紛紛捨棄以往能源密集的全球化產銷模式，一一將生產線撤回本國市場或是採購鄰近地區的貨物，以節省運費成本，形成了「近鄰效應」（Neighborhood Effect），對於亞洲地區出口體積大、重量重的製造商，產生相當大的衝擊。運輸成本的漲幅，甚至超越關稅，形成了另一種貿易障礙，足以摧毀近三十年來促進貿易自由化的所有努力。

5. 貨物的保險

國內貿易因在國內發生，因此對於貨物的保險理賠較簡易，在處理上亦會較快速方便；國際貿易較複雜，責任歸屬亦較明確，通常貨物會依交易條件，由負責的一方做適當的投保動作，由保險公司去處理理賠的動作，且貨物的投保比率亦有明確的規定。

三、國際貿易比國內貿易風險大

1. 信用風險

相隔甚遠的買賣，出口商有因進口商蓄意詐騙或財務困難而拒付貨款的風險，進口商也有出口商以劣質品出貨或收了貨款不出貨的風險。

2. 國家風險

交易對手國家發生戰爭、內亂暴動或革命，導致進出口貨物受到影響，外匯也因此受到限制或禁止所產生的風險。

3. 政治

國際間政治角力的微妙關係常常牽動經濟的變化，進而讓商業活動受到影響，政府實施的政策一旦驟動，會使國際交易或投資蒙受巨大損失的風險。

4. 經濟風險

開發中國家限於條件不足，財政窘迫，外匯短絀，更因舉債過多，無力償還，惡性循環，產生經濟危機的風險。

5. 市場風險

國際交易市場價格的不確定性因素可能直接對企業產生影響，每個市場狀況不一，價格也因此屢有變動，許多企業甚至因而違反反托拉斯法案，遭受罰鍰牢獄之災的風險。

6. 運輸風險

國際貿易交貨路途遙遠，有時甚至得動用數種交通工具才能抵達目的地，整個運輸路程有不可預期的風險。

7. 匯率

國與國之間的交易涉及二國貨幣之兌換，而兌換之匯率隨時變動，交易時間太長，對於匯率控管有無法預期之風險。

第3節　貿易拓展所須具備的觀念及注意事項

由於國際貿易所涉及的層面較為廣泛且複雜，其承擔的風險也相當多，因此應特別注意下列事項：

1. 遵守誠信原則，並了解國際條約、協定及國際貿易慣例之內容，且遵守規定，以免誤觸法網，並以永續經營為原則，固守商譽。

2. 留意國際經濟及政治情勢的變化，隨時因應多變的局勢，做完善的準備，免於遭受無謂的損失。

3. 所有事項應以書面確定，即使雙方在電話中或口頭上成交，為避免日後發生不必要的糾紛，並確保自身的權益，一切約定事項均須以書面形式請求確認內容是否正確。

4. 注意貿易相關法令的變更，做機動調整，以因應之。

5. 隨時注意本產業及相關產業的發展動向，了解市場的發展趨勢，保持彈性，靈活地掌握相關之情報資料，更須衡量競爭者的動態，以茲因應。

6. 適時運用大眾傳播媒體，以打開國際知名度。例如：國內某些企業資助國外各類運動選手，一旦該選手創下佳績，即為所贊助的企業做最好的國際宣傳。

國際貿易基本概念

習作演練

1. (　) 幫助出口商調查國外市場、蒐集商情資料、辦理國內外展覽、培訓貿易人才的服務性機構是　①國貿局　②外貿協會　③經濟部　④中央銀行。

2. (　) 以下何者是國內交易不會遇到的風險？　①政變風險　②價格風險　③匯率風險　④信用風險。

3. (　) 下列何種貿易是以透過貨品成為支付工具？　①易貨貿易　②三角貿易　③相對貿易　④轉口貿易。

4. (　) 目前國際貿易所採用的易貨方式，主要是因為某些國家　①外匯不足　②信用不佳　③貨物短缺　④海關制度不全。

5. (　) 若與資金短缺金額高之交易，適合用下列何種？　①佣金貿易　②補償貿易　③加工貿易　④海路貿易。

6. (　) 在國際貿易中，專利技術的轉讓是屬於　①有形貿易　②無形貿易　③過境貿易　④中介貿易。

7. (　) 外匯不足的國家，無法以外匯購買貨物，因而常進行　①以貨易貨貿易　②無形貿易　③代理貿易　④平行輸入貿易。

8. (　) 除了自正式代理商管道取得貨物來源之外，目前尚可利用　①轉換貿易　②公開招標　③親自赴國外採購　④平行輸入貿易。

9. (　) 捷克透過美國經由臺灣向越南採購貨品，這種貿易型態稱為　①三角貿易　②多角貿易　③中介貿易　④過境貿易。

10. (　) Booking Space之後，船公司會給S/O NO.，此過程是　①裝船　②押匯　③洽艙　④開航。

11. (　) 大陸「來料加工」的工廠，其身分應屬於　①出口商　②進口商　③代理商　④受委託之製造商。

12. (　) 下列有關國際貿易交易與國內貿易交易之比較，何者較不貼切？　①交易對手不同　②風險不同　③交易貨物種類不同　④使用幣別不同。

13. (　) 本國貨主與外國買主間的交易，未經由第三者中介的貿易稱為　①轉口貿易　②間接貿易　③三角貿易　④直接貿易。

14.(　) 下列有關轉口貿易的敘述，何者有誤？　①貨物由出口國直接運往進口國　②為自負盈虧的主體制交易　③有兩個買賣契約　④貨款以契約當事人各自清算。

15.(　) 貨物如通過第三國，但第三國並不介入其中貿易過程，就該第三國而言，係屬　①三角貿易　②出口貿易　③進口貿易　④過境貿易。

16.(　) 生產廠商自行建立國際行銷網路，以自有品牌或商標銷售產品稱為①ORM　②OBM　③ODM　④OEM。

17.(　) 下列何種相對貿易的商品較適用消費性商品？　①補償交易　②轉換交易　③產品購回協定　④易貨交易。

18.(　) 將商品委託國內製造商生產後，以國外廠商之品牌在市場上行銷，這種製造交易方式稱為　①相對貿易　②ODM　③整廠輸出　④OEM。

19.(　) 在全球運籌模式之下，整個供應鏈的國際交易通常形成所謂的①過境貿易　②轉口貿易　③轉換貿易　④多角貿易。

20.(　) 訂定國際貿易慣例、規則及公約的最主要目的是　①使交易條件標準化以減少糾紛　②增加外匯收入　③便於在交易時居於有利的地位　④改善各國的關係。

21.(　) 產品購回協定中，購買機械設備的一方大多為　①已開發國家　②外匯充裕國家　③外匯短缺國家　④開發中國家。

22.(　) 何者為整廠輸出的特色？　①附加價值低　②成交金額小　③交易期間長　④交易風險低。

23.(　) 負責為進出口廠商辦理洽訂艙位、倉庫及提領貨物等業務的營利事業為　①外匯指定銀行　②公證行　③報關行　④貨運行。

24.(　) 下列何者不是採行補償貿易的原因？　①外債增加　②外匯充裕③市場競爭激烈　④能源危機。

25.(　) 下列何者屬於有形貿易？　①保險　②專利　③觀光　④成衣。

26.(　) 整廠輸出的特性是　①附加價值低　②交易金額大　③交易期間短④交易風險低。

27.(　) 機械或電器等需要售後服務的商品適合進行　①代理貿易　②平行輸入　③以貨易貨貿易　④轉口貿易。

28.(　) 下列何種貿易方式，不屬於直接貿易　①三角貿易　②以貨易貨貿易③補償貿易　④代理貿易。

不在「約堡」穿高跟鞋

~Monica心情隨筆

　　多年前，剛成為社會新鮮人的那年，隨著貿協的參展團到南非約翰尼斯堡參展，那是我第一次出國參展，興奮的心情自然不在話下。巧的是，當時民主鬥士曼德拉（後來成為南非第一位黑人總統）在我們抵達的前一天，剛好從監獄釋放出來，一時整個「約堡」充滿暴風雨前之寧靜的詭譎氣氛。帶隊團長事先告誡我們，此地治安很差，呼籲團員們要小心，所有團員外出用餐，一律團體行動，尤其建議女團員們外出用餐別穿高跟鞋，當時大家可能都還在時差的暈眩中，因此言者諄諄，聽者藐藐，沒人在乎，更沒人意識到會有多可怕，眾女士們的高跟鞋還是繼續在約堡的街道上搖曳生姿著。

　　不料開展第一天，「約堡」發生暴動，數萬名黑人在距離我們展館不遠的廣場集會抗議，從展覽館看過去，一望無際黑壓壓的人潮，正塞滿整個展覽會場四周的道路，極像一條黑色長河，不斷往前湧進。大會廣播臨時休會，會場內當地的白人個個嚇得面色如土，紛紛四處走避；而愛看熱鬧的臺灣團，紛紛走出展覽館，拿著相機，一直猛拍，說真的，當時並不感到害怕，而且部分團員還直呼過癮，見識到真正的民主運動呢！

　　當時南非不但是黑白人種對峙，就連黑人之間也常常內鬥，因為種族太多，意見分歧，常訴諸武力解決。你知道嗎？南非的正式官方語言就有十一種之多，這麼多種族，加上複雜的語言，不亂才怪呢！

　　直到當天晚餐後，一位團員在眾目睽睽之下被搶，才發覺團長不是唬弄我們，是真的很可怕。當時一名黑人手持摔破的玻璃瓶當凶器，搶走一位男團員的手提包，更將外套也搶走（幸好不是女團員被搶），眾人除了紛紛尖叫走避，毫無辦法，這時我們才了解，為何女士不宜穿高跟鞋在「約堡」走路，因為會來不及逃命啊！當時我跑得最快，因年紀最輕，也沒穿高跟鞋，第一個衝到巴士上避難。整團的人原本計畫餐後到當地的Pub續攤，這一嚇，大家意興闌珊，早早就回飯店。恰巧當天是西洋情人節，飯店餐廳正舉辦情人節慶祝活動，團長為了幫

貿易花絮之一

大夥兒壓壓驚,請喝咖啡。浪漫的音樂,香醇的咖啡,果然奏效,沒多久,大夥兒又漸漸恢復笑聲。

經過昨夜的一場驚嚇,隔天一早就看見部分的女團員改穿平底休閒鞋出門了,高跟鞋則是帶到會場再換上。很爆笑的畫面是,這些女士們身穿高級套裝,卻配上不搭的休閒鞋、甚至是慢跑鞋出門,大家忍不住爆笑,真是俗到最高點,太滑稽了!

多年後,認識了好幾位來自南非的白人朋友,一談到約堡的治安情況,他們紛紛搖頭。目前情況更惡化,據他們說,只要天一黑,白人就不敢外出。除此之外,他們稱讚臺灣有一流的治安,即使在週末狂歡夜歸也很安全。談到就業率,他們更是神色黯然,在臺灣失業率不超過4%,許多人可以罵政府出出氣;而南非目前的就業率據說只有40%左右,他們卻無計可施,只能自力救濟,赴海外工作,相較之下,我們真的很幸福。

◎ 南非　約翰尼斯堡
　看似平靜的街道,卻暗藏危機,隨時會有搶劫發生,平底鞋看起來雖然有點土,但卻是幫助逃命的最佳雙翼。

貿易花絮之一

◎ 南非　約翰尼斯堡
全世界的展覽，大概只有在南非，展覽期間遇星期日會休館，於是臺灣團安排黃金礦脈城一日遊，深入十九世紀末期的淘金小鎮，參觀冶金程序，如果兩根手指將金磚由桌上提起，即可將12.5公斤的金磚帶走。

◎ 南非　約翰尼斯堡
淘金小鎮上的街頭小販，帶著純真而靦腆的笑容，說著一口濃重的非洲腔英語，不斷地向我們招攬生意，在這個有著歐洲氣息的美麗城市，實在很難想像治安怎麼會那麼糟。

第 2 章

國際貿易的準備過程及進行程序

第1節　進出口貿易之公司成立

　　廣義而言，專業貿易商及自營進出口的工廠，均通稱爲貿易企業體，那麼如何申請呢？首先須按我國貿易法第九條規定，公司行號須經國貿局登記許可，進出口業者方可營業。又依據「進出口廠商登記管理辦法」辦理進出口廠商登記，符合一切規定時，即可領照營業。經營進出口業務，一般企業均委由經驗豐富的會計師承辦。

一、公司登記申請

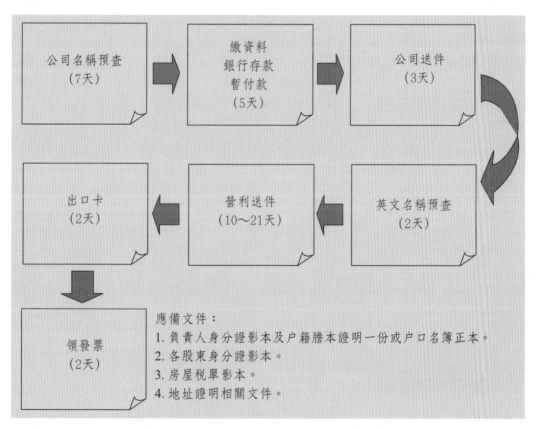

其他詳細內容，請參閱經濟部商業司全球資訊網，內容有商業司簡介、商業法規、全國工商登記公示系統、其他各項服務簡介等。

http：//www.moea.gov.tw/~meco/doc/ndoc/index.html

圖2-1　公司設立流程

二、進出口廠商登記

　　國貿局係採臨櫃化作業方式，隨到隨辦處理公司行號辦理進出口廠商登記之申請，可現場取件；如不現場取件，可以傳真、郵寄或網路等方式申請，處理時間為二個工作小時。

表2-1　進出口廠商登記種類及需檢附之文件

登記種類		檢附文件
□新登記		1. 營利事業登記證影本一份 2. 廠商擬用之英文名稱預查申請表
□重新登記		1. 營利事業登記證影本一份 2. 廠商擬用之英文名稱預查申請表（註銷未逾二年而仍擬使用原英文名稱者免附） 3. 繳還本局90年6月21日前核發之登記卡
變更登記	□中文名稱	1. 營利事業登記證影本一份 2. 主管機關更名核准函影本一份（如公司執照有註明舊名稱者，可附該公司執照影本一份，核准函免附） 3. 繳還本局90年6月21日前核發之登記卡
	□英文名稱	1. 廠商擬用之英文名稱預查申請表 2. 繳還本局90年6月21日前核發之登記卡
	□地址　□負責人	1. 營利事業登記證影本一份 2. 繳還本局90年6月21日前核發之登記卡
	□電話　□電傳	繳還本局90年6月21日前核發之登記卡
	□營利事業統一編號	1. 營利事業登記證影本一份 2. 主管機關核准變更有關文件影本一份 3. 繳還本局90年6月21日前核發之登記卡
	□其他事項	1. 相關證明文件 2. 繳還本局90年6月21日前核發之登記卡

三、進出口廠商查詢

　　廠商申請進出口廠商登記事項，國貿局核准後即予上網，可進入該局網站查得（www.trade.gov.tw），點選「貿易服務」進入「廠商登記」的「出進口廠商登記」項下的「申辦結果查詢」得知申辦進度，結果可點選「廠商資料查詢」，自行列印以供相關單位查閱，儘量免申請登記證明書，如需要證明書可透過「廠商登記證明之核發」申請。

　　另外，「廠商資料查詢」除了「資料查詢」的項目外，還有「實績級距」

可供查詢。

第2節　前置作業及準備過程

如果公司已具備進出口資格，就可著手開始推展業務計畫。交易前的準備階段，不但瑣碎且費用開支也大，但是對於一家公司在開拓新市場之初，與客戶建立關係時，開發廣告活動是必要的開支，出口商為了將商品銷往國外之前，勢必先找到正確的目標及了解其經營環境如何，全盤了解目標市場的供需情況、競爭、價格趨勢等，再來就是要利用方法找到適當的進口商，以期能在銷售市場上占有一席之地。其進行步驟如下：

一、善用網路及電子商務

新世代的買、賣雙方常會先上網搜尋資料，仔細評估後，再決定與誰接洽、交易，現今企業善用網路資源之重要性無庸置疑，經由網路也可蒐集該產業或同業之相關商情資訊，有助於前進國際市場前作最詳盡的準備。

新型態的電子商務盛行，國際貿易不再只是B2B，更可以應用O2O（Online to Offline）線上對線下虛實整合，增加實力，創造更多機會。

進行交易前，最重要的準備工作即是市場調查，從許多管道著手調查，找出欲推廣的產品，其最有利的市場在何處（即目標市場），例如：中華民國對外貿易發展協會（TAITRA）在臺灣北、中、南均設有資料館可供查詢，或其出版的世界各國海外市場調查報告，於出口商而言有助於了解該市場之需求、限制與採購習性；於進口商而言有助於了解產品特性、供貨來源等。除此之外，也可經由其他貿易雜誌刊物、同業公會、私人行銷機構獲得此相關資料。

二、申請產品國際認證

多數買主會針對欲購的產品要求賣方提出品質認證，不同產品有不同認證要求，端看賣主之需求，先進國家對公司及產品之認證尤其重視，常見的有DIN、CE、UL、JIS、FDA等，供應商在從事國際交易前，應根據產品之類別事先申請必要的國際認證，比較容易打開國際市場，獲得買主之青睞，各種認證都有代辦的相關機構可協助廠商辦理，務必提早申請辦妥，以免錯失商機。

三、申請公司商標

現今市場採購品牌化的趨勢明顯，公司如以註冊的商標加在商品上，實屬有力的附加價值。公司商標（Trade Mark）為公司產品在國外市場先立下的知名度，即使經由貿易商間接出口，國外買主也可依產品上的公司商標，找到原始製造廠。由於許多國外的商標均經過註冊，援用須經過授權，因此買方如果要求生產指定商標（LOGO）的產品，宜請買方提供「商標使用權授權書」，以免賣方在不知情的狀況下觸犯他人之商標權。出口時，產品上如果有買方的商標，在通關時，海關會要求出具「商標使用權授權書」；有賣方的商標時，則出具「商標註冊證」，違者依法懲處，也可能在海關留下不良紀錄，應儘量避免。

四、嚴格的品質管理

優異的品質目前視為臺灣國際市場競爭的利基，嚴謹的品質控管才可使企業永續經營，立於不敗之地，設立嚴格的品管部門，進行品管制度的強化計畫，以確保出廠貨品都符合一定的水準，贏得買主的信任；在目前競爭激烈的環境下，取得國外買主的信任並不容易，優異的品質，合理的價格，才能讓客戶長期下單，永續經營，尤其在大陸、韓國及東南亞的強敵環伺之下，我國產品在價格已居於劣勢，目前只有以品質取勝。品質的控管，務必要落實，品管部門隨時要實際查驗，定期檢討、修正，以免最後落於書面形式，製造業最常使用AQL（Acceptable Quality Level）驗收質量標準，AQL常被用來當成製程的品質指標，以保證交貨時的允收率，確保產品品質。

五、公司的研發能力

研發即是技術，即是創新求進步，使公司產品推陳出新，而申請專利，杜絕仿冒。擁有卓越的研發能力才能領導市場、永續經營、具有市場競爭力，而求新求變，才能滿足客戶及消費者的需求，進而使企業獲利。一個企業所具有的研發小組，必須思緒靈活清晰，時時掌握市場先機，提供公司最快、最新的資訊，研發之前需做好完整的市調。對於市場走向及使用偏好，研發方式可從下面幾點著手：

(1)針對主要市場的需要，找出最適合的產品研發方向。

(2)積極開發創新產品、獨家商品，進而申請專利權，避免競爭對手仿效。

(3)由客戶提供需求，合力研發適合該客戶（市場）需求的產品。

(4)研發現有商品之替代性產品，取代原有失去競爭力的商品。

(5)流行性商品，可根據世界流行趨勢，找尋研發方向。

六、產品申請專利

由於仿冒風氣猖獗，一旦新產品開發完成，未上市曝光前，宜先申請專利，因為依專利法第二十二條規定，發明、新型、新式樣之產品申請前已見於刊物（例如刊登廣告），或已公開使用者（已出售）、已為公眾所知悉者（市面上已經有），不得申請專利。專利申請除了保護自己的智慧財產，也避免被他人捷足先登申請專利之後，反過來控告原創者侵權。許多高科技業者紛紛在公司內部成立陣容堅強的法務部門，智財權之重要，可見一斑。

七、國際貿易產品標準分類

(1)**國際商品統一分類標準**

各國對於眾多的產品項目，原先各訂有一套產品的分類規則，以便於課稅。然而時代演變，國際貿易盛行，各國對於產品分類全球統一化的需求更是迫切，在聯合國歐洲經濟委員會向關稅合作理事會提出建議方案，經過多年的努力改革下，終於在1989年完成「調和商品說明及代號制度」（Harmonized Commodity Description and Coding System），一般都簡稱「調和制度」（Harmonized System，簡稱HS）或「國際商品統一分類制度」，已獲多國採用。我國於1989年開始啟用此標準分類。

(2)**我國進出口貨品分類**

目前採用國際普遍使用的HS商品分類制度，除了前六碼與HS一致，另外再加二碼，成為八碼，以供海關課徵關稅；再加二碼，成為十碼，以供政府機關做貿易管理、統計之用；再加一檢查碼，成為十一碼，作為電腦檢核之用。此即為「中華民國商品標準分類號列」（Standard Classification of Commodities of the Republic of China, C. C. C. Code）（如表2-2）。

表2-2　中華民國商品標準分類號列

國際商品統一分類號列 (HS國際碼)						關稅碼		統計碼		檢查碼
章		節		目		款		項		
1	2	3	4	5	6	7	8	9	10	11
中華民國海關進口稅則號別										
中華民國輸出入貨品分類號列C.C.C. Code										

實際案例說明：

　　手工具扳手　　　　8204.11.00.00-5

　　手提工具氣動扳鉗　8467.11.30.00-1

　　電動扳手　　　　　8508.80.30.00-8

　　（三種貨物之構造、性質、價格均不同）

◎出口計畫表

　　由於剛開始從事進出口的廠商，通常不知如何著手準備，茲提供前置作業表供參考，如表2-3。

八、必要的準備作業

表2-3　準備事項規劃表

項目	項目	詳細內容
一	目錄網頁	內容包含完備的公司簡介，全系列產品、型號、用途說明等，可由專業設計公司作整體規劃。
二	形象印刷品	印製有公司商標、抬頭、聯絡地址、電話、傳真、e-mail以完全英文版之信紙，大小信封、名片，儘量避免中英文並列。
三	精緻樣品	樣品完備的樣品室，以供推廣外銷時，供國外客戶索取。
四	品質證書	所有有關產品品質檢驗或認證之證書（英文版）影印備用。例如ISO、DIN、FDA、JIS等認證.
五	辦公設備	全套具連線上網功能電腦設備、印表機、掃描器、攝影器材、傳真機、影印機、文具用品、OA隔間辦公家具。
六	申請事項	包括：電子郵件地址、進出口卡、銀行外幣帳戶、境外公司（OFC）及境外金融帳戶（OBU）、公司商標註冊。
七	業務專員	外文流利、個性積極，負責跟國外客戶聯絡、推廣行銷、出貨船務事宜，能獨當一面佳。
八	申請專利	產品新式樣專利之申請、發明專利之申請、新型專利之申請。

項目	項目	詳細內容
九	優質報關行	慎選資深且優質的報關行，可幫助廠商在日後進出口交易，報關作業順暢，並避免文件出錯的困擾。
十	優質會計師	慎選有進出口帳務處理經驗之會計師，因進出口經常需匯出入款及對帳沖銷，更有進出口之稅務問題，資深優質者，避免出錯麻煩。
十一	外匯銀行	進出口交易，涉及外幣兌付，慎選資深優質銀行跟國外通匯方便，減少轉匯，經驗豐富，降低匯兌風險。

第3節　出口貿易程序

一、尋找潛在買主

經過市場調查，確立行銷區域之後，出口商可著手產品推廣之計畫，首先找尋適合的交易對象，避免漫無目標搜尋，徒增資源浪費，有下列幾種方式：

1. 開發信推廣

由各種國內外專業雜誌、工商名錄、進出口公會、網路或其他可利用的管道，選擇適合的買主資料，或到外貿協會（TAITRA）買主資料庫，根據行業類別、展覽類別、國家類別查詢，取得相關國外買主資料，寫開發信及寄目錄尋求適合的交易對手。

2. 雜誌廣告

儘管網站行銷與電子貿易已後來居上，企圖取代傳統參展、雜誌廣告，但是刊登雜誌廣告仍是不可或缺的方法，然而每家專業雜誌均有其特色，可根據產品的屬性找專業雜誌刊登，宜多比較再決定，目前優良的廣告媒體，為了增加其競爭力，通常提供多方位的服務，例如目錄設計、網頁製作、架設網站，甚至是組參展團等相關服務。

3. 網路廣告

上述各雜誌商等廣告媒體也同時提供網路資料庫供國外買主搜尋（B2B），另外貿協的Taiwantrade（臺灣經貿網）、Yahoo、Google等，也可搜尋到國內外的網路商業情況報導，資訊流通速度愈快，對國際貿易影響愈大，部分買主會因成本及效率考量，捨棄以往由雜誌專刊方式找產品、供應商，紛紛改採網路

搜尋方式,這也是各雜誌媒體廣告商紛紛改變經營型態,加入網際網路行銷的行列。

4. 參展行銷

參展截至目前還是最有效的行銷廣告方式,也是最容易找到潛在客戶的好方法,從事國際貿易之多數業者,視國際展覽為重要及必要的行銷活動,惟先決條件是要選對展覽,才能「事半功倍」,否則不但花費巨大,且徒勞無功,選擇參加各國所舉辦之著名國際展,最好選擇相關行業專業國際展,在參展前最好先參觀展覽,仔細評估之後,作為未來參展計畫的參考。

5. 出國拜訪

早期的國貿先驅總是帶著007公事包親臨世界各地開疆闢土接洽生意,目前由於找尋買主管道多元,以此方式不但曠日費時,所費不貲,較少採用,一般大多在參展時,順道安排拜訪行程,以找尋新客戶、維繫舊客戶為目的。

二、行銷推廣活動之展開

經密集的廣告及搜尋找到潛在買主後,就可以目錄及其所需之相關資料與潛在買主進行交易磋商,讓買主對賣方公司及產品有初步的認識跟了解,進而選定適合的產品。世界何其大,各地區有不同的消費傾向及採購習性,賣方應有提供廣泛系列產品及客製化的能力,方可滿足不同地區買方之需求。

對於行銷趨向全球化,最佳的行銷方式是採「當地主義」,初期應透過各種方式,增加我方的產品在當地的曝光機會,以最符合當地市場習性,循序漸進,進入該市場,往往能事半功倍,例如食品業可針對欲推廣的市場,調配當地人接受的口感,更可在各國當地設立製造工廠,招募當地員工,連資金都可向當地籌措,以母國之經驗複製到國外子公司,可樂、速食麵、餅乾等食品業都有很成功的經驗。

三、詢價和報價

進口商在選定感興趣的產品後,往往會來函詢價,賣方可根據買方需要的產品數量及其他條件進行報價。產品報價的拿捏,實屬大學問,現今的買主都很精明,況且資訊發達,往往同時跟多家廠商詢價,多方比價、殺價,賣方除了須慎算價格之外,報價條件的載明也相當重要,一旦未載明其他交易條件,常常讓買主趁機要求較不利於賣方的條件,如不佳的付款條件,例如:遠期L/

C、出貨後電匯付款、記帳等，或是提出其他額外的要求卻不付費，例如：印商標、附吊卡、改變產品設計與包裝等。

　　除了載明交易條件之外，尚須注意很重要的一點，即時效問題。既然買主同時跟多家廠商詢價，誰能最快提出報價搶得先機，通常是致勝關鍵。

四、信用調查

　　一般在貿易實務上，除非交易金額很大，否則往往不做買主的信用調查，因為調查曠日費時，往往緩不濟急。如果需調查，可透過中國輸出入銀行、自己的往來銀行、委託對方國家的進出口公會、私人徵信機構等代為調查，例如：美商鄧百氏國際徵信股份有限公司臺灣分公司（Dun & Bradstreet）或中華徵信所等機構，可先向買方索取諸如銀行證明或其他形式的資料，以了解更多該公司資訊，幫助您確認買方的信用。各信用調查單位尤以中國輸出入銀行最受供應商青睞，因為除了交易前的信用調查，該銀行更可受理出貨時的貨價保險，請參閱該行之網址：http：//www.eximbank.com.tw/。

五、下訂單

　　買方決定下單時，首先向賣方寄出訂單或購貨確認書，實務上，再由賣方給買方預估發票做雙向確認訂單，賣方收到訂單，同時須注意訂單內容跟之前雙方協議有無衝突，如果有異，最好先跟買方溝通清楚，再接受訂單，以免屆時引起糾紛。

六、確　認

　　當審核訂單無誤之後，進口商須在賣方提供的預估發票P/I（Proforma Invoice）簽名，完成確認手續，確認雙方均同意此交易。

七、預收訂金

　　在初次的交易中，付款條件是信用狀，必須接獲信用狀才可備料生產。電匯也須接到一定比例的訂金後才可備料生產，避免臨時取消訂單，帶來無謂的損失。

八、洽定艙位

　　運輸安排會根據貿易條件，而規範由誰洽定艙位，不過由於買方不易與

出口地的運送人簽訂運送契約，通常由賣方協助代辦，為了確保能順利出貨，賣方需先向船（空運）公司洽詢訂艙位，必須使用特殊櫃型的貨品或航班不多的冷門航線，因為航次少，甚至是半個月一班船（飛機），對有規定最遲裝船日期的信用狀付款交易影響很大，宜提早洽訂艙位；而有些熱門航線，如不事先預定艙位，也恐怕到時無法順利裝船，訂艙位後海運由船公司發裝貨單S/O（Shipping order），空運由空運公司發航班訂位資料（Flight booking detail）給賣方，據此辦理出口報關及裝運。

九、出口簽證

凡是出口貨物依規定必須辦理出口簽證（Export Permit），應經由簽證機構發出許可證後才能出口。意即出口商的產品如列入「限制輸出貨品表者」，其輸出手續應取得輸出許可證後才得輸出，目前多數貨物均不需申請此證。

十、出口檢驗

依出口國法規規定須強制性出口檢驗的貨物而言，出口商須向檢驗機構索取「檢驗申請書」和「輸出檢驗合格證書」予以填寫，填寫完成後向檢驗機構申請檢驗，合格後才得輸出。

十一、保　險

貨物從出口地運送到進口地，中途可能會發生不可預料的危險，所以為了防止意外的發生，須先保險以減少意外損失。至於投保人，則視雙方交易條件而定，在CIF的情形下由出口商負責投保，FOB、CFR則由進口商負責投保。

十二、出口報關、裝運

艙位洽定貨物備妥後，須向海關進行報關、辦理裝船（機），才能完成裝運手續。裝貨完成後，海運出口船上人員便簽發大副簽收單（Mate's Receipt）給託運人，憑此向船公司換取提單（B/L）；空運則在貨物到機場進倉報關檢驗放行後，航空公司發空運提單（Airway Bill）給託運人，一般均委託專業的報關行及貨運承攬業者代為處理出口及運輸相關手續。

十三、出貨單據

以信用狀交易時，出口商於出貨之後，即須準備根據信用狀上規定的出貨

單據；以其他付款條件交易者，則須由進口商指示需要準備何種出貨單據，常見的出貨單據有商業發票、包裝單、提單、原產地證明書、受益人證明書等。

十四、結匯——出口押匯或催電匯貨款

1. 以L/C為付款條件：各種單據準備齊全並審核無誤後，即可向自己有往來的外匯銀行或客戶指定的銀行進行辦理押匯。
2. 以T/T付款：D/A、D/P經由銀行代收；CAD 按約定催收貨款。

第4節　進口貿易程序

一、市場調查

調查物件包括進口國及出口國。進口國方面需要了解國內消費者需要的產品是什麼？鎖定合適產品之後，再根據需求選定出口地。對於進口商而言，出口國市調相當重要，不是只調查欲購產品詳細資料而已，更須了解該進口國的政經法律、貿易法規、風俗習慣及環境天氣等細節。

二、尋找供應商

可經由國內外各類貿易專業雜誌上刊登的廣告、國外進出口公會或商會、國外往來客戶或親友，亦可經由國際性展覽、網路搜尋來尋獲合適賣方進行交易。再者詳查進口規定，即事先預查進口產品是否為限制進口的產品、關稅、有無特殊進口規定等。

三、目錄及詢價

經由各種管道選定賣方後，向他們索取目錄，經評估選定適合品項之後，發出詢價信給多家賣方，請對方報價。

四、報價和樣品

收到各家供應商的報價單後，詳細斟酌其報價及交易條件，再經索取樣品，比較品質，決定交易的賣方。

五、信用調查

由於國際貿易的熱絡，為了確保交易過程的安全及持續供貨之順利，買方對賣方的信用調查，以財務信用狀況調查最為重要，可由賣方所提供的銀行帳戶，委請我方往來銀行進行調查，或是委由專業國際徵信公司調查。

六、下訂單

買賣雙方洽妥所有交易細節，包括單價及其他交易條件後，買方以書面向賣方發出訂單，賣方確認交易之成立。

七、進口簽證

進口貨物依規定必須辦理進口簽證，應經由簽證機構發出許可證後才能進口。目前我國規定，進口採「負面表列」，即進口商的產品如列入「限制輸入貨品表者」，其輸入手續應取得輸入許可證後才得輸入。

八、預付訂金

由於目前進口的產品，大部分不須事先申請輸入許可證，因此屬免簽證進口貨物的進口商，可在交易契約成立後，立即著手信用狀的開發工作，進口商只須繳交約兩成的信用狀金額保證金，即可開狀。但是保證金會因各公司跟銀行信用程度而有不同的成數，有些國家甚至要求全額保證金，才能開信用狀。

九、保　險

當貿易條件為FOB、CFR時，買方須自行投保保險。在申請信用狀時須先購買保險，因某些開狀銀行為了確保貨物能安全抵達，減少意外損失，要求進口商先行投保，由於投保的進口商對於貨物的裝運詳細內容，例如：船名、航次、啟航日、抵達日等均未確定，須於正式出貨後方能確定，因此這類的保單稱為預約保單（TBD）。

十、付款領單

出口押匯銀行在賣方完成押匯後，便將發票和其他出貨單據寄到進口地的指定銀行請求付款，進口商接獲開狀銀行的通知後，到銀行承兌該信用狀的金額，領取相關出貨單據。

當進口商付清貨款和利息後即可取回單據，如果單據尚未到達開狀銀行，而進口商又急欲提貨，也可以出具擔保提貨申請書給銀行及相關資料跟銀行申請擔保提貨書，進口商在結清所有貨款及費用後，銀行即在擔保提貨單上簽名，使進口商可以此向船公司換取D/O（Delivery Order）辦理報關手續。

十一、進口報關及繳納關稅

當貨物到達進口國後，進口商通常委託報關行持進口報單及相關文件向海關申報並繳納所需稅捐。在進口之前，一般可循下列管道先行查詢進口產品之關稅稅率，以便計算成本。

1. 關稅總局網站http：//web.customs.gov.tw「稅則稅率查詢」。
2. 關稅總局稅則處提供電話查詢服務：
電話：（02）25505500按8或（02）25508184。
3. 臺中關稅局：（04）26565101電話查詢服務。
4. 與配合之報關公司之所屬主管暨出口部門洽詢。
5. 海關預先歸類稅則申請，依海關規定填具申請書、附原廠型錄或樣品，向地區關稅局申請，經總局複核，地區歸列意見後，由地區關稅局回函答覆。

十二、提 貨

在海關完成貨物查驗、完稅手續後，進口商即可向海關官員及管理人員核銷進口倉單，至倉庫提貨，完成進口手續。

國際貿易的準備過程及進行程序

習作演練

1. （　）下列何者屬於可經辦買主信用徵信及保險的單位？　①中國輸出入銀行　②外貿協會　③經濟部　④中央銀行。

2. （　）開發信用狀在國際貿易的過程中是屬於　①履約階段　②交易前準備階段　③定約階段　④售後服務階段。

3. （　）下列何者不是產品品質認證的標準？　①ISO　②UL　③DIN　④S/O。

4. （　）下列何者是進口商贖單之後，接下來須進行的工作？　①退貨索賠　②銀行押匯　③進口報關　④信用狀開發。

5. （　）目前我國採用的商品分類制度是　①FDA制度　②HS制度　③CE制度　④CNN制度。

6. （　）最有效的行銷方式，也是最容易找到潛在客戶的好方法是　①參展　②雜誌　③寄開發信　④網路廣告。

7. （　）廠商想申請出進口廠商登記證，須向哪一個單位提出申請？　①財政部　②港務局　③外交部　④經濟部國貿局。

8. （　）下列何者不是積極物色貿易對手的方法？　①刊登廣告　②參展　③派員出國拜訪　④根據買主資料寄出開發信。

9. （　）下列哪一個步驟必須在出口報關前完成？　①出口檢驗　②海關提貨　③結匯贖單　④裝船。

10. （　）目前承辦輸出保險之機構為　①中央信託局　②外貿協會　③中國產物保險公司　④中國輸出入銀行。

11. （　）在交易前的準備工作中，下列何項事務應較先進行？　①信用調查　②市場調查　③招請交易　④找尋交易對手。

12. （　）「中華民國商品標準分類號列」共有幾碼　①6碼　②8碼　③10碼　④11碼。

13. （　）輸出保險指的是對下列何種風險的保險？　①海上運輸　②國際賒銷的收款問題　③碼頭罷工　④天災損失。

14. （　）客戶的信用調查是屬於貿易過程中的哪一過程？　①準備過程　②報價過程　③訂約過程　④信用狀接受過程。

15. （　）下列何者並非各國在商品標準分類上共同採用調和制度的優點？

①降低關稅　②便於貿易談判　③減少轉換的時間及費用　④利於直接比較分析。

16.(　) 出口商在從事國際貿易時，應辦理事項如下：a.簽訂買賣契約；b.接受信用狀；c.貨物裝運；d.辦理出口押匯；e.報價，其出口正確次序為　①abcde　②cdaeb　③daceb　④eabcd。

17.(　) 調查對方有關經營能力、技術能力等事項，是屬於下列信用調查項目中的哪一項？　①Condition　②Character　③Capacity　④Capital。

18.(　) 下列何者不是信用調查的目的？　①取得辦理輸出保險之文件　②減少商業風險　③了解交易對手的信用　④了解市場狀況。

19.(　) 出口商開具匯票向銀行辦理押匯，此種行為多在下列何種出口程序之後？　①辦理出口簽證　②辦理出口報關　③簽訂契約　④詢價。

20.(　) 進出口貿易業務中所利用的市場資料，屬次級資料者為　①委託國外市調機構取得之資料　②出國訪問所得資料　③本國公會及各職業團體所發布之經貿刊物　④通信調查所獲之資料。

21.(　) 我國目前貿易業務主管機關是　①行政院經濟建設委員會　②財政部金融局　③中央銀行外匯局　④經濟部國際貿易局。

22.(　) 進出口廠商在招攬交易的函件中，標示Our Reference：The Bank of Taiwan Head Office，Taipei是為了　①方便交易對手進行信用調查　②方便交易對手以T/T匯款　③方便交易對手開發信用狀　④方便交易對手以D/A交易。

23.(　) 招攬交易時，所寄送的價目表（Price List）其主要性質為　①屬於穩固報價　②僅供買方參考　③可供申請開發信用狀之用　④可替代買賣契約。

24.(　) 下列何者不是信用調查的項目？　①損益情形　②營業能力　③員工福利　④資本額。

25.(　) 現行我國貿易管理制度採　①正面表列　②完全自由　③負面表列　④嚴格管制。

26.(　) FOB的交易條件下，買方需自行投保，開發信用狀時，銀行通常會要求買方先購買保險，此「預約保單」為　①ISO　②TBD　③CAD　④COD。

27.(　) 出口商安排出貨時，何時可取得S/O？　①出口檢驗時　②貨物裝船時　③辦理出口簽證時　④洽妥艙位時。

貿易花絮之二

細說越南情

～Monica心情隨筆

　　一般而言，我出差的地方都是歐美先進國家，很少到開發中國家，唯有一次是到越南參展，令我記憶深刻。那年春天，到首都河內參加一項國際紡織機械展，那時候的河內真純樸，據說是因為共產國家，四處都有軍隊駐守，因此治安良好，女子即使半夜獨自出門也很安全。

　　當時的匯率是一美元兌換一萬二千越南盾。一下飛機，大家都換了好幾百萬越盾在身上，花起錢來很過癮，一罐進口礦泉水一萬八，一束鮮花五萬，到市集上買了些水果花了二十萬。不過問題也隨之而來，由於鈔票面額很小，都是千元、百元及硬幣，當我們一團十個人一起外出吃飯，用餐時間約一個小時，花了一百多萬越盾，但算帳時，光數鈔票就花了半個小時，且愈算愈糟，最後還是以付美金收場。據團長說這還只是小Case，他認識一對到越南做生意的臺商夫妻，每天一收工，夫妻倆最頭痛的工作就是數鈔票，往往數到吵架，甚至想離婚呢！當時覺得真奇怪，怎麼不發行面額大一點的鈔票呢？後來才知道當地居民的所得及消費能力，實在不需用到大鈔。不過越南幣值還不是最小，如果比起土耳其里拉（TL），算是小巫見大巫了，2004年其匯率是一美元兌換六十六萬里拉。據2001年《金氏紀錄大全》記載，土耳其里拉是全世界「最不值錢的貨幣」，該國政府在2005年進行貨幣改革，自1月1日起一百萬里拉換為一里拉，如同早期舊臺幣換成新臺幣政策一樣。

　　當時我們下榻於一家頗有歷史的飯店，大概房租便宜，每人都被安排住單人房，令我訝異的是，每天約有五、六個女孩負責打掃我的房間，她們對於我放在梳妝檯上瓶瓶罐罐的保養品、化妝品很感興趣，總是一擦再擦，透過我們所請的當地翻譯Rita得知，原來越南女孩大多數買不起化妝品，更別提保養品了，因為這些在當地都算奢侈品，而且當她們一有機會化妝，晚上往往捨不得洗臉，留著明天還可以美一天，聽得令我十分不捨，也很慶幸自己是個幸福的臺灣女孩，再看看自己化妝包內各式名牌的化妝品，宛如聯合國，也很慚愧。返臺前夕，我

把所有化妝品通通送給那些幫我打掃房間的女孩們，看到她們不可置信的驚喜表情，更感恩她們讓我日後知道要更知足、惜福。

1964至1973年為期十年的越戰舉世聞名，儘管越戰遠離已久，但是它對越南的影響依舊深刻。第一次進展覽館廁所時，嚇了一大跳，裡面除了有兩間有門的廁所之外，還有一條小水溝，而當地女孩往往就在毫無遮掩的小水溝小解，令人不可思議。後來問了Rita，她說是因為越戰時期，所有的人都在野外逃難，因此女人也養成隨地「解放」的習慣，至今還有很多人保有這樣的習慣，無情的戰爭影響深遠，可見一斑。

為了入境隨俗，Rita帶了一件她的長衫借我穿，這是越南女子在正式場合中慣有的穿著，也是她們的國服，叫教帶（Ao Dai），一穿才發覺當地女子雖然瘦小纖細，但身材比例超好，難怪越南新娘那麼受臺灣男子的喜愛，而她們也以嫁臺灣男子為榮。當時團內有一位未婚男士Peter，更是受到他的翻譯員青睞，一直想嫁給他，全團的人還起鬨，卯起來幫那女孩的忙，極力撮合，連給女方聘金的數目都打聽清楚了，只要美金二百元即可，只可惜「落花有意，流水無情」，事竟未成。至今我一直不解的是，越南女子都很溫柔美麗兼動人，但是為何當地男士就長得一副矮小瘦弱兼抱歉的模樣呢？

◎ 河內　國際展覽館
　　為了入境隨俗，增加親和力，我和美麗的越南翻譯Rita都穿起了越南國服，看起來還不錯吧！

貿易花絮之二

◎ 越南　河內國際展覽館
　　河內雖是首都，但比商業城胡志明市落後很多，外觀看起來很不起眼的國際展館，內部的設施一樣很簡陋。

◎ 越南　河內
　　純樸的城市，人民大多以腳踏車、機車代步，偶爾出現開車的人，很喜歡沿路不停地按喇叭，似乎在炫耀他是開車族。

第 **3** 章

國際貿易條件

第1節　國際貿易相關公約與規則

一、國際貿易慣例概述

由於國際貿易會牽涉到不同國家的各項法律，也因為各地方的政治、經濟、種族、文化等風土民情先天上的差異，遂在貿易上各自發展出不同的慣例，所以當國家與國家間進行貿易時，常常對於各項貿易條件的認定與解釋有所出入，以致形成各種糾紛、衝突，使得貿易的往來形成許多不便與困擾，致使貿易無法正常運作。後來國際間逐漸產生共識，認為應該要制定一套標準規範，讓各國從事國際貿易的人共同遵循，遂先後制定出許多相關的法規與條例，其中許多已成為現今貿易上不可或缺的條規，如：信用狀統一慣例、國貿條規等。

但由於國際貿易慣例，只是部分國家與民間企業組織所制定的成文習慣，並未經過任何其他國家透過國內立法的方式來加以認可，所以並沒有法律上的強制性，對買賣當事人亦無具體法律約束力，對於是否會完全遵守規定事宜，完全是由相關的當事人自行決定，因此有時也較沒有保障；除非在訂定契約時徹底將疑慮澄清，聲明所有事項均依照慣例規定來辦理。

只要在契約上載明了國際貿易慣例之適用者，該慣例便成為這個契約的一部分，其效力除了具有法律強制性外，並優於其他法，而對相關當事人產生約束力，例如：在買賣契約上直接記載「The contract is governed by the Incoterms 2010」，亦可直接在價格後標示字樣「Price: USD50 per set. FOB New York Incoterms 2010」。

二、史上重要的公約及規則

目前國際上對於貿易條件的解釋規則，主要有以下三套：

1. 國貿條規

International Rules for the Interpretation of Trade Terms，由國際商會（International Chamber of Commerce, ICC）所制定，簡稱Incoterms。目前最新的版本是在2010年修訂的，並自2011年1月1日開始生效，制定之目的是為了避免國際間在進行貿易的同時，因認知上的差異而發生衝突及糾紛。現今的國

際貿易大多已採用這套規則作爲解釋貿易條件的依據,共十一種,經過多次修訂,除更具體地指出適用契約及使用範圍外,並清楚規範出買賣雙方之權責。國際商會並提醒業者應將Incoterms 2010納入國際貿易之契約中,以便在發生糾紛時有所依循之規範。

2. 華沙牛津規則(Warsaw-Oxford Rules, 1932)

前身爲華沙規則(Warsaw Rules, 1928),爲國際法學會於1928年在波蘭首都華沙所制定,之後於1932年在各國商會的協助下,在英國牛津進一步將之修訂爲華沙牛津規則 (Warsaw-Oxford Rules, 1932)。本規則的特色在於它是專供解釋CIF之用,解釋在CIF條件下,買賣雙方的權責問題。本規則由於八十多年未經修改,已失去其適用性而漸被捨棄不用。

3. 美國對外貿易定義

1919年,由在紐約所舉行的泛美會議所制定,原名爲美國對外貿易定義(American Foreign Trade Definitions in 1919)。於1941年再經由代表美國商會、美國進口商全國委員會及全國對外貿易委員會等三機構組成的聯合委員會(Joint Committee)加以整編修訂,成爲今日的美國對外貿易定義(Revised American Foreign Trade Definitions 1941),通常簡稱美國定義(American Definitions)。而這項解釋規則的主要目的是針對報價所用之術語做統一的解釋,但使用者僅限於美國少數業者,因FOB條件就有六種,加上原來的五種,共有十一種。

當買賣雙方在訂定契約的時候,可以自由約定契約中的內容,而貿易條件屬於契約的一部分,也可以自由約定。因此,買賣雙方可以任意引用上述三套規則之一,或甚至不採用上述三套規則,而另外自行創造新規則,此爲「契約當事人自主原則」的具體精神。而在目前國際貿易當中,大多是以國際商會所制定的國貿條規(Incoterms 2010)作爲貿易條件的解釋準則,以求便利及國際統一性。爲避免對貿易條件解釋發生糾紛,買賣雙方在簽訂契約時,宜明確記載該契約係適用何種規則,例如,在契約中加一條款載明:「This contract is subject to Incoterms 2010」

第2節　國貿條規

一、國貿條規之形成、發展與統一

　　當雙方在進行貿易時，通常會在契約書中記錄買賣雙方所必須履行的各項義務條件，而這類條件是由買賣雙方自行訂定的，並非既定的法則，稱為Terms of Trade。而在這裡，我們所要探討的是實務上的專有名詞——Trade Terms，其意為定型的貿易條件，像FOB、C & F等，而這一類定型貿易的條件形成原因可以追溯到當時具有海上霸權的英國，由於英國海上貿易非常興盛，貿易量相當大，為了簡化一些契約上不斷重複的條件內容，於是透過合併一些相關要項，逐漸自理出一套貿易上的準則，並替這些準則命名，這就是現在FOB等定型貿易條件的由來。也因為它代表一些固定條件的組成內容，才被稱為定型貿易條件，現在這些條件都已廣泛被業界所採用，成為彼此貿易往來的認定依據。

　　於是這類定型貿易條件逐漸以英國為中心，慢慢向其他國家擴散，但由於各地區的種族、民情、法律條規等地理、人文方面的不同，導致就算貿易條件說好是FOB，但買賣雙方還是會有認知上的差距存在，使得Trade Terms勢必要進行統一，所以最初是由國際聯盟（聯合國前身）底下的國際商會（International Chamber of Commerce, ICC），於1936年出版國際商業條規的專刊，提出關於定型貿易條件的國際性原則，總共十一項，隨後經過七次修正，目前所適用的是Incoterms 2010，共十一個Terms，國際商會的態度是主張十年修改一次，並保持與國貿實務及運輸變化並進。1996年，國際商會本著更新貿易條件的使命感，成立修改工作小組，將設計好的問卷透過各國國家委員會向該國有關的銀行、保險及貿易界廣泛蒐集意見，並鼓勵提出使用中發現的各種問題。其中，回收問卷表明主要貿易條件使用的頻率為：FOB（91.46%）；CIF（88.32%）；EXW（69.65%）；CFR（63.12%）；FCA（39.16%）。

二、國貿條規下，一般性及個別性責任

1. 一般性責任

　　即一責任的發生會牽動到另一方。在Incoterms 2010中，每一個貿易條件都清楚列出買賣雙方的責任（Duty），其中有幾項責任要求是不同的，茲列舉如下：

(1)**賣方**

①賣方必須交付符合雙方在契約中所議定的交易目的物，如：數量。

②賣方應為交易目的物做最適合的包裝與標示，當遇到某些不適合做包裝的產品，如：汽車，賣方也必須遵照一般行情與習慣來處理。另外也須確保運輸物品在運送過程中安全無虞。

③對買方適時發出必要通知，若因賣方疏失，未適時對買方提出必要通知而致使買方蒙受損失時，買方可追究責任。例如：裝運通知，若相關船運事宜未能事先讓買方知道，可能會影響安排作業程序。

④該有的證照一定要有，如：輸出許可證等。

(2)**買方**

①買方應適時地提貨與付款，若因未提貨而導致貨品受損，是買方的責任。此外也不能說還沒有提貨就不付款，這會讓賣方權利受損。

②買方須對賣方適時發出必要通知，例如：信用狀因故延誤送達，若能及早通知賣方，就能讓賣方妥善安排一些相關生產事宜，並確保貨款的取得。

③和賣方一樣，須取得各項相關證照。

2. 個別性責任

即責任的移轉或發生單方面的責任問題。以下將針對各項定型貿易條件歸納成三個部分來探討：

(1)**風險（Risk）的移轉**

指賣方的責任承擔到某個時間、地點後，貨物的責任歸屬就移轉到買方。

(2)**費用（Cost）的負擔**

這裡的費用不是指買方向賣方購貨的貨款，而是指賣方在運送商品過程中，可能必須支付的款項，如：關稅、通關手續費、檢驗費等。

(3)**單據的交付**

通常是以是否交付適當的單據來評估賣方有否善盡職責，因為提供單據就象徵提供單據上的貨品。

第3節　適當的國貿條規選用原則

在國際貿易當中，買賣雙方達成交易協定後，所面臨到的就是要考慮如何選擇「適當」的貿易條件，因為一項交易所考慮到的層面相當廣泛，從貨物出了倉庫，經由所議定之交通工具運輸，在運輸途中可能面臨貨品產生瑕疵或損失，以及最後的提貨付款事宜，其中種種繁瑣的要項都和選擇一個適當的貿易條件有著相當大的關聯，因此，以下便針對如何選用適當的貿易條件提出最主要的原則考量。

1. 市場實際狀況考量

「風險」不只是風險的承擔能力，還包括風險的移轉。買賣雙方應評估當時市場的狀況，以充分了解本身承擔風險的能力。在風險移轉方面，買賣雙方應協定貨物的毀損及遺失等保險賠償事宜的風險，應該在哪一個時點由賣方承擔，移轉由買方承擔。如果是賣方市場，擁有優勢的賣方可選擇對自己較有利的條件，例如：EXW、FOB等；如果是買方市場，則可選擇對買方有利的DAP及DDP等。

2. 運輸及保險費用考量

整個交易流程中存在許多繁瑣的費用，雙方應以精算、雙贏為原則，賣方可拿到較優惠的費率，則選用CIF條件；反之，若買方要自行掌控運輸及保險，就可以選用FOB條件；在三角貿易中，運輸及保險費用由誰支付有其他考量，因為船公司若在中間商所在地無代理行時，中間商無法經手洽船付運費，宜用CFR條件買入，再以CIF條件賣出，出口商則無法透過保險金額知道中間商之轉售價格。

3. 使用的運輸方式

Incoterms 2010第一類的貿易條件適用於任何運輸方式，第二類貿易條件僅適用於海運及內河運輸方式，買賣雙方須先行了解，避免誤用，除了曝險甚劇，亦可能因此發生貿易糾紛。

4. 海關關務狀況

一般而言，進出口的海關事宜，應由雙方個別在自己的所在地辦理最好。賣方須辦理貨物出口結關，買方則須負責貨物進口通關；而如果按EXW條件成交，買方須自行在出口地辦理結關；若是DDP條件，賣方則須負責貨物進口的

通關手續。在這樣的情況下，買賣雙方各自承擔極高的風險，亦可能無法順利進口或出口。

5. 非正式之慣用條規

多數外銷業者都使用過「FOR」（國內指定地點交貨價）這條款，此並非屬於國際商會所制定之國貿條規之內的條款，乃是臺灣外銷業者習慣的條款，適用於工廠對貿易商的報價條件，工廠以臺幣報價給貿易商，風險轉移點在貨物完成後送貿易商指定之地點，例如港口碼頭（海運）、機場（空運）或其他公司（併櫃），此慣用條規僅在臺灣適用。

第4節　新版國貿條規之解析

由國際商會（ICC）制定之新國貿條規「Incoterms 2010」的應用兼具「國際性」和「全面性」，不只貿易業、銀行業、運輸業，甚至是保險業，都在其應用範圍之內，於2011年1月1日開始適用。

國際商會（ICC）制定的國貿條規僅為規則，提供買賣方共通標準並沒有強制力，本於契約自由原則，買賣方可自行於買賣契約中述明權利義務及費用分攤；但如有爭議須請ICC仲裁時僅會依據新版做解釋，如使用已取消的條規，則ICC無法做仲裁。

新舊版國貿條規之比較

一、買賣契約：買方與賣方訂定的交易契約，如有費用細項與新版條規不同，或未說明版本時須特別訂明。

二、運送契約：出貨人與運送人訂立的運送契約，通常以出口商的出貨通知為依據，買方不易與出口地的運送人簽訂運送契約，常由賣方協助代辦。

三、保險契約：買賣方與保險公司訂定的保險契約以保單為主，運輸保險大多是指主航程險，即生效於起運地倉庫、終於目的地倉庫者稱為倉庫條款（Warehouse Clause），不含兩地之內陸運輸，買賣契約未規定承保範圍，在CIP規則中規定，至少應涵蓋賣方交貨地點至指定目的地。

四、主要運費與運輸工具：指運送貨物由出貨地到送達地主要距離運輸的運費，而完成之主要運輸工具，如飛機、輪船謂之。

五、On Board：新版條規中，對FOB條規在交貨中之定義，為賣方須安排將貨物於船上放置定位，才算完成交貨。此點與舊條規定義為越過船舷有所不同。

六、整櫃貨適用：新版條規建議海運整櫃貨不宜用FAS、FOB、CFR、CIF四條規，另外貨櫃會移往內陸櫃場或延伸貨站，但此條規僅規範到港為止，與規定的指定目的地差別甚多，曝險甚鉅，業者不可不慎。

七、進口稅金：新版條規對DDP條款中，明確說明DUTY包含進口地輸入應付的一切關稅、稅賦及其他費用。

八、運送人：新版條規定義運送人（Carrier）為「與出貨者訂立運送契約的一方」，空運即為航空公司或承攬業者（Forwarder），在海運則是船公司或承攬業者。

第一類　適用於任何或多種運送方式規則～EXW、FCA、CPT、CIP、DAT、DAP、DDP

（一）Ex Works（... named Place）
1. 代號：EXW 2. 定義：廠內交貨條款（條款後列明指定地點）。 3. 費用：貨物在賣方的廠內或倉庫為止（不需裝貨），接著由買方負擔。 4. 風險：貨物在賣方的廠內或倉庫為止，轉由買方承接。 5. 保險：未規定，買賣雙方可針對自己負擔的風險範圍承保。
報價及訂契約時，EXW後必須將指定交貨地名或地點清楚列出，以示賣方負擔貨物的一切費用到此為止。例如EXW Changhua Factory US$25.00/pc
（二）Free Carrier（...named place）
1. 代號：FCA 2. 定義：輸出地貨交運送人條款（條款後列明指定地點）。 3. 費用：賣方支付內陸運費、出口報關費，接著由買方負擔。 4. 風險：賣方在指定地點貨交買方指定的運送人為止，轉由買方承接。 5. 保險：未規定，買賣雙方可針對自己負擔的風險範圍承保。
報價及訂契約時，FCA後必須將貨物交付運送人交接地點清楚列出，以示賣方負擔貨物的一切費用到此為止。例如：FCA Taoyuan Airport USD90.50/set
（三）Carriage Paid To（... named place of destination）
1. 代號：CPT 2. 定義：運費付訖條款（條款後列明指定目的地）。 3. 費用：賣方支付內陸運費、出口報關費、主要運輸費，接著由買方負擔。 4. 風險：同FCA。 5. 保險：未規定，買賣雙方可針對自己負擔的風險範圍承保。
報價及訂契約時，CPT後必須將運送之目的地清楚列出，以示賣方負擔貨物的運費到此指定目的地。例如CPT Wargaren 563347 GN Lith，Netherland US$96.00/pc。
（四）Carriage and Insurance Paid To（... named place of destination）

1. 代號：CIP
2. 定義：運保費付訖條款（條款後列明指定目的地）。
3. 費用：賣方支付內陸運費、出口報關費、主運費、保險費，接著由買方負擔。
4. 風險：同FCA。
5. 保險：主運送保險規定由賣方承保，其餘買賣雙方可針對自己負擔的風險範圍承保。

報價及訂契約時，CIP後必須將運送之目的地清楚列出，以示賣方負擔貨物的運費及保險費到此指定目的地。例如CIP D-345 Isselburg，Germany EURO55/pc。

◎圖解說明

Incoterms® 2010
賣方應承擔的風險與成本

適用於所有運輸工具

  通關檢查  通關檢查

賣方	前段運輸	出口海關	起運港(站)	主要運輸	抵達港(站)	進口海關	指定目的地	買方
風險								
費用								
保險								

EXW(EX WORKS)

風險								
費用								
保險								

FCA(Free Carrier)

風險								
費用								
保險								

CPT(Carriage Paid to)

風險								
費用								
保險				義務承保				

CIP(Carriage and Insurance Paid to
destination)

1. 代號：DAT
2. 定義：終點站交貨條款（條款後列明目的港或目的地之指定終點站）。
3. 費用：賣方支付內陸運費、出口報關費、過境費(須經第三國時)、主運費，接著由買方負擔。
4. 風險：賣方將貨物運送至指定終點站之目的港或目的地，並已從抵達之運輸工具卸貨為止，轉由買方承接。
5. 保險：未規定，買賣雙方可針對自己負擔的風險範圍承保。

報價及訂契約時，DAT後必須列明目的地或目的港的指定終點站，以示賣方負擔貨物的一切費用到此指定終點站為止。例如DAT quay at Le Havre，France EURO599/set。

（六）Delivered At Place (... named place)

1. 代號：DAP
2. 定義：目的地交貨條款（條款後列明指定地點）。
3. 費用：賣方支付內陸運費、出口報關費、過境費（須經第三國時）、主運費，接著由買方負擔。
4. 風險：賣方將貨運至進口地指定目的地之運輸工具上（未卸貨）為止，轉由買方承接。
5. 保險：未規定，買賣雙方可針對自己負擔的風險範圍承保。

報價及訂契約時，DAP後必須列明目的地，以示賣方負擔貨物的一切費用到此目的地為止。例如DAP 99 Blvd De La Chapelle，Paris，France EURO75/pc。

（七）Delivered Duty Paid (... named place of destination)

1. 代號：DDP
2. 定義：輸入國稅訖交貨條款（條款後列明指定目的地）。
3. 費用：賣方支付內陸運費、出口報關費、主要運輸費、保險費、過境費、進口報關、進口稅捐。
4. 風險：賣方在貨交買方指定目的地運輸工具上（未卸貨）為止，轉由買方承接。
5. 保險：未規定，買賣雙方可針對自己負擔的風險範圍承保。

報價及訂契約時，DDP後必須列明指定目的地，以示賣方負擔貨物的一切費用到此指定目的地為止。例如DDP Rue de la Pecherie 16 B-1189 Brussels，Belgium EURO540/set。

◎圖解說明

Incoterms ® 2010
賣方應承擔的風險與成本　　　適用於所有運輸工具

賣方	前段運輸	出口海關	起運港(站)	主要運輸	抵達港(站)	指定終點站	進口海關	指定目的地	買方
風險									
費用									
保險									

DAT(Delivered at Terminal)

賣方	前段運輸	出口海關	起運港(站)	主要運輸	抵達港(站)	進口海關	指定目的地	買方
風險								
費用								
保險								

DAP(Delivered at Place)

賣方	前段運輸	出口海關	起運港(站)	主要運輸	抵達港(站)	進口海關	指定目的地	買方
風險								
費用								
保險								

DDP(Delivered Duty Paid)

第二類　適用於海運及內陸之水路運輸規則—FAS、FOB、CFR、CIF

（八）Free Alongside Ship (... named port of shipment)
1 代號：FAS 2. 定義：輸出港船邊交貨條款（條款後列明指定裝貨港）。 3. 費用：賣方支付內陸運費、出口報關費，接著由買方負擔。 4. 風險：賣方在貨交輸出港買方指定船邊之碼頭或駁船上為止，轉由買方承接。 5. 保險：未規定，買賣雙方可針對自己負擔的風險範圍承保。
報價及訂契約時，FAS後必須將裝運港清楚列出，以示賣方負擔貨物的一切費用到此該裝運港船邊為止。例如FAS Keelung，Taiwan US$1,000/Ton。
（九）Free on Board (... named port of shipment)
1. 代號：FOB 2. 定義：輸出港船上交貨條款（條款後列明指定裝運港）。 3. 費用：賣方支付內陸運費、出口報關費，接著由買方負擔。 4. 風險：賣方在貨交輸出港買方指定船舶上為止，轉由買方承接。 5. 保險：未規定，買賣雙方可針對自己負擔的風險範圍承保。
報價及訂契約時，FOB後必須將裝運港清楚列出，以示賣方負擔貨物的一切費用到此該裝運港船上就定位為止。例如FOB Keelung port US$10/kg。
（十）Cost & Freight (... named port of destination)
1. 代號：CFR 2. 定義：含運費在內交貨條款（條款後列明指定目的港）。 3. 費用：賣方支付內陸運費、出口報關費、海運費，接著由買方負擔。 4. 風險：同FOB。 5. 保險：未規定，買賣雙方可針對自己負擔的風險範圍承保。
報價及訂契約時，CFR後必須將目的港清楚列出，以示賣方負擔貨物的海運費到指定目的港為止。例如CFR Hamburg port EURO85/dozen。
（十一）Cost Insurance and Freight (... named port of destination)
1. 代號：CIF 2. 定義：含運費、保費在內交貨條款（條款後列明指定目的港）。 3. 費用：賣方支付內陸運費、出口報關費、海運費、保險費，接著由買方負擔。 4. 風險：同FOB。 5. 保險：主運送保險規定由賣方承保，其餘買賣雙方可針對自己負擔的風險範圍承保。
報價及訂契約時，CIF後必須將目的港清楚列出，以示賣方負擔貨物的保險費及海運費到指定目的港為止。例如CIF Helsinki port EURO399/Ton。

◎圖解說明

Incoterms ® 2010
賣方應承擔的風險與成本

適用於海運及內陸之水路運輸

賣方	前段運輸	出口海關	起運港	主要運輸	抵達港	進口海關	指定目的地	買方

FAS(Free Alongside Ship)

FOB(Free on Board)

CFR(Cost and Freight)

CIF(Cost, Insurance and Freight)

義務承保

您可能不知道的眉角

CFR的逆轉致勝

　　美國一進口商向泰國進口白米一批，價格條件是CFR，出貨前賣方應買方要求，由其指定的商檢機構檢驗，結果符合合約中的標準，於是準時裝船出貨，但由於裝載的船隻屬於慢船，航行了一個半月才到美國西岸港口，待買方提貨時，卻發現白米中長出許多米蟲，因而向賣方提出索賠，但賣方提出出貨前檢驗合格的證明書，貨物且已過了風險負擔的範圍（貨物裝船就定位後，即由買方負擔一切風險與費用），拒絕賠償。

　　買方心有未甘，於是延請公證行的專家進行調查，結果發現這些米蟲全部是死的，因此判定不是在運輸途中長出來的，而是出貨前早已存在的米蟲，因為裝船前一般都得經過薰艙的過程，而米蟲在此一過程中被餘留的化學氣體薰死了，賣方提不出反證，因此得賠償，國貿條規是死的，但如何活用很重要，即使是客訴危機也可經過抽絲剝繭反敗為勝。

國際貿易條件

習作演練

1. (　) 依Incoterms 2010之規定，何者不是在目的地交貨之貿易條件
①DAP　②DAT　③FAS　④DDP。

2. (　) 在FOB的條件下，下列何者是賣方的義務？　①支付保險費　②支付PSI費用　③支付報關費用　④支付海運費用。

3. (　) 下列何者不是Incoterms所解釋的貿易條件？　①FOB　②CFR　③CIF　④FOR。

4. (　) 一般以FOB條件交易，須由誰負責洽船及安排船運的工作？　①賣方　②買方　③船務公司　④押匯銀行。

5. (　) 在FOB條件交易下，下列何者不是必備文件？　①B/L　②Insurance Policy　③Packing　④Invoice。

6. (　) 進口商在CIF條件報價下之必要步驟，何者為非？　①開信用狀　②投保運輸險　③進口報關　④繳進口稅。

7. (　) 下列哪一種交易條件下，賣方必須負擔進口通關費用？　①FOB　②CFR　③DDU　④DDP。

8. (　) 在Incoterms 2010的條件中，下列哪一條件對買方的風險最大？　①EXW　②FOB　③CIF　④DDP。

9. (　) 當提單上運費登記是「Freight Collect」，交易條件應該是　①FOB　②CFR　③CIF　④DDP。

10. (　) 下列何者非CIF下，賣方應負擔的責任？　①出具運費已付之提單　②出具保險單據　③承擔運輸風險　④給買方裝船通知。

11. (　) 一般實務上所謂的「國貿條規」（Incoterms），是由哪一個單位訂定的？　①聯合國國貿法委員會　②國際法庭　③國際商會　④美國商業部。

12. (　) 依Incoterms 2010之規定，下列哪一個貿易條件須加起運港口名稱？　①FOB　②CFR　③CIF　④DDP。

13. (　) 依Incoterms 2010的規定，DDU的賣方義務不包含下列哪一項？　①輸出稅捐　②進口稅　③輸出通關費　④保險費。

14. (　) 依Incoterms 2010的規定，下列哪一種貿易條件的運輸保險費由買方負擔？　①FOB　②CIF　③CIP　④DDP。

15.（　）貿易條件為FOB、CFR、CIF的貨物風險轉移點在　①卸貨港碼頭　②卸貨港船上　③輸出港船舷欄杆　④輸出港倉庫。

16.（　）依Incoterms 2010之規定，下列何種貿易條件只適合純船運？　①FCA　②CIF　③CPT　④CIP。

17.（　）依Incoterms 2010之規定，在EXW條件下，賣方需不需要負責把貨物裝上買方所提供之運輸工具？　①不需要　②需要　③確定　④由賣方決定。

18.（　）依Incoterms 2010之規定，CIP之風險分界點與下列何者相同？　①EXW　②FOB　③DDP　④FCA。

19.（　）依Incoterms 2010之規定，以裝運地品質為準之貿易條件較不適用下列哪一項？　①DAP　②CIF　③FAS　④FOB。

20.（　）下列何者不是解釋貿易條件的國際慣例？　①American Definition　②Warsaw-Oxford Rules　③UCP 600　④Incoterms 2010。

21.（　）依Incoterms 2010之規定，下列何種貿易條件須由賣方負責洽訂運輸契約？　①EXW　②FCA　③CFR　④FOB。

22.（　）依Incoterms 2010之規定，以FOB條件成交時，賣方發出貨物裝運通知的主要用意是讓買方　①及時洽訂艙位　②及時辦理貨物運輸保險手續　③及時開出信用狀　④及時辦理進口報關。

23.（　）依Incoterms 2010之規定，採DAP貿易條件交易時，賣方不負擔下列哪一項費用？　①輸出通關費　②輸出稅捐　③輸入稅捐　④保險費用。

24.（　）依Incoterms 2010之規定，下列何者非CIF下賣方應負之責任？　①提供運費已付之運送單據　②提供商業發票　③提供保險單據　④負擔貨物運送風險。

25.（　）臺灣出口商擬向國外客戶報價時，試問下列有關貿易條件敘述何者錯誤？　①CIF Durban　②FOB Taichung　③FCA Taoyuan　④CFR Keelung。

26.（　）依Incoterms 2010之規定，FAS貿易條件的出口通關手續係由下列何者辦理？　①賣方　②雙方指定　③船方　④買方。

27.（　）於2011年1月1日起實施的新版Incoterms 2010共解釋多少種的貿易條件？　①11種　②12種　③13種　④14種。

28.（　）新版Incoterms 2010，新增二個舊版未有的條款是　①DAT&DAP　②DDU&DDP　③CPT&CIP　④FCA&FOB。

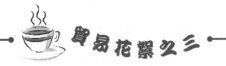

工欲善其事，必先利其器

　　英文之於國際貿易的重要，相信是無庸置疑的，儘管國外客戶誇我英文很好，但我一直覺得那只是外國人廉價的讚美，隨著工作日益繁重，想休息充電的念頭一天比一天強烈。

　　在一次到美國出差後，對加州印象很棒，終於下定決心到風景優美的Santa Monica College求學。首先在其附設的ESL進修語文及商業方面的課程。當時參加入學考試時，負責口試的老師對於我的發音很滿意（因為是美式發音），這時候很慶幸選的是美國而非英國，但是筆試時，文法可就一團糟啦！這下子終於找到學習重點了，其實早在飛往美國的班機上，我就告訴自己，接下來要完全用英文思考及交談。通常下課時，同學們都會三五成群，講著自己的母語，而我到了學校一個多月後，並沒有講過任何母語，所以同學們都不清楚我是哪一國人。倒是偶爾有一些日、韓的同學對我嘰哩呱啦講著他們的母語，以為我是他們的同鄉。直到有一次吃壞肚子，痛得要命，就破功了。一生病，哪來的情緒英文造句呢？一句：「唉呀！痛死我了」，才引起臺灣同學的注意，紛紛圍過來關切：「原來你是臺灣來的呀！」

　　這真是一段快樂的黃金時光，同學們來自世界各國，在班上儼然是個小型的聯合國。有歐洲來的貴族，不住學校宿舍，堅持住大飯店；有中東來的油田暴發戶的兒子，成天跟老師拍桌子爭取分數；中南美洲熱情的學生，見了面除了少不了一番左擁右抱，口中更是「Honey, Sweet Heart」叫個不停。我在這裡也體驗到西式「尖頭鰻」（Gentlemen）的禮遇，男生們在遠處就會拉著門等著女生進門，過馬路會扶著女生，下車幫女生開車門更是必要的體貼。在這裡，亞洲學生很少，只有幾個日、韓、臺灣籍的學生，其他皆是碧眼金髮的西方學生。

　　美國上課的方式跟臺灣截然不同，過去在臺灣的升學壓力下，學生生涯總是苦多於樂；而在這裡，沒有壓力，只有激勵，上課方式靈活而多元化，每星期五的會話課都到第三街上的路邊咖啡館，一邊喝咖啡一邊聊天，悠閒而愜意，拋掉

貿易花絮之三

過去在臺灣為了考試而讀書的方式。在學校裡，我像一塊乾的海綿努力吸收，一直鞭策自己在課堂上不斷地開口、問問題、找同學交換意見，下課後自動自發地查資料、做報告，呈現這一輩子未曾有過的認真，每天都是帶著微笑醒來，這是我人生中最豐富的一段歲月。

這一段國外的生活經驗對我影響相當大，除了英文進步之外，還包括長胖六公斤（之前吃都吃不胖），身體更健康、學會做菜、深具國際觀、更獨立，對日後返國再回貿易界，真是幫助頗多。尤其跟外國人在相處上更是得心應手，減少因語言的隔閡及文化背景差異所產生的溝通不良，引起不必要的誤解。後來我的工作內容有一大部分是擔任買、賣雙方的溝通者，因為了解雙方，總能圓滿達成任務。

雖然英文是國際語言，但在臺灣目前的環境下，從事國際貿易的人除了英文要好，臺語也很重要。現今買主往往喜歡找真正工廠交易，而不透過貿易商，中南部的工廠很多都是技術出身的本土老闆，說臺語往往比較方便，因此在工作中，我常需要英翻臺、臺翻英，流利的臺語更令臺灣的供應商印象深刻，頗感親切，之後一遇到有外賓來訪，紛紛再找我幫忙翻譯，令我增加不少工作機會。根據新聞報導，會臺語的求職者往往錄取率較高，這令我回想起小學時代，在校期間規定不准講方言，不小心說了，不但得罰錢，還得勞動服務呢！但現在自政府官員到平民百姓，大家卯起來學臺語，真可謂世事難料多變化啊！

◎ 美國　Santa Monica College
通往圖書館的林蔭大道，是用功的我每天必經之路，由剛到時茂密綠蔭的夏天，轉眼已是落葉繽紛的秋天了。

貿易花絮之三

◎ 美國　Long beach
跟同學一起參加耶誕夜所舉辦的Christmas party，這四位是負責接待我們的帥哥，令我見識了西方男士「尖頭鰻」的紳士風度。

◎ 美國　Santa Monica College
學期結束前，老師會帶全班同學到鄰近的海灘上野餐，每個人必須準備一道菜，我準備的是臺式炒麵，頗受歡迎，有口皆碑呢！

第 4 章

交易基本條件

第1節　品質條件

　　品質跟價格關係密不可分，因此品質在所有交易條件中是最重要的條件，所以在進行買賣時，首先要確定的就是貨物的品質（Quality）。因為買賣雙方對於品質的認定，通常有各自的主觀意識，且國際交易因為距離因素，不方便看貨買賣，因而須根據產品特性，藉助合適的方式確認品質，特舉下列四種常見的品質確認方式。

一、以樣品買賣

　　雙方交易前先以樣品確認品質，買方根據樣品品質及價格決定是否下單。樣品代表著大量生產的品質，通常以樣品買賣是國際貿易上最常使用確認品質的方法。樣品又可分為三種：

1. 賣方樣品（Seller's Sample）

　　賣方利用現有的產品提供給買方謂之。賣方以少量足以代表此產品品質的實物作為樣品，憑此樣品進行交易磋商之依據，此樣品一經雙方確認，規定於合約中，賣方即承擔交貨的品質與該樣品一致的責任；如不符，買方可提出索賠或拒收貨物。一般產品的出口商，最常採用此法。

2. 買方樣品（Buyer's Sample）

　　買方提供貨樣、產品藍圖或產品概念，請賣方評估是否可提供相同貨品謂之。賣方應注意考慮原料、生產加工技術、生產線安排的可能性，如要按原來貨樣製成一樣的產品，這常涉及到模具開發等費用及侵權的問題，都必須跟買方談妥細節。最好簽訂合約，同時在此種交易時，應先向買方收取訂金，以防買方中途毀約而使賣方蒙受損失。

3. 相對樣品（Counter Sample）

　　買方提供貨樣，賣方為了避免重新開模的花費及其他問題產生，變通辦法是從自己原有的產品中，選出一個類似的樣品，提供給客戶看看是否能接受。除非買方有特殊需求，否則都會接受以相對樣品來取代，以節省龐大的開發費用。

二、以規格等級來買賣

規格是反映商品品質的主要指標，諸多產品均適用，規格內容通常是化學性能、重量、純度、成分、大小、長短、粗細、容量、年分等，例如農產品，出產的年分愈久，品質愈差，酒類年分愈久價格愈高，此類品質變數較大的商品，可採「良好平均品質」（FAQ），木材採用「良好適銷品質」（GMQ）約定品質。礦物像鑽石就以克拉計價，除了大小，還按其純淨度、切割面等5C分等級，此一制度及標準通常由國家制定或由公家機關訂定之。

三、以說明書來買賣

常見於機器、交通工具之買賣，如：電視、冰箱、洗衣機等較大型的電器產品，由賣方或買方提出詳細的說明書，附詳細的圖樣、照片、設計圖、功能分析及各種數據說明，同時包括規格、材料、構造、體積等，交易時必須與說明書的條件相符。比較精密的產品，通常須將說明書具體內容列入合約中，還要訂立品質條款和保固期限、技術服務條款。

四、以國際標準認證來買賣

標準品乃是一種透過政府機關或工商業團體所通過的統一制度及公布的標準而認定的品質標準，像是ISO國際標準的通過對公司的認證確保良好生產製程，至於產品各國有各自的國家認可品質的標準，例如德國的DIN、歐洲的CE、美國的UL、日本的JIS、英國的BS等認證標準。因各國制定的標準經常修改，約定時要註明年分及版本，避免發生認定上之糾紛。

◎交付品質的時間跟地點

國際貿易貨物歷經長途運輸，必須經過搬遷、移動等過程，為了避免買賣雙方在品質認定上發生爭議，可根據貿易條件風險負擔的分界點畫分交付品質的時間跟地點，確保雙方的權利及義務，例如FOB條件，賣方只需負責貨物在出口港船上交貨時，品質符合契約規定即可，運輸過程所發生的貨品變質，除非可查出導致的原因，向其索賠，否則就必須按貿易條件規定，認定是買方或賣方負責。

第2節 數量條件

一、數量單位

數量單位因為不同的商品有不同的使用單位，國際上有其一定的通用單位，常用者大致分類如下：

1. 個數單位（Number）

件（piece）、套（set）、雙（pair）、打（dozen）、蘿（gross）、單元（unit）。

2. 長度單位（Length）

碼（yard）、呎（foot）、英寸（inch）、公尺（meter）、公分（centimeter）。

3. 面積單位（Square Measure）

平方公尺（square meter）、平方呎（square foot）。

4. 體積單位（Volume）

立方公尺（cubic meter, M^3）、立方呎（cubic foot, CUFT）、立方吋（cubic inch）。

5. 容積單位（Capacity）

公升（liter）、加侖（gallon）、盎斯（ounce）。

6. 重量單位（Weight）

公噸（ton）、公斤（kilogram）、公克（gram）、磅（pound）、克拉（carat）。

7. 包裝單位（Package）

包（bale）、袋（bag）、箱（case）。

二、數量增減範圍

通常用於本身具特殊性之貨物，允許其在重量或數量上可有特定範圍的增

減,例如液體的汽油、粉狀之奶粉,在長途運輸途中,難免會有揮發而減量的情況產生,這屬於自然耗失;也有爲了裝滿貨櫃以節省運輸成本的考量,而斟酌增加數量。故宜先在契約中規定「寬容條款」(Allowance Clause),亦稱「增減條款」,避免因上述情況,數量與契約有出入時被買方視爲違約,進而提出索賠請求。

目前國際貿易上關於數量的規定,多數是依UCP 600第30條之解釋。

不能增減的情況有下列二種:

1. 信用狀上載明貨物數量不得增減,則需從其規定

2. 以包裝單位(例如:箱carton)或個數(例如:個piece)爲計量單位時,如果信用狀未特別註明容許增減,則不得擅自增減貨物的數量。

三、交付數量的時間跟地點

除非因產品特性關係雙方事先約定交付數量的時間跟地點,否則一般均依貿易條件風險負擔的分界點畫分爲起運地或抵達地交付數量條件,國貿條規之F種及 C種條款,以起運地的數量爲準;D種條款則以抵達地的數量爲準。

第3節 價格條件

商品的價格始終是交易磋商的核心條款,而價格不只是一個數字而已,往往由許多因素構成。在國際貿易中,正確掌握報價原則是交易致勝的關鍵,其中包括選擇有利的計價貨幣,通常須選穩定的強勢貨幣,例如:美元、歐元等,做好成本核算,是對外報價必須做好的工作。國際上通常採用的方法分爲以下重要的四項來說明。

一、價格依據

Incoterms 2010之十一種交貨條件與價格並列,視爲價格條件之一部分,確認買賣雙方風險與費用負擔之分界點。

二、指定幣別

國際上的買賣所使用的貨幣則不同,通常分爲三類:出口國貨幣、進口國貨幣、第三國貨幣,國際上通常選擇匯率穩定之強勢貨幣作爲計價幣別,常見的幣別是美元、歐元等。惟近年來歐元區深受歐債危機所波及,匯率波動劇烈

相對不穩定，在國際交易使用歐元者銳減。

三、淨價或含佣價

所謂淨價（Net Price），係指賣方所開出的價格為實價，而含佣價則是報價內含佣金，事後退佣給買方，例如CIFC[5]即含佣金5%之CIF價格。

四、價格的計算單位

買賣雙方在談定價格時，應註明是以何單位來訂立價格，例如：在US$60 Per Dozen，務必確切地說明計價單位，避免誤解發生糾紛。

表4-1為常用的幾種貨幣及代號：

表4-1　常用貨幣及代號表

貨幣名稱	英文代號	沿用符號	貨幣名稱	英文代號	沿用符號
美元	［USD］	USD	新加坡幣	［SGD］	S$
港幣	［HKD］	HK$	瑞典幣	［SEK］	SKr
英鎊	［GBP］	£ 或 £ stg.	瑞士法郎	［CHF］	SF
日圓	［JPY］	J¥	泰幣	［THB］	B
澳幣	［AUD］	A$	歐元	［EUR］	€
加拿大幣	［CAD］	Can$	紐西蘭幣	［NZD］	NZ$

第4節　付款條件

國際貿易的交易中，付款方式往往是交易風險的一大指標，買賣雙方通常須針對自身較有利的付款方式，進行溝通協調。因為雙方總是以自己最有利的角度為考量，賣方想先收貨款，而買方則想先收貨後付款，雙方都想加速資金週轉，也想避免匯率變動風險，因此需要在交易之前協商出一個雙方都能接受的付款條件，其中最關鍵的就是付款期限之敲定。

一、付款期限

大致可分為交貨前、交貨時、交貨後和分期付款四種。

1. 交貨前付款（Prepayment; Payment Prior to Delivery）

此種情況較不普遍，由於先付款後收貨，對於買方較爲不利。通常金額較小、賣方熱門商品供不應求、第一次交易、買方的信用不佳或是買方充分信任賣方，才可能出現這樣的付款條件，例如：CWO（Cash With Order）——下單付現。

2. 交貨時付款（Payment Against Delivery）

這是最普遍的付款條件，在國際貿易中，買賣雙方無法面對面交易，所以利用單據的方式來交易，賣方將貨物裝船交運後，船公司開「提單」先交付賣方，而賣方將文件先傳眞給買方，以茲證明貨物確已裝船出口，此時買方再將貨款匯給賣方之後，賣方隨即將所有貨運單據以郵寄或電放方式給買方，取得貨物所有權，這是一種「銀貨兩訖」的付款方式，對買賣雙方較爲公平。實務上最常用到的是CAD（Cash Against Documents）——憑單據付現。另外，以信用狀（L/C）爲付款方式也屬於此類。

3. 交貨後付款（Payment After Delivery）

又稱爲延付貨款（Deferred Payment），對於賣方較爲不利。賣方先將貨物裝運出口後，再約定於一定時日或一季或半年後付款，常配合的付款方式稱爲O/A（Open Account）記帳方式，對賣方而言並沒有收回貨款的保障。目前諸多國際間的大買主均傾向這種付款方式，而賣方也通常因買方的集團大、營運狀況穩定而接受此種方式。目前由於全世界經濟低迷，許多大型採購商因而倒閉，導致國內許多供應商受到極大的衝擊，甚至倒閉。

接受這種付款條件的供應商，建議須設一定的欠款額度，不可盲目無限制地接單，以免無法承受呆帳損失，導致公司倒閉的惡果。但是隨著外銷市場的激烈競爭，國外買主常要求寬鬆的付款條件，因此如何確保外銷貨款能夠安全收回，做好風險管理，常是公司財務部經理傷腦筋的事。

4. 分期付款（Payment Installments）

出現在金額巨大而買方無法一次付清的情況下，通常是大批的機器設備之購買，或與國外代理商、往來良好的熟客戶等生意往來。如果金額相當大，可要求買方提供擔保，例如：開立擔保信用狀，或由賣方向中國輸出入銀行投保貨款保險，以求降低呆帳風險。

中國輸出入銀行是辦理輸出信用保險的國營機構，可對D/P、D/A、O/A以

及信用狀L/C等不同付款方式的出口，提供輸出保險，以減輕出口廠商在國際貿易中面臨的國外買主信用風險，以及出口目的地市場外匯短缺的政治風險。如需輸出保險服務的詳細資料，可由以下網站上取得，網址：www.eximbank.com.tw。

二、付款方式

1. 電匯（Telegraphic Transfer, T/T）

由買方向當地匯款銀行繳款買外匯，由該銀行通過「環球銀行金融電信協會」的電腦網絡系統（SWIFT）、電傳或電報形式等，由國外聯行或代理行轉給賣方所在地受託解款銀行，將款項解付給賣方。即期匯款幾乎等於現金一樣，通行於國際金融中心之間。匯款通常短則一天，長則三天內即可收到，由銀行負責匯款，手續簡便、風險低、減少資金的呆滯及利息損失；再則匯款時間極短，可避免匯率巨大變動，不過匯費較高些。實務上，金額不大的交易，很多都採用此方式來替代傳統的信用狀。

2. 信匯（Mail Transfer, M/T）

屬於順匯的方式之一，買方向當地匯款銀行繳款，由該銀行以付款委託書委託賣方所在地銀行受託解款給賣方的清償方法，寄送的方法常以航空郵件遞送。由於信匯費時較久，目前已由較便捷的電匯取代之。

3. 票匯（Demand Draft, D/D或Draft Transfer, D/T）

買方將款項交給當地銀行，由該當地銀行簽發一張以賣方所在地分行為付款人的即期匯票，交給買方自行寄給賣方，賣方應憑該匯票向付款銀行取款，跟電匯功能一樣，屬順匯交易。但由買方自行郵寄匯票給賣方，手續較繁瑣，速度較慢，適用於金額較小、時效不急的匯款，一般大多是付給代理商佣金常用的方式。

4. 信用狀（Letter of Credit, L/C）

當買方契約成立後，即依所記載的條件，請當地開狀銀行開出信用狀給賣方；賣方收到信用狀時，立即準備將貨裝運，並備好信用狀所需的所有單據，依規定開具匯票後，連同信用狀，全部交給押匯銀行請求解款，押匯銀行在審核單據之後，隨即按信用狀的規定簽發以開狀銀行或其指定銀行為付款人的匯票、信用狀及出貨單據寄給開狀銀行，並由該銀行負責兌現，再通知買方付款贖單。

5. 託收（Collection）

賣方向買方收取貨款或勞務費用，經由本地銀行委託當地銀行向買方收取貨款的方式，而銀行扮演的角色是代收、代付款，不牽涉到墊付款及預收款。可分為付款交單（D/P）和承兌交單（D/A）。

⑴付款交單（Documents Against Payment, D/P）

賣方於貨物裝運出口後，準備好有關的貨物單據及匯票，委託當地銀行透過買方銀行向買方收款後才能交付該貨運單據，買方於付清貨款後，銀行再給予買方所有相關貨運單據辦理提貨。

⑵承兌交單（Documents Against Acceptance, D/A）

賣方於貨物裝運出口後，準備好有關的貨物單據及匯票，委託當地銀行透過買方銀行，通知買方到該銀行對匯票承兌後，承諾一定期間後付款，買方便能取得單據辦理提貨，待匯票到期才付款。通常用於延期付款的付款方式，此方式的風險遠比D/P大，除非熟知進口商信譽，否則不建議採用。

> **出狀況案例**：某家自行車零件廠，出貨均以海運為主，一國外客戶下單，付款條件是D/A 45天，然而於交貨之前，要求賣方將海運改為空運，空運費到付。賣方不加思索地馬上以空運出貨給此客戶，但出貨之後竟忘記將文件交由銀行託收，以致出貨至今已經過兩個月均未收到貨款。

危機分析：①貨寄空運，提單是隨機交付給買方，可於貨到時即提貨，賣方對貨物失去主控權。

②付款條件是承兌交單45天，貨物已由買方領走，很容易背信拒付貨款。

③未及時託收，延誤收款，變成呆帳機會大。

危機處理：立即將出貨單據經往來銀行委由買方銀行託收，直到45天後，幸好貨款在最後及時入帳。

6. 第三方支付

拜網路貿易興盛之賜，第三方支付是目前網路交易貨款支付最夯的方式，由具備信譽保障的獨立機構，採用與各大銀行簽約的方式，提供與銀行支付結

算系統介面的交易支持平臺的網路支付模式。在此支付模式中，買方選購商品後，使用第三方平臺提供的帳戶進行貨款支付，並由第三方通知賣家貨款匯到帳戶、要求發貨；買方收到貨物，並檢驗商品進行確認後，就可以通知第三方付款給賣家，第三方再將款項轉至賣家帳戶。

　　第三方支付目前是網路交易主要的付款機制和信用中介，最重要的是肩負起在網上商家和銀行之間建立起連接，實現第三方監管和技術保障的作用，目前較具知名度、市場接受度高的機構有全球性的Paypal，以及在中國盛行的由阿里巴巴集團創辦的「支付寶」，這個劃時代新興的付款方式，對傳統的付款方式（例如：信用狀）衝擊頗大，值得用心關注。

第5節　裝運條件

　　交貨（Delivery）是指賣方於交貨期間內，將貨物裝上運輸工具，交付予買方。在交貨前，基於界定買、賣雙方的權利與義務等細節，須約定下列條件：

一、交貨地點約定

1. 決定運輸方式：先決定貨物經由海運、空運、陸運等運輸方式進行。
2. 根據不同的貿易條件（Incoterms 2010）十一種條件，交貨地點也隨之不同。
3. 決定目的地港口須注意
   ⑴進出口都要避免接受內陸城市為目的地港口。與內陸國家交易，宜選最接近的國際港口，而非國內港口。
   ⑵目的地港口名稱要具體明確，不要訂為「加拿大主要港口」、「歐洲主要港口」等，避免裝運上的困擾。
   ⑶有些港口在冬天會有結冰期，例如：北歐的芬蘭、丹麥、瑞典、挪威及加拿大東部，每年的12月分到隔年2月分為結冰期，要避開此一時間出貨。
   ⑷有些港口名稱在幾個國家同時都有，要特別注意，以免出錯。例如：加拿大和英國都有「利物浦」（Liverpool），而加拿大及美國都有「溫哥華」（Vancouver）。
   ⑸鑑於預防類似之前美國洛杉磯封港事件影響，可規定信用狀上卸貨港註明兩個港口，即可避免遭受類似的損失。

二、交貨期間的約定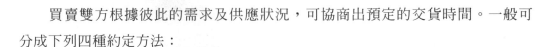

買賣雙方根據彼此的需求及供應狀況，可協商出預定的交貨時間。一般可分成下列四種約定方法：

1. 即期交貨

通常用於出售現貨或存貨的情況，但是由於未確實載明實際日期，通常會引起雙方認知上的差異，進而引起紛爭，實應儘量避免這樣的約定方式，有以下幾種表示方法：

⑴Prompt Shipment（立刻裝運）。

⑵Immediate Shipment（立即裝運）。

⑶Ready Shipment（即期裝運）。

⑷Shipment as Soon as Possible（儘快裝運）。

2. 特定日期裝運

約定特定的日期裝運，裝運的表示方法如下：

⑴Shipment on December 05, 20xx：20xx年12月05日裝運。

⑵Shipment During December 20xx：20xx年12月間裝運。

⑶Shipment in November/December 20xx：20xx年11～12月間裝運。

3. 限定某日期之前裝運

20xx年7月20日或以前裝運的表示方法如下：

⑴Shipment by July 20, 20xx.

⑵Shipment on or before 20th July, 20xx.

4. 約定在收到訂金或信用狀後的某一段時間內裝運

如：收到信用狀後30天裝船出貨。

Shipment within 30 days upon receipt of L/C.

如：收到30%訂金電匯後25天裝船出貨。

Shipment within 25 upon receipt of your 30% deposit by T/T.

上述交貨條件是以收到訂金或信用狀為前提，為了能充分掌控生產、交貨期限，須約定開狀或訂金匯付的期限，通常會加下列但書：

L/C must reach the seller within 10 days upon issue of P. I.

（信用狀必須在預估發票開立後10天內開達賣方）

三、分批交貨

1.允許分批交貨

金額或數量龐大的交易，對賣方而言，備料資金及產能都是很大的考驗，此時賣方可要求買方同意分批交貨，以紓解產能及資金之不足。但是也別分太多批，因為每多分一批出貨，對於買、賣雙方都須增加一次的出貨費用。

Partial Shipments (to be) {Allowed, Permitted}

如：各於7月和8月間平分兩次裝運。

Shipment during July and August equal lots.

2.不允許分批交貨（限定一次全部裝運完畢）

買方除非是下大單，否則通常不喜歡分批裝運，因對於買、賣雙方都須花費多次的進出口報關費用，增加成本及不便，且對買、賣雙方而言亦都有風險。如果買方在第一批貨交運後，取消其餘訂單；或是賣方交完第一批貨之後，拒絕再交貨，如此一來對雙方都將造成慘重的損失。

Partial Shipments (to be) Not Allowed (Prohibited)

四、轉運指示

目的地港口有時無直達船航行，或無大港口的國家，須藉助轉運方式。通常在新客戶下Trial Order時，賣方須事先跟船務公司洽詢買方指定目的地港口是否需要轉運船，才可能抵達。舉凡無直達船的港口或是有直達船但無固定船期的目的地港口，應在契約中訂明「允許轉運」，同時不要接受買方指定中途轉運港口、續程船公司及船名，以利裝運。

轉運可以是船對船的轉運，如果遇上內陸國家，則可能形成海、陸、空轉運聯運方式。由於轉運時貨物須搬上搬下，容易受損，且須額外支付「轉船附加費」（Transshipment Additional），因此除非不得已的情況下，買方通常不同意轉運，須特別注意。

1.不允許轉運

⑴不准轉運（Transshipment not Allowed）。

⑵禁止轉運（Transshipment Prohibited）。

2. 允許轉運

⑴准許轉運（Transshipment Allowed）。

⑵只允許在某地轉運〔Transshipment (to be) Allowed at XX Port Only〕。

根據UCP600規定，信用狀中條款若未明確規定是否允許「分批」與「轉運」，則視為允許「分批」與「轉運」。

五、裝運通知

指賣方已於某月某日發出貨物並以電報或航郵等通知買方，其內容包括船名、裝船日、裝運港口、貨名、裝運數量等。雙方必須先於契約上詳細訂定，以免產生糾紛。建議無論交易是基於哪一種報價條件，均應在貨物出貨前發裝運通知給客戶。出貨通知內容舉例如表4-2。

表4-2　出貨通知

```
DATE: NOV. 01, 20XX
TO: ABC INC.
ATTN: Mr. Bruce Hales

Re: Shipping Advise of P.I. No. YO-0298-2

    We take the pleasure to inform you that the said above shipment will be
    effected On Nov. 05, the detailed shipping information as below:

(1) Vessel Name: UNI
(2) Voyage No.: ASCOT 0731-036
(3) S/O No.: 0006
(4) Customs Clearance date: Nov. 05, 20XX
(5) E.T.D.: Nov. 08, 20XX
(6) E.T.A.: Dec. 18, 20XX
(7) Port receipt: Taichung
(8) Port of loading: Keelung
(9) Port of Delivery: L.A.(U.S.A.)

    We will send you the original shipping documents by DHL in later days.

    Best Regards,
    Jane Yang/shipping dept.
```

第6節　包裝條件

出口商必須根據商品不同的性能、運輸、裝卸條件、客戶指定、生產技術及成本等，選擇包裝方式。良好而吸引人的包裝是行銷的基礎，包裝色彩是否恰當，商標、文字、印刷內容是否符合該買主國的喜好禁忌要求，是否堅固足以保護產品等，均須詳查。

同時包裝亦須考慮各地客戶不同之需求，例如：對歐洲客戶而言，包裝是廣告行銷的一部分，他們對顏色很敏銳，重視環保，喜愛創新造型，印刷要求精緻。而美國客戶強調以顏色區分商品性質，例如：季節性商品，用美國慣用的季節色彩，1月分是灰色、2月分是藏青色等；食品採用內容物的代表色，水果為黃色或橘紅、蔬菜是鮮綠色等；高級商品則採用全球流行的天然色；日用品則以白色、淡雅色為主。

一、完善的包裝

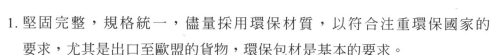

1. 堅固完整，規格統一，儘量採用環保材質，以符合注重環保國家的要求，尤其是出口至歐盟的貨物，環保包材是基本的要求。
2. 儘量節省空間和費用，又不失安全原則。
3. 包裝材料應適合貨物的特性且具抗候性，並考慮裝卸港口的天氣變化，務必使產品不受溫度、溼度變化及氧氣、光線、微生物等影響。
4. 包裝的體積、重量須配合碼頭搬運的作業情況，以便裝卸、堆積、計算、檢量及識別等，注意別超長、超寬、超重。
5. 根據不同銷售市場、方法、對象，採用適合的色彩、造型、結構、圖案標記、使用說明及文字等，或是遵照買方的指示，以免觸犯該國禁忌。
6. 遵守進出口國的海關規定，可避免卡關，順利出貨。

賣方在報價和訂約時，應註明詳細貨物的包裝資料，以免買賣雙方因貨物包裝認知不同而產生糾紛。

二、包裝的禁忌

在國際市場上，產品的包裝須視各國喜好及禁忌而特別設計。最須注意的三要素包括色彩方面、圖案方面、名稱方面，可事先跟客戶溝通清楚。

1. 色彩方面

日本人喜好淡雅顏色，討厭綠色；歐美喜歡色彩鮮明；法國人視黃色為不忠的象徵；比利時視藍色為不祥之色。

2. 圖案方面

日本人喜歡仙鶴及烏龜等象徵長壽的圖案；東南亞各國視白象為財富的象徵；伊斯蘭教地區忌用豬、貓的圖案；瑞士人忌貓頭鷹；義大利忌菊花；日本忌荷花；英國人不以人為圖像。

3. 名稱方面

同一個英文字，在不同地區，可能有不同的解釋。例如：Cracker在美國是餅乾的意思，但在英國則是鞭炮；Junk既有帆船的意思，同時也是爛貨；Fire既是火的意思，同時也是解僱。

三、包裝的種類

1. 內包裝（Inner Packaging）

貨物製造出後，按貨物的性質以適當的材料或容器盛裝做初次包裝：例如鞋子以紙或塑膠袋套入，再裝入鞋盒；玻璃器皿以保利龍或氣泡袋包裹再裝入彩盒等，主要目的是保護貨物的品質，也講究美觀醒目，可提高貨物價值以便銷售，亦稱之為「銷售包裝」。常見的內包裝有：插卡式泡殼（Blister pack with a sliding card）；雙泡殼（Clamshell）；彩盒（Color box）；展示盒（Display box）；頭卡（Hanging header）；收縮膜（Shrinkable Films）；氣泡袋（Blister bag）等七種。

2. 外包裝（Outer Packing）

貨物之二次包裝，是將一件或多件貨物以容器裝盛或以特定方式包裝固定，目的在於保護內包裝之貨物及便利運輸、儲存、檢驗、計數和分配，避免運輸時遭受損害，且易於搬運，亦稱之為「運輸包裝」。常見的外包裝包括：紙箱（Carton）；木箱（Wooden case）；條箱（Crate）；底板（Wooden base）；真空包裝箱（Vacuum packaging case）；棧板（Pallet）；櫃裝（Container）等七種。

四、包裝重量和尺寸

買賣雙方於訂約時對於貨物包裝的重量和尺寸需要列明，以作為船公司計算運費的依據。不管買賣雙方或何種交易條件，都需要先了解船公司對該貨物的運費計算方式。一般均以貨物的體積或重量計算，體積大之貨物以體積噸計價，重量較重的貨物則以重量計價。另外，船公司對於超重、超長、超大的貨物會加收附加費（Additional Rate），因此賣方更需要載明貨物包裝的重量、尺寸，以便負擔運費的一方計算運費。

五、包裝的標誌

在包裝的容器外，用油漆、油墨或以模板（Stencil）印上標誌（Mark），此裝運包裝標誌又稱刷嘜（Shipping Mark），它所標示的內容簡短，以便瞬讀，避免裝卸錯誤，其主要功能如下：

1. 易於識別。

2. 標明生產地，以符合進口國海關之規定。

3. 以簡短的字母、圖形來標記，保持商業機密。

4. 避免貨物受到損害。

5. 各種貨運單據記載同一標記，以便節省時間。

包裝標誌依國際約定，其排法如下頁圖4-1所示。

1. 主標誌（Main Mark）

通常圖形內包括買方受貨人指定的英文名稱字母縮寫；若買方未指定，則由賣方代為設計，買方不得有異議。圖形有菱形、三角形、正方形、長方形、圓形等，最常見的是菱形和三角形。

如：BTC為買方Buro Trading Company英文名稱的縮寫，目的在易於識別，以免裝卸時發生錯誤。

2. 副標誌（Counter Mark）

又稱附加標誌（Addition Mark），位於主標誌的左上方或右上方，此標誌多為賣方英文名稱的縮寫，目的和主標誌相同，但實務上較少標示此副標誌。

3. 品質標誌（Quality Mark）

A代表貨物為A級品質，B代表貨物為B級品質……，依此類推，又可稱為等級標誌（Grade Mark）。

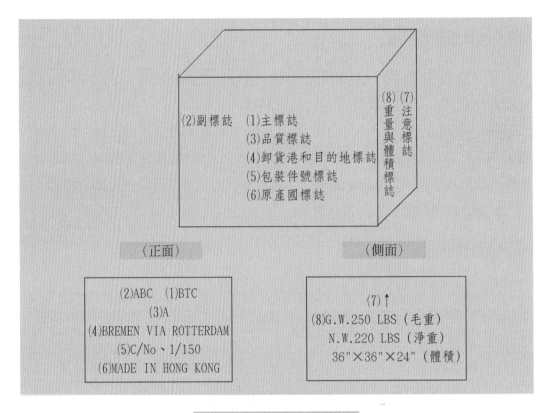

（正面）

（側面）

（2)ABC　(1)BTC
(3)A
(4)BREMEN　VIA　ROTTERDAM
(5)C/No、1/150
(6)MADE　IN　HONG　KONG

(7)↑
(8)G.W.250 LBS（毛重）
N.W.220 LBS（淨重）
36"×36"×24"（體積）

圖4-1　包裝標誌的排法

4. 卸貨港和目的地標誌（Port Mark and Destination Mark）

如：BREMEN

　　VIA

　　ROTTERDAM

經由荷蘭「鹿特丹」運住德國「布來梅」。VIA取自拉丁文，即英文的By the way of，有經由、取道之意。因德國「布來梅」是內陸地區，亦是第二大港口城市，貨物須先運至荷蘭「鹿特丹」卸貨，再轉船或陸運進入德國「布來梅」州。

如果卸貨港即是目的地的話，則只須寫出目的地即可。

5. 包裝件號標誌（Case Number Mark）

指一批貨物的件數和編號，如：C/No.：1/150，是指全批貨物150件中的第一件；C/No.：2/150，是指全批貨物150件中的第二件……，依此類推。如果整批貨物有200箱要全部表達，則為C/No.：1-200。此外，C/No.：1-up，表示件數尚未確定（多半在報價、賣方擬定Mark時才會看到）。

曾有糊塗的出貨人員因不了解客戶訂單上刷嘜寫的C/No.：1-up為何意，最後外箱的箱號一律印成1～up，令人啼笑皆非。另外，箱數編號一定要從1開始連續編號，不可寫成1、3、5……跳號方式，如以L/C付款方式交易，則會被銀行視為瑕疵文件，不予受理或遭拒付。

6. 原產國標誌（Country of Origin Mark）

產地標示規定：(1)法規依據：「貨品輸出管理辦法」第五章產地標示之第22條至第24條；(2)標示原則：依貨品原產地從實標示於貨品本身或內外包裝，並應具顯著性及牢固性；(3)臺灣製造貨品之標示：應標示中華民國製造或中華民國臺灣製造，或以同義之外文標示之。但輸往美國以外之無邦交國家或地區者，得標示臺灣製造或同義之外文。

曾有外銷至印尼之廠商，因印方拒絕外箱出現「TAIWAN」字眼，廠商急中生智，註明原產地為「MADE IN FORMOSA」。也有買主要求外箱不可標示「Made in Tawian」，以便再轉售至其他國家，不讓終端買主知道貨物購自何處。

7. 注意標誌（Caution Mark）

又稱小心標誌（Care Mark）、安全標誌或保護標誌，目的在於提醒搬運的人須小心貨物的損害，並保護貨物的安全。注意標誌印於包裝的側面，通常有兩種表達方式：（較常見的）

(1)以圖形表示

表易碎物　　　↑　此端向上

請勿用鉤　　　保持乾燥

(2)以文字表示

FRAGILE HANDLE WITH CARE 易碎物小心搬運

THIS WAY UP 此端向上

KEEP COOL 保持低溫

KEEP DRY 保持乾燥

USE NO HOOKS 請勿用鉤

KEEP FLAT 保持平放

8. 重量與體積標誌（Weight and Measurement）

表明該貨物的毛重、淨重和體積，印於包裝的側面，可使信任裝貨人的船公司免於逐一過磅，節省時間。

如：G.W.25 KGS（毛重）

N.W.22 KGS（淨重）

36"×36"×24"（體積）

六、特殊包裝──中性包裝（Neutral Packaging）

商品上內、外包裝不標明生產國及廠名的包裝，實務上可分指定品牌中性包裝及無品牌中性包裝兩種。指定品牌中性包裝，是指商品上或包裝上都使用買方指定的品牌或商標，但不標明生產國。無品牌中性包裝，是指商品上或包裝上都無任何品牌或商標。要求中性包裝，主要的用意是為了因應或衝破某些國家（或地區）對進口商品實施的歧視和限制（包括關稅壁壘配額限制、分關稅壁壘等），有利於擴大行銷。

第7節　保險條件

國際貿易交易過程中，貨物須從出口地經過長距離的運輸，才可抵達進口地，常因運輸過程的各種風險而蒙受損失。為了分散貨物運輸的風險，保證貨物在運輸途中發生危險時能及時得到補償，而將風險部分轉移到保險公司，因此才會在貿易交易中出現保險條件，這是基本也是必要的。

貨物運輸保險一直扮演著國際活動中有效損失補償機制的重要地位，不但可確保貿易活動的正常進行、保障了貿易商人的預期利潤，更是非貿易外匯收入國家的重要經濟來源，在國際經貿活動中位居不可或缺的重要環節。

這裡所談的保險是貨物的保險，跟貨價保險截然不同，所以凡進出口貿易無不重視貨運保險，均將保險費用列入貨物成本內，作為一項必要的支出。

一、貿易條件

國貿條規中規定貿易條件是CIF及CIP，賣方有承保主要航程之運輸險義務，算是「強制險」，其餘均未定義保險承保方，買賣雙方根據自己風險承擔範圍買保險，這是屬於「任意險」，雙方可在買賣契約上根據貿易條件訂好保險條件。

二、保險種類

根據運輸工具的不同，常見的貨物運輸保險可分為下列三種：

1. 海上貨物運輸保險（Marine Cargo Insurance）

就海運運輸而言，所採取的基本險種是根據倫敦保險人協會的「協會貨物條款」（Institute Cargo Clause, ICC），於1982年修訂新條款，有以下三種：

⑴**基本條款**（Basic Clauses）

①I. C. C. (A) 類似舊條款的A. R. ──「全險」

此條款的保險範圍最大，通常以列出除外責任的做法，意即除了兵險、罷工暴動險、不適航、原有瑕疵及本質、延滯、包裝瑕疵的除外責任，其他風險與損失均由保險人負責損害賠償。

②I. C. C. (B) 類似舊條款的W. A. ──「水漬險」

此條款的保險範圍居中，採列舉式，C條款的保險範圍，再加上地震、火山爆發、雷擊、水侵害、貨物裝卸時整件遺失等風險。

③I. C. C. (C) 類似舊條款的F. P. A. ──「平安險」

此條款的保險範圍最小，採列舉式，保險範圍含爆炸、火災、船舶沉沒或擱淺、陸運工具翻覆、海運工具與水以外之外界物體碰撞或接觸所致者、共同海損及施救費用等。

⑵**附加險**（Additional Perils）

貨物會根據當時出貨狀況加保附加險，險種頗多，最常使用有下列幾款：

①I. W. C.-Cargo（Institute War Clauses-Cargo）協會兵險條款。

②I. S. C.-Cargo（Institute Strikes Clauses-Cargo）協會罷工險條款。

③T. P. N. D.（Risks of Thief, Pilferage and Non-Delivery）偷竊與短交險。

④J. W. O. B.（Risks of Jettison and/or Washing Over Board）投棄沖刷落海險。

CIF、CIP由賣方承保，一般均以保(A)、(B)、(C)條款為主，如應運實際需要，必須加保特殊險種，買方應事先告知，依照貿易慣例，若契約未明確規定，賣方應為買方投保的險種是(C)條款，實務上，則建議為買方投保(A)條款，因其保險範圍較廣，費用增加不多，可使客戶有更多保障，另外新、舊條款保險範圍不同，不能交替使用。

2. 航空貨物運輸保險（Air Cargo Insurance）

就空運運輸而言，可分基本條款及附加條款：

(1)基本條款（Basic Clauses）

I. C. C.（Air Cargo）協會貨物空運險條款：承保貨物因一切外來意外的因素所致的毀損或滅失。

(2)附加險（Additional Clause）

①I. W. C.（Air Cargo）協會空運貨物兵險。

②I. S. C.（Air Cargo）協會空運貨物罷工險。

3. 陸上貨物運輸保險（Inland Cargo Transit Insurance）

目前使用陸上貨物運送險條款有（甲）、（乙）兩式：

(1)甲式爲概括式，將不打算的危險事項（不保事項）加以排除，其餘都在承保範圍之內。

(2)乙式爲列舉式，將擬承保的危險事項逐項列出，即僅承保列舉之事項。

三、保險責任之開始與終止

一般而言，貨物運輸保險單均自貨物離開保險單載明的起運地開始生效，直到保險單所載明的卸貨地終止。值得注意的是，一般海上保險航程保單只限「港口到港口」（port to port）範圍，並未包括進出口地二端的內陸運輸，二端的運程往往是風險最高所在，被保險人如欲使貨物自發貨人的倉庫安全到達受貨人的倉庫，得要求保險人於保險單增列「倉庫至倉庫條款」，並記載發貨人及受貨人倉庫之所在地（From Seller's Warehouse To Consignee's Warehouse），更有保障。

表4-3　各種保險責任之起迄

保險責任 運輸方式	開　　始	終　　止
海上運輸	貨物離開保險單載明地點之倉庫或儲存處所	1. 貨物送達保險單載明地點之倉庫。 2. 貨物送達保險單載明之目的地，或中途地點，任何其他倉庫或儲存處所，為被保險人用作正常運輸過程外之儲存或分配、分送。 3. 貨物在最終卸貨港完成卸載起算屆滿60天。

運輸方式 / 保險責任	開　始	終　止
航空運輸	同上	1. 貨物送達保險單載明地點之倉庫。 2. 貨物送達保險單載明之目的地，或中途地點，任何其他倉庫或儲存處所，為被保險人用作正常運輸過程外之儲存或分配、分送。 3. 貨物在最終卸貨港完成卸載起算屆滿30天。
內陸運輸	貨物裝載於保險單載明地點之卡車上	目的地卸載完成時
郵包運輸	郵局簽發寄件收據	郵包送達收件人

四、保險金額

買賣雙方應於契約中訂定保險金額，以便辦理保險，為了顧及進口商除了發票金額，尚須支付一切進口的費用及管理費。一旦貨物受損時，若保險公司只賠發票金額，勢必無法彌補進口商的損失。因此一般洽購保險的一方習慣按CIF金額外加一成（10%）為保額，也可外加二成（20%）為保額，當事故發生出險時可以得到較好的賠償。

五、保險理賠

在CIF交易條件下，由於保險費已計入買方購買金額中，所以當保險公司理賠時，賠償請求權由買方行使，通常約定在交貨目的地賠償，保險支付金額的貨幣，則以交易當時所使用的貨幣種類為主。

交易基本條件

習作演練

1. (　) 木材宜採何種方式約定品質？　①良好適銷品質　②樣品　③說明書　④品牌。

2. (　) 下列何者是屬交貨時付款？　①CWO　②L/C　③D/P　④O/A。

3. (　) 下列何者是屬散裝貨物？　①礦砂　②汽車　③化學藥品　④生鮮食品。

4. (　) 信用狀未規定裝運數量不得增加或減少時，貨物以公斤為計算單位可接受　①±20%　②±15%　③±10%　④±5%　的容許條款。

5. (　) 下列何者不是裝運標誌的必要記載項目？　①箱號　②原產地　③主標誌　④注意標誌。

6. (　) 根據UCP600規定，信用狀中條款若未明確規定是否允許「分批」與「轉運」，則視為允許　①允許分批與轉運　②不允許分批與轉運　③允許分批、不允許轉運　④不允許分批、允許轉運。

7. (　) 下列何者不是交易的主要條件？　①品質　②價格　③仲裁　④包裝條件。

8. (　) 下列付款條件中，何者對外銷到外匯短絀、信用不佳的國家的出口商較有保障？　①D/P　②D/A　③O/A　④Confirmed L/C。

9. (　) 對賣方而言，最有利的付款條件是　①L/C　②CWO　③D/P　④D/A。

10. (　) 國際貿易的付款條件中，下列何者是順匯的清償方式？　①L/C　②D/P　③T/T　④D/A。

11. (　) 由買方提供作預訂貨物之樣品，稱為下列哪種樣品？　①Buyer's Sample　②Seller's Sample　③Counter Sample　④Shipping Sample。

12. (　) 出口貿易中的交貨日期（Date of Delivery），是以何種單據上的日期為主？　①裝運提單　②商業發票　③進口報關單　④出口報關單。　　　　　　　　　　　　　　　　　　　　　　（高普考題）

13. (　) 下列何者不屬於訂貨時付現金的付款方式？　①電匯　②信匯　③銀行匯票　④信用狀。

14.（　）出口價格的構成因素中，併櫃貨的商港建設費之計算，下列何者正確？　①每噸80元　②每噸90元　③每噸100元　④每噸110元。

15.（　）下列何者不屬於一般貿易契約所稱之基本條款？　①包裝、保險條款　②品質、數量條款　③檢驗、索賠條款　④價格、付款條款。

16.（　）若無特別約定，貨物運輸的保險金額是依下列何者決定？　①FOB值×110%　②C&F值×110%　③CIF值×110%　④FAS值×110%。

17.（　）下列何種商品交易適合以樣品約定品質？　①寶石　②文具　③黃豆　④冷凍魚蝦。

18.（　）對買方而言，下列付款條件中，何者最能減輕營運資金的需求？　①D/P　②Cash With Order　③D/A　④L/C。

19.（　）下列何種品質標準適合農產品交易？　①規格交易　②說明書交易　③樣品交易　④標準品交易。

20.（　）有關包裝的注意標誌用語，下列何者正確？　①FLAMMABLE：易碎品　②POISON：不可掛鉤　③KEEP DRY：保持乾燥　④FRAGILE：易燃品。

21.（　）對進口商而言，L/C、D/A、D/P等付款方式對其有利之順序為　①D/A，D/P，L/C　②D/P，D/A，L/C　③D/P，L/C，D/A　④L/C，D/A，D/P。

22.（　）國際貿易中，交易客體的體積或重量甚大、結構複雜、價格昂貴者，通常以何者決定品質？　①裝運樣品　②國家標準規格　③等級　④目錄或說明書。

23.（　）哪一種標誌的目的是方便運貨人、買方了解箱內貨物之內容，以及其他人員搬運時應注意事項？　①Shipping Advice　②Shipping Marks　③Case Number　④Shipping List。

24.（　）以CE Mark約定品質是　①標準品交易　②說明書交易　③規格交易　④商標交易。

25.（　）下列何者不符合出口包裝之原則？　①包裝愈牢固愈好，不必節省包裝材料　②應符合買方的指示　③應符合進口國海關的規定　④包裝材料要適合貨物性質。

26.（　）對賣方而言，下列何種付款方式的風險最高？　①D/P　②D/A　③L/C　④CWO。

貿易花絮之四

驚悚總動員

~Monica心情隨筆

在美國進修時，原本只想進修英文而已，但旅居美國多年的親戚建議我應該要拿到MBA學位才不枉此行。因緣際會之下，經由他們的介紹，獲得一個能半工半讀、自食其力完成學業的良機，那是一家臺灣人在當地經營的珠寶貿易公司，多年來，礙於此產品價值不菲的特殊性，老闆樣樣事必躬親，人力嚴重不足，極需增加一位可信任的幫手。由於老闆急欲開拓海外市場，因此看中我有國貿行銷的背景，在和老闆面談後，立即給予我這個機會，「遊學」這下子就變成「留學」了，令人期待的未來似乎就此展開。

公司雖小，但工作卻極有趣，我的主管唐姨是一位心地善良，但個性嚴謹的中年女性，剛開始經常帶我至猶太人開的寶石中心挑選、購進各種寶石，例如：鑽石、紅寶石、藍寶石等。之前我就曾聽說過，全世界的鑽石礦產都掌控在猶太人手中，看來的確不假。眼前璀璨奪目的鑽石，除了一般的鑽石外，還有黃鑽、粉鑽，真令我目不暇給。當時的我就像劉姥姥進了大觀園一樣，既興奮又緊張，當我手持鑷子將珍貴的鑽石夾起，手不停地顫抖，心中更是撲通跳個不停，生怕一不小心掉了，把我當給猶太老闆都賠不起。唐姨仔細教我怎麼挑選質純無瑕的寶石，看著她專業而專注的眼神，令我好生羨慕。選購好寶石後，再經由唐姨巧手設計，交給專業的師傅，做成各式各樣的項鍊、戒指、胸針、手鍊等。除此之外，我們也自日本購進珍珠飾品（珍珠的等級及成分最好）、自香港購進黃金飾品（黃金的作工最精緻，式樣最新穎），以及自臺灣購進翡翠、紅珊瑚、玉飾（手工精緻，式樣多）。這些產品購進之後，不但賣給美國其他珠寶店家，同時在市中心我們也擁有一家專賣店，展售我們的產品。

第一次體會到「當開始擁有，負擔也隨之而來」這句話的意義。美國的治安實在不太好，我們的珠寶店有的是價值不菲的各式珠寶，因此常常是歹徒覬覦的目標，經年累月下來做這一行的人不神經質是很難的，每次打烊後，我和唐姨開車回家時，總要開車繞好久，直到確定我們後面無尾隨車輛，才能回家。一向神

經大條的我，也開始過起不安的日子。

而這種恐怖的指數，在萬聖節當天達到最高點。美國的萬聖節（Halloween）又稱鬼節，過節前家家戶戶在家裝神弄鬼也就算了，一些公共場所更是驚悚萬分，晦氣極了，沒事在銀行內放個大棺材，一大早到超市買個東西也是到處「鬼影幢幢」，令人「奇檬子」壞透了。鄰居門前掛的骷髏頭，一到晚上不但會發出綠光，有人碰到它，還會鬼叫，真是恐怖到了極點！萬聖節當晚還得準備糖果，應付裝鬼要糖的小朋友。據唐姨說，由於治安惡化，有些歹徒就趁這天作案，要我務必提高警覺。

果然當天早上我一到珠寶店，就看到店外聚集了一些越南小混混，正虎視眈眈往店內直瞧。我們除了嚴加戒備外，更聯絡保全隨時待命，那是很漫長的一天，我已經忘記是怎麼過的了，唯一記得的是，我緊張到回家時拎得緊緊的不是我的手提包，而是一袋垃圾，那種莫名的驚嚇，令我對未來卻步，那一夜，我的眼淚簌簌掉個不停，好想念臺灣啊！

儘管後來回臺灣了，但是在美國的那段經歷真是令人永生難忘，畢竟這輩子可能不會再有那種在鑽石堆裡工作的經驗了。

◎ 美國 Los Angeles

木造的平房，環境優美，寬敞舒適。不過美國的房子通常不會安裝鐵門、鐵窗，住進去的第一晚就令我輾轉難眠，實在太沒安全感了。

貿易花絮之四

◎ 美國　Los Angeles

　到了萬聖節這天，大家趁機戴面具裝鬼搞怪同樂一番，不過由於治安惡化，歹徒也會
利用這樣的特殊機會犯案，令原本是歡樂的節慶卻多了緊張不安的氛圍。

◎ 美國　Los Angeles

　偶爾幫鄰居照顧小孩，充當「baby sitter」，小朋友的媽媽則義務當我的English
tutor，幫我加強英文作文及會話，這是很快樂的雙向交流。

第 5 章

進出口價格計算方法

第1節 進出口價格的結構概述

當一些量販店相繼倒閉時，爲什麼國內兩大量販店的分店卻愈開愈多？價格影響力擴大，生存和創新愈來愈難，全球產業結構仍在調整，要如何察覺市場需求，找出「正確」的定價策略，是一門高深的學問。近年來，歐美的零售業採取折價促銷策略經營的方式，買方採取薄利多銷的方式經營，確實對賣方的定價策略造成一大衝擊，俗話說：「殺頭生意有人做，賠本生意無人做」，了解完整的成本結構，方可計算出合理且具競爭力的價格；而決定價格的主要因素是產品成本、市場需求和產品的競爭力。

本書著重在實務操作，主要以生產工廠角色爲主軸，因應國際貿易的自由化及外國買主採購習慣的改變，生產工廠紛紛加入直接外銷行列，因外國買主正面臨激烈的全球競爭環境，對於產品的進口成本一直在壓縮，所以不透過貿易商而直接跟生產工廠購買，是目前臺灣對外貿易的主流，因此臺灣貿易商的生存會隨著這股風潮日漸萎縮，目前多數的貿易商已漸移至對岸中國，準備攻城掠地，再次大顯身手。

爲了因應世界經濟結構改變，微利時代的來臨，許多供應商正致力於降低成本，以下提供一些可考慮的方法：

1. 製程變更，簡化加工步驟或整合爲一。
2. 尋求多種原料供應來源，需求量大者，可預定下年度採購單，惟須注意資金調度問題。
3. 以不影響功能爲原則，更改產品材質、包裝，並避免採用價格劇烈波動的材質。
4. 提高優良率、降低不必要的損耗，並增加產品的附加價值。
5. 提高訂量即可享有折扣、交貨期延後至淡季生產、促銷滯銷品。

書中也加入一般書籍未提及的FOR條件的價格計算。一般而言，FOR是臺灣供應商對貿易商的報價條件，報價特點通常是以新臺幣報價、採指定地點交貨。下列的出口價格計算表中，在FOR的條件下，即含預計利潤，而在FOB條件時，又計入一次的預計利潤，此舉乃爲了預防供應商跟貿易商對同一國外買主報價時，一來可能會觸怒貿易商，進而擋單；二來是國外買主可能經由貿易商，再向供應商殺價，屆時遭殃的仍是生產工廠。二次的預計利潤各須加多少，因爲產業別的不同，差異會很大，宜自行斟酌。

　　進出口貨物是國與國之間的交易，跟國內交易相較之下，須經過更多的環節及手續，也衍生出更多的費用與成本，承擔更大的風險。在計算進出口價格時，爲了明確界定進出口雙方的權利、義務及費用負擔，首先要考慮到以下幾點：

1. 確定交易價格條件，一手工具組FOR的價格是NT$300/SET，而FOB Taiwan的價格是US$10/SET，如果是CFR Los Angeles則爲US$10.5/SET，若爲CIF條件則報價更高。

2. 確定買方有無特殊需求，例如：有無包裝上的特殊要求、付款條件的特殊要求、出貨方式的特殊要求等，以免徒增成本。例如：有些機器因機身尺寸特別（超長或超寬），須以平板貨櫃裝載（Flat Rack Container），平板櫃不但所占面積大，且使用的機會少，運出後往往須將貨櫃擱置當地很久才會再回運，因此有些船公司會找藉口拒收以平板貨櫃裝載的貨物。

3. 是否會觸犯外國的反傾銷法，造成困擾，交易條件中有無雙方無法達到的要件。

4. 詳細列出一切交易過程中可能衍生的成本及費用。仔細推算，這些成本結構包括下列九大部分（表5-1）。

表5-1　進出口成本架構分析表

項目　內容	出口成本架構	進口成本架構
一	貨品成本	貨品成本
二	營業費用	營業費用
三	貨物處理費用	進口費用
四	出口費用	銀行費用
五	銀行費用	保險費
六	保險費	海陸空運費
七	海陸空運費	進口稅捐
八	報關費	報關費
九	出口利潤	進口利潤

　　但是並非每件交易都包含一樣的成本架構，而是會因價格條件或有無其他要求等因素，而有不同的成本架構。

表5-2　構成出口價格之原因與項目

項　目	內　容
一、貨品成本（Cost）	
基價（Base Price）	貨品基本的進價或製造廠的成本價。
二、營業費用（Operating Expenses）	
通訊費用 （Corresponding Charges）	包含以電話、傳真、E-mail等方式聯繫所產生的費用。
樣品費用 （Sampling Expenses）	包含打樣費或現成樣品成本及寄樣品之運費。
三、貨物處理費用（Handling Expenses）	
包裝費用 （Packing Expenses）	包括塑膠袋、內盒、膠帶、標籤、包裝袋、紙箱（木箱）等費用。
國內運費 （Inland Freight）	由工廠到指定地點或出口港碼頭間的運費，一般均是以卡車送貨居多，散貨一趟起碼運價約NT$1,500。
檢驗及各種證明書費用 （Inspection & Certificate）	依客戶要求所需出具的檢驗文件，一般常見的包括品質檢驗費、領事館簽證費、公證費、原產地證明書等費用。
四、出口費用（Export Expenses）	
裝船費用 併／吊櫃費 B/L文件費 （Shipping Expenses）	目前船公司或船務代理報給客戶ALL IN的價格，但低於1CBM的貨物，以1CBM計費，出口商額外付的費用只有文件費、併櫃費（吊櫃費）及報關費。不管交易條件為何，出口商都須付併櫃費、吊櫃費（進、出口費用相同）等裝船之前的費用。
商港服務費 （Harbor Service Fee）	為了配合加入WTO，大幅降低貨主營運成本。交通部於91年1月1日實施新收費制，新制的收費範圍除了原有的進出口貨物之外，尚包括國內貨物、出境旅客／船舶等。 以進出口貨物而言，主要的收費內容是： 1.整櫃貨物：第一類：20呎：NT$274元 　　　　　　　　　　　20呎以上：NT$547元 　　　　　　　第二類：20呎：NT$547元 　　　　　　　　　　　20呎以上：NT$1,094元 　　　　　　　第三類：20呎：NT$684元 　　　　　　　　　　　20呎以上：NT$1,368元 2.併櫃貨物：以櫃內貨物的重量計費，每噸NT$80（得數低於NT$100則免收），計費噸之取得方式，由重量噸及體積噸中取大者計收。
貿易推廣服務費 （Promotion Service Charges）	這是支付外貿協會的費用，支援外貿協會能舉辦各項貿易活動，計費是以FOB金額的0.04%計收，得數若不足NT$100則免收。
五、銀行費用（Banking Charges）：因進出口結匯會產生的相關費用，以L/C方式，包括下列費用：	
手續費	押匯金額的0.1%（最低收費NT$500）

項　目	內　容
出押／貼現息	押匯金額×年利率×（天數÷365） 天數：香港：7天，亞洲：12天，其他地區：16天 （註：年利率各家銀行不同）
國外費用	國外銀行所收的手續費、匯費等，根據每家銀行的收費標準而定。
郵電費	郵寄：港澳NT$150、亞洲NT$300、歐洲NT$400；快遞：NT$1,000；電報費：NT$300。
瑕疵費／利息	押匯文件瑕疵，除了原有的信用狀規定須扣的費用外，還要加扣7天的瑕疵息。

六、保險費（Insurance Premium）：在此係指貨物保險而言，在CIF的交易條件下，保險費須由出口商支付，計算公式參考第五節。得數若不足NT$400，則以NT$400計收（最低收費）。

七、海陸空運費（Ocean/Land/Air Freight）：在CFR及CIF的交易條件下，運費須由出口商支付。

八、報關費（Customs Clearance Fees）：出口商一般委由報關行向海關報關所需的各項費用。

九、預期利潤（Expected Profit）——毛利（Gross Margin）：預期利潤的高低是視交易數、貨品優劣特性、供需關係、進口市場的情形、付款條件等所決定的。

*上述各項費用及價格會隨著需要而調整，可隨時向相關單位查詢，取得最新的資料。

表5-3　構成進口價格的因素及項目

項　目	內　容
一、貨品成本（Base Price）	貨品基本的進價，大致上是以FOB出口地港口的價格為基價。
二、海陸空運費（Ocean/Land/Air Freight）	在FOB的交易條件下，運費須由進口商支付。
三、運輸保險費（Insurance Premium）	在此所指的是運輸保險的部分，在FOB & CFR的交易條件下，保險費須由進口商支付。計算公式請參考第五節，得數若不足NT$400，則以NT$400元計收（最低收費）。
四、進口費用（Import Expenses）	
進口關稅（Import Tax & Duty）	進口關稅＝DPV（完稅價格）×進口關稅率。
貨物稅（Commodity Tax）	貨物稅＝DPV（完稅價格）×貨物稅率（部分貨物不必徵收此稅）。
商港服務費（Harbor Service fee）	商港服務費：計收方式同出口（參照表5-2）。
貿易推廣服務費（Promotion Charges）	DPV（完稅價格）×0.04%，得數若不足NT$100則免收。

項　目	內　容
報關費（Customs Clearance Fees）	進口商一般委由報關行向海關提貨報關所需的各項費用。
五、銀行費用（Banking Charges）：因進出口結匯會產生的相關費用，以L/C方式，包括下列費用：	
開狀手續費	開狀金額的0.25%，最低收費NT$400〔第一期（三個月）〕，第二期以後加收0.125%。
郵電費	香港NT$800，其他地區NT$1,000（各家銀行收費標準不同）。
六、國內運費（Inland Truckage）	貨物由貨櫃場送抵進口商指定送貨地點，包含卡車、拖車運費等。
七、通訊費用（Corresponding Charges）	包含以電話、傳真、E-mail等方式聯繫所產生的費用。
八、預計利潤（Expected Profit）	進口商的預計利潤。
九、營業加值稅（Value Added Tax）	售價外加5%。

*上述各項費用及價格會隨著需要而調整，可隨時向相關單位查詢，取得最新的資料。

第2節　海運費的概念及計算方式

　　國際貿易的貨物運送，往往涉及遠距離運輸，海洋運輸即是最普遍的運輸方式。由於是長距離運輸或須多次轉船，運輸費用在進出口價格結構中占很大的比率，而海洋運輸費用的計費項目也較其他運輸方式複雜，以下我們就以一般進出口商最廣泛採用的定期船計費方式說明之。

一、運費率的結構

1. 基本運費

　　在定期船定價表上到各港口間的費率，以1CBM為起碼運費，也就是不足1CBM的貨物以1CBM計收；超過1CBM的貨物，則以實際體積數計收。

2. 附屬費

　　會因貨品的特殊而由船公司提供特別服務，所另外加收的費用，其項目有：超重費（Heavy Lift Additional）、超長費（Long Length Additional）、選擇或更改卸貨港費用（Select or Diversion of Port）、碼頭服務費等。

3. 附加費

如：燃料附加費（BAF）、幣值附加費（CAF）、旺季附加費（PSS）、稅捐附加費、港口擁擠附加費（Port Congestion Surcharge）、直航附加費（Direct Additional）、轉船附加費（Transshipment Surcharge）、繞航附加費（Deviation Surcharge）、AMS傳輸費（輸美產品附加費）。

4. 貨櫃處理費用（THC）

貨物運輸大多以貨櫃裝運，而船公司針對此服務，視情況而定，另加收吊櫃費、拆櫃費、併櫃費等。FOB、CFR、CIF的條件下，貨櫃處理費均由出口商支付。

5. 文件製作費

即提單（B/L）的製作費用，正本提單是一套三份。

二、基準運費的計算方式

船公司通常使用重量（Weight, W）及體積（Measurement, M），來作為計算運費的基準（Freight Basis）。而度量貨品的重量及體積的標準，分為公制及英制二種。

1. 計算方法

(1)重量噸（Weight Ton）：運價表以「W」表示，按毛重計收，適用重量貨計算的物品，如五金、玻璃、鋼鐵等。

(2)體積噸（Measurement Ton）：運價表以「M」表示，按體積計收，適用輕量貨，如毛衣、塑膠製品、紙類等。

(3)重量噸或體積噸：運價表以「W/M」表示，從貨物的體積噸和重量噸中的計算選擇較大值計價，是針對一些運送的零星散貨。

(4)從價計算：按照貨物的價值計算，適用於貴重的物品，如金、銀、銅和電子製品，它的計算方式是採用FOB價格的3%至5%來計算運費，又稱為從價運費。

2. 體積單位之換算——公制、英制之換算

1吋=2.54公分，1呎（Foot）=12吋（Inch）=0.3048公尺（Meter）

1立方呎（cu.ft.，俗稱「材」）=1728立方吋（cu.in.）

1立方公尺（CBM）=35.315立方呎（cu.ft.）

三、運費的計算方式及例題

實務上，船務代理多數報All In（運費、附加費均內含）的價格，因此運費的計算方式可簡化為：

每單位的運費＝〔海運費〕×單位貨物體積數

例題演練：

泰明公司從基隆出口一批健身器材組至美國，數量為1,500組，FOB的單價是US$12，包裝為一組裝一彩盒，每20個彩盒入一外箱，外箱尺寸：35x35x45/公分，每箱毛重14公斤，假設海運費為US$50/CBM（All In 價格），採併櫃方式，試算運費及CFR的單價（請先決定使用體積噸或重量噸）。

⑴體積噸

$\underline{(0.35×0.35×0.45)}×\underline{(1500÷20)}＝4.13/CBM$（總體積）

　　每箱體積　　　　　箱數

⑵重量噸

$(14÷1000)×(1500÷20)＝1.05/TON$（總重量）

　　每箱重量　　　箱數

⑶決定計費方式

因體積噸（4.13）大於重量噸（1.05），須以體積噸計價。

⑷計算海運費

US$50×4.13/CBM÷1500／組＝US$0.138每組需分攤的運費

CFR價格：US$12＋US$0.138＝US$12.138／組

在FOB的價格條件下，提單（B/L）上通常會載明「Freight Collect」；而CFR及CIF則載明「Freight Prepaid」。值得注意的一點是，FOB的報價中已含併櫃費或吊櫃費及提單文件製作費，因此在以FOB價格計算CFR及CIF的報價時，則單就運費計算即可，不必再加計併櫃費或吊櫃費及提單文件製作費，以免重複計算。

第3節 空運費之計算

一、航空運費的基準

航空運費的基準有兩種，隨著貨物不同，而有不同的計算方法，一是以體積計費，此種方法較適用於體積大而重量較輕的物品；二是以實際重量計費。

英制：1公斤＝366立方吋

公制：1公斤＝6,000立方公分

⑴英制：每公斤的計價單位（NT\$/kg）× $\dfrac{\text{總體積（in}^3）}{366\text{in}^3}$

⑵公制：每公斤的計價單位（NT\$/kg）× $\dfrac{\text{總體積（cm}^3）}{6{,}000\text{cm}^3}$

1. 重量計費方法

366立方吋或6,000立方公分體積的貨物，如果其重量超過1磅時，按實際重量計費。貨物經公磅秤過後，重量的尾數如0.5公斤之下者，以0.5公斤計算之；超過0.6公斤者，則以1公斤計算之。

2. 體積重量計費方法

重量1,000克且體積超過6,000立方公分或366立方吋的貨物，須按體積重量（Volume Weight）計算，重量愈重，費率愈低。

例題試算：

某一貨物其體積大小為150×140×130 / 公分

A. 按公制計算：150cm×140cm×130cm＝2,730,000cm^3

　　　　　　　　2,730,000cm^3÷6,000＝455kgs

B. 按英制計算：59.1in×55.1in×51.1in＝166,403cu.in.

　　　　　　　　166,403cu.in.÷366＝454.7kgs

要決定貨物計費的方法，須先將體積重量算出，在跟原毛重比較，如體積重量大於原毛重，則採取體積重量計算運費；反之，則採取原毛重計算運費。

運費計算公式：

　　⑴每公斤（All In）的運價（NT\$/kg）×實際貨物的毛重

　　⑵每公斤（All In）的運價（NT\$/kg）×貨物以較高級重量計費之總重量

3. 航空貨運計算公式

> 重量費用＝重量×費率
>
> 航空貨運運費＝重量費用＋服務費與其他費用

　　航空公司對交運貨物，重量愈重的貨，每公斤的運費就愈便宜。但也設有最低運費（Minimum Rate），即上述的重量費用未達其最低標準時，一律按最低運費收費。最低運費並非全球統一，會隨送達地區、航空公司不同而異，須事先向航空公司洽詢。另外，多數航空公司以45kgs為標準計費數量，對於低於45kgs的貨物，通常價格會採航空協會制定的收費標準，稱之為「IATA Rate」。

　　服務費是航空公司所列的運費費率表之外，須另外支付的費用，包含倉租、保險費、代墊費用、轉運費用、代辦通關費等。

二、例題

　　英南公司出口2,400枝高級鋼筆，前往美國洛杉磯，包裝方式為每2打裝一外箱，外箱尺寸為20"×8"×12"，毛重為1.8kgs，貿易條件是CFR L. A.，求該公司應付的空運費及其他相關費用的總金額為多少。

　　解答：經向航空公司洽詢，報價如下：

　　　　A. 空運費率為新臺幣如表5-4：（各家航空公司報價不同）

表5-4

45kgs 以上	100kgs 以上	500kgs 以上	1,000kgs 以上
NT$163/kg	NT$147/kg	NT$139/kg	NT$138/kg

　　　　B. 燃油費用：NT$25/kg

　　　　C. 兵險費用：NT$5/kg

　　　　（註：燃油費用及兵險費用會隨國際原油價格行情而變動）

　　　　臺灣賣方須付的費用：

　　　　D. 倉租費NT$5/kg（300kgs以內），NT$1.50/kg（301kgs以上）。

　　　　　　（最低倉租費以20kgs計算，NT$100）

　　　　E. 報關手續費為NT$800。

F. 海關鍵輸費為NT$240。

先決定計費方法

2,400÷12÷2＝100箱

實際重量：100×1.8kgs＝180kgs

體積重量：20"×8"×12"÷366×100＝524.6（kgs）──採體積重量計費

(1)運費：（139+25+5）×525＝NT$88,725（FOB條件時由買方付，
CFR及CIF條件時由賣方付）

(2)倉租：（5×300）+（1.5×225）＝NT$1,837.50（FOB、CFR及
CIF條件時均由賣方付）

(3)報關費：每批貨NT$800（FOB、CFR及CIF條件時均由賣方付）

(4)海關鍵輸費為NT$240（FOB、CFR及CIF條件時均由賣方付）

以上費用合計：NT$91,602.50

第4節　保險種類及保險費之計算

　　保險費費率會因為投保險種、目的地、貨物內容（標的物）、運輸工具、包裝等不同而有異，費率一般都在0.01%至0.35%左右，最常見的費率為0.1%。保險金額通常採加成投保，進口商會將此交易的利潤、進口費用、管理費等，列入風險考量範圍，因為如果只保發票金額，風險一旦產生時，將無法彌補進口商的損失，因此進出口商習慣按CIF的價值加一成（10%）左右，亦可根據實際狀況調整加二成或三成（20%至30%）。實務上，若雙方未規定保險金額，通常會按照信用狀的金額增加一成為投保金額，同時保險費設有最低額限制NT$400，低於此金額以NT$400計收。

　　計算保險費首先應算出保險金額：

> 保險金額＝CIF的貨價×110%（加成投保）
> FOB的貨價×120%（加成投保）

　　在已知成本C及運費F的狀況下，可利用下列公式算出CIF的價格：

$$I = CFR \times \frac{（保險費率 \times 投保加成）}{1 - （保險費率 \times 投保加成）}$$

（保險費率係由保險人根據貨物在不同時期的賠付率而定，且因不同險別、不同商品，費率也有所不同）。

例題演練一：

一香港商出口貨物一批，其CFR的價格總額為US\$31,050（CFR），國外買主致電要求此港商改報CIF價格，加一成投保，投保I. C. C.（A），即全險，假設保險費率為0.12%

保險費（I）＝US\$31,050$\times\dfrac{0.12\% \times 110\%}{1 - （0.12\% \times 110\%）}$＝US\$41.04

例題演練二：

臺灣供應商報價不鏽鋼鐵材US\$3,000/TON　CFR LIVERPOOL, U. K. 給英國客戶，目前客戶要求也報CIF的價格，加一成投保，投保I. C. C.（C），即平安險及戰爭險，保險費率分別為0.8%及0.6%，試算每噸CIF的報價為多少？

保險費（I）＝US\$3,000$\times\dfrac{1.4\% \times 110\%}{1 - （1.4\% \times 110\%）}$＝US\$46.92

CIF價格：US\$3,000＋US\$46.92＝US\$3,046.92/TON（噸）

第5節　進出口價格之估算表

出口價格之計算，首先須視交易條件為何種，常見的有FOB、CFR、CIF等。進口價格之計算是出口價的延續，構成價格的因素與出口價格類似，下列估算表可為進出口報價做一詳細的計算，亦可存檔，以便日後查核。

出口／進口價格計算之案例演練

表5-5　出口／進口價格計算之案例演練表

	出口價格之計算案例		進口價格之計算案例
1	出口產品銷售：DIY花園工具	1.	進口產品：家具五金配件組
2	訂單數量：1200PCS	2.	訂購數量：15,000組
3	包裝體積： 20PCS／紙箱／23.5KGS／CTN／1.3CUFT 共60箱／78CUFT／1,410KGS	3.	包裝體積： 3,000組／木箱／360KGS／0.89CUFT 共計：5木箱／4.45CUFT／1,800KGS
	匯率USD1：NT\$30	4.	匯率US\$1：NT\$30
	成本基價——NT\$190/PC	5.	基本價：US\$1.60／組FOB H.K.
	出口費用 樣品含運費NT\$1,200 通訊費NT\$1,000 包裝費用：NT\$400／每箱 內陸運費NT\$1,500／批 產地證明費NT\$250 商港服務費NT\$80／計費噸 貿易推廣費0.04% 銀行費用　貼現息0.219%　手續費0.1% 報關費NT\$2000 預計利潤：A.間接貿易利潤率15% 　　　　　B.直接貿易利潤率20% 付款條件以即期L/C支付	6.	進口費用 進口關稅：5% 商港建設費　每噸NT\$80 貨物稅：0% 貿易推廣費0.04% 銀行費用：開狀手續費0.25% 郵電費：香港：800 報關費NT\$2000 國內內陸運費NT\$2,000 通訊費NT\$1,000 預計利潤：20% 付款條件以即期L/C支付
	保險費ICC(C)平安險費率：0.12%		保險費：ICCA全險費率：0.10%
	海運費：臺灣／基隆→德國／漢堡 1,410KGS＝1.41TON 78'／35.315＝2.21CBM（以體積噸計價） 運費：US\$26/CBM 併櫃費NT\$380/CBM 提單文件費NT\$1,100 出口歐盟ENS傳輸費USD25		海運費：香港→臺灣/基隆 1,800KGS＝1.80TON（以重量計價） 4.45'／35.317＝0.126CBM 運費：US\$3/TON
	根據上述資料，利用下表算出1.FOR 2.FOB　3.CFR　4.CIF的價格		根據上述資料，利用表5-6算出進口商 國內的售價

表5-6　出口價格計算表

項目	內容	金額	報價條件及單價
1-1基本價	190×1,200	NT$228,000.00	FOR單位售價
出口費用—間接貿易			295,935.29÷1,200
2-1包裝費	400×60	NT$24,000.00	＝NT$246.61/PC
2-2內陸運費	1,500	NT$1,500.00	
2-3樣品含運費	1,200	NT$1,200.00	
2-4通訊費	1,000	NT$1,000.00	
2-5預計利潤A	$[228,000÷(1-15\%)]×15\%$	NT$40,235.29	
合計		NT$295,935.29	
出口費用—直接貿易			FOB淨價
2-6產地證明費	250	NT$250.00	295,935.29＋5,116.60
2-7商港服務費	80×2.21	NT$176.8	＝NT$301,051.89
2-8吊櫃費/併櫃費	380×2.21	NT$839.80	
2-9提單文件費	1100	NT$1,100.00	
2-10報關費用	2,000	NT$2,000.00	
2-11歐盟ENS費	US$25×30	NT$750.00	
合計		NT$5,116.60	

$$FOB\ 售價 = \frac{FOB淨價}{1-（手續費率＋貿易推廣費率＋貼現息費率＋預計利潤率B）}$$

2-10貿易推廣費0.04%	$\dfrac{NT\$301,051.89}{1-（0.1\%+0.04\%+0.219\%+20\%）}$ ＝NT$378,011.19		FOB每單位售價 NT$378,011.19÷1,200 ÷30＝US$10.50/PC
2-11銀行手續費0.1%			
2-12貼現息0.219%			
2-13預計利潤B20%			

海運費 1. 運費	US$26/CBM×2.21	US$57.46	CFR每單位售價 (57.46÷1,200＝ US$0.05 每單位須負擔的運費 US$10.50＋US$0.05＝ US$10.55/PC
保險費 海運保費 費率:0.12% 保額110%發票金額	$I＝CFR×\dfrac{110\%×0.12\%}{1-（110\%×0.12\%）}$ US10.55×\dfrac{0.00132}{0.99868}$	US$0.01	CIF ＝US$10.55＋0.01 ＝US$10.56/PC

國際貿易實務
International Trade Practice

表5-7 進口價格計算表

NO.	項目	內容	金額	報價條件及單價
一	基本價	US$1.60x15,000=US$24,000 US$24,000x30	NT$720,000	FOB香港 NT$720,000
二	海運費	香港→臺灣基隆港 US$3x1.8x30	NT$162.00	CFR基隆港 NT$720,162.00
三	保險費	費率:0.10%,保額110%發票金額 $I = CFR \times \dfrac{(110\% \times 0.10\%)}{1-(110\% \times 0.10\%)}$	$720,162 \times$ $\dfrac{0.0011}{0.9989}$ $=NT$793.05$	CIF基隆港 NT$720,955.05
四	進口費用 1. 進口關稅 2. 商港服務費 3. 貨物稅 4. 貿易推廣費 5. 報關費用	 NT$720,955.05x5% NT$80x1.8 NT$720,955.05x0.04% NT$2,000	 NT$36,047.75 NT$144.00 NT$288.38 NT$2,000.00	
五	銀行費用—L/C 1. 開狀費手續費 2. 郵電費	 NT$720,000x0.25% NT$800	 NT$1,800.00 NT$800.00	
六	內陸運費	NT$2,000.00	NT$2,000.00	
七	通訊費	NT$1,000.00	NT$1,000.00	NT$44,080.13
進口產品總成本：NT$720,955.05＋NT$44,080.13＝NT$765,035.18				
八	預計利潤	[765,035.18÷(1-20%)]×20%	NT$191,258.80	NT$239,073.50
九	營業加值稅	(765,035.18＋191,258.8)×5%	NT$47,814.70	
進口產品單位售價：NT$765,035.18＋NT$239,073.5＝NT$1,004,108.68 NT$1,004,108.68÷15,000＝NT$66.94／組				

進出口價格計算方法

習作演練

1. (　) 船公司的報價單上註明「W/M」時，其運費收費標準是　①重量　②體積　③重量或體積取較大值　④重量或體積取較小值。

2. (　) 某批貨之體積噸為15.4CBM，重量為6.5公噸，運費率為US$60M/W，則該批貨物的總運費是　①US$924　②US$390　③US$1,314　④US$534。

3. (　) 離岸價格即一般貿易條件所稱的　①DDP　②CIF　③CFR　④FOB。

4. (　) 下列何者不是關於空運運費的說明？　①費率由IATA制定　②沒有起碼運費收費　③重量愈高，費率愈低　④運費基準單位以公斤或磅為準。

5. (　) 我國課徵進口關稅之完稅價格，使用下列何者為準？　①起岸價格　②離岸價格　③國外售價　④國內售價。

6. (　) 多數航空公司有一標準計費數量為　①43KGS　②44KGS　③45KGS　④46KGS，低於此標準的貨物，通常價格會採航空協會制定的收費標準。

7. (　) 船公司報「ALL IN」的價格時，並不包括下列何者？　①基本運費　②幣值附加費　③貨櫃處理費　④轉船附屬費。

8. (　) 貨物體積計算時，常以CBM為計算單位，而1CBM等於多少「材」？　①35.315　②36.515　③37.351　④1,728。

9. (　) 貨物總重是56.2公斤，在航空運費計算時是以　①56.0KGS　②56.2KGS　③56.5KGS　④57.0KGS　為計價重量。

10.(　) 空運費以體積重量為計價重量時，1公斤等於多少立方公分？　①366　②166　③1,728　④6,000。

11.(　) 運費計算如按重量，主要是根據下列何種重量？　①Net Weight　②Gross Weight　③Tare Weight　④Light Weight。

12.(　) 下列何者不包括在FOB報價計算內？　①預期利潤　②海運費　③包裝費用　④銀行手續費。

13.(　) 貨物每箱US$300 FOB Keelung港之報價，若改成CFRC5，運費每箱

US$15的情況下，CFRC5 New York的價格為 ①US$331.58 ②US$315 ③US$350 ④US$355。

14.（　）進口貨物目前由海關代徵之營業稅為 ①千分之五 ②千分之十 ③百分之五 ④萬分之五。

15.（　）我國商港服務費之徵收，下列何者正確？ ①進口貨物依FOB價值課徵一定費率 ②出口貨物依CIF價值課徵一定費率 ③針對海運貨物徵收 ④只針對進口貨物徵收。

16.（　）下列何者不在CIF出口報價計算之內？ ①保險費 ②報關費 ③進口稅 ④海運費。

17.（　）有關我國推廣貿易服務費之敘述，下列何者正確？ ①進口貨物按其CIF價值課徵一定費率 ②進口貨物按其FOB價值課徵一定費率 ③出口貨物按其CIF價值課徵一定費率 ④只針對進口貨物徵收。

18.（　）下列何者屬於出口價格中的裝貨費用（Shipping Expenses）？ ①刷嘜費 ②起重機使用費 ③商港服務費 ④推廣貿易服務費。

19.（　）FOB與CIF之差異為何？ ①風險移轉點不同 ②品質的決定時點不同 ③數量的決定時點不同 ④出口報價的成本構成不同。

20.（　）依Incoterms 2000之規定，下列何種貿易條件的運輸保險由買方負責？ ①FOB ②CIP ③DDP ④CIF。

21.（　）依據UCP600之規定，除信用狀另有規定外，保險金額的幣別須與何者同一貨幣表示？ ①進口國家的貨幣 ②出口國家的貨幣 ③信用狀 ④買賣雙方商議。

22.（　）出口商品價格的構成要素，以下何者正確？ ①貨品成本 ②出口費用 ③預期利潤 ④以上皆是。

23.（　）有一貨品包裝尺寸24×35×42（CM），求每箱體積噸為（取至小數點第3位） ①0.041CBM ②0.035CBM ③0.036CBM ④0.042CBM。

24.（　）CFR的價格為US$10,000，保險費率為0.12%，匯率1：30，則保險費為（取至整數） ①NT$397 ②NT$396 ③NT$400 ④NT$401。

25.（　）在定期船的運費結構中，CAF是代表何種費用？ ①燃料附加費 ②幣值附加費 ③旺季附加費 ④超長附加費。

26.（　）下列何者不在CIF出口報價的計算之內？ ①包裝費 ②海運費 ③預期利潤 ④進口關稅。

SOHO一族　萌芽篇

～Monica心情隨筆

　　之前每當初次見面的朋友問起我是從事哪一行的，總令我很難回答，現在好了，SOHO族在當今是愈來愈熱門的行業了，而我成為SOHO族也是在無心插柳的情況下水到渠成。自美國返臺後，除了重回上班族的行列，晚上也開始兼差教英文，這一教卻教出興頭來了，索性轉換跑道，當個全職的英文老師。學生從幼稚園到成人都有，那段時間，白天除了課前準備之外也閒著沒事，於是在一個偶然機會下，應一家之前熟識的供應商的要求，幫忙翻譯書信及聯絡國外客戶，沒想到效果出奇的好，於是乎，經由介紹，一家家外銷工廠紛紛接踵而來，要我幫忙，一陣子之後，居然喧賓奪主，成為我的主要工作，始料未及的是，以此工作（Job）開始，居然串起未來的生涯（Career）。

　　雖然我堅持各行業只接一家，但當時一些製造工廠，因為從事經由貿易商轉手的間接貿易利潤日趨微薄，競爭空間漸小，亟需自行獨立跟外國買主直接交易，漸漸地，我負責的廠家愈來愈多，繁重的工作量，讓我為中南部廠商缺乏國貿人才的嚴重感到憂心。

　　由於跟我配合的工廠都是不同的行業，因此我學到更多不同產品的專業知識，在面對國外客戶及工廠做逐步翻譯的場合中，一些比較專業的產品，例如：機械、工業產品，都能夠翻譯恰當，讓外國客戶印象深刻。很多時候我是由英文直接轉譯為臺語，廠商都誇我的臺語很棒，而我開朗幽默的個性，跟外國客戶互動良好，彼此就像朋友一樣，互相幫助，也一起成長。記得921大地震的隔天，接到好幾位國外客戶打來的關心電話，一位義大利客戶因我的電話打不通，甚至要求他在臺灣的其他朋友務必要幫他找到我，令我感動不已。

　　很多人都很羨慕我的工作，好處很多，譬如可以睡到自然醒、工作時間可以自我掌控、不必應付複雜的人事關係，更不用面對討人厭的老闆；不過壞處也不少，譬如無固定下班時間，晚上或假日常常視需要而加班，加上現在通訊方便，度假的時候，連時差日夜顛倒的美國客戶都可隔著大半個地球打手機遙控殺價、

下訂單；也曾經有二、三家廠商同時傳來一大堆文件，個個都說急件，讓我忙到半夜；更別提出國參展撞期的慘況，展季時，在不同時差的國度中當空中飛人更是家常便飯。

SOHO族的工作性質並不適合每個人，看一些同行朋友，由於在家工作，自由無約束，有的身材像是吹氣球般變胖很多，整個人也變得很懶散，工作績效差，接的案子也很少；有的是之前在制度健全的大公司上班，對辭職後所接的案子產生嚴重適應不良，因為大多是家族企業式的外銷工廠，做起事來不但綁手綁腳，上頭的決策也往往錯誤，成天忙著處理善後，不但收入沒以前好，挫折感更深。通常當過SOHO族後，如要再重返上班族職場，除了自己可能無法適應之外，有時可能也為時已晚，所以成為SOHO族之前須深思熟慮才好！

SOHO族需要比一般上班族更懂得自律及努力，養成良好的生活習慣，努力提升專業領域更是不可或缺，因為我們是做自己的主人，會自我約束，才能將事情妥善處理好。當然囉！從事這一行趣事也頗多，不但能廣結善緣，認識各國朋友，更可增加視野及獲得不同的人生體驗。

◎ 臺灣
英國客戶到臺灣工廠參訪，我擔任隨行翻譯，不斷地參觀工廠、開會，一整天奔波下來，雖然很累，但還是必須敬業，始終面帶微笑！

貿易花絮之五

◎ 杜拜 INDEX展

儘管在展場上努力解說，希望把產品推銷出去，但難纏的中東客戶卻一直挑剔兼殺價，看來住帆船飯店的夢想還很遙遠，需要多努力呢！

◎ 德國 EUROBIKE展

愛國的瑞士客戶除了隨身穿著國旗制服外，還為我帶來好吃的瑞士巧克力，而且一再強調，它是全世界最棒的巧克力！

第 **6** 章

交易磋商之進行程序

第1節 詢價（Inquiry）

一、詢價的重點

在國際貿易的過程中，詢價的動作在報價之前。詢價是進口商向出口商詢問商品的價錢、規格、數量等種種問題，進出口商的認識大多由廣告、商務相關機構、期刊或展覽會上得知。詢價是對交易條件的詢問，因此對買賣雙方並無法律上的約束力，而且並非每一筆交易都有經過詢價步驟。做生意是雙向的，詢價可以由買方向賣方發出，也可由賣方向買方發出，但實務上以前者居多。值得注意的是，一般詢價並不單指詢問價格而已，通常會詢問其他詳細條件，最常見的重點如下：

1. 貨品名稱 Name of Commodity
2. 貨品型號 Item No. 或 Model
3. 貨品規格 Specification
4. 貨品材質 Material
5. 品質 Quality（AQL Level）
6. 最低訂購量 Minimum of Quantity
7. 單價 Unit Price
8. 樣本 Sample
9. 目錄 Catalogues、D. M.
10. 包裝條件 Packing
11. 付款條件 Payment
12. 裝運條件 Shipment
13. 其他特殊規定 Remark

二、詢價的內容

詢價信由買方發出，為了要能引起賣方興趣，最重要的是主旨要明確，例如：Inquiry、inquiry for garden tool，詢價內容必須詳盡清楚，注意重點如下：

1. 說明認識管道

如果是初次詢價，需先禮貌性說明認識管道來自何處，由雜誌廣告、網路搜尋、相關機構引薦或展覽會上得知，如由賣方開發信得知，則先向對方致謝。

2. 自我介紹

扼要敘述公司歷史沿革、主力項目、營業規模、銷售能力或需求量。

3. 詢問事項

告知感興趣的產品項目、規格、數量,請求報價及附帶的各種條件、寄送目錄或樣品。

4. 誠懇結尾

懇請請其儘速提供所需要的資料,謝謝協助,靜待佳音。

三、詢價信的性質

詢價信依性質不同,通常可分為下列二個類型:

1. 有效詢價

即買方通常已採購過此類產品,目前又有購買意圖,因而詢問的內容具體詳細,包括所需要的商品名稱、型號、材質、品質、規格、最低訂購數量、單價、樣本、目錄、包裝條件、付款條件、裝運條件、交貨日期等,通常只要是價格及條件符合買方的意願,成交率很高,例如表6-1的詢價函即是此類詢價信。

2. 一般詢價

此種詢價通常是買、賣雙方尚未建立貿易關係,或買方未採購過但正考慮採購此類產品,即先以了解產品及市場行情為目的,而要求賣方提供產品目錄、規格表、價目表、樣品、技術資料等詳細資料,作為以後訂購的參考,例如表6-2即是此類詢價信。

表6-1　詢價信㈠

From: Daniel AIDINIAN
To: Roof Fan Industrial Co Ltd
Sent: Wednesday, November 06, 20-- 10:16 PM
Subject: Inquiry of Hand tool
Dear Mr. Tony Chen,
Please quote us as the following terms and conditions.

Model #: RF 2105F - Colorful 22-Piece Precision Mini Screwdriver Set in PVC
Bag 1200/sets

- FOB prices (for minimum order quantity)

- Minimum Order Quantity

- Sample availability/cost

- International Standards Met

- Delivery Time

- Trade Show Schedule

- Company Brochure & Full Product Catalog

PLEASE REPLY TO :

Mr. Daniel AIDINIAN /Purchasing Manager

Tel: (33) 4763330003

Fax: (33) 6078111123

aidinian.d@wpnduoo.fr

────詢價信㈠中譯────

親愛的陳湯尼先生您好：

請報下列產品的價格及條件。

型號：RF 2105F──彩色22支迷你精密螺絲起子組套入PVC袋，數量1,000組

FOB價格（依最低訂購量）

最低訂購量

是否有樣品及樣品價格

符合國際標準的規範認證

交貨期

參展時間表

公司型錄

全系列產品目錄

請寄至：

……

表6-2　詢價信㈡

DAISOL, S. A.

Tel.: 224-4000　　Fax: 222-0592

Dir.: Parque Lefevre, Calle 2da.

Apartado: 6-6922　E-mail: daisol@sinfo.net

To: Zoom Development Co., Ltd.　　　　Date: August 15, 20—

Attn: Sales Dept.

Dear Sirs,

DAISOL, S. A. is a company established in Panama, Republic of Panama since 1986. Dedicated basically on the retail business of bathroom accessories and related furniture.

Over the years we have built up a very good reputation for service, quality and competitive pricing. Because of that, we are continuously searching for new products that can fulfill and maintain this expectation.

We will really appreciate if your organization can provide us a catalog of your products with information about quality and prices, so we can have an idea of what type of product we are dealing with.

Waiting for your answer as soon as possible and looking forward to building up a strong and lasting business relationship.

Sincerely yours,

Reichlin

Lic. Jennifer Reichlin

Commercial Manager

──詢價信㈡中譯──

致Zoom Development公司的業務部門
先生／女士您好：

Daisol, S. A.於1986年成立於巴拿馬，我們主要是衛浴配件及相關家具之零售商。

這幾年來，我們建立了極佳的服務、品質及競爭價格聲譽，也因此，我們持續地搜尋新產品來履行及維持我們的目標。

我們將感謝貴公司能提供我們一份型錄及產品品質、價格的資料，這樣我們才可以進一步了解現在可選購何種類型的產品。

等待您迅速的回覆及期待能建立堅固和永續的商業關係。

請與我們聯絡：……

四、回覆詢價信要點

1. 注重時效：收到詢價信，應立即回覆，表示誠意及效率，多數買主都會同時跟多家供應商詢價，買主不單只會考量價格，服務品質及效率更是考量的重點。

2. 滿足需求：針對客戶所提出的問題或需求，一一答覆，來函其中若有無法答覆或立即答覆的事項，也需告知對方原因或可回覆的時間，避免客戶一再詢問或空等。

3. 洽詢疑惑：收到語焉不詳的詢價信，也應回覆，禮貌地問清楚對方所要的資料，以便提供符合他所需要的正確資料，千萬不要馬虎帶過。

4. 技巧推銷：回覆同時，再利用一些行銷技巧，強調產品優越，價格合理，服務良好，是絕佳的合作夥伴，同時再加上一些相關資料佐證，令買主增加與我方交易的信心。

表6-3　詢價回函(一)

ZOOM DEVELOPMENT CO., LTD.

NO. 15, LANE POOTOU, DIN-FANG VILLAGE,

LU-KANG, CHANGHUA, TAIWAN R.O.C.

TEL: 886-4-777180880　FAX:886-4-777180990

E-MAIL:zoom.dv@msa.hinet.net web site: http://www.zoom.com.tw/

TO: DAISOL S. A.　　　　　　　　DATE: AUG. 16, 20—

ATTN: MRS. JENNIFER REICHLIN　　FAX NO.: 002-507-222-0592

RE: Bathroom accessories

Thank you very much for your inquiry expressing that you are interested in our products.

We would like to take this opportunity to introduce you about our company: ZOOM DEVELOPMENT CO., LTD. was established in 1980, specializing in the manufacturing of wall shelves, bath shelves, classic trolleys, storage carts, utility carts, multi-function carts and telescopic shelves for bathroom use.

We mainly focus on product design and quality. In 2002, we have obtained ISO 9002 certification and GS TUV Certification for most of products.

Here, we offer you some items that you may be interested in attachment. We will also mail you our latest catalogues for your reference. Please take a look at all range of our products. Please tell us if you have other inquiries or interested in any other products, OEM & ODM products are available upon your request. It will be our pleasure to serve you anytime. We sincerely invite you to visit our website at http://www.xxxx.com.tw/

for more details.

We look forward to receiving your answer and establishing a pleasant business association in the near future. Thank you very much.

Best Regards,

Michael Wu/Sales Manager

──────詢價回函㈠中譯──────

珍妮佛女士：

關於衛浴配件

非常感謝您的來信詢問及您對敝公司產品感興趣。

我們藉由這個機會為您簡略介紹敝公司：Zoom Development公司成立於1980年，專門製作壁櫥櫃、衛浴櫥櫃、古典推車、裝貨推車、實用推車、多功能推車及衛浴專用的伸縮型櫥櫃。

我們主要專注在產品研發及品質，我們於2002年通過ISO 9002認證，以及大部分產品也獲得GS TUV認證。

附件是我們提供您感興趣的產品報價。我們也會用航空郵件寄給您敝公司最新目錄供您參考。請詳細參考我們的全系列產品，也請告訴我們如果您有其他問題或對其他產品有興趣。如有需求OEM及ODM產品，皆可以洽詢，我們將隨時為您服務。另外，我們真誠地歡迎您參觀我們的網頁http: //www.xxxx.com.tw/，以便了解更詳細的資料。

期待收到您的好消息及近期內建立愉快的商業關係。

第*2*節　報價（Offer）

一、報價的意義

國際貿易的交易，賣主根據國外買主就某些產品的詢價，除了提出價格外，還附帶其他相關的條款，例如：付款條件、交貨期間、報價數量、有效期間及其他特殊需求等，構成完整的洽商行為，在貿易上稱為「報價」。

因為報價單是由賣方出具，大多數會以自己有利的產品或條件為主，不過也須考慮買方要求的條件，如此一來雙方成交的機率將會大增。

二、報價的種類

茲列舉國際貿易上較廣泛被使用的報價種類如下：

1. 售貨報價（Selling Offer）

賣方根據現有的產品向買方發出報價，此為最普通的報價。

2. 購貨報價（Buying Offer）

來自買方欲購的價格稱之。在美國也稱為Bid，即「出價」之意；又稱為「Target Price」，即目標價格；亦有人稱為「Ideal Price」，即理想價格。

3. 聯合報價（Combined Offer）

意即報價人將二種以上之貨物，同時發出報價，而被報價人必須全部接受或拒絕，而不能僅接受其中一部分。

4. 長效報價（Standing Offer）

又稱持續報價，即報價一直有效，直到撤銷以前都有效，通常在需要拍賣庫存品的情況下較會用到此報價方式，其用語為This offer is until being withdrawn。

5. 獨家報價（Exclusive Offer）

賣方有時會單就某些產品在特定的區域內、時間內授權給國外買方獨家專賣，針對此買方報價謂之。這通常是選擇海外獨家代理的前置作業，藉以評估海外買方是否可晉升為獨家代理的暖身活動。

6. 確定報價（Definite Offer）

又稱穩固報價，為於報價單內載明有效期限，在此期限內，賣方所報各項條件確定不變且不得撤回的報價。但在匯率或運費波動劇烈的情況下，賣方為了避免損失，可加上但書：「本報價根據目前匯率（運費）計價，如日後增加超過x%，則由買方負擔。」

7. 還價（Counter Offer）

又稱相對報價，即被報價人對報價人所報出的條件，全部或有一部分不同意，但是尚有意願交易而提出變更之請求時，原報價即因而失效，產生一個新的要約。在現今的交易市場中，完成一筆交易並不是一蹴可幾，通常需要買、賣雙方不斷地溝通協商，況且目前全球採購市場競爭激烈，買主通常趁機殺價，務必壓低進口成本，賣方除了想辦法降低產品成本，強調品質、性能取勝，還可以增加服務或提高產品附加價值等方式來因應，例如需要售後服務的產品，可以增加保固項目、延長保固期的承諾，來替代降價訴求。

三、報價單的實務

實務上，買方若指明特定的產品系列及型號詢價，會是較有效的詢價，賣方可針對買方所需要的產品型號、欲購數量報價（或最低訂購量），如此明確的詢價、報價成交的機率高（請參考表6-4）。

買方若不詢價特定的型號，通常會要整系列的產品報價單，很可能是未採購過且正蒐集資料或進行比價的客戶，此類型報價後成交的機率可能會低一些（請參考表6-5）。

關於是否要提供全系列報價單給國外買主，端看行業別而定。有些普遍性產品行業，市場價格通常有一定的行情，差距不大，在此情況下，則可提供全系列報價單，不必擔心會被對手獲悉；反之，較特殊產品，尤其是新開發或專利產品，則必須小心提供報價，以免最後淪為價格大戰的犧牲者。

值得注意的是，原物料價格波動劇烈時期，報價有效期長短須做調整，若同時有多位客戶詢問相同產品，須因客戶的層級做適當的價差考量，避免得罪主要客戶，或是同時要求降價。還有，客戶是否有其他需求？例如改變產品規格、設計、包裝等；若國外進口商巨量採購，須專案報價處理。

1. 賣方報價時應注意的問題

(1)根據船公司及產品等實際狀況，選擇適當的價格條件。就出口商而言，運費上漲、船位不易訂、進口港擁擠或船班較少、本國貨幣升值等情況，宜採FOB條件。

(2)合理定價，防止偏高或偏低。

(3)根據國別或不同類別的客戶，採不同價格基礎。

(4)選擇有利的計價幣別，穩定不易變動。

(5)價格之外的附加費用，例如改變包裝、改變產品之其他費用。

(6)單價中的計價單位及計價貨幣、港口名稱均須載明。

(7)競爭對手的價格。

(8)是否為外匯管制國家：由於其通匯銀行不多，匯款須經多家銀行轉匯，不但銀行費用高，且匯款時間費時甚久。

(9)有無特殊的貿易習慣：例如，中東國家習慣性愛殺價，因此定價時可先加上幾成，滿足他們殺價的慾望。

(10)報價時，除非買方要求按一定數量報價，否則賣方通常按最低訂購量（Minimum Quantity）報價。在報價時須詳加規定若未達最低訂購量，須加收一定金額的手續費（Handling Charge）。

2. 樣品索取及回覆

詢價的同時，經常伴隨著索取樣品。要不要收樣品費，各家廠商各有不同的規定及做法。關於樣品收取與否的回覆，可根據狀況採取下列方式回覆：

(1)樣品費及運費完全免費：急於拓展外銷的賣方通常會採用此法，不計成本。

We offer free samples and shipping.

(2)樣品免費，但客戶須負擔運費：樣品成本低，但運費高時，賣方會傾向採用此法。

The samples are free, but the freight will be charged to your account.

(3)買方須先支付樣品費及運費：材料成本高、重量重及體積大、運費成本高的物品。

The sample charge and freight should be paid in advance.

(4)買方須先支付樣品費及運費，正式下單後將退回此費用：這是對買賣雙方較公平的方法。

Please pay the sample charge and freight in advance, and it will be refunded to you upon receipt of your confirmed order.

3. 特殊訂價潛在的風險

跨國關係企業經常利用一種移轉訂價（Transfer pricing）進行交易，以降低稅金的負擔，藉以達到避稅為其主要的目的。

跨國集團內的母公司與子公司之間，將商品直接賣給各地的子公司，常以「移轉訂價」進行交易，意即在成本上外加些微利潤，其價格水平未必符合自由市場的市場價格，目的是讓子公司負責將這些商品出貨到當地其他通路或國家，將利潤留在位於租稅天堂，稅賦較低的子公司，達到節稅的目的。

舉例而言，中國的公司稅率25%比香港16.5%高出許多，為此有些中國企業會設立分公司在香港進行採購原物料交易，再以稍高的價格賣回中國總公司。這樣的安排讓整個集團的稅務負擔合法地減低。另一方面中國總公司再以稍低的價格將產品賣至香港子公司，然後轉售到其他國家，將利潤留在稅賦較低的子公司，藉此達到避稅及增加獲利的加乘效果。

看似完善的節稅計畫，事實上如果操作不當，被有心的投機客利用，一不小心就可能面臨風險，遭受極大損失，不可不慎。（資料來源：參考自維基百科）

您可能不知道的眉角

移轉訂價的潛在風險

美國某家消費品製造商，在一次德國子公司進行「移轉訂價」的交易中遇上投機詐騙者，而遭受莫大損失。

某日美國總公司接到來自中東的詢價者，聲稱自己擁有數量高達好幾個四十呎貨櫃的大訂單，買家想以量制價，堅持要非常低的價格，美國公司敵不過巨量的誘惑，最後決定以「移轉訂價」賣給德國子公司，子公司才得以極低的FOB價格賣出，約定產品由美國工廠直接運到中東，結果這批貨最後沒被運到中東，在出口港時貨物就被轉運到美國南部大型折扣商店去促銷了。

不久之後，美國南區的總代理氣急敗壞致電到總公司：「為何你大量傾銷超低價商品到我們的區域呢？真是害慘我們了。」總公司震驚不已，仔細追查發現那批貨最後送到佛羅里達州而非中東，原因是中東的買家是幫在邁阿密的轉向詐騙者工作，經報警，警方一舉查獲整個詐騙集團。

此一低價轉移策略，操作過程大有瑕疵，造成中間的利潤落入他人口袋，預防之道除了充分了解子公司或經銷商，同時對於貨品到貨的目的地也要能完全掌握，交易時最好以「到岸價格」——CIF價格（含運、保費在內的價格）報價，將運輸主控權掌握在手中，確保貨品到達自己指定的到貨目的地，就可有效遏止不法之徒帶著你的產品跟利潤落跑，讓你不但賠了夫人又折兵，損失利潤跟商譽。

表6-4 報價信㈠

From: Roof Fan Industrial Co., Ltd.

To: Daniel AIDINIAN

Sent: Thursday, November 07, 20—8:55 AM

Subject: Re: Screwdriver Tooling set

Dear Mr. Daniel Aidinian,

Thank you for your e-mail expressing your interest of our products.

As requested, the following is our terms and conditions:

Terms: F. O. B. Keelung, Taiwan

Payment: By irrevo. L/C at sight in our favor or T/T before shipment.

Delivery: Within 30 days upon receipt of your L/C.

Minimum: Not less than US$6,000 per shipment.

Packing: Standard export carton with sea worth.

Validity: Within 90 days from the date we quoted.

Item	Description	Q'ty	Unit Price
2105F	Colorful 22-Pieces Precision Mini Screwdriver Set in PVC Bag	1,200/set	US$8.70/set

Please tell us your comments or opinion after reviewing. I will send you our latest catalog by airmail for your reference.

Looking forward to hearing from you soon.

B. RGDS,

Tony Chen/Sales Manager

──────報價信㈠中譯──────

親愛的丹尼爾先生，您好：

感謝您的來信告知您對我們產品感興趣。

如您要求，以下是我們的報價及條件：

價格條件：FOB基隆，臺灣。

付款條件：即期不可撤銷信用狀或裝船前電匯付款。

交貨期限：在收到L/C後三十天內。

最低訂量：每次出貨金額不得低於美金六千元。

包裝條件：適合海運的標準出口包裝。

有效期限：報價後九十天內有效。

型　　號	品　　名	數　　量	單　　價
2105F	彩色22支迷你精密螺絲起子組套入PVC袋	1,200套	美金8.70元/套

詳讀後請告知您的意見或評價。我將會使用航空郵件寄一份我們的最新型錄供您參考。期待您迅速的回覆。

表6-5　報價信(二)

ZOOM DEVELOPMENT CO., LTD.

NO. 17, LANE PITOO, DIN-FANG LI, LU-KANG,

CHANGHUA, TAIWAN R. O. C.

TEL: 886-4-87180090　FAX:886-4-87180030

QUOTATION

Messrs: DAISOL S. A.　　　　　　　Date: Augst. 16, 20-

Mrs. Jennifer Reichlin

Thank you for your inquiry dated Aug. 15, we take the pleasure to offer you our full Range of product as the following terms and conditions:

T. O. T.: FOB Keelung, Taiwan

PAYMENT: By irrevo. L/C at sight in our favor or T/T before shipment.

SHIPMENT: Within 30 days upon receipt of your payment.

MINIMUM: 200/pcs for each item and not less than 1×20 container per shipment.

PACKING: By standard export packing with sea worth.

VALIDITY: Within 90 days from the date we quoted.

REMARK: This offer is based on our design and standard packing. There will be a additional charge for customized products and logo.

Model	Description/Material/Finish	Specification	Packing N.W./G.W.	Unit Price
Bathroom furniture				
ZD-001	Bath Cabinets – Aluminum Tube/Shelf – Two Layer	32×17×40/cm	1pc/CTN/0.7' 4kgs/4.8kgs	USD19.00/PC
ZD-002	Bath Cabinets – Aluminum Tube/ Shelf – Three Layer	32×17×60/cm	1pc/CTN/1.0' 5.3kgs/6.3kgs	USD23.00/PC
ZD-003	Bath Cabinets – Aluminum Tube + MDF Shelf	32×17×60/cm	1pc/CTN/1.0' 6.0kgs/7.0kgs	USD19.00/PC
ZD-004	Bath Cabinets – Aluminum Tube/ Shelf + Glass Shelf	32×32×75/cm	1pc/CTN/1.45' 7.3kgs/8.3kgs	USD30.00/PC
ZD-005	Bath Cabinets – Aluminum Tube + MDF Shelf	32×32×75/cm	1pc/CTN/1.45' 8.7kgs/9.6kgs	USD25.00/PC

B. RGDS,

Michael Wu/General Manager

──**報價信㈡中譯**──

報價單

給珍妮佛女士：

感謝您於8月15日來函。我們很高興可以報價及相關條款給您，如下：

價格條件：FOB基隆，臺灣。

付款條件：即期不可撤銷信用狀或裝船前電匯付款。

交貨期限：在收到貨款後三十天內。

最低訂量：每款產品二百個且每次出貨金額不得小於20呎貨櫃。

包裝條件：適合海運的標準出口包裝。

有效期限：報價後九十天內有效。

備註：此報價依我們標準的包裝及式樣設計為準。客戶特殊要求的包裝及品牌
式樣設計，須自付額外相關費用。

型號	品名／材質／表面處理	規格	包裝	單價
衛浴家具：				
ZD-001	衛浴櫃－鋁管／鋁擱板 二層架	32×17×40/公分	1個入1箱 0.7材，淨重4公斤，毛重4.8公斤	美金19.00元/個
ZD-002	衛浴櫃－鋁管／鋁擱板 三層架	32×17×60/公分	1個入1箱 1.0材，淨重5.3公斤，毛重6.3公斤	美金23.00元/個
ZD-003	衛浴櫃－鋁管／密集板 擱板	32×17×60/公分	1個入1箱 1.0材，淨重6.0公斤，毛重7.0公斤	美金19.00元/個
ZD-004	衛浴櫃－鋁管／鋁擱板 ＋玻璃擱板	32×32×75/公分	1個入1箱 1.45材，淨重7.3公斤，毛重8.3公斤	美金30.00元/個
ZD-005	衛浴櫃－鋁管／密集板 擱板	32×32×75/公分	1個入1箱 1.45材，淨重8.7公斤，毛重9.6公斤	美金25.00元/個

表6-6 還價信

——Original Message——

寄件者：Jurijs

收件者：Yogo Enterprise Co., Ltd.

傳送日期：20××年11月27日04:10 p.m.

主旨：Competitive Prices

Dear Monica,

Thanks for your quotation dated Nov. 05, unfortunately, we are not satisfied with your prices of lathe machine.

Frankly speaking, you would be aware of the growing competition in this market in China and Southeast Asia. All of the products are in excellent quality and much cheaper in price.

We always have a preference for your products, but we are forced to buy at more competitive prices to increase our sales. Unless you can cut down your prices substantially, we will have to place order to someone else. As we have to make decision right away, please let us know your feedback as soon as possible.

Best regards

Yuri Yastremski

——還價信中譯——

親愛的蒙尼卡您好：

感謝您於11月5日的報價。很遺憾地，我們對您車床機器的報價不滿意。

老實說，您也知道在中國及東南亞市場持續的競爭，他們所有的產品皆有極好的品質並且相當廉價。

我們一向較偏愛您們的產品，但是為了增加我們的營業量，我們被逼迫要採購價格更優惠的產品。除非您可以大大地降價，否則我們將跟其他廠商購買。由於我們必須立即決定，請儘速讓我們知道您的回覆。

表6-7　接受還價信──有條件接受

――――Original Message――――

From: MONICA [mailto:monica.yogo@msa.hinet.net]

Sent: Martes, 27 de Mayo de 20xx 12:16 a. m.

To: Raina Cheever

Subject: your counter offer

Dear Raina,

I am sorry to hear from your e-mail dated Mar. 20. that you could not accept our original offer. In comparison with similar products made in China/Southeast Asia, at slightly higher price, our product quality is far superior and approved by international standards.

In order to start a business relationship with you soon, we will comply with your request by offering you a special discount of 5% if you are able to increase your quantity to 50 sets/year.

Thank you and looking forward to receiving your acceptance of this order.

B. RGDS,

Monica Lee/Sales Manager

――――接受還價信──有條件接受中譯――――

親愛的瑞娜您好：

我很抱歉從您3月20日的信件中得知您不能接受我們原始的報價。在與中國或東南亞製造的其他相似產品比較下，我們的價格略高，但是我們的產品品質卻是格外優異，且獲得國際標準認證。

為了讓我們可以更快地建立商業關係，如您能夠提高年訂購量至五十臺，我們願意提供您特別九五折的折扣。

謝謝您！期待收到您接受我們的提議。

表6-8　不接受還價信

—Original Message—
From.: YOGY Enterprise Co., Ltd.
Sent: Monday, June 09, 20xx 9:28 p.m.
To: "Lorencia Intercomercial, S. A. Subject: competitive prices"

Dear James,

Thank you for your counter offer dated Jun. 03. and your request of a more competitive price for our products.

I absolutely agree with you about the strong competition in your market.

Unfortunately, we are facing difficult situation as well as you, such as N.T. dollar appreciation, raw material appreciation etc. Right now we are afraid there is no room for further reduction in prices as I have offered you the rock bottom price.

However, you will find satisfaction with our superior quality and product performance after trying our products. You will know what product value we are offering you.

Thank you for your understanding. Please let us know should you have further questions.

Sincerely yours;
Monica Lee

—不接受還價信——有條件不接受中譯—

親愛的詹姆士您好：

感謝您於1月3日的回覆以及要求更具競爭力的產品價格。

我非常贊同您告知市場上的嚴重競爭。很抱歉地，我們也和您一樣面臨困難，如新臺幣升值、原物料價格高漲等問題。現在我已提供您最優惠的價格，對於

再度降價空間上極有困難。

但是，如您試用我們的產品後，將會對我們上等產品品質及產品性能感到滿意。您也知道我們提供您哪種產品價值。

感謝您的理解！如有進一步疑問，請來信告知。

第3節 承諾報價（Acceptance）與成立契約（Contract）

　　國際貿易交易時，賣方對買方報價後，買方接受價格和其他相關條件，買賣雙方因接受契約內容、契約條件，進而下單，做出成立契約的行為。根據我國民法規定，買賣雙方表示意思一致，無論為明示或默示，契約即成立；若無承諾的行為，則契約即不成立。承諾的方式不拘任何形式，但如以口頭承諾，將來買賣任何一方可任意毀約，就很難要求對方履行承諾、負法律責任。所以承諾契約以書面方式，對買賣雙方較有保障；即使雙方在口頭約定之後，也須再補上正式的書面契約較妥當。

一、契約之重要性

1. 主要功能有：法律依據要項、確定履約內容、解決紛爭的標準、有效的書面證明。
2. 雙方就合作細節及條件逐一書面化約定，經由雙方確認、簽名後各執一份，以作為交易進行過程的一切依據。

二、契約之種類

1. 由買方發出，寄交賣方請其簽認
   ⑴訂購單（Purchase order）。
   ⑵購貨確認書（Purchase confirmation）。

2. 由賣方發出，寄交買方請其簽認
   ⑴售貨確認書（Sales confirmation）
   美國地區部分買主下單後，習慣要求賣方出具此確認書。

(2)預估發票（Proforma Invoice 簡稱P.I.）

實務上以簽發預估發票（Proforma Invoice簡稱P.I.）最多，此乃報價後交易確定前，賣方開始給買方的單據性質是一種供其試算成本及費用的貨運清單，多數的出口商也以此為契約書，因此性質與售貨確認書類似，而在一些實施外匯管制的國家會規定，進口商需提出預估發票以便申請輸入許可證，甚至申請信用狀，銀行也會要求出具，預估發票在實務上的用途很廣。

預估發票（P.I.）因為簡單、便利，在實務上幾乎替代了買賣契約，交易順利時，往往不覺得有何不妥，不過值得注意的是，一般交易，通常是制定簡易內容的P.I.，並未如契約書加上不可抗力條件、索賠條件、仲裁條件及法源依據等完備條款，一旦出現貿易糾紛，必須訴諸法律或委由國際仲裁機構仲裁，以訴訟方式解決時，內容不完備的P.I.通常無法當作呈堂證供，打贏官司的勝算就不高，因此建議即使是以P.I.替代了買賣契約，也應當將條款制定完備，以防萬一。

3. 由買賣雙方共同簽認

(1)買賣契約（Sales Contract）。

三、買賣契約之內容

1. 基本條件

貨品名稱、規格、嘜頭、品質、數量、價格、包裝、裝運、付款、保險。

2. 一般條件

檢驗規定、智慧財產權、匯率變動風險負擔、不可抗力條件、索賠條件、仲裁條件、準據法。

四、承諾契約之重要性

無論由買方或賣方簽發之契約，最重要的一點是，務必要由雙方共同簽名確認，否則交易順利便罷；萬一有紛爭時，未經買賣雙方共同簽署之契約，必定會被未簽署一方，認定為不具效力的契約，進而毀約。

表6-9　承諾契約──買方的正式訂單

COSCORP
CARIBBEAN OFFICE SYSTEMS CORP.

OFFICE SEATING GROUP

17 albert road, retford, Nottingham shire, U. K. TEL: +44 1777 7114440 FAX: +44 1777 7118880

PURCHASE ORDER

****

SUPPLIER: YO SEN ENTERPIRSE CO.	DATE: 12 OCT, 20—
ATTENTION: Mr. Jim Lin	P/O NO. OSG-3010

We, Office seating Group as buyer/importer of this order hereby confirmed with your esteem company as seller for the following mentioned products.

Item No.	Description	Unit Price	Quantity	Amount

YS-912RQ Office chair black, gray, red, green, blue, 110 each color
US$25.00   550/pcs   US$13,750.00

CONDITIONS：

1. Term of Trade: FOB TAIWAN.
2. Payment: By irrevocable. L/C at sight.
3. Delivery: By the end of Dec.
4. Shipment: By sea. From Taichung port, Taiwan to Felixstowe port, UK.
5. Packing: Not to be caused any injury/scratch during transportation.
6. Forwarder: Nissan International CO., LTD.
7. Inspection Certificate: To be issued by our Q.C. office in Taiwan upon shipment.
8. One full set of Non-negotiable shipping document to be faxed to OSG head office within 5 days from B/L date.

CAPACITY:

40FT HQ.:	550	PCS

Measurement: 1PC/CTN/4.5cuft

Ship

Felixstowe port.
C/NO.: 1～UP
MADE IN TAIWAN
R. O. C.

──承諾契約──買方的正式訂單中譯──

訂貨單				
供應商：YO SEN ENTERPIRSE CO. 收文者：Mr. Jim Lin			日期：12 OCT, 20— 訂貨單號碼OSG-3010	
我們公司為此張訂單的買方/進口商，據此向擔任賣方的貴公司確認下列產品細節。				
型號	品名	單價	數量	金額
YS-912RQ	辦公椅─黑色、灰色、藍色、綠色、紅色，每種顏色各110張	美金25.00元/張	550/張	美金13,750.00元

交易條款： 1. 價格條件：FOB臺灣。 2. 付款條件：即期不可撤銷信用狀。 3. 交貨期限：12月底前。 4. 運輸方式：海運，從臺灣臺中港至英國Felixstowe港。 5. 包裝條件：運輸時不可撞傷或刮傷。 6. 運輸者：Nissan International公司。 7. 檢驗證明：由我們臺灣品管辦事處發布出貨證明。 8. 裝船5天內，傳真一整份不可轉讓的出口文件至OSG總公司。
容量：
40呎高櫃：550張
包裝規格：1張入1箱，每箱體積4.5材
正嘜：

表6-10　承諾契約──賣方的預估發票

YO SEN ENTERPRISE CO., LTD.

NO. 264, JUNG-JENG W. RD., HUATAN SHIANG,

CHANGHUA, TAIWAN 515 R. O. C.

TEL: 886-4-78782900 FAX: 886-4-78645150

PROFORMA INVOICE

Messrs. OFFICE SEATING GROUP   DATE: OCT. 13, 20--

17 Albert Road, Retford, Nottingham Shire, U. K. P. I. NO.:YS-3010

TEL: +44 1777 711444   FAX: +44 1777 711888

ATTN: MR. PAUL VIVIAN

T. O. T.: FOB TAICHUNG PORT, TAIWAN.   Shipping mark

DELIVERY: On Dec. 20, 20--.

SHIPMENT: By sea freight. From Taichung port to Felixstowe port. Felixstowe port.

PAYMENT : By irrevocable L/C at sight in our favor.   C/No.: 1~up

　　　　(L/C must reach seller before Dec. 01, 20--)   Made In Taiwan

PACKING : By standard export carton with sea worth. 1×40' HQ.   R. O. C.

REMARK : one set of non-negotiable shipping documents will be sent to OSG

　　　　head office by fax within 5 days from B/L date.

Item No.	Description	Q'ty	U/Price	Amount
YS-912RQ	Office chair — black,gray,red, green,blue. 110 each color.	550/PCS	USD25.00	USD13,750.00

TOTAL AMOUNT: 550/PCS   USD13,750.00

　　　　　　　　　　　　　　　VVVVVV   VVVVVVVV

SAY TOTAL U.S. DOLLARS THIRTEEN THOUSAND SEVEN HUNDRED

AND FIFTY ONLY

Accepted by: Yo Sen Enterprise Co., Ltd.

_____   _____

Paul Vivian   Jim Lin/General Manager

BANK INFORMATION:

NAME: TAIWAN COOPERATIVE BANK CHANG-HUA BRANCH

SWIFT: TACBTWTP 023

TELEX: 51207 TACBCHUA

TEL:(04)7225151 FAX:(04)7252183

A/C NAME: YO SEN ENTERPRISE CO., LTD.

A/C NO.: 00010-777-888888

───承諾契約──賣方的預估發票中譯───

預估發票

抬頭（客戶）：×××

收文者：×××

價格條件：FOB臺中港，臺灣。

交貨期限：12月底前。

運輸方式：海運，從臺灣臺中港至英國Felixstowe港。

付款條件：即期不可撤銷信用狀（信用狀必須於12月1日前提供給賣方）。

包裝條件：適合海運的標準出口包裝，一個40呎高櫃。

備註：裝船五天內，傳眞一整份不可轉讓的出口文件至OSG總公司。

品　號	敘　　述	數　量	單　價	金　額
YS-912RQ	辦公椅－黑、灰、紅、綠、藍，每色各110張	550/張	美金25.00元	美金13,750.00元

總數量：五百五十張。

總金額：美金一萬三千七百五十元。

銀行資料：

交易磋商之進行程序

習作演練

1. （　）以確認書方式所簽約的國貿契約中，若是由賣方所簽發，稱爲
①Purchase Confirmation　②Sales Confirmation　③Price List
④Offer。

2. （　）下列何者被視爲還價？　①口頭表示接受價格　②對對方報價表示
沉默　③變更報價條款　④表示考慮對方報價。

3. （　）下列何者通常不被認爲是國貿契約中的主要條件？　①付款　②價
格　③匯率變動　④數量。

4. （　）下列何者爲買方所簽發的書面契約或確認書？　①Proforma Invoice
②Sales Confirmation　③Quotation　④Purchase Order。

5. （　）出口商向進口商報價後，在有效期限內同時接到進口商的接受與撤
回的書面，此「接受」的效果如何？　①無法確定可否撤回　②可
撤回　③不可撤回　④須出口商同意方可撤回。

6. （　）下列何者是還價的敘述？　①變更報價中的付款條件　②報價的引
誘　③對賣方報價保持沉默　④表示考慮賣方的報價。

7. （　）下列何者不是付款的條件？　①D/P　②L/C　③S/O　④O/A。

8. （　）目前有關「商港建設費」之收取，下列何者正確？　①只對進口
收取，不對出口收取　②對空運也收取　③從「價」收取　④從
「量」收取。

9. （　）貿易條件中CIFC5，其中的C5是指　①價格內含佣金5%　②提前5天
裝船　③延後5天裝船　④價格內含進口稅5%。

10.（　）書面報價之生效時間，國際上大多探　①到達主義　②發信主義
③表白主義　④了解主義。

11.（　）賣方的報價經買方還價後，原報價　①自動失效　②仍舊有效
③可再議　④等買方同意即可以成交。

12.（　）下列何者對報價人具有約束力？　①未確定報價　②還價　③附帶
條件報價　④穩固報價。

13.（　）下列敘述何者爲非？　①並非每一筆交易都須經詢價步驟　②詢價
並不只是問價格而已　③多數詢價由買方發出　④詢價對發詢價之

一方具有法律效力。

14.（　）下列何者屬於契約的一般條款？　①包裝條款　②不可抗力條款
③保險條款　④交貨條款。

15.（　）某項出口報價於7月25日以郵寄形式送達進口商，但在此前的7月23
日，出口商以一傳真告知進口商報價無效，此行為屬於　①報價的
撤銷　②報價的修改　③報價的撤回　④一項新報價。

16.（　）有關貿易契約中的一般條件，下列敘述何者正確？　①牽涉到契約
是否因該條件而成立　②可視為基本條件的補充條件　③效力優先
於基本條件　④是契約的主要條件。

17.（　）報價單上載有Offer to Subject Goods Unsold，是屬　①持續報價
②穩固報價　③聯合報價　④非穩固報價。

18.（　）下列何者屬於國際貿易契約文件？　①包裝單　②保險單　③海關發
票　④報價單。

19.（　）未訂有效期限的報價稱為　①Free Offer　②General Offer
③Counter Offer　④Firm Offer。

20.（　）下列行為何者為要約？　①寄送樣品　②發出報價單　③寄送價目表
④寄送型錄。

21.（　）下列何者屬於貿易契約的基本條款？　①不可抗力的免責事項　②索
賠期限及手續　③交貨條件　④匯率風險的負擔。

22.（　）下列何者不是「有效接受」的要件？　①沉默不表示接受　②接受報
價人須是被報價人　③在報價的有效期限內接受　④接受大部分的報
價內容。

23.（　）下列承諾的方式，何者不正確？　①電報　②口頭　③沉默　④書面。

24.（　）下列何者不是「有效報價」的要件？　①報價人明確表示願依所提條
件訂約　②報價是向非特定人發出　③報價須具備各種基本交易條件
④報價內容十分確定。

25.（　）下列何者不是貿易契約書所具備的功能？　①產地證明　②解決紛爭
之依據　③方便履約　④確定交易之內容。

26.（　）國際貿易的契約書中，由賣方製作並以確認書方式簽訂者為　①售貨
確認書　②售貨契約　③購貨確認書　④購貨契約。

SOHO一族　成長篇

~Monica 心情隨筆

　　溝通在我的工作領域中扮演很重要的角色，與我配合的往往是無外貿經驗的廠商，剛開始光是教他們一些基本的專業知識就夠累人了，不單賣方是生手，有時連買方亦然，這大概拜產業全球化之賜，國外很多小型的進口商紛紛崛起。我就遇過一位美國東岸客戶，連基本的付款條件L/C、T/T、價格條件FOB、CIF都不懂，爾後來臺灣洽談時，我還特地花了兩個小時教他一些基礎入門知識，令他感動不已，請我到「如絲葵」（Ruth Chris）吃大餐致謝。還有一個西岸客戶更是離譜，由於是CFR條件，下單後，問他目的地港口是哪裡？他回答：「CFR CALIFORNIA」，經我一再解釋我需要的是港口名稱，他還是不懂，最後不得已在電話中還為他上了一課美國地理——北加州有舊金山、奧克蘭兩大港，南加州則有洛杉磯及長堤兩大港，請他選就近的港口。一向冷酷難纏的他，突然笑得很尷尬，一直說我的美國地理學得比他好，爾後，他變得很平易近人，算是意外收穫囉！

　　比較難忘的經驗是前幾年，曾擔任一位委內瑞拉客戶來臺時的隨行翻譯，多家貿易商欲爭取當他的獨家代理，但是最後他卻選中我，當時我以為他在開玩笑，並不在意，爾後在幫他處理一次危機後，他正式授權我當他在臺灣的獨家採購代理。那次他面臨的危機是他已預付三成貨款當訂金給臺灣一家工廠，此工廠卻無預警倒閉，導致他既無法收到貨物，也無法拿回三成訂金，最後我設法幫他找到另一家供應商，說服此工廠犧牲三成訂金，以七成貨款將貨出給此客戶，而我則說服此委國客戶以後將訂單下給此廠商，此事得以圓滿解決，皆大歡喜，事後他為自己獨具慧眼選上我當他的代理而高興不已。經過這一次事件之後，對於買賣雙方的信譽調查，我更加小心了，因為一件交易的成功，買賣雙方的重要性是相等的，我必須不偏袒任何一方，隨時設身處地為雙方著想，公平且公正地促成交易。

　　住在小城鎮上，往往比大都市有更多的機會，每當有新的案子上門，我總是

貿易花絮之六

先將案子接下再想辦法解決，因為在我的字典裡，沒有會不會的問題，只有做不做的問題。其中接過較特殊的案子是擔任美語學校的教學顧問，由於近年來英語逐漸受到國人重視，因此美語學校及補習班紛紛成立，多數引進外籍英文老師教學，由於語言的隔閡及文化背景的差異，中、西方常有溝通不良、雞同鴨講的情況上演，產生許多不必要的誤解。由於我之前有美語教學的經驗，也具備良好的英文溝通能力，加上長期跟外國人相處得法，常應一些美語學校及補習班之邀去處理這類事情，幾次之後，應聘為教學部的特別顧問，主要的工作除了美語教材編輯、美語教學組訓工作、中外教師協調外，同時也協助外籍老師在臺的生活細節。我和外籍老師相處極為融洽，因我也曾隻身遠赴國外工作，對於身處異鄉的人更能感同身受，他們都開玩笑說我是他們的「Sweet Nanny」。臺灣人的人情味，常令這些老外受寵若驚，離臺之前，依依不捨，嚎啕大哭。

十九世紀的名作家蕭伯納的一句話：「He who can, does; he who cannot, teaches.」（能者行，不能者教）。自忖自己個性不適合縱橫商場，更鑑於中南部廠商缺乏國貿人員之苦，而我一個人的能力有限，無法為更多的廠商服務，於是興起了「與其給魚吃，不如教釣魚」的念頭，恰好在一個偶然的機會裡，YMCA缺一位國際貿易教師，於是我開始轉教國際貿易，剛好以我本身的經驗，傳承給更多想從事此行業的生力軍。之後也應邀至彰化縣工業會及其他商業團體授課或做專題演講，我很喜歡這個工作，為了豐富上課的內容，我不斷地充實自己，不但增廣見聞，且教學相長。回首多年來諸多的工作經歷，一直心存感激，它不但豐富了我的生命，更讓我肯定自己，充滿自信，很慶幸這個工作許了我精彩的人生。

貿易花絮之六

◎ 臺灣 奮起湖‧大凍山

　在美語學校擔任教學顧問期間，經常須和外籍教師參加與學童、家長一起同樂的戶外
　教學活動，增進和學生及家長良好的互動，這是一份很有趣的工作。

◎ 臺灣 彰化縣工業會

　這群勤奮用功的學生，犧牲寶貴的星期假日完成國際貿易實務概念及國際行銷實務課
　程，在高達66小時的課程中，大家相互學習，一起成長，最後都成了莫逆之交。

第 7 章

信用狀

第1節　信用狀之定義

國與國之間的交易謂之「國際貿易」，買賣雙方通常是陌生且位居於不同的國家，基於雙方交易付款的需求，透過信用卓著的銀行作爲彼此付款的媒介，以銀行的信用對買賣雙方擔保，促使雙方遵守約定，賣方可順利收訖貨款，買方可收到貨物的保障，於是信用狀應運而生，成爲國際貿易交易中，對買賣雙方最有保障的付款方式。

信用狀（Letter of Credit）又稱爲信用證，簡稱L/C，是國際貿易上的一種付款方式，其主要意義爲買方應賣方要求而開發給賣方的一種商業書面函件，授權賣方再依照規定條款及特定條件下，可以向銀行或其指定銀行開發匯票，給予即期融資。由於信用狀必須依其內容規定隨附其指定的出貨單據（Shipping Documents）才能押匯兌現，因此一般又稱之爲「跟單信用狀」（Documentary Credit）。而信用狀的所有規範必須遵循「跟單信用狀統一慣例與實務」，是現今世界公認並採行的準則，由國際商會在2007年修訂後所公布的第600號之修訂本，一般簡稱「UCP600」。依據UCP600解釋：「跟單信用狀或信用狀，不論其所用名稱或措辭如何，係指開狀銀行基於本身之需要或遵循開狀申請人之請求與指示所簽發之文件，承諾只要符合其所規定之條件，憑特定單據對受益人或其指定人爲之付款，或對受益人所簽發之匯票承兌並付款或授權另一銀行執行上述之付款，或對上述匯票爲之付款、承兌或讓購。」規範依據如下：

表7-1　UCP600、eUCP及ISBP之規範表

項　目	UCP600	eUCP	ISBP
制定機構	國際商會（ICC）	國際商會（ICC）	國際商會（ICC）
最新版本	2007年7月1日正式實施	2004年4月1日正式實施	2007年7月1日正式實施
全部條文	共計39條	共計12條	2007年7月1日新版ISBP濃縮為185條
制定目的	對國際信用狀之處理方法、習慣、文字解釋及各當事人責任範圍做統一規定及準則	規範電子貿易中有關信用狀之簽發與提示	信用狀下單據審核銀行實務之統一及規範
適用部分	僅供書面單據提示	純電子提示、書面單據與電子混合提示	銀行審單人員對現行UCP之應用
適用方式	可單獨使用	不可單獨使用，即適用eUCP時，它就成為UCP之補充辦法而予以適用	不可單獨使用，為補充UCP之實務而非修改UCP之規定
適用效力	1. 同時適用UCP與eUCP；但互相矛盾時，以eUCP之規定優先適用。 2. 同時適用UCP與ISBP；但互相矛盾時，以UCP之規定優先適用。		

第2節　信用狀之關係人

一、開狀申請人（Applicant）

向開狀銀行申請開發信用狀的人，通常指買方，根據買賣契約的內容而向其往來銀行申請開發信用狀作為付款條件。

二、信用狀受益人（Beneficiary）

信用狀上的受益人通常指的是銷售貨物的賣方，即信用狀的接受人，出貨後按照信用狀內容要求，準備該有的單據並按其要求，即可獲得貨款之支付。

三、開狀銀行（Issuing Bank）

應進口商的要求，以出口商為受益人而開發信用狀的銀行，通常為進口商之往來銀行或當地銀行。

四、通知銀行（Advising Bank）

應開狀銀行之請求，通知信用狀受益人（賣方），通常是出口商所在地的往來銀行或開狀銀行的往來銀行。

五、押匯銀行（Negotiating Bank）

出口商備妥信用狀上所要求的單據，要求與自己有往來的銀行或信用狀規定的銀行承購、貼現，又稱「讓購銀行」。

六、付款銀行（Paying Bank）

付款銀行即對押匯銀行付款的銀行，亦即依信用狀規定支付求償匯票的付款人。擔任付款銀行可以是開狀銀行或其委託或授權另一家銀行。

七、保兌銀行（Confirming Bank）

應賣方要求，開狀銀行請賣方所在地國內著名的銀行加以保兌者。通常是賣方所在地的通知銀行或信譽卓著的銀行，成為保兌銀行。

八、轉交銀行（Processing Bank）

信用狀如果指定押匯銀行，而此銀行又非出口商往來銀行，並無信用額度可在該行押匯，出口商可透過其往來的銀行請求押匯，而此出口商委託的銀行只限於轉交的動作謂之。

九、補償銀行（Reimbursing Bank）

經開狀銀行授意，按其指示或授權的內容，代其償付押匯銀行求償的押匯金額，補償銀行僅須就付款的金額及期限負責，對於信用狀內容正確與否並不過問。一般而言，開狀銀行可能因資金集中在國外的銀行，因而在信用狀中指定押匯銀行向此國外銀行要求付款，此銀行的動作可稱為清算或補償。

十、託運人（Shipper）

委託船公司或航空公司運送貨物的人，通常是出口商；不過在三角貿易中，託運人通常以中間貿易商當提單的託運人，避免買主知道真正的賣主。

十一、受貨人（Consignee）

信用狀上很少規定提單上的受貨人名字，最主要是為了保障開狀銀行和出口商。一般而言，CONSIGNEE為TO ORDER OF ISSUING BANK，貨權歸銀行所有，保障開狀銀行之權益。另外，近洋線的航程一般都比較短，往往貨物比文件更早抵達買方國家，提單上的貨權給開狀銀行，買方即可拿著副本單據向銀行做擔保提貨；CONSIGNEE也可能為TO ORDER OF SUPPLIER，貨權歸出貨人所有，保障出貨人出口商之權益。

十二、受讓人（Transferee）

在可轉讓的信用狀中的原受益人，可將信用狀的一部分或全部經轉讓銀行轉開給第二受益人，亦稱信用狀之「受讓人」。

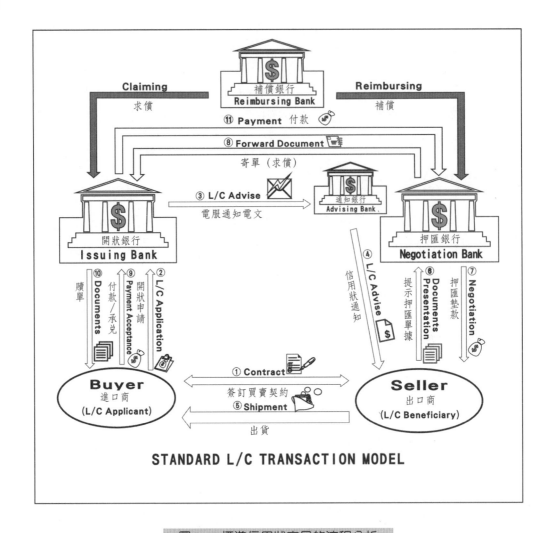

圖7-1　標準信用狀交易的流程分析

第3節　信用狀之功能及優缺點

一、從出口商的角度來分析

1. 出口商應注意事項──優點

⑴保障出口商的風險

對於賣方來說，只要具備了信用狀上的規定，並於指定時間內完成，就不必擔心買方不付款。因為對開狀銀行來說，都是憑審核單據付款，唯一可以拒絕付款的理由，就是押匯的文件不符合信用狀上的規定。

⑵**獲得押匯銀行的資金融通**

　　對於某些需要資金運轉的出口商而言，可以先以信用狀向押匯銀行申請出口融資，等到出口押匯時，再將貸款扣除，融資的利息比一般的貸款低許多，可增加企業資金運用的靈活度。

⑶**交易成立的確定**

　　出口商一接獲信用狀，即表示這筆交易確定成立，一般買方均會開出不可撤銷信用狀，亦即若非經過三位信用狀基本當事人的同意，不得擅自修改或取消，對於出口商而言，臨時取消訂單的風險相對減少。

⑷**獲得外匯的保證**

　　在外匯管制國家，能夠開出信用狀的買主，都必須通過外匯管制的審核，才可以申請到外匯，一旦開出，即表示該政府有此外匯支付信用狀，給出口商有力的保證。

2. 出口商應注意事項——缺點

　　國際交易詭譎多變，如果對進口商了解不深，對於所開的信用狀應慎重審核，以防其中有不利於己的條款及陷阱；若一不小心踏入陷阱，貨已出，進口商藉機挑剔瑕疵單據，或拒付、或減價，造成極大損失。亦有開狀銀行基於自身的利益對出口商出具的單據百般挑剔，藉以延遲付款，或加收瑕疵費用。

　　在進出口實務上，廠商在出口押匯前必須與銀行簽署所謂的「出口押匯質權總設定書」，此一契約將出口押匯視為墊款性質，銀行為了保障自己的權益，會在該設定書中載明，若單據寄出後遭國外銀行或廠商拒付，出口商除了必須退還押匯銀行已墊付之款項，尚須繳付這段期間墊款的利息。

　　通知銀行欲辨別L/C的真偽，可從電傳L/C的押碼是否符合；若符合，即是真的。且信用狀須經銀行轉遞，並不會由國外客戶直接寄來。

二、從進口商的角度來分析

1. 進口商應注意事項——優點

⑴**防止賣方不履行的風險**

　　進口商可以將所要求的條件，一一規定在信用狀中，只要賣方不遵守其中規定，買方便有權利拒付。

⑵**獲得開狀銀行的低利資金融通**

　　一向往來信用良好的進口商，容易得到開狀銀行的貸款，只要先繳交

一些費用和信用狀總額幾成的保證金，即可開出全額的信用狀。一般均為全額的10%為保證金，但也因申請人信用的差異，預繳保證金的成數更高或更低。

(3)交貨期確定

在信用狀上，進口商可以明確地規定最遲交貨日，防止出口商遲交而造成買方的損失，亦可掌控進貨日期。

2. 進口商應注意事項──缺點

押匯銀行及付款銀行對信用狀的兌付，以審核出口商所提示的出貨單據為準，只要所有單據及內容符合信用狀要求，即可獲得兌現，並不過問實際貨物內容是否與文件相符，此一盲點，很可能會被惡意的出口商，以劣質品與契約不符的貨物充數出口，企圖詐騙貨款，而銀行無法提供保障貨物的風險，且須繳納開狀手續費增加成本。另開狀銀行對於資力債信較弱的進口商申請開發信用狀時，常要求繳納保證金，造成進口商資金週轉困難。

第4節　信用狀之種類

一、依可否撤銷區分

1. 不可撤銷信用狀（Irrevocable L/C）

通常信用狀上格式註明Irrevocable，即屬不可撤銷信用狀，意指信用狀在開出後、已通知受益人、有效期限的狀況下，非經至少三位基本當事人（申請人、開狀銀行、受益人）的同意，不得任意地更改。如果要更改信用狀的內容或取消，必須經過協調及所有信用狀的關係人同意，才能開出修改書或取消。若受益人同意撤銷信用狀，應退還該整套原信用狀。根據UCP600第二條規定，信用狀無論其名稱或措辭為何，皆係不可撤銷；第三條規定，信用狀係不可撤銷，即使未表明。由此可知，UCP600所規範的皆屬不可撤銷信用狀。

2. 可撤銷信用狀（Revocable L/C）

通常信用狀上（代號：40A）註明Revocable，即為可撤銷信用狀。信用狀經開出後，開狀銀行可未經利害關係人的同意，隨時做修改的動作。出口商雖持有信用狀，但在出貨裝船前，隨時有被取消的風險，這對出口商而言是非常

沒有保障的，當出口商收到此類信用狀後，應要求修改爲不可撤銷信用狀，否則應予拒收。

二、依是否需要單據區分

1. 跟單信用狀（Documentary L/C）

信用狀規定申請受益人押匯時（讓購或兌付匯票，但某些特定狀況則不需要匯票），要同時提供信用狀上要求的隨附單據，這種信用狀稱爲跟單信用狀，又稱爲押匯信用狀。於「信用狀統一慣例」中所描述，多數信用狀均屬於跟單信用狀。

2. 光票信用狀（Clean L/C）

不須提供任何單據的信用狀，即爲光票信用狀，是以支付貨款爲目的之信用狀，通常不會採用。一般人會將「擔保信用狀」誤以爲是光票信用狀，實際上是錯誤的，因爲它還是附有一紙擔保證明書，因此不算；惟旅行信用狀算是道地的光票信用狀。

三、依照匯票期限區分

1. 即期信用狀（Sight L/C）

信用狀上匯票期限註明爲「at sight」，規定受益人開發即期匯票（sight draft）或提示單據（無匯票要求的情況），即可取得貨款的信用狀，稱爲即期信用狀。在即期信用狀的場合，不管匯票的付款人爲開狀銀行、進口商或其他指定銀行，只要所開出的匯票（或光是單證）符合信用狀條件，一經提示，開狀銀行即須立刻付款，進口商也須立刻向開狀銀行付款贖票。在此條件下，從出口商交單到進口商最後付款贖單，兩者僅相差郵寄單證的時程。在現今航郵先進的情況下，過程快速又精確。信用良好的進口商更可要求開具在信用狀中規定讓購銀行可以電報求償，同時開狀銀行也以電報歸償，那麼此一過程更可縮短到只有兩、三天，如此一來，出口商的資金週轉靈活，無須在貨價中加計墊款利息，以期降低成本。

2. 遠期信用狀（Usance L/C）

開發遠期匯票或交單後若干天才付款的信用狀，在信用狀上匯票期限註明爲「at ＿＿＿ days sight」。在遠期信用狀的場合，匯票先經付款人承兌，直到期

日才予付款，亦可稱為「承兌信用狀」。儘管讓購銀行非到期不能取得票款，但如須週轉資金時，可將該承兌匯票貼現融資。為便於自由貼現，因此這種匯票以銀行為付款人並由其承兌者為佳。此種由銀行承兌的匯票，稱為銀行承兌匯票，有別於一般商人承兌的商業承兌匯票。以信用狀交易，受益人開出的匯票，均以開狀銀行或其指定的銀行為付款人者占大多數，此乃因應貿易金融的靈活需求所必須。遠期信用狀以利息負擔方式可分為：

(1)**賣方遠期**（Seller's Usance L/C）

出口商給予進口商資金的融通，性質相當於國內交易接受買方的遠期票據一樣，賣方出貨後，直到遠期匯票到期，才可收到貨款。賣方須負擔這一段時間所損失的利息，而買方可先領貨，到規定期限後再付款，在信用狀上會註明匯票期限為幾天之後兌現「at ____ days sight」。

(2)**買方遠期**（Buyer's Usance L/C）

開狀銀行給予進口商資金的融通，買方自行負擔銀行利息及承兌費用。對於賣方而言，信用狀上的註明跟賣方遠期一樣，惟不同的是貨出口後，只要提示規定的文件連同信用狀押匯，即可取得貨款，此貨款係由開狀銀行先代進口商墊付，而進口商在約定期限到期時，再連同貨款及融資利息償付給開狀銀行。

3. 預支信用狀（Anticipatory L/C）

俗稱「紅條款信用狀」，為了讓資金融通便利，允許受益人在出貨前，先開立匯票向開狀銀行指定之銀行預支一定金額的貨款，貨物出口後，受益人備妥單據至銀行押匯，再由預支銀行扣回預付的款項及利息。例如：機器整廠輸出，須先派員至對方工廠勘查策劃，加上整筆交易金額龐大，出口商通常會要求進口商開立此狀，以免資金壓力過大；另一種狀況是交易的商品行情很好，足以令進口商願意預支貨款，以取得貨源。不過，萬一受益人無法如期出貨、辦理押匯，則開狀銀行須負責償付預支銀行所支付的款項及利息，因此開狀銀行為了保障自己的權益，通常會要求申請人提供相當的擔保品或保證金，但此預支性質跟出口商拿信用狀至銀行請求出口融資，是完全不同的狀況。

四、依是否循環區分

1. 循環信用狀（Revolving L/C）

指在一定的期間、一定的金額內，可以由受益人按規定條件及條款，循環週期恢復使用信用狀。恢復的方法有很多種，視進口商實際需求，可規劃為每個月或每隔三個月恢復使用一次。使用此方式的信用狀，通常是交易金額大，同時又須在較長時間進行分批交貨、分批結匯之交易，或是進口商向供應商下年度採購商品，為了簡化每次申請L/C的程序及節省相關銀行費用，並減少繳納開狀保證金等，而採行的變通方法。循環的方式可分為循環金額自動恢復、半自動恢復、經開狀銀行通知恢復等使用方式。

2. 非循環信用狀（Non-Revolving L/C）

信用狀上沒有註明Revolving，就是金額不可恢復使用的信用狀，大部分的信用狀屬於此種。

五、依可否轉讓、轉開區分

1. 可轉讓信用狀（Transferable L/C）

信用狀之通知銀行或經授權為延期付款、付款、承兌或讓購之銀行，依受益人（第一受益人）之請求，在UCP600第三十八條之內容所規範下，在開狀銀行的明示下，將此可轉讓「Transferable」信用狀全部或部分，轉給一個或一個以上之第二受益人謂之，且轉讓費用由第一受益人負擔。值得注意的一點是，第二受益人不得再將信用狀轉給第三受益人，但第一受益人可將信用狀轉讓給另一國的第二受益人。如果信用狀上有註明Transferable Credit，即為可以轉讓的信用狀；如果信用狀上的用語為「Divisible」、「Assignable」、「Transmissible」等，均不能使該信用狀成為可轉讓信用狀。另轉讓申請人必須是合法的受益人。

2. 不可轉讓信用狀（Non-Transferable L/C）

信用狀上未註明Transferable，即為不可轉讓信用狀，一般較常見的為不可轉讓信用狀。

3. 轉開信用狀（Back to Back L/C）

上述的轉讓信用狀，第二受益人可以獲悉開狀申請人及進口商的全部資料，如果第一受益人本身是代理性質的貿易商，為了防範第二受益人知道其往來的業務機密，於是將此國外開來的主信用狀（Master L/C）給本身往來的銀行，轉開另一張第二信用狀（Secondary L/C）給下游的供應商；如果此供應商在國內，則轉開國內信用狀（Local L/C）。

六、依是否保兌區分

1. 保兌信用狀（Confirmed L/C）

經由開狀銀行之外的銀行（通常為出口地的通知銀行或第三國著名銀行），如果受益人提出押匯的單據及匯票符合信用之規定，保證接受付款、承兌或讓購者謂之。對受益人而言，這是第二道確保貨款防護措施。保兌費用按保兌金額之0.25%計收，最低收費新臺幣2,000元。賣方要求信用狀加具保兌的原因分為三種：⑴對開狀銀行不夠了解或沒信心；⑵擔心開狀銀行所在國家為外匯管制國，可能會影響收款時間；⑶開狀銀行擔心其所開的信用狀不被受益人接受，主動請另一家銀行加具保兌。目前對非洲、中東、中南美、東歐及部分亞洲國家，例如：菲律賓、印尼，須視情況要求對方開具保兌信用狀，較無風險。

2. 非保兌信用狀（Unconfirmed L/C）

如信用狀經由國際上信譽卓著的銀行開出或進口國是先進國家，開狀銀行開來的信用狀大多未經過保兌，也無保兌必要，以節省保兌費用之支出。

七、依是否指定受理銀行區分

1. 直接信用狀（Straight L/C）

受益人按信用狀規定，將單據及匯票到指定的銀行請求直接付款稱之，不必經押匯即可取得貨款。

2. 讓購信用狀（Negotiation L/C）

受益人按信用狀規定，將單據及匯票到押匯（讓購）銀行辦理押匯稱之。讓購信用狀又因是否限制讓購銀行可分為：

⑴限押信用狀（Restrictted L/C）

開狀銀行有時候基於業務上的方便，指定其關係良好、往來密切的通匯銀行，或是因對其他銀行缺乏信心，而指定其專屬的海外分行，因此受益人須按信用狀上之規定，持相關單據及匯票到指定的讓購銀行辦理押匯。

⑵未限押信用狀（Unrestrictted L/C）

受益人僅須按信用狀規定，將單據及匯票到自己的往來銀行或其他銀行押匯即可，亦即信用狀未限制受理讓購銀行。

由圖7-2更容易了解上述指定受理銀行區分之關係。

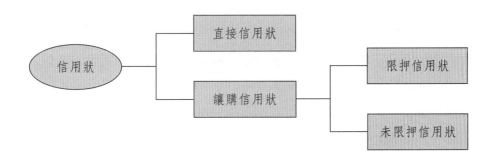

圖7-2　指定受理銀行區分之關係

八、依傳遞的方式區分

1. 電傳信用狀（Teletransmitted L/C）

係指開狀銀行將有關信用狀之內容，以電傳方式傳達通知銀行，而電傳方式包括Cable、Telegram、Telex、Fax等。

2. 郵遞信用狀（Mail L/C）

郵遞方式係指開狀銀行將所簽發之信用狀，以航空郵遞方式寄交通知銀行轉達給受益人，或直接寄交受益人之信用狀。

3. 網路傳輸的信用狀（SWIFT L/C）

拜現今網路科技方便之賜，信用狀以網路傳輸爲大宗，且主要以SWIFT信用狀爲主。SWIFT乃是「環球銀行財務通訊系統」（Society for Worldwide

Interbank Financial Telecommunication）之簡稱，各銀行利用此系統做訊息的傳遞，以此方式發出的信用狀均附有密碼，銀行會自動審核密碼，以確定此信用狀的真偽。SWIFT信用狀之內容與傳統電傳方式所記載的並無不同，不過將文章式或表格改為條列式，以代號（Tag）指出其內容，目前的信用狀大多採用此一方式。根據UCP600第一條UCP之適用指出，UCP係一套規則（Rules），所有信用狀本文中，皆須有「明示」其適用UCP，故SWIFT信用狀亦須於電文中載明適用UCP。

九、擔保信用狀（Stand-by L/C）

又稱為保證信用狀（Guaranty L/C）或備付信用狀，不是以清償貨價為主，如果開狀申請人在信用狀有效期間內無法履行付款，受益人可提示信用狀規定的單據，向開狀銀行求償，此乃開狀銀行為了保證申請人履約為目的而開發的信用狀，適用「國際擔保函慣例」ISP98（1999年1月1日正式實施）之規定。

通常用於履約保證（Performance Bond）、投標保證（Bid Bond）、借款保證（Loan Bond）、工程保證（Engineering Bond）等，當作履約金。受益人接獲擔保信用狀，須注意內容包括下列各點：

1. 不能撤銷且經著名關鍵貨幣銀行開出。
2. 信用狀規定應由受益人提示單據。
3. 信用狀規定的有效期間，須包括當事人履約的期間，且宜以受益人所在地為準。
4. 為無追索權信用狀，以免對方不履約後悔而追索此款。
5. 允許部分動支。
6. 以讓購信用狀為佳。

第5節　信用狀之內容

一份完整的信用狀，其重點內容大多包含以下各項及UCP600有關各項重點的說明。

表7-2　信用狀欄位代碼對照表

代碼	使用範圍暨UCP600之規範說明
20	信用狀號碼Documentary Credit Number
23	預告摘要Reference to Pre-Advice

代碼	使用範圍暨UCP600之規範說明
27	合計次序Sequence of Total
31C	開狀日期Date of Issue
31D	到期日及地點Date and Place of Expiry
32B	幣別、代號、金額Currency Code, Amount
39A	允許信用狀金額增減之百分比 Percentage Credit Amt Tolerance

根據UCP600第三十條有關數量、單價及金額之規定：
1. 數量、單價及金額前加有概數（如About, Circa, Approximately）：可增減10%。
2. 信用狀對貨物數量未禁止增減、貨物數量非以個數包裝及件數計算、動用之金額不可超過信用狀金額：數量可增減5%。
3. 信用狀上明文規定不可增減、貨物數量以個數包裝及件數計算：數量不可增減。

39B	信用狀動支金額上限Maximum Credit Amount
40A	信用狀的種類Form of Documentary Credit
41D	指定受理銀行……，受理方式Available With … By … –Name & Address
42C	匯票付款期限……Drafts at…
42D	付款人Drawee – Name & Address
43P	分批裝運Partial Shipments
43T	轉運指示Transhipment
44A	起運地On Board/Dispatch/Taking Charge at/from…
44B	目的地for Transportation to…
44C	裝運期限Latest Date of Shipment

1. 實務上以提單日（B/L Date）為裝船日，提單日可早於開狀日。
2. UCP600第三條有關裝船之規定為：
　(1)如信用狀規定Prompt Shipment，銀行將不予理會。
　(2)如信用狀規定Shipment During the First (Second) Half of August，則解釋為8月上（下）半月裝運，上半月指1～15日，下半月則為16到月底止。
　(3)如信用狀規定Shipment in the Beginning (Middle, End) of August，則解釋為8月上（中、下）旬裝運，上旬指1～10日，中旬指11～20日，下旬指21日到月底止。
　(4)如信用狀規定Shipment on or About August 10，則解釋為該指定日期之前後5日裝運，即8/5～8/15日之期間內完成裝運。
　(5)如信用狀規定Shipment from August 10 to August 25，則解釋為從8/10～8/25日之期間內裝運。

45A	商品或服務內容Description of Goods and/or Services
46A	應準備之單據Documents Required

根據UCP600第十七條及ISBP第三十二、三十三條有關提示單據正副本規定：
1. 每一種單據至少要提示一份正本。
2. 提示正本單據之份數，必須至少為信用狀上所要求的份數。
3. 信用狀如規定提示單據之副本，則提示正本或副本皆可。
4. 信用狀如規定複式單據時，則提示一份正本及其餘份數為副本者皆可。

47A	附加條款Additional Conditions
48	提示期間Period for Presentation

代碼	使用範圍暨UCP600之規範說明

1. 根據UCP600第十四條C項規定：相關單據必須在信用狀有效期限及運送單據簽發日後特定期間內提示。如信用狀無運送單據簽發日，裝船之規定為特定期間規定時，則以單據簽發日後21天內提示，且不得遲於信用狀之有效期限。如：

信用狀之規定		運送單據簽發日	最晚單據提示期限
有效期限	提示單據特定期限		
3月13日	提單日後7天內	3月1日	3月8日
3月13日	提單日後15天內	3月1日	3月13日
3月28日	未規定	3月1日	3月21日
3月13日	未規定	3月1日	3月13日

2. 根據UCP600第二十九條規定：有效期限或提示日之末日，適逢應向其提示之銀行因第三十六條以外之理由而休業時，則該有效日或提示日之末日，將順延至銀行次一營業日。但最後裝船日期不因此而順延，因為運輸公司星期例假日仍照常營業。

49	保兌指示 Confirmation Instructions
50	開狀申請人 Applicant
53A	補償銀行 Reimbursing Bank
59	受益人 Beneficiary – Name & Address
71B	費用 Charges
72	銀行間的備註 Sender to Receiver Information
78	對付款/承兌/讓購銀行之指示 Instructions to Pay/Accept/Negot Bank

SWIFT 輸出產品之信用狀實例

THE SHANGHAI COMMERCIAL & SAVINGS BANK LTD.

2, MIN CHUAN EAST ROAD, SEC. 1, TAIPEI TAIWAN

REPUBLIC OF CHINA

MT 700 Issue of a Documentary Credit

Sender:	NORDEA BANK FINLAND PLC, HELSINKI
Receiver	THE SHANGHAI COMMERCIAL & SAVING BANK LTD.

Message Text

Sequence of Total	*27:	1/1
Form of Doc. Credit	*40A:	IRREVOCABLE TRANSFERABLE
Doc. Credit Number	*20:	110-22-0987765-A

Date of Issue	*31C:	XX0120
Expiry	*31D:	Date XX0420 Place IN TAIWAN
Applicant	*50:	SOLO INTERNATIONAL CO.
		RUUKINGUKA 6
		FI-02330 ESPOO
		FINLAND
Beneficiary	*59:	YO SEN ENTERPRISE
		NO. 70, SEC. 2, CHUNG-CHENG ROAD
		CHANGHUA, TAIWAN
Amount	*32B:	Currency USD Amount 11,400.00
Max. Credit Amount	*39B:	NOT EXCEEDING
Available with/by	*41D:	ANY BANK BY NEGOTIATION
Draft at	*42C:	30 DAYS FROM SHIPPING DATE
Drawee	*42D:	THE ISSUING BANK
Partial Shipments	*43P:	PROHIBITED
Transshipment	*43T:	ALLOWED
Latest Date of Ship.	*44C:	XX0401
Loading in Charge	*44A:	KEELUNG PORT, TAIWAN
For transportation to	*44B:	HELSINKI PORT, FINLAND
Description of goods	*45A:	OFFICE DESK
		AS PER P/I NO. YS-9988 DATED 10 JAN. 20XX
		ON CFR BASIS
		FOB VALUE USD32/PC×320PCS=US$10,240.00
		FREIGHT CHARGES US$ 1,160.00
		TOTAL: US$11,400.00
Documents required	*46A:	+ SIGNED COMMERCIAL INVOICE IN
		TRIPLICATE.
		+ PACKING LIST IN TRIPLICATE BEARING
		THE BEN'S CONFIRMATION THAT PACKING
		SUITS THE AGREED MODE OF TRANSPORT.

+ FULL SET OF 3/3 CLEAN "ON BOARD" OCEAN BILLS OF LADING, MADE OUT TO ORDER OF THE SHIPPER, ENDORSED IN BLANK, MARKED "FREIGHT PREPAID" AND NOTIFY APPLICANT

+ CERTIFICIATE OF ORIGIN ISSUED BY A LOCAL CHAMBER OF COMMERCE ORIGINATED IN TAIWAN, PLUS 3 COPIES

Additional Cond.   *47A:

+ THE ADVISING BANK IS AUTHORISED TO ACT AS ATRANSFERRING BANK

+ IN CASE DISCREPANT DOCUMENTS ARE PRESENTED WE SHALL DEDUCT OUR DISCREPANCY FEE US$90.00 AND MESSAGE CHARGE US$25.00 FROM EVENTUAL SETTLEMENT THIS DISCREPANY DOCUMENTS BY US.

+ THIRD PARTY B/L NOT ACCEPTABLE

+ THE ISSUANCE DATE OF ALL DOCUMENTS SHOULD BE WITHIN VALIDITY OF THIS L/C.

Details of Charges   *71:   ALL COMMISSIONS AND CHARGES OUTSIDE FINLAND ARE FOR BENEFICIARY ACCOUNT.

Confirmation   *49:   WITHOUT
Instructions

Instructions to   *78:   ALL DOCUMENTS MUST BE FORWARDED IN
Negotiating Bank   ONE LOT BY COURIER TO NORDEA BANK FINLAND PLC SATAMARADANKATU 5,2626 TRADE FINANCE, FJ-00020 NORDEA. UPON RECEIPT OF DOCUMETNSIN ORDER WE SHALL COVER THE NEGOTIATING BANK ACCORDING TO THEIR INSTRUCTIONS

—— 輸出產品信用狀中譯 ——

發電者		NORDEA BANK FINLAND PLC, HELSINKI
收電者		THE SHANGHAI COMMERCIAL & SAVING BANK LTD.
		內文
電文數列	*27:	1/1
信用狀類別：	*40A:	不可撤銷、可轉讓
信用狀號碼：	*20:	110-22-0987765-A
信用狀開狀日	*31C:	XX年01月20日
信用狀有效期限	*31D:	日期XX年01月20日，地點：臺灣
信用狀申請人（買主）	*50:	SOLO INTERNATIONAL CO. RUUKINGUKA 6 FI-02330 ESPOO FINLAND
受益人（賣主）	*59:	YO SEN ENTERPRISE NO. 70, SEC. 2, CHUNG-CHENG ROAD CHANGHUA, TAIWAN
金額	*32B:	幣別：美金　金額：11,400.00
信用狀金額動用額度	*39B:	不得超押
指定受理銀行及受理方式	*41D:	經由任何銀行以押匯方式辦理
匯票期限：	*42C:	自裝船日起30天
付款人：	*42D:	開狀銀行
分批出貨：	*43P:	禁止
轉運：	*43T:	允許
最遲裝船期限：	*44C:	XX年4月01日
起運港口：	*44A:	臺灣基隆港
抵達港口：	*44B:	芬蘭赫爾辛基港
貨物內容：	*45A:	辦公桌

詳細內容同1/10開立的預估發票號碼YS-9988

價格條件為 CFR

FOB價值US\$32/PC×320PCS= US\$10,240.00

運費　　　　　　　　　　　　US\$　1,160.00

總計：　　　　　　　　　　　US\$11,400.00

應備文件：	＊46A：	＋簽署商業發票正本三份。

＋裝箱單正本三份，且須經受益人確認商品之包裝適合所約定的運輸方式。

＋全套三份正本清潔海運提單，收貨人記載由出貨人指定，空白背書並註明「運費已付」，被通知人註明為信用狀申請人。

＋由原產地臺灣當地商會所開立的原產地證明書正本加三份副本。

特別條款： ＊47A：

＋通知銀行被授權擔任轉讓銀行。

＋若所提示的文件具有瑕疵，則我方將自對該瑕疵文件的終端付款中，扣取瑕疵費美金90元及通訊費美金25元。

＋不接受第三者提單。

＋所有文件的開立日期必須在此信用狀的有效日期內。

費用明細 ＊71： 所有在芬蘭以外的費用均由受益人負擔

是否保兌指示 ＊49： 無

對讓購銀行的指示 ＊78： 所有文件須以快遞一套寄單至NORDEA BANK FINLAND PLC2626 TRADE FINANCE, NORDEA SATAMARADANK ATU 5, FJ-00020 如文件無誤，則我方將依讓購銀行之指示給予付款。

第6節　信用狀之開發

　　一般而言，信用狀的開發應將眾多的要求化為完整、精確的規定，不流於瑣碎，內容也並非愈詳細、愈繁雜愈好，否則反而容易造成買賣雙方押匯或提貨上的困擾。另外，信用狀基本上是開狀銀行為進口商對出口商做財務與誠信上的把關，並無法保證實質貨物符合規定和無瑕疵。簡而言之，在此交易過程中，銀行所能掌握的只有貨運單據。不過，信用狀之開發，對於買賣雙方達成

交易有一定的保障，有助於降低風險，惟信用狀交易也並不是萬無一失的。

一、信用狀開發須知

1. 買賣雙方於訂定買賣契約後，若該項契約約定以信用狀為支付貨款之方式，買方必須於約定期限內，委請其往來銀行開發以賣方為受益人之信用狀。

2. 進口貨品屬須簽證貨品，進口商如欲申請開發信用狀，須先向授權辦理簽證機構申請核發輸入許可證，始得申請開發信用狀，且其所申請開發之信用狀內容不得與輸入許可證之內容有所牴觸，否則應先請該進口商辦理修改輸入許可證，使其與申請開發之信用狀內容相符後辦理為宜。

3. 如為免除輸入許可證貨品，得憑廠商提供之交易單據（如：Proforma Invoice）向外匯銀行申請辦理開發信用狀。

二、申請開狀的手續

以信用狀付款之進口商，為了資金靈活運用，一般均不會以全額結匯方式開狀。通常先結匯一定成數的預付款，等單據到達時，再兌現餘額，因此要開狀之初，須先到銀行的放款科辦理財產設定抵押，經銀行審核後，列為「融資開狀」客戶。開狀的手續如下：

1. 額度申請

進口商以不動產為抵押品，先向往來銀行授信部門申請開發信用狀額度，核准額度通常是抵押品現值的七成或八成不等。

2. 準備文件

包括授權書、開發信用狀申請書、輸入許可證（免輸入許可證貨品則免附）、預估發票（P. I.）、開發信用狀約定書（於訂約額度時填寫）、預約保險單證。

3. 開發信用狀申請書的填製

以買賣契約（例如P. I.）的內容為依據，必須完整且謹慎地填寫。

4. 提交有關的文件

將必須之文件填妥，送交開狀銀行。結繳匯費，依約定的比率結付匯款，並繳交各項費用。

三、銀行受理開發信用狀業務時會考慮之事項

1. 信用狀申請人的資信情形

在正常情況下，買賣雙方既已簽訂買賣契約成交貨物，故於貨到時應可順利贖單提貨。然而在經濟情況動盪不定、物價波動甚烈之時，或因該項貨物之價格業已慘跌，或因信用狀申請人之財務情況拮据的窘境，週轉不靈，致無法贖單提貨。此時若受益人所提出之押匯文件完全符合信用狀條款，縱信用狀申請人無法贖單，開狀銀行仍應照付，故開狀銀行於受理開狀首先應注意的是進口商之資信情形。

2. 貨品之特性

如成交貨品係屬有生命者，則開狀銀行應特別小心，考慮若是該項貨品於運達時呈死亡狀態，則信用狀申請人可能於貨到時以有關貨品毀損或腐壞為藉口而拒不贖單，故進口有生命之貨品以十成結匯方式開狀為宜。

3. 運輸方式

依航空界之習慣，航空提單係直接提貨單，不得背書轉讓，故原則上，開狀銀行對空運提單方式之信用狀融資應較審慎。在實務處理上，亦經常發現航空提單雖以開狀銀行為受貨人（Consignee），但航空提單亦有未經開狀銀行背書，航空公司代理人即將貨物發放予進口商，故開狀銀行於受理開發信用狀業務時，若其運輸方式係為空運時，開狀銀行尤宜審慎斟酌。為了掌握貨權提交的安全性，收貨人應指定為開狀銀行為佳。

4. 輸入許可證之控管

少部分受管制之進口貨品開狀時，信用狀申請人須提示輸入許可證，開狀銀行為防止信用狀申請人於未結清信用狀未結款項，或辦妥貸款手續前占有該進口貨品，應妥善保管輸入許可證。

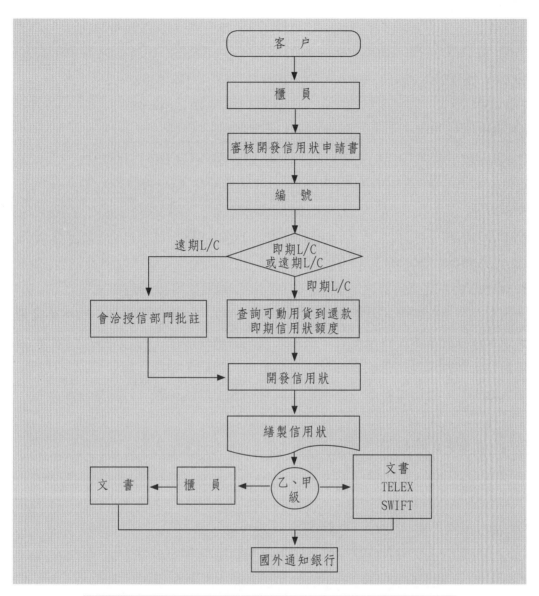

圖7-3 開發信用狀流程圖（銀行接受開發信用狀的流程圖）

四、信用狀通知書實例

TAICHUNG OFFICE

H. K. S. BANK CORPN LTD.

B1- 5F, 008, SEC. 1, WEN SHA ROAD,

TAICHUNG 408 TAIWAN R. O. C.

TRADE SERVICE DEPARTMENT

EXP DC ADVICE   DATE: 10JUL20--

A/C NO. 002-00360-031

SHIN SHIN ENTERPRICE CO., LTD.　　　PLEASE QUOTE OUR REF NO.

NO. 88, CHUNG-CHING ROAD, TACHUNG　DC LDI639209

TAIWAN　　　　　　　　　　　　　SERIAL NO. 00

DEAR SIRS,

DOCUMENTARY CREDIT NO./REFERENCE NO. DC LDI61838849

ISSUING BANK/SENDING BANK　　　H.K.S. BANK CORPN LTD.

AMOUNT　　　　　　　　USD　180,489.99

APPLICANT　　　　　　　SUPERSTAR STORE PLC

DC ADVISING COMM　　　TWD 700

****** 若與本行無特殊約定者，請依下列指示領取信用狀 *****

請攜帶上列手續費（若無手續費，表示買方負擔）、本通知書、出口廠商登記卡或廠商登記基本資料至本行，信用狀通知各櫃檯領取。外埠地區欲本行郵寄信用狀，請在本通知書蓋章並註明電話號碼，連同手續費（現金或以本行爲抬頭人之支票）及出口廠商登記卡影本或廠商登記基本資料，以掛號寄至本行，本行即以限時掛號郵寄之。

** 洽領前請先在本通知單上蓋公司大小章，並註明公司電話號碼。

In accordance with the terms of Article 7 of UCP 600 we advise having received the captioned Documentary Credit in your favor.

** IMPORTANT NOTICE TO BENEFICIARY **

Please check the terms and conditions of this credit immediately and note that we are unable to make any changes without the issuing bank authority. Accordingly, should any of it's terms/conditions be unacceptable, please contact the opener directly with a view to obtaining a suitable amendment without delay to be advised to us. You are not entitled to rely on any communications or any discussions at any time with us. The issuing bank or opener as in any way amending this credit, save to the extent that the credit has been amended in writing under an advise signed by our authorized signatories. Your attention is also drawn to articles 3 and 4 UCP600. Please attach the original of this form to the documentary Credit when presenting documents for negotiation/payment/acceptance.

五、SWIFT輸入產品之信用狀實例

─────────────Instance Type and Transmission─────────────

Notification(Transmission)of Original sent to SWIFT(ACK)

Network Delivery Status　　：Network Ack

Priority/Delivery　　　　 ：Normal

Message Input Reference　 ：1633 011109TCBBTWHAXXX2581134022

─────────────────Message Header─────────────────

Swift Input：FIN 700 Issue of a Documentary Credit

Sender　　　：TCAATWTHXXX

　　　　　　　T. T. COMMERCIAL BANK

Receiver　 ：DIKYJPJPXXX

　　　　　　　DAI-ICHI KANGYO BANK, LTD.

　　　　　　　THE TOKYO JP

──────────────────Message Text──────────────────

27：Sequence of Total

　　　1/1

40A：Form of Documentary Credit

　　　IRREVOCABLE

20：Documentary Credit Number

　　　1ACCR2-00173

31C：Date of Issue

　　　XX1109

31D：Date and Place of Expiry

　　　XX0109 JAPAN

50：Applicant

　　　JEN TAI TRADING CO., LTD.

　　　NO. 75 TA-CHIH RD., TUNG DIST, TAICHUNG CITY,

　　　TAIWAN R.O.C.

59：Beneficiary

　　　FORWARD CORPORATION

　　　NO. 1315, 4-7-1, MINAMI-HORIE

NISH-KU TOKYO, JAPAN

32B：Currency Code Amount

　　　Currency　　　　　：JPY

　　　Amount　　　　　　：#21,000,000#

41D：Available With...By...-Name/Address

　　　ADVISING BANK

　　　BY PAYMENT

43P：Partial Shipments

　　　ALLOWED

43T：Transshipment

　　　ALLOWED

44A：On Board/Disp./Taking Charge

　　　TOKYO

44B：For Transportation to

　　　TAICHUNG TAIWAN

44C：Latest Date of Shipment

　　　XX0108

45A：Descp. of Goods and/or Services

　　　ELEMAX BRAND GENERATING SET

　　　PRICE TERMS: CFR TAICHUNG, TAIWAN

46A：Documents Required

　　　1. SIGNED COMMERCIAL INVOICE IN 6 COPIES.

　　　2. FULL SET OF CLEAN ON BOARD MARINE B/L MADE OUT TO THE ORDER OF T. T. COMMERCIAL BANK MARKED FREIGHT PREPAID AND NOTIFY APPLICANT.

　　　3. PACKING LIST IN 3 COPIES.

　　　4. BENEFICIARY'S CRET. STATING THAT ONE SET OF NON-NEGO DOCS HAVE BEEN SENT TO APPLICANT AFTER SHIPMENT VIA COURIER SERVICE.

47A：Additional Conditions

　　　1. L/C NO. MUST BE INDICATED ON ALL DOCS.

　　　2. OUR DISCREPANCY FEE USD50.00, IF ANY, IS FOR BENE'S

ACCOUNT. AND WILL BE DEDUCTED FROM THE PROCEEDS OF
EACH DRAWING.

71B：Charges

ALL BANKING CHARGES EXCEPT ISSUING CHARGE ARE FOR BEN'S
ACCOUNT.

49：Confirmation Instructions

WITHOUT

78：Instructions to Pay/Accept/Negot Bank

DOCS MUST BE FORWARDED TO T. T. COMMERCIAL BANK, 2F 87, MI
CHENG RD., TAICHUNG, TAIWAN, R. O. C. IN ONE LOT BY COURIER
SERVICE.

六、輸入產品信用狀中譯

40A：信用狀類別：不可撤銷信用狀

20：信用狀號碼：1ACCR2-00173

31C：信用狀開狀日：XX年11月09日

31D：信用狀到期日／目的地：XX年01月09日　日本

50：信用狀申請人（買主）：JEN TAI TRADING CO., LTD.

NO.75 TA-CHIH RD., TUNG DIST, TAICHUNG
CITY, TAIWAN R.O.C.

59：受益人（出口廠商）：FORWARD CORPORATION

NO.1315, 4-7-1, MINAMI-HORIE
NISH-KU TOKYO, JAPAN

32B：幣別及金額：日幣21,000,000圓

41D：指定受理銀行及受理方式：限定通知銀行（DAI-ICHI KANGYO BANK）
直接付款

43P：分批出貨：允許

43T：轉運：允許

44A：起運港口：日本東京

44B：抵達港口：臺灣臺中港

44C：最遲裝船期限：XX年 1 月 08 日

45A：商品及／或服務內容：ELEMAX 品牌的發電機組

　　　價格條件：CFR臺灣臺中港

46A：應備文件：1. 簽署商業發票六份。

　　　　　　　2. 全套清潔海運提單，收貨人是由臺中商業銀行指定，註明運費「已付」，被通知人註明是申請人。

　　　　　　　3. 裝箱單三份。

　　　　　　　4. 受益人證明書說明貨物裝船後，已將一套不可轉讓文件經由快遞寄給申請人。

47A：特別條款：1. 所有文件必須載明信用狀號碼。

　　　　　　　2. 單據如有瑕疵，本行的瑕疵費用是美金50元，係由受益人負擔，並將自每次支付的款項中扣除。

71B：費用

　　所有費用除了開狀費用之外，均由受益人負擔。

49：是否保兌指示

　　無

78：對付款／承兌／押匯銀行的指示

　　單據須以快遞一套寄給臺中商業銀行——臺中市民生路87號2樓，一旦收到貴行所寄送之單據完全符合信用狀條款，則本行將遵照貴行之指示匯付該款項。

第7節　信用狀之修改

一、修改原因和效力

　　信用狀在開立、送達受益人之後，因某種原因須修改，在當事人（申請人、受益人及開狀銀行）的同意下，於信用狀的有效期限內，請其開狀銀行修改信用狀的內容。

　　不論信用狀的修改是買方或賣方之意，信用狀修改之申請，都必須由買方向開狀銀行申請，並提出信用狀修改申請書，而開狀銀行同意申請人的要求，就依據申請書，簽發信用狀修改書給受益人。

　　根據UCP600第十條規定，除受益人要求申請人修改條款之外，對於其他的修改，受益人有權決定是否接受。受益人對修改必須以書面通知表示同意與否，若是保兌L/C，還須通知保兌銀行。

1. 修改信用狀的原因

應出口商要求而修改的情況，通常是出口商於接獲信用狀審核之後，發現受益人的資料有誤、信用狀的條款及內容跟協議好的買賣契約不符，或生產情況發生改變等；也有的是應進口商要求而改，例如：追加訂單或是改變數量等突發狀況。

2. 修改書的效力

當信用狀修改書已經通過開狀銀行的許可，開狀銀行就擔起不可撤銷的責任，所以通常開狀銀行都希望早點知道受益人是否接受修改書的內容。而受益人一旦接到修改通知書，也應儘快決定是否接受修改通知書之內容，如果接受，必須寄一張同意回條給通知銀行；不同意時，也須儘快跟買主聯絡，商討修改書之內容。受益人對於修改的內容必須選擇全部接受或全部拒絕，不可僅接受部分。

實務上，常有銀行在信用狀修改通知書上載明：「於收到通知書起算十五天內不表明是否接受或拒絕，即表示接受該信用狀。」事實上，此一敘述無效。究其理由，須由受益人確認並做出明示同意「承諾」後，才能使信用狀之修改生效。

二、信用狀之修改通知書實例

TAICHUNG OFFICE

H. K. S. BANK CORPN LTD.

B1- 5F,008, SEC. 1, WEN SHA ROAD,

TAICHUNG 408 TAIWAN R. O. C.

TRADE SERVICE DEPARTMENT

EXP DC ADVICE   DATE: 30JUL20--

-----------------------   A/C NO. 002-00360-031

SHIN SHIN ENTERPRICE CO., LTD.   PLEASE QUOTE OUR REF NO.

NO. 88, CHUNG-CHING ROAD, TACHUNG   DC LDI639209

TAIWAN   SERIAL NO. 00

DEAR SIRS,

DOCUMENTARY CREDIT NO./REFERENCE NO. DC LDI61838849

ISSUING BANK/SENDING BANK   H. K. S. BANK CORPN LTD.

AMOUNT   USD   180,489.99

APPLICANT   SUPERSTAR STORE PLC

LATEST SHIPMENT DATE   18SEP20XX

EXPIRY DATE   15OCT20XX

DC AMENDMENT COMM   TWD   500

****** 若與本行無特殊約定者,請依下列指示領取信用狀 *****

請攜帶上列手續費(若無手續費,表示買方負擔)、本通知書、出口廠商登記卡或廠商登記基本資料至本行,信用狀通知各櫃檯領取,外埠地區欲本行郵寄信用狀,請在本通知書蓋章並註明電話號碼,連同手續費(現金或以本行爲抬頭人之支票)及出口廠商登記卡影本或廠商登記基本資料以掛號寄至本行,本行即以限時掛號郵寄之。

** 洽領前請先在本通知單上蓋公司大小章,並註明公司電話號碼。

** IMPORTANT NOTICE TO BENEFICIARY **

Please find attached an amendment to the captioned Documentary Credit.

For quicker response to any queries you may have please always quote our reference as indicated above. Please attach original copies of amendments to original DC, if amendments are acceptable.

This advice is subject to UCP 600.

三、信用狀修改實例

SHIN SHIN ENTERPRICE CO., LTD.

NO. 88, CHUNG-CHING ROAD, TACHUNG

TAIWAN

DEAR SIRS,

FROM H. K. S. BANK CORPN LTD.

    (SWIFT ADDRESS: MIDKKS83XX)

20   OUR REF.:   DC LDI61838849

21	YOUR REF.:	NON REF.
31C	DATE OF ISSUE:	02JUL20XX
30	DATE OF AMENDMENT:	29JUL20XX
59	BENEFICIARY:	SHIN SHIN ENTERPRICE CO., LTD.
		NO. 88, CHUNG-CHING ROAD, TACHUNG
		TAIWAN

79   OTHER AMENDMENTS:

- DOCUMENTS REQUIRED

DELETE:

ONE ORIGINAL FORWARDER'S CARGO RECEIPT CONSIGNED TO SUPER STAR STORE PLC, ISSUED BY MAERSK LOGISTICS MARKED "FREIGHT COLLECT" AND ACKNOWLEDGING RECEIPT OF DOCUMENTS INCLUDING: TWO SETS OF ORIGINAL SIGNED COMMERCIAL INVOICE, ORIGINAL SIGNED PACKING LIST, ORIGINAL **GSP FORM A CERTIFICATE OF ORIGIN PLUS ONE COPY**. **GSP FORM A CERTIFICATE OF ORIGIN ON OFFICIAL FORM.**

INSERT:

ONE ORIGINAL FORWARDER'S CARGO RECEIPT CONSIGNED TO SUPER STAR STORE PLC, ISSUED BY MAERSK LOGISTICS MARKED : "FREIGHT COLLECT" AND ACKNOWLEDGING RECEIPT OF DOCUMENTS INCLUDING: TWO SETS OF ORIGINAL SIGNED COMMERICAL INVOICE, ORIGINAL SIGNED PACKING LIST, **ORIGINAL CERTIFICATE OF ORIGIN PLUS ONE COPY.**

ADDITIONAL CONDITIONS

INSERT:

ALL OTHER TERMS AND CONDITIONS REMAIN UNCHANGED.

四、信用狀修改書中譯

20	我方編號：DC LDI61838849
21	對方編號：無編號
31C	開狀日：　　02JUL20XX

30 　修改日：　29JUL20XX

59 　受益人：　SHIN SHIN ENTERPRICE CO., LTD.

　　　　　　　NO. 88, CHUNG-CHING ROAD, TACHUNG

　　　　　　　TAIWAN

79 　其他修改敘述：

　一要求文件

　　刪除：

　　一份正本貨運承攬商收據，收貨人為SUPER STAR STORE PLC，由MAERSK船公司開立註明「海運費待付」，且告知收到包括兩套正本簽署商業發票、正本簽署包裝單、<u>正本簽署優惠關稅證明加副本一份</u>等文件。

　　加入：

　　一份正本貨運承攬商收據，收貨人為SUPER STAR STORE PLC，由MAERSK船公司開立註明「海運費待付」，且告知收到包括兩套正本簽署商業發票、正本簽署包裝單、<u>正本原產地證明加副本一份</u>等文件。

　　加入：

　　所有其他條件及條款仍舊不變。

第8節　信用狀之拒付

　　信用狀下之出口押匯單據，若符合信用狀上之條件規定時，即無瑕疵，此時開狀銀行應按規定履行付款之義務；倘若單據有瑕疵，除了照會進口商是否同意接受該瑕疵單據外，開狀銀行本身就有權力拒絕兌付該信用狀。單據是否構成瑕疵的判定非常重要，跟開狀銀行、押匯銀行、進口商、出口商及保兌銀行之權益，密不可分。

　　是否構成瑕疵，往往造成銀行及進出口商雙方諸多爭辯，雙方往往針對自身的利益，根據國際商會制定的統一慣例UCP600，作為攻擊及辯駁的依據，因此，雙方平時除了對信用狀統一慣例UCP600中的規定詳加研究之外，最重要的是更多的學習經驗，才能將瑕疵押匯處理妥當，贏得勝仗。

　　甲外銷廠商出口花園工具組至美國，接單時正值旺季，同時接獲信用狀，跟此國外買主請求延展最遲裝船期限，但美方買主不願意修改，只表示單據到達時，會按時承兌該單據。貨物順利裝船之後，出口商出具所有單據至銀行押

匯，後來就接獲開狀銀行的拒付通知，拒付理由有：⑴包裝單上的總重量跟貨櫃實際重量不符；⑵延遲裝運（Late Shipment）。事後雖緊急聯絡進口商至開狀銀行承兌該信用狀，但已多延遲了一個月才收到貨款。

一、拒付通知實例

Original received from SWIFT

Message output reference: 1/12 0203944APSITKHTXXDEII37894949

·······························Massage Header·······························

Swift Output：TIMM 890 Free Format Message

Sender 　　　：FNTTHKHXXX

　　　　　　　FRLEY NATIONAL BANK

Receiver 　　：AIDOOSOXXEXX

　　　　　　　FULEE COMMERICAL BANK

　　　　　　　TAICHUNG TW

MUR：993030392902

·······························Message Text·······························

20: Transaction reference number

　　12389049/Y002

21: Related reference

　　NNSTIL002BBNE

79: Narrative

　　DISCREPANCY（IES）

1.P/L SHOWING TOTAL GROSS WEIGHT DIFFER FROM FCR.

2.LATE SHIPMENT

（REF: JOE/RITA-346290）

DOCUMENTS FOR US$99,990.50

DOCUMENTS ARE REFUSED AND HELD AT YOUR DISPOSAL AS PER ART 14 OF UCP600. IN THE MEANTIME, WE ARE CONTACTING APPLICANT FOR A WAIVER. UPON RECEIPT OF THE WAIVER AND SUBJECT TO OUR FINAL CONCURRENCE, WE WOULD RELEASE THE DOCUMENTS TO THE APPLICANT WITHOUT FURTHER NOTICE TO YOU AGAINST OUR PAYMENT, ACCEPTANCE OR DEFFERED PAYMENT UNDERTAKING AS

THE CASE MAY BE.

REGARDS;

TRADE SERVICES

FRLEY NATIONAL BANK, HONG KONG BR.

──────────────Message Trailer──────────────

二、拒付通知中譯

20：參考編號

12389049/Y002

21：相關編號

NNSTIL002BBNE

79：其他條件敘述

文件不符（瑕疵）

1. 包裝單上所示的總毛重跟貨運承攬商收據上的不同。

2. 延遲裝運。

（REF: JOE/RITA-346290）

押匯文件金額美金99,990.50元，本行拒絕接受該單據。根據UCP600第十四條規定，本行暫代保管單據，並聽候貴行指示，同時本行正聯絡開狀申請人徵求其放棄拒付主張，一旦獲得其放棄拒付主張並經本行同意，則本行將逕行交付單據予開狀申請人，並依本信用狀之規定履行付款、承兌或延期付款，而不另行通知貴行。

習作演練

1. （　）可轉讓信用狀，其轉讓的次數最多以幾次為限？　①一次　②二次　③三次　④四次　開狀銀行會要求進口商先購買預約保險單。

2. （　）Seller's Usance信用狀，利息由何者負擔？　①申請人　②受益人　③補償銀行　④開狀銀行。

3. （　）一客戶辦理出口押匯，日期是2000年3月5日，提單裝運日期為2000年3月1日，信用狀規定之匯票期限若為90 Days After the Date of Shipment，開狀銀行收到單據為2002年3月12日，則該信用狀之到期付款日應為下列何者？　①2000年6月10日　②2000年5月30日　③2000年5月29日　④2000年6月11日。

4. （　）下列哪一項不是Stand-by L/C之用途？　①投標保證　②清償貨價　③履約保證　④貸款保證。

5. （　）在信用狀未規定裝運數量不得增加或減少時，下列何種計算單位容許有5%上下之彈性？　①Cartons　②Tons　③Dozens　④Sets。

6. （　）根據UCP600規定，信用狀不得變更何種條件轉讓？　①交易金額　②押匯期限　③貨物數量　④裝船期限。

7. （　）信用狀所載90 Days After Sight是指　①提單日期後90天　②開狀日期後90天　③發票日期後90天　④提示匯票及單據日期後90天。

8. （　）下列哪一種信用狀適用中間商不想讓買主及供應商直接接觸？　①擔保信用狀　②背對背信用狀　③循環信用狀　④轉讓信用狀。

9. （　）根據UCP600規定，信用狀有效期限適逢國定假日，其有效期限　①可順延至次一營業日　②可順延一日　③不可順延　④可順延二日。

10.（　）若信用狀未規定提示文件的期限，依UCP600規定，應在裝運日後幾天內提出押匯？　①11天　②15天　③21天　④25天。

11.（　）根據我國的習慣，信用狀的受益人到銀行押匯時所提示的匯票受款人（Payee）通常是　①押匯銀行　②受益人　③通知銀行　④開狀銀行。

12.（　）下列何者不是信用狀上要求的文件？　①匯票　②出口押匯申請書

③商業發票　④提單。

13. (　) 如果開狀銀行信用不佳時，對出口商而言，該信用狀最好是　①經保兌　②可轉讓　③可撤銷　④可轉運。

14. (　) 信用狀無哪一種傳遞的方式？　①郵寄　②電報　③SWIFT ④INTERNET。

15. (　) 信用狀送達賣方之途徑，以下列哪一種方式最爲常見？　①通知銀行轉交　②透過求償銀行轉交　③開狀銀行直接寄給賣方　④開狀申請人轉交。

16. (　) 信用狀中「可轉讓」一詞，依據UCP600規定，僅限使用 ①Fractionable　②Transmissible　③Transferable　④Divisible。

17. (　) 限押信用狀之下的部分轉讓，通常以何者爲辦理分割轉讓之銀行？ ①保兌銀行　②付款銀行　③押匯銀行　④開狀銀行。

18. (　) 通知銀行對下列何種信用狀，因已具有自動核押功能而不需另做複核作業？　①SWIFT　②Air-mail　③Cable　④Telex。

19. (　) 有關買方填寫信用狀開狀申請書之要領，何者不適宜？　①將必要事項記載清楚　②將契約內容全部詳載於信用狀　③符合買賣契約條件　④符合政府法令。

20. (　) Opening Bank稱爲　①保兌銀行　②押匯銀行　③通知銀行　④開狀銀行。

21. (　) 信用狀係開狀銀行對受益承諾保證　①進口商信用良好　②交貨無誤　③符合條件確定付款　④信用狀內容是眞。

22. (　) 信用狀內容出現「This Credit is available with any bank by negotiation」，表示該信用狀係　①自由讓購信用狀　②直接信用狀 ③承兌信用狀　④限押信用狀。

23. (　) 應信用狀受益人之請求，讓購或貼現信用狀項下匯票及單據之銀行稱爲　①保兌銀行　②押匯銀行　③通知銀行　④開狀銀行。

24. (　) 是否符合信用狀內容所規定的最後裝運日，係審查何種單據的日期做比較而得知？　①匯票　②商業發票　③裝貨單　④提單。

25. (　) 下列何者不是信用狀交易的主要關係人？　①Advising Bank ②Forwarder　③Beneficiary　④Confirming Bank。

26. (　) 信用狀交易下，匯票（Bill of Exchange）之付款人通常爲　①開狀銀行　②保兌銀行　③出口商　④押匯銀行。

團結的臺灣人

~Monica心情隨筆

在國內，政黨派系涇渭分明，雙方吵得不可開交，看到政治人物互相攻擊、惡鬥，加上治安惡化，每每看到身邊的友人因為政治理念不同而互有嫌隙，甚至不相往來，頗令人無奈，人與人之間變得疏離、陌生，難道我們真是一盤散沙嗎？如此的內訌，怎禦外敵呢？直到在國外見識到臺灣人的團結，才知道不是不團結，只是時機未到！

2000年總統大選前夕，我必須飛往德國參加一年一度在科隆舉行的「大拜拜」——DIY五金展。在前往機場的巴士上，鄰座是一位骨科醫師的太太，一聊之下，才發覺他們一家人早入美國籍了，先生在臺灣賺錢，小孩在美國唸書，她這次是要「回美國避難」，因為她先生說，萬一政黨輪替，臺灣一定會暴動，要她回美國，別待在臺灣。聽得我啞口無言，心中感慨萬千。

科隆展中的某天，一位臺灣館的展商看到參觀者正順手牽羊偷走他的展品，眼看竊賊正快速溜走，此展商情急之下，英語更不靈光，突然靈機一動高喊：「臺灣人乎郎欺負啊！」霎時，多數臺灣展商紛紛自攤位中衝出，或赤手空拳或手拿「傢伙」，一起合力制敵，順利地將該竊賊抓住並交給當地警察偵辦，可想像那場面實在壯觀且感人。當時眾義士們士氣高昂，更有人嗆聲說道：「Ｘ！敢欺負臺灣人，找死！」退敵後，大家仍舊慷慨激昂，久久不能自己。

那一天，大夥兒都卸下了商場上的爾虞我詐，可以感覺到大家的心緊緊繫在一起，不分你我、不分黨派，就像一家人一樣！晚餐時，大夥一起慶功吃德國豬腳，遭竊的那位展商更是請大家喝德國啤酒，而且是「喝通海」，大家滔滔不絕地討論著白天奮力禦敵的精彩實況，把酒言歡，真情交心。我的臉和眼不知是因酒精的關係或是怎麼著都泛紅了，一時感慨，我把在機場巴士遇到醫師娘事件說了一次，一時間大家的咒罵聲不絕於耳，「這愚蠢的女人有這種想法已經很可恥，居然還敢講出來」、「還好不是我老婆，否則立刻把她休了」，見大家情緒激動，領隊說話啦：「她先生一定希望她永遠不要回來，這樣才可以跟新情人長

相廝守嘛！」眾人捧腹大笑，屬害如領隊，四兩撥千斤，大家終於氣消了。

　　最後大家一致的結論是，在國外面對類似險境時，最佳的求救信號不是SOS，而是「臺灣人乎郎欺負啊！」，有機會不妨試試看喔！後來幾天，臺灣館的參展廠商感情持續熱絡，每當晚餐時，大家更是積極討論，交換心得，研擬如何因應微利時代的來臨，面對其他國外競爭對手，以低成本優勢，搶攻目標市場的巨大衝擊，大家紛紛貢獻出自己壓箱寶的經驗談，也完全忘記彼此還是競爭對手，展現出前所未有的和諧。於是我相信，低價產品在國際市場的崛起，對臺灣絕對是正面的助力，會激勵我們的企業跳脫早先的代工模式，轉而進入創新研發的新紀元，期許大家一起努力，為臺灣加油！

◎ 德國　科隆
這是當地著名的豬腳餐聽，今晚大家很開心地吃豬腳、喝啤酒。我喝的是無酒精的黑麥滋，口感很好，有點像黑糖汽水。據德國人說，這是很營養的飲品，適合不會喝酒的人飲用。

貿易花絮之七

◎ 德國　科隆

嚇到了吧？這是著名的德國豬腳，肥滋滋的不說，怎們看都覺得賣相不佳、容易膩口，還是臺灣的豬腳色香味俱全！

◎ 奧地利　維也納

常出國的人或許跟我有一樣的感慨，臺灣的國際地位不明，且居於弱勢，因此多數國人在海外只要一看到國旗，都會不約而同地競相拍照，興奮不已。

第 **8** 章

準備交貨、驗貨及公證

第1節 製造貨品及驗貨

一、製造貨品過程中應注意事項

在買賣雙方簽署契約後，賣方就有義務依契約內容，遵行貨品交貨時間及各項條件。如買方為熟識且信用良好的客戶，則賣方在一接到訂單簽訂契約後，即可積極投入生產；但如果買方為新客戶或是之前信用不佳的舊客戶，則應等收到信用狀或是訂金匯款後，才備料生產，以減少賣方因買方可能臨時取消或更改訂單而導致的損失，降低賣方風險。

如果出口商是製造商，貨物的準備在製造貨品；如果以貿易商立場而言，貨物的準備是要向製造商購進貨物。不管出口商採哪種方式備貨，就備貨的過程中，都應注意下列事項：

1. 充裕的時間

如果本身自行生產組裝，必須算準精確的生產時間，安排好生產線，再則要配合買方要求的交貨期；如果付款條件是以信用狀，則必須注意是否與裝運日配合；如果是向其他生產廠購貨，也須注意對方的交貨期是否可符合買方的要求，一般須要求生產工廠比預定出貨日早個幾天交貨，以免有突發狀況發生，無法挽救。

2. 慎選供應商

如果出口商本身不生產貨品，而是完全交由別家工廠生產，抑或是部分零件發外包廠製造，那麼出口商應選擇品管嚴格、能確實準時交貨，而且信用良好的生產廠商。由於時勢所趨，選擇公司或產品經國際公認機構認證過的供應商為佳，例如：ISO、DIN、FDA、CE等認證。

3. 催貨及驗貨

國內的某些廠商，對於生產作業及品質管理可能認知不深，而在交貨日將近才趕工，對於這樣的產品，產品品質較差，因此，出口廠商應適時向工廠催貨，以免日後發生品質糾紛。工廠生產完畢後，出口商應派驗貨員前往驗貨，以確保生產品質、規格、數量包裝規定與契約內容相符。

4. 船期洽訂

備貨時間應結合船期安排事宜,以利貨物能準時出貨不延誤。訂完艙位後,宜發裝船通知(Shipping Advise)給買主,讓買主可以掌握出貨概況,預先做進口手續的準備。

5. 交貨控制表(Shipping Control Sheet)

交貨控制表的功能是能夠幫助出口商控制進度,從準備貨品到出口檢驗的進度都能控制,以免貨物內容及出貨時間上的失誤。

表8-1　交貨控制表

1. 買主名稱:　　　　　　　　　　　　P.I. NO.:
   出貨日期:　　　　　　　　　　　　外箱正嘜:
2. 訂單內容:

INVOICE DATE	SHIPPED QUANTITY	AMOUNT	WEIGHT G.W./N.W.	Measurement

3. 出貨前置作業
   □ 出口簽證申請　　　　　　　　□ 結關日
   □ 檢驗證明申請　　　　　　　　□ 領事館發票申請
   □ 洽訂船位　　　　　　　　　　□ 發出貨通知
   □ 申請保險　　　　　　　　　　□ 其他
4. 需要文件:L/C NO.:
   □ 匯票　　　　　　　　份　　　　□ 原產地證明書　　　　份
   □ 簽署商業發票　　　　份　　　　□ 裝箱單　　　　　　　份
   □ 裝船單　　　　　　　份　　　　□ 檢驗證明書　　　　　份
   □ 保險單　　　　　　　份　　　　□ 領事發票　　　　　　份
   □ 其他　　　　　　　　份
   □ L/C有效期限:
   　 L/C最遲裝船期限:
   　 L/C押匯有效期限:

製單者:＿＿＿＿＿＿＿＿

二、驗貨

國內部分小型供應商往往無從事國際貿易的概念，爲了節省成本，也未建立起專門的品質管制部門，往往產品的品質無法符合買主的要求，因此具規模的國外買主，通常會委任專業檢驗單位（公證行）、貿易商、在臺分公司或代理商，在生產前後、出貨前進行「驗貨」。

驗貨在國際貿易的交易中是很重要的一個環節，如果稍有疏忽，就可能引起進、出口商在合約上的糾紛，嚴重的話，更可能失去得之不易的顧客。驗貨服務在國際上已經成爲一種通行慣例，它能幫助賣方及時避免交貨延誤和產品質量缺陷，使得買方在第一時間採取應急和補救措施，從而確保了買賣雙方的利益，並保證消費者買到放心的產品。譬如，九○年代，國外一兒童不愼誤吞食了玩具狗熊的眼珠，爲了此一錯誤，當初承接這批玩具驗貨業務的某國外驗貨中心，付出了幾十萬美元的高昂代價，只因當時驗貨員忽略漏檢了眼珠拉力指標。

國內的驗貨服務跟國外相比還落後許多，但因消費者意識日益抬頭，國內企業逐漸重視品質風險。在這種情況下，驗貨服務顯得尤爲重要，逐漸露出檯面，漸漸受到重視。

買主在下單之後，除了特定貨物須委任專業檢驗公司檢驗之外，其他一般貨品通常委派其代理或分公司中經驗豐富的驗貨專員，擇期前往驗貨，以確保貨品是否符合雙方契約方面的規定。而驗貨的內容如下：

1. 品質是否合乎規定要求。

2. 規格、樣式、圖案、材質、顏色是否按買賣契約規定。

3. 數量是否充足，包裝方式是否正確，外箱嘜頭是否正確。

4. 能否如期交貨。

買主會根據自己公司需求及預算，訂定出一套檢驗的計畫。驗貨的種類通常分成下列各種：

1. 生產前檢查（Initial Production Check）

工廠進行生產前，買主派定的驗貨員會預查所有原料、零件以及生產方式，視察是否符合買主契約上所訂定的標準或要求。

2. 生產中檢查（During Production Check）

工廠開始生產的最初期，產品完成20%或50%時，到生產廠家進行抽樣檢

驗，驗證其是否符合訂單的要求。驗貨員以抽樣方式檢查生產原料、零件、半製成品及製成品的品質，藉此及早發現問題，並建議適當的改進方法。

3. 出貨前抽樣檢查（Final Random Inspection）

驗貨員會對包裝完畢的成品進行出貨前抽樣檢查，依據統計學上的隨機抽樣方式，抽出特定數量之樣品。如檢驗結果滿意，或達到預定的驗收品質標準（AQL），便會簽發證書給予工廠，以便安排出貨。

4. 裝貨監督（Loading Supervision）

貨物完成後裝櫃時，驗貨員會親臨裝貨現場，實際檢查貨物數量、標籤和包裝材料及方式，是否符合指定要求，並在包裝成品內抽取樣品，檢查貨品有否混入代替品或不良品。

三、國際貿易常用到之規定及要求

國際貿易的多元性及交易的複雜化，買方對賣方的要求不再侷限於品質及價格，往往根據產品別不同、地區不同而提出相關的特殊要求，也為了落實各項產品的要求，確保供應商按其要求，愈來愈多的文具和玩具、服裝、五金、鞋類、雜貨等歐美進口業者在進行交易前，會要求查驗其供應商的工廠，一般稱為「工廠查驗」（Factory Audit），查驗項目包括人權驗廠、反恐驗廠、歐盟環保指令（WEEE及RoHS）及突擊驗廠等。

茲舉幾個較常見的特殊要求，只要跟對方交易，就必須按其規定依序提出相關之合格文件，在報價前應該先清楚對方是否有特殊要求，因為有些要求所費不貲，造成很大的成本負擔，不得不慎。以下列舉幾個外國客戶較常提出的特殊要求。

1. 聯合國商業人權規範（The UN Human Rights Norms For Business）

隨著全球對人權保護意識的高漲，公司對人權保護的責任成為不可避免的商業情勢，因此在一些已開發國家或特殊的案例中，會要求一些無關產品本身的要求，例如人權。在「聯合國商業人權規範」中有提到八項於商業活動中對人權的基本規範，包括：

　　⑴反歧視。
　　⑵保護戰爭中的人民及法律。
　　⑶安全人員的濫用。

⑷勞工的權益。

⑸賄賂、消費者保護及人權。

⑹經濟、社會及文化權利。

⑺人權及環境。

⑻原住民的權利。

2. 供應鏈安全管理——C-TPAT

隨著國際貿易的流通，供應鏈安全不再是自掃門前雪的情況，應該考量不同國家的安全需求，進行自身的供應鏈安全規劃。美國911事件的發生，不僅震撼全球，更使得以美國為首的全球供應鏈，特別關注商業貨物運輸程序的安全。為了因應911事件而特別重視反恐的運輸安全計畫，一項由美國海關推動，與進口商、物流業及製造廠商合作參與的供應鏈安全管理：「C-TPAT——海關—商貿反恐怖聯盟」（Customs-Trade Partnership Against Terrorism），其內容涵蓋八大範圍：程序安全、資訊處理、實體安全、存取監控、人員安全、教育訓練、申報艙單程序和運輸安全。目前出口至美國的供應商，常被要求填具C-TPAT表，以符合買方一同鞏固供應鏈的整體安全的要求，供應鏈安全儼然成為全球採購要求的一部分。欲知更詳細之內容，可洽臺灣物流網，申請由經濟部商業司編印、財團法人工業技術研究院辨識中心承辦之「C-TPAT安全教戰手冊」。

3. 歐盟RoHS環保指令

是歐盟在2006年7月1日起生效的一項環保指令，全文是「危害性物質限制指令」（Restriction of Hazardous Substances Directive 2002/95/EC，縮寫：RoHS），主要規範電子產品的材料及工藝標準，其目的在於限制產品中的六種物質，明訂這些物質須限用及其限值，以保護人類及環境的安全及健康，對許多企業而言，帶來相當大的挑戰及衝擊。雖然RoHS是歐盟指令，若其產品最終的銷售地為歐盟會員國之外的生產者，也必須遵守RoHS之要求。詳細內容可洽詢經濟部工業局「RoHS服務團」。

4. 生產零件核可程序——PPAP（Production Part Approval Process）

客製化生產的時代來臨，針對客戶要求開發的新產品，量產前供應商透過這個程序，證明正確理解客戶工程設計記錄和規格的所有要求，相關生產計畫與量測系統，為QS-9000當中的一個重要部分。

　　PPAP通常分爲五個階層（Level），其中以Level 3最常被要求，其出具內容包括保證書、樣品、圖面、檢測結果、實驗室檢測報告、外觀驗證報告、製程能力（Cpk）、製程管制計畫、量具再現性與再生性（Gage R&R）、失效模式效應分析（FMEA）、樣品須保留。由生產廠商根據客戶的要求，自行製作上述的文件資料，亦可委由專業人員（例如：企管顧問公司）輔導製作文件資料。

5. 產品責任險

　　全球消費者意識提高，以保護消費者爲主要目標的產品責任險，往往是進口業者要求的重點，尤其是大型連鎖企業。美國向來對消費者保護不遺餘力，多數產品要進入美國市場，加保產品責任險是必要的，最常見的保額大約是美金二百萬，一年下來要付約新臺幣十多萬的保險費，況且好興訟的美國人一旦感覺權益受損，便會立刻提出客訴，央求賠償，一旦出險，如此一來，隔年的保險費立即提高，因此常令一些供應商對負擔此巨額的費用苦不堪言。因此供應商必須先想清楚，如果交易金額不大，著實不符合經濟效益。詳細辦法，可洽詢各大產物保險公司。

第2節　商品檢驗

　　爲了促使商品符合安全、衛生、環保及其他技術法規或標準，以確保市場及維護商譽，同時促進經濟正常發展，避免國外低劣品傾銷，協助產業根留臺灣，保護消費者權益，因此屬經濟部公告之「應施檢驗品目」應於運出廠或進入市場前完成檢驗程序。

　　依商品的性質及風險管理評估，檢驗方式可分下列四種：⑴逐批檢驗；⑵監視查驗；⑶驗證登錄；⑷符合性聲明。

一、商品出口檢驗

　　出口檢驗的目的在於確保商品品質，與契約上的品質條件相符，以預防可能發生的糾紛及索賠等事情，確保市場及維護商譽。一般而言，除了經濟部公告之應施檢驗品目之外，大多數是應買方要求而做。應施予檢驗貨品的出口商，應在商品完成後、出口之前，請檢驗機構派員依工廠指定時間，到商品存放所在地取樣檢驗。

1. 出口檢驗的範圍

　　(1)**經濟部公告應施檢驗者**

　　　　此乃屬國家強制的規定，截至目前為止，已公告的檢驗項目，依貨物分類，計有十六個類項。惟經濟部會視實際需要，隨時公告增減出口商應實施檢驗項目。關於檢驗品目細節，商品檢驗局及其所屬各分局均備有「應施商品檢驗品目表」，可供廠商查詢。

　　(2)**應國外客戶要求檢驗出口商品者**

　　　　未經公告為應施予檢驗的輸出貨品，按理可不必辦理檢驗；但若基於特殊的需要，例如配合官方政策拓展貿易，應加強檢驗，以減少貿易糾紛，或檢驗局可應買賣雙方任何一方的要求，以「特約檢驗」方式辦理。

2. 出口檢驗程序

　　(1)**報驗**──向檢驗單位索取「商品輸出報驗申請書」填寫，據此申請檢驗

　　(2)**繳費**──①檢驗費；②標識費；③臨場檢驗差旅費

　　(3)**取樣**──①外觀檢驗；②取樣憑單；③商品非得報准，不能移動

　　(4)**檢驗**┬方式：①自行檢驗；②代施檢驗；③分等檢驗

　　　　　　　└標準：①依國家標準；②依暫行標準；③特殊約定標準

　　(5)**發證**┬合格：發「輸出檢驗合格證書」

　　　　　　　└不合格：發「不合格通知書」，再免費複驗一次┬原樣複驗

　　　　　　　　　　　　　　　　　　　　　　　　　　　　　└重新取樣

　　(6)**港口驗對**

　　　　經產地檢驗符合規定之輸出商品，持合格證書並貼附檢驗標識，於運抵出口港裝船前，依規定須向港埠檢驗機構申請驗對，經驗對無誤後加蓋驗訖印記，方准許報關出口。可分成外觀驗對與品質驗對二種：

　　　　①外觀驗對：出口驗對一般以採用外觀檢查為原則，經外包裝之標示內容及檢驗合格標識號碼等，核對與合格證書上所載之內容是否相符，遇有內容不符或其他特殊情形者，就須開箱施行驗對。

　　　　②品質驗對：以抽取樣品實施品質檢查方式，以驗對產品品質是否符合所申報的內容及規定；而經驗對不合格而無法更正之商品，不准

輸出,並不得申請複驗。

二、商品進口檢驗

通常進口檢驗的目的在於保障國內動植物的安全及消費者的權益,因此除了進口動植物及其相關產品須強制實施檢疫外,其他產品則視實際情況,由經濟部標準檢驗局決定是否檢驗。而目前商品進口檢驗也是透過該局執行,所有須施行檢疫的產品也必須檢驗合格,領有合格證書之後,方可提貨。

1. 進口檢驗的產品範圍

除了動植物須按我國檢疫規定施行檢疫之外,目前須實施檢驗的產品項目大多數與安全相關,經濟部會視情況隨時公告,一般可分為動植物檢疫(C.C.C. Code為B01)及商品檢驗(C.C.C. Code為C01, C02),詳細項目可洽索「經濟部標準檢驗局」的「應施檢驗商品品目表」。

2. 進口檢驗程序

(1)報驗

①向檢驗單位索取「輸入商品報驗申請書」與合格證填寫,據此向到貨的港口(機場)檢驗機構報驗申請檢驗。

②附送相關結匯文件、海關報單或其他銷貨證件。

③繳費:一般商品的檢驗費,按進口CIF價之0.15%至0.3%計價,特殊貨品另計。

④領取並貼掛檢驗標識。

(2)取樣

①在卸貨地點,先做外觀檢查。

②依國家標準之規定取樣,同時開給取樣憑單。

③報驗商品未獲檢驗結果前,不得擅自移動。

④如果進口商品因體積龐大或須特殊取樣工具,無法在碼頭倉庫取樣,得申請具結提運封存於指定地點取樣檢驗。

(3)檢驗

①依國家規定標準執行檢驗,評定是否合格。

②未訂標準者,依暫行規範或標示成分檢驗。

③基於特殊原因,貨物標準低於規定標準者,應先經由國貿局申請核准。

④檢驗時限超過五日以上，得申請具結先放行，並予封存。

⑷發證

①經檢驗視合格與否，發給合格證書或不合格通知書。

②不合格者，報驗人可於接到通知後十五日內請求免費複驗一次。

③複驗時，若原樣品無剩餘或不能再加檢驗者，得重行取樣，否則就
以原樣品爲之即可。

第3節　商品的公證

鑑於國際間貿易日漸頻繁，公證之於商品日趨重要。自古以來，公證事業即有所謂牙行之設立。公證（Public Survey）意指獨立、公正的第三者，持特定標準爲標的物做公正的評鑑，是一種爲買方、也就是第二方提供品質驗證的過程。通過買賣雙方之外的第三方檢驗服務機構，依據相應的國家標準或驗貨協定，對產品的品質、數量、包裝及嘜頭標記等，進行驗證的一種公證服務，從事這項工作的人員，被尊稱爲公證人、公證公司；而公證報告在買賣雙方發生糾紛時，是不可或缺的報告。

目前最具公信力且廣受國外各國進口商認可的公證行，首推SGS（Societe Generale De Surveillance S. A.），創建於1878年，其總部設在瑞士的日內瓦，分支機構遍布全球，高達142國，其在臺灣的公司爲瑞士商遠東公證股份有限公司，爲目前世界上最大的專門從事國際商品檢驗、測試和認證的集團公司，是一個在國際貿易中有影響力的民間獨立檢驗機構。

公證行除了上述提供一般客戶各式各樣的檢驗外，同時也因應一些開發中國家的要求，例如：SGS在1965年創立綜合監督計畫（CISS），代替進口國執行貨物裝船前檢驗，最初只是檢驗貨品品質、數量及價格，而後演變成包括進口貨品海關稅則及價格的核算，以供海關參考，即後來所謂的「PSI」。

在出口地執行「PSI」即是裝運前檢查（Pre-Shipment Inspection），因這些國家的海關制度、設備、人手都不完善，主要的任務是防止走私及增加稅收等，因而規定出口國須隨貨出具，信譽卓著的公正機構所開立的公證報告。目前全球貿易促進部簽訂的國家，出口商須在出貨前配合實施「PSI」，取得公證報告，計有下列各國：安哥拉、阿根廷、玻利維亞、布吉納法索、布隆地、束埔寨、喀麥隆、剛果、中非共和國、厄瓜多爾、衣索比亞、幾內亞、肯亞、馬拉威、馬利、茅利塔尼亞、墨西哥、奈及利亞、祕魯、魯安達、塞內加爾等，

請參閱http://www.sgs.com.tw網站查詢。

公證的種類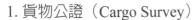

1. 貨物公證（Cargo Survey）

意指涉及貨物品質、包裝、數量、價格的檢驗，又分為出口公證檢驗及進口公證檢驗。出口公證檢驗又稱為裝運前出口檢驗（Pre-Shipment Inspection，簡稱PSI），即貨品在出口裝運前，由公證行實施公證檢驗，貨物如經檢驗合乎契約條件，則賣方可免除對此批貨物之責任。進口公證檢驗為貨物抵達目的地再實施檢驗，為了利於索賠事宜，也常做此項檢驗。

2. 保險公證（Insurance Survey）

關於車禍、海損、火險等有關保險索賠、鑑定、估價及責任調查等項目。

3. 海事公證（Marine Survey）

包含海事鑑定、船舶購售、租賃等情況的鑑定。

您可能不知道的眉角

給你一點顏色瞧瞧

美奐公司係一生產布料的工廠，日前一批銷往美國的布料遭客訴，主訴到貨的布料顏色退色，不是當初確認的顏色，國貿業務Peggy一接獲客訴趕緊調出存放在工廠內留底的出貨樣（shipping sample），發現顏色無恙，聰穎的Peggy突發奇想，將剩下出貨樣按出口的包裝方式包裝好，放在自己車子的後車廂，想測試一下，布的顏色是否會因為氣候（溫度）關係產生變化，一個星期後當她打開後車廂的箱子，布料果然變色，實驗證明工廠生產的布料色牢度不佳，會因為溫度或溼度產生質變，最後美奐公司全數理賠給美國客戶。

色彩繽紛的產品，比較容易因為色差產生客訴，因此在事前應先跟客戶約定可接受的公差容許度規範，另外顏色上須考慮抗候性，氣溫、溼度的變化都是導致色彩質變的因素，一旦發生，吃虧的總是生產者，事先預防勝過事後補救。

準備交貨、驗貨及公證

習作演練

1. (　) 屬於進口應施貨品檢驗者，進口商在進口報關時之檢驗證明文件為　①輸入商品合格證書　②進口公證報告　③特約檢驗證明書　④化驗報告。

2. (　) 目前主掌進出口檢驗的公家機構為何？　①經濟部商業司　②經濟部國貿局　③經濟部工業局　④經濟部標檢局。

3. (　) 由第三者以權威立場獨立實施出口貨品的檢驗，稱為　①出口檢疫　②出口檢驗　③出口公證　④特約檢驗。

4. (　) 公證行除提供客戶各式各樣的檢驗外，也應開發中國家的要求，在出口地執行　①PSI檢驗　②FDA檢驗　③CNS檢驗　④DIN檢驗主要任務是防止走私及增加稅收。

5. (　) 依規定，輸出商品如非為國家公布應檢驗貨品，基於特殊要求，可向檢驗局要求　①分等檢驗　②特約檢驗　③核准檢驗　④港口驗對。

6. (　) 具有優良甲等分等及ISO認證的工廠，標檢局授權由工廠自行簽發合格證書，而後直接洽海關放行出口，免　①分等檢驗　②核准檢驗　③特約檢驗　④港口驗對　程序。

7. (　) 下列何者不是商品檢驗的執行方式？　①逐批檢驗　②監視查驗　③港口驗對　④符合性聲明。

8. (　) 檢驗不合格者，報驗人應在接獲通知後多少天內申請免費複驗？　①15天　②20天　③25天　④30天。

9. (　) 對經公告應施予檢驗商品，須經商品檢驗並取得合格證書規定，是屬　①參考規定　②試行規定　③任意規定　④強制規定。

10. (　) 驗貨員對包裝完畢的成品進行隨機抽樣檢查方式，此謂　①生產前檢查　②生產中檢查　③裝貨監督　④出貨前抽樣檢查。

11. (　) 商品檢驗合格證書的有效期限過期，應該　①申請延期　②重新檢驗　③登報作廢　④修改有效期限。

12. (　) 現今我國實施商品檢驗所依循的標準為何？　①SGS　②CAS　③CNS　④GMP。

13. (　) 商品檢驗費，一般商品其費率不得超過商品市價　①千分之二

②千分之三　③千分之四　④千分之一。

14.(　) ISO-9000係何種認證標準？　①勞工安全標誌　②環保管理　③數量保證　④品質保證。

15.(　) CNS標記係指　①美國國家標準　②中國國家標準　③中華民國國家標準　④歐盟產品安全標誌。

16.(　) 下列哪個機構可應貿易廠商之請求簽發原產地證明書？　①標準檢驗局　②臺北關稅局　③公平交易委員會　④智慧財產局。

17.(　) 廠商輸入動植物「屬應施檢疫」貨品，必須於報關前向何者辦理申報檢疫並取得合格證方可進口？　①貿易局　②農委會防檢局　③海關　④標檢局。

18.(　) 為確保交易貨物符合契約規定，貿易商會針對貨物進行檢查，但下列何種做法非屬必要？　①於貨物在目的港船上時，做第二次檢查②檢查時應做成紀錄　③與製造過程中之各單位主管會同檢查　④了解客戶之檢查方法。

19.(　) 貨物出口檢驗的費用，係依哪一項貿易條件作為計算基礎？　①CFR　②CIF　③FOB　④EXW。

20.(　) 進口危險物品之提貨應辦理　①貨櫃提貨　②船邊提貨　③共同海損提貨　④正常提貨。

21.(　) 出口商於貨物裝運前辦理出口公證檢驗手續之目的，下列敘述何者錯誤？　①信用狀之規定　②運送人之要求　③進口國政府之規定　④買方之要求。

22.(　) 下列哪一項非屬標準檢驗局之商品檢驗標準？　①主管機關訂定之標準　②國家標準　③廠商自訂標準　④買賣雙方約定標準。

23.(　) 何種發票在貿易過程中最先出現？　①Pro-Forma Invoice　②Commercial Invoice　③Customs Invoice　④Consular Invoice。

24.(　) 下列何者非公證的種類？　①海事公證　②保險公證　③產地公證　④貨物公證。

25.(　) 貨物出口檢驗之費用，依下列哪一項貿易條件作為計算基礎？　①FAS　②FOB　③CFR　④CIF。

26.(　) 我國貨物進口檢驗，是依下列何種標準執行檢驗？　①JIS　②DIN　③ISO　④CNS。

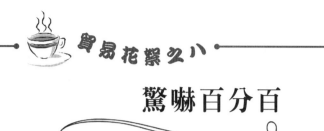

貿易花絮之八

驚嚇百分百

~Monica心情隨筆

　　出國洽商有時也不盡然是件苦差事，偶爾也會有中「樂透」般的好事。2002年冬天，農曆年剛過，馬上得出差到英國拜訪客戶，雖時值大過年，但心情不差，因為實際工作只有三天，還有好幾天可順便在英國遊玩，真是愜意！跟我同行的是老闆娘，老闆為了體恤她平日的辛苦，讓她跟我一起到歐洲輕鬆一下。

　　由於清晨五點抵達倫敦的Heathrow機場，無法到飯店Check In，於是我們買了地鐵一日券，打算先來個暖身遊。由機場到King Cross車站只需四十分鐘，放好行李，隨即展開倫敦首日遊。由於我之前已來過倫敦好多次了，這次想去看看不一樣的地方，於是想起了一部電影《新娘百分百》（The Notting Hill）就在倫敦近郊諾丁崗拍攝的，便想搭地鐵到那裡浪漫一下。

　　首先要找男主角住過、狗仔隊搶拍到大明星、那個有著藍色大門的公寓，從地鐵站一路走過去，發現很多人家的大門都是藍色的，很多店家都賣起電影劇照或紀念品。據說是因為這部電影才興起這股風潮，此地也變成了觀光景點。好不容易找到了正宗的藍色大門，也拍了照之後，忽然發現身後一名黑人正邪惡地瞪著我們，隨後便開始跟蹤，我們左轉他也左轉，我們右轉他也右轉，一路緊追不捨，甩不掉，我開始緊張了，冷颼颼的寒風，令人發抖腳軟，好不容易躲進一家Starbucks避難，發現歹徒仍然守在咖啡店外，正用邪惡的眼神，透過落地窗直瞪著我們呢！我求助店家，店家建議我們報警，我還問報警要不要付費，他說是免費的，既是免費，就報警吧！

　　等了二十分鐘，警察才姍姍來遲，但歹徒早在五分鐘前就跑了，眼看著他又找到新目標，唉！真可怕呀！因為已報警備案，還是得配合做筆錄，令人訝異的是，鄰座的美國女士也過來報案，因為早先這個歹徒也跟蹤過她，最後警察走之前還安慰我們，如再遇到危險打911（跟臺灣的119剛好相反，真巧），他們一定會保護我們的，我心中罵道：「等你們來救，早就遇害了！」英國人的效率實在令人不敢恭維，當下趕緊拉著老闆娘直奔白金漢宮，那裡有英國御林軍駐守著，

貿易花絮之八

可安全了！

　　後來在拜訪客戶時，忍不住跟他們訴苦一下，他們的看法很特別，認為那個黑人可能不是意圖行搶，而是想作弄、嚇一嚇我們而已，因為我們兩個都長得像日本人，他可能誤認成日本女生了，而當地人對日本女生的刻板印象是英語不靈光且笨笨的（英國人說的，非我說的），如果真是如此，還真是遇上了無妄之災呢！

　　在國外，我老是被誤認成日本人或韓國人，就沒人認為我是臺灣人。最糟的一次經驗是在義大利達文西機場，正準備登機時，硬是被登機門的服務人員給攔下，態度強硬地說我可能是大陸偷渡客。雖然我一直強調自己來自臺灣，可惜他只看到我護照上的Republic of China的那個China，幸好最後勉強在出生地找到Taiwan一字，加上身旁一位義大利老紳士的說項，才放我一馬，順利登機。那一次心情實在很沮喪，嗚……居然被誤認為是偷渡客，感覺糟透了！

◎ 英國　倫敦
　　經過Notting Hill的驚嚇後，火速逃往白金漢宮，中途在大笨鐘前遇到慶祝馬術活動的遊行隊伍，終於鬆了一口氣，笑逐顏開。

貿易花絮之八

◎ 英國　倫敦
　　飛奔至白金漢宮，看到雄糾糾、氣昂昂的御林軍隊後，終於安心了！

◎ 英國　諾丁漢
　　抵達此行之目的地諾丁漢（Nottingham）拜訪客戶時，忍不住訴苦驚險遭遇，客戶當晚請吃飯壓驚，連他們家的小寶貝都出席，只是他很怕生，眼眶始終含淚呢！

第 **9** 章

國際貿易貨物裝運

　　出口商經營國際貿易最重要的一個履約階段，就是要安排貨物的運輸工作，在簽妥契約後，除了準備貨物之外，也需要積極著手貨物的運輸。由於臺灣係一島國，四面環海，因此在各項運輸中，又以海洋運輸與航空運輸為最主要運輸工具，合稱「國際運輸」。而絕大多數的貨物是透過海洋運輸的方式完成，海洋運輸的運量大、單位運費低，航道四通八達，可載運多種貨物是其優勢所在。海運發達之國家，通常有良好的經濟發展，全世界國際貿易運輸總量有三分之二是由海洋運輸完成的；但速度慢、航行風險大、航行日期不易準確，是其不足之處。當然，一些內陸國家也可以利用航空運輸或陸運來彌補海運的不足。

第1節　海運定期船之裝運

一、定期船運輸之特性

1. 在一固定航線上，按預先排定之船期做規則性之往返航行，船期、航線均固定。

2. 承攬零星貨件，數量不拘，承運之貨載以種類繁多之貨物為主，託運人數眾多。

3. 通常定期船會加入航運同盟（Shipping Conference），成為同盟之會員，運費之收取標準訂有運價表，議價空間低，而且在主要航線上大多跟隨航運同盟之組織。

4. 運送人是以公共運送人（Common Carrier）身分營運，受所停靠港埠政府之監督。

5. 以一般不特定的多數託運人為服務對象，每一貨物單位之價值及運價較高，貨物裝卸及搬運費用較高，且大多由船方負擔。

6. 不論託運貨量之多寡，均以簽訂裝貨單（Shipping Order, S/O）的方式來洽訂艙位，在裝船後則憑藉大副收貨單（Mate's Receipt）來換取提單。

7. 託運人可直接向運送人或其代理人接洽，也可向運送人指定的攬貨員接洽託運。

8. 組織規模大，在各港口派駐代表或設立分公司管理其業務，也有在停靠港口租用碼頭、起卸貨設備、倉庫等，投資頗大。

二、利用定期船運輸之優劣

1. 定期船運輸的優點
   (1)船期編排密集，船期及所停經港口預先排定船期表，出口商可配合買賣契約或信用狀的裝船期限來安排備貨及裝貨的進度，使出貨計畫得以掌控，不致延遲交貨。
   (2)定期船的設備較完善，對於特種貨品，如：易碎物、冷藏物等安排，較為妥善。
   (3)貨物不論多寡，均接受託運，且裝貨、卸貨費及貨物的檢量費用多由船方負擔，出口商容易掌控成本。
   (4)價格透明，如長期走相同航線，尚可享有折扣之優待，運費之漲跌也會事先通知，對於廠商之生產計畫、成本控制等均有助益。

2. 定期船運輸的缺點
   (1)利用定期船載貨，通常船貨雙方不會簽訂運輸契約，若是發生糾紛，一般是比照託運單或裝貨單上所規定之條款來排解紛爭。但由於這類單據均是船公司事先印好的固定格式，當中條款多利於船方，而對貨方不利。
   (2)如貨方為保障艙位而與船方簽訂運輸契約，到時若不能依約供應貨載，或須臨時取消託運的話，則必須支付船方一筆空載運費（Dead Freight），但是若無簽訂運輸契約則無須支付。
   (3)定期船大多加入運費同盟，運費受同盟之約束，無法以低價競爭攬貨，貨主必須支付比不定期船更高的運費。

三、洽艙之步驟程序

託運人（出口商）經由報紙或期刊所刊登之船期廣告，尋得合適之船期後，通常會經由以下洽艙之程序來安排運輸事宜：

1. 洽訂艙位（Booking Space）
   交易條件為CFR及CIF的出口商應聯絡運送人（船公司或船務代理）洽訂艙位，以確定船名、船期等各項資料。如果交易條件為FOB，買主通常會指定船務代理處理貨物的運輸事宜，出口商只要把貨物送至買主指定的船隻停泊港即

可；若買主未指示特定的船務公司或代理，亦可由出口商代爲洽訂。

2. 確認艙位（Booking Confirmation）

在運送人確定有艙位後，領取裝貨單（Shipping Order, S/O），將號碼、領櫃代號等各項資料告知託運人，出口商可據此辦理出口報關、裝船。

3. 出口報關、裝船

託運人應於結關前或最遲當日將書面S/O交給運送人，以確定裝貨單之內容。尤其是以L/C爲付款條件的交易，裝貨單的內容填寫必須符合L/C所要求的條件，最常要求的是收貨人（Consignee）須由託運人指定（To Order of Shipper），貨到通知人（Notify Party）通常被要求填上實際買主的資料，亦即進口商。

4. 裝載貨物

出口商按規定將貨物運至港口指定收貨地點，由船公司派專人將貨物裝入船艙，裝船完畢後，由大副簽發大副簽收單（Mate's Receipt）。

5. 支付運費

交易條件爲CFR及CIF，運費由出口商支付，提單上出示Freight Prepaid（運費已付）；交易條件爲FOB，運費由進口商支付，提單上出示Freight Collect（運費待付）。

6. 換領提單提領事宜

出口商憑大副簽收單換取正式的提單，即「Bill of Lading」。領單時，須填寫「提單具領擔保書」，並加蓋公司章。

7. 進口贖單及換領小提單

進口商付款贖單後，憑提單換領可提貨的小提單（Delivery Order）。

8. 進口報關、提貨

進口商得以憑小提單辦理進口報關、提貨。

四、運送人的選擇

出口商通常可應客戶要求或自己方便，選擇適當的運送人。一般普遍分爲下列三種：

1. 船舶運輸業（Carrier）

一般簡稱為船公司，指以船舶經營客貨運送而收受報酬之事業，可提供的是港對港（Port-to-Port）服務，大企業往往會以託運人身分直接向船公司訂船位，因有較大的議價空間。一般而言，國內除了少數的國輪外，其餘多為外商或其臺灣總代理。

2. 船務代理業（Shipping Agency）

主要代表國內外船公司在國內代理承攬該船公司進出口貨物的運輸業務，業務範圍包含運輸、併裝、船運等，並同時經營戶對戶（Door-to-Door）全程中轉運輸、清關業務，以及專門負責客戶進出口貨物報關業務，及貨櫃轉運通關業務，其業務內容和海運承攬業類似，但是只針對專屬的船公司；而海運承攬業者則會接洽不同的船公司，找尋最合適的長程運送貨運公司。

3. 海運承攬運送業（Freight Forwarder）

以「無船公共運送人」的身分，安排貨物進出口運送，將不同貨主的零星貨物併成整櫃，再交給實際的運送人（Carrier）運送，可提供戶對戶服務，方便貨主安排貨物運送的過程，更能有效地控制整個運送環節。目前臺灣多數的中小企業經常出數量少的併櫃貨，由海運承攬運送業運送較方便經濟，因此非常受到中小企業的喜愛。

表9-1　提單具領擔保書

1.船名／航次　　　　：_____

2.S/O NO. 或 B/L NO.：_____

3.結關地（請打√）　：基隆□臺中□高雄□其他□_____

4.卸貨港／目的地　　：_____

5.託運人　　　　　　：_____

　（SHIPPER英文名稱）

　　　　茲領到　貴公司根據上述資料所簽發之提單正本共____套____份，如發生冒領情事，致使　貴公司蒙受任何損害或支付任何費用（包括訴訟費用及律師費用）時，本公司願無條件負擔一切賠償責任。

　　　　此致

長榮國際股份有限公司

具領人

公司名稱：

(請蓋公司及負責人章)

地址：

電話：

　　　　　　　　　　　　中華民國　　　　　年　　　　　月　　　　　日

表9-2　電報放貨指示書

本公司＿＿＿＿＿＿＿＿＿＿＿＿＿＿　裝運　貴公司（或代理）之＿＿＿＿
輪＿＿＿＿＿＿＿＿＿　航次貨物＿＿＿批，B/L NO.＿＿＿＿＿＿＿＿，該貨
物將由＿＿＿＿＿＿＿＿＿＿＿＿＿＿＿＿＿＿提領。今為爭取時效，請貴公
司以電報放貨方式處理，本公司完全同意提單所示內容。若因上述情事，致使　貴公司
遭受任何損害或支付任何費用（包括訴訟費用及律師費用），本公司願無條件負擔一切
損害賠償責任，並償還支付之費用及其利息。

此致　　ABC海運股份有限公司

立擔保書人
託　運　人：
負　責　人：
（請蓋公司及負責人章）
報　關　行：
負　責　人：
地　　　址：
電　　　話：

中華民國　　　　年　　　月　　　日

表9-3 提單遺失擔保書

本公司裝運　貴公司（或代理）之＿＿＿＿＿＿＿＿＿＿＿輪＿＿＿＿＿＿＿＿＿航次貨載 B/L NO.＿＿＿＿＿＿＿＿＿＿＿號，貨品總計＿＿＿＿＿＿＿＿＿件，因正本提單遺失，為使受貨人得以順利提貨，懇請　貴公司重新製發第二套正本提單。若因此致使　貴公司遭受任何損害或支付任何費用（包括訴訟費用及律師費用等），本公司願無條件負擔一切損害賠償責任，並償還支付之費用及其利息。

此致　　ABC海運股份有限公司

立擔保書人
託運公司：
負　責　人：
（請蓋公司及負責人章）
地　　　址：
電　　　話：

中華民國　　　　年　　　　月　　　　日

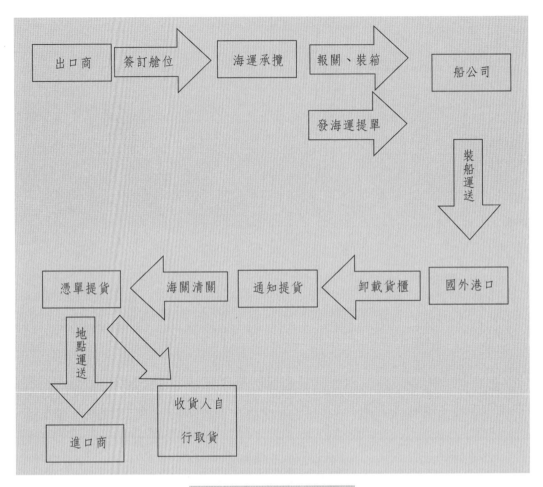

圖9-1　海運運輸流程圖

資料來源：陽明海運

第2節　貨櫃運輸業務

　　現今貨櫃運輸已成為國際運輸主流，承運絕大部分國際貿易的貨載，可廣泛應用於海陸及空運的聯合運輸作業。貨櫃是可重複使用的大容器，貨櫃種類多元化，適合裝各種包裝物及散裝原料以利運輸及搬運、卸貨，且可避免貨物在運輸途中受損，因此貨櫃運輸業務正隨著全球熱絡地交易而持續發展中。

　　對運送人而言，有降低運輸成本、確保貨物安全完整、增加運輸速度、連結海空陸運送達到戶對戶運送之好處；對託運人而言，有簡化及節省貨物包裝、減少貨物搬運受損及裝卸費用，並減少被竊損失。

一、貨櫃種類／應用範圍表

表9-4

項目 種類	規　格	應用範圍
乾貨櫃	鋼製貨櫃－20呎、40呎 40呎超高、45呎超高	最常見的貨櫃，裝運一般雜貨居多
冷凍櫃	鋼製貨櫃－20呎、40呎超高 鋁製貨櫃－20呎、40呎超高	裝運低溫冷藏及冷凍貨物之用，如生鮮蔬果類產品
開頂櫃	20呎全高 40呎全高	裝運整體、粗重或大件之物品，如機械
床／平兩用櫃	20呎、40呎角柱可摺疊式 20呎、40呎前厚板框可摺疊式	裝運車輛、木材、鋼板、電纜等

二、常用貨櫃容量表

表9-5

單位（Inch） 種類	20呎 20'×8'×8.6'	40呎 40'×8'×8.6'	40呎高櫃 40'×8'×9.6'	45呎 45'×8'×9.6'
貨櫃內部容積	1,169cft （立方呎）	2,385cft （立方呎）	2,690cft （立方呎）	3,040cft （立方呎）
限載貨物淨重	21,670kgs （公斤）	26,480kgs （公斤）	26,280kgs （公斤）	27,800kgs （公斤）

（摘錄自長榮海運）

上述資料僅供參考，實際尺寸及重量應以各櫃體所標示者為準。關於輕貨／重貨，各船公司對於重量限制要求不一，宜於出貨前再次詢問船公司做最後確認。此處所提供資料為一般性貨物，僅供參酌。

三、貨櫃運輸裝卸作業方式

貨櫃運輸裝卸作業，主要可分為下列四種：

1. 整裝／整拆（FCL/FCL; CY/CY）

整個裝、拆作業與船公司無關，船公司只負責運送，由託運人自行裝櫃送至船公司在出口地的貨櫃場（CY），貨櫃由船公司運至目的地的貨櫃場

（CY），由受貨人自行拆櫃——同一託運人及同一受貨人。

2. 整裝／分拆（FCL/LCL; CY/CFS）

由託運人自行裝櫃送至船公司在出口地的貨櫃場（CY），船公司負責將貨物運送至目的地的貨物集散地（CFS），船公司拆櫃後，將貨物交給受貨人——同一託運人，不同一受貨人。

3. 併裝／分拆（LCL/LCL; CFS/CFS）

由船公司負責貨櫃的裝櫃，在出口地的貨櫃集散地（CFS）接收不同託運人的貨運併櫃，然後運至目的地的貨櫃集散地（CFS），由船公司拆出貨櫃內的貨物交給不同的受貨人——不同一託運人，不同一受貨人。

4. 併裝／整拆（LCL/FCL; CFS/CY）

在出口地的貨櫃集散地（CFS），接收不同託運人的貨物併櫃，由船公司將貨櫃運至目的地的貨櫃場（CY），由受貨人自行拆櫃——不同一託運人，同一受貨人。

FCL等於是CY，LCL等於是CFS，歐洲國家慣用FCL、LCL系統，而美、日國家則普遍採用CY/CFS系統。

第3節　航空貨運的特性與交運的步驟

近年來航空事業發展迅速，各類進出口貨物利用航空運送的情形日益普及，航空運輸有其他運輸無法比擬的優越性，運送速度快且安全準確。

就運費而言，航空運費固然比海運要高，但就時效性而言，要比海運快許多。尤其當貨物必須運送到內陸的場合時，若是以海陸聯運的方式不僅費時，也容易因搬運而造成毀損，所以利用空運可直接到達，既快速又安全。

各國為了有效處理國際各航空公司間之票價、運費等商務事項而達成共識，於1945年由各飛航國際航線之航空公司聯合組成「國際航空運輸協會」（International Air Transportation Association，簡稱IATA），目前世界各航空公司均透過該協會相互連結與從事商務協調，IATA已成為全球民航事業所公信之民間組織。

該組織因與國際民航組織（ICAO）互動密切，無形中已成為一個半民半官之國際機構，IATA總部設於加拿大蒙特婁，另在瑞士日內瓦設有辦事處。

一、航空貨運之特色

空運最主要的特色就是快速，除了可縮短貨物運輸上的時間，也較能應付市場上瞬息萬變的需要，有利於爭取商機，有效避免貨物之毀損，節省運輸的保險費用。若是考量價格因素，空運較適合運送價值高、體積小、生鮮商品、具時效的季節性貨品和貴重商品，適宜採用航空運輸，例如：花卉、新鮮食品、新聞報紙、電子相關商品，如手機、電腦等。不過近幾年來，由於航空運輸的競爭，已使航空運輸費率逐年降低，因此利用航空運輸對於貨主來說優點甚多。

二、航空貨運之優勢

1. 運輸包裝成本比海運低，節省包裝費用。
2. 運輸快速，可使庫存或存貨管理成本降至最低。
3. 空運可縮短運輸時間，季節性商品、流行性商品及不耐長期運輸的商品可適時運到以爭取商機，例如：新鮮食品、花卉、動物、報紙等。
4. 可提供緊急情況的需求，符合市場需求，如原料、零件、半成品可得到即時供貨。
5. 縮短運輸時間，可提早收回貨款，並加速資金週轉率。
6. 貨物破損率及損失率較低，故保險費較海運費低。
7. 可迅速交貨，使產品上市速度加快，增加市占率，使產品在市場的競爭力位居優勢。

三、航空貨運之方式

1. 定期班機運輸（Scheduled Airline）

通常係指具有固定啓航時間、航線和停靠航站的飛機，通常爲客、貨混合型飛機，貨艙容量較小，運費較貴，但由於航期固定，有利於客戶安排少量、高價、易腐壞、生鮮或急需商品的運送。

2. 契約包機運輸（Chartered Carrier）

通常爲貨機，是指航空公司按照既定的條件和費率，將整架飛機租給一個或幾個包機人（指航空貨運承攬業者或航空貨運代理公司），從一個或數個航空站裝運貨物至指定目的地。包機運輸適合於大宗貨物運輸，費率低於定期班機，但運送時間則比定期班機要長。

3. 集中託運（Consolidation）

可以採用班機或包機運輸方式，航空貨運代理公司（Air Cargo Agents）或航空貨運承攬業（Air Freight Forwarder）將若干批單獨交運的貨物集中成一批，向航空公司辦理託運，填寫一份總運單送至同一目的地，然後由其委託當地的「併裝貨運分送代理人」，負責通知各個實際收貨人或指定的報關行辦理提關手續。這種託運方式可降低運費，是航空貨運代理的主要業務之一。

4. 航空快遞業務

航空快遞業務（Air Express Service）是由快遞公司和航空公司合作，向貨主提供的快遞服務。有些專業的快遞業者更有自己所屬的機隊，其業務包括：由快速公司派專人從發貨人處提取貨物後，以最快航班將貨物出運，飛抵目的地，再由專人接機提貨，辦妥進關手續後，直接送達收貨人，稱為「戶對戶運輸」（Door to Door Service），是一種最為快捷的運輸方式，特別適合各種急需物品、商業樣品和文件資料。

四、空運貨物的託運手續

通常依照本身須託運的物件是屬於整批或是零星，而區分出以下兩種方法：

1. 貨主（託運人）自行洽訂（即直接交運貨物，Direct Cargo）

空運貨物的託運手續比海運簡便許多，託運人可自行向航空公司或其代理人洽訂艙位，繕製貨物託運申請書（Shipper's Letter of Instructions），或俗稱託運單，經航空公司或其代理人接受後，將貨物運到機場進倉（貨機須十二小時前進倉，客貨兩用機須在六小時前進倉）、報關，經海關檢驗放行後，航空公司即刻發行空運提單（Air Waybill）交予託運人。通常會採取自行洽訂艙位的方式，其貨品以整批或整櫃居多，一般較少採用自行洽訂的方式。

2. 委託航空貨運代理商或航空貨運承攬商洽訂（即併裝貨物，Consolidated Cargo）

這是一般使用航空運輸的出貨人最常採用的主要方式。一般而言，多數會採空運的貨物，數量均較少，將貨物交給航空貨運承攬商，或是併裝業者辦理託運的通關手續，較為便利；以此方式，託運人須填寫航空貨運承攬商的「空運貨物委託書」（Instructions for Dispatch of Goods by Air）。

所謂航空貨運承攬業或併裝業，指的是未經航空公司指定或授權，而承攬

零星航空貨物，透過整批交運，以賺取運費差額的業者。他們以本身的名義簽發小提單或分提單（House Air Waybill，簡稱HAWB）給貨主，從不同貨主的手中收取運往同一地區的空運貨物，併裝成批（櫃），再以自己為託運人的名義，將整批貨物交付給航空公司或其代理人負責運送，透過航空公司或其代理人處取得主提單（稱為Master Air Waybill，簡稱MAWB），在空運貨物抵達目的地之後，再由當地的「併裝貨運分送代理商」收取貨物，由他們拆櫃，並通知各個受貨人辦理報關提貨等手續。

航空貨運流程如圖9-2所示。

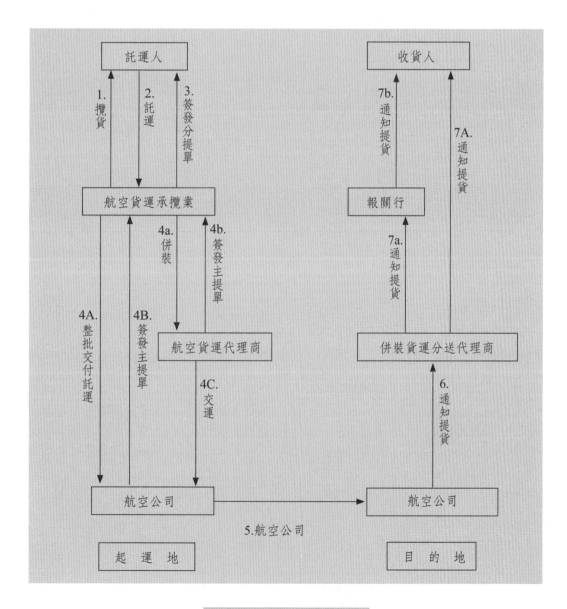

圖9-2　航空貨運流程圖

表9-6 出口貨物通關流程中各相關單位應配合事項

通 關 步 驟	相關業者及機關	配合事項
（通關前）	航空公司	1. 接受訂艙位 2. 艙位資料傳輸倉儲業
	出口廠商	1. 繕製書面出口貨物進倉證明書，交司機隨車送貨 2. 發貨送至倉儲業貨櫃站
	倉 儲 業	1. 點收出口貨物 2. 進倉資料登錄 3. EDI傳輸或簽發書面出口貨物進倉證明書
	簽審機關	事先受理核發書面簽審文件，並於核准後傳輸給海關（已連線簽審機關）
1. 收　單	出口廠商	提供發票、裝箱單及必需文件
	報 關 行	報單EDI連線傳輸或不連線報關
2. 驗貨	倉 儲 業	1. 接收查驗通知 2. 及時配合吊貨
	報 關 行	會同查驗及開箱
3. 分估	簽審機關	簽審文件EDI連線傳輸及接收核銷訊息
	報 關 行	配合辦理海關通知補辦事項
4. 放 行 裝 機 銷 艙	出口廠商 報 關 行	1. 報單放行通知送倉儲業駐庫關員 2. 開航後向航空公司簽領提單 3. 辦理押匯
	倉 儲 業	1. 報單放行通知查證 2. 併櫃打盤裝機出口 3. 列印加封階段出口貨物載運單（兼出進站放行准單）
	航空公司	飛機起飛出境後，依規定傳輸電子艙單辦理出口銷艙
5. 簽 證 代收費用	出口廠商 報 關 行	1. 向銀行繳納商建費、推貿費 2. 申領報單副本
	銀　　行	1. 簽約銀行代收費 2. 代收費檔案傳輸

（流程圖標示：1.收單 → C3 → 2.驗貨 → C2 → 3.分估 → C1 → 4.放行裝機銷艙 → 5.簽證代收費用）

資料來源：財政部臺北關稅局

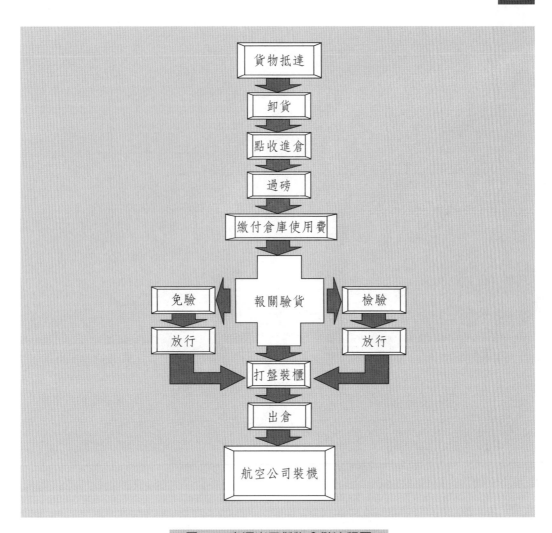

圖9-3　空運出口貨物倉儲流程圖

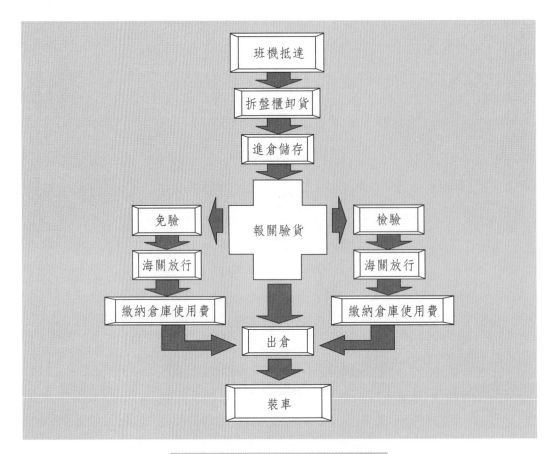

圖9-4　空運進口貨物倉儲流程圖

第4節　複合運輸

所謂複合運輸（Combined Transport），係指含兩種以上運送方式的運輸，其定義為：「貨物在託運人及收貨人的運輸過程中，透過兩種以上的運輸工具來承運，但卻採取單一費率，或採聯合計費（Through-Billing），並共同擔負運送責任的服務方式謂之。」主要目的為：讓貨物在起訖點的流程中，利用最短的時間與最經濟的方式來達成運輸。主要型態包括：航空複合運輸、水運複合運輸、鐵路複合運輸、公路複合運輸等。

談到複合運輸的發展過程，一開始的出發點只是想提高搬運效率，間接降低營運成本，於是採取單位包裝的方式，以便機械設備的裝卸搬運，後來逐漸演變為貨櫃化運輸；之後由於技術不斷創新，引進了艙格式貨櫃船及跨橋式起重機的使用，更是提高貨櫃的搬運效率。由於貨櫃運輸的發展，使得廠商們開

始重視整體運輸的觀念，有些公司陸陸續續合併，組成聯運公司，後來演變成聯合多種運輸服務的複合運輸系統（Intermodal Transportation）。

複合運輸依其行經路線是否跨國進行，又分為國際複合運輸與地區性複合運輸。近年來運輸科技不斷更新，針對不同貨物快速省時運輸的要求，複合運輸的型態也愈見多樣化與彈性化，國際與地區性複合運輸方式之結合也日益增多。

複合運輸的課題乃是透過各種不同方式與策略的結合，讓各項運輸工具間的整合更加順暢，以節省更多的運輸資源，使各方都能達到最大利益。茲分述複合運輸的種類如下：

1. 陸橋運輸（Land Bridge Service）

即位於兩大海域間，船公司利用大陸之陸上運輸連結兩端的海運，形成「海運→陸運→海運」之運輸方式，以縮短運輸路線。目前世界主要的陸橋有北美洲陸橋及西伯利亞陸橋。

2. 小型陸橋運輸（Mini-Land Bridge Service）

遠東地區的貨物在美國西岸卸下後，以內陸運輸運往東岸之目的地，以「海運→陸運」或「陸運→海運」之運送方式，程序為海運→卸貨港→陸運→目的港。

3. 微陸橋運輸（Micro-Land Bridge Service）

遠東地區的貨物在美國西岸卸下後，以內陸運輸運往中西部目的地，程序為海運→卸貨港→陸運→內陸目的地。

4. 戶對戶服務（Door to Door Service）

託運人將貨物自倉庫或工廠裝入貨櫃後，經多種運輸工具直接將貨物送到受貨人處，整個運輸過程係以一份提單涵蓋整個過程。

第5節　國際貨運承攬商

一般國際貿易進出口過程手續繁複，除非主辦業務有充分的專業素養，否則很難全權處理託運、提貨、存倉、報關和保險等環節。國際貨運代理業的出現，為進、出口商解決了這方面的困難。

國際貨運承攬商（International Freight Forwarder）的主要工作類似房屋仲

介，介於貨主及運輸業者間，代辦各種國際貿易、貨物運輸所需要的業務。按國際貨運代理協會聯合會（FIATA）的資料介紹，國際貨運代理的作用在於：

- 運用專門知識，以最安全、最迅速、最經濟的方式組織運輸。
- 在世界各貿易中心建立客戶網絡和自己的分支機構，以控制全部運輸過程。
- 在運費、包裝、單證、結關、領事要求及金融等方面向企業提供諮詢。
- 把小批量的貨物集中為成組貨物，使客戶從中受益。
- 貨運代理不僅組織和協調運輸，而且影響到新運輸方式的創新和新運輸路線的開發。

由於國際貨運承攬商安排裝運事宜，較貨運業者彈性、周密、方便，因此廣受託運者喜愛。目前承作該項業務的承攬商頗多，各有各的拿手航線，託運人可根據自身的需求貨比三家。如果託運者出貨的航線固定，也宜與固定一家承攬商配合，不但可建立彼此的合作默契，議價空間也較大。目前更因應電子商務趨勢，不僅為滿足貨主對航線的需求，持續擴充服務網絡，更配合完善的電腦化流程，提供貨主更快速的作業品質。依據託運人經營特性的不同，提供專業、效率、即時、全方位各式電子商務機制。

國際貨運承攬商一般的業務範圍如下：

1. 出口業務

(1)選擇及安排運輸路線、方式和適當的承運人。

(2)在貨主和選定的承運人居間安排攬貨、訂艙、計量、進倉、儲存貨物、辦理保險。

(3)收取貨物並簽發有關單據。

(4)可辦理出口結關手續，並將貨物交付承運人。

(5)可先支付運費，收取正本提單，並交給出貨人。

(6)安排貨物轉運。

(7)通知收貨人。

(8)記錄貨物遺失情況，協助收貨人向有關責任方索賠。

2. 進口業務

(1)報告貨物運輸動向。

(2)接收和審核貨運單據、代支付運費並提貨。

(3)進口報關、代支付有關稅捐和費用。

⑷安排運輸過程中的倉儲。

⑸向收貨人交付已清關的貨物。

⑹協助收貨人儲存或分發貨物。

您可能不知道的眉角

國貿運輸業奇聞—此時鼠於我

　　「小姐，我要寄老鼠。」一位forwarder業界的朋友說她第一次聽見客戶提出這般要求時嚇壞了。心裡很納悶，寄老鼠？路邊的老鼠，人人喊打，要怎麼寄？

　　後來才知道，客戶要寄的是跨國合作研究計畫的小白鼠。搭飛機的小白鼠有兩種，一種是原生鼠，從國外專門飼養小鼠的農場，依訂購者需求基因搭配後寄送，是「身家清白」的小鼠；另一種是身上背負跨國研究計畫案的小鼠，這國實驗完成，就要搭飛機到下一國繼續工作，周遊列國，直到實驗完成，愈近研究計畫完成階段的小鼠，身價更是非凡，要是小鼠掛了，代表研究計畫也跟著完了，出不得半點差錯，因此每當看到她的skype上加註「老鼠來了」，我們都不敢去打擾她。

　　這兩類小鼠都是比黃金還珍貴的嬌客，得先住進為牠們設計的專屬鼠房（cage），放足無菌的飲水及飼料，才能出門搭飛機。

　　活體貨品運輸風險極大，一定得採空運爭取時效，飛機抵達後，同樣享受最頂級快速的「機邊驗放」通關服務，安全抵達最後目的地。

　　運送小鼠是空運界中非常特殊而有趣的經驗，一回生、二回熟，久了倒也覺得有趣，不再聞鼠色變。

國際貿易貨物裝運

習作演練

1. (　) 利用定期船運輸，不論託運貨量之多寡，在裝船後則憑藉
①Mate's Receipt　②Invoice　③Packing　④L/C　來換取B/L（提
單）。

2. (　) 下列何者為整裝／拼拆？　①FCL/LCL　②FCL/FCL　③LCL/LCL
④LCL/FCL。

3. (　) 由貨機空運的貨物運到機場進倉，須經　①48小時　②36小時
③24小時　④12小時　始可報關、檢驗放行。

4. (　) 空運運費以體積重量作為計價重量時，1公斤等於多少立方吋？
①35.315　②1,728　③366　④6,000。

5. (　) 空運貨物如係經由航空貨運承攬業交運，收到貨物後，他們會發給
貨主　①House Airway Bill　②Master Airway Bill　③Bill of Lading
④Cargo Receipt。

6. (　) 在CFS/CFS的作業方式下，在起運地之裝櫃作業及在目的地之拆櫃作
業，由何者負責？　①出口商　②船公司　③進口商　④海關。

7. (　) 如海運提單上表明「受貨人」為「To Order」時，則該提單應由何者
背書始能流通轉讓？　①託運人　②押匯銀行　③開狀銀行　④補
償銀行。

8. (　) 以下何者不是關於空運費的說明？　①費率由IATA制定　②運費基
準單位以公斤或磅為主　③無起碼運費收費　④重量愈高，費率愈
低。

9. (　) 陸橋作業係陸運與下列何種運送方式配合之複合運送？　①海運
②陸運　③空運　④內陸水運。

10. (　) 出口商在出貨後，即向運送人提出電報放貨申請，然後直接在貨運
抵達目的地時，將貨交給　①船務公司　②海關　③貨櫃場　④進
口商。

11. (　) 計算運費時，1立方公尺（1CBM）屬於下述何項單位？　①1體積噸
②1公噸　③1長噸　④1短噸。

12. (　) 以下何者適用於貨櫃中貨物屬於同一個Shipper，不同Consignee時？

①CFS/CFS　②CFS/CY　③CY/CY　④CY/CFS。

13.（　）對貨主而言，下列何者不是貨櫃運輸的優點？　①減少保險費負擔　②減少貨物搬運破損　③免除貨物包裝費　④減少裝卸及倉儲費用。

14.（　）依Incoterms 2000之規定，下列何者適用於複合運輸方式？　①FCA　②CFR　③CIF　④FOB。

15.（　）1M/T約等於　①2,420LBS　②2,204LBS　③2,000LBS　④2,240LBS。

16.（　）40呎貨櫃簡稱為　①OCP　②LASH　③FEU　④TEU。

17.（　）國貿實務中計算包裝尺寸經常用體積噸（CFT），一材等於　①1,728立方吋　②1,278立方吋　③1,872立方吋　④1,728立方呎。

18.（　）下列何者不是通關用計量標準單位代碼？　①CTN　②BOX　③PKG　④CBM。

19.（　）在CY/CY的貨櫃作業方式中，起運地裝櫃作業由何者負責？　①船公司　②出口商　③進口商　④貨運承攬業。

20.（　）Multimodal Transportation係指　①單一方式運送　②二種貨物混合運送　③二種以上不同運輸方式　④國內複合運送。

21.（　）依華沙公約之規定，空運承運人對貨物的最高賠償責任為1公斤多少美元？　①30　②50　③10　④20。

22.（　）正本空運提單為一式三聯，出口商應持下列哪一聯至銀行辦理押匯？　①Original 2　②Original 3　③Original 4　④Original 1。

23.（　）定期船的裝卸條件依世界航運習慣為　①F1條件　②FIO條件　③Berth Term條件　④FO條件。

24.（　）MAWB與HAWB最大的不同點是　①貨物收據　②簽發人　③提貨功能　④運輸契約憑證。

25.（　）HAWB是由下列何者簽發？　①航空貨運代理商　②航空公司　③國際航空運輸協會　④航空貨運承攬業者。

26.（　）MAWB提貨時是　①認人不認單，只要證明其為提單上之受貨人即可　②須經過背書　③完全與海運提單相同　④認單不認人。

27.（　）海運提單是由下列何者簽發　①進口地船公司　②出口地船公司　③港務局　④報關行。

阿禮阿多的日本人

～Monica心情隨筆

　　從事貿易的人都知道，跟日本人交手的經驗並不是太好。他們特有的民族性，嚴謹、服從團隊、事事吹毛求疵，「龜毛」得很。加上臺灣的廠商很多都抱持著「差不多先生」的馬虎心態，實在無法理解他們要求的標準，雙方很難有共識。也或許是基於歷史情結吧，我對日本人總是存有「倭寇」印象，總覺得他們太ㄍㄧㄥ，也太假，常常跟他們洽談時，只見他們是從頭到尾「嗨」個不停，到頭來沒一件事情有結論。爾後逐漸明白，日本人的「嗨」並不等於同意，只表示「聽到」的意思。

　　2002年11月，朋友的公司需一名具貿易經驗的翻譯隨同赴日，跟世界第一大安全帶製造廠討論OEM合作事宜。通常這種臨時的緊急任務，「凸槌」的機率很高，實在興趣缺缺，但受朋友請託，非幫忙不可。此次洽商兩天往返，時間很短，事後卻大幅改變我對日本人不佳的刻板印象。

　　傍晚抵日，晚飯後我在飯店內惡補一下產品的專有名詞，為隔天的研討會稍做準備。隔天一早七點三十分，負責接待我們的日方代表石川先生已經在飯店大廳等我們了。互相寒暄之後，向我們介紹一整天的行程安排──9：30抵達公司；10：00～11：40開會；12：00～13：30由社長請與會所有人餐敘；15：30會送我們抵達大阪機場。事後發現，整天的行程都按此進度進行，時間掐準得跟日本地鐵的時刻表一樣，令人印象深刻。

　　在到達工廠後，會議很快即開始，日方所有一級主管均參與。首先國外部的石川先生做了詳盡的公司簡報，也給了我們每人一份完整的公司簡介；換我方簡介時，才發現臺灣廠商根本什麼都沒準備，連目錄都沒帶，只有我帶一份目錄，那是為了了解公司概況及產品而事先跟廠商拿的，上面已有我的一些手寫備註，根本不能給日方，真是糗到極點。時值深秋，我卻直冒冷汗，接下來的會議過程更是尷尬，臺灣廠商面對日方這麼大的陣仗，似乎有些怯場，很多問題都不知如何回答，要我看著辦，演變成我獨撐大局，獨自面對日方眾人的諮詢。幸好貿易

是我的本行，結果總算順利。開完會後，社長送我們每人一份見面禮，令人見識到多禮的日本人！那一次午餐享受了高級的懷石料理，餐廳位於美麗的溪畔，美食加上美景，令人心曠神怡。之前也曾到日本出差多次，還未遇到過如此大方招待供應商的買主，惟美中不足的是必須跪著吃，一個半小時下來，雙腳麻得毫無知覺，根本站不起來，只好等所有人都走光後，才慢慢爬行站起來，狼狽至極！

石川先生準時送我們到機場後，原以為他會立即離去，沒想到細心的他，隨同我們進入機場，幫我們找到航空公司的櫃檯，協助我們報到，等我們跟他道別慢慢走向海關時，他更是頻頻揮手跟著我們移動，直到目送我們進入海關。過了好一會兒，回頭一看，咦！他居然還沒走，一直站在那裡，令我驚奇不已，不由得想起梁祝的十八相送。

日後，在一次日本自助旅行中，更深刻地感受到日本人多禮而周到的一面。外籍好友Deidre在日本官方網站居然找到免費的招待寄宿家庭，讓我們驚喜不已，原來在過年期間，日本人有招待外國友人的習俗。在高山市的三天兩夜，都竹孝司一家人把我們當貴賓招待，不但讓我們住他們舒適的別墅，還享用女主人親手烹調的日本風味餐，儘管屋外大雪紛飛，但是我們的心卻溫暖極了，真怕一切是場夢境，像十二點一到的灰姑娘，馬車變回了南瓜，馬夫變回了老鼠——還好不是夢境，真的好幸運。

最值得一提的是，臨別之際，他們還準備了豐富的「喔咪壓給」（禮物），讓我們帶回臺灣給家人，真是很不好意思，我們什麼也沒準備，空手到寄宿家庭，卻接受他們如此盛情的招待，令人汗顏！

或許日本人嚴謹、龜毛是他們一貫的民族性，不但是嚴以待人，同時更是嚴以律己。刻板印象常會令人錯過許多美好的一面，而缺點也往往是優點的延續，下次再面對龜毛的日本客戶時，我會比較釋懷了。

貿易花絮之九

◎ 日本　岐阜縣高山市
我們跟溫柔的都竹媽媽及可愛的小女兒沙織合影留念，而都竹爸爸幫我們拍照。

◎ 日本　大阪
在日本不但是人很有禮貌，就連動物也一樣。這是東大寺前的羊，餵牠吃東西前，牠會先點頭鞠躬三次，但是如果牠行完禮之後你沒餵牠，牠可是會生氣的喔！

第 **10** 章

進出口貨物通關業務

　　自古以來，世界各國均在國界設立關卡制度，以便於檢查出入的人員及貨物，一來保衛疆土，二來可對貨物課徵關稅。目前我國是以隸屬於財政部的「關稅總局」司掌全國進、出口貨物通關自動化，空運入境旅客紅、綠線通關等作業，主要業務可歸納為六大類，即稽徵關稅、查緝走私、保稅退稅、進出口貿易統計、燈塔建管、代辦業務。

第1節　自動化貨物通關

一、通關自動化之實施（Cargo Clearance Automation）

　　關稅總局業務電腦化自1977年（民國66年）成立資訊管理中心開始，初期以沖退稅業務為主；1982年開始推動通關業務電腦化作業後，陸續完成了進出口貨物通關等三十三個電腦作業系統之建置；1991年配合政府六年國建計畫推行貨物通關全面自動化方案，將海關原有的進出口通關系統重行規劃整合，自1995年6月已全面實施海空運貨物通關自動化作業，大幅改善通關速度及品質，績效卓著，使我國繼日本、新加坡之後，成為亞洲第三個實施通關自動化的國家。

　　2000年完成空運通關系統轉型上線，建置全新空運通關運作環境，提高通關效率。另實施空運快遞貨物簡易申報制度，加速空運快遞貨物通關作業，推動辦公室自動化作業，辦理網際網路各項便民服務。2001年利用網際網路提供海關通關作業透明化資訊，完成物流中心海空運通關作業；關務行政資訊系統轉型測試陸續上線，並規劃海運系統轉型及通關連線再造，提高進出口廠商國際競爭力（摘自關稅總局網頁）。

二、貨物通關自動化之概念

　　貨物通關自動化所提及的電腦連線，不是指各業者跟海關直接連線，而是指另設「關貿網路」（Trade-Van, T/V），其為開放型加值網路（圖10-1），是透過該網路系統連線彼此傳輸資料，因此相關民間業者均應與T/V主機連線，成為其用戶之一。其功能是在做傳輸、轉接、轉換、存證等工作，每週除固定利用假日抽出兩小時從事維護外，平日均可二十四小時作業（Mail Box）。

　　連線者利用電腦網路，將貨物進出口相關之政府機構與民間業者做多向串聯，彼此交換與共享貨物資訊，以加速貨物通關，最大的優點是可隨時收單、

加速通關、先放後稅、電腦通知放行、加值服務、線上查看報關狀態等效益，
並有效提升業者競爭力及節省時間、成本。其實施的範圍包括：

1. 以關稅區而言：包括基隆、臺北、臺中、高雄四個關稅局。

2. 以貨物流向而言：包括進口、出口及轉運業務。

3. 以通關流程而言：進口包括貨物抵岸至放行提領；出口包括自貨物進倉
   至船機開航。

4. 以控管標的而言：包括船機、貨物及貨櫃。

5. 以連線對象而言：包括航運業、倉儲業、報關業、承攬業、貨櫃集散
   站、銀行業、金資中心、國貿局等各應簽審機關、港務局、紡拓會、新
   竹科學工業園區、管理局、加工出口區。

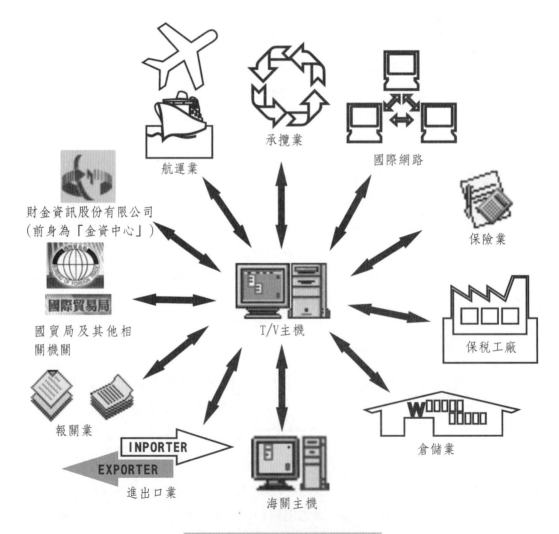

圖10-1　開放型加值關貿網路

第2節　出口貨物通關

一、出口貨物報關前應準備之事項

1. 出口貨物重量、體積之計算，避免貨物超重或超長。尤其歐美海關對於貨櫃重量限制非常嚴格，一旦貨櫃超重，即會拒絕受理。

2. 選擇交運船公司或攬貨公司，報價條件為FOB，進口商會指定船務公司；若是CFR及CIF，則由出口商決定。

3. 運費查詢及洽訂艙位，尤其是CFR及CIF條件時，出口商可多家比較，取得有利的費率。

4. 裝船前檢驗或檢疫，如果貨物是必須受檢的產品，宜先做好受檢準備，避免延誤出貨報關。

5. 製作出貨明細資料，包括產品之數量、單價、淨毛重、體積等，及相關文件，例如信用狀等，提供給報關公司。

6. 海運保險之處裡，如果報價條件是CIF的話，保險由出口商負責承保，務必加保，以免造成瑕疵。

二、通關自動化之出口貨物通關流程

出口貨物通關流程一般可分為：⑴收單→⑵驗貨→⑶分估→⑷放行等四步驟〔免驗者跳過第⑵步驟；部分貨品將第⑵步驟移到最後辦理（驗放案件）〕，茲分述如下。

1. 收單

⑴船舶業者傳送截止收貨結關及開航日等資料。

⑵報關業者在船舶結關前二十四小時前傳送「出口報單」。

⑶倉儲業者確定貨物進艙後，傳送進艙資料。

上述三種資料都透過「關貿網路」進入海關電腦之後，便會執行邏輯檢查及比對（如圖10-2）。

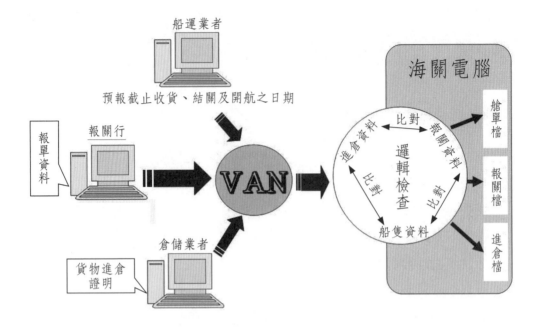

圖10-2　貨物出口通關自動化流程

2. 專家系統之運作

報關資料經海關電腦收單後，即進入報關檔，經過「專家系統」中分別依「貨品分類檔」、「簽審檔」、「抽驗檔」、「廠商資料檔」運作後，隨即產生C1、C2、C3三種通關方式（如圖10-3）。

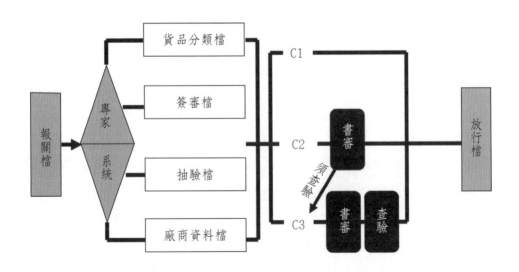

*以上僅「書審」及「查驗」屬人工作業，其餘均由海關電腦系統作業。

圖10-3　電腦專家系統（出口貨物）

三、出口之通關方式

1. C1（免審免驗）

海關免審核主管機關許可或證明等合格文件自動放行。書面文件，例如：報單、發票、裝箱單等出貨文件，在放行後三天內由報關人送至海關即可。

2. C2（文件審核）

報關人須於規定時間內提供主管機關許可，或證明等合格文件供海關審核，經審核相符後免驗貨通關放行貨物。書面文件，例如：報單、發票、裝箱單等出貨文件，在文件審核（C2）後，隔天由報關人送至海關審核相符後再放行。

3. C3（應審應驗）

進出口報單經抽選為C3方式通關時，報關人須於隔天出具書面文件，例如：報單、發票、裝箱單等出貨文件，供海關審核外，查驗時並須會同驗貨關員查驗貨物，再由業務單位審核後通關放行貨物。

四、出口貨物查驗

1. 海關抽驗決定因素

廠商分類、貨品類別、報關行等級。

2. 海關查驗之程序

核對貨物存放處所、查核貨物是否全部到齊、核對外包裝之標示暨號碼、指件查驗、拆包或開箱。

3. 海關查驗之重點

出口貨物申報是否相符、商標申報、產地標示、退稅審核。

4. 常見申報不實狀況

高價低報或低價高報、未標示產地或標示不實、虛報貨名與材質、匿（短）報數量或重量。

五、出口報關之截止收貨期限

⑴貨櫃場正常收貨時間：整櫃（CY）：8：00～24：00

併櫃（CFS）：8：00～17：00

⑵逾時進倉：限於船公司向海關列印放行單之前。

⑶連續假日前一日之進倉時間為中午12：00前，且必須當日放行。如果抽到C3須檢驗，海關已下班，請其加班驗貨，得支付特別驗貨費。

六、出口報關應送審之文件

1. 出口報單（Application for Export）

出口報單記錄出口國境貨物量值資料，此項統計數據為出口貿易統計資料，出口採離岸價格（FOB）計價。另依國際慣例，進出口值差額稱為入超或出超，此項統計資料在應用上，須避免與銀行結匯統計及進出口簽證統計混淆。同一出口報單如有數種不同貨品，應每種分別列報；其屬免除簽發許可證貨品，與應辦輸出許可證貨品，得以同一份報單申報。每份出口報單不得將數張裝貨單或託運單合併申報，空運併裝出口貨物得以數份出口報單共附同一託運單。

表10-1　出口報單之類別及代號

代號	類別	適用範圍
G5	國貨出口	一般廠商、個人將國貨（含復運出口）、行李向國外輸出者
G3	外貨復出口	一般廠商、個人自國外輸入貨物、行李，由於轉售、不得進口、修理、調換、租賃、展覽等原因復出口者。
B9	保稅廠產品出口	保稅工廠產品出口（含復運出口）或輸往自由港區事業。

2. 裝貨單（Shipping Order, S/O）

又稱託運申請書或託運單，係出口貨物裝船（機）之主要單證。通常裝貨單之內容包括：託運人、船名、裝貨港、目的港、包裝件數、嘜頭、貨物名稱、重量、受貨人及受通知人等項目。

3. 包裝單（Packing List）

報關時應詳細列載貨物規格及包裝之每件毛重、淨重、數量等，並檢附一份。但如其屬僅一箱或種類單一，且屬散裝或裸裝之貨物，得免附裝箱單。

4. 輸出許可證（Export Permit）

依中華民國進出口貨品分類表及海關進口稅則合訂本輸出規定，屬須簽證之項目，例如戰略性或高科技產品等。

5. 發票或商業發票（Commercial Invoice）

係供海關審核貨物價值（FOB）之用。

6. 進倉單

係倉庫或貨櫃業者簽發之貨物已進倉之證明文件，惟其屬海關核准船（機）邊驗放或經核准運至船（機）邊裝運者，得免附貨物進倉證明。

7. 委任書

報關時應附委任書一份，亦可常年委任，三年一次。

8. 型錄、圖樣或說明書

視貨物內容，以配合海關查核需要提供，尤其是戰略性高科技產品。

9. 其他機關委託代為查核之文件、檢驗合格證、燻蒸證明、貨物稅完稅證明

七、寄送配件或樣品的報關方式

1. 郵包寄送

對於無出口管制或限制的產品，在數量不多的情況下，可利用郵包寄給國外客戶，且郵局規定郵寄物價值在美金五千元以下不必報關，用此法寄送經濟便捷。

2. 快遞寄送

如果客戶急需樣品或配件，因應時效考量而言，利用快遞公司遞送方式，簡便快速，惟快遞費頗高，須謹慎使用。

3. 直接報關

若利用海運或空運出口，可直接向海關報關，空運約須兩小時，而海運則須四小時，便可完成通關手續。

八、出口商結關注意事項

1. 收貨截止日期係由船公司控制，而非海關，注意不要過期。
2. 併櫃貨（CFS）於基隆結關，應於結關前一日出貨，以免必須以專車送抵，所費不貲。
3. 與送貨司機確認送貨地點，避免誤送。司機卸貨完畢後，應告知報關行卸貨區域及件數。
4. 出口商報關資料，最遲應於結關當天中午前提供，以免延誤投單。
5. 其他輸出規定之辦理，如表10-1所示。

九、美國海關新規定

　　美國在發生911恐怖攻擊事件之後，開始防範恐怖分子可能利用貨物、包裹，攻擊海關、機場等重要場所，因此透過聯邦政府海關公告制定「美國海關裝船前二十四小時艙單作業規定」——CSI，即Container Security Initiative（貨櫃安全計畫），此規定已於2002年12月2日起生效。貨櫃範圍，就美國而言，所有進入美國之貨櫃，包括進口、轉口、過境美國之貨櫃，均為檢查之對象；就簽署國而言，以輸美之出口、轉口、過境之貨櫃，及在美國轉口或過境之貨櫃為檢查範圍。運輸業者應將所有輸美貨櫃資料，於裝船前二十四小時，以AMS（Automated Manifest System，自動化艙單系統）向美國海關傳輸詳細及正確之艙單資料。美國海關收到運輸業者傳輸之艙單資料後，即以ATS（Automated Targeting System，自動鎖定系統）篩選出高風險群貨櫃，並對鎖定之高風險群貨櫃發出「不得裝船」訊息。為因應此措施，出口商必須多支付此項費用，稱為AMS傳輸費，每批貨美金25元。

　　除此之外，歐洲聯盟（歐盟）亦隨之跟進，已於2011年1月1日開始實施二十四小時預報艙單法規，運往、過境以及經歐盟國家轉口之貨物，應於裝船（ETD）二十四小時前預先申報進口貨物摘要（Entry Summary Declaration, ENS），以便通關入境，附加的費用有ENS傳輸費25美元、、艙單更正費40美元。

表10-2 各相關單位應配合辦理事項

通關步驟	相關業者及機關	配合事項
（通關前）	航空公司	1. 接受訂艙位 2. 艙位資料傳輸倉儲業
	出口廠商	1. 繕製書面出口貨物進倉證明書，交司機隨車送貨 2. 發貨送至倉儲業貨櫃站
	倉 儲 業	1. 點收出口貨物 2. 進倉資料登錄 3. EDI傳輸或簽發書面出口貨物進倉證明書
	簽審機關	事先受理核發書面簽審文件，並於核准後傳輸海關（已連線簽審機關）
1. 收單 C3	出口廠商	提供發票、裝箱單及必需文件
	報 關 行	報單EDI連線傳輸或不連線報關
2. 驗貨 C2	倉 儲 業	1. 接收查驗通知 2. 及時配合吊貨
	報 關 行	會同查驗及開箱
3. 分估 C1	簽審機關	簽審文件EDI連線傳輸及接收核銷訊息
	報 關 行	配合辦理海關通知補辦事項
4. 銷 裝 放 艙 機 行	出口廠商 報 關 行	1. 報單放行通知送倉儲業駐庫關員 2. 開航後向航空公司簽領提單 3. 辦理押匯
	倉 儲 業	1. 報單放行通知查證 2. 併櫃打盤裝機出口 3. 列印加封階段出口貨物載運單（兼出進站放行准單）
	航空公司	飛機起飛出境後，依規定傳輸電子艙單辦理出口銷艙
5. 代 簽 收 費 用 證	出口廠商 報 關 行	1. 向銀行繳納商建費、推貿費 2. 申領報單副本
	銀 行	1. 簽約銀行代收費 2. 代收費檔案傳輸

資料來源：摘錄自財政部臺北關稅局網站

第3節　進口貨物通關

一、進口貨物通關要項

　　進口商依據合法正式管道將貨物輸入國內，由於報關程序繁雜及應準備的文件具專業難度，進口業者大多委由專業的報關行（Customs Broker）代辦所有進口通關事宜。

　　根據進出口貨物預行報關處理準則，進口貨物，如承運貨物之運輸工具負責人或由其委託之運輸工具所屬業者已向海關申報進口艙單，納稅義務人得檢齊報關應備之各項單證，向海關「預行報關」（第二條）；預報海運出口貨物經海關審核有關單證齊全後，除依規定免驗者外，應於查驗無訛後即予放行（第五條）；預報進出口貨物，海關機動巡查隊得於提貨或裝船前，依規定予以抽驗或複驗（第六條）——資料來源摘自關稅總局。

㈠ 前置作業
在辦理進口通關前必須先進行以下事項：
1. 確認進口商具有進口的資格。
2. 申請稅則預先審核，關稅總局網站http://web.customs.gov.tw/之「稅則稅率查詢」。
3. 如出口地是大陸，須確認進口產品是否屬於開放項目。
4. 辦理檢驗、檢疫及其他相關許可文件（輸入許可證）。
5. 辦理免稅、減稅文件。
6. 贖單（海運提單或空運提單）及換發提貨單。

㈡ 注意事項
為了避免通關受阻，延誤清關提貨，務必注意下列事項：
1. 提供完整相關文件。。
2. 掌握進口產品特性。
3. 確認進口船期及船公司靠港順序。
4. 如實申報貨品（名稱、材質、價值等）。
5. 如必要可向海關申請看貨。

㈢ 基本步驟

　一般將進口貨物通關流程設定為貨物運抵我國商港到放行提貨為止，流程如下：收單→驗貨→分估→徵稅→放行，部分貨品免驗者則跳過「驗貨」步驟；部分屬於易腐、危險貨品或具有特殊理由者，由海關核准後，可採船（機）邊驗放方式，將「驗貨」步驟移到最後辦理，進口海關之業務流程，如圖10-4所示。

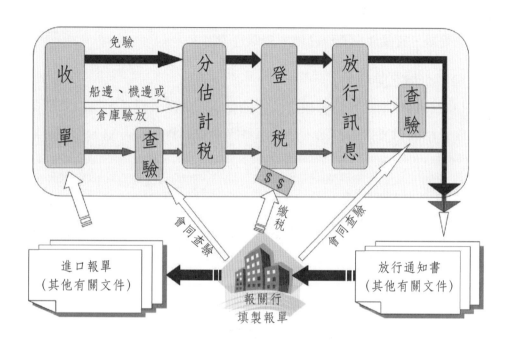

圖10-4　進口海關之業務流程

二、進口之通關方式

1. C1（免審免驗）

免審書面文件、免驗貨物，直接進入關稅系統計算應繳納之稅額，然後放行。

2. C2（文件審核）

　將書面文件送至分估單位，審核無誤後，如免驗貨物，開始進入關稅系統計算應繳納之稅額，然後放行；但如海關書審後覺得須驗貨，則須改為C3，驗貨無誤後，才繳稅放行。

3. C3（應審應驗）

查驗貨物及審核書面文件均無誤完成後，開始進入關稅系統計算應繳納之稅額，然後放行。

三、進口貨物查驗

1. 海關抽驗比例依據

廠商等級、貨品類別及原產地、報關行等級。

2. 海關查驗之重點

進口貨物與申報內容是否相符、產地標示、數量及淨重，進口商所提供之通關文件及所進口貨物的敘述，必須與實際進口到貨相符一致，此謂「貨證相符」。

3. 常見申報不實狀況

高價低報、未標示產地或標示不實、虛報貨名與材質、匿（短）報數量或重量，發貨人誤裝錯運。

四、進口報關之期限

1. 正常進口貨物應自裝載貨物之運輸工具進口之次日起，十五日內向海關申報。

2. 海運者可在船舶抵埠前五日（全貨櫃輪為七日）內預報（船公司艙單應先預報）。

3. 桃園機場空運進口鮮貨等，全天分三班，二十四小時辦理收單、驗貨、分估、稅放，同時取消機邊驗放貨物預行報關，惟經進口組專案核准者除外。

4. 進口貨物不按規定期限內報關者，自期限截止日之翌日起，按日加罰滯報費新臺幣200元，罰滿二十日後，由海關將貨物變賣；不得進口之貨物，海關應責令納稅義務人限期辦理退運；如納稅義務人以書面聲明放棄或不在海關規定之期限內辦理退運，海關得將其貨物變賣；無法變賣而須銷毀時，應通知納稅義務人限期在海關監視下自行銷毀。

五、進口報關應送審之文件

1. 貨物進口報單（Application for Import）

外國貨物輸入國境時，依照海關規定辦理報驗、納稅及提貨等手續，且經海關放行後，即依國際慣例按起岸價格（CIF）計價列入統計，此為進口貿易統計。

2. 小提單（Delivery Order, D/O）

⑴海運提單：Delivery Order，簡稱D/O，又稱小提單，由船運業者提供。

⑵空運提單：又有「主提單」（Master Airway Bill, MAWB）、「分提單」（House Airway Bill, HAWB）之分，由空運業者提供。

3. 輸入許可證（Import Permit）

輸入「限制輸入貨品表」內之貨品，應依規定辦理簽證。須辦進口簽證之貨物，應檢附海關存查聯正本；免辦證之貨物則免附。另外屬間接開放之大陸地區物品，須簽證之項目。

4. 商業發票（Commercial Invoice）

一式兩份，首頁須加蓋公司及負責人圖章。

5. 包裝單（Packing List）

一份，散裝、單一包裝或大宗之貨物則不必檢附。

6. 委任書

每次報關均須檢附一份，亦可常年委任，一年一次。

7. 貨物圖樣、型錄、目錄或說明書等，配合海關查核需要提供。

8. 產地證明書（Certificate of Origin, C/O）

9. 其他依有關法令規定應檢附者

進口「委託查核輸入貨品表」內之「農藥成品」，應檢附「農藥許可證」及「農藥販賣業執照」影本；如進口廠商非「農藥許可證持有者」，應加附「持有者之授權文件」。

六、進口貨物提貨方式

1. 海運提貨

進口商在付款贖單取得單據後,將其中的B/L(大提單)交由船務公司,在付清相關費用後,換領小提單D/O(Delivery Order),再連同其他相關文件向海關辦理進口通關手續,等海關放行後,繳清相關計繳倉儲費用後,憑「小提單」換取「出倉單」,向「港務局棧埠管理處」提貨。

2. 空運提貨

航空公司於貨物到站後,向進口商發出「到貨通知書」,在付清相關費用後,取得航空提單正本,然後據此向銀行辦理結匯手續,取得所有相關單據後,即可向海關辦理報關提貨。

3. 擔保提貨

跟鄰近國家從事國際交易,常常發生進口貨物較正本文件先到進口地,在此種狀況下,可以持整套副本單據到銀行提出擔保提貨申請,即可簽發擔保提貨書(Letter of Guarantee),憑此單先提貨。

4. 副提單背書提貨

如果進口商於開狀時,在信用狀規定將一份正本提單寄給進口商,這一份提單叫「副提單」(Duplicate B/L),此副提單須經開狀銀行背書之後,進口商才可憑此提貨。

您可能不知道的眉角

進口貨品申報不符處理原則

- 僅逃漏稅款而未涉及逃避管制案件,依海關緝私條例第37條第1項或第4項等規定,處以所漏進口稅額二至五倍之罰鍰。
- 涉及逃避管制案件,依同條例第37條第1項轉據同條例第36條第1、3項等規定,處貨價一倍至三倍之罰鍰,並沒入貨物。另外,依貿易法28條,國貿局得予以警告或處新臺幣三萬元以上三十萬元以下罰鍰,或停止其一個月以上一年以下輸出、輸入或輸出入貨品。
- 其所漏稅款涉及內地稅者,應併予追徵及處罰;如涉及刑事責任者,應移送法辦。

表10-3　進口貨物通關流程中各相關單位應配合辦理事項

通關步驟	相關業者及機關	配合事項
（通關前）	運　輸　業	1. 艙單EDI連線傳輸或不連線報關 2. 申請貨物卸船（機）進儲准單 3. 簽發小提單
	倉　儲　業	進倉資料登錄及EDI傳輸
	簽審機關	事先受理核發書面簽審文件申請，並於核准後傳輸海關（已連線簽審機關）
1.收單 C3 C2	進口廠商	提供發票、裝箱單（原提單）及其他必備文件
	報　關　行	1. 換領空運提單（Airway Bill） 2. 報單EDI連線傳輸或不連線報關
2.分估 C3	簽審機關	簽審文件EDI連線傳輸及接收核銷訊息
	報　關　行	配合海關通知提供型錄、說明書……
3.驗貨 C1	倉　儲　業	1. 接收查驗通知 2. 及時配合吊貨
	報　關　行	申請查驗，會同查驗及開箱
4.徵稅	銀　　　行 金資中心	1. 銀行駐關收稅處收稅 2. 櫃員線上繳納 3. 稅款線上扣繳EDI處理
	進口廠商 報　關　行	1. 稅款繳現 2. 先放後稅額度申請及恢復 3. 稅款線上扣繳EDI連線繳納
5.放行提領	倉　儲　業	1. 報單放行通知查證 2. 簽發出站准單（放行條）
	進口廠商 報　關　行	1. 繳納倉租 2. 報單放行通知、出站准單、經駐庫關員簽章 3. 貨物提領出站

資料來源：摘錄自財政部臺北關稅局網站

第4節　三角貿易通關實務

一般所稱三角貿易，係指我國廠商接受國外客戶（買方）之訂貨，而轉向第三國供應商（賣方）採購，貨物經過我國轉運或直接運至買方之貿易方式。報關時，應由進口人同時填報進出口報單，經海關查驗無訛後，簽放裝船出口，並依規定辦理。

一、三角貿易運用方式

須經臺灣轉運，可分成下列兩種方式運作：

1. 入境

亦即進口，必須課徵關稅、貨物稅及營業稅等。

目的：為取得產地證明，或是為產品組合更換包裝及產地。

2. 不入境

亦即不進口，則不必課徵關稅、貨物稅及營業稅等。

　(1)**轉運**

　　　進口提單上到貨通知人（Notify Party）為境外公司，方能事先委託
　　　（協商）船務代理公司代為辦理「轉運准單」，辦理轉運手續。

　(2)**進轉出**

　　　通常進口提單到貨通知人為臺灣買方（進口商），應由進口人申報轉
　　　運出口（進轉出），進出口報單向海關申報，經一般通關程序驗關簽
　　　放後，裝船出口（參加抽驗），辦理進轉出手續。

　　　目的：免徵進口稅、營業稅及推廣貿易服務費。

二、通關方式

1. 依據廠商提出之三角貿易轉運申請書及進出口報單同時申報辦理。
2. 洋貨不得以我國為產地之標示。

第5節　復運進出口通關實務

■ 復運進出口通關程序

出口貨品自國外退回，如果已辦理沖退手續，按規定應將已沖退之關稅繳還給海關。如果外銷貨品復運進口係爲整修，並於修護後再復運出口者，於復運進口時可依關稅法第三十三條第二項規定提供擔保，於六個月內整修或保養後並復運出口者，免予補徵已沖退之原料關稅。

復運進口之外銷品，報關時，納稅義務人應提供原出口報單副本或影本，經海關核符後，按下列通關程序辦理：

1. 原出口報單——未申請沖退稅

「申請沖退原料稅」欄申報爲「N」（未申請沖退原料稅報單副本）者，免徵成品關稅放行，再由進口單位將復運進口報單影本送原出口單位於原出口報單註記。

2. 原出口報單——已申請沖退稅

「申請沖退原料稅」欄申報爲「Y」（已申請沖退原料稅報單副本）者，可依是否須再復運出口分爲：

⑴須再復運出口

納稅義務人得向海關申請提供擔保後放行，並於放行之翌日起六個月內復運出口後解除擔保；逾期補徵已退還原料關稅。

納稅義務人得繳回原沖退稅用出口副報單正本由海關保管，免徵成品關稅放行。出口副報單正本等貨物復運出口後發還，海關保管期間，應自規定沖退稅期限內予以扣除。逾六個月未復運出口者，由原出口單位註銷或更正其供退稅用出口副報單正本，並函知有關退稅單位。

⑵不再復運出口

①由海關補徵已退還之原料關稅後放行。

②如納稅義務人急於提貨，得向海關申請提供擔保後放行，其應徵稅費於事後由海關補徵。

③經繳回原沖退稅用出口副報單正本由海關註銷者，免徵成品關稅，予以放行。

④放行後，由進口單位將復運進口報單影本送原出口單位，於原出口報單註記。

進出口貨物通關業務

習作演練

1. (　) 下列何者屬於「文件審核」的通關方式？　①C1　②C2　③C3　④C4。

2. (　) 關貿網路簡稱為　①T/V　②T/T　③D/A　④D/P。

3. (　) 雖然通關已全面自動化，但唯有一個步驟仍然維持人工作業　①收單　②分類　③驗貨　④課稅。

4. (　) 出口通關比進口通關少了一個步驟是　①收單　②分類　③驗貨　④課稅。

5. (　) 進口貨物一律由　①海關　②國稅局　③經濟部　④財政部　代徵營業稅。

6. (　) 進口貨物報關應至遲於自裝載貨物之運輸工具進口日起　①10日　②12日　③15日　④30日　內向海關申報報關手續。

7. (　) 完稅價格係指　①作為課徵關稅之價格　②完稅之後的價格　③躉售價格　④免稅價格。

8. (　) 進口報關資料經海關電腦專家運作後，屬於以下哪一類者，海關將指派官員到貨物存放處所查驗貨物？　①C1　②C2　③C3　④C4。

9. (　) 進口貨物較正本文件先到進口地，在此種狀況下，適用何種方式辦理提貨？　①副提單背書提貨　②擔保提貨　③簽發信託收據　④提供抵押品。

10. (　) 進口貨物已到進口地，且進口商已從出口商處取得副提單，但銀行轉來的正本單證未到的情況下，適用下列何種方式辦理提貨？　①副提單提貨　②擔保提貨　③簽發信託收據　④提供抵押品。

11. (　) 我國海關進出口稅則係參考下列哪一項編製？　①SWIFT　②HS　③Incoterms　④ICC。

12. (　) 貨品進口自運輸工具進口日起幾天內未報關者，將被變賣？　①15天　②20天　③35天　④60天。

13. (　) 進口貨物未依關稅法規定於進口日起15天內報關者，逾期海關按日加徵下列何種費用？　①特別服務費　②滯報費　③滯納費　④加值金。

14.（　）按進口貨物之數量、重量、容積或長度等為課稅核計標準，每一單位課徵一定金額之課徵方式，稱為　①從價徵稅　②從價或從量二者中從高徵稅　③從量徵稅　④複合徵稅。

15.（　）貨物通關自動化與下列哪一單位無關？　①科學園區管理局　②入出境管理局　③國際貿易局　④銀行保險業。

16.（　）中華民國輸出入貨品分類號別（C.C.C. Code），前八位碼是　①統計號別　②貿易號別　③檢查號列　④稅則號別。

17.（　）進口貨物應繳稅捐，應自海關填發稅款繳納證之日起　①14天　②7天　③28天　④21天。

18.（　）為加速進口通關，得按納稅義務人申報之完稅價格及稅則號別，先行徵稅驗放後再估價核稅，此進口核價方式稱為　①先核後放　②先放後核　③先放後稅　④即核即放。

19.（　）關稅局對於依法提供足額擔保之進口廠商，先行驗放通關後，再由進口廠商於規定期間內繳納進口關稅，此進口核價方式稱為　①先核後放　②先放後核　③先放後稅　④即核即放。

20.（　）海關變賣逾期不報關貨物，其所得價款，扣除應納關稅及必要之費用外，如有餘款，由海關暫代保留，納稅義務人得於幾年內申請發還，逾期歸繳國庫？　①五年　②二年　③一年　④三年。

21.（　）進口貨物通關程序分為五大步驟：a.收單，b.查驗，c.徵稅，d.分類估價，e.放行，其順序下列何者正確？　①abdce　②adcbe　③abcde　④acdbe。

22.（　）依進出口貨物預行報關處理準則之規定，進口商得於載運船舶抵埠前幾日內，持有關文件向海關預行報關？　①15日　②3日　③10日　④5日。

23.（　）依Incoterms 2000之規定，下列何種貿易條件由買方負責出口報關？　①FAS　②FOB　③CIF　④EXW。

24.（　）美國發生911攻擊事件後，規定所有直接運抵美國各港口之貨物運送者，必須在外國港裝載前幾小時出具確實載貨清單傳送至美國海關？　①24小時　②12小時　③48小時　④36小時。

25.（　）危險物品之提貨應辦理　①共同海損提貨　②貨櫃提貨　③正常提貨　④船邊提貨。

貿易花絮之十

歪打正著

～Monica心情隨筆

一群貿易人總是趁著出差時，大夥兒聚在一起聊聊甘苦談，很多時候會聽到意想不到的趣聞及精彩的創業心路歷程。

David是貿易界的老大哥，他的趣聞也最多，負責跑中東線的生意。中東是個很奇怪的市場，中東買主不但超愛殺價，也總希望供應商能夠常常到當地拜訪，他們才會當場給訂單，於是David一年常須跑好幾次中東取得訂單。他有個習慣是出國一定要隨身攜帶一瓶從小到大不舒服就吃的「京都念慈庵川貝枇杷膏」，以備不時之需。

那一次到杜拜順道拜訪一位洽談很久但遲未下單的阿拉伯客戶，洽談當中，此客戶一直咳嗽，熱心的David隨即拿出他的壓箱寶——枇杷膏，當時客戶看到黑黑稠稠的液體，還很猶豫不敢吃，經David的大力推薦及保證有效，他才勉強服下，沒想到效果出奇的好，果真不咳了，而且整個人神清氣爽。客戶央求David將那一瓶「神膏」送給他，更令人意外的是隨後便下單給David，並言明日後出貨時都得附贈枇杷膏，David喜出望外，答應每次出貨都送一打枇杷膏。在誤打誤撞的情況下，枇杷膏竟成了致勝關鍵，不可思議啊！

Michelle是貿易界的甜姐兒，而她的傳奇故事，一直令大夥兒津津樂道。當年她在一家外銷文具工廠擔任外銷業務工作，在一次臺北展覽中，會場來了一位年輕的義大利帥哥，由於他看起來實在不像專業買主，因此各展商都疏於招待，只有熱心的Michelle忙著招呼他；後來一談之下才發現，此帥哥有個船王富爸爸，想出資供他做進口貿易，這次他是來Survey。會後經Michelle積極聯絡，此客戶也終於下單了，開始了彼此超有默契的合作關係，Michelle細心而專業的服務態度，深獲此買主的器重。

一段時間以後，原公司老闆因細故解僱了Michelle，此義國買主一直無法適應跟後來接任的其他人接洽，執意要找Michelle回來，後來這位有心人終於透過在臺的其他廠商跟Michelle聯絡上了。得知原委後，提議Michelle成立一家貿易

公司，而他的所有採購業務將由Michelle全權負責。Michelle在無心插柳柳成蔭的情況下，公司逐漸上軌道，著實令眾人欣羨不已。最糗的人應該是解聘他的前雇主吧，不但失去一位大客戶，同時也多出一個強勁的競爭對手，真應驗了「千金難買早知道，後悔永無特效藥」！

　　貿易前輩Daniel的創業過程則歷經風霜。年輕時的他在貿易公司擔任業務經理，多年前獨自赴義大利參展，會後收得現款美金兩萬元，結果回程在義大利機場被小偷扒走了。義大利是著名的扒手國家，即使報了案也沒用。回臺後，老闆執意要他賠償，當時的兩萬美金可買上一棟透天房子了。經據理力爭，變成減半賠償，即使是這樣，仍舊令他幾乎陷入絕境，但是危機就是轉機，因為這樣的挫敗，更激勵他奮發向上，開始自行創業，多年後，他已是一名成功的貿易商了。這段心路歷程，他總是不斷地對我們這些晚輩訴說，鼓勵我們不要怕挫折，而他也始終很感謝之前的老闆，視他為貴人。想想也對，並不是每個貴人都會以好人的面貌呈現，只要能激發我們正面思考的人，都是貴人。

◎ 義大利　米蘭
　　展前布置會場後，大夥兒在路邊喝咖啡小憩，聊天大會串。身旁的前輩說，我身後的光頭帥哥一直在偷看我，令我樂不可支，還真是魅力不可擋呢！

貿易花絮之十

◎ 德國　福吉沙芬
　　每天展完後，大夥兒最佳的娛樂就是聚在一起吃飯聊天、交換心得，今晚吃的是希臘餐！

◎ 奧地利　維也納
　　吃了很多天的中國菜後，團長說今天安排特殊風味的「奧餐」給大家嚐鮮。用餐前，大家都很期待；用完餐後，除了鹹之外，實在嚐不出有何特殊之處！

第 11 章

相關貿易單據、證明、通知書

第1節 貿易單據之特性

貿易相關單據很多，須進出口商親自製作的單據，包括：報價單、訂單、交易契約、匯票、商業發票、包裝單等；而由其他相關單位製作的單據則包括：信用狀、提單、保險單、檢驗證明、產地證明等。如將所有貿易單據分門別類，則可分為三大類。

一、契約單據（Contract Document）

以買賣條件為主要內容：

1. 報價單（Quotation）。
2. 買賣契約書（Sales Contract）。
3. 訂單（Purchase Order）。
4. 預估發票（Proforma Invoice）。

二、財務單據（Financial Document）

與貨款收付相關：

1. 信用狀（Letter of Credit）。
2. 匯票（Bill of Exchange）。
3. 借、貸款項通知書（Debit Note/Credit Note）。

三、貨運單據（Shipping Document）

與貨物運送相關，一般狹義的貿易單據即指「貨運單據」，又可分為基本單據及附屬單據。

表11-1 基本單據和附屬單據

基本單據	附屬單據
商業發票（Commercial Invoice）	包裝單（Packing List）
海運提單（Bill of Lading）	產地證明書（Certificate of Origin）
空運提單（Air Waybill）	檢驗證明書（Inspection Certificate）
保險單（Insurance Policy）	海關發票（Customs Invoice）
複合運送單據 （Combined Transport Documents）	領事發票 （Consular Invoice）

第2節　單據製作注意事項

單據是否符合規定，關鍵在買方，而非出口商，且須依照契約上的約定。依下列章節，單據分為：(1)絕對必要之單據，即商業發票、提單、保險單；(2)通常需要之單據，即包裝單；(3)特定國家需要之單據，即產地證明書、海關發票、領事館發票；(4)特種商品需要之單據，即檢驗證明；以及(5)交易完成後之單據，即受益人證明書及借、貸款項通知書。

第3節　各種相關貿易單據

一、匯票（Bill of Exchange或Draft）（表11-2）

國際貿易結算，基本上是非現金結算。使用以支付金錢為目的，並且可以流通轉讓的債權憑證——匯票為主要的結算工具，屬票據的一種。用於押匯之匯票，可作為支付、信用以及結算的工具，可以向押匯銀行索取，一式二聯，由出票人（也就是出口商）簽發，要求付款人在指定的到期日，無條件支付一定數量貨幣給受款人或持票人。匯票在國際貿易上，是一種追討債務的憑證。

1. 匯票的定義

匯票（Bill of Exchange, Draft）是出票人簽發的，委託付款人在見票時，或者在指定日期，無條件支付確定的金額給收款人或者持票人的票據。從以上定義可知，匯票是一種無條件支付的委託；有三個當事人：出票人、付款人和收款人，國際貿易上使用的匯票通常是一式二份。

匯票的分類：

　　(1)根據發票人可分為：銀行匯票、商業匯票。

　　(2)根據是否附貨運單據可分為：跟單匯票、光票。

　　(3)根據付款期限可分為：即期匯票、遠期匯票。

2. 匯票簽製的注意事項

　　(1)受益人簽發之匯票，須經押匯銀行背書（Endorsed）才能轉出使用。

　　(2)除非經信用狀授信，匯票不以無追索權（Without Recourse）方式簽發。

　　(3)用於計算遠期匯票到期日之用字「after」和「from」，其解釋皆為從

次日起算（UCP600第三條及ISBP第四十五條）。

　(4)匯票上如有更正及更改（Corrections and Alterations），須經出票人確認（Authenticate）。

二、商業發票（Commercial Invoice）（表11-3）

　　是由售貨人寄給買貨人之有關於交運貨品名稱、金額，還有數量之詳細說明的文件，是一種「交貨清單」，也是雙方的「買賣憑證」。在貨物交運後，更是售貨人出具給買貨人的「債務清單」。一般售貨人會先將商業發票副本傳真給買貨人，供其先做付款準備；進口商（買貨人）憑它向其國家的海關辦理通關，核對計算進口關稅的重要文件；要是買賣雙方發生貿易糾紛，它也是很重要的證明文件。商業發票也是一切貨運單證的中心，交運的貨物內容以該文件上所記載的內容為準。

　　依信用狀統一慣例規定，除另外規定外，以信用狀為付款的交易，商業發票須以開狀申請人為貨主抬頭，且金額不得超過信用狀金額。

　　商業發票大約可分為下列二種：普通商業發票（Commercial Invoice或Signed Invoice）以及簽認商業發票（Certified Commercial Invoice），這二種都由出口商製作，但簽認商業發票須由本人或其他人簽認才有效，例如：領事館簽認商業發票，須經進口國駐本地的領事館或相關單位簽證。

三、包裝單或重量單（Packing List）（表11-4）

　　商業發票的內容主要是貨價金額的記載，而包裝單則是貨物數量及包裝方式的記載，同時亦補充商業發票對貨物花色、數量描述的不足。出口廠商自行準備印好的文件，將該批貨物按件數與實際包裝的數量方式、體積及淨重、毛重打妥，以利出口國或進口國的海關查對與檢驗；承運人可作為核算運費的依據、保險公司理賠時必要的文件之一，也便於進口商提領與清點，屬於交貨後（押匯）的必備文件。

四、海、空運提單（Bill of Lading, Airway Bill）（表11-5）

　　提單是由貨物運送人（船公司或空運公司）所簽發，證明收取運送貨物或已裝載於運輸工具上，並約定好將這項貨物運往目的地交給持有人的一種文書，整合了收據、契約和憑證三種用途。國際海運實務上，提單無法提貨，受

貨人必須以提單向船公司換取提貨單（Delivery Order, D/O），方可報關提貨。

1. 海運提單的分類

(1)根據提單是否轉讓，可分為：可轉讓提單——可以空白背書（受貨人欄位註明「To Order of」），亦可記名背書（受貨人欄註明「To Order of Shipper/Issuing Bank」）。不可轉讓提單——亦稱記名提單，受貨人欄位直接記載受貨人資料；如以L/C交易，通常銀行較不接受此提單。

(2)根據是否有批註，可分為：清潔提單（Clean B/L）、不清潔提單（Unclean B/L）。

(3)根據內容詳簡，可分為：詳式提單（Regular Long Form B/L）、簡式提單（Short Form B/L）。

(4)根據運費是否付訖，可分為：運費已付提單（Freight Prepaid B/L）、運費待付提單（Freight Collect B/L）。

(5)第三者提單（Third Party B/L）：以L/C受益人以外的受益人為託運人，例如報關行。通常是中間商為了預防買方日後直接跟供應商洽購，而以此方式讓真正的供應商隱形。

2. 電放提單

出口商因實際需要，也非一定要選擇領提單正本。對於航程短的鄰近國家，通常貨已到目的地港口，而提單才剛簽好，此時如果再經郵寄提單方式，唯恐提貨太遲，因而可考慮電放提單方式，先由船公司電報通知對方船公司先放貨，爾後再將正本提單補上。

3. 遺失提單

正本提單共一式三份，只需一份提領貨物，其他兩份自動失效；若三份均遺失，往往相當麻煩，船公司對於開發第二套正本提單的規定及限制頗多，除了須出具提單「遺失擔保書」之外，有些船公司甚至會要求貨價金額的支票保證。

4. 提單修改

因國家地區的不同，對於提單的修改期限及限制也不同，最好先向原簽發船公司洽詢，修改後須蓋更正章。一些特殊國家對更正章有數量之限制，例如：巴拿馬海關規定一筆提單僅可蓋三個更正章；委內瑞拉之提單，最多只能

蓋兩個更正章，超過則重作提單。而有些國家是不允許匯票上有任何更改的，例如：巴西、厄瓜多爾的海關非常嚴格，規定貨載提單不能蓋更正章，這些國家的開狀銀行須於開狀時特別在信用狀上聲明匯票要禁止更改（ISBP第五十七條及五十八條），提單上若有錯誤則須重作，以免當地海關挑剔而延遲放貨。

5. 空運提單

空運提單（Airway Bill）是指承攬貨物的承運人（航空公司或其代理公司），受託運人（貨主）的要求將其貨物空運，而簽發給託運人的貨物收據。由於它不像海運提單屬於代表貨物所有權的憑證可轉讓，而為記名式、不能透過背書進行轉讓的運送單據。實務上，IATA統一格式的空運提單全套包括：正本三份、副本六至十四份。第一份正本空運提單由承運人留底，第二份正本將隨貨物一同交給收貨人，第三份正本由承運人交給託運人，託運人再攜此單至銀行辦理出口押匯。

海運提單係「認單不認人」；空運提單則相反，是「認人不認單」，只有空運提單上所記載的收貨人才有權提貨。以信用狀付款的交易時，為保貨物貨權，收貨人最好是開狀銀行，再由銀行委任進口商去提貨，確保交易安全。

五、保險單（Insurance Policy）（表11-6）

適用於海運貨物保險，又稱「海上保險單」（Marine Insurance Policy），指進出口貨物經由海洋運輸所使用的保險單證。此單據在國際貿易中是對被保險人的承保證明，規定保險人及被保險人彼此須承擔的義務及享有的權利。保單內容有投保人名稱、商品品名、嘜頭、號碼、數量、起運地、目的地、航行日期、船名、保值、保險費率等。重要特點如下：

1. 海上貨物保險一般均採要式契約，亦即契約成立應以保險單為憑證。
2. 買賣條件是CIF的條件，保險單即是必要的押匯文件之一。
3. 保險單也是各進出口單位透過銀行結匯時的單據之一。
4. 在貨物發生事故遭受損失時，此單證係為向保險人提出賠償的重要證件，也是唯一具有法律效力的證據文件。

適用於航空貨物保險，此單據在國際貿易中既是對被保險人的承保證明，也是雙方之間權利和義務的契約。在被保險貨物遭受損失時，它是被保險人向保險公司索賠的主要依據，也是保險公司理賠的主要依據。此外，各進出口單位通過銀行結匯時，它還是重要的單據之一。

六、原產地證明書（Certificate of Origin）（表11-7）

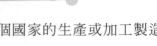

原產地證明書證明這項產品的輸出，確實屬於這個國家的生產或加工製造者，而且由於各進口國對出口國的關稅壁壘、優惠關稅或管制進口及配額限制之目的不同，要求進口商在進口報關時，一起提出原產地證明書。

1. 原產地證明書之作用
   ⑴進口稅率不同之故

   因許多國家的進口稅率分為國定稅率（National Tariff）與協定稅率（Conventional Tariff）。通常國定稅率比協定稅率高，僅適用於與輸入國訂有關稅協定之國家所生產、製造或加工的產品才適用。目前最普遍使用的是「優惠關稅產地證明書」（GSP Form A），是已開發國家進口正在開發中國家貨物時，給予關稅優惠的措施。目前臺灣是已開發國家，無法提供此證明書，僅能提供一般產地證明給國外客戶，須特別注意。

   ⑵政治經濟理由

   輸入國有時為防止貨物來自敵對國家，基於政治、軍事上的理由，或為防止外國產品傾銷及不遵守配額制度之經濟上的理由，而要求出口商提供原產地證明書以證明貨物之來源。

   ⑶貿易統計資料

   輸入國為了解貨物自何處進口，必須要求出口商出具證明產地，以作為統計與管理上的參考。

2. 檢驗證明書之作用
   ⑴保障出口貨物之品質符合國家標準，維護國家信譽，以拓展對外貿易。
   ⑵維護消費者安全，如輸往美國的電器產品須符合UL認證標準。

七、受益人證明書（Beneficiary's Certificate）（表11-8）

信用狀常有規定，受益人必須提示某種證明書，例如：有的規定受益人必須提出副本單據或一部分單據，由受益人寄送給進口商的證明書；也有擔保信用狀規定受益人憑信用狀取款時，必須提出一定內容之證明書；這種由受益人出示的證明書，就稱為受益人證明書。

八、檢驗證明書（Inspection Certificate）（表11-9）

　　檢驗證明書是證明貨物之品質、規格等符合買賣契約規定標準之文件。進口商的目的是防止出口商裝運品質不良或數量不足的貨物。目前檢驗證明書可分為下列幾種：(1)政府機構（商品檢驗局）簽發的檢驗證明書；(2)公證人、公證行（公司）簽發的檢驗證明書，又稱為獨立檢驗證明書；(3)進口商駐出口地分公司、代表或其指定代理人所簽發的檢驗證明書；(4)製造廠商簽發之檢驗證明書；(5)同業公會所簽發的檢驗證明書等五種。

九、海關發票（Special Customs Invoice）（表11-10）

　　海關發票是輸入國對輸入物品決定貨物之課稅價格，目的是防止傾銷。許多國家規定在進口報關時，須向當地海關呈驗海關發票，例如：出口加拿大、澳洲、紐西蘭及南非等國之貨品，除了提供商業發票外，尚須提出各國海關所規定的特定發票，可是根據各國的規定而有所不同，此種以輸入國海關規定特定格式發票謂之。信用狀若已要求出具海關發票，大多不會再要求提供原產地證明書，因為海關發票已具有此單據之功能了。

◎海關發票之作用

　　(1)輸入國海關查核貨物原產地及課徵關稅的依據。
　　(2)輸入國海關統計之用。
　　(3)輸入國海關查核有無傾銷或虛報價格逃漏稅之情事。

十、領事發票（Consular Invoice）（表11-11）

　　領事發票又稱領事簽證貨單，是進口國派駐出口地之領事，簽發特定官用格式的發票給出口廠商，證明所開發票內容確定是真實的證明書。海關發票和領事發票的作用大致一樣，屬於官用之發票，但不同之處在於海關發票不必送請各國領事館簽證，亦不必支付領事簽證費。

◎領事發票之作用

　　(1)輸入國海關和貿易管理當局課徵關稅及資料統計的依據。
　　(2)防止輸出國有無廉價傾銷的依據。
　　(3)證明出口商所填之貨物名稱、數量、價格及產地均確實無誤。

(4)藉簽證收取規費，作爲領事辦公費。

十一、借、貸項通知書（Debit Note/Credit Note）
（表11-12、表11-13）

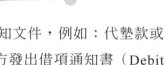

借項通知書是債權人對欠款人表示享有債權的通知文件，例如：代墊款或發票少計入金額，以致發生應收債權時，就可以向對方發出借項通知書（Debit Note），表示已將此款項列入出口帳上的借方。貸項通知書（Credit Note）是欠款人向債權人表示對其負有支付一定金額義務的通知書，亦即欠款通知書。

表11-2　匯票

Draft No-

BILL OF EXCHANGE

For_____   Taipei.

At_____ sight of this SECOND of Exchange (First the same tenor and date being unpaid) Pay to the order of **LAND BANK OF TAIWAN**

the sum of _____

_____ value received

Drawn under _____

Irrevocable L/C No._____ dated _____

TO_____

_____

A-007 87.7.1x25×1500 k（本）2-2   AUTHORIZED SIGNATURE

表11-3 商業發票

INVOICE

No. _____   Date: _____

INVOICE of _____

For account and risk of Messrs. _____

_____

Shipped by _____ Per _____

Sailing on or about _____ From _____ to _____

L/C NO. _____ Contract No. _____

Marks & Nos.	Description of Goods	Quantity	Unit Price	Amount

表11-4　包裝單

PACKING/WEIGHT LIST

No._____　　Date:

PACKING LIST of :_____　　MARKS & NOS:

For account and risk of Messrs._____

_____

Shipped by_____

Per S.S._____

Sailing on or about_____

From_____to_____

Packing No.	Description	Quantity	Net Weight	Gross Weight	Measurement

表11-5　複合運輸提單

Dispatch Services Logistics Air Ltd. As Carrier　FMC-O.T.1. LICENCE 019268N

SHIPPER/EXPORTER	COMBINED TRANSPORT BILL OF LADING (CONTINUED FROM REVERSE SIDE) NOT NEGOTIABLE UNLESS CONSIGNED "TO ORDER"

"Received for shipment in apparent good order and condition. Tems of this Bill of Lading continued on reverse side hared. IN WITNESS WHEREOF, the carier by its agents has signed three(3) original bill of Lading all of this taner and date, one of which being accomplished the others to stand void. Place and data of issue indicated below."

CONSIGNEE	
	POINT & COUNTRY OF ORIGIN
NOTIFY PARTY	DOMESTIC ROUTING/EXPORT INSTRUCTIONS/ALSO NOTIFY PARTY
PLACE OF RECEIPT	

EXPORTING CARRIER	PORT OF LOADING	
PORT OF DISCHARGE	FINAL DESTINATION*	"SUBJECT TO ALL THE TERMS AND CONDITIONS OF APPLICABLE TARIFF"

PARTICULARS FURNISHED BY SHIPPER

MARKS & NUMBERS	NO. OF PKGS.	DESCRIPTION OF PACKAGES AND GOODS	MEASUREMENT	GROSS WEIGHT

FREIGHT AND CHARGES	PREPAID	COLLECT	ADVANCE	

表11-6　運輸險保單

友聯產物保險股份有限公司
UNION INSURANCE CO., LTD.
HEAD OFFICE:12th FL. 219, Sec. 4, Chung-Hsiao E. Road, Taipei, Taiwan, R.O.C.
Taipei Tel:886(02)27765567 UNICLCO Fax:886(02)27772443
全球資訊網站 : http://www.unionins.com.tw/

Cargo

POLICY
N9.

MARINE CARGO POLICY

Claim, if any, payable in
at

ASSURED

Amount insured

Ship or Vessel	From
	To
Sailing on or about	Transhipped at
	Into

SUBJECT-MATTER INSURED

(Warranted shipped under deck unless otherwise specified or containerized shipment)
(Warranted all brand new unless otherwise specified)

Conditions
Subject to the following clauses as per back hereof:
Institute Extended Radioactive Contamination Exclusion Clause
Institute Replacement Clause (Applying to Machinery)
Cargo ISM Endorsement

Marks and Numbers as per Invoice No. specified above.

Valued at the same as Amount insured.

Place and Date signed in   on

Number of Policies issued in

☞ The Assured is requested to read this policy and if it is incorrect return it immediately for alteration.

INSTITUTE REPLACEMENT CLAUSE(applying to machinery)
In the event of loss of or damage to any part or parts of an insured machine caused by a peril covered by the Policy the sum recoverable shall not exceed the cost of replacement or repair of such part or parts plus charges for forwarding and refitting, if incurred, but excluding duty unless the full duty is included in the amount insured, in which case loss, if any, sustained by payment of additional duty shall also be recoverable
Provided always that in no case shall the liability of Underwriters exceed the insured value of the complete machine.

LABEL CLAUSE(applying to labelled goods)
In case of damage from perils insured against affecting labels only, loss to be limited to an amount sufficient to pay the cost of reconditioning, cost of new labels and relabelling the goods.

CO-INSURANCE CLAUSE(applicable in case of Co-insurance)
It is hereby understood and agreed that this Policy is issued by **UNION INSURANCE CO., LTD.** on behalf of the co-insurers who, each for itself and not one for the others, are severally and independently liable for their respective subscriptions specified in the policy

Notwithstanding anything contained herein or attached hereto to the contrary, this insurance is understood and agreed to be subject to English law and practice only as to liability for and settlement of any and all claims.

This insurance does not cover any loss or damage to the property which at the time of the happening of such loss or damage is insured by or would but for the existence of this Policy be insured by any fire or other insurance Policy or policies except in respect of any excess beyond the amount which would have been payable under the fire or other insurance policy or policies had this insurance not be effected

We, **UNION INSURANCE CO., LTD.** hereby agree, in consideration of the payment to us by or on behalf of the Assured of the premium as arranged, to insure against loss damage liability or expense to the extent and in the manner herein provided

In witness whereof, I the under signed of **UNION INSURANCE CO., LTD.** on behalf of the said Company have subscribed My Name in the place specified as above to the policies, the issued numbers thereof being specified as above, of the same tenor and date, one of which being accomplished, the others to be void, as of the date specified as above.

FOR UNION INSURANCE CO., LTD.

Frank Wang
President

IMPORTANT
PROCEDURE IN THE EVENT OF LOSS OR DAMAGE FOR WHICH UNDERWRITERS MAY BE LIABLE
LIABILITY OF CARRIERS, BAILEES OR OTHER THIRD PARTIES

Not valid unless Countersigned by _____
Marine Insurance Underwriting Dept

表11-7　產地證明書

1.Exporter's Name and Address	CERTIFICATE NO.　　　　　　　　　　Page CERTIFICATE OF ORIGIN (Issued in Taiwan) ORIGINAL
2.Importer's Name and Address	
3.Shipped on Board 4.Vessel/Flight No. 5.Port of Loading	6.Port of Discharge 7.Country of Destination

8.Description of Goods; Packaging Marks and Numbers	9.Quantity/Unit

This certificate shall be considered null and void in case of any alteration.

Certification
It is hereby certified that the goods described in this certificate originate in Taiwan.

CHANGHUA HSIEN INDUSTRIAL ASSOCIATION

Authorized signature　　　　——————————————————

表11-8　受益人證明書

BENEFICIARY'S CERTIFICATE
****

NO. :   DATE :

BUYER :

TO WHOM IT MAY CONCERN

RE : CREDIT NO. : ISSUED BY   DATED :

COMMODITY :

SHIPPED PER S.S.

　　　FROM :   TO :

　　　ON BOARD DATE :

WE HEREBY CERTIFY THAT ONE SET OF INVOICE, PACKING LIST, ONE NON-NEGOTIABLE
COPY OF BILL OF LADING AND ONE ORIGINAL CERTIFICATE OF ORIGIN HAVE BEEN SENT
BY COURIER TO THE APPLICANT -

表11-9　檢驗證明書

INSPECTION CERTIFICATE
****

TO :   DATE :
                                            NO. :

DEAR SIRS :

　　WE HEREBY CERTIFY THAT HE ACTUAL TEST RESULT OF THE AVOVE MENTIONED COMMO-
DITY ARE ALL IN GOOD CONDITION AND THE QUALITY ARE PERFECT. AND THE GOODS ARE
GOOD FOR SHIPMENT.

L/C NO. :
DATE :
COMMODITY :
PER S.S. :
FROM :
TO :
SAILING ON/ABOUT :

表11-10　海關發票

DEPARTMEMT OF THE TREASURY	SPECIAL CUSTOMS INVOICE		
1.SELLER	2.DOCUMENT NR.		3.INVOICE NR. AND DATE
	4.REFERENCES		
5.CONSIGMEE	6.BUYER		
	7.ORIGIN OF GOODS		
8.NOTIFY PARTY	9.TERMOFSALE, PAYMENT AND DISCOUNT		

10.ADDITIONAL TRANSPORTATION INFORMATION	11.CURRENCY USED	12.EXCHANGE RATE	13.DATE ORDER ACCEPTED

14.MARK AND NUMBERS ON SHIPPING	15.NUMBER OF PACKAGES	16.FULL DESCRIP-TION OF GOODS	17.QUANTITY	UNIT PRICE		20.INVOICE TOTALS
				18.HOME MARKET	19. INVOICE	

表11-11　領事發票

THE FOREIGN SERVICE
OF THE
REPUBLIC OF THE PHILIPPINES
CONSULAR INVOICE

EXPORTER/SUPPLIER _____

ADDRESS _____

CONSIGNEE _____

ADDRESS _____

PLACE OF EXPORTATION _____ PORT OF LOADING _____

PORT OF DISCHARGE _____ CARRIER _____

DATE OF DEPARTURE _____

MARK & NUMBERS	QUANTITY/TYPE OF PACKAGES	DESCRIPTION/PARTICULARS	PURCHASE PRICE	HOME CONSUMPTION VALUE

TOTAL

NATURE OF CHARGE	AMOUNT INCLUDED IN OR EXCLUDED FROM COLUMNI ABOVE	
1.Ocean Freight............ 2.Marine. Insurance Premium....................... 3.Other Charges.............. TOTAL.........................	INCLUDED	EXCLUDED

Miscellaneous information　　　　　　　CERTIFIED CORRECT

_____

Exporter/Shipper/Manufacturer/Representative

_____

(Consular Officer)

_____

(Port)

Consular Seal

表11-12　貸項通知單

CREDIT NOTE

DATE :

Messrs. :　　　　　　　　　　　　　　　　　　　　REF NO. :

We hereby advise you that we have placed the under mentioned amount to the credit of your account with us.

P.I. NO.	DESCRIPTION Q'TY	AMOUNT
The amount credited to your account		vvvvvvvvv

For

....

中譯：我們據此通知您，我們已開立給您，我方欠您下列金額的貸項清單

預估發票號碼	內容	金額
欠款總計：		

表11-13　借項通知單

DEBIT NOTE

DATE :

Messrs. :　　　　　　　　　　　　　　　　　　　　REF NO. :

We hereby advise you that we have placed the under mentioned amount to the debit of your account with us.

P.I. NO.	DESCRIPTION & Q'TY	AMOUNT
The amount debited to your account		vvvvvvvvv

For

....

中譯：我們據此通知您，我們已開立給您，您欠我方下列金額的借項清單

預估發票號碼	內容	金額
欠款總計：		

第4節　國際貿易完整交易實例演練

　　一個交易的完成，通常是買賣雙方經過一段時間的交涉才能完成，須經過詢價、報價、還價、下單、接受訂單、出貨、押匯收款等完整步驟。為了使各位更了解整個交易過程的細節及必備的相關文件，本書以實際案例說明一個交易完成所有的相關契約表如下：

　　出口商：YOGO ENTERPRISE CO., LTD.是臺灣一家專業文具用品製造商。

　　進口商：SUPERSTAR GMBH & CO.是德國文具禮品類進口商。

1. YOGO公司於1/20收到一封德國SUPERSTAR公司的詢價信函（表11-14），內容為SUPERSTAR公司詢問YOGO公司文具用品的價格。

2. YOGO公司在收到SUPERSTAR公司的詢問信之後，充分掌握時效，次日（1/21）便以傳真回覆（表11-15），並且報價（如表11-16）。

3. YOGO公司也積極在一月底寄出樣品，供SUPERSTAR公司確認。SUPERSTAR公司隨即在3/15下單（表11-17）。

4. YOGO公司立刻於3/16發出預估發票（表11-18）。

5. 3/20 SUPERSTAR公司向其當地的銀行申請開信用狀，所以YOGO公司於3/21收到信用狀一紙（表11-19）。

6. 出口商YOGO如期於五月初完成貨物之後便準備出貨，也依照信用狀上的規定準備出貨文件，以便貨物裝船後，可連同信用狀一起至銀行押匯。所有的出貨文件包括：商業發票（表11-20）、包裝單（表11-21）、提單（表11-22）、海運保險單（表11-23）、受益人證明書（表11-24）、檢驗證明書（表11-25）、產地證明書（表11-26）等。

隨後附各表格的中文翻譯以供參考。

表11-14　詢價信

SUPERSTAR　GMBH & CO.

Super star

Mathildenstrage 11123, D-28970, Bremen. Germany

Tel: 453 7127120/21　Fax: 453 7127990　e-mail: zara@superstar.de

DATE: JAN. 20, 20-
T　O: YOGO ENTERPRISE CO., LTD.
ATTN: EXPORT MANAGER

Dear Sirs/Madam,

We have obtained your company details from internet and had visited your web site, we are pleased to know that you are a leading manufacturer and exporter of various kind of stationery.

Please allow us take this opportunity to make a short introduction of our company to you. We, Superstar GmbH Co, began operation in 1959. We are basically a wholesale company, mainly trading in stationary and giftware, and other various products. We also have our own chain stores all over the Europe.

We have recently received many inquiries from the shops here asking about your products. Please offer us your most competitive prices on CIF European main port based on the following:

Commodity: Punch
Quantity: 1,000/pcs, 4,000/pcs, 10,000/pcs

Please send me your photo offer along with payment, packing,etc. We also would like to ask a sample for quality approval.

I hope that we will establish a good business relationship with your company and Wish to bring profits for both sides.

Yours truly,

Alison Smith

....
Alison Smith/SALES MANAGER

（表11-14　詢價信中譯）

敬啟者：

　　我們從網路上得知貴公司的詳細資料，也已經參觀過貴公司的網站，非常高興得知貴公司是製造及出口各種不同文具用品的專業製造商。

　　容我們簡單地向您介紹本公司的概況。我們自1959年起便開始從事有關文具及禮品的批發及其他產品，我們的連鎖店遍及了整個歐洲地區。

　　最近此地的連鎖店跟我們詢價有關貴公司的產品，請提供我們下列產品最具競爭力的CIF價格：

　　產品：打孔機
　　數量：1,000/pcs, 5,000/pcs, 10,000/pcs

　　請寄給我們您的產品圖片報價及付款條件、包裝等相關資料，也請寄一個樣品供我方確認品質。

　　希望我們能建立良好的商業關係，並帶給彼此利益。

表11-15　詢價回覆函

YOGO ENTERPRISE CO., LTD.

NO. 53, Sec. 1, Chung-Cheng RD, Chang-Hwa, City, Taiwan R.O.C.
TEL: 886-4-7122222 FAX: 886-4-7122223 E-mail:monicalee@msa.hinet.net

FAX MESSAGE

T   O: SUPERSTAR GMBH & CO.　　　　DATE: JAN. 21, 20--
ATTN: MR. ALISON SMITH　　　　　　FAX NO.:002-49-553-712799

Dear Mr. Alison Smith,

RE: YOUR INQUIRY OF Jan. 20, 200--

Many thanks for your inquiry and we are glad to learn that you
are interested in our products.

YOGO ENTERPRISE CO., LTD. has been a leading manufacturer
& export of stationery since 1980. we have been producing a wide
range of stationery such as punch, stapler, pencil sharpener, knife,
tracker, tape dispenser etc. we are a specialist of stationery & office
supplies, all of them can be size/style to order. OEM & ODM are
welcomed to be requested.

Attached please find our quotation, we have already dispatched the
latest catalogues by airmail for your reference as well. Please comment .
If you have any question, please free to contact us in any time.

Looking forward to hearing from you soon!

B. RGDS,

....
Monica Lee/Sales manager

(表11-15　詢價回覆函中譯)

親愛的 Alison Smith 先生，

非常感謝您的詢問，我們很高興得知您對我們產品的喜愛。

YOGO公司從1980年開始製造及出口文具用品，生產各式各樣的文具用品，像是打孔機、釘書機、削鉛筆機、小刀、膠帶切割臺等。我們是辦公室及文具用品的專業製造商，所有產品都能根據您所需要的規格大小而訂做，同時我們也具備OEM與ODM的能力，如有任何需求，歡迎詢問。

我方的報價單隨信附上，另外本公司最新的目錄已用航空郵件寄出供您參考，請告知您寶貴的意見，假如您有任何問題，可隨時與我們聯繫。

期待儘快獲得您的回覆。

表11-16　報價單

YOGO ENTERPRISE CO., LTD.

NO. 53, Sec. 1, Chung-Cheng RD, Chang-Hwa, City, Taiwan R.O.C.
TEL: 886-4-7122222 FAX: 886-4-7122223 E-mail:moniclee@msa.hinet.net

QUOTATION

Messrs: SUPERSTAR GMBH & CO.　　　　　　　Date: JAN. 21, 20--

T.O.T.: CIF HAMBURG PORT, GERMANY　　　Ref No: QUO-01023
PAYMENT: By irrevo. L/C at sight in our favor or T/T before shipment.
SHIPMENT: Within 30 days upon receipt of your L/C or 30% deposit by T/T.
MINIMUM: 200/pcs for each model and not less than US$6000.- per shipment.
PACKING: By standard export packing with sea worth.
VAILDITY: Within 90 days from the date we quoted.
REMARK: This offer is based on our own design and standard packing.
　　　　　Customized products and logo will be on buyers' account.

Model	Description & Specification	Packing	Q'ty	Unit Price
Stationery				
7205.565	2-hole Punch Capacity: 150 sheets Color: black, red, blue	1pc/inner box 12pcs/CTN/1.77' 16.8kgs/19.4kgs	1000/pcs 4000/pcs 10000/pcs	US$3.20/PC US$2.70/PC US$2.50/PC
7305.595	3-hole Punch Capacity: 100 sheets Color: black, red, blue	1pc/inner box 12pcs/CTN/1.77' 16.8kgs/19.4kgs	1000/pcs 4000/pcs 10000/pcs	US$3.10/PC US$2.60/PC US$2.40/PC

B. RGDS,
YOGO ENTERPRISE CO., LTD.

....
Monica Lee/sales manager

（表11-16　報價單中譯）

價格條件：CIF漢堡，德國。

付款條件：即期不可撤銷信用狀或裝船前電匯付款。

裝船方式：在收到L/C後30天內或電匯付30%的保證金。

最低訂量：每一種型號200/pcs且每次出貨金額不得低於6,000美元。

包裝條件：適合海運的標準出口包裝。

有效期限：報價後90天內有效。

備　　註：此報價以我們標準的包裝及式樣設計為準，客戶要求的包裝及品牌式樣設計須
　　　　　自付額外相關費用。

型號	品名及規格	包裝	數量	單價
文具用品				
7205.565	二孔打孔機 容量：150張 顏色：黑、紅、藍	1pc/內盒 12pcs/外箱/1.77材 16.8kgs/19.4公斤	1,000/個 4,000/個 10,000/個	美金3.20元/個 美金2.70元/個 美金2.50元/個
7305.590	三孔打孔機 容量：100張 顏色：黑、紅、藍	1pc/內盒 12pcs/外箱/1.77材 16.8kgs/19.4公斤	1,000/個 4,000/個 10,000/個	美金3.10元/個 美金2.60元/個 美金2.40元/個

表11-17　訂單

SUPERSTAR　GMBH & CO.

Mathildenstrage 11123, D-28970, Bremen. Germany

Tel: 453 7127120/21　Fax　453 7127990　e-mail: zara@superstar.de

PURCHASE ORDER

T　O: YOGO ENTERPRISE CO., LTD.　　FROM: ALISION SMITH
ATTN: MISS MONICA LEE　　　　　　DATE: MAR. 15, 20—

Please enter our following Purchase order: 533333

Article No.	Description	Quantity	U/P	Amount
7205.565	2-HOLE PUNCH	4,512PCS	US$2.70/PC	US$12,182.40

TOTAL AMOUNT:		4,512PCS		US$12,182.40

CONDITIONS:

1. T.O.T.: CIF Hamburg port, Germany.
2. Time of shipment: By the early of May.
3. Destination: Hamburg port, Germany.
4. Packing: Not to be caused any damaged/scratched during transportation.
5. Quality as per sample submitted to buyer on the end of Janurary.
6. Shipping mark:　　ARTICLE NUMBER:7205.565
   　　　　　　　　　CONTRACT NUMBER: 533333
   　　　　　　　　　PACKAGE NO.: 1~up
   　　　　　　　　　TOTAL NUMBER OF PACKAGES
   　　　　　　　　　G.W.:　　KGS
   　　　　　　　　　N.W.:　　KGS
   　　　　　　　　　MADE IN TAIWAN

Confirmed by:

....
(Buyer) Alison Smith
SALES MANAGER

（表11-17 訂單中譯）

型號	品名種類	數量	單價	金額
訂單號碼：533333				
7205.565	二孔打孔機	4,512個	每個2.70美元	12,182.40美元
總計：		4,512個		12,182.40美元

交易條件：

1. 報價條件：CIF漢堡港，德國
2. 裝船時間：5月初
3. 目的港：漢堡港，德國
4. 包裝：運輸時不得有任何損害/刮傷
5. 貨物的品質跟在一月底前提交給買主的樣本品質一致
6. 嘜頭：貨品號碼：7205.565
　　　　契約號碼：533333
　　　　箱號：從第一箱開始編起
　　　　總箱數：
　　　　毛重：○○○公斤
　　　　淨重：○○○公斤
　　　　臺灣製造

　　　　確認訂單者：

　　　　.....................................
　　　　（買主）Alison Smith
　　　　SALES MANAGER

表11-18　預估發票

YOGO ENTERPRISE CO., LTD.

NO. 53, Sec. 1, Chung-Cheng RD, Chang-Hwa, City, Taiwan R.O.C.
TEL: 886-4-7122222 FAX: 886-4-7122223 E-mail:moniclee@msa.hinet.net

PROFORMA INVOICE

Messrs.: SUPERSTAR GMBH & CO.　　　　　DATE: MAR. 16, 20--
　　　　MATHILDENSTRAGE 11123, D-28970,　P. I. NO. 533333
　　　　BREMEN, GERMANY
　　　　TEL: 543-712712/13　　　　　　　*SHIPPING MARK*
　ATTN: MR. ALSION SMITH　　　　　　**ARTICLE NUMBER:75205.565**
　　　　　　　　　　　　　　　　　　CONTRACT NUMBER: 533333
　　　　　　　　　　　　　　　　　　PACKAGE NO.: 1 ~ UP
　　　　　　　　　　　　　　　　　　G.W.:　　KGS
　　　　　　　　　　　　　　　　　　N.W:　　KGS
TERMS　: CIF HAMBURG, GERMANY　　MADE IN TAIWAN
SHIPMENT: By May 01, 20--.
　　　　　(L/C must reach seller before the end of March.
PAYMENT : By irrevo. L/C at sight in our favor.
PACKING : By standard export carton with sea worth.
REMARK : 1. Quality as per sample submitted to buyer on then end of January.
　　　　　2. Please sign and return by fax for confirmation of the order.

Item No.	Description	U/Price	Quantity	Amount
STATIONERY & OFFICE SUPPLIS				
7205.565	2-HOLE PUNCH	US$2.70/PC	4,512 PCS	US$12,182.40
TOTAL:			4,512 PCS	US$12,182.40
			VVVVVV	VVVVVVVV

SAY TOTAL U. S. DOLLARS TWELVE THOUSAND ONE HUNDRED EIGHTY-
TWO AND FORTY CENTS ONLY.

Accepted by:　　　　　　　　　YOGO ENTERPRISE CO., LTD.

....　　　　　...............................

Authorized Signature　　　**Monica Lee**

Advising bank:
FIRST COMMERCIAL BANK, TAICHUNG BRANCH
ADD,: NO. 144, SEC. 1, TZU-YU ROAD TAICHUNG, TAIWAN R.O.C.
SWIFT ADDRESS: FCBKTWTP
TELEX: 11310 FIRSTBK
NAME OF A/C: YOGO ENTERPRISE　　A/C NO.: 143-300-003900

（表11-18　預估發票中譯）

買主：SUPERSTAR GMBH & CO.

嘜頭
貨品號碼：7205.565
契約號碼：533333
包裝編號：1～188
總包裝號碼
毛重：　　公斤
淨重：　　公斤
臺灣製造

條件：CIF漢堡，德國
裝船日期：XX年5月1日
付款條件：不可撤銷即期信用狀
包裝條件：適合海運的標準包裝
注意事項：1. 品質同一月底寄的樣品一致
　　　　　2. 以傳真方式簽回確認訂單

型號	品名	單價	數量	總計
文具及辦公室用品				
7205.565	二孔打孔機	每個2.70美元	4,512個	12,182.40美元
總計：			4,512個	12,182.40美元
			VVVVVV	VVVVVVVVV

壹萬貳仟壹佰捌拾貳美元肆角整

接受者：　　　　　　　　　　　　YOGO公司
....　　　　　　........................
Authorized Signature　　　　　　Monica Lee

通知銀行：第一商業銀行，臺中分行
地　　址：臺灣臺中市自由路一段144號
電匯號碼：11310第一商業銀行
環球銀行財務通訊系統號碼：FCBKTWTP
帳戶名稱：YOGO企業有限公司
帳號：143-300-003900

表11-19 信用狀

```
TELEX: 14310 FIRSTBK
P. O. 395 TAIPEI          FIRST COMMERCIAL BANK
SWIFT FCBKTWTP              HEAD OFFICE
信用狀查詢專線          TAIPEI, TIAWAN, R. O. C.
(04)2233611
臺中市自由路一段 144 號                    DATE: MAR. 21, 20--
                     Our advice No.:                      002401-0631
Beneficiary
YOGO ENTERPRISE CO., LTD
NO. 53, SEC. 1, CHUNG-CHENG RD,
CHANG-HWA CITY, TAIWAIN R. O. C.
```

OSN: ___371257___ PAGE: _1_

DEAR SIRS;

WITHOUT ANY RESPONSIBILITY OR ENGAGEMENT ON OUR PART, WE HAVE THE PLEASURE OF ADVISING YOU THAT WE HAVE RECEIVED AN AUTHENICATED SWIFT MESSAGE FROM HYVEDEMMA435 (BAYERISCHE HYOP-UND VEREINSBANK AG. – HYPOVEREINSBANK LINDAU) READING AS FOLLOWS: QUOTE

MT700 ISSUE OF A DOCUMENTARY CREDIT

F01FCBKTWTPA4014292371257

07001427020320HYVEDEMMA43519063079430203202127N

27 (SEQUENCE OF TOTAL): 1/1

40A (FORM OF DOCUMENTARY CREDIT): IRREVOCABLE TRANSFERABLE

20   (DOCUMENTARY CREDIT NUMBER): 0335AIO200051

31C (DATE OF ISSUE): --0320

31D (DATE OF PLACE OF EXPIRY): 020527TAIWAN

50 (APPLICANT): SUPERSTAR GMBH & CO.
        MATHILDENSTRAGE 11123, D-28970, BREMEN,GERMANY

59 (BENEFICIARY): YOGO ENTERPRISE CO., LTD.
            NO. 53, SEC. 1, CHUNG-CHENG RD, CHANG-HWA CITY,
            TAIWAIN R.O.C.

32B (CURRENCY CODE, AMOUNT): USD12,182.40

39A (PERCENTAGE CREDIT AMOUNT TOLERANCE): 01/01

41D (AVAILABLE WITH ...BY...): ANY BANK BY PAYMENT

42C (DRAFTS AT .....): NO DRAFTS REQUIRED AT SIGHT

42D (DRAWEE): OURSELVES

43P (PARTIAL SHIPMENT): NOT PERMITTED.

43T (TRANSHIPMENT): PERMITTED.

44A (LOADING ON BOARD/DISPATCH/TAKING IN CHARGE AT/FROM...)
   TAICHUNG AND/OR ANY PORT IN TAIWAN

44B FOR TRANSPORTATION TO ...):
   HAMBURG AND/OR ANY EUROPEAN MAIN PORT

44C (LATEST DATE OF SHPMENT): 020506

45A (SHIPMENT (OF GOODS)): 2-HOLE PUNCH, ARTICLE NO. 7205.565
        4,512 PCS AT USD2.70 P.P. AS PER CONTRACT NO.
        533333 TOTAL USD12,182.40
        CIF HAMBURG PORT, GERMANY

TELEX: 14310 FIRSTBK
P.O. 395 TAIPEI
SWIFT FCBKTWTP
信用狀查詢專線
(04)2233611
臺中市自由路一段 144 號

FIRST COMMERCIAL BANK
HEAD OFFICE
TAIPEI, TIAWAN, R. O. C.

DATE: MAR. 21, 20--
Our advice No.:

002401-0631

Beneficiary
YOGO ENTERPRISE CO., LTD
NO. 53, SEC. 1, CHUNG-CHENG RD,
CHANG-HWA CITY, TAIWAIN R.O.C.

OSN: __371257__ PAGE: _2

46A (DOCUMENTS REQUIRED):
 1. COMMERCIAL INVOICE IN TRIPLICATE
 2. PACKING LIST IN TRIPLICATE
 3. 3/3 CLEAN SHIPPED ON BOARD BILLS OF LADING, MADE OUT TO ORDER OF APPLICATNT WITH
    FULL NAME AND ADDRESS, MARKED'FREIGHT PREPARED'
    AND PLACE OF DELIVERY 'MVN NEUENDORF'
 4. BENEFICIARY'S SIGNED STATEMENT CERTIFYING THAT ONE SET OF INVOICE, PACKING LIST, ONE
    NON-NEGOTIABLE COPY OF BILL OF LADING AND ONE ORIGINAL CERTIFICATE OF ORIGIN HAVE
    BEEN SENT BY COURIER TO THE APPLICANT.
 5. INSURANCE POLICY OR CERTIFICATE IN TRIPLICATE FOR FULL INVOICE VALUE
    PLUS 10% WITH CLAINS PAYABLE IN GERMANY IN THE SAME CURRENCY AS THE COMMICAL
    INVOICE, COVERING MARINE, AS PER INSTITUTE CARGO CLAUSES A (ICCA).
 6. INSPECTION CERTIFICATE AND/OR INSPECTION REPORT
 7. CERTIFICATE OF TAIWANESE ORIGIN, (NOT FORM A), ISSUED OR LEGALIZED BY A
    COMPETENT AUTHORITY, IMPORTING COUNTRY: GERMANY
    AND/OR SHIPMENT RELEASE ISSUED BY MIGROS (HONG KONG) LTD.
47A(ADDITIONAL CONDITIONS:
 1. THIRD PARTY INVOICE OR SHIPPER IS ACCEPTABLE.
 2. CONTENT OF CERTIFICATE OF TAIWANESE ORIGIN, OTHER THAN DESCRIPTIONS OF PRODUCTS
    CAN DIFFER FROM OTHER DOCUMENTS
 3. FORWARDER'S B/L OR HOUSE B/L IS ACCEPTABLE.
 4. CONTENT OF WEIGHT AND MEASUREMENT SHOWN ON B/L CAN DIFFER FROM PACKING LIST TO A
    MAXIMUM OF 5 PCT.
 5. COPY OF INSPECTION CERTIFICATE AND/OR SHIPMENT RELEASE AND/OR INSPECTION REPORT
    ISSUED BY MIGROS (HONG KONG) LTD. IS ACCEPTABLE.
 6. 1 PERCENT DIFFERENCE IN QUANTITY/AMOUNT IS ACCEPTABLE.
    PLEASE SEND THE DOCUMENTS IN ONE SET TO US BY COURIER.
    OUR ADDRESS: BAYERISCHE HYPO – UND VEREINSBANK AG
                 ZEPPELINSTRASSE 2, D-88131 LINDAU/GERMANY
    AT PRESENTATION OF DOCUMENTS WITH DISCREPANCIES WE CHARGE A RESPECTIVE
    COMMISSION.
71B (CHARGES): ALL COMMISSIONS AND CHARGES ARISING UNDER THIS CREDIT ARE TO BE BORNE BY
               BENEFICARY EXCEPT OURS.
48 (PERIOD FOR PRESENTATION): 21 DAYS AFTER SHPMETN DATE AS PER TRANSPORT DOCUMENTS.
49 (INSTRUCTIONS TO THE NEGOTIATIONG BANK): UPON RECEIPT OF CREDIT CONFIRM DOCUMENTS
               WE SHALL COVER YOU ACCORDING TO YOUR INSTRUCTIONS AND AS PER THE L/C-
               TERMS.
57D ("ADVISE THROUGH: BANK) : FIRST COMMERCIAL BANK, TAICHUN BRANCH
     NO. 144, SEC. 1, TZU-YU ROAD TAICHUNG, TAIWAN R.O.C.
72 (BANK TO BANK INFORMATION): /PHONBEN/-MAC:BF00EDEE
CHK:AF3C23F43DFF

（表11-19　信用狀中譯）

敬啟者：

就我們而言，在不負任何義務或保證情況之下，據此榮幸地通知貴方，我們已從 HYVEDEMMA435（BAYERISCHE HYOP-UND VEREINSBANK AG. – HYPOVEREINSBANK LINDAU）收到一份正本swift電文，相關內容如下：

引文

MT700 跟單信用狀之開狀

27	（合計次序）：1/1全一張信用狀
40A :	（信用狀類別）：不可撤銷，可轉讓信用狀
20	（信用狀號碼）：0335AIO200051
31C	（開狀日期）：XX年3月20日
31D	（信用狀有效期限）：XX年5月27日　臺灣
50	（申請公司）：SUPERSTAR GMBH & CO.
	MATHILDENSTRAGE 11123, D-28970, BREMEN, GERMANY
59	（受益人）：YOGO ENTERPRISE CO., LTD.
	NO. 53, SEC. 1, CHUNG-CHENG RD, CHANG-HWA CITY, TAIWAIN R.O.C.
32B	（信用狀金額）：USD12,182.40
39A	（信用額度容許百分比）：01/01
41D	（指定受理銀行及受理方式）：任何銀行均可受理，直接付款方式
42C	（匯票需求及期限……）：不需匯票
42D	（付款人）：開狀銀行自己付款
43P	（分批裝運）：禁止
43T	（轉運）：允許
44A	（裝船地港口）：臺中港或任何臺灣港口
44B	（卸貨港）：漢堡或任何歐洲港口
44C	（貨物最遲裝運日期）：XX年5月6日
45A	（貨物內容）：二孔打洞機，型號：7205.565
	共4,512 PCS　單價USD2.70　如合約號碼533333
	總金額USD12,182.40，CIF漢堡或任何歐洲港口
46A	（應提示的單據）：

1. 商業發票三份。

2. 包裝單三份。

3. 全套清潔裝船提單，受貨人由申請人指示，並載明申請人全名、地址，並註明。

4. 「運費已付」及交貨地點是「MVN NEUENDORF」。

5. 受益人證明書，證實已將一整套的文件，包括發票、包裝單、副本提單一份、正本的原產地證明書以快遞寄給申請人。

6. 保險證明書一式三份，保額為商業發票金額加一成，保險理賠地點可於德國請求支付，賠款幣別同發票幣別，海運保險種類為協會貨物A條款。

7. 檢驗證明書及/或檢驗報告。

8. 臺灣原產地證明書（非優惠關稅證明FORM A），此證明書由具有公信力的合法單位出具，進口國家是：德國。貨物由MIGROS (HONG KONG) LTD.放行。

47A（特別條款）：

1. 接受第三者的發票或出貨人。

2. 臺灣原產地證明書的內容，只有產品的敘述可以和其他文件不同。

3. 可接受船務代理人的提單或分提單。

4. 提單上所示的重量及體積容許跟包裝單上所記載最多有5%的差異。

5. 可接受由MIGROS（HONG KONG）LTD.出具的副本檢驗證明書及交貨放行單，或檢驗報告。

6. 數量及金額可容許有1%的差異。

　　請以快遞將文件寄給本行

　　本行住址:BAYERISCHE HYPO－UND VEREINSBANK AG

　　　　　　　　ZEPPELINSTRASSE 2, D-88131 LINDAU/GERMANY

　　如果提示的文件有瑕疵，我們將扣瑕疵費

71B　　（費用）：除了我們本身需付的費用外，其他所有的銀行費用將由受益人負擔。

48　　　（提示文件的期限）：以出貨單據日起21天內。

49　　　（對押匯銀行的指示）：俟收到與信用狀規定相符之文件後，本行將根據貴行指示及信用狀規定，將款項支付貴行。

57D　　（通知銀行）：第一商業銀行，臺中分行：臺中市自由路一段144號

72　　　（發電人給收電人的資料）：/PHONBEN/-MAC:BF00EDEE

CHK:AF3C23F43DFF

表11-20　商業發票

YOGO ENTERPRISE CO., LTD.
NO. 53, Sec. 1, Chung-Cheng RD, Chang-Hwa, City, Taiwan R. O. C.
TEL: 886-4-7122222 FAX: 886-4-7122223

COMMERCIAL INVOICE
=========================

NO. 02/INV-177   DATE: MAY 02, 20—
INVOICE OF: STATIONERY & OFFICE SUPPLIES
FOR ACCOUNT AND RISK OF MESSRS.: SUPERSTAR GMBH & CO.
                        MATHILDENSTRAGE 11123, D-28970,
                        BREMEN, GERMANY
SHIPPED BY: YOGO ENTERPRISE CO., LTD.   P E R: HYUNDAI STRIDE V. 046W
SAILING ON OR ABOUT   MAY 05 20--   FROM: KEELUNG PORT IN TAIWAN
L/C NO. 0335AI0200051   DATED: --0320   TO: HAMBURG PORT, EUROPE

MARK & NOS.	DESCRIPTION OF GOODS	QUANTITY	UNTI PRICE	AMOUNT S
	STATIONAERY & OFFICE SUPPLIES CIF HAMBURG PORT, GERMANY			
	AS PER CONTRACT NO. 533333			
	TOTAL US$12,182.40			
	P/O NO 533333			
	2-HOLE PUNCH,			
	ARTICLE NO. 7205.565,			
	4,512PCS AT USD2.7P.P.	4,512 PCS	US$2.70	US$12,182.40
TOTAL:		4,512 PCS		US$12,182.40
		VVVVVV		VVVVVVVVV

SAY TOTA U.S. DOLLARS TWELVE THOUSAND ONE HUNDRED EIGHTY-TWO
AND FORTY CENTS ONLY.
DRAWN UNDER: BAYERISCHE HUPO-UND VEREINSBANK AG-
HYPOVEREINSBANK LINDAU
L/C NO. 0335AI0200051   DATED: --0320

MARKS & NOS.
=========================

ARTICLE NUMBER:7205.565
CONTRACT NUMBER: 533333
PACKAGE NO.: 1~188
TOTAL NUMBER OF PACKAGES
G.W.:   KGS
N.W.:   KGS
MADE IN TAIWAN

YOGO ENTERPRISE CO.,

....

（表11-20　商業發票中譯）

發票號碼：02/INV-177			日期：xx年5日02日
貨物名稱及數量：文具及辦公用品			
買主：SUPERSTAR GMBH & CO.			
MATHILDENSTRAGE 11123,			
D-28970, BREMEN, GERMANY			
出貨人：YOGO 公司		船名：HYUNDAI STRIDE V.046W	
啓航日期：20--年5月5日		裝貨地：臺灣，基隆港口	
信用狀號碼：0335AI0200051　　開狀日：3月20日		卸貨地：歐洲，漢堡港口	

嘜頭及件號　貨物名稱及內容	數量	單價	總計
文具及辦公用品			CIF 漢堡港口，德國
如同合約編號533333			
合計12,182.40美元			
訂單號碼533333			
二孔打孔機			
型號：7205.565			
數量共4,512個，每個2.70美元	4,512個	2.70美元	12,182.40美元
總計：	4,512個		12,182.40美元
	VVVVV		VVVVVVVV

壹萬貳仟壹佰捌拾貳美元肆角整（總金額以大寫表示，若小寫金額與大寫不同時，應以大寫為主）。

貨款清償方法：根據『BAYERISCHE HUPO-UND VEREINSBANK AG-HYPOVEREINSBANK LINDAU』所簽發的信用狀請求押匯。

信用狀號碼：0335AI0200051　　開狀日期：3月20日

貨品號碼：7205.565

契約號碼：533333

箱號：1～188

總箱數

毛重：　　公斤

淨重：　　公斤

臺灣製造

表11-21　包裝單

YOGO ENTERPRISE CO., LTD.
NO. 53, Sec. 1, Chung-Cheng RD, Chang-Hwa, City, Taiwan R. O. C.
TEL: 886-4-7122222 FAX: 886-4-7122223

PACKING LIST
========================

NO. 02/INV-177   DATE: MAY 02, 20—
PACKING LIST OF: STATIONERY & OFFICE SUPPLIES
FOR ACCOUNT AND RISK OF MESSRS.: SUPERSTAR GMBH & CO.
　　　　　　　　　　　　　　　　MATHILDENSTRAGE 11123,
　　　　　　　　　　　　　　　　D-28970, BREMEN, GERMANY
SHIPPED BY: YOGO ENTERPRISE CO., LTD.   P E R: HYUNDAI STRIDE V. 046W
SAILING ON OR ABOUT   MAY 05 20--   FROM: KEELUNG PORT IN TAIWAN
L/C NO. 0335AI0200051   DATED: --0320   TO: HAMBURG PORT, EUROPE

Packing No.	Description of goods	Quantity	N. W. (KGS)	G. W. (KGS)	MEAS'(CBM)
	STATIONAERY & OFFICE SUPPLIES				
	AS PER CONTRACT NO. 533333				
	TOTAL USD12,182.40				
1~188	P/O NO 533333				
	2-HOLE PUNCH,				
	ARTICLE NO. 7205.565, @ 24 PCS	@16.80 KGS	@19.40 KGS	@0.05	
	4,512PCS AT USD2.7P. P. 4,512 PCS	3,158.40 KGS	3,647.20 KGS	9.40	

TOTAL: 188 CTNS   4,512 PCS 3,158.40 KGS 3,647.20 KGS 9.40CBM
　　　　　　　　　　　　 VVVVVV VVVVVVVV VVVVVVVV VVVV

　　　　　SAY TOTAL ONE HUNDRED EIGHTY-EIGHT CARTONS ONLY.

MARKS & NOS.
========================
ARTICLE NUMBER: 7205.565
CONTRACT NUMBER: 533333
PACKAGE NO.: 1~188
TOTAL NUMBER OF PACKAGES
G.W.:   KGS
N.W.:   KGS
MADE IN TAIWAN

YOGO ENTERPRISE CO., LTD.

....

（表11-21　包裝單中譯）

發票號碼：02/INV-177			日期：xx年5月02日	
貨物名稱及數量：文具及辦公用品				
買主：SUPERSTAR GMBH & CO.				
MATHILDENSTRAGE 11123,				
D-28970, BREMEN, GERMANY				
出貨人：YOGO 公司			船名：HYUNDAI STRIDE V.046W	
啟航日期：20--年5月5日			裝貨地：臺灣，基隆港口	
信用狀號碼：0335AI0200051　　開狀日：3月20日			卸貨地：歐洲，漢堡港口	

箱號	貨物名稱及規格	數量	淨重	毛重　體積（立方尺）
	文具及辦公用品			CIF 漢堡港口，德國
	如同合約編號533333			
	合計12,182.40美元			
1～188	訂單號碼533333			
	二孔打孔機，型號：7205.565			
	數量共4,512個	@24個	@16.80公斤	@19.40公斤　　@0.05
	每個2.70美元	4,512個	3158.40公斤	3647.20公斤　　9.40
		4,512個	3,158.40公斤	3,647.20公斤　　9.40
		VVVVV	VVVVVVV	VVVVVV　　VVVVV

共壹佰捌拾捌箱整

貨品號碼：7205.565

契約號碼：533333

箱號：1～188

總箱數

毛重：　　公斤

淨重：　　公斤

臺灣製造

表11-22　海運提單

BILL OF LADING

For combined transport or port to port shipment

DANMAR LINES

Registurard Office: Danmar Lines Ltd, P.O. Box 2651, 4002 basol (Switzerland)

SHIPPER		
YOGO ENTERPRISE CO., LTD. NO.53, SEC.1, CHUNG-CHENG RD, CHANG-HWA, CITY, TAIWAN R.O.C.	Document No. TPE/523173	Bill of lading number TPE055073
	Export references	

CONSIGNEE (not negotiable unless consigned to order) TO ORDER OF 　SUPERSTAR GMBH&CO. 　MATHILDENSTRAGE 11123, D-28970, 　BREMEN,GERMANY	Forwarding agent – references (complete name and address) DANZAS AEI OCEAN SERVICES (TAIWAN) LTD. 3 RD FLOOR, NO .42 CHI NAN ROAD, SECTION 2 TAIPEI, 100　TAIWAN　ACN 002 636 124
NOTIFY PARTY 　SUPERSTAR GMBH&CO. 　MATHILDENSTRAGE 11123, D-28970, 　BREMEN,GERMANY	Unless marked "NON NEGOTIABLE/Express Bill", one original Bill Of lading must be surrendered duly endorsed in ex change in for the goods or delivery order. For the release of goods apply to: DANZAS AG-ZRH FRACHT WEST CH-8058 ZURICH AIRPORT 　　　　SWITZERLAND TEL.　: 41 829 52 00 FAX　: 41 829 52 52

Pre-carriage by	Place of by pre-carrier KEELUNG PORT***	
Vessel/Voy,no. 046W HYUNDAI STRIDE	Port of loading KEELUNG PORT***	On carriage to **EUROPE ***TAIWAN
Port of discharge HAMBURG PORT* *	Place of delivery by on-carrier MVN NEUENDORF	

Marks & Numbers.	Number of Container(s)or pkgs	Kind of packages-descriptions of goods	Gross weight In kilo's	Measurement In cubic metres
*** AS PER ATTACHED SPECIFICATION ***			3647.20	9.423

ON BOARD DATE: 05 MAY 20--　　PLACE OF DELIVERY　'MVN NEUENDORF'
SO/8689　CFS/CFS
SAY TOTAL ONE HUNDRED EIGHTY EIGHT (188)　CTNS ONLY
*** FREIGHT PREPARED ***

COPY NOT NEGOTIABLE

Loaded into container No　HDMU2189641　　89C744938		ABOVE PARTICULARS AS DECLARED BY SHIPPER
Total number of Container(s) or Pkgs 188	Freight payable by DESTINATION	Excess Value Declaration: Refer to Clause 14.3 and 14.4 on reverse side

Freight and charges	Quantity based on		Rate	Per	Prepaid	Collect
		TOTAL			USD	USD

IN Witness whereof the number of the original Bills of Landing stated below all of this tenor and date has been signed, one of which being accomplished , the other(s) to stand void.	Place of B(S)/L issue TAPEI	Dated 5/05/--
Number of original B(S)/L 3 / THREE	DANZAS AEI Ocean Service（TAIWAN）LTD As agents for the Carrier DANMAR LINES　Copy 　　　　　NOT NEGOTIABLE

高 笠 通 運 股 份 有 限 公 司
台北市濟南路 2 段 42 號 3 樓　海攬（其）字第 485 號

(表11-22　海運提單中譯)

出貨人之公司名稱及地址		文件號碼	提單號碼	
		出口參考資料		
受貨人之公司名稱及住址		代理商之公司名稱及住址（臺灣）		
被通知人之名稱及住址		海運公司之公司名稱及住址、電話（瑞士）		
Pre-carriage by	裝貨地 臺灣基隆港			
船名、船籍及航次	裝貨港口 臺灣基隆港	貨到地點 　歐洲		
卸貨港	交貨地點 MVN NEUENDORF			
嘜頭及件數	包裝件數及公斤數	貨物品名及規格	毛重	尺寸/體積/立方呎
***　如附件規格　***				
裝船日期：5月5日　　　　　　　　交貨地點：　　MVN NEUENDORF SO/8689　　　CFS/CFS　（併櫃） （共188箱） ***　運費已付*** 貨櫃號碼：HDMU2189641　　　　　89C744938				
總件數 188	運費付方： 臺灣基隆	超過價值宣告：參考背面條款14.3及14.4		
海運費及費用	數量	匯率 TOTAL	Per	已付 USD	待付 USD
		Number of original/B(S)/L 提單的份數		Place of B(S)/L issue 提單之發行地	Dated 有效日期

表11-23　海運水險保單

蘇黎世產物保險股份有限公司
ZURICH INSURANCE (TAIWAN) LTD.
NO. 66, Tun Hwa North Road, Taipei, Taiwan
Tel(02)27316300 Fax:886-2-27416004
財政部核發營業執照號數: 營業登記台保更字第○二○二號

MARINE CARGO POLICY

POLICY NO. 3090-03746628-00021-CGC

Claim, If any, payable at/in U.S. Currency
at Germany
Claim Agent:
ZARA GMBH & CO.
FREIWEIDE 15 . D-21008 BORNSEN
GERMANY
TEL(040)7627894 FAX(040) 7627895

ASSURED:
MESSRS: YOGO ENTERPRISE CO., LTD.

INVOICE NO: 02/INV-177
AMOUNT INSURED(US$13,400.64)
U.S. DOLLARS THIRTEEN THOUSAND FOUR
HUNDRED AND SIXTY-FOUR CENTS ONLY.

Ship or Vessel	At and from	To/Thence to
HYUNDAI STRIDE 046W	Keelung port in Taiwan	Hamburg port, Germany

SAILING on or about   Transhipped at
            MAY 05, 20--

SUBJECT-MATTER INSURED
STATIONERY & OFFICE SUPPLES
AS PER CONTRACT NO.533333
TOTAL USD 12,182.40
2-HOLE PUNCH,
ARTICLE NO.7205.565,
4,512 PCS AT USD 2.7P.P.

Conditions:
Subject to the following Clausese as per back hereof
INSTITUTE CARGO CLAUSES (ICCA)
MADE UP TO GERMANY

Marks and Numbers as per Invoice No. specified above.   Valued at the same as Amount insured

Place and Date signed in TAICHUNG MAY 02, 20-- Number of Policies issued IN TRIPLICATE

ORIGINAL

For ZURICH INSURANCE (TAIWAN) LTD.

C. J. Wang

Not valid unless countersigned
by
....
President

（表11-23　海運水險保單中譯）

MARINE CARGO POLICY 海運保單	
POLICY NO. 保單號碼 賠款幣別及地點：美金/德國 索賠代理人 ZARA GMBH & CO.	被保險人 （出口商）抬頭 發票號碼：02/INV-177 保險金額：壹萬參仟肆佰陸拾肆分美元整

船名或航次 HYUNDAI STRIDE 046W	起運港 臺灣基隆港	內陸或最後目的地 德國漢堡港

啓航日期 5月5日	轉船地點

保險標的物的內容
二孔打孔機　型號：7205.565
共4,512個

條件：
根據背面所述之下列條款
投保險類：協會貨物條款A條款

嘜頭及件數如上述商業發票之說明　　　　　　　　　　　　價值跟保險金額一致

開單地點及日期：臺中，5月2日　　　保單份數：一式三份

表11-24　受益人證明書

YOGO ENTERPRISE CO., LTD.

BENEFICIARY'S CERTIFICATE
****

DATE: MAY. 03, 20—

TO WHOM IT MAY CONCERN

RE: CREDIT NO.0335AI0200051 DATED: MAR. 20, 20—
    ISSUED BY THE BAYERISCHE HYPO-UND VEREINSBANK AG.
    HYPOVEREINSBANK LINDAU

COMMODITY: STATIONERY & OFFICE SUPPLIES
                AS PER CONTRACT NO.533333
                TOTAL USD12,182.40
                2-HOLE PUNCH,
                ARTICLE NO.7205.565,
                4,512 PCS AT USD 2.7P.P.

SHIPPED PER S. S. HYUNDAI STRIDE 046W
    FROM KEELUNG, PORT IN TAIWAN TO HAMBURG PORT , GERMANY
    ON BOARD DATE: MAY 05, 20—

WE HEREBY CERTIFY THAT ONE SET OF INVOICE, PACKING LIST, ONE NON-NEGOTIABLE
COPY OF BILL OF LADING AND ONE ORIGINAL CERTIFICATE
OF ORIGIN HAVE BEEN SENT BY COURIER TO THE APPLICANT, - SUPERSTAR
GMBH & CO. MATHILDENSTRAGE 11123, D-28970, BREMEN, GERMANY.

YOGO ENTERPRISE CO., LD.

（表11-24　受益人證明書中譯）

製單日期：5月3日

敬啓者

關於：信用狀號碼：0335AI0200051　　　　開狀日期：3月20日
　　　開狀銀行名稱：THE BAYERISCHE HYPO-UND VEREINSBANK AG. HYPOVEREINSBANK
　　　　　　　　　　LINDAU

　　　產品名稱：二孔打孔機　型號7,205.565

船名航次：PER S.S. HYUNDAI STRIDE 046W
起迄港名稱：從臺灣基隆港到德國漢堡港
裝船日：5月5日

我們據此證明已將一套文件包括發票、包裝單、一份副本提單、正本的原產地證明書寄給
申請人SUPERSTAR公司了。

表11-25 檢驗證明書

MIGROS (HONG KONG) LTD.

INSPECTION CERTIFICATE
****

DEAR SIRS:

WE HEREBY CERTIFY THAT THE ACTUAL TEST RESULT OF THE ABOVE MENTIONED COMMODITY ARE ALL IN GOOD CONDITION AND THE QUALITY ARE PERFECT. AND THE GOODS ARE GOOD FOR SHIPMENT.

L/C NO.: 0335AI0200051
DATE: March 20, 20—
PER S.S.: HUNDAI STRIDE V.046W
FROM: KEELUNG PORT IN TAIWAN
TO: HAMBURG PORT, GERMANY
COMMODITY: 2-HOLE-PUNCH ARTICLE NO. 7205.565

MIGROS (HONG KONG) LTD.

....

（表11-25　檢驗證明書中譯）

敬啓者：

　　我們據此證明上述貨物的檢驗結果，貨物確實均屬良好狀況及品質完善，已達到出貨標準。

信用狀號碼：0335AI0200051
開狀日期：3月20日
船名航次：HUNDAI STRIDE V.046W
產品名稱：二孔打孔機　型號7205.565
起迄港名稱：自臺灣基隆港到德國漢堡港
裝船日期：5月2日

MIGROS (HONG KONG) LTD.

表11-26 產地證明書

臺灣省彰化縣商業會
CHAMBER OF COMMERCE IN CHANGHWA TAIWAN

中華民國臺灣省
彰化市城中北街十一號
11. CHENG CHUNG NORTH
ST CHANG HWA TAIWAN
R.O.C
TEL: (04) 7222601 FAX: (04)
7222460
臺北服務處：
臺北市長安東路 2 段 171 號
10F-5

產 地 證 明 書
CERTIFICATE OF ORIGIN

日期　MAY, 02, 20××
1. Date

2. 出口商名稱　　　　　　　　　　　　　　　　登記號碼
   Exporter/Manufacturer　YOGO ENTERPRISE CO., LTD.　　　　Registration No.
   地址
   Address　NO. 53, SEC. 1, CHUNG-CHENG RD., CHANG-HWA CITY, TAIWAN R.O.C.

3. 外國進口商或提貨人姓名
   Importer/Consignee　　SUPERSTAR GMBH & CO.
   地址
   Address　MATHILDENSTRAGE 11123, D-28970, BREMEN, GERMANY

4. 茲證明書本證書內所列之產品確係在臺灣區生產／加工／製造特給予證明
   This is to certify that the merchandise described is grown / processed / manufactured in Taiwan Origin.
   　　　　　HYUNDAI STRIDE V.046W　　　　KEELUNG PORT, TAIWAN
   Loaded on　　　　　leaving　　　　　　　　　　　　　on / about
   (輪船或飛機名稱 Name of the carrier)　(臺灣港口名 Name of Taiwan port)　(日期 Date)
   　　　　　HAMBURG PORT, EUROPE
   Destined for　　　　　through　　　　　　　　　　　B/L NO.
   (目的地港口名 Name of the destination port)　(港口名 Name of port)　持有在臺灣所發提單號碼

包　裝　標　誌 Marks & Numbers	貨　品　名　稱 Description of Goods	數　量 Quantity	備　註 Remarks
ARTICLE NUMBER:7205.565 CONTRACT NUMBER:533333 PACKAGE NO.:1-188 TOTAL NUMBER OF PACKAGES G.W.　KGS. N.W.　KGS. MADE IN TAIWAN	STATIONERY & OFFICE SUPPLIES AS PER CONTRACT NO. 533333 TOTAL USD 12'182.40 P/O NO 533333 2-HOLE PUNCH, ARTICLE NO. 7205.565, 4'512 PCS AT USD 2.70 P.P.	4,512 PCS	
		4,512 PCS vvvvvvvvv	
	SAY TOTAL ONE HUNDRED EIGHTY EIGHT (188) CTNS ONLY. IMPORTING COUNTRY: GERMANY		

4. Invalid without official seal or w~~ithout unauthorized alteration~~ 加蓋本會印信及校對章者無效。

簽發單位：　　　　　　　　　　　　　　　　證　號
Issued by：　　　　　　　　　　　　　　　Certification No.

相關貿易單據、證明、通知書

習作演練

1. （ 　 ）通常基本押匯單據不包括下列哪一項？　①領事發票　②匯票　③商業發票　④保險單。

2. （ 　 ）所謂「Form A」，是屬於哪一種性質的文件？　①海關發票　②領事發票　③檢驗證明書　④產地證明書。

3. （ 　 ）銀行匯票是指以銀行爲　①付款人　②受款人　③發票人　④背書人。

4. （ 　 ）①B/L　②Commercial Invoice　③Packing List　④L/C　是最重要的貨運單證，交運的貨物都以該文件上所載的內容爲準。

5. （ 　 ）通常匯票未附任何單據的，稱爲　①光票　②期票　③支票　④銀票。

6. （ 　 ）如果貿易條件是FOB時，信用狀受益人所提示的押匯文件不必有①匯票　②商業發票　③提單　④保險單或保險證。

7. （ 　 ）下列何者不是屬於提單上通常會記載的事項？　①提單號碼　②信用狀號碼　③收貨裝船日期　④提單種類。

8. （ 　 ）根據UCP600之規定，除信用狀另有規定外，下列何種單據可不必簽署？　①Shipping Documents　②Certificate of Origin　③Insurance Policy　④Commercial Invoice。

9. （ 　 ）根據UCP600之規定，如果匯票期間爲30 days after on board date，而提單的裝船日期爲7月1日，則匯票的日期應該是　①7月29日　②7月30日　③7月31日　④8月1日。

10.（ 　 ）一般所謂的出口押匯，係指憑以下何種付款方式之出口結匯？①L/C　②O/A　③D/A　④D/P。

11.（ 　 ）信用狀若已要求出具海關發票，大多不會再要求提供何種文件，因爲海關發票已具有此功能？　①Bills of Lading　②Certificate of Origin　③Packing List　④Commercial Invoice。

12.（ 　 ）下列哪種發票（Invoice）在交易過程中，最先出現？　①Proforma Invoice　②Custom Invoice　③Consular Invoice　④Commercial Invoice。

13.（　）依據原產地證明書管理辦法之規定，原產地證明書　①可由簽證單位在原證書上加註說明更改　②不得塗改　③可另頁說明變更　④可以塗改。

14.（　）我國對進出口貨品原產地之認定基準，係以原料經加工或製造後所產生之貨品，其商品標準分類前六碼是否改變，或經過加工已完成重要製程或附加價值超過　①40%　②25%　③35%　④50%。

15.（　）進口商應憑下列哪一項單據，辦理進口報關提貨手續？　①提貨單　②提單　③大副收據　④裝貨單。

16.（　）下列單證何項非進口報關所應具備之文件？　①進口報單　②裝貨單　③裝箱單　④提貨單。

17.（　）海運出口貨物，船公司通常會告知「預計到港時間」，下列何者為其正確簡稱？　①ETD　②DPV　③EDI　④ETA。

18.（　）輸出許可證的英文名稱，下列哪一項錯誤？　①Export Allowance　②Export Permit　③Export Licence　④E/P。

19.（　）出口商若於貨物報關出口前不慎遺失輸出許可證，應如何處理？　①申請修改　②申請延期　③申請補發　④申請註銷重簽。

20.（　）在D/P付款方式下，出口商是依下列何者備齊單據申請託收？　①銀行要求　②進口商　③買賣契約　④信用狀。

21.（　）貨物公證報告之效力，在貿易過程中具有　①全部效力　②推定效力　③無效力　④部分效力。

22.（　）下列哪一種文件表示原產地來源？　①輸出許可證　②出口證明　③出口艙單　④產地證明書。

23.（　）輸出入貨品規定之簽審代號，MP1代表何意義？　①管制輸出入　②大陸物品有條件准許輸出入　③由貿易局發輸出入許可證　④大陸物品不准輸入。

24.（　）貨物須以二種以上不同運輸工具才能到達目的地時所簽發涵蓋全程的運送單據，稱為　①複合運送單據　②承攬運送人簽發之運送單據　③海運貨單　④傭船提單。

25.（　）出口押匯時所提示的匯票，其內容不須記載　①船名、航次　②付款人　③發票人　④開狀銀行。

26.（　）L/C在提示押匯銀行辦完押匯後，該正本L/C會　①押匯銀行留底　②逕寄給開狀申請人　③逕寄給開狀銀行　④交還受益人。

接待外賓奇招

~Monica心情隨筆

俗話說「禮多人不怪」，出國拜訪或外賓來訪時，送個見面禮，對於拉近彼此距離有很大幫助。好的禮物不一定要貴重，心意更重要，且以輕、薄、短、小易於攜帶最好。目前流行中國風，西方人很喜歡中國結飾品、傳統飾品、唐裝、肚兜、美濃傘等，而日本人最喜歡臺灣的烏龍茶。有時候根據節慶，可送些特殊的東西，例如：元宵節的燈籠、端午節的香包、中秋節的月餅等。

有時為了出奇制勝，偶爾也得出險招，那就是親自下廚，不會做菜沒關係，但一定要會作弊。外國人愛吃的中國菜不會很多，會個一、兩道，平時多練習，包準獲得滿堂彩，我的絕招便是炒麵。記得有一年去美國拜訪客戶，結束後剛好是週末，客戶邀請我參加他們的家庭聚餐，由於是採POT LUCK方式，一人須做一道菜。限於當地取材不易，我突發奇想利用義大利麵加上泡麵的調味包做成的臺式炒麵，結果當晚一下子盤底朝空，大受好評，眾人還問我在臺灣是否有通過烹飪執照考試，我著實心虛，愧不敢當！

外賓來訪時，除了洽商，通常會安排參觀當地名勝古蹟。我最常帶客戶去的地方是鹿港，因此熟知鹿港的歷史是一定要的啦！包括鹿港地名的緣起、著名廟宇與慶典介紹、著名小吃介紹。在此建議，除了亞洲客戶，可請他嚐一嚐鹿港小吃，像蚵仔煎、鹽酥蝦猴、炸粿之類，但歐美客戶還是免了吧，免得他們的胃腸不適，頂多讓他們嚐嚐牛舌餅、狀元糕之類的甜點。比較特別的是鳥卦算命、廟裡抽籤，日本客戶愛算命的程度不亞於臺灣人，看到這麼新鮮的玩意兒，一定得試一試。當然囉！結果還要我充當李半仙翻譯一下，幸好是好籤。

有一次帶紐西蘭客戶到鹿港天后宮，時值「三月『猖』媽祖」，經常有進香團到此參拜。那天是星期天，剛好來了好幾團，有八家將、七爺、八爺、三太子遊街，還有一大堆乩童在廟前跳個不停，手持刀劍猛砍，個個血淋淋的樣子，讓老外們看得目瞪口呆。最高潮的戲碼應是類似炮轟邯鄲爺的活動，一位光著上身的乩童赤足在漫天炮火的廣場中來回地走著，老外們興奮不已，跟著人群一直往

貿易花絮之十一

前衝，忙著搶鏡頭拍照，我拉都拉不住，深怕他們被炸傷了，可是他們跟一般怕死的老外很不一樣，在回程的車上，還一直大呼過癮，要我下次還要帶他們再訪鹿港！

而我獨家的迎賓祕招是珍珠奶茶。為了化解生疏，在見客戶之前，先準備好放在車上，客戶一上車，立即奉上我的迎賓飲料，客戶喝了總是讚不絕口，氣氛霎時輕鬆了起來。會議當中，除了咖啡、茶等飲料，準備一些傳統的點心，更會讓客戶驚喜，例如：鳳梨酥、花生酥、小籠包等。曾經有一位日本客戶顧不得談生意，一下子將整盤小籠包吃個精光，對我們公司留下了極深刻的印象，而歐洲的客戶則對於鳳梨酥「愛不釋口」。

各地著名的夜市也是我經常帶國外客戶體驗臺灣文化的地方。最糗的一次是在華西街，外國客戶最愛看蛇店的表演，而最怕蛇的我只能一路尖叫到底，形象盡失。自此以後，我只會去士林夜市及基隆廟口，免得再次自毀形象。

◎ 臺灣　鹿港
　　參觀完天后宮後，到旁邊的小吃店吃海鮮、喝啤酒，他們對於炸蚵仔酥讚不絕口，至於蚵仔煎則是敬謝不敏，說看起來濃稠可怕。還真是不識貨，錯過了人間美味呢！

貿易花絮之十一

◎ 臺灣　鹿港

日本人喜歡求神問卜，愛算命的程度比起臺灣人，實在是有過之而無不及，尤其是神奇的鳥卦更令他們驚奇不已，管它準不準，先算再說。

◎ 臺灣　彰化

喝珍珠奶茶、到八卦山大佛風景區一遊，是Monica接待外國客戶常用的方式，尤其務必將「情侶不可到此一遊，否則會分手」的古老八卦傳說講給他們聽，通常他們聽完後會發揮西式幽默，一直嚷著，下次一定要帶某人來。

習作演練解答

第1章

1.（②）　　2.（③）　　3.（①）　　4.（①）　　5.（②）　　6.（②）　　7.（①）

8.（④）　　9.（②）　　10.（③）　11.（④）　12.（③）　13.（④）　14.（①）

15.（④）　16.（②）　17.（①）　18.（④）　19.（④）　20.（①）　21.（④）

22.（③）　23.（③）　24.（②）　25.（④）　26.（②）　27.（①）　28.（①）

第2章

1.（①）　　2.（①）　　3.（④）　　4.（③）　　5.（②）　　6.（①）　　7.（④）

8.（④）　　9.（①）　　10.（④）　11.（②）　12.（④）　13.（②）　14.（①）

15.（①）　16.（④）　17.（③）　18.（④）　19.（②）　20.（③）　21.（④）

22.（①）　23.（②）　24.（③）　25.（③）　26.（②）　27.（④）

第3章

1.（③）　　2.（③）　　3.（④）　　4.（②）　　5.（②）　　6.（②）　　7.（④）

8.（①）　　9.（①）　　10.（③）　11.（③）　12.（①）　13.（②）　14.（①）

15.（③）　16.（②）　17.（①）　18.（④）　19.（①）　20.（③）　21.（③）

22.（②）　23.（③）　24.（④）　25.（④）　26.（①）　27.（①）　28.（①）

第4章

1.（①）　　2.（②）　　3.（①）　　4.（④）　　5.（④）　　6.（①）　　7.（③）

8.（④）　　9.（②）　　10.（③）　11.（①）　12.（①）　13.（④）　14.（①）

15.（③）　16.（③）　17.（②）　18.（③）　19.（④）　20.（③）　21.（①）

22.（④）　23.（②）　24.（③）　25.（①）　26.（②）

第5章

1.（③）　　2.（①）　　3.（④）　　4.（②）　　5.（①）　　6.（③）　　7.（③）

8.（①）　　9.（③）　　10.（④）　11.（②）　12.（②）　13.（①）　14.（③）

15.（③）　　16.（③）　　17.（①）　　18.（②）　　19.（④）　　20.（①）　　21.（③）

22.（④）　　23.（②）　　24.（③）　　25.（②）　　26.（④）

第6章

1.（②）　　2.（③）　　3.（③）　　4.（④）　　5.（②）　　6.（①）　　7.（③）

8.（④）　　9.（①）　　10.（①）　　11.（①）　　12.（④）　　13.（④）　　14.（②）

15.（③）　　16.（②）　　17.（④）　　18.（④）　　19.（①）　　20.（②）　　21.（③）

22.（④）　　23.（③）　　24.（②）　　25.（①）　　26.（①）

第7章

1.（①）　　2.（②）　　3.（②）　　4.（②）　　5.（②）　　6.（③）　　7.（④）

8.（②）　　9.（①）　　10.（③）　　11.（①）　　12.（②）　　13.（①）　　14.（④）

15.（①）　　16.（③）　　17.（③）　　18.（①）　　19.（④）　　20.（④）　　21.（③）

22.（①）　　23.（②）　　24.（④）　　25.（②）　　26.（①）

第8章

1.（①）　　2.（④）　　3.（③）　　4.（①）　　5.（②）　　6.（④）　　7.（③）

8.（①）　　9.（④）　　10.（④）　　11.（①）　　12.（③）　　13.（②）　　14.（④）

15.（③）　　16.（①）　　17.（②）　　18.（①）　　19.（③）　　20.（②）　　21.（②）

22.（③）　　23.（①）　　24.（③）　　25.（②）　　26.（④）

第9章

1.（①）　　2.（①）　　3.（④）　　4.（③）　　5.（①）　　6.（②）　　7.（①）

8.（③）　　9.（①）　　10.（④）　　11.（①）　　12.（④）　　13.（③）　　14.（①）

15.（②）　　16.（③）　　17.（①）　　18.（④）　　19.（②）　　20.（③）　　21.（④）

22.（②）　　23.（③）　　24.（②）　　25.（④）　　26.（①）　　27.（②）

第10章

1.（②）　　2.（①）　　3.（③）　　4.（④）　　5.（①）　　6.（③）　　7.（①）

8.（③）　　9.（②）　　10.（①）　　11.（②）　　12.（③）　　13.（②）　　14.（③）

15.（②）　　16.（④）　　17.（①）　　18.（②）　　19.（③）　　20.（①）　　21.（①）

22.（④）　　23.（④）　　24.（①）　　25.（④）

第11章

1.（①）　　2.（④）　　3.（③）　　4.（②）　　5.（①）　　6.（④）　　7.（②）

8.（④）　　9.（③）　　10.（①）　11.（②）　12.（①）　13.（②）　14.（③）

15.（①）　16.（②）　17.（④）　18.（①）　19.（④）　20.（③）　21.（②）

22.（④）　23.（②）　24.（①）　25.（①）　26.（④）

參考書目

中文部分

NO.	書名	作者	出版社
01	國際貿易實務新論	張錦源、康蕙芬	三民書局
02	國際貿易疑難問答彙編第五、六版		
03	國際貿易實務與書類	蔡緣	蔡江龍
04	國際貿易疑難問答彙編		貿協叢書
05	國際貿易金融大辭典		中華徵信所
06	出入口實務問答	盧榮忠	世界商業文庫
07	國際貿易英文書信	張一慈	文鶴
08	進出口分析指南	嚴豐偉	智富館
09	貿協商情週報		貿協
10	經濟部網站		
11	臺灣經貿網		
12	瑞士商遠東公證股份有限公司網站		
13	經濟部標準檢驗局網站		
14	法源法律網站		

英文部分

NO.	書名	作者	出版社
01	International Marketing and Export Management	Genald Albaeem	Addison-Wesley Publishing Company
02	International Business(2004)	Shenkar & Luo	Wiley & Sons (雙葉代理)
03	UCP 500 and 400 Compared (1993 revision)	Charles del Busto	ICC Publishing S.A.
04	ICC Guide to Bank-to-Bank Reimbursements under Documentary Credits	Dan Taylor	ICC Publishing S.A.
05	Opinions of the ICC Banking Commission (1997)	Gary Collyer	Gary Collyer
06	Global Marketing Management Third Edition	Masaaki Kotabe Kristiaan Helsen	John Willey & Sons, Inc.

第二篇
操練篇

～每一學生虛擬一貿易公司（部門），追隨老師一步一腳印、一印一個坑、一印一前進，每週最後一堂抽樣上臺，老師以「改作文」方式，一一教導，謹以陸生及臺生之代表作放置本篇內，可知一張白紙，可繪出一幅巨畫。～

第 1 章

貿易週記（Ｉ）
虛擬公司：青風茗茶公司

產品：茶葉

產地：中國福建

學生：葉青

註：這是一位來臺研習「國貿實務」之陸生——「葉清」，以工廠出口部門形態經營，在主客觀環境受限下，能完成此篇貿易週記，難能可貴，比較可惜的是，受交換學生時間之限制，必須回中國大陸，致進口部分未能完成。其實中國大陸是世界工廠，研修「國貿實務」在當地更有一片天。收錄本篇的用意，告訴臺灣的學生，學好國貿實務在海峽兩岸都有相當好的機會，共勉之。

第一週　公司成立

一、公司緣起

1. 緣由

在中國的綠茶、烏龍茶、紅茶、白茶、黑茶、黃茶等六大茶類，以及再加工的花茶、茶飲料、茶食品中，紅茶、烏龍茶、白茶、花茶均發祥於福建。福建人種茶、飲茶已有千餘年歷史。清代以來，隨著福建茶葉轉輸入歐，福建茶葉更名揚海外。現代福建茶葉和茶文化在繼承前人的基礎上進一步發揚光大，種茶、製茶、售茶、品茶、賽茶等幾乎占據了福建茶鄉人的生活內容，製茶講科學，品茶講文化，構成獨特的福建區域人文特徵。

有鑑於此，依託福建強大的茶業市場進行出口貿易，是有很大的市場前景的，是以組建了清風茗茶對外貿易有限公司。

2. 企業文化

「顧客至上，平實務本」。以另類的價格建立成本優勢，回饋顧客；專注本業，穩健經營，以平民化價格換取高品質享受。

3. 福利制度

本公司採週休二日制，享受五險一金、每年舉辦員工國內外旅遊、發放生日禮金、婚喪喜慶補助金等。此外，凡員工購買本公司相關產品可享優惠。

4. 員工培訓

公司全額支付派外之訓練，如：專業、管理、語言……等課程，完善的在職訓練，以擴展同仁之專業領域。

二、名稱及涵義

「青風茗茶」之中的「青」字，取自公司董事長的名字，同時也有青春活力、綠色環保的意思。

「風」字則代表茶的清新與溫涼。

兩者結合，有諧音「清風」一次，代表著飲茶者喝茶後的感受。清火去疾，口齒留香，如清風拂面般的感受。

　　所以，本公司的願望是希望每位消費者無論閒暇忙碌，無論貧窮富有，都能有享受自然、享受清新的自由。

三、公司章程

第一條：本公司依據公司法關於有限公司之規定組織，以下為公司基本資料：

公司中文名稱：青風茗茶對外貿易有限公司

公司英文名稱：Fujian KINGFENG TEA International Trade Co., Ltd

公司所在地：福建省福州市馬尾區亭江鎮亭江路8號

　　　　　　TINGJIANG ROAD NO.8, FUZHOU CHINA.

公司電話：+860591-88888888，+860591-88888887

公司傳眞：+860591-88888886

E-mail：info@kingfeng.com

公司網址：http://www.kingfeng.com.

統一編號：70774395

客戶服務專線：0800-008008

第二條：股東及股份

姓名：葉清

持股比例：60%

金額：120萬人民幣

姓名：陳小宏

持股比例：20%

金額：40萬人民幣

姓名：蕭小騰

持股比例：20%

金額：40萬人民幣

第三條：本公司資本總額人民幣200萬元，每位股東依照其股份所有出資，一次繳足。

第四條：年終結算後，如有盈餘，於彌補虧損及完納一切稅捐後，提出百分之十為法定公積金，其餘則按各股東出資額之比例分配，但得

由股東決議後變更之。

第五條：本公司經由全體股東同意選任董事長一名，由股東葉青兼之，在
　　　　公司虧損達資本稅額三分之一時，董事長應向股東報告，公司資
　　　　產顯有不足抵價其所負債時，董事長應即聲請宣告破產。

第六條：董事長非得其他股東之同意，不得以其出資額之全部或一部分轉
　　　　讓於他人，各股東之出資，非於公司設立登記後不得轉讓。

第七條：本公司設總經理一人，經理若干人，其任免由董事長同意為之，
　　　　但經理之任免，應先經總經理提名。

第八條：本章程未訂事項，悉依公司法規定辦理。

第九條：本章程訂立於西元20XX年10月1日，自呈奉相關部門核准登記後
　　　　實行。

第十條：本章程訂立後，如有變更或增減應經全體股東決議後處理。

第十一條：本公司有下列情形之一，得解散之。

　　　　　㈠破產。

　　　　　㈡與他公司合併。

　　　　　㈢股東全體同意。

【參考公司法章程而訂定】

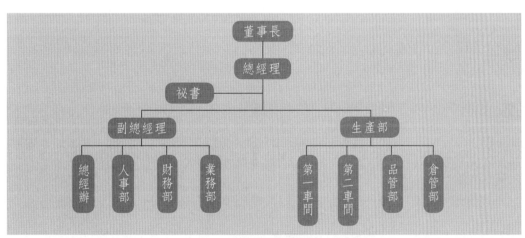

公司組織架構

OUR TEAM

董事長	秘書	總經理	副總經理
葉清 KING.YE	艾薇兒 Avril Lavigne	唐駿 Tang chun	李開複 Kai-Fu Lee
◆負責品質政策與品質目標之核定，公司組織及品質系統之建立及各項作業之監督管理。	◆負責協助高階主管交辦工作。 ◆跨部門溝通協調。	◆董事長之代理人。 ◆協助董事長推動公司業務及督導各項制度之落實。	◆負責監督及協調各部門之間的工作。對總經理的工作進度有督導權。
總經辦	**人事部**	**財務部**	**生產部**
馬化騰 Cao-Ni Ma	丁磊 Lei Ting	陳天橋 Tian-qiao Chen	李剛 Super Lee
◆國家政策研究，並向總經理、副總經理提供研究資訊。 ◆定期組織公司經濟形勢分析會和行業經濟形勢分析會。 ◆總經理辦公室接待工作。	◆組織實施公司的薪酬管理辦法，開展公司薪酬的日常管理工作。 ◆負責組織公司考核制度的制定和實施，負責整個公司考核結果的匯總分析。	◆確保在規定時間內完成月、年的會計核算業務。 ◆參加對外投資的可行性研究，對其經濟效益做出可行性論證。 ◆保證會計核算真實，會計資料完整。	◆負責生產過程中的關鍵控制點、品質指標、生產進度、物料消耗、生產成本、產品品質等工作。 ◆充分發揮和調動全體員工的積極性、創造性，建立一支技術強、作風好、團結協作的高素質員工隊伍。
倉管部	**品管部**	**業務部**	**生產車間**
黃志鵬 ZongGuan Huang	連志強 LouZhu Kiang	蔡振興 Zhenxin Cai	蔡江祈 Jiangki Cai
◆負責物資的收、發、存、盤點工作。 ◆認真做好倉庫的安全、整理工作，經常打掃倉庫，整理堆放貨物，及時檢查火災隱患。	◆貫徹落實公司品質方針和品質目標，策劃組織公司品質管制體系運行維護。 ◆負責各種品質責任事故、品質異常的仲裁處理，配合業務部對客戶投訴與退貨進行調查處理。	◆負責市場開發及市場行銷等相關事務。 ◆關於客訴問題之處理。 ◆所有訂單之審查作業，安排生產日期。	◆負責設計及研發生產公司新產品之樣式，使產品在市面上具吸引力。 ◆分析材質運用之可行性，並發展出可運用於產品設計的提案上。

四、公司資金運用

- 金額：6300元名目：主管臺
- 數量：3套
- 金額：6,300元

> 優點：圖表畫
> 字不如表→表不如圖→圖不如像
> 缺點：金額三位數一個逗點例如
> 6,300。

- 名目：辦公桌（一般桌）
- 數量：8套
- 金額：1,920元

- 名目：辦公桌（一般桌）
- 數量：8套
- 金額：1,920元

- 名目：辦公沙發
- 數量：2套
- 金額：4,200元

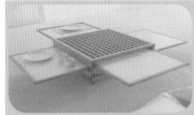

- 名目：茶几
- 數量：2套
- 金額：920元

- 名目：職員辦公臺
- 數量：25套
- 金額：3,400元

- 名目：辦公桌上型電腦（HP-CQ3000）
- 數量：33臺
- 金額：66,000元

- 名目：商務筆記本（HP 4421S）
- 數量：3臺
- 金額：9,000元

- 名目：電話總機+11臺顯示電話
- 數量：1套
- 金額：2,000元

- 名目：傳真機（松下FT852）
- 數量：1臺
- 金額：680元

- 名目：惠普列印複印一體機
- 數量：2臺
- 金額：1,800元

- 名目：惠普商務打印紙
- 數量：5箱
- 金額：1,000元

- 名目：美的飲水機
- 數量：1臺
- 金額：280元

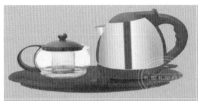

- 名目：美的水壺
- 數量：2臺
- 金額：200元

- 名目：掛鐘
- 數量：2個
- 金額：100元

- 名目：辦公文具
- 數量：44套
- 金額：880元

- 名目：中控H10打卡機
- 數量：1臺
- 金額：200元

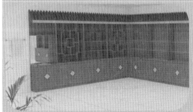

- 名目：茶葉展示櫃
- 數量：1個
- 金額：700元

- 名目：雜誌架
- 數量：1套
- 金額：120元

- 名目：防潮櫃
- 數量：1套
- 金額：680元

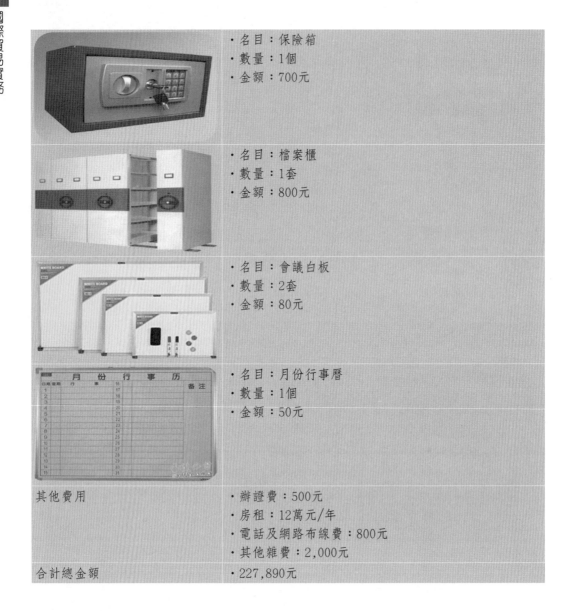

	・名目：保險箱 ・數量：1個 ・金額：700元
	・名目：檔案櫃 ・數量：1套 ・金額：800元
	・名目：會議白板 ・數量：2套 ・金額：80元
	・名目：月份行事曆 ・數量：1個 ・金額：50元
其他費用	・辦證費：500元 ・房租：12萬元/年 ・電話及網路布線費：800元 ・其他雜費：2,000元
合計總金額	・227,890元

五、結　論

另外提存20萬元存於銀行作為流動資金。

資金餘額

200萬元 − 427,890元 = 1,572,110元

1,572,110元 ÷ 90,900元 ≈ 17（年）

> 1.一筆資金可維持公司17年，若只是成立一間公司似乎有點浪費資金，而是可以將這筆錢去做更大的事業。
> 2.資金維持2～3年即可，日後以收益多寡來評斷是否持續營運。

由以上得知，即使維持每月最低開銷，200萬元的資金最多能維持17年，所以身為公司的每一個人都應盡力以最低的成本創造最高的利潤，進而共同開發進軍國際市場，達成本公司所期望的長遠目標。

心情點滴

　　說實話，在我們陸生所有的課程中，國際貿易實務可以說是要求最嚴格的一門。

　　開始接觸貿易實務操作後，這週做完才知道原來成立一間貿易公司的步驟是如此繁雜，但是每個步驟都馬虎不得，費了好大的工夫才把進度完成，期間還不小心誤刪了已經完成一半的PPT。但既然路找到了，就不怕路遠了。

　　希望這學期的實務操練能夠順利完成！正所謂好的開始是成功的一半嘛！

第二週　公司運作

一、五力分析模型

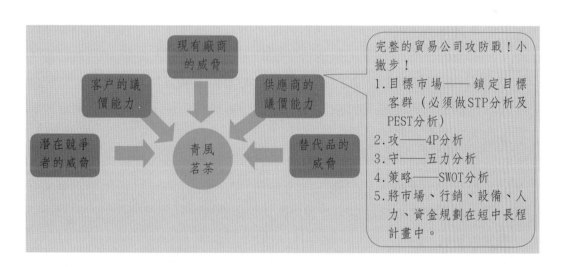

完整的貿易公司攻防戰！小撇步！
1. 目標市場——鎖定目標客群（必須做STP分析及PEST分析）
2. 攻——4P分析
3. 守——五力分析
4. 策略——SWOT分析
5. 將市場、行銷、設備、人力、資金規劃在短中長程計畫中。

1. 現有廠商的威脅

◎正面的對手

　　福建茶葉進出口有限責任公司

　　福建茶葉進出口有限公司創建於1954年，是世界500強企業中糧集團有限公司旗下中國茶葉股份有限公司控股的中外合資企業，銷售網遍

及香港、日本、東南亞及歐美等四十多個國家和地區。公司占地近3萬平方公尺，擁有一批經驗豐富、長期從事茶葉相關領域工作的高級技術、管理人才，與中國農業科學院茶葉研究所、廈門大學等高校和科研機構有著廣泛的合作，是福建省規模最大、專業化程度最高、生產標準最嚴、產品系列最齊全的烏龍茶生產加工商和進出口貿易商。

◎應對策略

福建茶葉進出口有限責任公司的強勢產品在於烏龍茶系列，而我們公司的產品是以鐵觀音、大紅袍以及保健涼茶系列為主。在產品方面，可以與對方避開競爭。

福建茶葉進出口有限責任公司的主要市場集中於歐美國家，而我們公司現階段的市場重心是放在東南亞、俄羅斯、摩洛哥、烏茲別克斯坦、阿聯酋等亞非國家。所以，在目標市場方面，也能避免與對方正面交鋒。

2. 潛在競爭者的威脅

◎背後的對手

斯里蘭卡與越南

斯里蘭卡的紅茶近年來發展迅速，出口量猛增。斯里蘭卡是一個多山的島國，氣候等環境很適合茶樹的生長。茶葉種植的區域分布在高、中和低海拔地區，其中以低海拔地區的種植品質和效益最好。斯里蘭卡國家一直推廣無性系良種，生產成本較為低廉。所以，它將會成為我們很有威脅的競爭者。

越南茶葉貿易始於80世紀30年代，後因戰爭中斷。在綠茶生產方面，越南2001年開始出口綠茶，出口量23萬噸。2008年以後出口數量增長很快，即將成為綠茶的重要生產國和出口國。

◎應對策略

因為斯里蘭卡的生產成本較為低廉，但它缺少茶葉的精加工技術，在國際茶葉高端市場還沒有競爭力。所以我們的大部分產品需要走高端路線。

越南茶葉生產受到政府的支持，實行了現代化和機械化，從而提高了效率，降低了成本。但由於目前越南茶葉出口還集中在局部市場，所以我們必須趁此機會搶占還未被涉及的其他國際市場。

3. 替代品的威脅

◎取而代之

咖啡與可樂

咖啡確實是大多數外國人生活裡不能缺少的東西，不管在哪裡，不管什麼時間，總能看到他們手裡端著咖啡或者桌上放著咖啡。他們喝咖啡，應該是從小就養成的習慣。咖啡在飲料市場的占有率不言而喻，相當於茶在中國的地位。

可口可樂公司（Coca-Cola Company）成立於1892年，目前總部設在美國喬治亞州亞特蘭大，是全球最大的飲料公司，擁有全球48%市場占有率以及全球前三大飲料中的二項。可口可樂在200個國家擁有160種飲料品牌，包括汽水、運動飲料、乳類飲品、果汁、茶和咖啡，亦是全球最大的果汁飲料經銷商（包括Minute Maid品牌），在美國排名第一的可口可樂，為其取得超過40%的市場占有率。

◎**應對策略**

對面咖啡與可樂的威脅，只能加大公司產品在國外市場的行銷廣告力度，突出我們公司產品的特點，與咖啡、可樂形成差異化。在外國人心中樹立飲茶的觀念，培養他們飲茶的習慣，同時也能培養客戶的品牌忠誠度。

4. 供應商的議價能力

◎**你沒有議價的餘地**

自產自銷

青風茗茶對外貿易有限公司直接參與管理的優質茶園基地50,000多畝，其中自有和合資的綠色茶園基地15,000畝。現有西坪和龍門兩個加工廠，總建築面積6萬平方公尺，年加工能力6,000噸，其中新竣工的龍門加工廠是目前國內最具現代化的大紅袍、鐵觀音精製加工廠，精製加工技術和生產設備屬全國一流。優質的原料和精湛的技術，是我們為產品品質打造的第一道保障。

5. 客戶的議價能力

◎**唉，顧客是上帝啊**

討價還價

茶葉的買方是顧客，而顧客往往要求以較低的價格獲得較高品質的產

品，並從競爭者彼此對立的狀態中獲得。茶業的顧客議價能力，表現出以下幾方面的特點：

①市場上豐富的產品，使得買方選擇的機會多、議價能力強。

②轉換成本低，其中其他飲品業者轉換成本較一般消費者更低。

③掌握充分的資訊，能保證自己從賣方手中得到最優惠的價格。

由此可知大多數買方具有很強的議價能力和議價願望。

◎應對策略——怎麼對付上帝

降低買方的談判力，並要求買方配合公司的運作方式，例如：提升公司品質與品牌形象定位，就可以增加公司對買方的談判力，會有更多的進口商願意來購買，公司在生產中要注重技術革新、控制成本，如此才會有更多的買方來選購。

二、SWOT分析

◎知己知彼

S-優勢	W-劣勢	O-機會	T-威脅
具有高優質的人力資源及專業的分工體系。 對於茶的認知，隨著中國不斷對外開放，國外對中國的了解加深，對茶的需求也愈來愈高。 對品質的要求嚴格，不斷製作好茶。	由於公司剛成立，因此相較於市場上其他成立已久的公司而言，本公司經驗略顯不足，知名度不高。 由於是新成立的公司，因此接收的訂單大多是少量為主。	消費者對品牌的忠誠度下降。 消費者對新成立的品牌會懷有好奇、想嘗試的心理，可藉此拓展知名度。 由於生活品質的提升，消費者愈來愈重視健康，以至於商品能更加吸引消費者購買	競爭者或許會實行價格戰。 競爭品牌眾多。 管理者較為年輕，缺乏相關管理經驗，遇到問題容易形成危機威脅。 銷售市場難拓展。

◎應對策略

①差異化策略

由於在市場上同性質的競爭者眾多，為了避免市場被分化而採取價格戰，使利潤下跌甚至虧損，因此本公司將採取差異化策略。本公司將不斷地培養技術人員，研發出有別於傳統市場上的茶葉產品，以精緻與創新為目標，研發出更多各式各樣的產品。另一方面，為了不讓本公司研發人員的技術老化，本公司將提供研發人員到國內外進修或是到國外市場觀摩，以得取最新資訊。因此

本公司不斷推出創新的產品，來吸引對本公司產品具忠誠度的顧客，以及對競爭產品失去興趣的顧客。

②集中策略

集中於阿聯酋、摩洛哥市場，建立在國際市場上的核心，以培養阻止潛在對手進入的能力。

集中於內部產品的研發，特殊的產品總能在市場獨領風騷，給競爭對手造成壓力。同時也能抵禦替代品的威脅。

集中於內部產品品質的監管，用最好的產品征服消費者，樹立品牌知名度，培養顧客的忠誠度。

三、行銷4P

> SWOT分析應該把握
> 1.優勢確保；2.劣勢改善
> 3.機會把握；4.威脅解除
> 再加上矩陣圖較為完整

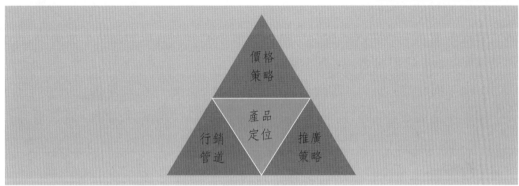

策略決定高度

1. 產品定位（Production）

茶飲料中的高檔品牌。這符合青風大紅袍、鐵觀音本身高檔茶的身分，也實現與青風茗茶高檔定位的銜接。

有鑑於一般紅茶、綠茶飲料主打「活力、激情」牌，以青少年為主消費群，青風茗茶消費群——年齡稍長，品味漸成熟。他們需要的不只是口感，更是一種通過產品氣質的自我延伸表達。

產品功能：排毒、養顏。作為一種時尚、方便的茶飲料，消費者不會如此苛求，但獨特的口感是區別於其他產品的法寶。逆向思維，青風茗茶也可定位為保健品，有排毒、養顏之功效。

2. 價格策略（Price）

具有青風特色的標誌性定級方式——將青風茗茶分為若干大的等級，最高檔次的標識1品，最低檔次的標識7品，取代常規的「特級」、「一級」等標

識。即仿造賓館的星級，以「品」代「星」，彰顯青風品牌特色。

同時，把高檔茶的重量單位由「克／g」改為「克拉／ct」，突顯寶石般的品質，如同「賽珍珠」要傳達的品質。例：淨重：100克／net：100g改為淨重：500克拉／net：500ct

3. 行銷管道（Place）

目前本公司是以阿聯酋、摩洛哥為目標市場，因此對這兩個國家主要行銷管道（茶店、咖啡屋、郵購公司、大型酒店、會所、旅遊公司、華人集居區）的銷售者進行接洽。

待本公司的基礎奠定，打響知名度後，將會把目標市場拓展到歐美，東南亞、俄羅斯、日本等國家，爭取遍地開花。

4. 推廣策略（Promotion）

積極參與國外與國內的參展，讓更多顧客了解本公司的產品，並強調公司的品質與精緻，吸引顧客現場下訂單。

利用平面媒體，例如國際雜誌中來刊登廣告，介紹本公司產品。

編製產品型錄寄給國外客戶，以使其能了解公司最新產品資訊。

建立公司網站，並設立免費電子報來讓客戶可以定期收到本公司最新情報資訊和活動。

四、營運計畫

1. 短期目標（1年內）

積極開發本公司的銷貨通路，以增加公司產品的知名度，並架設專屬的網站，使客戶可以清楚了解本公司相關的簡介、產品以及目錄型號等，讓客戶可以直接在網站上下訂，增加顧客的方便性；另外設有FAQ，提供常見問題供客戶查詢，若客戶對產品有所疑問或是想更進一步了解，可以參閱常見問題的內容，我們會給進口商詳細而專業的解答。若客戶的疑問不在本公司的常見問題中，可經由電子郵件或是聯絡窗口來告知客戶的疑問。使國外客戶可以進一步的認識以及了解我們的產品，以增加知名度奠定基礎。

2. 中期目標（2-3年）

拓展公司的業務，穩定現有市場，並擴大市場至美國、歐洲等國，以增加銷售量來擴大公司的資金。

不斷提高產品的品質，研發創新新的產品，以符合顧客的需求。

並且透過各種廣告管道，例如電視廣告、平面廣告、網路等，增加曝光率，達到宣傳效果。

3. 長期目標（5年後）

憑著不斷的創新與加強產品的研究與創新，拓展版圖至更多國家，以達到我們所希望的最終目標——國際化的貿易帝國。並和所有客戶建立長遠的合作關係。

> 1. 將市場、收支、人力、設備、資金規劃在短、中、長程計畫中。
> 2. 並且將其計畫表做量化說明，更貼近實際企業運作。

♥心情點滴

　　從開始著手成立一間虛擬貿易公司至今，我從中學到不少相關作業流程，這當中有容易完成的，但也有需要花一番心思才能達到想要的目標，為了完成這週的各種分析，我翻閱了大量關於世界茶葉現狀及中國茶葉出口市場的材料，當然，在這過程中，又學到了不少知識。

　　相信未來還有更大的挑戰在迎接我們！

第三週　產品概況

一、開發信

> 信件注意事項
> 1. 每封信都要壓日期
> 2. 信件都要有編號
> 3. 收信者的姓名和抬頭

> 信件內容重點
> 1. 從哪裡知道對方公司
> 2. 推薦自己
> 3. 提供目錄給客人，應客人需求送樣品
> 4. 財務交流有哪幾家，介紹給客人知道

Dear customer

　　We learn from internet that you are in the market of tea. We would like to take this opportunity to introduce our company and products, with the hope that we may work with Bright Ideas Imports in the future. We are a joint venture specializing in the tea trade and export We have enclosed our catalog, which introduces our company in detail and covers the main products we supply at present. You may also visit our online company introduction at Http://www.kingfeng.com. which includes our latest product line. Should any of these items be of interest to you, please let us know. We will be happy to give you a quotation upon receipt of your detailed requirements. We are looking EXWward to your prompt reply.

Sincerely, KINGFENG TEA

二、信封及信紙設計

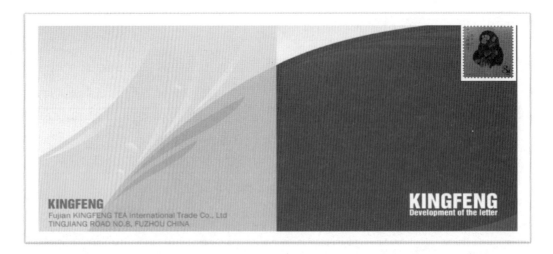

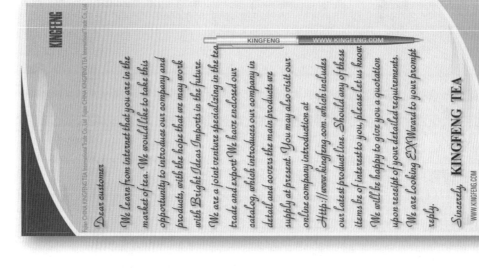

三、名片設計

內盒包裝：40CM×25CM×10CM

包裝注意事項：
包裝上要有英文及中文標示

外箱包裝：100CM×100CM×100CM

四、產品目錄

- Item No.: YX-4A
- Packing: 3 cans / boxes
- Product Number: YX-4A
- Gross weight: 450g / box
- Volume: 0.029m³

產品注意事項
1. 商品毛重、淨重及材積須以外箱為主
   毛重>材積
2. 裝載數量上導致內銷的觀念
3. 切勿標註價格（未計算成本）
4. 須加註裝在外箱的數量，才是外銷的觀念

- Product No: XT618
- Packing: 8 grams X8 X48 package listen
- Product Code: XT618
- Gross weight: 90 g / listen
- Volume: 0.033m³

- Product No: XT606
- Packing: 100 grams of X40 boxes
- Product Code: XT606
- Gross weight: 200 g
- Volume: 0.054m³

- Product No: XT606
- Packing: 100 grams of X40 boxes
- Product Code: XT606
- Gross weight: 200 g
- Volume: 0.054m³

- Product No: XT606
- Packing: 100 grams of X40 boxes
- Product Code: XT606
- Gross weight: 200 g
- Volume: $0.054m^3$

- Product No: XT606
- Packing: 100 grams of X40 boxes
- Product Code: XT606
- Gross weight: 200 g
- Volume: $0.054m^3$

五、國際郵遞資費表

資費區	國際（EMS）可到達國家及地區	起重500克 文件	起重500克 物品	續重 500克	中速（TNT）可到達國家及地區
一區	澳門	90	150	30	郵資部分 1.將主力的市場提出 2.再根據目標市場指出 3.將客戶分級 選擇航空或海陸的郵資 極重要>重要>次要
二區	日本、韓國、蒙古	115	180	40	
三區	馬來西亞、新加坡、泰國、越南、柬埔寨、印尼、菲律賓	130	190	45	印尼、菲律賓
四區	澳大利亞、紐西蘭、巴布亞新幾內亞	160	210	55	汶萊、新赫里多尼亞
五區	挪威、丹麥、芬蘭、希臘、德國、阿聯酋、盧森堡、馬爾他、瑞士、比利時、葡萄牙、瑞典、奧地利、法國、西班牙、義大利、英國	220	280	75	奧地利、法國、西班牙、斐濟、瓦努阿圖、荷蘭
六區	美國、加拿大	180	240	75	加拿大
七區	寮國、巴基斯坦、印度、土耳其、斯里蘭卡、尼泊爾、孟加拉	250	325	90	孟加拉、印度、直布羅陀、列支敦士登、摩洛哥

資費區	國際（EMS）可到達國家及地區	起重500克		續重500克	中速（TNT）可到達國家及地區
		文件	物品		
八區	巴西、古巴、圭亞那、阿根廷、哥倫比亞、墨西哥、巴拿馬、祕魯	260	335	100	智利、海地、祕魯、阿根廷、巴哈馬、墨西哥、巴拉圭、烏拉圭、牙買加、玻利維亞、哥倫比亞、巴拿馬、厄瓜多爾、薩爾瓦多、格林伍德、委內瑞拉、巴巴多斯、哥斯大黎加、瓜地馬拉、宏都拉斯、特立尼達和多巴哥、多明尼加聯邦、多明尼加共和國

中國郵政EMS

價格公布價4折左右，時效3～7個工作日到達。

優點：折扣低、價廉物美，任何體積的貨物都按照重量計算。500克以下的物品可以按文件價格計算。可以當天收貨、當天操作、當天上網，清關能力強。能運送出關的物品超多，其他公司限制運行的物品，它都能運送。如：食品、保健品、化妝品、名牌的仿包、箱、服裝、鞋子等各種禮品，以及各種特殊商品等。

缺點：速度偏慢，查詢網站資訊滯後，通達國家較少，一旦出現問題只能做書面查詢，時間較長。

六、國際郵遞紀錄

本公司的簡介手冊+開發信+信封+商品目錄+回函，以每件500g的函件寄送至目標市場（阿聯酋，摩洛哥）。

	起重500G	續重500G	合計
阿聯酋	500G	無	220CNY
摩洛哥	500G	無	250CNY

函件寄出及回函數

郵資部分
當計算出郵資花費時，應在總資金餘額裡一併算入，因為開發客戶所花的費用也是成本。
1,572,110 － 3,790 ＝ 1,568,320

	寄出數	回函數	費用總計
阿聯酋	10份	6份	1,320CNY
摩洛哥	8份	3份	2,000CNY

如上所示：本公司的實際回函率為50%

> ♥心情點滴
>
> 　　這次是要做產品的包裝，設計包裝這塊，還算有點涉獵，所以做起來並不是很困難，但是比較繁瑣，畢竟有那麼多個專案，值得驕傲的是，所有產品設計都是自己原創的，有那麼一點小小的成就感。此外，在這週的進度上，還有一個查郵資的問題，這個相對於前者還是比較簡單的，但是，在PPT中畫表格真不是項簡單工作，要兼顧美感與使用，太困難了……看來仍需學習！

第四週　FOB報價

一、顧客來信（英文）

Dear KINGFENG TEA:　　　　　　　　　　　　　　NO.001 28/10/20XX

　　We ave received your offer letter, we are very interested in your product. Is your first Order No. XT-613 a total of 5000 boxes. Hope that your company can provide the goods as soon as possible. To ship to the port of Dubai MINA RASHID, and by the FOB quoted price.we would appreciate hope this cooperation is very happy, thank you!

Sincerely,

Seven star Burj Al Arab Hotel in Dubai

Procurement Manager Mohammed

二、押匯及報關費用

　　本公司於10月25日接到阿聯酋迪拜帆船酒店集團的訂單，需要出口「一品金駿眉」（產品型號：XT-613）50箱，以併櫃的方式，從福州馬尾港口出發，運往迪拜的MINA RASHID港口。每箱一品金駿眉的EXW=56,000(CNY)，該商品的規格為：內盒包裝：40CM×25CM×10CM，外箱包裝100CM×100CM×100CM。

　　100盒裝1箱，每箱的毛重為：250KG。其押匯費、報關費以及EXW如下：

　　離岸價（FOB）=EXW+押匯費+報關費+文件費+商檢費+港口服務費+利潤

　　利潤：因為是第一次合作的因素，給予對方優惠：故利潤訂為50%

EXW一品金駿眉=￥56,000×50=2,800,000(CNY)=432,880(USD)

則FOB=432,880+押匯費+報關費+文件費+商檢費+港口服務費+利潤

1. 押匯銀行費用對比

> FOB利潤
> 計算需用逆演算法為維持50%的利潤

名稱	手續費	押匯利息	郵電費
華夏銀行	0.001	5.2%	150
中國銀行	0.001	6.1%	200
主力銀行	華夏銀行		

押匯費用計算

手續費：2,800,000×0.001= 2,800(CNY)

押匯息：2,800,000×5.2%×12/360=4,805(CNY)

郵電費：150(CNY)

l/C通知費：10美元（指定銀行通知）；30美元（非指定銀行通知）

總押匯費：2,800+4,805+150+68= 7,823(CNY)=1,209(USD)

2. 報關費用對比

名稱	文件費	報關費
福州鴻翔報關有限公司	40	200
福州凱順報關有限公司	45	150
主力報關公司	福州凱順報關有限公司	

其他費用計算

商檢費：2,800,000×0.0.12= 33,600(CNY)

港口服務費：200+500+300=1,000 (CNY)

利潤：2,800,000×0.5=1,400,000(CNY)

其他費用總計=33,600+1,000+1,400,000=1,434,600(CNY)=221,790(USD)

3. 所有費用總計

離岸價（FOB）= EXW+押匯費+報關費+文件費+商檢費+港口服務費+利潤

=2,800,000+7,755+150+45+33,600+1,000+1,400,000

=4,242,550(CNY)=655,898(USD)

三、公司回信

Dear Mohammed： No.001 29/10/20XX

Thank you very much for your letter of KINGFENG TEA, 20XX together with your order sheet No.A0017 for our TEA XT-613. Exports each FOB quoted price For 655898(USD) KINGFENG TEA 50 boxes. We take this opportunity to thank you for your initial order and look forward to receiving more orders from you in the near future.

Yours very truly, KINGFENG TEA

Sales manager

心情點滴

　　本週的主要工作就是計算、計算以及不停地計算。真的是頭昏眼花啊！我最害怕的就是數學題了，不知道上面那些結果有沒有算錯，還沒驗證。另外就是關於資料查詢的問題。由於身在臺灣，聯繫大陸那邊的企業有點困難，只能上網查詢資料，得到的結果或許不準確。但，whatever，有花心思去做就行了。最後，希望下週不要再有那麼多的計算題了……。

第五週　海運費併櫃

一、費用計算

1. 概因

　　本公司於10月25日接到阿聯酋迪拜帆船酒店集團的訂單，需要出口「一品金駿眉」（產品型號：XT-613）50箱，以併櫃的方式，從福州馬尾港口出發，運往迪拜的MINA RASHID港口。該商品的規格：內盒包裝：40CM×25CM×10CM，外箱包裝100CM×100CM×100CM。100盒裝1箱，每箱的毛重為：250KG。

2. 單位換算

$1m \times 1m \times 1m = 1m^3$

$1m^3 \times 35.3 = 35.3$ cft/carton

共有50箱，故35.3 × 50（箱）= 1,765 cft

40'貨櫃
此處應為2,100 cft

因為20尺貨櫃只可裝970 cft，而40尺貨櫃可裝1,910cft，此次貨物共有1,765 cft（1,765 ÷ 1,910 = 0.048），占了9成多，故採40尺櫃整櫃方式運送。

二、運費計算

材積噸：M/T = 1,765 ÷ 35.3 = 50噸

重量噸：W/T = 250kg × 50 = 12,500 kg = 12.5噸

結論：材積噸 > 重量噸，所以採材積噸計算。

運費=海運費 + 文件費 + BAF（燃油附加）+ CAF（幣值附加費）+ THC

海運公司選擇

公司	運費	文件費	BAF	CAF	THC	總計
福建捷安船務	￥720/CMB	￥120	￥200	$25	￥500	￥36,981
廈門輪船總公司	￥670/CMB	￥120	￥200	$30	￥550	￥34,563
結論	選擇廈門輪船總公司較為實惠					

所有費用總計

CIF= FOB+海運費

= 2,800,000+7,755+150+45+33,600+1,000+1,400,000

= 4,242,550(CNY)=655,898(USD)

三、英文回信

Dear Mohammed： No.002 02/11/20XX

Thank you very much for your letter of KINGFENG TEA, 20XX together with your order sheet No.A0017 for our TEA XT-613. Exports each CFR quoted price For 655898 (USD) KINGFENG TEA 50 boxes. We take this opportunity to thank you for your initial order and look forward to receiving more orders from you in the near future.

Yours very truly, KINGFENG TEA

Sales manager

♥心情點滴

　　上週剛憧憬著的，希望這週不要再有和數學有關的束西了。但是，理想很豐滿，現實很骨感。我對著這些計算題是無語凝噎了。還好堅持了下來。由於上週訂的出貨量太多，導致這週應該是併櫃的卻變成整櫃了。不知道可行否。要不然下週做併櫃的案例好了。

　　唉，又是費腦筋的一週。

第六週　海運費併櫃

一、顧客來信

> (1)CFS or CY 的比較
> (3)20×2 or 40的比較

Dear KINGFENG TEA:　　　　　　　　　　　　NO.003 05/11/20XX

　　Thank you to accept us for your product XT606 separately 10 boxes As a supplement. Hope that your company can provide the goods as soon as possible. To ship to the port of Dubai MINA RASHID, and by the CFR quoted price.we would appreciate hope this cooperation is very happy, thank you!

Sincerely,

Seven star Burj Al Arab Hotel in Dubai

Procurement Manager Mohammed

1. 訂單說明

　　由於上次出口往迪拜的商品市場反應很好，本公司於11月5日接到阿聯酋迪拜帆船酒店集團的補充訂單，需要出口「一品鐵觀音」（產品型號：XT606）1,000箱，以併櫃的方式，從福州馬尾港口出發，運往迪拜的MINA RASHID港口。每箱一品鐵觀音的EXW=50,000(CNY)，該商品的規格爲：內盒包裝：40CM×25CM×10CM，外箱包裝100CM×100CM×100CM。100盒裝1箱，每箱的毛重爲：21KG。

2. 單位換算

單位換算：1CBM=1M3=35.315 CFT

產品外箱尺寸：100cm×100cm×100cm

每箱產品N.W：20Kg= 44.09 Lbs　　G.W：21Kg= 46.30 Lbs

外箱材積尺寸：100cm×100cm×100cm=1m³=35.3 cft

本次共出口10箱：35.3×10=353 cft

20尺的貨櫃可以裝970 CFT，本次出貨大約占貨櫃3成，故以併櫃方式出口。

3. 計費選擇

本次出口貨物總重量：10×21 = 210KG = 0.21T

M/T材積噸 = 353 cft / 35.315 = 9.99 CBM

W/T重量噸 = 0.3 T

由於材積噸>重量噸，故採材積噸計算

二、海運公司選擇

公司	運費	文件費	BAF	CAF	THC	總計
福建捷安船務	￥720/CMB	￥120	￥200	$25	￥500	￥36,981
廈門輪船總公司	￥670/CMB	￥120	￥200	$30	￥550	￥34,563
結論	選擇廈門輪船總公司較為實惠					

CFR總計

廈門輪船總公司海運併櫃費：

海運費＋文件費＋BAF（燃油附加）＋CAF（幣值附加費）＋THC

=670×9.99＋120＋200＋30＋550 = 7,757.3 (CNY) = 1,171.45(USD)

CFR＝海運費＋FOB

　　　= 1,171.45＋7,730×10 = 78,471.45 (USD)

三、英文回信

應接目的港

Dear Mohammed：　　　　　　　　　　　　　　　　No.003 06/11/20XX

　Thank you very much for your letter of KINGFENG TEA, 20XX together with your order sheet No.A0017 for our TEA XT606 Exports each CFR quoted price For 78471.45 (USD) KINGFENG TEA 1000 boxes. We take this opportunity to thank you for your initial order and look forward to receiving more orders from you in the near future.

Yours very truly, KINGFENG TEA

Sales manager

Zhenxin Cai

心情點滴

　　由於上週的意外，併櫃算到最後成為整櫃了，所以這週就做併櫃替換。連續三週的計算主題，好像讓我的數學水準提高不少，至少不會像以前一樣，那麼排斥了。

　　資料的來源還得是靠網路，還好現在大部分的船務公司對於電子商務這一塊還比較重視，所以大部分公司的相關業務費用還是能從他們的網站查詢到。

第七週　保險費／CIF報價

一、顧客來信

Dear KINGFENGTEA:　　　　　　　　　　　　　　　　NO.005 11/11/20XX

　　We ave received your offer letter, we are very interested in your product. Is your first Order No. XGT217 a total of 2000 boxes. Hope that your company can provide the goods as soon as possible. To ship to the port of Rabat, and by the CIFC2 quoted price, institute CRAGO CLAUSES(A) and institute WAR CLAUSES CRAGO, hoped that as fast as possible receives your news, and establishes the good business deal with you.

Sincerely,

Morocco, W& F Trading Co., Ltd.

Procurement Manager Smith

訂單說明

　　本公司於11月11日接到摩洛哥風火貿易公司的訂單，需要出口「一品毛尖」（產品型號：XGT217）2,000箱，以併櫃的方式，從福州馬尾港口出發，運往摩洛哥拉巴特港口。為保全貨品的安全性，本公司決定採用A條款加上兵險。

　　每箱一品毛尖的ＥＸＷ＝30,000(CNY)，該商品的規格為：內盒包裝：40C×25CM×10CM，外箱包裝100CM×100CM×100CM。100盒裝1箱，每箱的毛重為：8.5KG。

$$FOB = EXW + 押匯費 + 報關費 + 文件費 + 商檢費 + 港口服務費 + 利潤$$

$$= 30,000*20 + 7,755 + 150 + 45 + 33,600 + 1,000 + 300,000$$

$$= 642,550 \ (CNY)$$

$$CFR = FOB + 運費 = 642,550 + 14,300 = 656,850(CNY) = 101,549(USD)$$

二、費用計算與比較

1. 海上產險公司列表

公司	地區	全險(A)	水漬險(B)	平安險(C)	兵險
太平洋保險	非洲	0.11%	0.07%	0.05%	0.04%
太保產險	非洲	0.1%	0.9%	0.09%	0.04%
公式：$I = CFR \times [110\% \times (A + 兵)\%]/[1-110\% \times (A + 兵)\%]$					
太平洋保險：$101,549 \times [110\% \times (0.11 + 0.04)\%]/[1-110\% \times (0.11 + 0.04)\%] = 167(USD)$					
太保產險：$101,549 \times [110\% \times (0.1 + 0.04)\%]/[110\% \times (0.1 + 0.04)\%] = 156(USD)$					
結論	由以上計算可知：太保產險較為實惠，且該公司實力雄厚，較為專業，故選擇太保產險為本公司的合作對象				

2. 佣金計算

公式：$CIFC10 = CIF + C10 \quad C10 = CIF \times [10\%/(1-10\%)]$

太平洋保險：$C2 = 101,716 \times 0.11 = 11,188.76 \ (USD)$

太保產險：$C2 = 101,705 \times 0.11 = 11,187.55 \ (USD)$

故$CIFC10 = 101,705 + 11,187.55 = 112,892.55(USD)$

三、英文回信

Dear Smith : 　　　　　　　　　　　　　　　　　　　No.003 11/11/20XX

Thank you very much for your letter of KINGFENG TEA, 20XX together with your order sheet No.A0017 for our TEA XGT217 Exports each CIFC10 quoted price For 112892.55 (USD) KINGFENG TEA 2000 boxes. We take this opportunity to thank you for your initial order and look forward to receiving more orders from you in the near future.

Yours very truly, KINGFENG TEA

Sales manager

Zhenxin Cai

心情點滴

　　這週的內容有點模糊，所以做簡報的時候有去看了一下學長姊的作品，不知道有沒有做錯的地方，還請老師幫忙指正。

　　關於計算方面，現在對我已經不構成障礙了，整個流程非常順利。這週查詢資料的保險公司居然有線上客服，這讓我很驚喜，所以問到的資料應該是挺準確的。

　　總體來說，本週還是比較簡單的。

第八週　空運海運費用比較

一、顧客來信

Dear KINGFENG TEA :　　　　　　　　　　　　　　　NO.009 11/12/20XX

　　We ave received your offer letter, we are very interested in your product. Is your first Order No. XT613 a total of 500 boxes. Hope that your company can provide the goods as soon as possible. By the aerial transport to the Paris airport, and by the CFRC3 quoted price.

　　Hoped that as fast as possible receives your news, and establishes the good business deal with you.

Sincerely,

France, T&K Trading Co., Ltd.

Procurement Manager Dude

接訂單

　　本公司接到法國TK貿易有限公司訂單，迫切要求空運從福州長樂機場運往巴黎機場。出口型號為XT613的一品鐵觀音500盒，每100盒裝1外箱，共5箱，並以CFRC3報價。

　　每一外箱尺寸：100cm×100cm×100cm = 39.37in×39.37in×39.37in

　　以公制計算：

　　每一箱為 100×100×100/6,000 = 166.67(kgs)

總重量為 $166.67 \times 5 = 833.35(kgs)$

以英制計算：

每一箱為 $39.37 \times 39.37 \times 39.37/366 = 166.73(kgs)$

總重量為 $166.73 \times 5 = 833.65(kgs)$

而空運比較的部分，因數量較少且價格較高，通常與併櫃比較。

二、空運海運費用比較

1. 空運費用計算

單位：CNY		廈門航空空運部	盛輝物流國際部	東方航空空運部
基礎空運費		>200kg=50/kg	>500kg=25/kg	>300kg=30/kg
兵險費		2/kg	2/kg	2/kg
燃油附加費		8/kg	10/kg	8/kg
倉庫租借費	<300kg	1/kg	1/kg	1/kg
	>300kg	0.5/kg	0.5/kg	0.5/kg
報關手續費		120	150	120
海關聯機費		40	50	35

2. 空運費用總計

公司	費用
廈門航空空運部	$833.35 \times 50 + 833.35 \times 2 + 833.35 \times 8 + 833.35 \times 0.5 + 120 + 40 = 50,586.75(CNY)$ 根據和訊網提供的匯率1CNY=0.16USD 所以：$50,586.75 \times 0.16 = 8,007.76(USD)$
盛輝物流國際部	$833.35 \times 25 + 833.35 \times 2 + 833.35 \times 10 + 833.35 \times 0.5 + 150 + 50 = 31,450.625(CNY)$ 根據和訊網提供的匯率1CNY=0.16USD 所以：$31,450.625 \times 0.16 = 5,032.1(USD)$
東方航空空運部	$833.35 \times 30 + 833.35 \times 2 + 833.35 \times 8 + 833.35 \times 0.5 + 120 + 35 = 33,905.675(CNY)$ 根據和訊網提供的匯率1CNY=0.16USD 所以：$33,905.675 \times 0.16 = 5,424.908(USD)$
根據以上計算結果，盛輝物流公司為最佳合作對象，故選其為本公司長期合作夥伴	

3. 海運併櫃費用計算

茶葉出口XT613共500盒，5外箱。

（單位換算：1CBM = 1M3 = 35.315 CFT）

產品外箱尺寸：100cm×100cm×100cm

每箱產品 N.W：20Kg = 44.09 Lbs　G.W：21Kg = 46.30 Lbs

外箱材積尺寸：100cm×100cm×100cm = 1m^3 = 35.3 cft

本次共出口5箱：35.3×5 = 176.5 cft

材積噸與重量噸：

176.5/970 = 0.18（不到2成故採用併櫃20尺貨櫃裝運）

M/T材積噸 = 176.5 /35.315 = 4.99CBM　W/T重量噸 = 0.15T

由於材積噸 > 重量噸，故採用材積噸計算

海運公司選擇

公司	運費	文件費	BAF	CAF	THC	總計
福建捷安船務	¥720/CMB	¥120	¥200	$25	¥500	¥18,490
廈門輪船總公司	¥670/CMB	¥120	¥200	$30	¥550	¥17,281
結論	選擇廈門輪船總公司較為實惠					

空運／海運費用比較

單位：USD	空運			海運	
公司	廈門航空	盛輝物流	東方航空	捷安船務	廈門輪船
運費	8,007	5,032	5,424	2,958	2,765
平均		6,154		2,861	
比較	6,154>2,861				
結論	空運在特殊情況才使用，本公司的常用出口工具仍為海運				

CFRC3總計

盛輝物流國際部空運費：

833.35×25 + 833.35×2 + 833.35×10 + 833.35×0.5 + 150 + 50

= 31,450.625(CNY)

= 31,450.625×0.16 = 5,032.1(USD)

CFRC3 =（運費 + FOB）×（1 − 3%佣金）

　　　= (5,032 + 7,730×5)×(1 − 3%)

　　　= 42,371.54(USD)

三、英文回信

Dear Smith :   No.009 12/12/20XX

Thank you very much for your letter of KINGFENG TEA, 20XX together with your order sheet No.A0017 for our TEA XT613 Exports by air transport each CFRC3 quoted price For 42371.54 (USD) KINGFENG TEA 500 boxes. We take this opportunity to thank you for your initial order and look forward to receiving more orders from you in the near future.

Yours very truly, KINGFENG TEA

Sales manager

Zhenxin Cai

第九週　貿易推銷實務

Letter to Letter

一、顧客來信

Dear KINGFENG TEA:　　　該部分，加上中英對照　　NO.018 15/10/20XX

We thank you for the catalog you sent to us on Oct. 11, 20XX which we have studied with deep interest. We are particularly interested in your Green tea that model XT613.

Please send us your quotation for 500 boxes of model XT613, showing your prices CFRC3 from Fuzhou transport to New York.

If your quotation and trade terms are satisfactory, we can be sure of a large initial order.

Sincerely,

USA, D&J Trading Co., Ltd.

Procurement Manager Frank

報價信

Dear Frank :   No.018 16/10/20XX

Thanks you the letter which mails from Oct.15, 20XX if you request, we will use the marine transportation to send tomorrow a sample take the quality for you the confirmation, as for the best price and the delivery date time, the quoted price is as follows, model XT613 :

(1) CFRC3 price : 84.74 US dollar/unit

(2) Order quantity : 500 unit

(3) Sample benefit/cost : Free

(4) Quickest delivery date : According to cannot abolish the letter of credit.

(5) Payment method : The delivery pays in cash Please confirm whether.

We are sure that this is the best offer we can make and that no other firms can offer you better terms than these.

We look forward to hearing form you and we thank you again for your inquiry.

Sincerely,

Sales manager

Zhenxin Cai

顧客議價信【1】

Dear KINGFENG TEA :   NO.018 20/10/20XX

We have received with thanks your letter of Oct.20, 20XX.

We are pleased that you have sufficient sock to make immediate delivery, but we are surprised that your quoted price are every unit is 87.74 dollars and higher than the range that we can accept. If we place large order in your company, can we place under negotiation a discount of 15% off your quoted list prices?

We shall be grateful if you can grant us the same terms.

Sincerely,

USA, D&J Trading Co., Ltd.

Procurement Manager Frank

議價回覆信

Dear Frank :   No.018 23/10/20XX

We have received your letter of October 20 concerning the supply of our Green tea. We therefore regret that we are unable to allow you 15% discount. In spite of the increased costs of raw materials expected next year, we anticipate being able to maintain present prices and even reduce them for some lines we are producing.

We look forward to hearing from you.

Yours very truly, KINGFENG TEA

Sales manager

Zhenxin Cai

顧客議價信【2】

Dear KINGFENG TEA: NO.018 27/10/20XX

We have received with thanks your letter of Oct.25, 20XX.

We are pleased that you have sufficient sock to make immediate delivery, but we are sorry hearing that you are unable to allow our 15% discount.

If we place large order in your company, can we place under negotiation a discount of 10% off your quoted list prices?

We shall be grateful if you can grant us the same terms.

Sincerely,

USA, D&J Trading Co., Ltd.

Procurement Manager Frank

公司成交信

Dear Frank :   No.018 29/10/20XX

We have received your letter of October 27.

We agree to your quoted price for 76.26 USD in every unit. In consideration of the very pleasant business relationship we have had you for several years, we have decided to agree to your suggestion.

We assure that we shall always do our utmost to execute them to your complete satisfaction.

Yours very truly, KINGFENG TEA

Sales manager

Zhenxin Cai

採購訂單

```
USA, D&J trade CO.,1td                                    PURHCASE ORDER
FAX : +8605928888887 TEL : +8605928888888
TO：KINGFENG Tea CO., LTD                  FROM : USA, D&J trade CO.,1td
ATTN : MR.ZhenXin                             DATE : OCT. 31,20XX
Please enter our following Purchase order : 100018

Article No.        Description        Quantity        U/P          Amount
XT613              Green tea          500PCS          76.26USD     38,130 USD

CONDITIONS :
1.T.O.T. : CIF American east port.
2.Time of shipment : By the early of Nov.
3.Destination : New York port.
4.Packing : Not to be caused any damaged/scratched during transportation.
5.Quality as per sample submitted to buyer.
6.Shipping mark :
ARTICLE NO. : xt613
CONTRACT NUMBER : 100018
PACKING NO. : 1~up
TOTAL NUMBER OF PACKAGES : 50
G.W. : 0.2KGS
N.W. : 1.5KGS
MADE IN China
```

Face to Face

青風茗茶對外貿易有限公司是一家專門從事茶葉出口的外貿公司，目標為阿聯酋、摩洛哥、美國、法國等。專門出口高品質、低價格的產品。

由於美國D&J貿易公司是美國地區知名的茶葉銷售公司，故本公司派行銷人員前往推銷公司的產品，希望能成功打入美國市場，建立口碑與商譽。

以下簡稱

A：本公司業務經理 Zhenxin Cai

B：美國D&J貿易公司採購專員 Jmy

1. 詢問法（Strategy of asking question）

A: Nice to meet you, Miss Cheng. I'd like to introduce myself. My name Zhenxin Cai, and I'm the marketing manager of K&F Tea CO., LTD.

B: Nice to meet you, too. So, is there anything that I can help you？

A: Here you can see it is our company for Green tea catalogue. Our products are all in good qualities.

B: Well, I understand what you're saying, but we have already placed regular orders with other companies.

A: Then, do you know anything about their qualities?

B: According to the information I have, we didn't receive any complaints about those products.

A: Do those companies involve themselves in innovation? Is their design different from others?

B: Well... I don't know.

2. 正擊法（Strategy of giving positive response）

A: Our company has been involved in innovation for many years. Therefore, our products are special and have Aroma. Besides, we are carefully at the quality control.

B: In my opinion, when customers choose the Tea, consider mainly is the products'qualities and prices rather than the practicalities.

A: Yes, I see your viewpoint, but regarding modern people the Aroma of products is very important.

B: Oh, really? Our customers were already accustomed to our products style, so I'm afraid that they can't accept this Aroma of products.

A: Yes, you're right, but it will attract more new customers by selling those various products.

3. 回擊法（Strategy of giving complete response）

B: However, we may lose some regular customers.

A: Just because of this reason, we have to keep the regular customers and merge the modern products to create new customers.

4. 轉換法（Strategy of changing the subject）

B: Well, but you are just a newly established company, aren't you? It's a little ...

A: We make our efforts on controlling on the qualities of our products; this has met with some customer's approval. In addition, we continue to manufacture different products that are difficult for other companies to imitate. We always do our best to meet the customer's needs and wants.

5. 變換法（Strategy of commutation）

B: However, your company is founded in China, so our customers have limited image about your brand.

A: Our products have won many international awards. Moreover, in order to achieve uniqueness, we have supply customization. Therefore, I believe our products will satisfy customers of many kinds. Furthermore, more and more people will be impressive of our brand.

6. 資料應用法（Strategy of applying some data）

B: We think there is a limited market for Aroma of Green Tea.

A: Please wait a moment. Here is a survey in your country. From this survey, you can find there are 75% people who would like to buy the Green teas of Aroma.

7. 經濟計算法（Strategy of calculating economically）

B: Well, your product looks good, but the price is a little too expensive.

A: The average price of our Green tea is 84USD, products' qualities and design is very excellent. Therefore, when finding the goods which meet their needs, they are willing to pay more money. So, you can determine the price higher. In this way, the profit will also be higher than others.

B: Well, this sounds reasonable.

8. 直接請求成交法（Strategy of asking for trading directly）

A: Then, could you give us a chance to cooperate with you?

B: Well, I like the styles of your Green tea. So, we would like to order for 500 boxes of XT613.

A: Thanks a lot. We assure you of our best quality and best service.

9. 選擇成交法（Selecting the way of trade）

A: What kind of delivery do you like, by sea or by air?

B: We hope you deliver the goods by sea.

A: What kind of payment do you prefer, L/C and D/A or D/P?

B: We think payment L/C is better.

心情點滴

成堆的英文，翻譯到吐血，這下真的是過癮了⋯⋯。

不過因為本人英語水準實在不適宜見人，翻譯得亂七八糟，老師您也別感到奇怪，技止此耳，多多包涵⋯⋯。

無論是letter to letter還是face to face，都不容易啊！

第十週 信用狀、船期、驗貨

一、信用狀解說

Our Ref : 20XX102216854	L/C NO : 8AKK10086DK006
Beneficiary : K&F tea CO.,LTD TINGJIANG ROAD NO.8, FUZHOU CHINA. FAX : +8605918888888 TEL : +8605918888888	Issue/Adised by 314140229 CB Bank Page 00001 Func PRACK618 UMR 124783161

Dear sirs :   PAGE : 1
    WITHOUT ANY RESPONSIBILITY OR ENGAMENT ON OUR PART, WE HAVE THE PLEASURE
OF ADVISING YOU THAT WE HAVE RECEIVED AN AUTHENICATED SWIFT MESSAGE FROM
HYVEDEMMA435 READING AS
FOLLOWS：Quote
MT700 ISSUE OF A DOCUMENTARY CREDIT
0937 0283773666366BKTTTWTPAxx388959995044
1153 023888499947 MELIRHHA4444748993993200
27 (SEQUENCE OF TOTAL) : 1/1
40A (FORM OF DOC. CREDIT) : IRREVOCABLE
20 (DOCUMENTARY CREDIT NUMBER): 0225BI1100257

> 全部需做L/C的中文解釋，是美中不足之處

31C (DATE OF ISSUE) : 20XX0214
31D (EXPIRY DATE & PLACE) : 20XX0515 China
50 (APPLICANT)：USA D&J trade CO.,LTD
308 East 72nd Street New York, NY 10021-4727, United States
59 (BENEFICIARY)： K&F tea trade CO.,LTD
TINGJIANG ROAD NO.8, FUZHOU CHINA FAX : +8605918888887   TEL : +8605918888888
32B (CURRENCY CODE,AMOUNT) : USD 38130
39A (PERCENTAGE CREDIT AMOUNT TOLERANCE): 01/01
41D (AVAILABLE WITH...BY...) : ANY BANK BY NEGOTIATION

42C (DRAFTS AT...)：AT SIGHT

42D (DRAWEE)：OURSELVES

43P (PARTIAL SHIPMENTS)：PROHIBITED

43T (TRANSSHIPMENT)：PROHIBITED/PERMITTED

44A (LOADING IN CHARGE AT/FROM)：ANY PORT IN CHINA

44B (FOR TRANDPORTATION TO...)：USA PORT OF NEYORK

44C (LATEST DATE OF SHIPMENT)：20XX0515

45A (SHIPMENT OF GOODS)：

GREEN TEA, ARTICLE NO. XT613 500 PCS at 76 USD P.P. AS PER CONTRACT NO. 00018
TOTALUSD 38130, CIF NEW YORK

46A (DOCUMENTS REQUIRED)：

1) COMMERCIAL INVOICE IN TRIPLICATE

2) PACKING LIST IN TRIPLICATE

3) 3/3 CLEAN SHIPPED ON BOARD BILLS OF LADING, MAKE OUT TO ORDER OF APPLICATNT
   WITH FULL NAME AND ADDRESS, MARKED FREIGHT PREPARED AND PLACE OF DELIVERY
   NEW YORK

4) BENEFICIARY'S SIGNED STATEMENT CERTIFYING THAT ONE SET OF INVOICE,
   PACKING LIST, ONE NON-NEGOTIABLE COPY OF BILL OF LADING AND ONE ORIGINAL
   CERTIFICATE OF ORIGIN HAVE BEEN SENT BY COURIER TO THE APPLICANT.

5) INSURANCE POLICY OR CERTIFICATE IN TRIPLICATE FOR FULL INVOICE VALUE PLUS
   10% WITH CLAINS PAYABLE IN FRANCE IN THE SAME CURRENCY AS THE COMMICAL
   INVOLCE, COVERING MARINE, AS PER INSTITUTE CARGO CLAUSES A (ICCA).

6) INSPECTION CERTOFICATE AND/OR INSPECTION REPORT

7) CERTIFICATE OF TAIWANESE ORIGIN, (NOT FORM A), ISSUED OR LEGALIZED BY A
   COMPETENT AUTHORITY, RELEASE ISSEUD BY MIGROS (HONG KONG)LTD.

47A (ADDITIONAL CONDITIONS)：

1) THIRD PARTY INVOICE OR SHIPPER IS ACCEPTABLE.

2) CONTENT OF CERTIFICATE OF TAIWANESE ORIGIN, OTHER TEAN DESCRIPTIONS OF
   PRODUCTS CAN DIFFER FROM OTHER DOCUMENTS

3) FORWARDER'S B/L OR HOUSE B/L IS ACCEPTABLE.

4) CONTENT OF WEIGHT AND MEASURENMENT SHOWN ON B/L CAN DIFFER FROM PACKING
   LIST TO A MAXIMUM OF 5 PCT.

5) COPY OF INSPECTION CERTIFICATE AND/OR SHIPMENT RELEASE AND/OR INSPECTION
   REPORT ISSUED BY MIGROS (HONG KONG) LTD. IS ACCEPTABLE.

6) 1 PERCENT DIFFERENCE IN QUANTITY/AMOUNT IS ACCEPTABLE.
   PLEASE SEND THE DOCUMENTS IN ONE SET TO US BY COURIER.
   OUR ADDRESS：BAYERISCHE HYPO-UND VEREINSBANK AG ZEPPELINSTRASSE 2, D-88131
   LINDAU/FRANCE

AT PRESENTATION OF DOCUMENTS WITH DISCREPACIES WE CHARGE A RESPECTIVE
COMMISSION.

71B (CHARGES)：ALL COMMISSIONS AND CHARGES ARISING UNDER THIS CREDIT ARE TO
BE BORNE BY BENEFICARY EXCEPT OURS.

48 (PERIOD FOR PRESENTATION)：21 DAYS AFTER SHPMETN DATE AS PER TRANSPORT
DOCUMENTS.

49 (INSTRUCTIONS TO THE NEGOTIATIONG BANK) : UPON RECEIPT OF CREDIT CONFIRM DOCUMENTS WE SHALL COVER YOU ACCORDING TP YOUR INSTRUCTIONS AND AS PER THE L/C-TEAMS.

57D (Advise Through : Bank) : CB BANK
    TINGJIANG ROAD NO.8, FUZHOU CHINA
    (BANK TO BANK INFORMATION) : /PHONBEN/-MAC:BF00EDEE

CHK : AF3C23F43DFF

二、船　期

茲收到美國D&J貿易有限公司寄來的L/C，欲訂購型號XT613的一品鐵觀音500盒，卸貨港口為美國紐約港。

L/C裝船期為5月15日（最後裝船日），工廠將於3月5日開始加工，3月27日完工，3月29日進行產品檢驗。

現在需要其適合的船期資料。

廈門輪船運輸總公司

船名	航次	地點	結關日	開航日	抵達日期
鎮遠號	Z103	廈門	4/5	4/10	5/5
靖遠號	J115	馬尾	3/26	4/1	4/29
定遠號	D412	馬尾	3/30	4/7	5/8
致遠號	Z167	三沙	4/1	4/2	5/7
濟遠號	J324	平潭	4/5	4/8	5/9
靖遠號	J115	馬尾	3/26	4/1	4/29

經過以上船期搜尋後，本公司決定選用靖遠號為本次運貨船，其航次為J115，由馬尾港出口，預計抵達日期為4/29，符合本公司訂單標準。

> 比較：1.地點較近
> 　　　2.開船日較早
> 　　　3.抵達日較早
> 　　　4.價格較低

三、驗　貨

1. MIL STD 105E

本公司接獲美國D&J貿易有限公司訂單，要求本公司於5月15日前從本地港口運至紐約港，出口型號XT613，共500盒，每盒茶葉CIFC3 = 76USD，每100個為一個外箱，共5箱。一個外箱長100cm、寬100cm、高100cm。

總材積：$8.61 \times 200 = 176.5$ (CFT)

$176.5 / 2,100$（20呎裝滿櫃）$= 0.083$（採併櫃運費較為划算）

根據MIL-STD-105E表樣本之代字可得知500介於281～500，對照一般檢驗水準得到H的樣本數代字

2. MIL-STD-105E樣本代字

Lot or Batch Size			Special inspection levels				General inspection levels		
			S-1	S-2	S-3	S-4	I	II	III
2	to	8	A	A	A	A	A	A	B
9	to	15	A	A	A	A	A	B	C
16	to	25	A	A	B	B	B	C	D
26	to	50	A	B	B	C	C	D	E
51	to	90	B	B	C	C	C	E	F
91	to	150	B	B	C	D	D	F	G
151	to	280	B	C	D	E	E	G	H
281	to	500	B	C	D	E	F	H	J
501	to	1200	C	C	E	F	G	J	K
1201	to	3200	C	D	F	G	H	K	L
3201	to	10000	C	D	F	G	J	L	M
10001	to	35000	C	D	F	H	K	M	N
35001	to	150000	D	E	G	J	L	N	P
150001	to	500000	D	E	G	J	M	P	Q
500001	and	over	D	E	H	K	N	Q	R

3. 驗貨單

Invoice No	RF25983387	Invoice Date	20XX/03/29
Customer	USA,D&J tread CO.,LTD	Supplier	K&F tea tread CO.,LTD
Order No	00018	Inspector	Frank
		Date	20XX/03/29
Item No	00001-2	Cust. Item No	C-0018
Description	GREEN TEA XT613		

4. 正常檢驗單次抽樣計畫

抽驗樣本數為32個

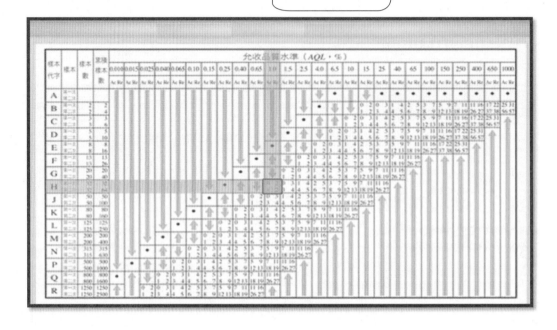

5. 抽樣調查結果

經查MIL-STD-105E表後，我們取出樣本數50盒鐵觀音XT613來做抽檢，在允收品質水準（AQL）裡，樣本數為0.1，如果發現只有一盒不良品，將通過驗貨，若發現超過兩盒以上為不良品，將不通過品質水準，無法出口貨物，必須送回工廠重新檢驗。

本公司經過完工後兩日內驗貨的結果，發現在樣本50盒茶葉中，無不良品，因此通過允收品質水準（AQL），將能在預定的日期順利出貨

6. 驗貨單

檢驗樣本數為32個

Order Qty		480		Vessel	NIAN RICKMERS
Shipping Qty (lost size)	500			Customs Closing	20XX/03/29
Inspected Qty (sample size)	50			ETD	20XX/03/29
CTN NO.	01	02	03	04	05
QTY	10	10	10	10	10
GENERAL INSPECTION (Describe nature of performance test and results)	Pass				

此5箱應平均分配32個做抽樣檢驗

Order Qty		480	Vessel	NIAN RICKMERS

COMPARISON TO APPROVAL SAMPLES (Any variation in detail)	Pass
RECOMMENDATION OF INSPECTION	____ Pass ____ Reject ____ Suspend ____ Reinspect ____ Cancel
SHIPPING SAMPLES:	____ For office keep ____ To customer

ITEM		PACKAGE	
1.Type of material	OK	1.Type	OK
2.Quality of material	OK	2.Material	OK
3.Finish on material	OK	3.Printing	OK
4.Size dimensions	OK	4. Color(s)	OK
5.Thickness	OK	5.Size of pkg.	OK
6.Color(s)	OK	6.Item size	OK
7.Label	OK	7.Stock No.	OK
8.Stock No	OK	8.Country of origin	OK
9.Size mark	OK	9.Inner pack	OK
10.Country of origin	OK	10.Marks on inner	OK
		11.Copy of pkg.	OK

CARTON MARKINGS			
FRONT MARKS		SIDE MARKS	
1.Identification	OK	1.Stock No.	OK
2.P.O No.	OK	2.Quantity	OK
3.Stock No.	OK	3.Size	OK
4.Destination	OK	4.Durability of carton	OK
5.Country of origin	OK		
6.Carton nos	OK		

🖋心情點滴

　　　大挑戰！

第十一週 押匯文件

一、信用狀

Our Ref：20XX102216854

Beneficiary： K&F tea CO.,LTD

TINGJIANG ROAD NO.8, FUZHOU CHINA.

FAX：+8605918888888 TEL：+8605918888888

L/C NO：8AKK10086DK006

Issue/Adised by 314140229 CB Bank

Page 00001

Func PRACK618

UMR 124783161

Dear sirs：

PAGE：1

WITHOUT ANY RESPONSIBILITY OR ENGAMENT ON OUR PART, WE HAVE THE PLEASURE OF ADVISING YOU THAT WE HAVE RECEIVED AN AUTHENICATED SWIFT MESSAGE FROM HYVEDEMMA435 READING AS FOLLOWS：Quote

MT700 ISSUE OF A DOCUMENTARY CREDIT

0937 0283773666366BKTTTWTPAxx388959995044

1153 023888499947 MELIRHHA4444748993993200

27 (SEQUENCE OF TOTAL)：1/1

40A (FORM OF DOC. CREDIT)：IRREVOCABLE

20 (DOCUMENTARY CREDIT NUMBER) ： 0225BI1100257

31C (DATE OF ISSUE)：20XX0214

31D (EXPIRY DATE & PLACE)：20XX0515 China

50 (APPLICANT)：USA D&J trade CO.,LTD

308 East 72nd Street New York, NY 10021-4727, United States

59 (BENEFICIARY)： K&F tea trade CO.,LTD

TINGJIANG ROAD NO.8, FUZHOU CHINA FAX：+8605918888887 TEL：+8605918888888

32B (CURRENCY CODE,AMOUNT)：USD 38130

39A (PERCENTAGE CREDIT AMOUNT TOLERANCE)：01/01

41D (AVAILABLE WITH...BY...)：ANY BANK BY NEGOTIATION

42C (DRAFTS AT…)：AT SIGHT

42D (DRAWEE)：OURSELVES

43P (PARTIAL SHIPMENTS)： PROHIBITED

43T (TRANSSHIPMENT)： PROHIBITED/PERMITTED

44A (LOADING IN CHARGE AT/FROM)：ANY PORT IN CHINA

44B (FOR TRANDPORTATION TO…)：USA PORT OF NEYORK

44C (LATEST DATE OF SHIPMENT) ：20XX0515

45A (SHIPMENT OF GOODS) ：

GREEN TEA, ARTICLE NO. XT613 500 PCS at 76 USD P.P. AS PER CONTRACT NO. 00018

TOTALUSD 38130 ,CIF NEW YORK

46A (DOCUMENTS REQUIRED)：

1) COMMERCIAL INVOICE IN TRIPLICATE
2) PACKING LIST IN TRIPLICATE
3) 3/3 CLEAN SHIPPED ON BOARD BILLS OF LADING, MAKE OUT TO ORDER OF APPLICATNT WITH FULL NAME AND ADDRESS, MARKED FREIGHT PREPARED AND PLACE OF DELIVERY NEW YORK
4) BENEFICIARY'S SIGNED STATEMENT CERTIFYING THAT ONE SET OF INVOICE, PACKING LIST, ONE NON-NEGOTIABLE COPY OF BILL OF LADING AND ONE ORIGINAL CERTIFICATE OF ORIGIN HAVE BEEN SENT BY COURIER TO THE APPLICANT.
5) INSURANCE POLICY OR CERTIFICATE IN TRIPLICATE FOR FULL INVOICE VALUE PLUS 10% WITH CLAINS PAYABLE IN FRANCE IN THE SAME CURRENCY AS THE COMMICAL INVOLCE, COVERING MARINE, AS PER INSTITUTE CARGO CLAUSES A (ICCA).
6) INSPECTION CERTOFICATE AND/OR INSPECTION REPORT
7) CERTIFICATE OF TAIWANESE ORIGIN, (NOT FORM A), ISSUED OR LEGALIZED BY A COMPETENT AUTHORITY, RELEASE ISSEUD BY MIGROS (HONG KONG)LTD.

47A (ADDITIONAL CONDITIONS):
1) THIRD PARTY INVOICE OR SHIPPER IS ACCEPTABLE.
2) CONTENT OF CERTIFICATE OF TAIWANESE ORIGIN, OTHER TEAN DESCRIPTIONS OF PRODUCTS CAN DIFFER FROM OTHER DOCUMENTS
3) FORWARDER'S B/L OR HOUSE B/L IS ACCEPTABLE.
4) CONTENT OF WEIGHT AND MEASURENMENT SHOWN ON B/L CAN DIFFER FROM PACKING LIST TO A MAXIMUM OF 5 PCT.
5) COPY OF INSPECTION CERTIFICATE AND/OR SHIPMENT RELEASE AND/OR INSPECTION REPORT ISSUED BY MIGROS (HONG KONG) LTD. IS ACCEPTABLE.
6) 1 PERCENT DIFFERENCE IN QUANTITY/AMOUNT IS ACCEPTABLE.
PLEASE SEND THE DOCUMENTS IN ONE SET TO US BY COURIER.
OUR ADDRESS : BAYERISCHE HYPO-UND VEREINSBANK AG ZEPPELINSTRASSE 2, D-88131 LINDAU/FRANCE
AT PRESENTATION OF DOCUMENTS WITH DISCREPACIES WE CHARGE A RESPECTIVE COMMISSION.
71B (CHARGES) : ALL COMMISSIONS AND CHARGES ARISING UNDER THIS CREDIT ARE TO BE BORNE BY BENEFICARY EXCEPT OURS.
48 (PERIOD FOR PRESENTATION) : 21 DAYS AFTER SHPMETN DATE AS PER TRANSPORT DOCUMENTS.
49 (INSTRUCTIONS TO THE NEGOTIATIONG BANK) : UPON RECEIPT OF CREDIT CONFIRM DOCUMENTS WE SHALL COVER YOU ACCORDING TP YOUR INSTRUCTIONS AND AS PER THE L/C-TEAMS.
57D (」Advise Through : Bank) : CB BANK
    TINGJIANG ROAD NO.8, FUZHOU CHINA
    (BANK TO BANK INFORMATION) : /PHONBEN/-MAC:BFOOEDEE
CHK : AF3C23F43DFF

二、押匯文件

匯票（已簽字，已背書）

BILL OF EXCHANGE

Draft No.0018

For USD 38130   20XX/05/16

At sight of this FIRST of Exchange (Second the same tenor and date being unpaid)

Pay to the order of Construction Bank OF China

The Sum of THIRTY EIGHT THOUSAND ONE HUNDRED THIRTY ONLY

value received Drawn under Letter of Credit No. AB0011989053214 dated

14-FEB-11 Issued by Citibank To Citibank

K&F TEA TRADE CO., LTD

YE QING

三、商業發票（一式三份已簽字）

K&F TEA TRADECO., LTD

TINGJIANG ROAD NO.8, FUZHOU CHINA

FAX : + 8605918888887   TEL : + 8605918888888

COMMERCIAL INVOICE

NO. 02/INV-177   DATE: APR 02, 20XX

INVOICE OF:

GREEN TEA NO. XT613

500 BOXEX at 76 USD P.P. AS PER CONTRACT NO. 100018

TOTAL USD 38130, CIF NEW YORK

FOR ACCOUNT AND RISK OF MESSRS. : USA, D&J TRADE CO., LTD

308 East 72nd Street New York, NY 10021-4727, United States

SHIPPED BY: K&F TEA TRADE CO., LTD   PER : NIAN RICKMERS

SAILING ON OR ABOUT   DATE : 0402   FROM : MAWEI PORT, CHINA

No. 0225BI1100257   TO : NEW YORK PORT, FRANCE

MARK&NOS	DESCRIPTION OF GOODS	QUANTITY	UNIT PRICE AMOUNTS
	GREEN TEA, ARTICLE NO. XT613 AS PER CONTRACT NO. 123456 TOTAL USD　38,130 ARTICLE NO. XT613 500 BOXES at 76 USD P.P.	500 BOXES	NEW YORK PORT, USA USD 76 USD 38,130

TOTAL：　　　　　　　　500 BOXES　　　　USD 38,130
　　　　　　　　　　　　VVVVV　　　　　　VVVVVVVVV
　　　THIRTY EIGHT THOUSAND ONE HUNDRED THIRTY ONLY.
　　　L/C NO. 8AKK10086DK006 DATED：20XX0214
MARK & NOS.
ARTICLE NUMBER：XT613 CONTRACT NUMBER: 100018
PACKAGE NO.: 1～10
TOTAL NUMBER OF PACKAGES
G.W. :18.5 G
N.W. : 18 G
MADE IN CHINA
　　　　　　　　K&F TEA TRADE　CO.,LTD

四、包裝單（一式三份已簽字）

K&F TEA TRADE CO., LTD

TINGJIANG ROAD NO.8, FUZHOU CHINA　FAX：＋8605918888887 TEL：＋8605918888888

PACKING LIST

NO. 02/INV-177　　　　　　　　　　　DATE: APR 02, 20XX

PACKING LIST OF: GREEN TEA,　ARTICLE NO. XT613

FOR ACCOUNT AND RISK OF MESSRS. : USA, D&J TRADE CO., LTD CO., LTD

308 East 72nd Street New York, NY 10021-4727, United States

USA SHIPPED BY: K&F TEA TRADE　CO., LTD　PER : NIAN RICKMERS

SAILING ON OR ABOUT:

L/C NO : 8AKK10086DK006　DATE : 0402　TO : NEW YORK PORT, USA

PACKING NO.	DESCRIPTION OF GOODS	QUANTITY	N.W. G.W. MEAS'(CFT)
1～60	GREEN TEA, ARTICLE NO. XT613 AS PER CONTRACT NO. 123456 TOTAL USD 1,886.4 ARTICLE NO. XT613 500 BOXES at 76 USD P.P.	@ 10 BOXES 500 BOXES	CIF NEW YORK PORT, USA @18g G @18.5 G @0.64CFT 8,640 G 8,880 G 6.4CFT

TOTAL：1～60CTNS   500 BOXES

VVVVV   VVVVVVVVV

    SAY TOTAL USD THIRTY EIGHT THOUSAND ONE HUNDRED THIRTY ONLY.

MARK & NOS .

ARTICLE NUMBER：XT613 CONTRACT NUMBER: 123456

PACKAGE NO.: 1～10   TOTAL NUMBER OF PACKAGES

G.W.: 18.5 G   N.W.: 18 G

MADE IN CHINA

K&F TEA TRADE CO., LTD

五、海運提單（已背書）

SHIPPER K&F TEA TRADE CO.LTD TINGJIANG ROAD NO.8, FUZHOU CHINA	Document No. Bill of landing number TPE/523173 TPE055073
	Export references
CONSIGNEE TO ORDER	Forwarding agent — references (complete name and address) 308 East 72nd Street New York, NY 10021-4727, United States TEL: (02)2455-9988 FAX: (02)2455-0792
NOTIFY PARTY K&F TEA TRADE CO.LTD TINGJIANG ROAD NO.8, FUZHOU CHINA	Unless marked NON NEGOBIABLE/Express Bill Of lading must be surrendered duly endorsed in ex change in for the goods or delivery order. For the release of goods apply to: NEW YORK PORT
Pre- carriage by	Place of by pre-carrier MAWEI
Vessel/voy, no.046W	Port of loading MAWEI
Port of discharge NEW YORK PORT	Place of delivery NEW YORK PORT

On carriage to
**USDOPG
***CHINA

MARK & NOS.	Number of Container(s) Or pkgs	Kind of packages—descriptions or goods	Gross weight In kilo's	Measurement In cubic metres
GREEN TEA 20X30X20 ARTICLE XT613	100/BOXES		@3KG 30KGS	@0.64 CFT 6.4CFT

ON BOARD DATE : 20XX/04/02   PLACE OF DELIVERY : NEW YORK PORT

SO/8779 CFS/CFS

SAY TOTAL TEN (10) CTNS ONLY

*** FREIGHT PREPARED ***

Loaded into container   No HDMU3199653   89C722983 ABOVE PARTICULARS AS DECLARED BY SHIPPER

Total number of Container(s) or Pkgs TEN	Freight payable by MAWEI	Excess Value Declaration : Refer to Clause 14.3 and 14.4 on reverse side

Freight and charged	Quantity based on	Rate TOTAL	Per	Prepid USD	Collect USD

RECEIVED by the carrier in apparent good order and condition (unless otherwise noted here in) the total number or quality of containers or other packages or units indicated stated by the shipper to comprise the goods specified for carriage subject to all the terms here of (INCLUDING THE TERMS ON PAGE 1 HEREOF AND THE TERMS OF THE CARRIER'S APPLICABLE TARIFF) from the place of recelpt or the port of loading.Whichever is applicable to the port of discharge or the place of delivery.whichever is applicable.In accepting the Bill of Landing the merchant expressly accepts and agrees to all its terms.conditions and exceptions whether printed. stamped or written.or otherwise incorporated.notwithstanding the non-signing of this Bill of Landing by the merchant.	IN Witness whereof the number of the original Bills of Landing stated below all of this tenor and date has been signed. one of which being accomplished. the other(s) to stand vold Number of original B(S)/L L3/THREE	Place of B(S)/L issue Dated ANY PORT CHINA 20XX/06/01 XIAMEN MARINE COPY NOT NOTNEGOTIBLE Siming District, Xiamen, Fujian Province, China National Road No.86

六、保險單（已背書）

POLICY NO.3090-02938818-00021-CGC
USD/USA
Claim Agent: Pacific Insurance Co., Ltd
FREIWEIDE 15.D-21008 BORNSEN AMERICAN
TEL: +8605913265444
FAX:+8605913265443

ASSURED:
MESSRS: K&F TEA TRADE CO.,LTD
INVOICE NO : 02/INV-177
AMOUNT INSURED (USD$13400.64)
USD DOLLARS THIRTEEN THOUSAND FOUR
HUNDRED AND SIXTY - FOUR CENTS ONLY

Ship or Vessel 鎮遠號 J155	At and from MAWEI	To/Thence to NEW YORK PORT
SAILING on or about 20XX/04/02	Transhipped at	

SUBJECT-MATTER INSURED
GREEN TEA
ITEM NO. XT613
TOTAL:500BOXES

Conditions:
Subject to the following Clausese as per here of
INSTITE CARGO CLAUSES(ICCCA)
MADE UP TO AMERICAN
Marks and Number as per Invoice No.specified above. Valued at the same as Amount insured

Place and Date signed in TAICHUNG,20XX/04/01 Number of Policies issued IN TRIPLICATE
The registered trademark is licensed by Pacific Insurance Co., Ltd
CATHAY CENTURY INSURANCE

PRESDIENT

1.應做產地證明書。
2.如未做產地證明書無法押匯

♪心情點滴

　　本週依舊是一個挑戰。不過經歷了上一週的苦戰以後，現在對付這些已經有點經驗，所以不是那麼畏懼了。總體來說，雖然不是很困難，但是工作量還是巨大，忙完了以後，那種感覺實在是太美妙了！

第十二週　輸出保險與外匯操作

一、緣　起

本公司於20XX年11月接到美國的訂單，需出口一品鐵觀音（產品型號：XT613）。要求以D/P方式付款。因爲考慮到風險問題，所以這次採用輸出保險來作爲本公司的收益評估

二、輸出保險資料

貨物輸出金額：人民幣705,578.43元

輸出保險條件：D/P，90天期

進口商所屬國家：美國

國家等級：AA

進口商信用評等等級：第一級

三、世界各國貿易風險評級

深色代表風險最低／淺色代表風險最高

四、D/P託收流程圖

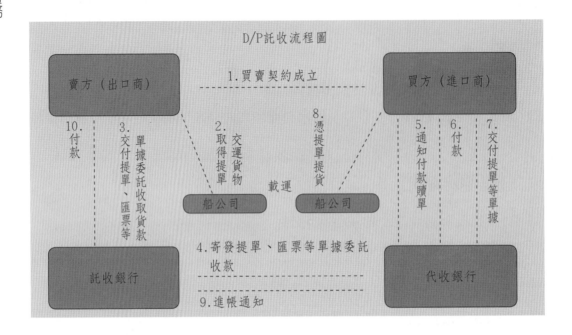

D/P託收流程圖

五、進口商信用評級及保額

進口商信用等級成數表

進口商信用等級	進口地屬A、B級者		進口地屬C、D級者	
	D/A	D/P	D/A	D/P
1	85%	90%	85%	90%
2	85%	90%	85%	90%
3	85%	90%	80%	85%
4	85%	90%	70%	80%
5	80%	85%	70%	75%
6	80%	85%	70%	70%

輸出保險費率表

承保金額：
CNY 705,578.43×90% = CNY 635020.587
（進口商信用等級為第一級）

基本費率：
CNY 635020.587× 0.0036% × 90 = CNY 205746.670188

保險費：
CNY 205746.670188×（1-20%）= CNY 164597.33
（20%折扣費用）

交叉匯率表

此匯率為前一日紐約匯市收盤價

收盤價	美金	臺幣	日圓	港幣	人民幣	英鎊	歐元	加幣	澳元	紐幣
美金	1	30.2900	77.6200	7.7711	6.3185	0.6492	0.7724	1.0213	0.9868	1.2965
臺幣	0.0330	1	2.5626	0.2566	0.2086	0.0214	0.0255	0.0337	0.0326	0.0428
日圓	0.0129	0.3902	1	0.1001	0.0814	0.0084	0.0100	0.0132	0.0127	0.0167
港幣	0.1287	3.8978	9.9883	1	0.8131	0.0835	0.0994	0.1314	0.1270	0.1668
人民幣	0.1583	4.7939	12.2845	1.2299	1	0.1027	0.1223	0.1616	0.1562	0.2052
英鎊	1.5404	46.6587	119.5658	11.9706	9.7330	1	1.1899	1.5732	1.5200	1.9971
歐元	1.2946	39.2134	100.4869	10.0605	8.1799	0.8404	1	1.3222	1.2775	1.6785
加幣	0.9791	29.6583	76.0012	7.6090	6.1867	0.6356	0.7563	1	0.9662	1.2695
澳元	1.0134	30.6959	78.6601	7.8752	6.4032	0.6579	0.7828	1.0350	1	1.3139
紐幣	0.7713	23.3627	59.8683	5.9938	4.8735	0.5007	0.5958	0.7877	0.7611	1

＊上述資料僅供參考，本公司自當盡力提供正確訊息，但如有錯漏或疏忽，本公司或關係企業與其任何董事或任何受僱人，恕不負任何法律責任。

六、外匯兌換

本公司出口1,000盒茶葉至法國，報價為2,632,000人民幣，選擇對公司有利的報價。

報價如下：

◆以美金為主

人民幣換美金：2,632,000 ×0.16 = 421,120(USD)

美金換歐元：421,120 ×0.72 = 303,206.4(EUR)

人民幣換歐元：2,632,000 ×0.122 = 321,104(EUR)

價差：303,206.4 - 321,104 = -17897.6

◆以臺幣為主

人民幣換臺幣：2,632,000 ×4.7 = 12,370,400(NT)

臺幣換歐元：12,370,400×0.0255 = 315,445.2(EUR)

人民幣換歐元：2,632,000 ×0.122 = 321,104(EUR)

價差：315,445.2 - 321,104 = -5,658.8

◆以澳幣為主

人民幣換澳幣：2,632,000×0.1562 = 411,118(AUD)

澳幣換歐元：411,118×0.782 = 321,823(EUR)

人民幣換歐元：2,632,000 ×0.122 = 321,104(EUR)

價差：321,823 − 321,104 = 719

◆以英鎊爲主

人民幣換英鎊：2,632,000×0.102 = 268,464(GBP)

英鎊換歐元：268,464×1.189 = 319,203(EUR)

人民幣換歐元：2,632,000 ×0.122 = 321,104(EUR)

價差：319,203 − 321,104 = −1,900

◆以加幣爲主

人民幣換加幣：2,632,000×0.161 = 423,752(CAD)

加幣換歐元：423,752×0.756 = 320,356(EUR)

人民幣換歐元：2,632,000 ×0.122 = 321,104(EUR)

價差：320,356 − 321,104 = −747

*由上可知，每個幣值對歐元換算的結果，以目前的匯率看來，爲了減少負的價差愈大，以及基於利潤和資金運用，我們選擇澳幣做爲我們報價的依據，因澳幣對我們而言獲得的利潤更多。

外匯存款利率表

單位：年利率%

	活期	七天通知	一個月	三個月	六個月	一年	二年
*港幣	0.0200	0.0200	0.1000	0.2500	0.5000	0.7000	0.7500
英鎊	0.1250	0.1750	0.2180	0.3500	0.5500	0.7500	0.7500
加拿大元	0.0100	0.0500	0.0500	0.0500	0.3000	0.4000	0.4000
*美元	0.1000	0.1000	0.2500	0.4000	0.7500	1.0000	1.2000
瑞士法郎	0.0001	0.0005	0.0100	0.0100	0.0100	0.0100	0.0100
澳大利亞元	0.2500	0.3000	1.2500	1.3150	1.3275	1.5000	1.5000
*歐元	0.1000	0.3750	0.4500	0.6500	0.9500	1.1000	1.1500
日元	0.0001	0.0005	0.0100	0.0100	0.0100	0.0100	0.0100
新加坡元	0.0001	0.0005	0.0100	0.0100	0.0100	0.0100	0.0100

註：自2009-09-04起執行，年利率%。帶*爲此次調整的幣種。

外匯兌換

本公司出口價值2,632,000人民幣的1000盒茶葉至法國，以澳大利亞幣別報價共411,118 AUD

外匯定期存款一年，其所得利息爲

411,118 AUD * 1.5% * 1 = 6,166.77 AUD

心情點滴

本週的內容相對於上週較為簡單一些。主要涉及金融方面的資訊。
還好這些資料網路上都能找得到，要不都不知道該上哪兒求助去。
總體來說，這週還是比較簡單的。

第十三週　貿易損益、年會、貿易善後

如果再加上空運會更好。

青風茗茶9月～12月交易情況

輸出國家	輸出日期	型號	EXW /PCS (USD)	件數 PCS	箱數 CTN	貿易條件	保險種類	當期匯率	L/C.托收實際金額
阿聯酋	Aug27	XT613	78.34	2,000	100	FOB	無	1USD=6.514CNY	156,680 USD
美國	Set28	XT613	76.34	2,500	250	CFR	無	1USD=6.354CNY	190,850 USD
澳洲	Oct28	XT613	78	3,000	300	CIFC3	A條款(0.10%) 兵險(0.05%)	1USD=0.942AUD 1AUD=7.1CNY	234,000 AUD
摩洛哥	Nov27	XT613	76.34	5,000	500	D/A FOB 出口	輸出保險	1USD=0.707EUR 1EUR=6.812CNY	269,861.9EUR
巴西	Dec28	XT613	76.34	3,500	350	D/P FOB 出口	輸出保險	1USD=6.712CNY	267,190 USD

青風茗茶9月～12月支出分析

	第一週預估每月支出	8～12月開銷
平均	90900	102750
比較	差距達到13%	
説明	與預估差距較大，主要是因為9月分過後，公司步入正軌，業務量激增，從而帶動員工工資與其他各項支出的增加	

青風茗茶9月～12月支出明細表

單位：人民幣	9月	10月	11月	12月
員工薪酬	77,000	80,000	80,000	100,000
水電費	2,000	2,300	2,200	2,500
電話寬頻費	3,000	4,000	3,500	4,000
交通費	600	800	750	1,000
廣告費	8,000	10,000	8,000	20,000
辦公文具添置費	300	250	300	500
月總計	90,900	97,350	94,750	128,000
總計	411,000			

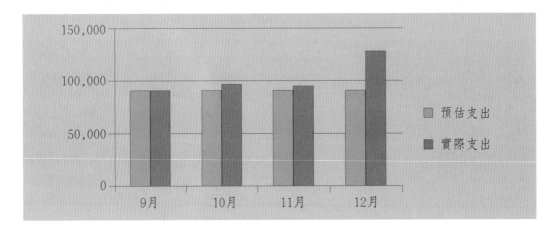

總結算

9月～12月結算（CNY）	
銷貨收入	74,900.00×28.875 ＋ 99,100.00×29.595 ＋ 110,722.68×30.727 ＋ 133,045.05×40.827 ＋ 131,830.77×29.082 = 17,763,510.50 CNY
銷貨成本	(2,000×32.17×28.875) ＋ (2,500×32.17×29.595) ＋(3,000×32.17×0.942×30.727) ＋ (5,000×32.17×0.707×40.827) ＋ (3,500×32.17×29.082) = 14,948,834.33 CNY 銷貨成本代入文字說明會更清晰（包含押匯、保險及運費等）。
銷售毛利	17,763,510.50－14,948,834.33 = 2,814,676.17 CNY
管銷費用	411000 CNY 管銷費用(包含薪資、租金等等)。
營業淨利	2,814,676.17－411000 = 2403676 CNY

匯差利潤結算

	Set28	Oct28	Nov27	Dec28
報價匯率	1USD=29.595CNY	1USD=0.942AUD 1AUD=30.727CNY	1USD=0.707EUR 1EUR=40.827CNY	1USD=29.082CNY
金額總計	99,100.00×29.595 =2,932,864.5	110,722.68×30.727 =3,402,175.79	133,045.05×40.827 =5,431,830.26	131,830.77×29.082 =3,833,902.45
實際匯率	1USD=29.375CNY	1USD=0.949AUD 1AUD=30.416CNY	1USD=0.708EUR 1EUR=40.838CNY	1USD=28.945CNY
金額總計	99,100.00×29.375 =2,911,062.5	110,722.68×30.416 =3,367,741.03	133,045.05×40.838 =5,433,293.75	131,830.77×28.945 =3,815,841.64
匯差	21,802 CNY	34,434.76 CNY	−1,463.79 CNY	18,060.81 CNY
匯差得利	66,242.58			

年度檢討

檢討事項說明	改進方式
由於公司剛成立不久，研發仍有待加強，推出之新產品種類不多。	◆目前以打開市場為現階段主要目的，先將本公司產品推廣至更多地方，知名度和口碑先做好。
顧客反映公司官網偶爾系統不穩，無法連上該網頁。	◆聘請專業電腦工程師重新架設網站，提供顧客完善的瀏覽及訂購。 ◆定時更新網頁，並有新訊息時，即時刊登。
產品運送過程中仍有損壞的情形，以致產品須重新製作包裝。	◆運送過程乾冰的量需增加，延長冷藏之時間。 ◆將事故率降到最低。

> 未來規劃
> No measurement No Management（沒有衡量就沒有管理）
> 1. 將市場、收支、人力、設備、資金規劃在短中長程目標中。
> 2. 並且將其目標做量化說明，更貼近實際企業運作。

一、未來規劃

1. 短期目標（1年內）

　　積極的開發本公司的銷貨通路，以增加公司產品的知名度，並架設專屬的網站，使客戶可以清楚了解本公司相關的簡介、產品以及目錄型號等，讓客戶可以直接在網站上下訂單，增加顧客的方便性；另外設有FAQ，提供常見問題供客戶查詢，若客戶對產品有所疑問或是想更進一步了解，可以參閱常見問題的內容，我們會給予進口商詳細而專業的解答。若客戶的疑問不在本公司的常見問題中，可經由電子郵件或是聯絡窗口來告知客戶的疑問。使國外的客戶可以進一步認識以及了解我們的產品，以增加知名度奠定基礎。

2. 中期目標（2-3年）

拓展公司的業務，穩定現有市場，並擴大市場至美國、歐洲等國，以增加銷售量來擴大公司的資金。

不斷提高產品的品質，研發創新新的產品，以符合顧客的需求。

並且透過各種廣告管道，例如電視廣告、平面廣告、網路等，增加曝光率，達到宣傳效果。

3. 長期目標（5年後）

憑著不斷的創新與加強產品的研究與創新，拓展版圖至更多的國家，以達到我們所希望的最終目標——國際化的貿易帝國。並和所有客戶建立長遠的合作關係。

二、貿易善後

給對方追蹤信

Date：November 02, 20XX

Ref.No.C00933

Dear Hank:

We have never heard from you for a long time. We sincerely hope that you can order Tea again.

For your imformation and reference we have enclosed our catalog and price list. In the meantime, we look forward to hearing from you and receiving your order in the near future.

Sincerely, Zhenxin

Sales manager

K&F TEA TRADE CO., LTD

對方回信

Date:November 7, 20XX

Ref.No.M0076

Dear CAI:

We thank you for your letter of November 2, 20XX with product catalog and price list.

But the prices of your products are too expensive, we don't have the possibility of cooperation now. We trust that our cordial relations will continue and we shall be in the position to make a further order in the near future.

Sincerely, Hank

Vice Manager

A&B TRADE CO., LTD.

客戶抱怨信

Date:November 15, 20XX

Ref.No.M0077

Dear CAI:

When we made our order for Tea on October 21, we did so on the understanding that delivery could be by November 1. We have not yet received the Tea and would appreciate your immediate advise as to when we may expect them.

You have always kept delivery dates before, and this is the first time we have had cause to complain. We have no doubt, therefore, that you will do your utmost to ensure that our consignment arrives soon.

Sincerely, Hank

Vice Manager

Nice CO., LTD.

回覆客戶抱怨信

Date:November 16, 20XX

Ref.No.C00934

Dear Hank:

We hasten to reply to your letter of November 15. We apologize for the most regrettable mistake you are complaining of. We have caused an error in the execution of your order, because we are under the extreme pressure which being caused by shortage of workers in the shipping department. And we need not tell you how sorry we are.

We assure you that we will give you no further reasons for complaint in the future.

Sincerely,

Zhenxin

Sales manager

K&F TEA TRADE CO., LTD

回覆客戶抱怨信

Date: November 16, 20XX

Ref.No.C00934

Dear CAI:

We received your consignment of Tea this morning. However, on examining the contents we found that the Tea paked were badly damaged, and are not able sold. We regret to have to put forward to you our claim for damages as follows:

1. Product: 50 thousand dollars.

2. Lose payable: 10 thousand dollars.

We hope this matter will not affect our good relations in our future dealings.

Sincerely, HANK

Vice Manager

A&B TRADE CO., LTD.

回覆客戶抱怨信

Date: November 16, 20XX

Ref.No.C00934

Dear HANK:

From your letter of November 25, you are dissatisfied with our goods because Tea packed were badly damaged. We write at once to say how grateful we are that you have stated your complaint so frankly, because it gives us the opportunity to clear the matter up immediately.

And we think the best procedure will be to have the pieces examined by an expert, and we are arranging for this to be done.

Sincerely, Zhenxin

Sales manager

K&F TEA TRADE CO., LTD

總代理契約

· **第一條　總則**

> 總代理契約
> 國外授權給本國代理權的代理契約應為英文版。

本協議書於20XX年＿＿12＿月＿＿31＿日由下列雙方共同簽訂：

根據法律合法登記註冊的青風茗茶對外貿易有限公司，其地址位於福建省福州市馬尾區亭江鎮亭江路8號（以下稱「當事人」），與D&J對外貿易有限公司，其地址位於美國紐約（以下稱「總代理人」）

當事人及總代理人雙方同意，由當事人指定的其總代理人係獨家全權代表，當事人授權其代表可根據本協定所列的條款和條件，與賣方洽談欲引進技術的價格及其他有關事項。

茲同意下列條款：

第二條　定義

2.1　本協議內所用辭彙的意義，明確闡述如下：

「佣金」系按本協議所列的條款和條件，由委託人按照6.1條款支付給總代理人的佣金。

「許可證協定」**係指當事人與賣方所簽訂的技術轉讓或許可證協議，包括與技術有關的於任何時候所作的補充、修改和增補的技術，由賣方出售、轉讓該技術並向委託方予以報價。

「價格」係指委託人為引進該項技術而支付給賣方的款額，包括許可證和特許權使用費及其他費用，由委託方向賣方支付的款額。

2.2　各條款所列的標題僅為醒目而用，對本協議的解釋無影響。

第三條　總代理

3.1　委託人指定其總代理人，係為獨家全權總代理並代表委託人與賣方洽談引進該項技術應付的價款，及有關許可證協定的條款和條件，並代表委託人聯繫一切有關事項。為此，總代理人願意接受此委託。

3.2　在協議有效期內，委託人不得指定其他任何人為其代理人洽談引進該項技術的價格，及有關許可證協定的條款和條件或代表委託人聯繫有關任何事項。

3.3　根據協定總代理人作為委託的獨家全權代理，代表委託人洽談本許可證協議為引進該專案，為此，一旦成交，予以承認並生效。委託人與賣方洽談該項技術的價格及其他條款和條件，經談妥及各方當事人正式簽署許可證協定及總代理取得佣金，其總代理終止。

第四條　總代理人的職責

4.1　於本協議期內總代理人：

(1)必須努力與賣方洽談，向賣方取得最好的價格及最優惠的條款和條件，便於委託人獲得該項技術的轉讓並儘速簽訂許可證協議。

(2)在洽談轉讓及引進該項技術的過程中，總代理人與賣方洽談中若出現任何爭議、分歧或僵局，應立刻向委託人提供有關爭議、分歧或僵局之詳情並就此事與委託人磋商。

(3)應採取確實有效的辦法爲委託人取得該項技術並簽定許可證協議。

4.2　在本協議有效期內，未經委託人書面同意，總代理人不得：

(1)除委託人指定的全權代理有關事項外，不得自命爲委託人代理任何事項；或

(2)以委託人的名義允諾或解決任何事宜，或以委託人的信用作擔保，或代表委託人做出任何保證或陳述，或使委託人承擔任何責任或業務；或

(3)與賣方議定轉讓和獲得該項技術的價格及有關條款和條件；或

(4)不論以何種方式從委託人處所獲得的資訊資料，皆屬祕密，僅能爲引進技術用，不得洩漏。

第五條　委託人的職責

5.1　代理人當代表其委託人與賣方商定價格條款和條件時，或將轉讓技術的價格條款和條件書就許可證協議時，或就有關問題提出要求時，委託人須立即向總代理人給予指示。

5.2　委託人應及時滿足代理人的要求，向總代理人提供有關業務所需的資訊，便於總代理人與賣方洽商轉讓和獲得該項技術。

第六條　終止協議

6.1　若遇有下列任何事件或情況時，委託人須以書面方式通知總代理人：按協議規定總代理人不履行或不遵守其職責或義務時，或當收到委託人就總代理人不履行或不遵守其職責通知後的三十天內，仍置之不理，立刻終止本協議對總代理人的委託。

6.2　按照本協議規定期滿或終止對總代理人的委託，不論出於何種原因，均不妨礙協議各方的權利和義務。

第七條　修改

當事人與總代理人簽訂的引進技術協議書，包括整個協議書和備忘錄，並

將取代當事人與總代理人對該項引進技術以往的全部協定和安排，且後者自本協定簽署之日起，即告終止。除非經本協議當事人簽署的書面通知，否則本協議書不得作任何修改和變更。

第八條 通知

9.1　凡有關本協定的通知、請求或其他通訊往來，須以文字為準，可採用書信、電傳、電報方式傳遞。

9.2　凡有關通知、請求或其他通訊往來，可用書信、電傳、電報方式按對方所列位址寄至對方。

本協議的雙方於首頁所列日期簽署，立此為據。

當事人： 青風茗茶對外貿易有限公司 代表簽字：YE QING 職　　銜：董事長 日　　期：20XX/12/31	總代理人： USA,D&J TRADE CO.LTD 代表簽字：RANGER 職　　銜：董事長 日　　期：20XX/12/31
當事人： 青風茗茶對外貿易有限公司 代表簽字：YE QING 職　　銜：董事長 日　　期：20XX/12/31	總代理人： USA,D&J TRADE CO.LTD 代表簽字：RANGER 職　　銜：董事長 日　　期：20XX/12/31
當事人： 青風茗茶對外貿易有限公司 代表簽字：YE QING 職　　銜：董事長 日　　期：20XX/12/31	總代理人： USA,D&J TRADE CO.LTD 代表簽字：RANGER 職　　銜：董事長 日　　期：20XX/12/31

♪心情點滴

　　這週內容真是迅猛增長啊，應該是篇幅最長的一章了，做完感覺腦筋都要虛脫了。

　　難道這還只是大餐前的小菜？那最後一週的內容……不是要逆天了……

由於陸生必須回到中國大陸復課，時間緊迫，因此只做到第13週，請讀者見諒。

第 2 章

貿易週記(II)
虛擬公司：愛拼股份有限公司

產品：拼圖

產地：臺灣彰化

學生：李依玲

註：這是一篇臺灣學生李依玲之作品，以貿易公司形態經營，內容巨細靡遺、面面周詳，真是可圈可點。學生在課中要有「慧根」，課後還要「會跟」，自然「一身技，一生翼」。

第一週

一、公司起源

　　拼圖是一種解決平面空間填充和排列難題的遊戲，內容可以是放大的攝影作品、繪畫，或者其他種類的平面藝術品。在現在這個科技發達的時代，更需要一些可以激發腦力，豐富想像力的智慧遊戲。於是一群好朋友有著共同的理想，希望能將拼圖推銷到全世界。

二、公司簡介

成立於From	20××年2月20日February 20,2012
地址Address	彰化縣大村鄉山腳路76號 No.76,shanjiao Rd.,Dacun Township, Changhua County 515,Taiwan (R.O.C)
電話Phone	04-5942610,04-5942611轉1
傳真Fax	04-5942210
電子郵件E-mail	ap_puzzle@hotmail.com.tw
網址Web	www.ap_puzzle.com.tw

三、公司章程

第一條	本公司依照公司法股份有限公司之規定組織之，定名為愛拼股份有限公司(AP Co., Ltd)。
第二條	本公司所營業項目為各種拼圖之進出口業務及其代理。
第三條	股東姓名及出資比例：張育甄30%、林榮祺20%、陳柏玲15%、李靖彬15%、周好苓10%、許嫚彧10%。
第四條	本公司董事非得其他全體股東之同意，不得以其出資之全部或部分轉讓與他人。
第五條	本公司資本總額定為新臺幣壹仟伍佰萬元整，各股東分三次繳足。
第六條	本公司因業務關係對外得為背書保證，其餘事項依公司法規定之。
第七條	本公司股票為記名式由董事三人以上簽名或蓋章，經依法簽證後發行之。
第八條	股份轉讓應由轉讓人與受讓人填具申請書並署名蓋章，向本公司申請過戶；在轉讓手續完成之前，不得以其轉讓對抗本公司。

第九條	股東會開會時，除公司法另有規定外，須有代表已發行股份總數過半數股東之出席，方得開會，其決議以出席股東表決權過半數之同意行之。
第十條	股東得出具委託書，加蓋存留本公司之印鑑，委託代理人出席股東會。
第十一條	股東會開會時，除公司法及本章程另有規定外，悉依本公司股東會議事規則辦理。
第十二條	股東會應置議事錄，載明會議日期、地點、到會股東代表股數、表決權數、主席姓名、決議事項及其決議方式，由主席簽名或蓋章，連同股東出席簽到簿及代理出席之委託書依法保存之。
第十三條	董事會由董事長召集之，每三個月召開一次，除公司法另有規定外，應有過半數董事之出席方得開會。
第十四條	董事、監察人酬勞金之成數，由股東會議定。
第十五條	本公司決算，由董事會依法具各項表冊，於股東常會開會三十日前，送交監察人查核，出具報告書，提交股東常會請求承認。
第十六條	本公司股利應參酌所營事業景氣變化之特性，考量各項產品或服務所處生命週期對未來資金之需求與稅制之影響，在維持穩定股利之目標下，依本公司章程所訂比例分配之。
第十七條	本章程訂立於N年二月二十日，自呈奉主管機關核准之日起生效。
第十八條	簽定日期：中華民國N年二月二十日 全體股東蓋章：

四、公司組織圖

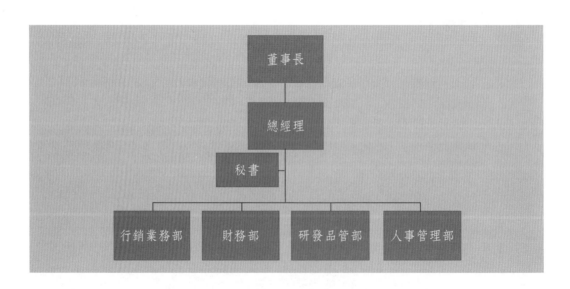

1. 董事長—張育甄 (Abbie Chang)

是本公司的最高領導者，所有「最高責任者」職位，都是由董事長親自任命的，掌握的本公司多數股份。對公司內部為股東大會、董事會的最高負責人，職務為代表所有董事會來領導本公司。

2. 總經理—吳仲軒 (Jung Wu)

為本公司日常業務的負責人。是整個組織裡職務最高的管理者與負責人，負責公司的經營大權、統籌各業務部門的事務，位階僅次於董事長。

3. 祕書—李依玲 (Irene Li)

協助公司有效率的管制，協調和幫助各部門遵守當地公司法規，範圍包括行政、人事管理、籌組股東週年大會、公司業績報告，確保管理階層的利益申報或向董事提出良好的公司管制手法。

4. 行銷業務部—許嫚彧 (Annabel Hsu)

推動促銷活動、公司業務規劃、展場規劃與執行、產品包裝、DM規劃、公關、媒體規劃、市場分析。

5. 財務部—李佩湘 (Penny Li)

負責公司所有財務方面的狀況，內容包括製作公司財務預算、簿記、核數、年結、帳目及成本分析報告等。

6. 研發品管部—楊朝任（George Yang）

　　替公司研究未來的潛在發展、開發多樣的新產品並負責公司的品質，以期在短時間內達到符合ISO9000、ISO14000的國際標準。

7. 營運企劃部—楊子恆（Joe Yang）

　　負責門市管理、顧客附加服務、業務、財務、帳務、物料資訊之規劃與整合、公司的網路資訊，並向客戶推銷公司的新產品。

五、辦公設備

名稱	數量	單價	總價
高級木製辦公桌	6張	NT$14,500	NT$87,000
小辦公桌	5張	NT$2,500	NT$12,500
高級辦公椅	6張	NT$2,039	NT$12,234
小辦公椅	5張	NT$1,799	NT$8,995
十二格檔案櫃	4個	NT$1,099	NT$4,396
防火保險櫃	1個	NT$5,400	NT$5,400
典雅八格書櫃	1個	NT$1,899	NT$1,899
文具	筆、紙、信封、資料夾、筆筒……		NT$2,000
大字鍵電話	11個	NT$599	NT$6,589
感熱式傳真機	1臺	NT$2,990	NT$2,990
彩色印表機	2臺	NT$6,988	NT$13,976
名稱	數量	單價	總價
多功能碎紙機	1臺	NT$1,990	NT$1,990
監視器	500G硬碟+42顆LED+攝影機4臺		NT$20,000
微型投影機	1臺	NT$14,900	NT$14,900
桌上型電腦	11臺	NT$19,890	NT$218,790

名稱	數量	單價	總價
筆記型電腦	6臺	NT$36,800	NT$220,800
冰溫熱開飲機	1臺	NT$6,290	NT$6,290
美式咖啡機	1臺	NT$1,080	NT$1,080
感溫馬克杯	20個	NT$159	NT$3,180
液晶電視	2臺	NT$24,490	NT$48,980
富士通變頻冷氣	4臺	NT$27,600	NT$110,400
成功單磁白板	1個	NT$1,790	NT$1,790
軟木留言板	1個	NT$349	NT$349
工具書	20本	NT$1,000	NT$20,000
英文版世界地圖	1個	NT$2,850	NT$2,850
圓形大花盆	4個	NT$399	NT$1,596
人造盆栽	6個	NT$109	NT$654
水族箱（魚、草……）	1組	NT$3,999	NT$3,999
天花板節能風扇	4個	NT$2,888	NT$11,552
組合音響	1組	NT$4,990	NT$4,990
單門電冰箱	1臺	NT$6,890	NT$6,890
電腦卡鐘	1臺	NT$4,190	NT$4,190
時尚線條垃圾桶	11個	NT$129	NT$1,419
滅火器	5個	NT$450	NT$2,250
		總計	NT$866,918

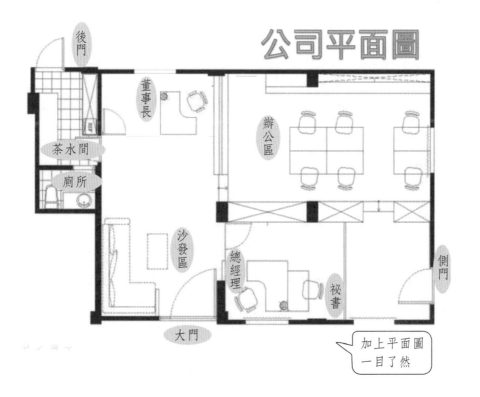

公司平面圖

後門

董事長

辦公區

茶水間

廁所

沙發區

總經理

祕書

側門

大門

加上平面圖
一目了然

六、薪資分配

職　位	薪　資
董事長	NT$10,000（車馬費）
總經理	NT$50,000
祕書	NT$28,000
行銷企劃部經理	NT$35,000
財務部經理	NT$35,000
研發部經理	NT$35,000
銷售業務部經理	NT$35,000
一般員工（4名）	NT$24,000（總共NT$96,000）
年終獎金	2個月（總共NT$648,000）

七、預計每月支出

項　目	金　額
薪資	NT$324,000
房租	NT$80,000
水電費	NT$2,200
網路費	NT$666
廣告費	NT$25,000
報章雜誌費	NT$2,000
設備維修費	NT$2,000
其他雜項支出	NT$5,000
合計	NT$440,866
總計一年（含年終獎金二個月）	NT$5,938,392

八、資金餘額

NT$15,000,000 − NT$866,918 = NT$14,133,082

NT$14,133,082 ÷ NT$5,218,392 ≒ 2.7（年）

以上可知，假設本公司維持此最低費用，1,500元的資金最多只能營業2.7年的時間。相信公司的未來極具潛力，市場發展也有相當的成長空間，公司同仁必會全心齊力打拼，用低成本來創造高利潤。

心情點滴

　　努力了不少時間，終於完成了進度，成立一家公司果然是要付出不少心血，剛開始接觸還不是很了解，沒有什麼經驗，而且這次是自己一個人做，所以沒有可以討論的對象，完全要靠自己想像，第一週最困難的地方就是要從無到有，一開始還沒有想法，到後來一點一滴的完成，真的非常有成就感。

第二週　貿易公司經營

一、市場分析

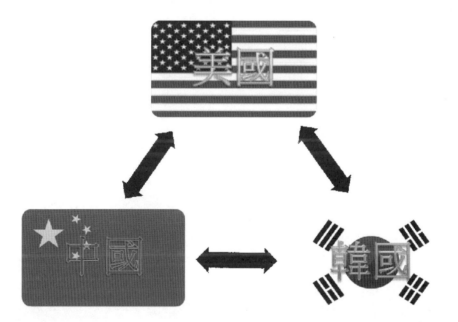

1. 美國

　　美國目前均收入名列世界前茅。美國的城市人口比率也相當高。而且美國在1980和90年代曾舉辦了由拼圖製造商資助的拼圖錦標賽。

　　AP方針：

　　針對美國人口眾多，我們打算推出較

多元的產品，其中以3D立體球型拼圖爲主。

2. 中國

中國目前仍然是世界上發展速度最快的經濟體，生產總值目前位居全球第二，中國的進口貿易總額非常可觀。

AP方針：

針對中國目前正在經濟起飛階段，我們推出兩面都印有圖案的雙面拼圖，可按任意一面的圖案拼組，增加困難度。

3. 南韓

韓國在歷經金融危機後的改革，明顯改善許多，大部分中小企業現在財務結構和營業獲利已達水準，也因爲品牌發展成功，在國際上有足夠的市場競爭力。

AP方針：

針對韓國國家意識強烈，我們推出知名景物的拼圖模型，以當地建築物爲主。

二、PEST分析

1. 美國

POLITICAL	ECONOMIC
美國是英美法系，非常維護公民自由，包括言論、宗教信仰和出版的自由，我們產品出口到美國必須遵守每一洲的相關法規。	美國是世界名列前茅的經濟中心，居民的平均收入也相當可觀，這對於我們的產品進入很有幫助，收入多，相對的對於娛樂方面支出就多。
SOCIAL	TECHNOLOGICAL
美國是最重要的教育樞紐，吸引很多世界各地的留學生，我們的產品不但可以提供學生智力訓練，也可以藉由留學生提高知名度。	美國在科學、技術研究以及技術產品創新方面，都是最具影響力的國家之一，我們公司可以藉由進攻美國市場而學習到相關技能。

2. 中國

POLITICAL	ECONOMIC
中國的政治體系為中國特色社會主義，實行人民民主專政，我們兩岸關係緊張，所以進攻市場必須特別注意這個方面的問題。	中國是世界上發展速度最快的經濟體，但相對的居民貧富差距相當大，所以我們產品的定價在不同的地區要特別注意。
SOCIAL	TECHNOLOGICAL
中國社會重視家庭、血緣關係和人際關係，由於一胎化，特別的重男輕女，顯得男性較多，我們可以設計一些男性化的商品。	中國在科學研究方面有許多的成就，我們可以學習當地的技術，再結合我們的產品，研發出更具特色的商品。

3. 南韓

POLITICAL	ECONOMIC
南韓現在已是自由民主制，因此我們現在進入市場比較沒有障礙，但由於居民愛國意識強，所以必須要符合人民口味。	南韓的經濟一直是由數個財閥家族所壟斷，出口的成長率相當高，因此我們的產品必須要有特色才可以成功打入市場。
SOCIAL	TECHNOLOGICAL
南韓長期以來投入教育的比例相當高，我們的產品可以與當地教育做結合，研發出適合學生的智力遊戲。	南韓是世界上網路通訊最發達的國家，我們可以藉由網路的功能來打響我們的知名度，也可以發展出數位化商品。

加上PEST分析，更可畫龍點睛。

三、4P分析

1. 產品

訴求：我們除了傳統的平面拼圖，還有不同種類的球形拼圖、立體拼圖以及拼圖盒子，滿足各種消費者的需求。

特色：我們使用雷射和水壓切割在拼圖的設計和製作上，新技術使拼圖的互鎖機制和零片款式變得更為精巧，新奇花樣層出不窮。

2. 價格

本公司產品因設計精美，其附加價值相對提高，所以本公司參考其他相關拼圖公司的定價策略，將產品價格訂定於中高價位的區間內。

本公司亦有針對營業額高的客戶提供折扣價格，其折扣範圍約在8%~15%之間。

3. 通路

與國外文具進口批發商做長期合作。

設立專屬網路平臺，使消費者不用出門也可以隨時隨地選購商品。

4. 推廣

每個月撥出公司5%的營業額做國際行銷廣告，期許業績約可增加兩成。

每年至少10次刊登在國外相關報章雜誌上，其中要有2次登上全球版面，以增加知名度。

一年至少一次贊助國際拼圖相關賽事，每次花費200萬元，可以使消費者產生品牌聯想。

每年都要參加國際展覽，可以讓更多國際消費者認識。

四、五力分析

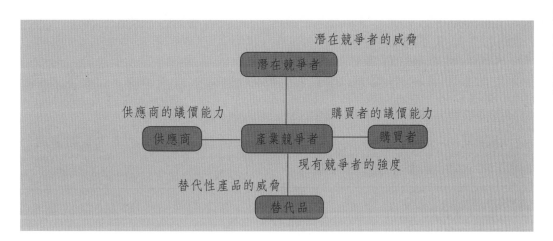

1.現有競爭者的強度

臺灣的拼圖公司算少數，主要的競爭者是雷諾瓦公司，他們的技術成熟，而且行銷策略完整，搭配商品的周邊產品，顧客的滿意度也很高。

因應策略：與日本的廠商策略聯盟，引進最新技術，以最高品質與最低價格策略，設立網路購後服務中心，解決消費者行為產生的問題。

2. 潛在競爭者的威脅

目前拼圖的市場還算小，但是也有愈來愈多商機，恐怕會興起很多新興企業的角逐，由於商品多元化，可能會吸引許多企業聯盟進入市場。

因應策略：我們必須有效掌控成本，在潛在競爭者還沒進入前，要讓消費者對我們公司品牌忠誠，顧客至上。

3. 供應商的議價能力

基本上供應商能提供給我們所要的需求，而且獨特又少數，他們所給的價位幾乎都無法變更，對於我們公司而言是不利的。

因應策略：我們公司必須持續與廠商議價，並且採取跟供應商簽訂長期合作契約，而且產品要數量多，價格低。

4. 購買者的議價能力

消費者購買的數量、對產品的熟悉程度和轉換成本的高低，都是可以議價的方式，而且顧客也會拿我們的價格多方比較。

因應策略：我們公司必須先從基層員工開始訓練，不讓消費者可以輕易壓低我們的定價，卻又讓消費者不得不購買。

5. 替代性產品的威脅

現在的科技發達，很多的遊戲都數位化了，拼圖遊戲也是如此，很多消費者都選擇下載遊戲，而不選擇實體拼圖，使得我們市場漸漸縮小。

因應能力：我們公司將主要產品放在3D、立體拼圖上，讓消費者體驗組合過程，和數位化遊戲完全不同的價值。

五、SWOT分析

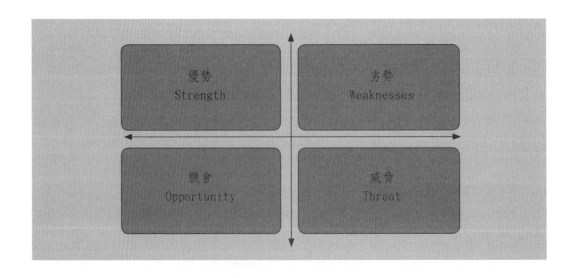

1. 優勢（Strength）

①積極研發新產品。

②添加最新技術。

③低價的精緻品質。

優勢的保持：

物價不斷上漲，以低價多量來減少成本，並運用最新技術來研發創造出符合消費者需求的拼圖。

2. 劣勢（Weaknesses）

①知名度不高。

②研發技術尚未成熟。

③廣告與行銷成本逐年提高。

劣勢的改善：利用寄郵件方式來降低成本、提高公司知名度。與日本廠商合作，引進更為成熟的研發技術，改善品質。

3. 機會（Opportunity）

①產品延伸性大。

②很多市場尚未開發。

③結合教育。

機會的把握：與教育機構合作設計出符合學生的周邊商品，多元化學習，並且打入未開發市場。

4. 威脅（Threat）

①網路遊戲盛行。

②競爭者的技術成熟。

③國內外市場小。

威脅的解決：引進國外技術，研發吸引御宅族的客製化商品，以網路傳播到全世界。

六、SWOT交叉分析

> 有SWOT交叉分析
> 當可運籌帷幄

	機會O	威脅T
優勢S	增長性戰略（SO） 以低價又精緻的商品打入未開發市場，產品延伸至文具或家具上，加入成熟技術與配合教育，研發學校教材。	多種經營戰略（ST） 引進最新技術並結合公司的創意，發展出獨特的研究團隊，與網路遊戲合作，研發出吸引御宅族的產品。
劣勢W	扭轉型戰略（WO） 行銷到低開發市場，以減少行銷成本，增加知名度，僱用當地低廉勞工，減少人事成本。	防禦型戰略（WT） 製作成本相對較低的廣告宣傳，區隔競爭者的產品，發展出有特色的公司品牌，增加忠誠度。

七、STP區隔目標市場

1. 區隔（Segmentation）

> 有了STP分析，使定位、卡位、到位，自有地位。

地理變數	人口密度	主要在人口密集的地區
人口變數	年齡	分為幼兒、兒童、成人及專家。
	所得	主要是家庭所得較高的族群。
心理變數	人格特質	腦力激盪、有耐心。
	生活型態	喜歡安靜的生活，對拼圖有興趣。
行為變數	追求利益	可以智力測驗、培養耐心。
	使用率	主要是以小量購買的區域為主。
	反應層級	有興趣、有意願購買的市場。

2. 目標（Targeting）

因為我們的產品適合在學生學習，或是休閒時的娛樂商品，也涉及藝術市場，因此我們採取差異行銷（選擇性專業）。

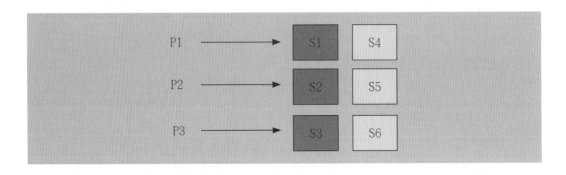

3. 定位（Positioning）

利益與用途	提升智力、培養耐心、增加藝術氣息，是學生最重要的學習工具。
品牌個性	聰明的、益智的、百變的、有美感的、追求自我價值。
使用者	有智慧又有耐心的人，懂得欣賞美的事物。

八、公司經營計畫

1. 短期計畫（1～2年）

我們是剛開始成立的公司，首先必須強化公司內部標準化管理，確實掌握我們公司的成本，還有每個月的所有支出明細，在新進員工方面，每位基層員工都要經過專業訓練，我們公司和10家廠商合作，每月業績都達到200萬。

2. 中期計畫（3～4年）

創造出專屬我們公司的新產品，成為顧客可以送禮的新選擇，並且搭配周邊商品做促銷活動，建立顧客購後服務中心，共有20個據點來解決消費者的疑問。積極建立我們公司的形象，將200萬元贊助公益活動，吸引更多消費者，培養出品牌忠誠，提高公司的知名度。

3. 長期計畫（5年以上）

將我們公司產品行銷到全世界，亞洲、美洲和歐洲都有15個據點，澳洲和非洲有10個據點，每個據點的每月營業額至少高達1,000萬元。

N_1年的5月將我們公司上櫃，N_2年8月股票上市。

	1～2年	3～4年	5年以上
營業計畫	①提升營運效能 ②縮短作業流程 ③折扣吸引客戶	①擴大業務範圍 ②擴大海外市場 ③加強客戶管理	①設立網路客服 ②深耕品牌行銷 ③設立海外據點
設備計畫	①設立安全系統 ②設備初步建置 ③減少耗損	①引進新式設備 ②加強軟硬體	①擴充設備 ②替舊換新 ③建置物流設備
資金計畫	①減緩擴充速度 ②有效運用資金 ③國內資金募集	①避免單一投資 ②做最有效運用 ③全球資金募集	①準備上櫃 ②投入研發設計
人員計畫	①人員培訓計畫 ②加強管理能力 ③訂定職場守則	①加強人員效能 ②招募人才 ③員工福利	①招募海外人才 ②擴充組織人力 ③提升組織管理
收支計畫	①減少開銷 ②避免過多負債 ③財務加以規劃	①與各銀行往來 ②公司獲益大增 ③人事預算增加	①獲益持續成長 ②增加現金流減少負債比

如能加以量化，更能精益求精

♪心情點滴

　　這週主要都是在分析公司，對我來說確實是有些困難，不過一一完成後，成就感也愈來愈多，看來公司經營也是有很多知識在其中，難怪有些公司會經營不善而倒閉，所以一切都應該從根本做起，才能將一個剛起步的企業推向全世界，這個過程真是不簡單啊！！

第三週　客戶開發

一、產品目錄

NO.: AP-001
NAME: The Earth
Material: Acrylic
SIZE: 15×15×20(cm)
Color: Gray
★50pcs/box
★48boxes/CTN
N.W: 15.14KGS
G.W:15.48KGS
★60×60×100(cm)

NO.:AP-002
NAME: Apple
Material: Acrylic
SIZE: 18×15×20(cm)
Color: Red and Green
★88pcs/box
★48boxes/CTN
N.W:18.06KGS
G.W:19.11KGS
★60×60×100(cm)

NO.:AP-003
NAME: Love
Material: Acrylic
SIZE: 18×10×20(cm)
Color: Red
★65pcs/box
★48boxes/CTN
N.W: 19.24KGS
G.W: 19.43KGS
★60×60×100(cm)

NO.:AP-004
NAME: Wealth
Material: Acrylic
SIZE: 20×15×20(cm)
Color: Gold
★105pcs/box
★40boxes/CTN
N.W:17.15KGS
G.W:17.39KGS
★60×60×100(cm)

NO.:AP-005
NAME: Castle
Material: Acrylic
SIZE: 25×20×30(cm)
Color: Silver and Gold
★560pcs/box
★25boxes/CTN
N.W:18.27KGS
G.W:18.55KGS
★60×60×100(cm)

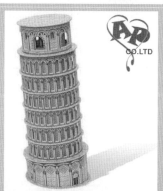

NO.:AP-006
NAME: Torre di Pisa
Material: Cardboard
SIZE: 13×10×25(cm)
★60pcs/box
★48boxes/CTN
N.W:17.21KGS
G.W:17.47KGS
★60×60×100(cm)

NO.:AP-007
NAME: Eiffel Tower
Material: Cardboard
SIZE: 14×12×26(cm)
★68pcs/box
★48boxes/CTN
N.W:17.16KGS
G.W:17.42KGS
★60×60×100(cm)

NO.:AP-008
NAME: The Arabian Tower
Material: Cardboard
SIZE: 15×15×25(cm)
★65pcs/box
★48boxes/CTN
N.W:17.14KGS
G.W:17.41KGS
★60×60×100(cm)

NO.:AP-010
NAME: Countryside
Material: Cardboard
SIZE: 5×5×5(cm)
★17pcs/box
★40boxes/CTN
N.W:17.03KGS
G.W:17.32KGS
★60×60×100(cm)

二、包裝設計

1. 內包裝

⑴長方形

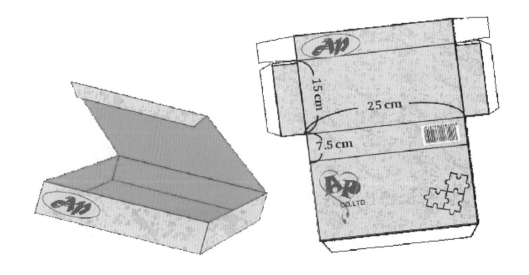

長方形內包裝盒擺法

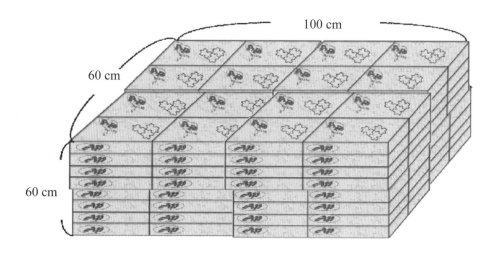

(2)屋形

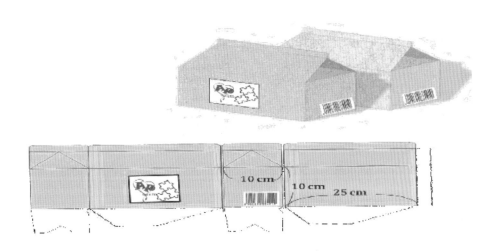

屋形內包裝盒擺法

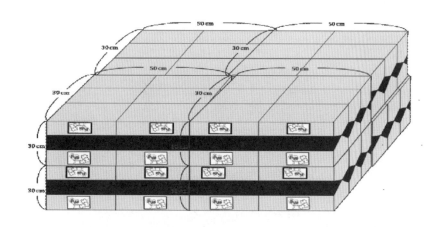

2. 外包裝

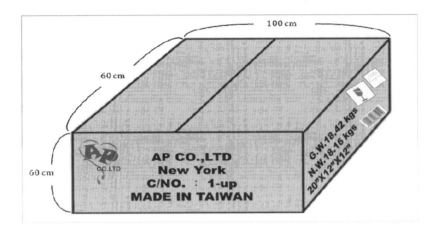

三、名片設計

四、信封設計

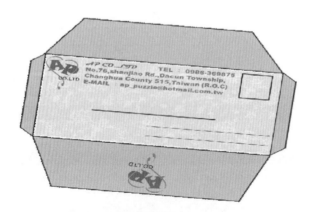

五、信紙設計

AP CO.,LTD

NO.AP-100
DATE : March 25,20××

TEL ：+886-04-5946210　　　　FAX ：+886-04-5942210
E-MAIL ：ap_puzzle@hotmail.com.tw
No.76,shanjiao Rd.,Dacun Township, Changhua County 515,Taiwan

六、開發信

AP CO.,LTD

NO.AP-100
DATE : March 25,20××

Dear Sirs,

　　We have seen your advertisement in The Time, and we are writing to you with a desire to open an account with you.

　　We are one of the leading exporters of Taiwan puzzle. Our products have proved highly successful whatever they have been introduced, and we are confident that you will be able to build up a good market in a short time. Our catalog showing the full range of our products is enclosed. If you need more information concerning our credit, please direct all inquiries to the Bank of Taiwan.

　　We are looking forward to your early and favorable reply.

Very Truly Yours,

CO.LTD TEL ：+886-04-5946210　Marketing Manager　*Annabel Hsu*
E-MAIL ：ap_puzzle@hotmail.com.tw
No.76,shanjiao Rd.,Dacun Township, Changhua County 515,Taiwan

七、郵資計算

　　針對我們的主要三個市場中國、美國及韓國，寄送公司簡介、公司簡介DVD、開發信、產品目錄及樣本，以供客戶參考。

名稱	重量	中國（5份）	美國（8份）	韓國（3份）
公司簡介	27g	27×5 ＝ 135(g)	27×8 ＝ 216(g)	27×3 ＝ 81(g)
公司DVD	19g	19×5 ＝ 95(g)	19×8 ＝ 152(g)	19×3 ＝ 57(g)
開發信	2g	2×5 ＝ 10(g)	2×8 ＝ 16(g)	2×3 ＝ 6(g)
產品目錄	25g	25×5 ＝ 125(g)	25×8 ＝ 200(g)	25×3 ＝ 75(g)
總和	73g	365g	584g	219g
產品樣本	766og	766og×5箱	766og×8箱	766og×3箱

1. 資費查詢

國際航空信函	中國	美國	韓國
函件重量	365g	584g	219g
樣本重量	7,660g×5	7,660g×8	7,660g×3
函件資費	NT$337	NT$769	NT$202
掛號費	NT$45	NT$45	NT$45
郵件方式	水陸包裹	航空包裹	水陸包裹
包裹資費	NT$670×5	NT$2,620×8	NT$600×3
快遞費		NT$30	NT$30
合計	NT$3,732	NT$21,804	NT$2,077

2. 寄出及回收數量

目標市場	寄件份數	回收份數	回收率
中國	5件	2件	40%
美國	8件	4件	50%
韓國	3件	1件	33.3%
合計	16件	7件	43.75%

3. 郵資花費

針對我們的目標市場，本公司所寄出的函件和樣品總花費爲：

NT$3,732（中國）＋ NT$21,804（美國）＋ NT$2,077（韓國）

＝ NT$27,613

資金－郵資費用：NT$14,133,082 － NT$27,613 ＝ 14,105,469

因爲我們的公司才剛起步，知名度不高，因此我們花較多的費用來尋找客戶，主動出擊，而不是被動的接受。

♥心情點滴

　　這週的貿易週記我還滿喜歡的，爲公司設計屬於自己的目錄、名片、包裝等等，很慶幸自己有藝術方面的天分，所以做起來還算輕鬆，不過開發信還真有點難倒我，英文這方面我不太行，所以老師要我們背貿易書信是爲我們好，要好好增進自己的實力囉!!

第四週　FOB報價

一、顧客來信

NO. AN-228

DATE ： March 31,20XX

Dear Mrs. Hsu：

　　Thank you for your letter of March 25. We have studies your samples and catalog. We have to your products interested extremely. We want to order 2400 boxes of NO.AP-002 and 480 boxes of NO.AP-003 and 960 boxes of NO.AP-008.

　　I wish your firm can transport from Taichung to the USA in April 8, 2012 and with the FOB Taichung quoted price. If we are satisfied with your shipment, you can expect our regular repeat order.

Sincerely yours,

ANNO CO.,LTD Marketing Manger *Jackie Chen*

二、材積尺寸

本公司接獲美國安諾股份有限公司訂單，要求本公司於4月8日前從臺中港運至紐約港，出口產品：

型號	單價	數量	總價	箱數	材積尺寸／重量
AP-002	350NTD	2400盒	840,000NTD	50箱	12.71(cft)/19.11kg
AP-003	400NTD	480盒	192,000NTD	10箱	12.71(cft)/19.43kg
AP-008	420NTD	960盒	403,200NTD	20箱	12.71(cft)/17.41kg
	總計	3840盒	1,435,200NTD	80箱	

一個外箱長100cm、寬60cm、高60cm

（1m×0.6m×0.6m）×35.315＝12.71(CFT)

1立方呎（CFT）＝1,728立方吋

1立方公尺（CBM）＝35.315立方呎（CFT）

三、押匯費

	華南銀行	✓國泰世華	兆豐銀行
手續費	1,435,200×0.1% ＝1,435.2NTD	1,435,200×0.1% ＝1,435.2NTD	1,435,200×0.1% ＝1,435,2NTD
出押息	1,435,200×7.2%×（12÷365）＝3,397.3NTD	1,435,200×6.52%×（12÷365）＝3,067.4NTD	1,435,200×6.74%×（12÷365）＝3,180.25NTD
郵電費	15USD＝442.76NTD	400NTD	400NTD
通知費	30USD＝885.51NTD	600NTD	800NTD
總和	6,161NTD＝208.73USD	5.512NTD＝186.74USD	5.816NTD＝197.04USD

根據比較與計算的結果，國泰世華的匯率較低，因此本公司決定與國泰世華銀行建立長久合作關係。

★ 1 美元＝29.517 新臺幣（20××.04.01奇摩匯率換算表）

四、報關費

	兩岸通國際海運公司			✓麒發企業有限公司	
報關費	整櫃	NT$2,500/單		✓併櫃	NT$700
	✓併櫃	NT$2,000/單		整櫃20呎	NT$1,300
				整櫃40呎	NT$1,500
文件費	NT$650-750			NT$650	
貿易推廣費	1,435,200NTD×0.04%-575NTD			1,435,200NTD×0.04% = 575NTD	
港口服務費	✓併櫃	一噸	NT$80	✓併櫃	NT$500
電放費	近洋線 NT$210/B/L			✓近洋線	NT$210
內陸運輸費	卡車費	一趟	NT$800	✓拖車費	一趟 NT$4,800
	✓拖車費	一趟	NT$5,000		
總和	8,605NTD-291.53USD			7,545NTD = 255.61USD	

　　由以上資訊得知麒發企業有限公司的價格比較便宜，而且服務親切，待人和善，因此我們決定和麒發企業合作。

　　總費用 = 報關費 + 文件費 + 貿易推廣費 + 港口服務費 + 內陸運輸費

　　= 700NTD + 650NTD + 575NTD + 500NTD + 4,800NTD = 7,225NTD

　　= 249.13USD

五、利　潤

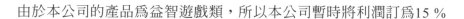

　　由於本公司的產品為益智遊戲類，所以本公司暫時將利潤訂為15 ％

	價格	利潤	EXW
AP-002	840,000NTD = 28,458USD	28,458USD×15%+(1-15%) = 4,268.7USD	28,458USD + 4,268.7USD = 32,726.7USD
AP-003	192,000NTD = 6,504.8USD	6,504.8USD×15%÷(1-15%) = 975.72USD	6,504.8USD + 975.72USD = 7,480.52USD
AP-008	403,200NTD = 13,660USD	13,660USD×15%÷(1-15%) = 2,049USD	13,660USD + 2,049USD = 15,709USD

★ 1 美元 = 29.517 新臺幣（20××.04.01奇摩匯率換算表）

六、FOB

FOB＝EXW＋報關費（包含內陸運費）＋押匯費＋利潤

型號	FOB	每單位FOB
AP-002	32,726.7USD ＋ 249.13USD ＋ 186.74USD ＋ 4,2658.7USD ＝ 37,431.27USD	37,431.27USD÷2,400 ＝ 15.6USD
AP-003	7,480.52USD ＋ 249.13USD ＋ 186.74USD ＋ 975.72USD ＝ 8,892.11USD	8,892.11USD÷480 ＝ 18.53USD
AP-008	15,709USD ＋ 249.13USD ＋ 186.74USD ＋ 2,049USD ＝ 18,193.87USD	18,193.87USD÷960 ＝ 19USD

★ 1 美元＝29.517 新臺幣（20××.04.01奇摩匯率換算表）

七、公司回信

AP CO.,LTD

NO.AP-108
DATE : April 2,20××

Dear Mr. Chen :

　　Thank you for your order of April 1 which we have accepted on the terms you proposed.

　　The FOB Taichung prices we can quote are follows :

NO.AP-002　　　　15.6USD/box
NO.AP-003　　　　18.53USD/box
NO.AP-008　　　　19USD/box

If you have any questions, please let us know.
We look forward to receiving your further orders.

Very Truly Yours,

Marketing Manager　Annabel Hsu

CO.LTD TEL : +886-04-5946210
E-MAIL : ap_puzzle@hotmail.com.tw
No.76,shanjiao Rd.,Dacun Township, Changhua County 515,Taiwan

很多學生為節省時間，只做一種產品報價，事實上客戶都會採購若干種，本篇假設貼近實務。

心情點滴

　　這週的頁數雖然很少，但是內容幾乎都是自己第一次碰到的，尤其還要找一些銀行、報關的費用，真的很難找，這次貿易週記主要是有一些運算的費用，而且我出口較多類型的產品，所以一開始真的算得很吃力，不過後來搞懂了，就覺得很輕鬆了。

第五週　海運費併櫃價格

一、顧客來信

NO. KM-498
DATE：April 3,20XX

Dear Mrs. Hsu：

　　We have studies your samples and catalog. We have to your products interested extremely. We want to order 480 boxes of NO.AP-002 and 384 boxes of NO.AP-003 and 720 boxes of NO.AP-008.

　　I wish your firm can transport from Taichung to the USA in April 8, 2012 and with the CFR New York quoted price. If we are satisfied with your shipment, you can expect our regular repeat order.

Sincerely yours,

ANNO CO.,LTD Purchasing Manger *Penny Chang*

二、訂　單

　　公司接獲美國安諾股份有限公司訂單，出口產品：

★一個外箱長100cm、寬60cm、高60cm

(1m×0.6m×0.6m)×35.315 = 12.71(CFT)

1立方呎(CFT) = 1,728立方吋　1立方公尺(CBM) = 35.315立方呎(CFT)

型號	單價	數量	總價	箱數	總材積	總重量
AP-002	350NTD	480盒	168,000NTD	10箱	12.71×10 = 127.1(CFT)	19.11×10 = 190.1(kg)
AP-003	400NTD	384盒	153,600NTD	8箱	12.71×8 = 101.68(CFT)	19.43×8 = 155.44(kg)
AP-008	420NTD	720盒	302,400NTD	15箱	12.71×15 = 190.65(CFT)	17.41×15 = 261(kg)
	總計	1,584盒	624,000NTD	33箱	419.43(CFT)	606.54(kg)

三、單位計算

★總材積為12.71×33 = 419.43CFR

419.43÷970≒0.43（約五成）

所以我們採用併櫃20呎貨櫃裝運

★總材積為12.71×33 = 419.43

★總重量為606.54kg

M/T 材積噸 = 419.43 ÷35.315≒11.88CBM

W/T重量噸 = 606.54kg≒0.6噸

由於材積噸＞重量噸，故採用材積噸計算

1立方呎(CFT) = 1,728立方时

1立方公尺(CBM) = 35.315立方呎(CFT)

> ・五成以下併櫃
> 　(CBM計算)
> ・七成以上整櫃
> 　(以1櫃計算)
> ・五～七成需試算

四、海運公司併櫃費用

	海運費 (USD)	併櫃費 (NTD)	美國海關傳 輸費（USD）	文件費 (NTD)
萬泰國際物 流有限公司	1CBM = 90	385	25	650
兩岸通海運 有限公司	1CBM = 76	380	25	650
長榮海運股 份有限公司	1CBM = 80	380	25	650

注意事項

因911事件，運往美國須加海關特別費。

美國若西岸罷工（封港事件），巴拿馬運河船隻費用需另計。

美金升值需加幣值附加費–CAF

石油上漲需加燃料附加費–BAF

1. 萬泰航運

海運費＋併櫃費＋美國海關傳輸費＋文件費	單價
（11.88CBM×90USD）＋（11.88×385NTD×0.033888）＋ 25USD＋（650NTD×0.033888）= 1,271.21USD	1,271.21USD÷1584 = 0.8USD

2. 兩岸通海運

海運費＋併櫃費＋美國海關傳輸費＋文件費	單價
（11.88CBM×76USD）＋（11.88×380NTD×0.033888）＋ 25USD＋（650NTD×0.033888）= 962.95USD	962.95USD÷1584 = 0.6USD

3. 長榮海運

海運費＋併櫃費＋美國海關傳輸費＋文件費	單價
（11.88CBM×80USD）＋（11.88×380NTD×0.033888）＋25USD＋（650NTD×0.033888）＝1,150.41USD	1,150.41USD÷1584＝0.73USD

1元新臺幣＝0.033888美元（2012.04.05奇摩匯率換算表）

五、CFR

由上述計算，得知兩岸通海運較便宜，因此本公司選擇與兩岸通海運有限公司長期合作。

型號	FOB	海運費	CFR（FOB＋海運費）	每單位CFR
AP-002（10箱）	15.62USD×480＝7,497.6USD	0.6USD×480＝288USD	7,785.6USD	16.22USD
AP-003（8箱）	18.62USD×384＝7,150USD	0.6USD×384＝230.4USD	7,380.4USD	19.22USD
AP-008（15箱）	19USD×720＝13,680USD	0.6USD×720＝432USD	14,112USD	19.6USD
		總計	29,278USD	

六、回信

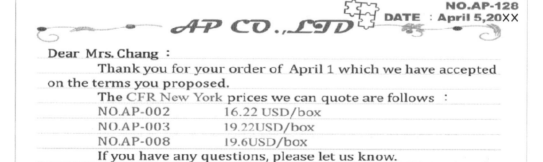

NO.AP-128
DATE : April 5,20XX

AP CO.,LTD

Dear Mrs. Chang :

Thank you for your order of April 1 which we have accepted on the terms you proposed.

The CFR New York prices we can quote are follows :

NO.AP-002   16.22 USD/box
NO.AP-003   19.22USD/box
NO.AP-008   19.6USD/box

If you have any questions, please let us know.
We look forward to receiving your further orders.

Very Truly Yours,

Marketing Manager *Annabel Hsu*

CO.LTD TEL : +886-04-5946210
E-MAIL : ap_puzzle@hotmail.com.tw
No.76,shanjiao Rd.,Dacun Township, Changhua County 515,Taiwan

心情點滴

　　這週和上週的內容好像差不多，不過計算過程真是難倒我了，因為之前的學長姊都只出口一種產品，所以很好算，而我出口的產品比較多種類，且每種價格都不一樣，真是不知道該怎麼計算單價，所以我只好每樣都分開算，雖然比較複雜，但是也學到很多。

第六週　海運費整櫃價格

一、顧客來信(1)

NO. KM-448
DATE ： April 3,20××

Dear Mrs. Hsu：

　　We have studies your samples and catalog. We have to your products interested extremely. We want to order 2400 boxes of NO.AP-002 and 480 boxes of NO.AP-003 and 960 boxes of NO.AP-008.

　　I wish your firm can transport from Taichung to the USA and with the CFR New York quoted price. If we are satisfied with your shipment, you can expect our regular repeat order.

Sincerely yours,

ANNO CO.,LTD Purchasing Manger *Penny Chang*

二、訂單(1)

　　公司接獲美國安諾股份有限公司訂單，出口產品：

　　★一個外箱長100cm、寬60cm、高60cm

　　（1m×0.6m×0.6m）×35.315 = 12.71(CFT)

　　1立方呎(CFT) = 1,728立方时　　1立方公尺(CBM) = 35.315立方呎(CFT)

型號	單價	數量	總價	箱數	總材積	總重量
AP-002	350NTD	960盒	336,000NTD	20箱	12.71×20 = 254.2(CFT)	19.11×20 = 382.2(kg)
AP-003	400NTD	720盒	288,000NTD	15箱	12.71×15 = 190.65(CFT)	19.43×15 = 291.45(kg)
AP-008	420NTD	720盒	302,400NTD	15箱	12.71×15 = 190.65(CFT)	17.41×15 = 261(kg)
	總計	2400	926,400NTD	50箱	635.5(CFT)	934.65(kg)

每一外箱材積尺寸 = (1m×0.6m×0.6m)×35.315 = 12.71(CFT)

共有50箱： 12.71CFT×50 = 635.5CFT

總材積爲635.5CFT

635.5÷970≒0.65（約六成五）

所以我們可以考慮採用併櫃20呎或整櫃20呎

1立方呎(CFT) = 1,728立方吋

1立方公尺(CBM) = 35.315立方呎(CFT)

三、海運公司整櫃費用

> HQ俗稱高櫃，係40呎加高

		海運費 (USD)	裝櫃費 (NTD)	吊櫃費 (NTD)	文件費 (NTD)	美國海關運輸費 (USD)
萬泰航運	20呎	320	1,500	5,600	650	25
	40呎	620	3,000	7,000		
兩岸通	20呎	320	1,500	5,500	650	25
	40呎	620	3,000	7,000		
	HQ	960	4,000	8,000		
	45呎	1,020	4,500	8,800		
長榮海運	20呎	380	1,400	5,600	650	25
	40呎	680	2,900	7,000		

四、整櫃費用比較

萬泰航運	320USD + (1,500NTD×0.033888) + (5,600NTD×0.033888) + (NTD650×0.033888) + 25USD = 607.64USD
✓兩岸通	320USD + (1,500NTD×0.033888) + (5,500NTD×0.033888) + (650NTD×0.033888) + 25USD = 604.24USD
長榮海運	380USD + (1,400NTD×0.033888) + (5,600NTD×0.033888)÷(650NTD×0.033888) + 25USD = 664.24USD

由上述計算，得知兩岸通海運較便宜，因此本公司選擇與兩岸通海運有限公司長期合作。

1 元新臺幣 = 0.033888 美元（2012.04.05奇摩匯率換算表）

五、併櫃 V.S 整櫃

海運費＋併櫃費＋美國海關傳輸費＋文件費
併櫃費	（18.7CBM×76USD）＋（18.7×380NTD×0.033888）＋25USD＋（650NTD×0.033888）＝1,709.03USD
海運費＋裝櫃費＋吊櫃費＋美國海關傳輸費＋文件費
✓整櫃費	320USD＋（1,500NTD×0.033888）＋（5,500NTD×0.033888）＋（650NTD×0.033888）＋25USD＝604.24USD

若出貨之貨櫃占6成5時，併櫃價格為1,709.03USD ；20呎整櫃價錢為604.24USD，故最後選擇以整櫃出口。

六、公司回信(1)

NO.AP-148
DATE : April 5,20××

Dear Mrs. Chang :
　　Thank you for your order. we have accepted on the terms you proposed.
　　The CFR New York prices we can quote are follows :
　　NO.AP-002　　　15.87 USD/box
　　NO.AP-003　　　18.87USD/box
　　NO.AP-008　　　19.6USD/box
　　If you have any questions, please let us know.
　　We look forward to receiving your further orders.

Very Truly Yours,

Marketing Manager　Annabel Hsu

AP CO.LTD　TEL : +886-04-5946210
E-MAIL : ap_puzzle@hotmail.com.tw
No.76,shanjiao Rd.,Dacun Township, Changhua County 515,Taiwan

七、顧客來信(2)

NO. KI-468
DATE ： April 3,20XX

Dear Mrs. Hsu ：

　　We have studies your samples and catalog. We have to your products interested extremely. We want to order NO.AP-002 and NO.AP-003 and NO.AP-008 of Container(CY) with one 40-foot container or two 20-foot container.

　　I wish your firm can transport from Taichung to the USA and with the CFR New York quoted price. If we are satisfied with your shipment, you can expect our regular repeat order.

Sincerely yours,

ANNO CO.,LTD Purchasing Manger *Penny Chang*

八、裝滿櫃

　　一箱 = 100cm×60cm×60cm

2個20呎	1個40呎
內徑：590×235×238(cm)×2（970×2 = 1940立方英尺）	內徑：1203×235×238(CM)（2100立方英尺）
按貨物的高度來看，238÷60 = 3.96≒3貨物可以疊3層高	
1.按貨物的長度來看，如果以100公分作長，60公分作寬	
長5排，寬3排，共45箱（×2 = 90箱）	長10排，寬3排，共90箱
✓2.按貨物的長度來看，如果以60公分作長，100公分作寬	
長9排，寬2排，共54箱（×2 = 108箱）	長20排，寬2排，共120箱
由此看出，第二種擺法裝的比較多	
873.34÷970 = 0.9（約九成）	1932.2÷2100 = 0.92（約九成二）

九、訂單(2)

　　由於美國安諾股份有限公司的訂單要求2個20呎或1個40呎裝滿櫃，經上述計算，以108箱爲最佳貨量。

型號	單價	數量	總價	箱數	總材積	總重量
AP-002	350NTD	1,728盒	604,800NTD	36箱		19.11×36 = 687.96(kg)
AP-003	400NTD	1,728盒	691,200NTD	36箱	12.71×36×3 = 1,372.68(CFT)	19.43×36 = 699.48(kg)
AP-008	420NTD	1,728盒	725.760NTD	36箱		17.41×36 = 626.76(kg)
	總計	5,184盒	2,021,760NTD	108箱	1,372.68(CFT)	2,014.2(kg)

十、2個20呎 VS. 1個40呎

		海運費 (USD)	裝櫃費 (NTD)	吊櫃費 (NTD)	文件費 (NTD)	美國海關運輸費 (USD)
兩岸通	20呎	320	1,500	5,500	650	25
	40呎	620	3,000	7,000		
2個20呎		320USD + (1,500NTD×0.033888) + (5,500NTD×0.033888) + (650NTD× 0.033888) + 25USD = 604.24USD 604.24USD×2 = 1,208.48USD				
1個40呎		620USD + (3,000NTD×0.033888) + (7,000NTD×0.033888) + (650NTD× 0.033888) + 25USD = 1,005.91USD				

由上可知，一個40呎貨櫃的價錢，比兩個20呎貨櫃的價錢來得便宜，因此選用一個40呎貨櫃為佳。

1 元新臺幣 = 0.033888 美元（20××.04.05奇摩匯率換算表）

十一、CFR(2)

型號	FOB	海運費	CFR (FOB＋海運費)	每單位CFR
AP-002（36箱）	15.62USD×1728 = 26,991.36USD	9.31×36 = 335.16USD	27,026.52USD	15.64USD
AP-003（36箱）	18.62USD×1728 = 32,175.36USD	9.31×36 = 335.16USD	32,210.52USD	18.64USD
AP-008（36箱）	19USD×1728 = 32,832USD	9.31×36 = 335.16USD	32,867.16USD	19USD
108箱		總計	82,104.2USD	

1,005.91USD÷108 = 9.31

十二、公司回信(2)

NO.AP-148
DATE : April 5,20××

AP CO.,LTD

Dear Mrs. Chang :

    Thank you for your order. we have accepted on the terms you proposed. You order NO.AP-002 and NO.AP-003 and NO.AP-008 of Container (CY)with one 40-foot container.

    The CFR New York prices we can quote are follows :

NO.AP-002	15.64 USD/box	Total : 1728 boxes
NO.AP-003	18.64USD/box	Total : 1728 boxes
NO.AP-008	19USD/box	Total : 1728 boxes

If you have any questions, please let us know.

We look forward to receiving your further orders.

Very Truly Yours,

Marketing Manager *Annabel Hsu*

AP CO.LTD TEL : +886-04-5946210
E-MAIL : ap_puzzle@hotmail.com.tw
No.76,shanjiao Rd.,Dacun Township, Changhua County 515,Taiwan

十三、顧客來信(3)

NO. KM-464
DATE : April 3,20××

Dear Mrs. Hsu :

    We have studies your samples and catalog. We have to your products interested extremely. We want to order 2880 boxes of NO.AP-002 and 2160 boxes of NO.AP-003 and 2160 boxes of NO.AP-008.

    I wish your firm can transport from Taichung to the USA in April 8, 2012 and with the CFR New York quoted price. If we are satisfied with your shipment, you can expect our regular repeat order.

Sincerely yours,

ANNO CO.,LTD Purchasing Manger *Penny Chang*

十四、訂單(3)

公司接獲美國安諾股份有限公司訂單，出口產品：

★一個外箱長100cm、寬60cm、高60cm

(1m×0.6m×0.6m)×35.315 = 12.71(CFT)

1立方呎(CFT) = 1,728立方吋　1立方公尺(CBM) = 35.315立方呎(CFT)

型號	單價	數量	總價	箱數	總材積	總重量
AP-002	350NTD	2880盒	1,008,000NTD	60箱	12.71×60 = 762.6(CFT)	19.11×60 = 1,146.6(kg)
AP-003	400NTD	3264盒	1,305,600NTD	68箱	12.71×68 = 864.28(CFT)	19.43×68 = 1,321.2(kg)
AP-008	420NTD	2160盒	907.200NTD	45箱	12.71×45 = 571.95(CFT)	17.41×45 = 783.45(kg)
	總計	8304盒	3,220,800NTD	173箱	2198.8(CFT)	2,804.4(kg)

每一外箱材積尺寸 =（1m×0.6m×0.6m）×35.315 = 12.71(CFT)

共有173箱：12.71CFT×173 = 2,198.8CFT

總材積為2,198.8CFT

HQ（2300立方英尺）：2,198.8÷2,300 = 0.95（約九成五）

45呎（2600立方英尺）：2,198.8÷2,600 = 0.84（約八成四）

所以我們可以考慮採用HQ或整櫃45呎

1立方呎(CFT) = 1,728立方吋

1立方公尺(CBM) = 35.315立方呎(CFT)

十五、HQ V.S 45呎

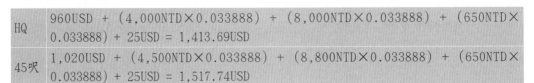

HQ	960USD +（4,000NTD×0.033888）+（8,000NTD×0.033888）+（650NTD×0.033888）+ 25USD = 1,413.69USD
45呎	1,020USD +（4,500NTD×0.033888）+（8,800NTD×0.033888）+（650NTD×0.033888）+ 25USD = 1,517.74USD

由上可知，HQ的價錢比45呎貨櫃來得便宜，因此選用一個HQ貨櫃為佳。

1 元新臺幣 = 0.033888 美元（20××.04.05奇摩匯率換算表）

十六、CFR(3)

型號	FOB	海運費	CFR （FOB ＋ 海運費）	每單位CFR
AP-002（60箱）	15.62USD×2880 ＝ 449,856USD	9.4246×60 ＝ 565.48USD	45,551.08USD	15.82USD
AP-003（68箱）	18.62USD×3264 ＝ 60,775.68USD	9.4246×68 ＝ 640.87USD	61,416.55USD	18.82USD
AP-008（45箱）	19USD×2160 ＝ 41,040USD	9.4246×45 ＝ 424.11USD	41,464.11USD	19.2USD
150箱		總計	127,658.5USD	

1,413.69USD ÷150 ＝ 9.4246

十七、公司回信(3)

> 在整櫃上滿足四種假
> 設，可謂相當圓滿

心情點滴

　　這週雖然和上週差不多，可是要算的東西好多啊！出口很多種類的產品，算到後面愈來愈複雜，難怪學長姊都只出口一種產品。這週老師還特別增加4種假設，要我們全部都舉例，東西很多，頭腦要非常清楚才可以搞懂，我覺得都快被數字給淹沒啦！數學真是個可怕的科目！

第七週　保險費

一、顧客來信

NO. KM-463
DATE ： April 20,20××

Dear Mrs. Hsu：

　　We have studies your samples and catalog. We have to your products interested extremely. We want to order 480 boxes of NO.AP-002 and 960 boxes of NO.AP-003 and 1440 boxes of NO.AP-008.

　　I wish your firm can transport from Taichung to the USA in April 8, 20×× with the CIFC5 New York quoted price, institute CRAGO CLAUSES(A). If we are satisfied with your shipment, you can expect our regular repeat order.

Sincerely yours,

ANNO CO.,LTD Purchasing Manger *Penny Chang*

二、訂　單

公司接獲美國安諾股份有限公司訂單，出口產品：

★一個外箱 （1m×0.6m×0.6m）×35.315 = 12.71(CFT)

1立方呎(CFT) = 1,728立方吋　1立方公尺(CBM) = 35.315立方呎(CFT)

型號	單價	數量	總價	箱數	總材積	總重量
AP-002	350NTD	4,800盒	1,680,000NTD	100箱	12.71×100 = 1,271(CFT)	19.11×100 = 1911(kg)
AP-003	400NTD	960盒	384,000NTD	20箱	12.71×20 = 254.2(CFT)	19.43×20 = 388.6(kg)
AP-008	420NTD	1,440盒	604,800NTD	30箱	12.71×30 = 381.3(CFT)	17.41×30 = 522.3(kg)
	總計	7,200盒	2,668,800NTD	150箱	1,906.5(CFT)	2,821.9(kg)

由於總材積為1,906.5(CFT)

1,906.5 ÷ 2,100 = 0.9 （約九成，所以採一個40呎整櫃運費）

三、保險費用

	富邦產物保險公司	國泰產物保險公司
A條款（全險）	0.1%	0.2%

海上保險費

型號	FOB	海運費	CFR（FOB＋海運費）
AP-002（100箱）	15.62USD×4,800 = 74,976USD	9.4246×100 = 942.46USD	75,918.46USD
AP-003（20箱）	18.62USD×960 = 17,875.2USD	9.4246×20 = 188.492USD	18,063.7USD
AP-008（30箱）	19USD×1,440 = 27,360USD	9.4246×30 = 282.738USD	27,642.74USD
共150箱		總計	121,624.9USD

> 注意事項
> ICC(A)全險、ICC(B)水漬險、ICC(C)平安險。
> 保險都是愈遠及愈特殊的愈貴。
> 大部分會投保之保險為ICC(A)及戰爭險。

四、公司回信

AP CO.,LTD

NO.AP-138
DATE : April 22,20××

Dear Mrs. Chang :

　　Thank you for your order. we have accepted on the terms you proposed.

　　The CIFC5 New York prices we can quote are for 17.8USD.

Your orders are follow :

NO.AP-002	4800boxes
NO.AP-003	960boxes
NO.AP-008	1440boxes

If you have any questions, please let us know.

We look forward to receiving your further orders.

Very Truly Yours,
Annabel Hsu
Marketing Manager

CO.LTD TEL : +886-04-5946210
E-MAIL : ap_puzzle@hotmail.com.tw
No.76,shanjiao Rd.,Dacun Township, Changhua County 515,Taiwan

心情點滴

　　這週堪稱是全部裡面最簡單的一週，但是算數的地方非常多，有點快搞混了，需要計算FOB、CFR、CIF，很多計算的地方，不過還是一一解開疑問了，這次真的是比較輕鬆，很快就能完成了。

第八週　空運與海運併櫃比較

一、顧客來信

NO. KM-463
DATE ： April 20,20XX

Dear Mrs. Hsu ：

　　We have to your products interested extremely. We have decided to order 240 boxes of NO.AP-002 and 96 boxes of NO.AP-003 and 144 boxes of NO.AP-008 by the aerial transport.

　　I wish your firm can transport from Taiwan Taoyuan International Airport to the John F. Kennedy International Airport in May 10, 20XX with the CIF New York quoted price. If we are satisfied with your shipment, you can expect our regular repeat order.

Sincerely yours,

ANNO CO.,LTD Purchasing Manger *Penny Chang*

二、訂單明細

　　公司接獲安諾股份有限公司訂單，迫切要求本公司於5月10日前以空運從桃園國際機場運至美國紐約甘迺迪國際機場，並以CFRC5報價。

型號	單價	數量	總價	箱數	總材積	重量
AP-002	350NTD	240盒	84,000NTD	5箱	12.71 ×10= 127.1CFT	95.55kg
AP-003	400NTD	96盒	38,4000NTD	2箱		38.86kg
AP-008	420NTD	144盒	60,480NTD	3箱		52.23kg
	總計	480盒	182,880NTD	10箱		186.64kg

一個外箱（1m×0.6m×0.6m）×35.315 = 12.71(CFT)

1立方呎(CFT) = 1,728立方吋　1立方公尺(CBM) = 35.315立方呎(CFT)

三、計算重量

總數：5箱（AP-002）＋2箱（AP-003）＋3箱（AP-008）= 10箱

每一個外箱尺寸：長100cm、寬60cm、高60cm

= 長39.4 in、寬23.7 in、高23.7 in

以公制計算	以英制計算
100×60×60÷6,000 = 60(kgs)	39.4×23.7×23.7÷366 = 60.5(kgs)
60×10 = 600（kgs）	60.5×10 = 605(kgs)

四、空運費用

	鴻海國際運通		和明國際海空運	
基本運費	45kg以下	105NTD/kg	45kg以下	150NTD/kg
	45kg～100kg	99NTD/kg	45kg～100kg	120NTD/kg
	100kg以上	96NTD/kg	100kg以上	105NTD/kg
報關費	600NTD		600NTD	
兵險費	5NTD/kg		4NTD/kg	
燃料費	6NTD/kg		6NTD/kg	
電腦傳輸費	240NTD/shipment		240NTD/shipment	
倉儲打盤費	300kg以下	5NTD/kg	300kg以下	5 NTD/kg
	300kg以上	1.5 NTD/kg	300kg以上	2 NTD/kg
卡車運送費	1,200NTD/車		1,500NTD/車	

五、空運費比較

✓鴻海國際運通	和明國際海空運
基本費用＋報關費＋兵險費＋燃料費＋電腦傳輸費＋倉儲打盤費＋卡車運送費	
600kg×96NTD+600NTD+600kg×5NTD+600kg ×6NTD+240NTD+600kg×1.5NTD+1,200NTD =67,140NTD=2,294.6USD	600kg×105NTD+600NTD+600kg×4NTD+600kg ×6NTD+240NTD+600kg×2NTD+1,500NTD =72,540NTD=2,481USD
單價=2,294.6USD÷480=4.6USD	單價=2,481USD÷480=5.1USD
由於鴻海國際運通有限公司給予本公司多項優惠，且價格比較便宜，因此我們願意與此公司合作。	

1 元新臺幣＝0.034214美元（20××.04.27奇摩匯率換算表）

六、單位計算

一個外箱（1m×0.6m×0.6m）×35.315=12.71（CFT）

1立方呎（CFT）=1,728立方吋

1立方公尺（CBM）= 35.315立方呎（CFT）

★總材積：12.71×10 = 127.1(CFT)

127.1 ÷970 = 0.13（約一成三，故採併櫃20呎貨櫃裝運）

★總重量：186.64kg

M/T 材積噸 = 127.1 ÷35.315≒3.6CBM

W/T重量噸 = 186.64kg≒0.1862噸

由於材積噸＞重量噸，故採用材積噸計算。

七、空運 V.S 海運併櫃費用

空運：基本費用＋報關費＋兵險費＋燃料費＋電腦傳輸費＋倉儲打盤費＋卡車運送費	單價
600kg×96NTD+600NTD+600kg×5NTD+600kg×6NTD+240NTD+600kg×1.5NTD+1,200NTD=67,140NTD=2,294.6USD	=2,294.6USD÷480 =4.6USD
海運併櫃：海運費＋併櫃費＋美國海關傳輸費＋文件費	單價
（3.6CBM×76USD）+（3.6×380NTD×0.034214）+25USD+（650NTD×0.034214）=367.64USD	367.64USD÷480 =0.79USD

★空運費用單價 V.S 海運併櫃費用單價

4.6USD ÷ 0.79USD ≒ 5.8（大約相差5.8倍）

八、空運CIF

・空運一定要用CIF計算

CIF = (CFR + I)

  = (8,272.32USD + 2,294.6USD) +

  (8,272.32USD + 2,294.6USD) ×

  (4,800NTD×0.034214)

  = 20,769.72USD

型號	FOB
AP-002	3,748.8USD
AP-003	1,787.52USD
AP-008	3,736USD
總和	8,272.32USD

單價：20,769.72USD ÷480 = 43.27USD

1 元新臺幣 = 0.034214 美元（2012.04.27奇摩匯率換算表）

九、公司回信

NO.AP-138

AP CO., LTD **DATE : April 22,20××**

Dear Mrs. Chang :

　　Thank you for your order. we have accepted on the terms you proposed.

　　The CFRC5 New York prices we can quote are for 43.27USD.

Your orders are follow :

NO.AP-002	24 boxes
NO.AP-003	96 boxes
NO.AP-008	144 boxes

If you have any questions, please let us know.

We look forward to receiving your further orders.

Very Truly Yours,

Marketing Manager *Annabel Hsu*

CO.LTD **TEL : +886-04-5946210**
E-MAIL : ap_puzzle@hotmail.com.tw
No.76,shanjiao Rd.,Dacun Township, Changhua County 515,Taiwan

心情點滴

　　這一週做的是空運，好像是最後一個算運費的週記，沒想到才過幾個禮拜，我就已經學會很多種運費的演算法了，之前看課本時，都還不太能理解，果然還是要親自算算看，才能了解這些複雜的運算，現在各式各樣的運費演算法都難不倒我了。

第九週　貿易推銷實務

Letter to Letter

一、顧客詢價信

NO. KM-463

DATE ： April 30,20××

Dear Mrs. Hsu ：

We have decided to order 240 boxes of NO.AP-002 and 96 boxes of NO.AP-003.Please send us your quotation. I wish your firm can transport with FOB Taichung quoted price to the USA in May 2, 20××. If we are satisfied with your quotation, you can expect our regular repeat order.

Sincerely yours,

ANNO CO.,LTD Purchasing Manger *Penny Chang*

NO. KM-463

DATE ： April 30,20××

Message

THE BUYER HAS REQUESTED INFORMATION FOR THE

FOLLOWING PRODUCT ：

(1) FOB Taichung prices

(2) Minimum order quantity

(3) Sample availability / cost

(4) Earliest delivery date

(5) Payment terms

二、公司報價信

NO.AP-138
DATE : May 1,20××

Dear Mrs. Chang :

　　Thank you for your order. we have accepted on the terms you proposed. If you have any questions, please let us know.

　　We look forward to receiving your further orders.

◆FOB Taichung prices : AP-002:15.7USD/box　　AP-003:18.8USD/box

◆Minimum order quantity : 336 unit

◆Sample availability / cost : free

◆Earliest delivery date : Upon receipt irrevocable L/C

◆Payment terms : cash on delivery

Very Truly Yours,

Marketing Manager　*Annabel Hsu*

CO.LTD　TEL : +886-04-5946210

E-MAIL : ap_puzzle@hotmail.com.tw

No.76,shanjiao Rd.,Dacun Township, Changhua County 515,Taiwan

三、顧客議價信(1)

NO. KM-463
DATE : May 2,20××

Dear Mrs. Hsu :

　　Thanks for your quotation dated May 1, unfortunately, we are not satisfied with your prices.

　　We love your products, but we must to buy at more competitive prices to increase our sales. Unless you can accept 10% discounts of FOB Taichung prices, we will have to place order to someone else. We shall be grateful if you can grant us the same terms.

Sincerely yours,

ANNO CO.,LTD Purchasing Manger *Penny Chang*

四、公司回絕信

AP CO.,LTD

NO.AP-138
DATE : May 3,20××

Dear Mrs. Chang :

Thank you for your counter offer dated May 1 and your request of a more competitive price for our products.

Unfortunately, We therefore regret that we are unable to allow you 10% discount of FOB Taichung prices. we anticipate being able to maintain present prices and even reduce them for some lines we are producing.

you will find satisfaction with our superior and product performance after trying our products.

We look forward to hearing from you.

Marketing Manager *Annabel Hsu*

AP
CO.LTD TEL : +886-04-5946210
E-MAIL : ap puzzle@hotmail.com.tw
No.76,shanjiao Rd.,Dacun Township, Changhua County 515,Taiwan

五、顧客議價信(2)

●From : ANNA CO.,LTD
●To : AP CO.,LTD

NO. KM-463
DATE : May 4,20××

Dear Mrs. Hsu :

Thanks for your quotation dated May 3. In order to start a business relationship with you soon, if we are able to increase our order to 10 boxes(480 pieces) in your company, can we place under negotiation a discount of FOB Taichung prices 5% off your quoted list prices?

Thank you and looking forward to receiving your acceptance of this order.

Sincerely yours,

ANNO CO.,LTD Purchasing Manger *Penny Chang*

六、公司成交信

AP CO.,LTD

NO.AP-138
DATE : May 5,20××

Dear Mrs.Chang :

We have received your e-mail dated May 4. As you will up your order to 480 pieces, so we can agree to your terms to give you 5% off. We have decided to agree to your suggestion.

We assure that we shall always do our utmost to execute them to your complete satisfaction.

Sincerely yours,

Marketing Manager *Annabel Hsu*

CO.LTD TEL : +886-04-5946210
E-MAIL : ap_puzzle@hotmail.com.tw
No.76,shanjiao Rd.,Dacun Township, Changhua County 515,Taiwan

七、承諾報價

SIPPLIER: AP CO., LTD			Date: May 5,20××	
ATTENTION: Annabel Hsu			P/O NO: AP-264	
Items No.	Description	Unit Price	Quantity	Amount
Ap-002	Apple puzzle	15.62USD	240 boxes	3,748.8USD
AP-003	Love puzle	18.62USD	240 boxes	4,468.8USD

CONDITIONS:

1.Term of trade: FOB Taichung port, Taiwan

2.Payment: By irrevocable. L/C at sight.

3.Delivery: By the end of July.

4.Shipment: By sea. Taichung port, Taiwan to New York port, US.

5.Packing: Not to be caused any injury/scratch during transportation.

6.Forearder: GINIFAB INTERNATIONAL CO., LTD

7.Inspaction Certificate: To be issued by our Q.C. office in Taiwan.

CAPACITY :

20FT : 480 boxes

Measurement :
48 boxes /CNT /12.71cft

Shipping mark :

New York
C/NO. : 1-10
MADE IN TAIWAN
R.O.C

八、承諾契約──預估發票

AP CO.,LTD

TEL:886-04-5946210   E-MAIL:ap_puzzle@hotmail.com.tw

No.76,shanjiao Rd.,Dacun Township, Changhua County 515,Taiwan

PROFORMA INVOICE

Messrs. ANNA CO.,LTD   **Date:** May 5,20XX
TEL: 886-02-28960000   **NO.:** AP-264

ATTN: Penny Chang
T.O.T: FOB Taichung port, Taiwan
Delivery: By the end of July.
Payment: By irrevocable. L/C at sight
Shipment: By sea. Taichung port, Taiwan to New York port.
Packing: By standard export carton with sea worth. 1×20" FT

Items No.	Description	Unit Price	Quantity	Amount
AP-002	Apple puzzle	15.62 USD	240 boxes	3,748.8 USD
AP-003	Love puzzle	18.62 USD	240 boxes	4,468.8 USD

TOTAL AMOUNT   **480 boxes**   **8,217.6 USD**

SAY TOTAL U.S DOLLARS EIGHT THOUSDANAD TWO

HUNDER SEVENTEEN AND SIX CENTS ONLY

Accept by: ANNA CO.,LTD

Annabel Hsu   *Penny Chang*

Marketing Manager   Purchasing Manager

BANK INFORMATION:
NAME: Cathay United Bank
TEL: 886-04-5942610
L/C NAME: AP CO.,LTD
L/C NUMBER: AP-264

Face to Face

本公司愛拼股份有限公司是專門出口各式各樣拼圖產品的貿易公司，目標市場為美國、中國及韓國，由於美國的安諾股份有限公司是當地相當知名的企業，所以本公司將派行銷業務部經理許嫚彧Annabel Hsu前往美國推銷我們的產品。

A：愛拼股份有限公司 —— 許嫚彧Annabel Hsu

B：安諾股份有限公司 —— 總經理

初次見面

A：Hello, I am the marketing manager Annabel Hsu of AP corporation.

您好，我是愛拼股份有限公司的銷售業務經理Annabel Hsu。

B：I am the general manager of this corporation.

我是這家公司的總經理。

1. 詢問法 —— 用詢問來克服顧客拒絕的方法

A：What are the product of brand that you sell as a consignee product of brand in your company?

請問貴公司目前經銷哪些品牌的產品呢？

B：We have the brand of Renoir、Clementoni、JUMBO now.

目前有Renoir、Clementoni、JUMBO等品牌。

A：What's the sale-condition?

銷售狀況如何呢？

B：The sale outstanding accomplishment is very satisfactory.

銷售的業績都非常滿意。

2. 正擊法 —— 用「是」接受，用「可是、但是」反擊

A：But could you think over to increase a brand?

可是您要不要考慮增加一個品牌呢？

B：However your brand awareness is not good.

但是你們的品牌知名度不高喲！

A：Yes. Yet the environment change so fast nowadays, we shall unceasing to weed through the old to bring forth the new to satisfied consumer. Because of that, our innovative and high quality of products has ability to attract consumer.

是的，可是現今環境變化快速，在市場上要不斷推陳出新才能滿足消費者。因為如此，我們產品的創新和品質都是可以吸引消費者的目光。

3. 回擊法──將對方的話反擊回去

B：But we fixed order with other firm in a long-term, and have no intend to act for a new brand.

可是我們長期和其他廠商都有固定的訂單，並沒有打算要代理新品牌。

A：You received same order in a long-term rendering your customer was limited. So you should detrude some new products to attract new consumer.

你們長期接同樣的訂單，使得顧客群已經固定，所以應該要推出一些新產品，才能吸引新顧客。

4. 話題轉換法──話題轉換至自己有利的

B：To our company, those new consumer are a small part.

這些新的顧客，對我們公司而言，只能算是小部分。

A：People particular about innovative and quality now but our company emphasize that the commodity inspection. I recommend you because it is the best. We directed against customer' need, design the unique products. So we do not worry about the problem of sales volume.

可是現在的人講求創意和品質，而我們公司非常注重品質好壞，正因為是最好的，所以才會推薦你，加上我們針對顧客的需求，設計出獨特的產品，所以不用擔心銷量問題。

5. 資料應用法──用資料、數據來說服

B：But I don't whether our customer could accept your products or not.

可是不知道我們的顧客群能不能接受你們的產品?

A：We had investigate about our products, mostly consumer has high acceptance level especially youngster. We sale our products in China and Korea as well. The sales volume has increase year by year.

我們的產品有先做過調查，大部分的消費者對我們的產品接受度都很高，尤其是年輕人非常喜愛。而且我們的產品在中國和韓國也有銷售，銷售量都有逐年增加的趨勢。

6. 變換法──將缺點轉換成優點，且有理論根據

B：Nevertheless, your price is more higher than other company and types are less.

不過，你們的產品比其他公司來得貴，而且種類比較少。

A：Yes, it because we respect for the quality. So I promise that our products are satisfactory. Furthermore, our products are unique and few. But we can satisfied consumer absolutely.

是的，因為我們很重視品質，所以敢保證我們的產品會令顧客滿意，而且我們的產品因為獨特，所以類型比較少，但是絕對可以滿足消費者。

7. 問題點消法──引導解決顧客的問題

B：Your products are sparsely. Do you have problem in short supply?

可是你們的產品比較稀少，這樣會不會很容易缺貨？

A：No, we strictly control our inventory turnover. As long as you orderis within reasonable time and range. We will try our best to achieve it.

不會的，因為我們嚴格管控我們的存貨週轉，只要您的訂單在合理的時間和範圍內，我們都會竭盡所能地達成。

8. 打探性問法──用「這個怎麼樣？」的方式

A：How are your opinion with the two types of catalogues?

您覺得我們這兩款的類型如何？（指著目錄）

B：Feel so unusual and brightly colored.

感覺很特別，而且顏色很鮮豔。

A：What's about the harder products?

那如果是困難度較高的產品呢？

B：Harder products are suit youngster and it could train brainstorming.

困難度較高的產品應該比較適合年輕人，而且可以訓練腦力激盪。

9. 引導性詢問──用自己有利的點來引導

A：If so, are you interesting in the products of high complexity.

這樣的話，您們是不是對我們複雜性較高的產品比較感興趣？

B：Yes! It is more suitable for our consumer group.

是吧！感覺上比較適合我們的消費族群。

10. 選擇成交法──用「二擇一」的方式

A：Do you feel AP-004 or AP-005 is the better one?

那您覺得是AP-004的產品比較好呢?還是AP-005?

B：I feel the AP-005 of material is nice and attractive.

感覺上AP-005的質感非常好,很吸引人。

11. 假設成交法──促使顧客做決定

A：If you order our products, the sales volume , fame and brand loyalty will increasing. If you like AP-005 ,when you want to order?

如果您訂購我們的產品,銷售量一定會增加,而且知名度一定也會大增,顧客也會有忠誠度。

剛剛您覺得是AP-005比較好,那是要在何時下單呢?

B：Let me think over.

我考慮看看。

12. 直接請求法──用最直接的方式

B：你們公司非常有誠意。

Your company are very sincere.

A：那一切拜託您囉!!

So thanks for you.

B：嗯。如果銷售量眞的因此大增,那一定會再跟貴公司聯絡的。

OK . If sales volume raise, we will contact your company certainly.

A：非常感謝您,希望我們合作愉快。

Thank you so much. May we have a pleasant cooperation.

> 推銷名言:把我的腦袋注入你的腦袋,
> 把你的口袋放進我的口袋。

♪心情點滴

　　這週都是一些對話、回應的問題,不過都是要自己憑空想像,而且假要假得很真,所以必須要有很清楚的頭腦,就像是自己在反駁自己的想法一樣,並且運用一些手法,這些真是很有用的技巧呢!!

第十週　信用狀解說、找船期、驗貨

一、信用狀解說

Our Ref：2012051159410	L/C NO：AP00127590NA2
Beneficiary：AP CO.,LTD	DATE：MAY 11, 20××
No.76,shanjiao Rd.,Dacun Township,	Issue/Adised by 0439848935
Changhua County 515, Taiwan (R.O.C)	Cathay United Bank
TEL：＋886-04-5946210	
FAX：＋886-04-5942210	

Dear sirs:　　　　　　　　　　　　　　　PAGE: 1

Without any responsibility and engagement on our part, we have the pleasure of Advising you that we have received and authenticated message from New York Mellon Corporation reading as follows: QUOTE

LABEL：QSN = 125864　IN0165　××/05/11　09: 35: 48

MSGACK: VFC2546 Auth OK, Key N124658779MW2H,MT700

27 SEQUENCE OF TOTAL: 1/1

40A FORM OF DOC. CREDIT（信用狀類型）：IRREVOCABLE（不可轉讓）

20 DOCUMENTARY CREDIT NUMBER（信用狀號碼）：AP00127590NA2

31D EXPIRY DATE & PLACE（信用狀有效日期和地點）：

120811 TAIWAN

50 APPLICANT（申請人／進口商）：AN CO.,LTD

26 West 104th St. Central Park West, New York

TEL: 212/932-1410　FAX：212/932-1460

59 BENEFICIARY（受益人／出口商）：AP CO.,LTD

No.76,shanjiao Rd.,Dacun Township, Changhua County 515, Taiwan (R.O.C.)

TEL: ＋886-04-5946210　FAX：＋886-04-5942210

32B CURRENCY CODE,AMOUNT（信用狀金額）：USD116,738.27

41D AVAILABLE WITH...BY...（受理銀行）

ANY BANK BY NEGOTIATION

42C DRAFTS AT...（匯票需求及期限）：SIGHT

42D DRAWEE（付款人）：ISSUING BANK

43P PARTIAL SHIPMENTS（分批交貨）：NOTALLOWED

43T TRANSSHIPMENT（轉運）：NOTALLOWED

43E PORT OF LOADING（裝貨港口）：TAICHUNG,TAIWAN

44F PORT OF DISCHARGE（卸貨港）：NEW YORK

44C LATEST DATE OF SHIPMENT（裝船的最後日期）：××0530

45A SHIPMENT OF GOODS（貨物內容）：PUZZLE, MODEL NO.AP-0023360BOXES AND NO.AP-003 3360BOXES TOTAL USD8,217

46A DOCUMENTS REQUIRED（必要文件）

　1. 3/3 ORIGINAL CLEAN SHIPPED ON BOARD BILLS OF LADING MARKED FREIGHT PREPAID,CONSIGNED TO OUR ORDER NOTIFY APPLICANT

2. MANUALLY COMMERCIAL INVOICE IN THREE COPIES
3. PACKING LIST IN ONE ORIGINAL AND ONE COPY
4. INSPECTION CERTIFICATE AND/OR INSPECTION REPORT
47A ADDITIONAL CONDITIONS（附加條件）
1. CONTENT OF WEIGHT AND MEASUREMENT SHOWN ON B/L CAN DIFFER FROM PACKING LIST TO A MAXIMUM OF 3 PCT
2. THIRD PARTY B/L NOT ACCEPTABLE
48 PERIOD FOR PRESENTATION（單據提交期限）
DOCUMENTS TO BE PRESENTED WITHIN 10 DAYSAFTER THE DATE OF ISSUANCE OF SHIPPING DOCUMENTS BUT WITHIN THE CREDIT
71B CHARGES（付款方式）
ALL BANKING CHARGES OUTSIDE USA INCLUDING
ADVISING CHARGES ARE FOR ACCOUNT OF BENEFICIARY
57D ADVISE THROUGH BANK（通知銀行）：BANK OF TAIWAN NO.180,CHIU KWANG ROAD, CHANG HUA COUNTRY, TAIWAN

二、找船期

本公司接收到美國紐約安諾股份有限公司5月11日寄來的信用狀，訂購AP-002和AP-003各240盒，共480盒，以1個40呎貨櫃裝較划算，信用狀的最後裝船日為5月30日往美國紐約，押匯有效日期為6月9日，工廠於5月12日開始生產，預定5月18日完工，5月19日派員檢查，經檢查合格，即於5月19日裝船、5月22日啓航。

三、船期比較

公司	船名	航次	地點	結關日	開船日	抵達日	價格（USD）
兩岸通	A.NEW YORK	150E	臺中	5/20	5/22	6/17	604.24
	H.NEW YORK	021W	基隆	5/21	5/24	6/17	604.24
萬泰海運	NANJIN BOSTON	E048	臺中	5/20	5/23	6/20	607.64
長榮國際海運	ITAL LIBERA	0324S	高雄	5/20	5/22	6/18	664.24
	EVER DIAMOND	0236S	基隆	5/21	5/24	6/22	664.24

比較：1.地點較近　2.開船日較早
　　　3.抵達日較早　4.價格較低
　　　5.服務較佳

我們選擇兩岸通的A.NEW YORK做為這次出口的船公司。

四、驗　貨

本公司接獲美國紐約安諾股份有限公司訂單，出口型號AP-002和AP-003，各3,360盒，共6,720盒，每48盒為一個外箱共140箱。

> · 如需特殊實驗→破壞實驗→須以合格檢測儀器。
> · 通常此實驗需求，為製造工廠較多，貿易公司則需求較少。

一個外箱、長100cm、寬60cm、高60cm

總材積：$12.71 \times 140 = 1,779$(CFT)

$1,779 \div 2,100 = 0.84$（採1個40呎整櫃運費較為划算）

MIL-STD-105E樣本代字表

批量	特殊檢驗水準				一般檢驗水準		
	S-1	S-2	S-3	S-4	I	II	III
2～8	A	A	A	A	A	A	B
9～15	A	A	A	A	A	B	C
16～25	A	A	B	B	B	C	D
26～50	A	B	B	C	C	D	E
51～90	B	B	C	C	C	E	F
91～150	B	B	C	D	D	F	G
151～280	B	C	D	E	E	G	H
281～500	B	C	D	E	F	H	J
501～1,200	C	C	E	F	G	J	K
1,201～3,200	C	D	E	G	H	K	L
3,201～10,000	C	D	F	G	J	L	M
10,001～35,000	C	D	F	H	K	M	N
35,001～150,000	D	E	G	J	L	N	P
150,001～500,000	D	E	G	J	M	P	Q
500,000以上	D	E	H	K	N	Q	R

根據 MIL-STD-105E 表樣本之代字，可得知 6,720 介於3,201～10,000，對照一般檢驗水準得到 L 的樣本數代字。

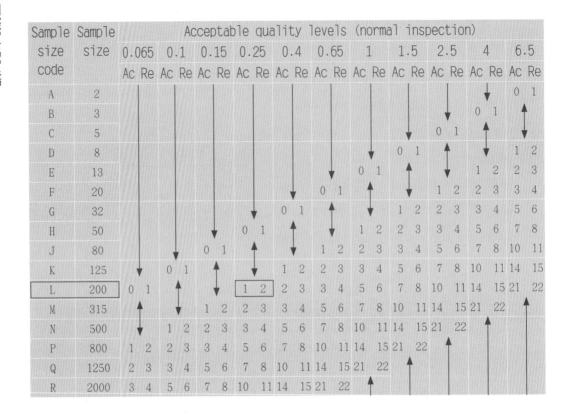

我們取出樣本數200盒來做抽檢，在允收品質水準（AQL）裡，樣本數為0.25，如果發現有1盒不良品，將通過驗貨，若發現超過2盒以上為不良品，將不通過品質水準。

經過完工後一日內驗貨的結果，發現在樣本200盒產品中無不良品，因此通過允收品質水準（AQL）。

五、檢驗報告

INSPECTION REPORT
Seller's Name: AP CO.,LTD
Purchase Order No.: AP-264　　　　　　Date: MAY 11,20××
Location of Inspection: FACTORY IN TAIWAN
Date to be Shipped: MAY 22,20××
Vessel Name: A.NEW YORK
Destination: New York

ITEM INSPECTED			
P.O.NO.	Stock No.	Quality	Description
AP-264	AP-002	70CTN	Puzzle
	AP-003	70CTN	

ITEM			
Type of material	✓	Color	✓
Quality of material	✓	Label	✓
Finish on material	✓	Stock No	✓
Size dimensions	✓	Size mark	✓
Thickness	✓	Country of origin	✓
PACKAGE		Item size	✓
Type	✓	Stock No	✓
Material	✓	Country of origin	✓
Printing	✓	Inner pack	✓
Color	✓	Marks on inner	✓
Size of pkg	✓	Copy of pkg	✓

六、紙箱標記

CARTON MARKINGS			
FRONT MARKS			
Identification	✓	P.O No.	✓
Stock No.	✓	Destination	✓
Country of origin	✓	Carton nos	✓
SIDE MARKS			
Stock No	✓	Quantity	✓
Size	✓	Durability of carton	✓

心情點滴

　　這週信用狀的部分讓我學習很多，以前第一次碰到時，完全沒有很了解，因為全部都是大寫的英文，又有一大堆專有名詞，自從貿易週記的第一週到現在，學到不少東西，現在已經非常熟悉了，對於證照考試的部分添增了很多信心，希望可以一次就考過了。

第十一週　押匯文件

一、信用狀

Our Ref: 20××051159410	L/C NO: AP00127590NA2
Beneficiary: AP CO., LTD	DATE: MAY 11,20××
No. 76, shanjiao Rd.,Dacun Township,	Issue/Adised by
Changhua County 515, Taiwan (R.O.C)	0439848935
TEL: + 886-04-5946210	Cathay United Bank
FAX: + 886-04-5942210	

Dear sirs: PAGE:1

Without any responsibility and engagement on our part, we have the pleasure of Advising you that we have received an authenticated message from New York Mellon Corporation reading as follows: QUOTE

LABEL: QSN = 125864 IN0165 ××/05/11 09: 35: 48

MSGACK: VFC2546 Auth OK, Key N124658779MW2H,MT700

27 SEQUENCE OF TOTAL: 1/1

40A FORM OF DOC. CREDIT: IRREVOCABLE

20 DOCUMENTARY CREDIT NUMBER: AP00127590NA2

31D EXPIRY DATE & PLACE: ××0811 TAIWAN

50 APPLICANT: AN CO., LTD

   26 West 104th St. Central Park West, New York

   TEL: 212/932-1410　FAX: 212/932-1460

59 BENEFICIARY: AP CO., LTD

   No.76, shanjiao Rd.,Dacun Township, Changhua County

   515,Taiwan (R.O.C)　TEL: + 886-04-5946210 FAX:　+ 886-04-5942210

32B CURRENCY CODE,AMOUNT:USD115,046

41D AVAILABLE WITH...BY...

   ANY BANK BY NEGOTIATION

42C DRAFTS AT...: SIGHT

42D DRAWEE: ISSUING BANK

43P PARTIAL SHIPMENTS: NOTALLOWED

43T TRANSSHIPMENT: NOTALLOWED

43E PORT OF LOADING: TAICHUNG,TAIWAN

44F PORT OF DISCHARGE: NEW YORK

44C LATEST DATE OF SHIPMENT: ××0522

45A SHIPMENT OF GOODS: PUZZLE,MODEL NO.AP-002

   3360BOXES AND NO.AP-003 3360BOXES TOTAL USD8,217

   CFR NEW YORK

46A DOCUMENTS REQUIRED

   1.SIGNED COMMERCIAL INVOICE IN TRIPLICATE

     INDICATING THIS CREDIT NUMBER

2. FULL (3/3) SET OF CLEAN ON BOARD OCEAN BILLS OF LADING MADE OUT TO THE ORDER OF SHIPPER

3.PACKING LIST IN TRIPLICATE

4.CERTIFICATE OF ORIGIN

47A ADDITIONAL CONDITIONS

1. CONTENT OF WEIGHT AND MEASUREMENT SHOWN ON B/L CAN DIFFER FROM PACKING LIST TO A MAXIMUM OF 3 PCT

2. THIRD PARTY B/L NOT ACCEPTABLE

48 PERIOD FOR PRESENTATION

DOCUMENTS TO BE PRESENTED WITHIN 10 DAYSAFTER THE DATE OF ISSUANCE OF SHIPPING DOCUMENTS BUT WITHIN THE CREDIT

71B CHARGES

ALL BANKING CHARGES OUTSIDE USA INCLUDING

ADVISING CHARGES ARE FOR ACCOUNT OF BENEFICIARY

57D ADVISE THROUGH BANK: BANK OF TAIWAN

NO.180,CHIU KWANG ROAD, CHANG HUA COUNTRY, TAIWAN

二、匯票（一式三份已簽字背書）

BILL OF EXCHANGE　與商業發票一致

Draft NO. KN-649

FOR USD 115,046 小寫金額　　　　TAIPEI,TAIWAN MAY 22,20××

AT sight of this FIRST of Exchange (Second of same tenor and date being
見票即付
unpaid) Pay to the order of TAIWAN BANK 受款人，通常為押匯銀行

The sum of ONE HUNDRED FIFTEEN THOUSANDS AND FORTY-
大寫金額與小寫金額一致
SIX DOLLARS ONLY value received 信用狀號碼與開狀日期一致

Drawn under L/C NO. AP00127590NA2　dated MAY 11,20××

Issued by UNION BANK OF MELLON N.Y.

發票人簽字

TO UNION BANK OF MELLON N.Y.

AP CO.,LTD

付款人，通常為開狀銀行

Abbie chang

三、商業發票（一式三份並簽字）

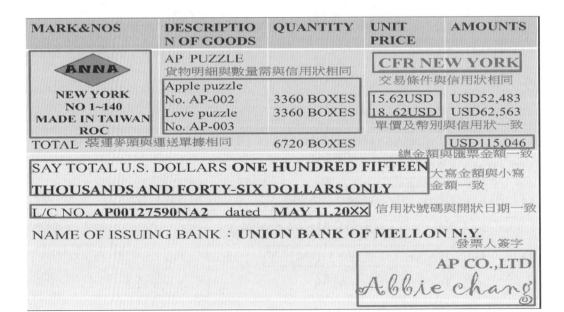

AP CO.,LTD

No.76,shanjiao Rd.,Dacun Township, Changhua County 515,Taiwan

TEL:+886-04-5946210   FAX：+886-04-5942210

COMMERCIAL INVOICE

簽發日期，宜與裝運日同一天

NO.**KN-649**品名及總數量與包裝單相同   DATE：**MAY 22,20××**

Invoice of **6,720 BOXES OF PUZZLE**

For Account and risk of Messrs. **AN CO.,LTD 26 West 104th St New York**

Shipped by **AP CO.,LTD No.76 Dacun Township, Changhua 515, Taiwan**

Sailing on or about **22-May-20××** Per **A.NEW YORK** 啟航日與船名
須與提單相同

From **TAICHUNG** To **NEW YORK** 裝運地與卸貨地，須與提單及信用狀相符

L/C No. **AP00127590NA2** dated **MAY 11,20××** 信用狀號碼與開狀日期一致

MARK&NOS	DESCRIPTION OF GOODS	QUANTITY	UNIT PRICE	AMOUNTS
ANNA NEW YORK NO 1~140 MADE IN TAIWAN ROC	AP PUZZLE 貨物明細與數量需與信用狀相同 Apple puzzle No. AP-002 Love puzzle No. AP-003	3360 BOXES 3360 BOXES	**CFR NEW YORK** 交易條件與信用狀相同 15.62USD 18. 62USD 單價及幣別與信用狀一致	USD52,483 USD62,563
TOTAL 裝運麥頭與運送單據相同		6720 BOXES		USD115,046

總金額與匯票金額一致

SAY TOTAL U.S. DOLLARS **ONE HUNDRED FIFTEEN THOUSANDS AND FORTY-SIX DOLLARS ONLY** 大寫金額與小寫金額一致

L/C NO. **AP00127590NA2** dated **MAY 11,20××** 信用狀號碼與開狀日期一致

NAME OF ISSUING BANK：**UNION BANK OF MELLON N.Y.**

發票人簽字

AP CO.,LTD

Abbie chang

四、包裝單（一式三份並簽字）

AP CO.,LTD
No.76,shanjiao Rd.,Dacun Township, Changhua County 515,Taiwan
TEL:+886-04-5946210　　　　FAX：+886-04-5942210

PACKING LIST

與商業發票一致

For invoice No. : **KN-649**　貨物總數及名稱與商業發票一致

與商業發票一致

Date : May 22,20

PACKING LIST of **6,720 BOXES OF PUZZLE**

For account and risk of Messrs. **AN CO.,LTD**

26 West 104th St New York

Shipped by **AP CO.,LTD**

Per **A.NEW YORK** 船名須與提單相同

Sailing on or about **22-May-20XX** 啟航日須與提單相同

Shipment From **TAICHUNG To NEW YORK** 裝運地與卸貨地
須與提單及信用狀相符

MARKS & NOS.

ANNA

NEW YORK
NO 1~140
MADE IN TAIWAN
ROC

裝運麥頭與
商業發票一致

Packing No.	DESCRIPTION OF GOODS	QUANTITY	N.W.	G.W.	M'ment
包裝件號應與提單及商業發票上相同	PUZZLE	貨物數量與提單及商業發票上相同			
1-70	Apple puzzle No. AP-002	@48 PCS 3360 PCS	@18.06Kg 1,264.2Kg	@19.11Kg 1,337.7Kg	@12.71CFT 889.7CFT
71-140	Love puzzle No. AP-003	@48 PCS 3360 PCS	@19.24Kg 1,346.8Kg	@19.43Kg 1,360.1Kg	@12.71CFT 889.7CFT
TOTAL : 140 CTNS		6720 PCS	2,611 KGS	2,697.8 KGS	1779.4CFT

貨物總毛重與運送單據上相同

SAY TOTAL U.S. DOLLARS **ONE HUNDRED FORTY CTNS ONLY**

總件數大寫

L/C NO. AP00127590NA2 dated **MAY 11,20XX** 信用狀號碼與開狀日期一致

NAME OF ISSUSING BANK : **UNION BANK OF MELLON N.Y.**

發貨人簽署，與商業發票相同

AP CO.,LTD

Abbie chang

五、海運提單（一式三份已背書）

並由船公司簽字

SHIPPER AP CO.,LTD No.76,shanjiao Rd.,Dacun Township, Changhua County 515,Taiwan(R.O.C) TEL:886-04-5946210　FAX：886-04-5942210	Document APN-652	Bill of landing number GINIFAB 26-4
CONSIGNEE To Order of shipper	GINIFAB CO.,LTD	
NOTIFY PARTY AN CO.,LTD 26 West 104th St. Central Park West, New York	No.210, Sec. 3,Taipei City 100, Taiwan TEL：0925-306607	
Place of Receipt TAICHUNG	Service Required ☑CY/CY　☐CFS/CY　☐CY/DRT ☐CY/CFS　☐CFS/CFS　☐CY/DOOR	
Vessel/voy, no. A.NEW YORK ｜ Port of loading TAICHUNG PORT	Freight to be	
Port of Discharge NEW YORK PORT ｜ Place of Delivery NEW YORK	☑Prepaid　☐Collect	

起卸港及船名與包裝單及商業發票上相同

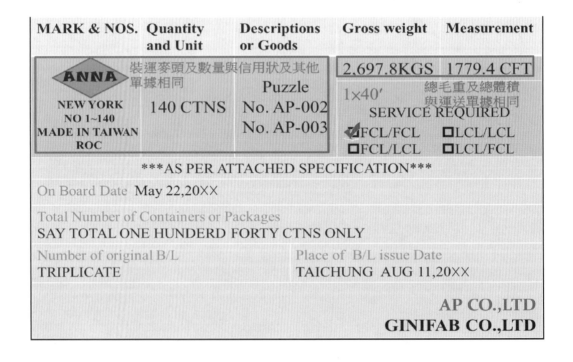

MARK & NOS.	Quantity and Unit	Descriptions or Goods	Gross weight	Measurement
ANNA NEW YORK NO 1~140 MADE IN TAIWAN ROC	裝運麥頭及數量與信用狀及其他單據相同 140 CTNS	Puzzle No. AP-002 No. AP-003	2,697.8KGS ｜ 1779.4 CFT 1×40′　總毛重及總體積與運送單據相同 SERVICE REQUIRED ☑FCL/FCL　☐LCL/LCL ☐FCL/LCL　☐LCL/FCL	

AS PER ATTACHED SPECIFICATION

On Board Date　May 22,20✕✕

Total Number of Containers or Packages
SAY TOTAL ONE HUNDERD FORTY CTNS ONLY

Number of original B/L TRIPLICATE	Place of B/L issue Date TAICHUNG　AUG 11,20✕✕

AP CO.,LTD
GINIFAB CO.,LTD

六、產地證明書（已背書）

CERTIFICATE OF ORIGN

(Issued in Taiwan)

ORIGINAL

Date：May 19,20✕✕   No.：549983

1.Exporter's Name and Address：

AP CO.,LTD

No.76,shanjiao Rd.,Dacun Township, Changhua County 515,Taiwan(R.O.C)

 TEL:886-04-5946210   FAX：886-04-5942210

2.Importer's Name and Address：

AN CO.,LTD

26 West 104th St. Central Park West, New York

TEL:212/932-1410   FAX:212/932-1460

3.Shipped on Board ：MAY 22,20✕✕	6.Port of Discharge：
4.Vessel/Flight No. ：A.NEW YORK	NEW YORK, USA
5.Port of Loading ：TAICHUNG,TAIWAN	7.Country of Destination：USA

8.Description of Goods：Packaging Marks and Numbers	9.Quantity/Unit
Apple puzzle No. AP-002　產品及數量 與運送單據相同	3360 boxes
Love puzzle No. AP-003	3360 boxes

This certificate shall be considered null and void in case of any alteration

Certification

SAY U.S. DOLLARS ONE HUNDRED FIFTEEN THOUSANDS AND FORTY-SIX DOLLARS ONLY

CHAMBER OF COMMERCE IN CHANGHWA

Chen Sen

No.11, Chengzhong N. St., Changhua City, Changhua County 500, Taiwan (R.O.C.)

TEL：+886-04-722-2601   FAX：+886-04-722-2460

心情點滴

　　這一週都是單據，每個都要搞清楚，尤其是「四大金剛」最重要，然後再加上信用狀上有註明需要的文件，其實全部加在一起會很容易搞混，所以必須要謹慎，而且每一項都要依據信用狀，代表信用狀是最最重要的，因此信用狀要看得懂，對我來說，信用狀最難的地方應該是英文吧!!不過做完這週，覺得自己收穫良多，學會了很多文件，感覺離貿易技術士又更進一步了，下週還要繼續努力!!

第十二週　輸出保險、外匯操作之匯兌

一、各國風險評級

國家		貿易風險評級	商務環境評級
	美國	A2↗	A1
	英國	A3	A1
	德國	A2↗	A1
	法國	A2↗	A1
	中國	A3	B
	韓國	A2	A2

國家		貿易風險評級	商務環境評級
	香港	A1	A2
	日本	A1↘	A1
	越南	C	C

級別	定義
A1	政治和經濟情勢非常良好。高品質的商業環境有利於企業的付款行為。平均企業欠款可能性極低。
A2	政治和經濟情勢較好。商業環境基本上穩定高效，但仍有改進空間。平均企業欠款可能性較低。
A3	政治和經濟情勢總體尚可，但有些不穩定，其變動可能影響企業付款行為。商業環境基本安全，但企業偶爾也會遭遇困境。平均企業欠款可能性尚可以接受。
A4	有些動盪的政治和經濟前景，以及相對不太穩定的商務環境會對企業付款行為造成不利影響。平均企業欠款可能性還可接受。
B	不穩定的政治和經濟情勢，以及時常困難的商業環境會對企業付款行為造成不利影響。企業欠款可能性已較明顯。
C	非常不穩定的政治和經濟前景，以及困難重重的商業環境會對企業付款行為造成嚴重負面影響。企業欠款可能性較高。
D	面臨極高風險的政治和經濟情勢，以及通常極為困難的商業環境會對企業付款行為造成極為嚴重的負面影響。企業欠款可能性極高。

二、信用評等

進口商信用評等	D/A	D/P
1	85%	90%
2	85%	90%
3	85%	90%
4	85%	90%
5	80%	85%
6	80%	85%

三、承保範圍

政治危險	輸出目的地政府變更法令或發生戰爭、天災等致貨物不能進口或不能匯兌等，造成貨款不能收回之損失。
信用危險	進口商不依約付款，不依約承兌或承兌到期不付款等所致損失。

四、輸出基本費率

%	A		B		C		D	
	D/A	D/P	D/A	D/P	D/A	D/P	D/A	D/P
30天	0.366	0.195	0.489	0.260	0.661	0.325	0.855	0.455
60天	0.461	0.241	0.616	0.322	0.769	0.402	1.076	0.564
90天	0.556	0.288	0.472	0.383	0.927	0.480	1.298	0.671
120天	0.651	0.335	0.849	0.446	1.085	0.557	1.518	0.779
150天	0.475	0.381	0.995	0.508	1.243	0.635	1.740	0.888

增減費率

按付款條件（D/P 或D/A）、保險期間長短、進口地區政治經濟情況等訂定基本費率。同時，為鼓勵出口廠商投保本保險，若同一出口廠商在同一年內投保之件數及保險金額累計達到一定標準，且該年度無賠案發生者，則其保險費率給予若干折扣。

僅投保政治危險者，按基本費率及多件折扣計算後之20%計收保險費。

貨物由第三國出口供應者，其保險費加收15%。

五、D/P 輸出風險

本公司收到來自美國ALEX公司的訂單，AP-005產品240盒、AP-009產品480盒，並要求要以D/P方式付款。

輸出保險資料	
貨物輸出金額	633,600 NTD
輸出保險條件	D/P，60天
進口商所屬國家	美國
國家等級	A2
進口商信用評等	3
商務環境評級	A1

1. D/P 付款交單流程圖

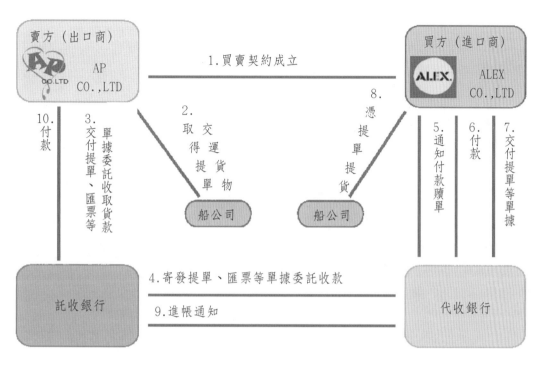

2. D/P輸出保險費用

承保金額	633,600NTD×90%=570,240NTD
基本費率	570,240NTD×0.241%=1,374.28NTD
保險費	1,374.28NTD×（1-20%）=1,099.424NTD

六、D/A 輸出風險

本公司收到來自韓國 Bongrim公司的訂單，AP-004產品240盒、AP-010產品480盒，並要求要以D/A方式付款。

輸出保險資料	
貨物輸出金額	252,000 NTD
輸出保險條件	D/A，90天
進口商所屬國家	韓國
國家等級	A2
進口商信用評等	2
商務環境評級	A2

1. D/A 承兌交單流程圖

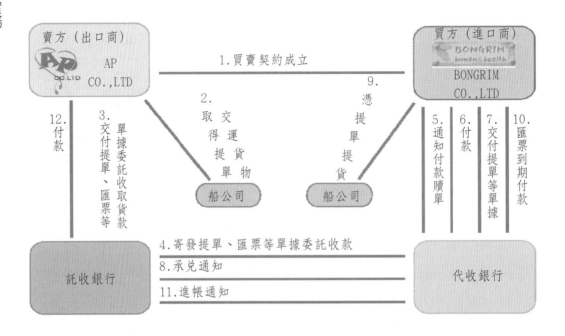

2. D/A輸出保險費用

承保金額	252,000NTD×85% = 214,200NTD
基本費率	214,200NTD×0.56% = 1,190.952NTD
保險費	1,190.952NTD×(1-20%) = 952.76NTD

七、交叉匯率表

發布時間：20××/5/25下午04:00:40

	美金	臺幣	日圓	港幣	人民幣	英鎊	歐元	加幣	澳幣	泰銖	紐幣
美金	-	29.626	79.690	7.763	6.344	0.638	0.799	1.029	1.024	31.680	1.327
臺幣	0.034	-	2.690	0.262	0.214	0.022	0.027	0.035	0.035	1.069	0.045
日圓	0.013	0.372	-	0.097	0.080	0.008	0.010	0.013	0.013	0.398	0.017
港幣	0.129	3.816	10.265	-	0.817	0.082	0.103	0.133	0.132	4.081	0.171
人民幣	0.158	4.670	12.561	1.224	-	0.101	0.126	0.162	0.161	4.994	0.209
英鎊	1.567	46.436	124.906	12.168	9.3944	-	1.252	1.613	1.605	49.655	2.080
歐元	1.252	37.079	99.737	9.716	7.940	0.798	-	1.288	1.282	39.650	1.661
加幣	0.972	28.791	77.444	7.544	6.165	0.620	0.775	-	0.995	30.787	1.290
澳幣	0.977	28.932	77.822	7.581	6.195	0.623	0.780	1.005	-	30.938	1.296
泰銖	0.032	0.935	2.515	0.245	0.200	0.020	0.025	0.032	0.032	-	0.042
紐幣	0.754	22.326	60.053	5.850	4.781	0.481	0.602	0.775	0.772	23.873	-

八、匯兌計算

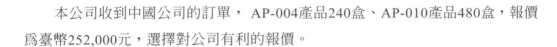

本公司收到中國公司的訂單，AP-004產品240盒、AP-010產品480盒，報價為臺幣252,000元，選擇對公司有利的報價。

➤以美金為主	
以臺幣換美金	252,000NTD×0.034=8,568USD
以美金換人民幣	8,568USD×6.344=54,355.39CNY
以臺幣換人民幣	252,000NTD×0.214=53,928CNY
價差	54,355.39CNY−53,928CNY=427.39CNY
➤以英鎊為主	
以臺幣換英鎊	252,000NTD×0.022=5,544USD
以英鎊換人民幣	5,544USD×6.344=55,129.53CNY
以臺幣換人民幣	252,000NTD×0.214=53,928CNY
價差	55,129.53CNY−53,928CNY=1,201.5CNY
➤以歐元為主	
以臺幣換歐元	252,000NTD×0.027=6,804USD
以歐元換人民幣	6,804USD×7.94=54,023.76CNY
以臺幣換人民幣	252,000NTD×0.214=53,928CNY
價差	54,023.76CNY−53,928CNY=95.76CNY
➤以日圓為主	
以臺幣換日圓	252,000NTD×2.690=677,880USD
以日圓換人民幣	677,880USD×0.08=54,230.4CNY
以臺幣換人民幣	252,000NTD×0.214=53,928CNY
價差	54,230.4CNY−53,928CNY=302.4CNY

由上可知，每個幣值對人民幣換算的結果，以目前的匯率以及基於利潤和資金運用，我們選擇歐元作為報價依據，因為歐元對我們而言價差最少，而且成本支出也相對較低。

九、外匯存款牌告利率

🏦 臺灣銀行　BANK OF TAIWAN　💻 掛牌時間：20××/05/27　　　　　實施日期：20××/05/03

幣別	活期（年息%）	定期存款（年息%）							
		7天	14天	21天	1個月	3個月	6個月	9個月	1年
🇺🇸 美金（USD）	0.050	0.150	0.150	0.150	0.200	0.400	0.450	0.650	0.800
🇺🇸 美金（USD）大額	–	0.150	0.150	0.150	0.250	0.450	0.500	0.700	0.850
🇭🇰 港幣（HKD）	0.010	0.020	0.020	0.020	0.050	0.100	0.150	0.200	0.300
🇬🇧 英鎊（GBP）	0.100	0.100	0.100	0.100	0.150	0.250	0.300	0.350	0.350
🇦🇺 澳幣（AUD）	1.050	2.050	2.100	2.200	2.600	2.700	2.800	2.850	2.900
🇨🇦 加拿大幣（CAD）	0.200	0.250	0.250	0.250	0.500	0.700	0.800	0.900	0.950
🇸🇬 新加坡幣（SGD）	0.050	0.106	0.100	0.100	0.100	0.150	0.200	0.300	0.300
🇨🇭 瑞士法郎（CHF）	0.010	0.020	0.020	0.020	0.050	0.050	0.100	0.150	0.150
🇯🇵 日圓（JPY）	0.020	0.050	0.050	0.050	0.100	0.150	0.150	0.150	0.150
🇿🇦 南非幣（ZAR）	0.500	1.900	1.900	1.900	3.600	3.600	3.300	3.300	3.300
🇸🇪 瑞典幣（SEK）	0.200	0.250	0.250	0.250	0.650	0.700	0.800	0.900	0.950
🇳🇿 紐元（NZD）	0.200	0.550	0.550	0.550	1.150	1.200	1.200	1.300	1.350
🇪🇺 歐元（EUR）	0.100	0.150	0.150	0.150	0.250	0.350	0.500	0.500	0.500

十、利息計算

本公司在5月27日有一筆633,600NTD的訂單賣到美國ALEX公司，經美元報價為21,389USD

外匯定期存款 1 年

利息為 21,389USD ×0.85% ×12/12 = 181.8USD

🖉心情點滴

　　這週的資料幾乎都要在網路上找，雖然一開始還找不太到，不過後來找到很多資料就覺得很有成就感。自從開始做貿易週記的作業，就開始培養出耐心，所以總是一點一滴的就完成了，雖然過程花很多的時間，但是用這些時間來換一輩子的知識是值得的。

第十三週　貿易損益、年度總檢討、貿易善後

一、貿易損益——交易紀錄

如能加入「空運」更佳！

輸出國家	輸出日期	型號	件數(CPS)	箱數(CTN)	貿易條件	保險種類	當期匯率	L/C金額
🇨🇳	April 8, 20××	AP-002	2,400	80	FOB	無	1CNY=4.615 NTD	414,831.05 CNY
		AP-003	480					
		AP-008	960					
🇺🇸	April 30, 20××	AP-002	480	33	CFR	無	1USD=29.555 NTD	29,278 USD
		AP-003	384					
		AP-008	720					
🇺🇸	May 3, 20××	AP-002	4,800	150	CIFC 5	A條款(10%)	1USD=29.52 NTD	249,488.24 USD
		AP-003	960					
		AP-008	1,440					
🇰🇷	May 27, 20××	AP-004	240	15	D/A FOB	輸出保險	1NTD=38.56 KRW	9,717,120 KRW
		AP-010	480					
🇨🇳	May 30 20××	AP-005	240	15	D/P FOB	輸出保險	1CNY=4.56 NTD	138,947.36 CNY
		AP-009	480					

二、公司每月開銷

	2月	3月	4月	5月
薪資	300,000	324,000	326,000	340,000
房租	60,000	80,000	80,000	80,000
水電費	2,200	3,600	4,000	5,200
網路費	666	666	666	666
廣告費	5,000	15,000	25,000	28,000
報章雜誌費	500	1,000	1,200	1,200
設備維修費	100	500	1,200	1,500
其他雜項支出	5,000	4,800	3,000	5,600
每月合計	373,466	429,566	441,066	462,166
總計	1,706,264NTD			

與之前預估比較

預估每月支出	實際每月支出
NT$426,566	平均NT$455,066

相差：455,066-426,566=28,500
表示實際支出比預估支出高了28,500元
由於最近油電雙漲，使得水電費的價格超出預估，
因此導致預估支出與實際支出有所出入。

三、出口成本

	4/8	4/30	5/3	5/27	5/30
貿易條件	FOB	CFR	CIFC5	D/A	D/P
國家					
件數（PCS）	38,400	1,584	7,200	720	720
報關費	255.61（+電放費）	269.94（+美國海關特別費）	269.94（+美國海關特別費）	255.61（+電放費）	255.61（+電放費）
押匯費	186.74	186.74	186.74	186.74	186.74
運費		950.4	1,413.69	432	432
保險費			133.93	952.76	1099.424
佣金			6,404.51		
每月合計	442.35	1,407.08	8,408.81	1,827.11	1,973.45
總計	14,059.12USD=421,210NTD				

四、總結算

銷貨收入	64,644.45×29.517+29,278×29.555+249,488.24×29.52+252,000+633,600 =8,440,711
銷貨成本	（2400×403+480×460+960×483）+（480×403+384×460＋720×483）+（4800×403+960×460+1440×483）+（240×1104+480×966）+（240×552+480×328）=5,459,600
銷貨毛利	8,440,711-5,459,600=2,981,111
營業費用	1,706,264
營業淨利	2,981,111-1,706,264=1,274,847

五、營業外匯差

	4/8	4/30	5/3	5/27	5/30
報價匯率	1CNY= 4.709NTD	1USD= 29.455NTD	1USD= 29.42NTD	1NTD= 38.99KRW	1CNY= 4.66NTD
金額	1,953,439.4	862,383.49	7,339,944	249,220.82	647,494.69
實質匯率	1CNY= 4.615NTD	1USD= 29.555NTD	1USD= 29.52NTD	1NTD= 38.56KRW	1CNY= 4.56NTD
金額	1,914,445.2	865,311.29	7,364,892.8	252,000	633,600
匯差	38,994.2	−2,927.8	−24,948.8	−2,779.18	13,894.69
匯差利得			22,233.11		

六、成本分析表

項目	小計	合計	百分比
銷貨收入	8,440,711		
銷貨成本	5,459,600		
銷貨毛利		2,981,111	
營業費用			
薪資	1,290,000		49.68%
房租	300,000		14.63%
水電費	15,000		0.85%
網路費	2,664		0.13%
廣告費	73,000		3.97%
報章雜誌費	3,900		0.20%
設備修理費	3,300		0.20%
其他雜項支出	18,400		0.83%
出口成本	421,210		16.22%
合計	2,127,474		
營業淨利		1,274,847	
營業外收入		22,233.11	
合計		1,297,080.1	

七、年度總檢討

董事長	雖然我們公司剛成立，但是到目前為止，我們的銷售數字也很亮眼，希望大家可以再多多努力。
總經理	我們公司才剛經營，許多方面還有需要改進的地方，而且我們這幾個月的銷售都不錯，希望能再擴大我們的銷售地區。

行銷業務經理	由於我們是新公司，知名度尚未打開，我們可以強力廣告，這樣可以吸引更多進口商合作。
財務長	我們的銷售數字還未穩定，首先要有固定客群，然後再發展新客源，之後提升我們的銷售量，這樣我們的利潤也能跟著提升，得到更好的報酬率。
研發品管經理	現在我們的產品品質已經穩定，可以研發適合大眾的商品，還有特殊產品，也可以考慮生產高價的贈品來吸引消費者。
營運企劃部經理	最近由於油電雙漲，因此我們的營業費用也有稍稍提升，希望我們可以節能減碳，達到省電又環保的空間。

改進方式

檢討事項	改進方式
公司剛成立，知名度不足	1.推出國際化的廣告，包含五種語言。 2.網路上的關鍵字搜尋顯示在前面。 3.主動寄公司簡介和目錄到各個國家。
原物料及油電皆上漲	1.原物料可以尋找較便宜的替代品。 2.公司員工節能減碳。
產品類型太少	1.尋找新的設計師和研究部門共同研發。 2.舉辦產品創新比賽。
員工積極度不夠	1.提出績效獎金。 2.舉辦員工團體競賽。
內包裝的設計太占空間	1.修改內包裝設計

九、貿易善後

1. 追蹤信給予對方

```
                                              NO.AP-678
                              DATE : JUNE 7,20XX
              AP CO.,LTD

Dear Mrs. Chang：
      You have not to order our products for a long time.  We
sincerely hope that you are interested in our products.
      For your reference. Enclosed the our new catalog. I hope
that time will be look forward to you, and received orders in the
future.
                          Marketing Manager    Annabel Hsu

    TEL : +886-04-5946210
    E-MAIL : ap_puzzle@hotmail.com.tw
    No.76,shanjiao Rd.,Dacun Township, Changhua County 515,Taiwan
```

2. 對方回信

NO. KM-443
DATE ： June 9,20XX

Dear Mrs. Hsu ：

Thanks for your letter and catalogs of 7 June. We have seen your catalog.

Your new products is feeling great, but we do not currently intend to sell this type of products. However, we believe that each other can still maintain a friendly relationship.

Sincerely yours,

ANNO CO.,LTD Purchasing Manger *Penny Chang*

3. 客戶抱怨信──客戶來信

NO. KJ-134
DATE ： June 9,20XX

Dear Mrs. Hsu ：

We ordered your products on 31 May that they would be delivered within one week. However, these were not received until this morning.

We have felt it necessary to make our feeling known since we cannot give reliable delivery dates to our customers unless we can count on undertakings given by our suppliers.

Sincerely yours,

ANNO CO.,LTD Purchasing Manger *Penny Chang*

4. 索賠信──客戶來信

NO. KJ-334
DATE ： June 10,20××

Dear Mrs. Hsu ：

We have received your product and noticed one of has been worn. However, when we took off the wrapping it was not surprising to find that the product itself was soiled.

We find it hard to understand why precautions could not be taken to prevent a repetition of the earlier damage. We hope that you will make us an allowance of 10% on the invoice cost.

Sincerely yours,

ANNO CO.,LTD Purchasing Manger *Penny Chang*

5 索賠信──公司回信

NO.AP-646
DATE ： JUNE 10,20××

AP CO.,LTD

Dear Mrs. Chang ：

We are sorry for the trouble and inconvenience this matter has caused you.

We can not accept to your this request that make you an allowance of 10% on the invoice cost. But the next time you ordered can have a discount.

Marketing Manager *Annabel Hsu*

TEL ： +886-04-5946210
E-MAIL ： ap_puzzle@hotmail.com.tw
No.76,shanjiao Rd.,Dacun Township, Changhua County 515,Taiwan

十、總代理契約

DISTRIBUTION AGREEMENT

This agreement is made between

ALEX CO.,LTD (Hereinafter referred to AP)

AP.,LTD (Hereinafter referred to ALEX)

Both parties have to this following:

a) Protected by the registered trade mark "logo";

b) Protected under the name "ALEX CO.,LTD"

c) Protected by formulated & approved composition as well as quality & quantity of the ingredients;

d) This agreement is valid for the following territory:

e) This agreement is referred as a Sole Distribution Agreement.

ALEX CO.,LTD that in consideration of the mutual covenants and terms hereinafter set forth on the part of each parties hereto to be observed and performed hereunder, the parties hereto agree with each other as following:

1. Definition

"Manufacturer"

Referred to AP .,LTD which has adequate manufacturing

facility to output a wide range of products complied with governmental regulation for

usage by professionals & consumers.

"Sole Importer"

Referred to a legal identity signing this agreement in the designated territory imports products of ALEX CO.,LTD solely for sales and distribution accomplished by stand

alone marketing team.

"Distributors or Representatives or Agents"

Referred to sales personnel or marketing & sales team of party "B" hired directly by

party "B" or associated with party "B".

"Designated Territory"

Referred to the place, province or country which importer carries out the business with products from AP .,LTD

"Products"

Referred to the entire line of products of AP .,LTD

2. Rights and duties of the Manufacturer

a) The manufacturer will endeavor to execute all orders placed by the importer without delay by maintaining and observing the well-known and generally prevailing superior standards of quality. Should there, however, be any reason for complaints, the manufacturer grants warranty according to the regulations set out by the Quebec civil law.

b) The manufacturer informs the importer continuously and timely about the range of merchandise available, the prices, as well as sales and delivery condition.

c) The manufacturer is compelled to protect the sole importation rights of party B and forward all requests coming directly to him from customers within the territory of the importer. Should the importer so wish, the manufacturer will give its own opinion on the matters concerned.

d) The manufacturer has sole responsibility if the products cause damage or injury to consumers as set out by the commercial law of Canada .

e) The manufacturer is obliged to provide ingredients or other relevant composition of the products so as to facilitate the importer to apply for import permit of the said territory by importer after signing this agreement.

3. Rights and obligations of the Importer

a) The importer buys and sells the manufacturer's products in name of his own as an independent business identity or person. In particular, the importer does not hold the position of a mercantile agent.

b) By signing this agreement, the importer agrees not to sell or distribute any product in competition directly with the manufacturer's products; the importer is not permitted to produce or alter any such product described above.

c) The importer has the rights to choose his ways of advertising and selling the products of manufacturer as long as it is accordance with the general outlines herein, namely:

1. As far as the use of advertising in the territory, the importer has to use in his advertising the unchanged trade names and trademarks owned by the manufacturer.

2. In general, the cost of advertising and sales in the territory are borne by the importer.

3. The importer has to register the trade name/mark/logo of ALEX CO.,LTD in granted territories to protect the distribution rights of AP .,LTD & importer himself in the said territory according to the local laws.

♥心情點滴

　　做到這裡感覺就好像完成了一間公司的營運，看著自己從第一週到現在已經學會很多受用無窮的東西，尤其這週很像在回顧一樣，要回到剛開始預計費用那週，突然覺得那是在很久之前做的了，原來我已經不知不覺做了這麼多頁了，感覺真有成就感。

第十四週　進口

一、PROFORMA INVOICE

ALEX CO.,LTD　　26 West 104th St. Central Park West, New York
TEL:212/932-1410　FAX:212/932-1460 E-MAIL:Alexworld@hot.mail.com

PROFORMA INVOICE

Messrs. : AP CO.,LTD

　　No.76,shanjiao Rd.,Dacun Township, Changhua County 515,Taiwan
　　TEL:+886-04-5946210　FAX : +886-04-5942210

DATE:JUNE 10,20XX
NO.GS783

ATTN : MS. ANNABEL HSU
TERMS : CFR TAICHUNG, TAIWAN
MADE IN U.S.A
SHIPMENT : BY JUNE 20, 20XX
PAYMENT : By irrevo. L/C at sight in our favor.
PACKING : By standard export carton with sea worth.

Article No.	Description	U/P	Quantity	Amount
ALW-814	3D PUZZLE	US$32.09	1,000PCS	USD 32,900
ALN-648	Fluorescent	US$18.3	2,400PCS	USD 43,920
TOTAL			3,400PCS	USD 76,820

SAY TOTAL U.S. DOLLARS SEVENTY SIX THOUSDANAD AND EIGHT HUNDRED TWENTY ONLY.

Accepted by :

ALEX CO.,LTD

RANDY JONNY

Advising bank : KGM BANK 79 West 13th St. Central Park West, New York
SWIFT ADDRESS : DLEINJV
TELEX : 34467 KGM BANK
NAME OF A/C : ALEX CO.,LTD A/C NO. : 7346789962

二、輸入許可證申請書

Applicant			Seller		
AP CO.,LTD No.76,shanjiao Rd.,Dacun Township, Changhua County 515,Taiwan TEL:+886-04-5946210 FAX：+886-04-5942210			ALEX CO.,LTD 26 West 104th St. Central Park West, New York TEL:212/932-1410　FAX:212/932-1460		
Country of origin　**U.S.A**			Import Permit No.FHE645		
Shipping Port　**NEW YORK PORT**			Issue Date　JUNE 10,20XX		
Required Document Ref.　No.376FA5			Expiration Date　JULY 10,20XX		
Approving Agency： Export Processing Zone Administration, Ministry of Economic Affairs			Signature		
Item	Description of Commodities Spec. and Brand or Maker ,etc.	C.C.C. Code	Q'ty & Unit	Unit Price	Terms
001	**3D PUZZLE Article NO. ALW-814 Package No.：1~50 CTNS**	354134674	1,000PCS	US$32.09	**CFR TAICHUNG USD 76,820**
002	**Fluorescent Article NO. ALN-648 Package No.：51~170 CTNS**		2,400PCS	US$18.3	

三、開發信用狀申請書

中國信託商業銀行
Chinatrust Commercial Bank, Ltd.

DATE ： JUNE 10,20XX

L/C NO.USH434

ADVISING BANK		APPLICANT		
KGM BANK 79 West 13th St. Central Park West, New York TEL:212/932-1423 FAX:212/932-1414		AP CO.,LTD No.76,shanjiao Rd.,Dacun Township, Changhua County 515,Taiwan TEL:+886-04-5946210 FAX：+886-04-5942210		
BENEFIARY ALEX CO.,LTD 26 West 104th St. Central Park West, New York TEL:212/932-1410　FAX:212/932-1460		AMOUNT **USD 76,820**		ALLOWANCE
		EXPIRY DATE **OCT 10,20XX**		EXPIRY PLACE
AVAILABLE BY ☑NEGOTIATION	☐ACCEPTANCE ☑PAYMENT	☐DEFERRED PAYMENT		
DAFTS AT ☑SIGHT	☐AT　DAY ☐AFTER	☐FROM	☐SIGHT/	
☐SHIPMENT DATE ☐OTHERS				
SHIPMENT FROM **NEW YORK** TO **TAICHUNG**	PARTIAL SHIPMENTS ☐ALLOWED ☑PROHIBITED			
LATEST SHIPMENT DATRADE	TRANSHIMENT ☐ALLOWED ☑PROHIBITED			
DATRADE TERM	☐ FOB☐ FCA☑ CFR☐ CIP	DOCUMENT TO BE PRESENTED	☐WITHIN ☐BEYOND	
	☐ EXWORKS ☐ OTHERS	10 DAYS AFTER THE DATE OF SHIPMENT BUT WITHIN THE VALIDITY OF THIS CREDIT		

AGAINST THE STIPULATED DOCUMENTS DETAIL HEREIN

☐SIGNED COMMERCIAL INVOICE IN 3 COPIES INDICATING THIS AND

☑PACKING LIST IN 3 COPTES

☑FULL SET 2/3 SET OF CLEAN "ON BOARD" BILLS OF LADING MADE OUT

☐TO THE ORDER OF CHINATRUST COMMERCIAL BANK LTD

☐TO ORDER AND BLANK ENDORSED,NOTIFY APPLICANT,MARKED

☑"FREIGHT COLLECT"	☐"FREIGHT PREPAID" INDICATING THIS CREDIT NUMBER

☐CLEAN AIR	☐CLEAN AIR	SEA WAYBILLS CONSIGNED TO CHINATRUST COMMERCIAL

☐"FREIGHT COLLECT"	☑"FREIGHT PREPAID" INDICATING THIS CREDIT NUMBER.

☐INSURANCE POLICY OR CERTIFICATE IN DUPLICATE,ENDORSED IN BLANK FOR NOT LESS THAN 110% INVOICE VALUE,STIPULATING THAT CLAIMS ARE PAYABLE AT DESTINATION IN THE SAME CURRENCY OF THE DRAFTS COVERING

☐ A	☐ B	☐ C	☐ D	☐ INSTITUTE WAR CLAUSES

☐INSURANCE IS TO BE EFFECTED BY BUYER.

☐BENEFICIARY'S STATEMENT CERTIFYING THAT THEY HAVE FORWARDED

☑ONE SET OF NON-NEGOTIATION DOCUMENTS

☐1/3 ORIGINAL BILLS OF LADING AND ONE SET OF NON-NEGOTIABLE DOCUMENTS DIRECTLY TO THE APPLICANT

ADDITIONAL CONDITUON

☑ALL BANKING CHARGES EXCEPT L/C OPENING CHARGES ARE FOR

☐APPLICANT'S	☑BENEFICIARY'S ACCOUNT

☐ACCEPTANCE COMMISSIONS ARE FOR	☐APPLICANT'S	☐BENEFICIARY'S ACCOUNT

☐CONFIRM.OR	☐MAY ADD CONFIRMATUON, CHARGES ARE	☐APPLICANT'S ACCOUNT

☐PLEASE DEBIT L/C OPENING COMMISSION, OTHER CHARGES AND MARGIN TO MY/OUR

☐USD A/C NO.	☑NTD A/C NO.	☐OTHERS

第2章 貿易週記 (二) 虛擬公司：愛拼股份有限公司

四、信用狀修改書

MEGA INTERNATIONAL COMMERCIAL BANK OF CHINA

[*20] Credit No.00250CRI09210   [30] Date of Amendment: JUNE 17

[*21] Advising Bank Ref. No.( )Unknown (X)

[31C] Date of issue of the Credit: JUNE 17

[59] Beneficiary: ALEX CO.,LTD.

    Advising Bank: KGM BANK

Please amend following by AIRMAIL:

          CABLE

Alteration to be made:

[33E] NEW date of expiry:_____.

[32B] Increase of documentary credit amount:_____.

[33B] Decrease of documentary credit amount:_____.

[34B] New documentary credit amount after amendment: _____.

[44A] Port of loading/Despatch from_____.

[44B] Port of discharge/Destination to Taichung Port Taiwan .

[44C] Latest date of shipment_____.

手續費收入	600 NTD
郵電費收入	800 NTD
臺灣銀行	1400 NTD

五、進口結匯證實書

臺灣銀行

☑進口結匯證實書
☐交易憑證

進口廠商英文名稱:		廠商統一編號: 234242	
ALEX CO.,LTD			

信用狀金額/匯票金額	信用狀號碼/進口託收號碼	輸入許可證號碼	本日繳付金額
USD 76,820	No. USH434	NO.FHE645	NTD$ 2,299,700

繳款方式	☐外匯存款	☐外幣現鈔	☑其他
	新臺幣結購 匯率:	折合新臺幣:NTD$ 2,299,700	

六、運輸險要保書

Please issue the policy (ies) subject to the following: Date 20XX.06.10

Name of Assured   AP CO.,LTD

Beneficiary   AP CO.,LTD

Invoice Value   USD 76,820   Amount Insured   USD 2,501.4

Cargo marks & Nos.

Claim (if any) payable at
No.76,shanjiao Rd.,Dacun Township,
Changhua County 515,Taiwan

AP
CO.LTD
TAIWAN
NO 1-UP
MADE IN U.S.A

Quantity   3,600   L/C NO.USH434

Packing   20 units in a case   I/L No.FHE645

Name of Conveyance   NIAN RICKMERS   S4569

Voyage From MARSEILLES PORT To TAICHUNGPORT TAIWAN

Sailing Date: on/about 06/16,20XX

Terms & Conditions   ALL Risks   W.A   FPA   War,Srcc

Warranted shipped under deck unless otherwise specified.
USD$ 23.13
USD$ 956.55   Signature of Applicant
                                    AP CO.,LTD

Annabel Hsu

No.76,shanjiao Rd.,Dacun Township, Changhua County 515,Taiwan
TEL:+886-04-5946210   FAX : +886-04-5942210

Rate		Premium: USD 2,501.4	Examined by	Agents
	M 0.1%			
	Total		JANNY SHU	POLLY LI
29.936	0.1%	Policy No.SC324458		

七、小提單

NO.971234		
B/L NO.Wh064548		DATE 20XX.06.21
To Chief Clerk C.F.S./C.Y		
Upon endorsement and payment of all charges please deliver the undermentioned goods.		
NIAN RICKMERS　S4569	Arrived at TAICHUNG	on　20XX.06.21
From MARSEILLES	to the order of Messrs. AP CO.,LTD	
Place of delivery　*TAICHUNG		

PARTICULARS FURNISHED BY SHIPPER

Mark & Nos.	Quantity	Description of Pkgs. And goods
AP CO.LTD TAIWAN NO 1-UP MADE IN U.S.A	1,000PCS 2,400PCS	3D PUZZLE Article NO. ALW-814 Fluorescent Article NO. ALN-648
Total No.Containere or Pkgs. or Pieces	USD 76,820	Container No (s.) RF2434367

八、進口報單

類別代號及名稱			聯別		共1頁	收單
					第1頁	
報單（收單關別轉自關別民國年度船或關代號艙單或收續號）號碼 (8) AE//97/1234/0002					理單編號 022545	
報關人 名稱、簽章 郭小豬	負責人員 姓名、簽章 林司蓉	統一編號1354346 海關監管編號H564		進口日期 N年6月21日	報關日期 N年6月16日	
		納稅義務人　名稱地址 張好笑		離岸價格 FOB value	幣別　金額	
				運費	NTS　500	
				保險費	NTS　600	
起運口岸及代碼445		NIAN RICK MERS S4569		出口日期 20XX年6月21日	外幣匯率 29.936	

項次	貨物名稱、牌名、規格	輸入許可證號碼商品標準分類號別稅則號別	單條件幣別價金額	完稅價格數量	進從價口稅重量率
1	3D PUZZLE	No.FHE645	US$32.09	53.541USD	5%
2	Fluorescent		US$18.3	34.16USD	

總件數	單位	總毛重(公斤)	海關簽注事項			
				收單件檔補償	核發稅單	商港建設費0.4% 2,290
						貨物稅 0
				分估計稅銷證	稅款登錄	營業稅5% 150,000
						進口稅（5%）27,258
						稅費合計 179,548
3,600件	180箱	3,200KG		分估複合	放行	滯報費 1,000
						營業稅稅基
				通關方式	查驗方式	滯稅金（日）

九、進口價格

項目	摘要	小計	合計
進口貨價	產品價錢	76,820USD	2,299,700NTD
進口稅捐	進口貨價*6%	1,901.17NTD	2,301,601.NTD
貨物稅	不需要貨物稅	0 NTD	2,301,601.1NTD
滯報費	公司場地整修5日未報關，一日以200元計算。	1,000NTD	2,302,601.1NTD
卸貨費用		3,000NTD	2,305,601.1NTD
商港建設費		0 NTD	2,305,601.1NTD
銀行費用	郵電費1,000，代理手續費210	1,210NTD	2,306,811.1NTD
內陸費用		2,000NTD	2,308,811.1NTD
營業稅捐	營業稅捐5%	150,000NTD	2,458,811.1NTD
各項稅捐		0 NTD	2,458,811.1NTD
貿易推廣費	0.0415%	238NTD	2,459,049.1NTD
預計利潤	預計利潤10%	60,000NTD	2,519,049.1NTD
國內批發單價	650		

進口貨物稅類別及稅率

種類	次分類	稅率／稅額
車輛類	小客車（汽缸排氣量2,000cc以下者）	25%
	小客車（汽缸排氣量2,001cc以上者）	30%
	貨車、大客車及其他車輛	15%
	機車	17%
橡膠輪胎		10%-15%
飲料品	稀釋天然果蔬汁	8%
	其他飲料品	15%
平板玻璃		10%
電器類	電冰箱	13%
	彩色電視機	13%
	冷暖氣機	20%
	中央系統型冷暖氣機	15%
	除溼機	15%
	錄影機	13%
	電唱機	10%
	錄音機	10%
	音響組合	10%
	電烤箱	15%
水泥		各類水泥最高每公噸徵收新臺幣196元至600元
油氣類		液化石油氣每公噸徵收新臺幣690元；其他油品每公秉徵收新臺幣110元至6,830元。

♥心情點滴

　　雖然這是最後一週了，但是做起來並不輕鬆，感覺只是由出口商變成進口商，但是有很多的單據要做，也必須從進口商的角度來考慮，不過進口比起出口是要簡單多了，想想前面十幾週都是出口的，現在只要一週就能做完進口，雖然有些困難，但是總算完成了。

🖊學期總心得

　　經過了一個學期，一份精彩的作業終於完成了，其實一開始真是有點害怕這份作業，因為看了很多的範列，每個PPT的頁數都是好幾百頁，尤其我們又是一個人一組，因此根本不能找人討論（老師也允許二人一組），很多東西都是要靠自己完成，感覺有點困難。不過我從一開始的懵懵懂懂，到現在已經可以瞭若指掌，而且也因為這份作業，我終於了解了一些單據的製作，因此在國貿大會考及貿易技術士時才能輕鬆拿到證照。雖然我還有一些地方需要再加強，不過看完我費盡心力完成的成品，心裡真的是非常喜悅，原來作業不是在於你交出去的是什麼，而是你在做作業的過程是用什麼心態去完成的，這期間的過程才是再高分數也替代不了的。

第 **3** 章

實際校外參訪實況

第一站：參觀績優外銷廠商——正新輪胎公司

　　大葉大學國際企管系師生，一早由陳所長及莊銘國教授帶領抵達正新公司，受到該公司總經理陳榮華及全體員工的歡迎。總經理陳榮華在簡報時指出，正新公司創立於民國五十六年，目前員工有九千七百多人，自行車胎、機車胎、農工用車胎產量世界第一，卡汽車輪胎產量臺灣第一，世界排名第十二名，外銷超過一百零六個國家。踏入正新明亮整潔的會議廳，陳總經理以一連串精采的廣告影片，帶我們進入已50歲的正新，就像許多臺灣傳統產業，以替國際大廠代工為主。1986年，正新在美國設立瑪吉斯國際（Maxxis International），開始走出不同於傳統產業的路，在原有的「正新輪胎」外（第一代羅結董事長創立的品牌），嘗試用這個高階品牌打入美國。這是當時以代工見長的臺灣企業少有的作為，然而，正新總經理陳榮華卻獨樹一格，預見國際品牌的重要性。

　　推出的Maxxis品牌，在國際F1賽車、越野車大賽和NBA球場上，都占據搶眼的廣告位置，也為自己爭取到比代工高十倍的售價，並成為這次臺灣國際品牌前十大中，最令人訝異的黑馬。形象酷炫又帥氣的瑪吉斯，是美國運動型車輛市場最佳代言人。但很少人知道，這個如此年輕、愛好冒險又美國化的品牌，竟是來自臺灣彰化的鄉下。瑪吉斯的母公司，正是臺灣的「正新橡膠」。

　　總經理陳榮華表示，「做代工不是長久之計」，無奈於代工廠商只能被動接受客戶砍價，能賺的利潤愈來愈低，「客戶來不是來Say Hello，而是來Sharpen Your Pencil（殺價）。」加上同業無止境的低價割喉，製造業就像坐電梯下樓一樣，代工的利潤只有被壓縮的份，完全沒有發展空間，最後可能就掉進「死亡螺旋（Death Spiral）」，永無翻身之地。「為什麼不換個方向，讓製造商與客戶一起上樓？」陳榮華思考不一樣的「電梯理論」，因為做品牌利潤有無限上升的可能，為了將市場一網打盡，正新有高、中、低三種價位品牌；以高階「瑪吉斯輪胎」與中階的「正新輪胎」為例，訴求高級品牌的瑪吉斯，賣價可以整整高過正新輪胎十倍。

　　在陳總經理的品牌版圖裡，要國際化就要先打入美國。「不可能在美國叫正新（Cheng-Shin），發音困難不好記。」他想出Maxxis這個美國味道的名字，又因為市場區隔定位在年輕、愛冒險的運動族，所以廣告絕對不能少了波霸辣妹跟帥靚的賽車。大量贊助運動賽事，是瑪吉斯另一個重要策略。從美國

職籃NBA到各種世界級越野賽事，都看得到瑪吉斯的橘色招牌。把錢花在刀口上，讓邊際效益達到最大，是他的目標，他要求把贊助照片做成海報分送客戶、以世界首席越野車手爲輪胎命名做宣傳，還要求行銷團隊設計各種周邊精品。有趣的是，瑪吉斯還在臺北成立電腦遊戲公司，負責研發賽車遊戲，並在電動裡大量運用瑪吉斯商標，讓玩家可以透過「換輪胎」，體驗不同的速度快感。

　　隨後廠內參觀該公司的創新研發室、分析實驗室、品質教室及MTS實驗室時，對於各式各樣大小輪胎及該公司開發的瑪吉斯科技都甚感好奇，同學們很仔細的聽取簡報員說明各種輪胎的開發案，還不時詢問產銷問題，看到一個大型輪胎時，哇！造價60,000元的防爆胎，好貴啊！另還在該公司展示間看見陳總統在瑪吉斯第一號紀念車上的簽名留念。在充實又緊湊的2個小時參訪行程中獲益良多。

圖3-1　正新公司陳總經理親自招待並解說

臺灣首度選拔十大國際品牌：

1. 趨勢科技TrendMicro　　　2. 華碩電腦ASUS　　　　3. 宏碁Acer

4. 康師傅Master Kong　　　 5. 正新輪胎MAXXIS　　　 6. 巨大機械GIANT

7. 明基電通BenQ　　　　　　8. 合勤科技ZyXEL　　　　9. 聯強國際Synnex

10.威盛電子VIA

圖3-2 參觀樣品室

圖3-3 榮登臺灣十大國際品牌

圖3-4　產品研發中心

第二站：參觀績優貿易公司——羿冠貿易公司

　　羿冠貿易公司是以出口衛浴五金及建材五金爲主之貿易公司，主力市場在中東，承總經理董振仁熱烈接待，並做以下說明：

　　現今的國際貿易，尤其處於在當今微利時代的來臨，十倍速變革的衝擊、電子商務資訊之發達，如再依過去傳統式的貿易，恐不會再有那麼多幸運可以成功的。

　　記得三十年前，提著一只手提箱出國接生意時，只要一到下榻的飯店，客人會自動到飯店要求接見依序談生意。那時買方只有接受合理的價格，無殺價的空間，買方尚且央求先出貨給他；不到幾年間，情況完全改變。現在出國談生意，必須先跟客人約時間，敲定好時間才可以去談，好像去面試的感覺。而且去的時候才知道客人桌上已擺了一疊不只來自臺灣，而是全球各國之P/I（買賣契約）、報價單在候選，P/I不知要殺價修改幾次才會搞定，利潤微薄可想而知，如經營管理不善，有時是賠了夫人又折兵，現今的貿易業的確不容易生存，真是十年河西、十年河東。

　　然而現在的貿易組織形態亦隨著時代在變形，貿易已不再是單純佣金的賺取，而是趨向於一種「虛擬型組織」，即貿易公司不一定有自己的工廠，而是委外包工（委託某工廠承製），自己掌握行銷、R&D（研發），才能創造更多

附加價值的利潤。例如，NIKE鞋子，即是營運總部在美國中部一州，自己沒有工廠，但在世界各地卻有相當多的配合供應商，提供他龐大的行銷網，賺取相當高的利潤。NIKE將企業功能——銷、發、「產」、人、財之「生產」單位移出委外包工。很多人還是很難相信，他們很喜愛又貴的鞋子，不是由自己本身的工廠製造出來的。這就是虛擬組織形態，有別於傳統式的企業經營管理模式（1.簡單扁平組織；2.官僚式組織；3.矩陣式組織）。即產銷合作，充分運用「企業功能」與「管理功能」開拓市場、共創雙贏。

中國大陸已是公認「世界級的工廠」，臺灣四面環海，內部資源有限，已非過去靠勞力密集生產，賴以低廉工資的OEM（代工）可生存的。臺灣有非常高的教育水準，正是充分發揮人力資源時代的來臨，不只是高科技業；傳統產業更應全面性注重企業功能中的「銷」與「發」（行銷與研發），再配合管理功能（計畫、組織、用人、領導、控制），充分運用新科技之電子資訊管理。才能立足臺灣，放眼天下，變革臺灣成為一個以「服務管理業」為主導之亞太營運中心，生活品質才能提升。否則，換湯不換藥，經常異地靠低廉工資求生存，只會更勞累。也不能解決臺灣目前高教育人力資源上所面臨的失業，久而久之更會深感空洞化、蠟燭燒盡、前景黯淡。如何有效地管理、運用、面對「知識經濟時代」的來臨，才能永遠領先對方（手）一步，迎接不被打敗的未來。

附錄　傳統國際貿易實務

1.如何開拓國外市場；2.市場推廣；3.國際貿易流程；4.出口報價；5.國貿訂約技巧；6.海空運實務；7.貨物運輸保險；8.信用狀；9.輸出保險；10.貿易融資；11.徵信；12.OBV操作；13.外匯市場；14.國外參展；15.貿易糾紛；16.貿易條件；17.三角貿易……。

進階國際貿易經營

1.進出口財務成本控管；2.融資避險；3.國貿財務工程；4.損益分析；5.行銷考量；6.金融操作創造商機；7.匯率預測因應；8.擔保信用狀；9.以貨易貨；10.發貨倉庫；11.整廠輸出；12.物流中心；13.海外投資；14.轉口貿易；15.電子商務……。

圖3-5 公司的正門

圖3-6 公司的櫃檯

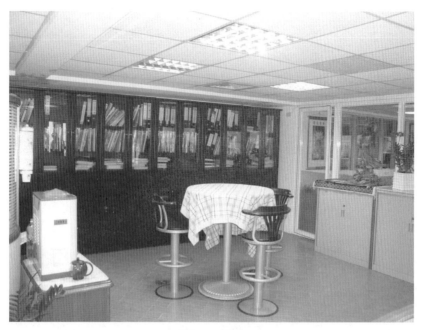

圖3-7　檔案

圖3-8　會議討論

圖3-9　樣品室

圖3-10　董事長室

圖3-11　營業部

圖3-12　出貨部及會計室

心情點滴

　　實際參觀過貿易公司以後，我們了解到貿易公司的作業流程，公司的負責人也很熱心的為我們解說，在課堂上學到的東西也一一得到了驗證，公司的負責人還告訴我們現在正缺乏國貿的人才，聽到這裡，大家都一副要更加努力的樣子，期望有一天我們也可以成為優秀的國貿人才。

第三站：參觀海關

　　海關是國家國門，負責通關事宜、徵收關稅、緝私等，出口通關流程是從收單、驗貨、分估到放行，而進口在分估與放行間加上徵稅、實地參觀後，並給予我們進出口通關程序圖，茲附列如圖3-13、3-14。

通關程序	1. 收單建檔	2. 查驗貨物	3. 估價分類	4. 簽放報單及打印	5. 比對核查	6. 核銷出口艙單	7. 繳納建設商港費證發	8. 報單副本之核發
經辦單位	資料股 驗估課	驗貨課	驗估課股 估價課	第1.2.股 業務課	業務課	業務課	業務課	簽證課
海關辦理事項	一、審核報單內容。 二、查閱報單文件如：…裝貨單、輸出許可證、裝箱單、委任書、進倉單等是否齊全。 三、加蓋經辦收單關員職名章及在報關人留存報單副本加蓋出口收單章戳。 四、報單建檔、電腦自動審核報單內容，若有不合即退回報關人補正。 五、依抽驗結果應驗報單送查驗，免驗報單選送估股。	一、派驗關員會同報關人前往貨物存放處所查驗。 二、驗貨關員在出口報單批註應驗件數及注意事項並派交驗貨關員	一、受理信譽良好廠商申請免驗案件。 二、出口貨物申報不符，用料清表內容含混不明或有溢沖退進口稅捐之嫌的出口報單，再抽送驗。 三、出口貨物稅則分類之核定。 四、出口貨物建設費之核定。 五、出口商港建設費之核定。 六、經查驗之出口報單審核是否確屬准許出口類之免簽發許可證貨品之	一、複核出口報單、輸出許可證與裝箱單上之記載是否相符，單證是否 二、經審核無訛後，在出口報單、裝貨單及各項單證上簽署，以示准予放行。 三、將報單送打印檔加蓋放印及驗訖放行。 四、打印放行後，將裝貨單及輸出許可證四、五聯發還報關人。	一、複核報單內容與收單建檔資料，若有不合即交放行主管關員依規定處理。 二、用端末機作放行後補檔。	一、用端末機作放行及核銷出口艙單及審核統計資料。 二、定時列印未結報單清表供即時追蹤處理。	一、用電腦列印出口商港建設費繳納證，並加蓋核發關員職章。 二、將繳納證投入報單行候單箱。	一、核對報關人所送報單副本所載事項是否與出口報單相符。 二、核符後加蓋核對人印章及關防公告、投箱、發交核發關人。 三、本則送理單股歸檔。經整理、謄抄並將查核用出口報單副本分送有關單位：出口報單正
報關人應辦理及注意事項	一、繕打出口報單。 二、檢附應備文件依照規定順序、裝訂於海關規定收單時間內投單報關。 三、報單之船號、下個單號數、廠商營利事業統一編號、報關行箱號、出口報單所專責人員編號、FOB價等欄位應按規定正確申報。 四、出口報單所申報之貨名如有多種應依統計號列分列其重量、數量與價值。	一、會同驗貨關員查驗貨物並負責貨物之折包及恢復原狀。 二、必要時提供型錄說明書等資料。	一、貨名應以中英文明確申報。 二、稅則號別欄應按中華民國海關進口稅則所列號別明確申報。 三、貨品單位應依中華民國海關進口稅則所列單位填報。 四、各項貨物之數量（統計用）重量及離岸價格應依稅則號別及CC號別分列。 五、隨時答覆或提供海關分類估價人員所提出之問題或所需資料。	領取放行裝貨單及輸出許可證第四、五聯等文件。			向指定銀行繳納。至候單箱取回繳納證轉交貨物輸出人，於繳納證簽發之日起十四日內	符。報關人依照規定格式，一次套打或油印，所載事項必須與出口報單相

圖3-13　一般出口貨物通關程序圖

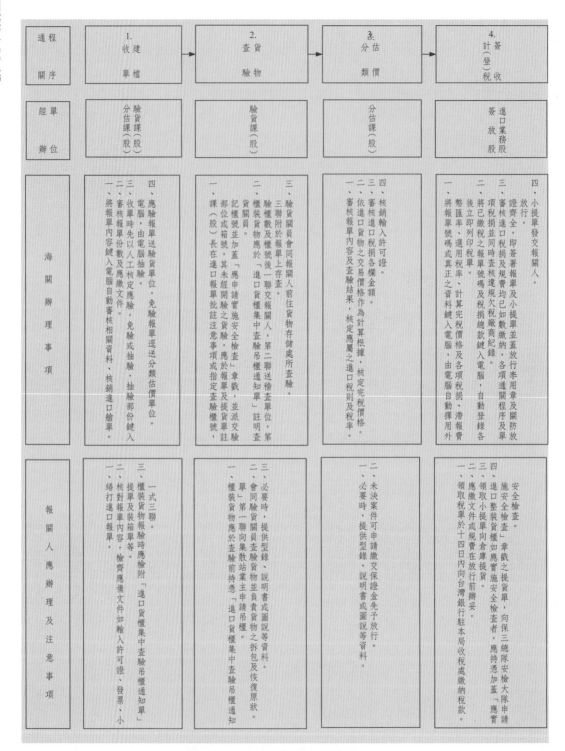

通關程序	1. 收單建檔	2. 查驗貨物	3. 分估類價	4. 簽收計(登)稅
經辦單位	驗貨課(股)分估課(股)	驗貨課(股)	分估課(股)	進口業務股放行
海關辦理事項	一、將報單內容鍵入電腦自動審核相關資料、核銷進口艙單。 二、審核報單份數及應繳文件。 三、收單時先以人工核定應驗、免驗或抽驗，抽驗部份鍵入電腦，由電腦抽驗。 四、應驗報單送驗貨單位，免驗報單逐送分類估價單位。	一、驗貨關員會同報關人前往貨物存儲處所查驗。 二、櫃裝貨物應於「進口貨櫃集中查驗吊櫃通知單」註明查驗櫃號並加蓋「應申請實施安全檢查」章戳，並派交驗貨關員。 三、驗貨關員會同報關人，第二聯送檢查單位，第三聯附於報單上存查。 課（股）長在進口報單批註注意事項，應於報單及提貨單註記櫃號或箱號，其未經開驗之貨櫃	一、審核報單內容及查驗結果，核定應屬之進口稅則及稅率。 二、依進口貨物之交易價格作為計算根據，核定完稅價格。 三、核銷進口貨捐各欄金額。 四、核銷輸入許可證。	一、將報單號碼或真正之資料鍵入電腦，由電腦自動擇用外幣匯率、選用稅率、計算稅捐、各項稅捐、滯報費等 二、將已繳納之報單號碼及稅捐總繳款鍵入電腦，自動登錄各後立即列印稅單。 三、審核進口稅捐及規費均已如數繳納，各項通關程序及單項稅捐並同時查核進規欠稅廠商紀錄。 四、小提單發交報關人。
報關人應辦理及注意事項	一、繕打進口報單。 二、核對報單內容，檢齊應備文件如輸入許可證、發票、小提單及裝箱單等。 三、櫃裝貨物報驗時應檢附「進口貨櫃集中查驗吊櫃通知單」一式三聯。	一、櫃裝貨物應於查驗前持憑「進口貨櫃集中查驗吊櫃通知單」第一聯向集散站業主申請吊櫃。 二、會同驗貨關員查驗貨物並負責貨櫃之拆包及恢復原狀。 三、必要時，提供型錄、說明書或圖說等資料。	一、必要時，提供型錄、說明書或圖說等資料。 二、未決案件可申請繳交保證金先予放行。	一、領取稅單於十四日內向台灣銀行駐本局收稅處繳納稅款。 二、應繳文件或規費在放行前辦妥。 三、領取小提單向倉庫提貨。 四、進口整裝貨櫃如應實施安全檢查者，應持憑加蓋「應實施安全檢查」章戳之提貨單，向保三總隊安檢大隊申請安全檢查。

圖3-14　一般進口貨物通關程序圖

圖3-15 參觀臺中海關

圖3-16 貨櫃起卸狀況

圖3-17　出口報關實況

圖3-18　進口抽驗實況

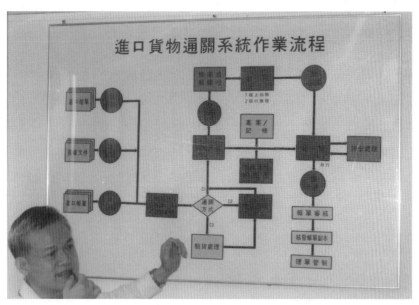

圖3-19　進口通關流程

附錄：進口闖關逃稅案例

案例一：不法車商搜購雙B中古車，拆除高附加值的行車電腦、衛星定位導航、高級音響等配備後，偽造外國的低價發票申報進口，以規避高額貨物稅。待中古車抵臺送入保稅倉庫，車商就安排專業技師前往調校里程數，降為不到一千公里，再向海關報關，海關查驗員對低價發票、異常里程數及無配備車輛卻草率放行，業者省下高額關稅，再將配備裝回進口車，再冠上「車展展示車」名義，在市場販售，獲取高利。

案例二：中國大陸回銷臺灣的成衣款式、物料多樣，對驗貨關員人力查驗是否出口前原料製造，難度相當高，爬入貨櫃內取樣，除整件外，包括鈕子、拉鍊要驗，式樣一多，不太離譜就予以放行，成衣委外加工之漏洞，為中國廉價成衣得以傾銷臺灣市場的弊病。

第四站：參訪外貿協會臺中辦事處

　　趕到外貿協會臺中辦事處已是華燈初上，但深受貿協人員熱烈款待，並針對貿協成立宗旨，主要功能、服務項目做充分說明：

一、外貿協會介紹

中華民國對外貿易發展協會（簡稱外貿協會或貿協）係由經濟部支持設立的公益性財團法人，協助廠商布局全球，拓展對外貿易，並提升我國產品在國際市場的競爭力；配合政府政策，加強吸引外商來臺投資，並協助友邦政府推動其產品來臺促銷事宜。透過海內外六百多位訓練有素的貿易專才，貿協為業者建構一個完整的全球貿易服務網，成為業者拓展對外貿易的最佳幫手和夥伴。

二、貿協主要的功能及服務項目

1. 拓展國際機貿市場

全球採購中心服務、國外連鎖店拓銷服務、「國際知名品牌異業結盟」專案服務、「國際市場開發中心」及「協助廠商全球布局計畫」專案服務、拓銷中國市場服務、農產品國際拓銷服務、爭取國外政府採購商機服務、籌組海外貿易訪問團與國際展覽參展團、辦理貿易洽談會、提供貿易機會查詢服務、籌組產業菁英銷團、爭取外商來臺辦理採購洽談會。

2. 行銷臺灣、布局全球

推動「全球採購中心服務」，促成國外大型業者對臺採購、配合政府政策，辦理招商業務，促成外商來臺投資，以建立長期策略合作關係、擴大推動農產品國際行銷業務，協助提升農業競爭力、爭取國外政府及國際組織採購商機、提供貿易機會查詢服務、辦理貨品暫准通關證發證及保證業務，促進貿易便捷化。

3. 蒐集全球商情資訊

貿易資料館及貿協書廊服務、發行中外文經貿出版品、舉辦研討會或市場報告會、提供具深度及廣度的商情資訊、辦理各類專題研究報導。

4. 強化多元展覽服務

每年舉辦20次以上國際專業展、提供展場外借（出租）服務、營運管理進出口交易市場（逾1,000間展售間）、國際商務中心（International Business Center）與商務辦公室（Instant Office）。

5. 推廣產品、包裝、品牌與形象

「全面提升產品形象計畫（IEP）」包括辦理臺灣精品選拔、於全球重要專業展推廣臺灣優良產品及臺灣產業優勢、利用國際形象廣告、撰寫新聞稿及媒體邀訪，進行國際宣傳、維運臺灣精品網站、輔導廠商發展國際品牌等。

6. 提供專業會議服務

具國際水準的會議、展覽及活動場地出租、專業會議設備出租、視訊會議及網際網路等全面e化會議環境、五星級餐飲服務、專業會議籌組諮詢與執行服務。

7. 培訓優秀國際企業人才

辦理一年及兩年期國際企業經營班、在職短期經貿研習班及外語研習班、國際貿易特訓班、英語社交禮儀技巧班、國際貿易談判技巧班、英文展覽行銷技巧班、國際化資金操作技巧班、貿易糾紛與對策班、英文簡報技巧班、碩士後國際行銷班與商務英文班等長、短訓練課程，提供職前及在職人士進修機會。

8. 提供網路貿易服務

臺灣經貿網（Taiwantrade）是我國貿易總入口網站、資料庫與電子郵件行銷專區、客製化商情／商基遞送服務、經貿相關協會名址索引查詢、貿協及經濟部駐外據點服務等。

三、成立宗旨

中華民國對外貿易發展協會（簡稱外貿協會或貿協）係由經濟部支持設立的公益性財團法人，自1970年成立以來，一直是我國貿易推廣政策的執行機構，其主要任務有：

　　㈠協助廠商布局全球，拓展對外貿易，並提升我國產品在國際市場的競爭力。

　　㈡配合政府政策，加強吸引外商來臺投資，並協助友邦政府推動其產品來臺促銷事宜。

五十餘年來，在政府及工商界支持下，外貿協會除臺北總部外，在新竹、臺中、臺南及高雄分別設有四個辦事處，並在國外設有三十多個海外辦事處，透過六百多位訓練有素的貿易專才，貿協已為業者建構一個完整的全球貿易服

務網,成為業者拓展對外貿易的最佳幫手和夥伴。

　　最後,貿協的接待人員打趣說:「外貿協會」不是「外貌協會」——以貌取人,而是眞誠爲廠商外貿來服務,意者可上網www.taiwantrade.com.tw查詢。

圖3-20　為國內外貿易穿針引線

圖3-21　發行貿協商情、提供貿易資訊

第 **4** 章

貿易大考

（國貿證照平常之模擬考另附光碟，請自行練習）

第一試 文件題及計算題（本試題曾為期末考題）

一、交易之成立

話說德國一家老客戶在去年底來了一封信，內容如下：

I expect to be in Taipei during January and would like to see you at the Ambrssador Hoel on Friday, January 23rd, at 10 A.M. Please confirm that this time is agreeable to you. Also, please send to us, by return airmail, a price list showing your current prices for the items which we have been buying from you.

① （5%）請根據來信回函。

② （5%）請打份pricelist（Quotation）一併交寄。

③ （1%）Ambassador Hotel其中文名為何？

參考資料a.客戶曾買過的產品明細為：

Nr. 312	43/4" x 3" oval mirror	@USD0.59/pc CIF
Nr. 308	Adjustable 3" round mirror	@USD0.43/pc CIF
Nr. 314	45/8" round mirror	@USD1.28/pc CIF

b.原零件、工資、油電平均成本上漲CIF之8%，報價依此轉嫁。

c.寄至歐洲航空郵資每封17元。

二、與客戶商談

依約與客戶見面，免不了一番寒暄及殺價，最後再決定優待一次（原價）所訂數量Nr. 312　1,000pcs，Nr. 308　4,000pcs，Nr. 314　3,000pcs，請④（3%）當場打一份P/I，以利其返國開L/C。時近中午，破費在所難免，一頓港式飲茶NTD650元就解決了，返回公司報帳計程車資花了NTD350元。

三、匯率之改變

俟客戶回德後，由於歐元不斷對美元貶值，寄來一封E-mail：

US Dollar no longer acceptable change in EUR currency & confirm at once to open L/C.為了達成交易，只好接受其條件，問⑤（1%）EUR為何之縮寫？⑥（2%）如果歐元不斷對美元貶值，但L/C仍用美元計價，對德國進口商有何影響？⑦（2%）打E-mail來時的匯率，在德國為USD1=EUR0.67，在臺灣為USD1=NTD30，EUR1=NTD45；在押匯時之匯率USD1=NTD32，

EUR1=NTD40，問此一匯率之波動，就臺灣出口商有何影響？

四、信用狀之閱讀及修改

我們接到EUR之L/C（參見附表），請問：⑧（1%）可能哪一天接到？⑨（2%）L/C之總金額爲與各單項金額有所差距？⑩（3%）L/C規定押匯須有哪些文件？⑪（4%）由於裝船有效期限已迫在眉捷，無論備料及找船都來不及了，請打E-mail將最後裝船日延至4月25日，L/C有效期延至5月5日。⑫（2%）對方來電即時修改，若回電「ater shipment will be accepted bank is infomed alteration is to expensive」，那押匯時會如何呢？

五、出貨準備

接到L/C，首要check生產能力及船期，從備料生產到裝配，出貨至少25工作天，船運係指定O.C.L.（怡和洋行），⑬（2%）請速下產銷通知單、⑭（5%）紙箱訂購單。

參考資料a.

表4-1

船名	結關		高雄裝船	抵達漢堡
	楊梅	高雄		
KOWLOON BAY　V-528 九 龍 灣 輪	25/3	26/3	27-29/3	27/4
OSAKA BAY　V-530 大 阪 灣 輪	2/4	3/4	5-6/4	2/5
BENATTOW　V-533 濱 納 托 輪	10/4	11/4	13-14/4	11/5
HONGKONG EXPRESS V-535 香 港 快 輪	18/4	18/4	21-22/4	19/5
HAMBURG EXPRESS　V-538 漢 堡 快 輪	25/4	25/4	28-29/4	27/5

b. 每pcs皆用吊卡（header）訂好，貼Made in Taiwan。

c. 銷售德國，注意品質。

d. 內盒尺寸　314：1 cm×25 cm×10 cm

　　　　　　308：6 cm×18 cm×27 cm

　　　　　　312：9 cm×24 cm×5 cm

e. 內盒印刷

產 品 名 稱
支 數

六、找船及投保

出貨期限將屆，⑮（4%）先至船公司簽S/O俾出貨後取B/L，二式相同，只填一。⑯（4%）至保險公司做水險投保單，⑰（4%）取得Insurance policy皆依表填寫之。

參考資料 a. 運費62.4/M³−9.5%（disc.折扣）+65%（BAF、CAF附加費）

+90（NTD）/M³（CFS charge併櫃費） USD1=NTD32.5。

b. 保費All Risk（A clauses）0.45。

c. S/O Nr. 7020 B/L Nr. 882 Policy Nr. 3882。

d. 材積以㈠項說明為準。

七、報關及通關

為了報關，出口商必須申請⑱（4%）輸入許可證CBC，⑲（3%）出口報單，以及⑳（5%）Invoice、㉑（5%）Packing list，並代㉒（5%）申請產地證明書，通關完成，㉓（4%）報關行向出口商申請報關費。

參考資料 a. 央行分號31460，海關報關號363/04/70，稅則2712-21 sccc

Code. 7427-92

b. 報關費：產地證費NTD100，

驗關諸費：CFS 50箱以下──每批300元

200箱以下──每批400元

200箱以上──每批500元

驗關車資200元，搬運費每件5元，報關費500元，

代打押匯文件一份200元。

八、押匯及善後

已順利出口了，取回各押匯單據準備押匯，請繕打㉔（3%）匯票，及㉕（5%）計算買匯紀錄，而後寄出㉖（4%）shipping advice及shipping sample各一予客戶（郵包不逾20g，NTD17，續重20g，NTD12）。

參考資料──銀行費用：押匯手續費1%，郵寄費NTD350，計押匯息7天6% p.a.

九、貿易會計及貿易處理

請就上述資料完成㉗（8%）成本分析表（含百分比）。

參考資料—銷貨成本312 @NTD15.50、308 @NTD9.20、314 @NTD23.8，營業稅1‰。

十、不忘與客戶繼續聯絡，提供資料服務，使訂單源源不絕，一段時間後，㉘（4%）請寫貿易追蹤信。（全套出口完）

表4-2　信用狀附表

```
Basic Header       F  01 FCBKTWTPXXXX 3661 416484
Application Header  O 700 DEBKXXGMXXXX N
                          *DEUTSCHE BANK
                          *FILIALE TRIER GERMANY
User Header         Service Code     103:
                    Bank. Priority   113:
                    Msg User Ref.    108: 142
Sequence of Total   *27  : 1/1
Form of Doc. Credit *40 A : IRREVOCABLE
Doc. Credit Number  *20  : 168/6843
Date of Issue       31 C : ××0218
Expiry              *31 D : Date ××0410 Place AT THE COUNTRY OF BENEFICIARY
APPLICANT           *50  : ABC CO.
                           P.O.BOX 20/22
                           5500 TRIER GERMANY
Beneficiary         *59  : KEN SEAN FACTORY CO., LTD.
                           P.O.BOX 17, LUKANG, TAIWAN
Amount              *32 B :            Currency EUR Amount 4,100.00
Pos. / Neg. Tol.(%) 39 A : 0 / 0
Available with/by   *41 D : ANY BANK
                            BY NEGOTIATION
Drafts at ...       42 C : DRAFT AT SIGHT
                           FOR FULL INVOICE VALUE SHOWING THIS
                           DOCUMENTARY CREDIT NUMBER
Drawee              42 D : APPLICANT
Partial Shipment    43 P : PERMITTED
Transshipment       43 T : PERMITTED
Loading in Charge   44 A :
            KEELUNG TAIWAN
For Transport to ... 44 B :
            HAMBURG GERMANY
```

```
Latest Date of Ship. 44 C : ××0331
Descript. Of Goods    45 A :
            CIF HAMBURG
            ORDER 4271: MOPEDSPIEGEL     NO.312 EURO.40 FOR 1,000PCS
                        FAHRRADSPIEGEL   NO.308 EURO.29 FOR 2,000PCS
                        MOTORRADSPIEGEL  NO.314 EURO.86 FOR 1,500PCS
            ORDER 4272: FAHRRADAPIEGEL   NO.308 EURO.29 FOR 2,000PCS
                        MOTORRADSPIEGEL  NO.314 EURO.86 FOR 1,500PCS
Documents required   46 A :
            +SIGNED COMMERCIAL INVOICE IN TRIPLICATE INDICATING THIS
            CREDIT NUMBER
            +SIGNED PACKING LIST IN TRIPLICATE
            +FULL SET OF CLEAN ON BOARD BILLS OF LADING MADE OUT TO ORDER AND
            BLANK ENDORSED, NOTIFY ABC CO., 5500 TRIER, MARKED
            'FREIGHT PREPAID'AND INDICATING THIS CREDIT NUMBER
            +INSURANCE POLICY OR CERTIFICATE COVERING ALL RISKS FOR 110%
            OF INVOICE VALUE
            +CERTIFICATE OF ORIGIN
Additional Cond.     47 A :
Details of Charges   71 B : +ALL BANKING CHARGES EXCEPT
                            L/C OPENING CHARGE IF ANY ARE
                            FOR ACCOUNT OF BENEFICIARY
Presentation Period  48   : +DOCUMENTS MUST BE PRESENTED FOR
                            NEGOTIATION WITHIN  21 DAYS FROM
                            THE DATE OF SHIPMENT. BUT WITHIN
                            THE VALIDITY OF THIS CREDIT.
Confirmation        *49   : WITHOUT
Instructions         78   :
            +FOR REIMRURSEMENT: ON RECEIPT OF DOCUMENTS CONFORMING TO THE
            TERMS AND CONDITIONS OF THIS CREDIT, WE UNDERTAKE TO REIMBURSE
            THE NEGOTIATING BANK AT SIGHT IN ACCORDANCE WITH THEIR
            INSTRUCTIONS.
            +NEGOTIATING BANK MUST FORWARD ALL DOCUMENTS TO US
            (DEUTSCHE BANK, FILIALE TRIER 5500 TRIER MURCH 4, GERMANY)
            BY REGISTERED AIRMAIL IN ONE COVER.
```

第二試 翻譯題及常識題（本試題為某貿易公司考題）

1. 抱怨信（20%）

茲於4月28日訂購的300臺照相機昨日送達，然而開箱後發現，有18臺已受潮損壞，看來完全報銷了。

我方已安排勞氏（Loyd's）鑑定員檢查損壞程度，一旦完成鑑定，將立即同我方索賠，寄上此報告。

2. 訂單信（20%）

感謝您於8月23日內附PH-61型產品詳情的來信，目前已看過樣品，如果貴公司能夠保證9月30日之前裝船，我方準備試訂。

附寄的訂單必須嚴格遵守此條件，對此日期之後的交貨，我方保有取消與拒絕的權利，至收到貴公司的承諾，我方會立即開出信用狀。

3. 修改L/C（20%）

由於目前生意很好，這批貨的交貨期將會被延後10天，很抱歉，請修改信用狀，將最後裝船期及信用狀有效期各延至10月20日及30日，謝謝。

4. 匯率常識（10%）

1EUR=　　　USD；1USD=　　JPY

1USD=　　　AUD；1USD=　　RMB

1USD=　　　NTD

5. 下列城市目前的時間為何？（10%）

NEW YORK　PARIS　TOKYO

SYDNEY　H.K

6. 寫出下列國家的首都及主要港口？（20%）

CANADA	FRANCE	SPAIN
MEXICO	HOLLAND	BELGIUM
KOREA	EGYPT	INDIA
MALAYSIA		

第三試　選擇題（本試題為歷屆普考考題）

甲試題：

（　）1. 積極尋找外國客戶的方法有以下的哪幾種？①參加國際商展；②根據工商名錄發函；③根據國內貿易機構發布的貿易機會去函；④派員出國訪談；⑤與來訪之外商接談　(1)③⑤　(2)②③　(3)①④　(4)②⑤。

（　）2. 美國GSP制度之受惠產品項，大部分屬於何類產品？　(1)高科技高價值產品　(2)資本密集產品　(3)勞力密集產品　(4)汽車。

（　）3. 在①信用風險②商貨風險③匯兌風險④運輸風險⑤價格風險等之中，以D/A的付款條件較以即期信用狀者，更具有之風險有哪幾項？(1)①③　(2)①④　(3)③⑤　(4)①⑤。

（　）4. 信用調查項目中的「四C」指的是：①Character；②Condition；③Clearance；④Coorperation；⑤Capacity；⑥Capital　(1)①②③④　(2)①②⑤⑥　(3)①②④⑤　(4)②③④⑥。

（　）5. 國外市場調查的方法，以何者為最確實有效的積極方法？　(1)派員前往調查　(2)透過使領館調查　(3)由媒體刊物蒐集資料　(4)經由公會及政府機關調查。

（　）6. 以D/A出口，辦理託收，此時出口商為匯票（Draf）的：　(1)Drawer　(2)Drawee　(3)Payer　(4)Payee。

（　）7. 由買方提供作為欲訂貨物之樣品，叫做下列的何種樣品？　(1)Seller's Sample　(2)Buyer's Sample　(3)Counter Sample　(4)Shipping Sample。

（　）8. 以下列何者被視為反報價（Counter offer）的行為？　(1)表示正在研究中　(2)變更報價中的裝船日期　(3)表示市場前景樂觀　(4)拒絕考慮。

（　）9. 以下何者不是出口標準包裝之條件？　(1)合乎進口國家的海關規定　(2)牢固、堅固完整　(3)儘量多使用包裝材料以求安全　(4)每件大小整齊劃一。

（　）10. 若賣方無法取得輸入許可證及辦理進口報關，則不宜使用以下何種條件？　(1)FAS　(2)FOB　(3)DDP　(4)DES。

（　）11. 以下何種遲延交貨的原因，買賣雙方均不需負責？　(1)起因於賣方之

故意或過失　(2)起因於第三者故意或過失　(3)起因於買方故意或過失 (4)起因於不可抗力事故。

(　) 12. 在國貿條規中，以下何種條件賣方負責貨物危險直到貨物送達裝運 港，過船舶欄杆爲止？　(1)FCA　(2)FAS　(3)FOB　(4)DES。

(　) 13. 在國貿條規中，以下何者賣方之義務最輕？　(1)EXW　(2)FOB (3)CIP　(4)DDP。

(　) 14. 以下何種表示品質的方法適用於農產品交易？　(1)標準物　(2)樣品 (3)說明書　(4)品牌。

(　) 15. 輸出許可證之有效期限是多少天？　(1)14天　(2)15天　(3)30天　(4)六 個月。

(　) 16. 出口人輸出高科技貨品時，應至何處申辦簽證？　(1)國貿局　(2)工業 局　(3)原子能委員會　(4)國科會。

(　) 17. 根據UCP600，開狀銀行、保兌銀行（如有）、或代理的指定銀行從 收到單據的次日起算，應有多少營業日來審查單據，決定是否接受或 拒絕單據？　(1)三個　(2)七個　(3)十五個　(4)三十個。

(　) 18. 信用狀上面未規定提示期限時，根據UCP600的規定，受益人在裝運 日期之後幾天內（但不得遲於信用狀的失效日）應向銀行提示單據？ (1)七天　(2)十五天　(3)二十一天　(4)三十天。

(　) 19. 信用狀尚未規定可否撤銷以及可否轉讓時，根據UCP600應解釋爲： (1)可撤銷、可轉讓　(2)可撤銷、不可轉讓　(3)不可撤銷、可轉讓 (4)不可撤銷、不可轉讓。

(　) 20. 從風險上考量，出口商選擇付款條件的優先順序是：　(1)①L/C②D/P ③O/A④CWO　(2)①CWO②L/C③D/P④O/A　(3)①O/A②L/C③CWO ④D/P　(4)①O/A②D/P③L/C④CWO。

(　) 21. 出口商以D/P或D/A交易並用空運出貨時，爲了避免進口商未付款或承 兌即提領貨物，空運提單上以誰爲受貨人（Consignee）最爲適合？ (1)出口商　(2)出口地的銀行　(3)進口地的銀行　(4)進口商。

(　) 22. 下面有關信用狀款項之讓與（Assignment of proceeds）的敘述，何者 是不正確的？　(1)該信用狀須爲可轉讓其款項才能讓與　(2)信用狀 項之讓與係根據適用的法律辦理之　(3)辦理信用狀款項之讓與時，押 匯單據上所顯示的受益人仍應爲信用狀上面原指定之受益人　(4)信用 狀款項之讓與與根據信用狀得以行使的權利無關。

（　）23. 會跟隨著裝船文件的匯票通常是：　(1)銀行匯票　(2)順匯的匯票
　　　　(3)逆匯的匯票　(4)光票。

（　）24. 逆匯的匯票通常是：　(1)單張　(2)一式兩份　(3)一式三份　(4)一式四
　　　　份。

（　）25. 下列有關裝船前檢驗（PSI）之敘述，何者是錯誤的？　(1)依
　　　　Incoterms規定，PSI費用應由賣方負擔　(2)貨物裝運前，須取得公證
　　　　行簽發之無瑕疵檢驗報告　(3)被普遍認為是一種貿易障礙　(4)多係進
　　　　口國海關制度未十分健全時，所設計的一種制度。

（　）26. 納稅義務人若不服海關所核定之稅則號列時，應於多少日內向各關稅
　　　　局提異議？　(1)7天　(2)14天　(3)15天　(4)30天。

（　）27. 經檢驗合格商品，其所取得之檢驗合格證書，若逾有效期間者，則應
　　　　如何處理？　(1)重行報驗　(2)申請延期　(3)申請變更　(4)申請換發。

（　）28. 下列有關商品檢驗局所施行出口檢驗之敘述，何者是不正確的？
　　　　(1)其屬國家強制規定　(2)應施檢驗貨品，得視情形由經建會公告
　　　　(3)其性質上與公證不同　(4)檢驗不合格者不得出口。

（　）29. 下列有關輸出保險之敘述，何者是錯誤的？　(1)輸出保險並不以營利
　　　　為目的　(2)輸出保險是以貨款為保險標的　(3)輸出保險可幫助貿易商
　　　　完全轉嫁風險　(4)輸出保險將有助於貿易商取得貿易融資。

（　）30. 依保單約定單獨海損未超過USD1,000者不賠，若實際發生單獨海
　　　　損USD800以及單獨費用USD300，則被保險人可獲多少理賠？
　　　　(1)USD1,000　(2)USD800　(3)USD300　(4)0。

（　）31. 若因海水浸入，致所載運之麵粉全部泡水變成糊狀，則此項損失應
　　　　屬：　(1)實際全損　(2)推定全損　(3)單獨海損　(4)共同海損。

（　）32. 價值USD10,000之貨物，若其保險金額為USD8,000，後保險事故發
　　　　生，致發生了USD1,000之損害防止費用，此時被保人可向保險人請求
　　　　之損害防止費用之金額為：　(1)USD1,000　(2)USD8,000　(3)USD800
　　　　(4)0。

（　）33. 有關複合運送人之敘述，以下何者有誤？　(1)多為運送過程中之第一
　　　　運送人　(2)可由貨運承攬人擔任　(3)負責為貨主安排全程運送　(4)僅
　　　　對自己承運之運送過程之毀損負責。

（　）34. 以下何種運送方式適合同一託運人（Shipper）及同一受貨人
　　　　（Consignee）？　(1)CY/CY　(2)CY/CFS　(3)CFS/CY　(4)CFS/CFS。

( ) 35. 除非信用狀另有規定，銀行將接受下列哪一種提單？ (1)陳舊提單 (2)備運提單 (3)清潔裝船提單 (4)甲板提單。

( ) 36. 不定期運輸的裝卸條件依世界航運習慣為： (1)FI條件 (2)FO條件 (3)FIO條件 (4)Berth term條件。

( ) 37. 在CIF價格條件，清潔提單（clean B/L）以及投保ICC(1)82.1.1的情況下，進口商收到的貨物如有損壞，則他可以提出何種索賠？ (1)買賣索賠及運輸索賠 (2)買賣索賠及保險索賠 (3)運輸索賠及保險索賠(4)買賣索賠、運輸索賠及保險索賠。

( ) 38. 在港口對港口的運輸，如發生運輸索賠時，在實務上大多以何種標準來計算損害額？ (1)EXW (2)FOB (3)CFR (4)CIF。

( ) 39. 根據我國商務仲裁條例的規定，仲裁人認為仲裁達於可判斷之程度者，應宣告詢問終結，依當事人聲明之事項，於多少時間內做成判斷書？ (1)5日 (2)10日 (3)15日 (4)30日。

( ) 40. 我國海商法規定，除貨物之性質、價值於裝載前已經託運人聲明並註明於載貨證者外，運送人或船舶所有人對於貨物之毀損滅失，其賠償責任以每件不超過多少為限？ (1)五百元 (2)一千元 (3)三千元 (4)五千元。

( ) 41. D/A、O/A屬賒銷的付款方式，而寄售Consignment 於出貨時，應視同： (1)現銷 (2)賒銷 (3)無償交易 (4)存貨（庫存位置）的移動，並未發生賒銷。

( ) 42. 「貿易快訊」的出版單位是： (1)經濟部國際貿易局 (2)中華民國對外貿易發展協會 (3)臺北市商會 (4)行政院經濟建設委員會。

( ) 43. 臺商在臺灣接單，在其大陸廠加工出貨，該廠之原物料由臺灣母公司供應，則此大陸廠的貿易屬於： (1)積極加工貿易 (2)消極加工貿易 (3)補償貿易 (4)相對採購。

( ) 44. 甲、乙兩國之買賣雙方，經由第三國中間商以完成交易的貿易方式，稱為： (1)Barter trade (2)Merchanting trade (3)Transit trade (4)Direct trade。

( ) 45. 裝運通知（Shipping advice）是由①出口商；②船運公司；③港務局；④進口商等。四單位中的誰寄給誰？ (1)②，④ (2)③，④ (3)①，③ (4)①，④。

( ) 46. 由出口商所製作的文件為下列的哪一件？ (1)Order sheet (2)Sales

Confirmation　(3)Inquiry letter　(4)Purchase confirmation。

（　）47. 美國1987年元月對其GSP實行狀況總檢討後，宣布之「競爭需要限制（Competitive Need Limit；CNL）」的標準為何？　(1)25/25（單項進口比率超過 25%，或金額超過二千五百萬美元）　(2)30/30（單項進口比率超過30%，或金額超過三千萬美元）　(3)40/40（單項進口比率超過40%，或金額超過四千萬美金）　(4)50/50（單項進口比率超過50%，或金額超過五千萬美元）。

（　）48. 定期船運的裝卸條件，依世界航運習慣為：　(1)FI條件　(2)FO條件　(3)FIO條件　(4)Berth term條件。

（　）49. 報價單中寫有「以取得輸出許可證為準」之內容時，該報價單屬於下列何類者？　(1)Firm offer　(2)Free offer　(3)Conditional offer　(4)Counter offer。

（　）50. 大陸「來料加工」的工廠，其身分應屬於：　(1)出口商　(2)進口商　(3)代理商　(4)受委託之製造商。

（　）51. 傭船契約中裝卸期間之約定方式最常使用：　(1)連續日　(2)工作日　(3)天氣良好工作日　(4)習慣速度。

（　）52. 陸橋作業係陸運與下列何種運送方式配合之複合運送：　(1)海運　(2)陸運　(3)空運　(4)內陸水運。

（　）53. 在國貿條規中，下列何者為所有貿易條件下賣方之共同性義務？　(1)簽訂貨物運送契約　(2)提供符合契約之貨物　(3)辦理出口報關　(4)簽定貨物運送保險契約。

（　）54. 下列何種付款方式對賣方較為有利？　(1)L/C　(2)D/A　(3)D/P　(4)Consignment。

（　）55. 在國貿條規中，下列何種條件賣方須將提貨單（D/O）交給買方？　(1)FOB　(2)FAS　(3)CIF　(4)DEQ。

（　）56. 若欲行預報關，則船公司應於有關船舶抵埠前最多在多少天內，向海關預報進口艙單？　(1)3天　(2)4天　(3)5天　(4)6天。

（　）57. 擔保付款信用狀（Stand-by L/C）不適於作為：　(1)押標金　(2)履約保證金　(3)債權的擔保　(4)貨款的直接清償。

（　）58. 在國貿條規中，下列何者不是在目的地交貨之貿易條件？　(1)FAS　(2)DES　(3)DEQ　(4)DDP。

（　）59. 下列哪種條件較適用以起岸品質條件來確定品質？　(1)FOB　(2)CFR

(3)CIP　(4)DEQ。

(　) 60. 有配額限制之紡織品欲出口至美國時，應向何處申請簽證？　(1)經濟部國際貿易局　(2)簽證銀行　(3)紡織業外銷拓展會　(4)美國在臺協會。

(　) 61. 依FOB條件交易時，下列有關品質的危險應由賣方負擔？　(1)貨物固有瑕疵　(2)運送過程中因意外導致的貨物毀損　(3)運送過程中不可避免的毀損　(4)運送過程中貨物的自然變質。

(　) 62. 信用狀是誰寫給誰的有條件地承諾付款的信？　(1)進口商寫給出口商　(2)進口商寫給出口商的銀行　(3)進口商的銀行寫給出口商的銀行　(4)進口商的銀行寫給出口商。

(　) 63. CCC商品分類中，第一類為：　(1)農、林、牧、狩獵品　(2)礦產品　(3)水、電、煤氣　(4)其他商品。

(　) 64. 在共同海損制度下，凡因共同海損行為所引起的犧牲及費用，均須由共同航海的各財產共同分擔，而通常其所準據的是：　(1)海牙規則（Hague Rules）　(2)華沙公約（Warsaw Convention）　(3)約克安特衛普規則（York-Antwerp Rules）　(4)漢堡規則（The Hamburg Rules）。

(　) 65. 貿易商若不慎於貨物報關出口前遺失輸出許可證時，其應如何處理？　(1)註銷重簽　(2)申請補發　(3)申請換發　(4)申請延期。

(　) 66. 開狀銀行較願意開即期信用狀，而較不願意開遠期信用狀，最主要是因為開遠期信用狀時無法獲得何種保障？　(1)開狀人的連帶保證人　(2)不動產抵押權　(3)貨物的質押權　(4)開狀人的定期存款。

(　) 67. 在FOB價格條件之下，進口商收到的貨物品質不良，無法使用，則他可以向誰提出索賠？　(1)出口商　(2)運送人　(3)保險人　(4)無法向任何人索賠。

(　) 68. 在國際航空運輸中，有關航空公司的責任範圍目前多依：　(1)海牙規則（Hague Rules）　(2)華沙公約（Warsaw Convention）　(3)約克安特衛普規則（York-Antwerp Rules）　(4)漢堡規則（The Hamburg Rules）。

(　) 69. 出口商在下列何種情況下最適合採用O/A的付款條件？　(1)新客戶的大訂單　(2)新客戶的小訂單　(3)老客戶頻繁的訂單　(4)進口國政經況狀不穩時。

（　）70. 根據UCP600的規定，下列押匯文件何者簽發人可以不必簽名？
⑴匯票　⑵商業發票　⑶產地證明　⑷提單。

（　）71. 最新的託收統一規則是由國際商會在哪一年修訂的？　⑴1978年
⑵1990年　⑶1993年　⑷1995年。

（　）72. 信用狀的可靠與否最主要是要看誰的信用？　⑴開狀人及其所在的國
家　⑵開狀銀行及其所在的國家　⑶通知銀行及其所在的國家　⑷押
匯銀行及其所在的國家。

（　）73. 假設信用狀上面沒有最後裝船日而只有一失效日，十月十日：該日
為星期五的國定假日，十月十一日為隔週休二日的星期六，則根據
UCP600的規定，受益人最遲應在哪一天裝船，哪一天向銀行提示文
件？　⑴十月九日裝船並提示文件　⑵十月十日裝船；十月十一日提
示文件　⑶十月十日裝船；十月十三日提示文件　⑷十月十三日裝船
並提示文件。

（　）74. 海關為加速進口貨物之通關，得依進口商所申報之稅則號列及完稅價
格，先行徵稅驗放，事後再行審查，此一程序稱：　⑴先核後放
⑵先放後核　⑶即核即放　⑷先放後稅。

（　）75. 法定檢驗與特約檢驗之比較，下列敘述，何者是正確的？　⑴檢驗合
格證書名稱相同　⑵檢驗標準相同　⑶皆須經港口驗對程序　⑷皆具
有絕對證明效力。

（　）76. 下列有關託收方式輸出綜合保險之敘述，何者是錯誤的？　⑴其係屬
一年期以下之輸出保險　⑵有多件折扣之優惠　⑶貨物由第三國裝運
出口遭進口國限制進口者，其所致損失不賠　⑷保險金額以不超過保
險價額之80%為限。

（　）77. 下列有關輸出融資綜合保險之敘述，何者是錯誤的？　⑴係以融資銀
行為要保人或被保險人　⑵以輸出融資金額為保險標的　⑶因出口商
信用危險致融資不能收回之損失，不負責賠償　⑷保險金額為保險價
額的90%。

（　）78. 下列有關保險單之敘述，何者是錯誤的？　⑴TBD保單是屬於船名未
確定保單　⑵若信用狀中規定「Insurance certificate in duplicate」，
則銀行將拒絕接受保險單　⑶暫保單（Binder）與保單具有同等法律
效力　⑷一般海上貨運保單多屬於航程保單。

（　）79. 經濟部標準檢驗局憑生產廠商自行檢驗之紀錄發給輸出檢驗合格證之

檢驗方式為： ⑴自行檢驗 ⑵代施檢驗 ⑶分等檢驗 ⑷特約檢驗。

( ) 80. 目前承辦輸出保險機構為： ⑴中央信託局 ⑵中國產物保險公司 ⑶中華民國對外貿易發展協會 ⑷中國輸出入銀行。

解答

1.（3）	2.（3）	3.（1）	4.（2）	5.（1）	6.（1）	7.（2）
8.（2）	9.（3）	10.（3）	11.（4）	12.（3）	13.（1）	14.（1）
15.（3）	16.（1）	17.（2）	18.（3）	19.（4）	20.（2）	21.（3）
22.（1）	23.（3）	24.（2）	25.（1）	26.（2）	27.（1）	28.（2）
29.（3）	30.（4）	31.（1）	32.（3）	33.（4）	34.（1）	35.（3）
36.（3）	37.（3）	38.（4）	39.（2）	40.（3）	41.（4）	42.（2）
43.（1）	44.（2）	45.（4）	46.（2）	47.（1）	48.（4）	49.（3）
50.（4）	51.（3）	52.（1）	53.（2）	54.（1）	55.（4）	56.（3）
57.（4）	58.（1）	59.（4）	60.（3）	61.（1）	62.（4）	63.（1）
64.（3）	65.（1）	66.（3）	67.（1）	68.（2）	69.（3）	70.（2）
71.（4）	72.（2）	73.（3）	74.（2）	75.（3）	76.（4）	77.（3）
78.（2）	79.（3）	80.（4）				

乙試題：

( ) 1. 化學氣體類產品所適用的數量單位是： ⑴重量 ⑵個數（Number） ⑶容積 ⑷體積。

( ) 2. 國際間係由哪一年開始使用新協會貨物條款？ ⑴1971年 ⑵1982年 ⑶1983年 ⑷1993年。

( ) 3. 若保單上註明保險效力區間是from warehouse to warehouse，則其保險效力是開始於： ⑴出口商的發貨倉庫 ⑵供貨廠商的倉庫 ⑶出口商受領貨物的倉庫 ⑷航程起運地點的倉庫。

( ) 4. 貨物進口報關，應至遲於自裝載貨物之運送工具進口日起幾天內向海關辦理報關手續？ ⑴10天 ⑵12天 ⑶15天 ⑷30天。

( ) 5. 根據我國的習慣，信用狀的受益人到銀行去押匯時所提示的匯票受款人（payee）通常是誰？ ⑴受益人 ⑵押匯銀行 ⑶通知銀行 ⑷開狀銀行。

( ) 6. 如果貿易條件是FOB時，信用狀受益人所提示的押匯文件不必有： ⑴匯票 ⑵商業發票 ⑶提單 ⑷保險單或保險證明。

( ) 7. 進口商應憑以下哪種單據辦理進口報關提貨事宜？ ⑴提單 ⑵大副收據 ⑶裝貨單 ⑷提貨單。

( ) 8. 以下何者不是貨物進口通關時所繳交之稅捐或費用？ ⑴商港建設費 ⑵貨物稅 ⑶進口關稅 ⑷所得稅。

( ) 9. 為避免運費上漲的風險，站在賣方的立場，在下列Incoterms 1990的條件中，最好是以哪一種來交易？ ⑴FOB ⑵CFR ⑶CIF ⑷DES。

( ) 10. 賣方負責一切費用及風險將貨物運到目的港船上，由買方進口通關的貿易條件式： ⑴DES ⑵DEQ ⑶DDU ⑷DDP。

( ) 11. 如果用空運出口時，可採用下列Incoterms 1990中的哪一個？ ⑴FOB ⑵CIF ⑶CPT ⑷DEQ。

( ) 12. 下述的何種發票（Invoice）在交易過程中，最先出現？ ⑴Commercial Invoice ⑵Custom Invoice ⑶Couselor Invoice ⑷Proforma Invoice。

( ) 13. 下列何種付款方式屬「託收方式」？ ⑴票匯（D/D） ⑵L/C ⑶D/A ⑷寄售付款。

（　）14. 計算運費時，1立方公尺（CBM）屬於下述何項單位？　⑴一個材積噸　⑵一公噸　⑶一長噸　⑷一短噸。

（　）15. 簡式提單又稱：　⑴可轉讓提單　⑵背面空白提單　⑶備運提單　⑷分提單。

（　）16. 以下何者非海運提貨單（Sea Waybill）之特性？　⑴兼具貨物收據與運送契約之功能　⑵為不可轉讓之運送單據　⑶一般多為詳式提單　⑷可用於傳統運輸和貨櫃運輸。

（　）17. 進口報關資料經海關電腦專家運作後，屬於以下哪一類者，海關將指派關員到貨物存放處所查驗貨物？　⑴C1　⑵C2　⑶C3　⑷C4

（　）18. 以下所列海運運費計價單位，何者多適用於重貨？　⑴重量噸　⑵體積噸　⑶價值　⑷重量噸或體積噸。

（　）19. 以下所列海運運費計價單位，何者多適用於輕貨？　⑴重量噸　⑵體積噸　⑶價值　⑷重量噸或體積噸。

（　）20. 子母船之英文縮寫為：　⑴OCP　⑵LASH　⑶MLB　⑷CTO。

（　）21. 我國目前貿易業務主管機關是：　⑴中央銀行外匯局　⑵財政部金融局　⑶經濟部國際貿易局　⑷行政院經濟建設委員會。

（　）22. 下列何者可簽發官方的產地證明書？　⑴臺北市進出口公會　⑵紡織業外銷拓展會　⑶經濟部智慧財產局　⑷經濟部標準檢驗局。

（　）23. 目前有對我國產品授予GSP優惠國家是：　⑴日本　⑵南非　⑶泰國　⑷巴拉圭。

（　）24. 在CFS/CFS作業方式下，在起運地之裝櫃作業及在目的地之拆櫃作業由何者負責？　⑴出口商　⑵船公司　⑶進口商　⑷海關。

（　）25. 以下哪一型之貨櫃船不受港口擁擠之影響，可提高航運效率？　⑴吊上吊下型貨櫃船　⑵駛進駛出型貨櫃船　⑶駁進駁出型貨櫃船　⑷可變貨櫃船。

（　）26. 貨物自遠東地區輸往美國中部以東地區之貨運能利用以下何者？　⑴LASH　⑵OCP　⑶BAF　⑷CAF。

（　）27. 下列出口報價條件中，何者需附加起運港的名稱？　⑴FOB　⑵CFR　⑶CIF　⑷C&I。

（　）28. 如出口價在FOB時為USD100；在CFR時為USD110；在CIF時為US$120，現如報價條件為「CIF including 5% Commission on basis of FOB」，則此時的CIF價格為美元若干？　⑴USD125　⑵USD125.50

(3)USD126　(4)USD126.20。

（　）29. 我國於何時始採取調和制度（HS）為基礎編訂商品統一分類制度？
(1)民國72年　(2)民國78年　(3)民國80年　(4)民國82年。

（　）30. 有關國際技術授權之交易，是屬於哪一種交易方式？　(1)有形貿易
(2)無形貿易　(3)加工貿易　(4)積極貿易。

（　）31. 進口商對於合法著作物：　(1)完全不能進口　(2)隨時可以進口　(3)只
要經著作財產權人同意即可進口　(4)以上皆非。

（　）32. 運輸索賠應以何者為計算基礎？　(1)EXW　(2)FOB或FCA　(3)CFR或
CPT　(4)CIF或CIP。

（　）33. 我國一般所稱的「國貿條規」（Incoterms）是由下列何者訂定的？
(1)聯合國國際貿易法委員會　(2)國際法庭　(3)國際商會　(4)美國商業
部。

（　）34. 為了讓國際交易的當事人將爭執或糾紛付諸仲裁時，對於適用
何國法律的問題能得到解決，下列何者成立了仲裁院（Court of
Arbitration），並於1995年制訂了「調解與仲裁規則」（The Rules
of Conciliation and Arbitration，1995）？　(1)聯合國　(2)國際商會
(3)國際法庭　(4)國際法協會。

（　）35. 貿易界通稱的「託收統一規則」（Uniform Rules for Collection）是由
下列何者制訂的？　(1)聯合國國際貿易法委員會　(2)國際法庭　(3)國
際法協會　(4)國際商會。

（　）36. 下列有關Incoterms 1990的敘述何者是正確的？　(1)它是國際法
(2)它是國際公約　(3)它有絕對的法律拘束力　(4)當事人約定依此規則
它才有拘束力。

（　）37. 在CIF貿易條件下，船沉沒，貨物全損，則進口商要向誰提出索賠？
(1)出口商　(2)運送人　(3)保險人　(4)自己承擔損失。

（　）38. 解決貿易糾紛宜優先採用：　(1)當事人直接磋商　(2)由第三者調解
(3)由第三者仲裁　(4)提起訴訟。

（　）39. 下列的價格條件中哪一個不是Incoterms 1990的條件？　(1)FAS
(2)FOR　(3)CIP　(4)DAF。

（　）40. 設FOB售價為USD1,000，而進口價格為CIF USD1,200，則進口商
應繳付商港建設費（按5%計算）若干美元？　(1)USD5　(2)USD6
(3)USD5.5　(4)USD6.5。

（　）41. 下述的價格條件中，何者的保險費用應由賣方負擔？　(1)EXW
(2)FOB　(3)C&F　(4)CIF。

（　）42. 對買方而言，下述各付款條件中，何者最能減經營運資金的需求？
(1)L/C　(2)Cash With Order　(3)D/P at sight　(4)D/A。

（　）43. 在交易前的準備工作中，下列何項事務應較先進行？　(1)信用調查
(2)市場調查　(3)招請交易　(4)找尋交易對手。

（　）44. 在買方對賣方的索賠，如買賣雙方事先並無協定，則按照慣例如賠償
成立，仲裁費用由誰負擔？　(1)買方　(2)賣方　(3)雙方平均分擔
(4)買方負擔三分之一，賣方負擔三分之二。

（　）45. 一般所稱之出口押匯，係指憑以下何者付款方式之出口結匯？　(1)L/
C　(2)O/A　(3)D/A　(4)D/P。

（　）46. CIF中的F是下列何字的簡寫？　(1)Flight　(2)Freight　(3)Fare
(4)Fee。

（　）47. 受進口商要求而開出信用狀的銀行稱為：　(1)開狀銀行　(2)通知銀行
(3)付款銀行　(4)押匯銀行。

（　）48. 下列有關國際貿易與國內交易之比較，何者是較不貼切的？　(1)交易
對手不同　(2)風險不同　(3)交易貨物種類不同　(4)使用幣別不同。

（　）49. 貿易商可從下列何管道得知國際商情？　(1)關貿網路　(2)網際網路
(3)時報週刊　(4)國語日報。

（　）50. 依照貿易慣例，若契約未明確規定，賣方應為買方投保哪一種水險？
(1)ICC(1)　(2)ICC(2)　(3)ICC(3)　(4)ICC(4)。

（　）51. 進口商從國外進口限制輸入貨品表內之貨物時，須向下列何者申辦簽
證？　(1)經濟部國際貿易局　(2)經濟部標準檢驗局　(3)經濟部智慧財
產局　(4)中央銀行外匯局。

（　）52. 新竹科學工業園區內的廠商進口限制輸入貨品表內貨品時，應向下列
何者申請簽證？　(1)經濟部國際貿易局　(2)行政院國家科學委員會科
學工業園區管理局　(3)中央銀行外匯局　(4)中華民國對外貿易發展協
會。

（　）53. 輸入之貨品應在進口簽證有效期間內做如何之處理，否則即應依規定
辦理延期？　(1)完成交貨準備　(2)自國外起運港口起運　(3)抵達本國
港口　(4)完成進口通關。

（　）54. 中華民國對外貿易發展協會輸出參展用品應向下列何者申辦簽證？

⑴經濟部　⑵海關　⑶行政院經濟建設委員會　⑷免證輸出。

（　）55. 貨物在海上遇險時，船長爲避免損失之繼續擴大，對貨物進行施救所支付之費用，通稱爲：　⑴施救費用　⑵單獨費用　⑶損害防止費用　⑷額外費用。

（　）56. 限制輸入貨品表中之貨品簽審代號爲「122」者，則爲屬應向下列何者申請簽證之貨品？　⑴經濟部國際貿易局　⑵簽證銀行　⑶中華民國對外貿易發展協會　⑷行政院經濟建設委員會。

（　）57. 信用狀大部分是：　⑴開狀銀行有條件地承諾保證買方付款的文件　⑵物權單證　⑶有價證　⑷連帶保證書。

（　）58. 對賣方而言，信用狀經由通知銀行（Advising Bank）通知，最主要好處是：　⑴只是必須多付通知費而已，並無好處　⑵較爲迅速　⑶不會遺失　⑷比較能確認信用狀的眞實性。

（　）59. 信用狀所代表的是誰的信用？　⑴買方　⑵開狀銀行　⑶賣方　⑷押匯銀行。

（　）60. 受益人到銀行去押匯時，所提示的匯票的發票人（Drawer）通常是誰？　⑴開狀銀行　⑵開狀人　⑶受益人　⑷通知銀行。

（　）61. 用電報開的信用狀，通知銀行通常如何判斷它的眞僞？　⑴核對簽名　⑵核對押碼　⑶向賣方查問　⑷視有關單據的規定。

（　）62. 通知銀行（Advising Bank）將信用狀通知給賣方，它要不要負什麼責任？　⑴它要接受賣方押匯　⑵它要負責付款　⑶它要保證開狀銀行（Opening Bank）信用良好　⑷它要負責確認信用狀的眞實性。

（　）63. 若無特別約定，貨物運輸的保險金額是依下列何者決定？　⑴FOB值×110%　⑵C&F值×110%　⑶CIF值×110%　⑷FAS價格×110%。

（　）64. 下列何項屬貿易契約的基本條款？　⑴交貨條件　⑵不可抗力的免責事項　⑶索賠期限及手續　⑷匯率風險的負擔。

（　）65. 以下何者不是目前辦理外匯業務之指定銀行？　⑴公營銀行　⑵商業銀行　⑶外國銀行之分行　⑷信用合作社。

（　）66. 以下何種匯兌方式是屬於逆匯？　⑴T/T　⑵M/T　⑶D/D　⑷L/C。

（　）67. 若信用狀上未規定押匯期限，依信用狀統一慣例之規定，應在裝運日後幾天內提出押匯？　⑴15天　⑵21天　⑶30天　⑷45天。

（　）68. 出口交易的品質條件爲S.D.（Sea Damaged），則當發生貨物在海上運輸中受到海水水漬時，該損失應由何方負責？　⑴出口商　⑵進口

商　⑶航運公司　⑷屬不可抗力。

（　　）69. 出口業者將貨物出口後，於約定之一段期間屆滿後一次清算貨款方式
稱為：　⑴L/C　⑵Consignment　⑶O/A　⑷D/A。

（　　）70. 對東南亞及非洲一些經濟狀況不佳的國家出口貨物，宜採用何種付款
方式？　⑴遠期信用狀　⑵付款交單　⑶記帳　⑷經一流銀行保兌之
信用狀。

（　　）71. 以下何種付款方式，出口商通常都要求進口商提供擔保信用
狀（Stand-by L/C）？　⑴D/A　⑵D/P　⑶Consignment
⑷Installment。

（　　）72. 以下何種匯兌方式是屬於順匯？　⑴L/C　⑵D/A　⑶D/P　⑷T/T。

（　　）73. 下列何種商人需繳貨物稅？　⑴進口商　⑵出口商　⑶佣金代理商
⑷過境貿易商。

（　　）74. 非以貿易為常業之個人出口限制輸出貨品表中，代號為「122」之貨
品時，應向下列何者辦理簽證？　⑴經濟部國際貿易局　⑵簽證銀行
⑶財政部關稅總局　⑷內政部警政署入出境管理局。

（　　）75. 輸出保險是屬於一種：　⑴運輸保險　⑵商業性保險　⑶政策性保險
⑷產物保險。

（　　）76. 出口有配額限制之紡織品時，應向下列何者申辦簽證？　⑴經濟部國
際貿易局　⑵簽證銀行　⑶中華民國對外貿易發展協會　⑷紡織業外
銷拓展會。

（　　）77. 輸入許可證之申請延期，每次最長不得超過：　⑴30天　⑵60天
⑶三個月　⑷六個月。

（　　）78. 在FOB條件下，依慣例應由何者負責投保水險？　⑴賣方　⑵買方
⑶船方　⑷銀行。

（　　）79. 投保兵險時，保險人兵險責任是終止於海船在最終卸貨港滿多少天？
⑴15天　⑵30天　⑶60天　⑷六個月。

（　　）80. 輸出融資綜合保險的被保險人是：　⑴出口商　⑵進口商　⑶融資銀
行　⑷輸出入銀行。

解答

1. （4）	2. （2）	3. （4）	4. （3）	5. （2）	6. （4）	7. （4）
8. （4）	9. （1）	10. （1）	11. （3）	12. （4）	13. （3）	14. （1）
15. （2）	16. （3）	17. （3）	18. （1）	19. （2）	20. （2）	21. （3）
22. （4）	23. （1）	24. （2）	25. （3）	26. （2）	27. （1）	28. （1）
29. （2）	30. （2）	31. （3）	32. （4）	33. （3）	34. （2）	35. （4）
36. （4）	37. （3）	38. （1）	39. （2）	40. （2）	41. （4）	42. （4）
43. （2）	44. （2）	45. （1）	46. （2）	47. （1）	48. （3）	49. （2）
50. （3）	51. （1）	52. （2）	53. （2）	54. （4）	55. （3）	56. （2）
57. （1）	58. （4）	59. （2）	60. （3）	61. （2）	62. （4）	63. （3）
64. （1）	65. （4）	66. （4）	67. （2）	68. （1）	69. （3）	70. （4）
71. （4）	72. （4）	73. （1）	74. （1）	75. （3）	76. （4）	77. （4）
78. （2）	79. （1）	80. （3）				

第四試　問答題（本試題為歷屆高考考題）

A試題：

一、試依國際商會釐訂的託收統一規則（Uniform Rules for Collections,1978 Revision. ICC Publication NO.322）回答下列問題：（25分）

　㈠何謂「託收」（Collection）？

　㈡何謂「金融單據」（Financial documents）？

　㈢何謂「商業單據」（Commercial documents）？

　㈣何謂「出口託收」（Export collection）？

二、試述於貿易索賠過程中，提出索賠時應該注意哪些基本之事項？（25分）

三、何謂三角貿易？有哪些種類？廠商從事三角貿易時，應注意哪些事項？（25分）

四、試述貿易管制有哪些方式？我國現行貿易管制採行的方式共有哪些？（25分）

B試題：

一、試述託收方式交易對進口商的經濟功能爲何？（25分）

二、在國際貿易買賣契約之一般條件中，有關通用之法律條件交易有哪些原則？試說明之。（25分）

三、跟單信用狀交易下，單據詐欺風險日益升高，試說明造成單據詐欺之發生原因。（25分）

四、何謂Internal FOB contract？何謂External FOB contract？兩者使用場合有何不同？（25分）

C試題：

一、調和關稅制度（Harmonized system）由美國、歐洲共同市場、北歐、日本及澳洲等國同時實施，試問何謂調和關稅制度？我國實施該制度可獲致何效益？（25分）

二、試述貿易索賠糾紛的解決途徑。並述各有何優缺點？（25分）

三、㈠關於外匯，請說明：（每小題3分，計15分）

1. 外匯

2. 匯率

3. 買入匯率

4. 套算匯率（Cross rate）

5. 遠期匯率

㈡一般而言，廠商可有哪些規避外匯風險的辦法？試說明之。（10分）

四、試述出口商在何種情形下可採D/P付款方式的交易？何種情形下，可採D/A付款方式的交易？（25分）

D試題：

一、何謂全險？其是否有不承保的危險？試列舉之。（25分）

二、說明確立一項貿易索賠糾紛能否成立的主要考慮要點有哪些？（25分）

三、何謂信用狀（Letter of credit）？與委託購買證（Authority to purchase）有何不同？（25分）

四、何謂產地證明書？其主要作用為何？通常由哪些單位簽發？（25分）

E試題：

一、何謂可預支信用狀（Anticipatory L/C）？依其支取款項條件，可分為幾種？試說明之。（25分）

二、何謂美國對外貿易定義？其與Incoterms有何差異之處？（25分）

三、根據美國國際貿易委員會對於各國在智慧財產權保護不周所產生對美商之影響所做的調查結果顯示，臺灣被列為表現最差國家之一，試分析其原因及其可能帶來的負面影響。改善之道又如何？（25分）

四、試解釋下列與基本險有關之名詞：

㈠TLO（8分）

㈡FPA（8分）

㈢WPA（9分）

F試題：

一、試詳述進行國際貿易買賣過程中，有哪些特殊風險存在？（25分）

二、試列出自預訂艙位至提貨為止，貨物與單據之流程概況。（25分）

三、何謂SWIFT L/C？其特色為何？試申述之。（25分）

四、請解釋下列名詞：（每題5分，共25分）

　　㈠銀行匯票

　　㈡光票

　　㈢間接匯票

　　㈣付款交單匯單

　　㈤遠期匯票

G試題：

一、試述我國商務仲裁制度的發展過程，並說明我國商務仲裁方面今後所應積極努力的目標與方向？（25分）

二、試述「交貨遲延」之意義為何？一般交貨遲延可能發生的損失有哪些？並說明這些損失應由誰來負擔。（25分）

三、訂貨付現（Cash with order）不論是支付全部現金或部分現金，買方交付貨款的方式有哪幾種？（25分）

四、跟單託收有「付款交單託收」（D/P Collection）與「承兌交單託收」（D/A Collection）之分，試解釋兩者的性質及其差別。（25分）

H試題：

一、國際貿易不同於國內貿易，試由困難性、複雜性與風險性三方面陳述國際貿易主要的特性為何？（25分）

二、試比較散裝貨物（Bulk Cargo）、裸裝貨物（Nude Cargo）和包裝貨物（Packed Cargo）三者之定義及其異同點？（25分）

三、何謂付款交單（D/P）？承兌交單（D/A）？兩者對進出口商之利弊為何？（25分）

四、試解釋下列名詞：（每小題5分，共25分）

　　㈠押匯銀行（Negotiation Bank）

　　㈡L/C通知銀行（Advising Bank）

　　㈢直接信用狀（Straight L/C）

　　㈣循環信用狀（Revolving L/C）

　　㈤紅條款信用狀（Red Clause L/C）

I 試題：

一、何謂貿易買賣風險？試述可能發生的貿易買賣風險種類有哪些？（25分）

二、何謂出口結匯？廠商應如何辦理？押匯銀行承作出口押匯須承擔何種風險？（25分）

三、何謂全險？其承保的範圍為何？全險不承保的危險有哪些？（25分）

四、何謂可轉讓信用狀（Transferable L/C）？並請依現行信用狀統一慣例（UCP）回答下列問題：（25分）

　　㈠可轉讓信用狀的轉讓次數有何限制？

　　㈡有關信用狀轉讓的銀行費用由誰負責？

　　㈢可否將信用狀轉讓給另一國的第二受益人？

　　㈣在何種情形下，可轉讓信用狀的各部分得分別轉讓？

J 試題：

一、何謂三角貿件？一國要發展三國貿易應具備何種條件？（25分）

二、單獨海損（Particular Average）是貨物在海上運輸中，因不可預期之危險所造成的部分滅失或損害，其賠償與否端視保險單之約定條件而言，說明此約定有哪幾種類型？（25分）

三、試依據Incoterms說明在FOB貿易條件之下買賣雙方的主要義務內涵，並說明於何情況下乃可適用此條件。（25分）

四、何謂託收（Collection）？依交單條件來分，託收方式可分為哪幾種？請分別簡述其特點。（25分）

K 試題：

一、何謂可撤銷信用狀（Revocable L/C）？何謂不可撤銷信用狀（Irrevocable L/C）？並說明其間之差別何在？（25分）

二、試比較順匯（Remittance）與逆匯（Negotiation by Draft）兩者之內涵及差異？（25分）

三、貿易索賠處理最重時效，如因忽略而逾越時限，雖有充分理由與證據亦難獲理賠權益，試由向供應商、運輸機構、保險公司，陳述三者索賠之時效。（25分）

四、國際貿易中使用預付貨款的方法有哪些？在哪些情況下使用？對買賣雙方

有何利弊？（25分）

L試題：

一、就國際買賣之特性，列述發生國際買賣糾紛之原因。（20分）

二、何謂智慧財產權？進行國際買賣，關於智慧財產權，應於買賣契約中，約定哪些事項較妥？（20分）

三、何謂國際商務仲裁？其判斷之法律效力如何？（20分）

四、在國際間之買賣，經代理商之所謂間接買賣，其優點如何？（20分）

五、說明下列名詞：（每小題4分，共20分）

　　㈠Institute Cargo Clauses

　　㈡C.I.P.（CIP）

　　㈢CY/CY

　　㈣Clean B/L

　　㈤ISO（I.S.O.）

M試題：

一、試就下列兩個案例說明其進出口貿易應有的流程為何？（20分）

　　㈠臺灣塑膠工業股份有限公司汞汙泥之出口

　　㈡比利時乳製品之進口

二、何謂擔保信用狀（Stand-by Credit）？其與一般信用狀相異之處為何？並舉一實例說明其運作。（25分）

三、申述接單後生產（Build To Order）及全球運籌管理（Global Logistics）兩概念，對國際貿易之影響。（25分）

四、解釋名詞：（每小題6分，共30分）

　　㈠單證合一

　　㈡複合運輸

　　㈢技術貿易轉移

　　㈣國家風險

　　㈤眞品平行輸入

第三篇

教練篇

第 1 專題

貿易公司之設立

主講人：林昌星　林勝貿易公司／總經理

　　貿易公司的設立其實是很制式化的，有其一定的標準，主要以貿易公司的營運所需注意的事項為主。現在臺灣約有十幾萬家的貿易公司，但是真正營業額在100萬美金以上的，卻沒超過15,000家，約只有10%的重點是在做貿易，其他90%成立的目的各有不同。當初會自行出來創立貿易公司，是因為當時公司裡的德國客戶在臺灣採購量愈來愈多，想自行在臺灣成立採購處，但又無法德國、臺灣兩頭跑，因此商請出來成立貿易公司，幫助在臺灣執行採購的工作，由於已在貿易公司訓練有成，加上這個機緣，所以才有今天的林勝貿易公司。但現今要有這種機會，其實已經是微乎其微了，因為現在所有資訊已經很透明，且臺灣的一些傳統、基本產業大多已成為夕陽工業，再加上臺灣的國際化，目前一般工廠本身都已能自行做貿易，除非願意辛苦等待機會，否則要大發利市，其實是很困難的。

　　要做高科技產業類的貿易，還得在進入這個產業前學習基本知識，經過一段時間才能上軌道，尤其現在已經國際化，加上資本競爭激烈，所以現在一般要開貿易公司已經不再像以前那樣容易，一個小資本的公司如果想按照以前貿易公司的做法，其風險是很大的。不過，臺灣有臺灣的利基存在，加上我們和中國大陸貿易往來密切，又與其同文同種，所以外商公司還是會藉由臺灣來與中國大陸合作，雖然成立貿易公司已不再像以前那樣容易，不過反過來利用此種國際化趨勢，我們還是有異於以往的優勢。

壹、成立貿易公司之目的及條件

　　為什麼要出來開貿易公司？要先設定自己的目標在哪？任務是什麼？不要未成氣候就盲目跟著潮流走。

一、目的

1. 經濟性

　　有一定的條件、市場、人才，方可出來成立貿易公司，以達到經濟目的，獲利容易。例如，一般貿易公司的利潤約在10%左右，那麼成立公司投入了50萬資金，第一年內是否有500萬營業額的能力？自己本身必須先衡量一下回收的經濟價值是否足夠。

2. 非經濟性

而上述提到還有約9萬多家的貿易公司，有許多是為了非經濟性的目的，志不在賺錢，基本多是為了財務上的操作原因，例如：成立OBU操作，甚至是避免逃漏稅出問題，才成立許多紙上貿易公司。

以上這些都是貿易公司，不過不論如何，成立貿易公司事先還是先確立其成立的目的。

二、條　件

欲成立真正有經濟性的貿易公司，以下有幾點較重要的參考條件：

1. 人才

首先要有充分的人才，尤其要問創立貿易公司的創辦人是不是人才很重要，包括其電腦處理能力、語言能力、心思細密程度以及對產品的了解程度為何，都是關鍵性的考量因素。而所謂對產品的了解，不光是對自己公司產品的了解，還得對所有競爭者的產品也要有澈底的了解，同時也要能得知競爭者的優勢以及自己的競爭優勢在哪兒，然後再擴及亞洲相關行業的競爭者其優勢為何，如日本、大陸及韓國等地，之後要做到能對全世界的競爭者都要了解，起碼要能清楚全球上，自己的同業競爭者有誰，其產品特色及臺灣本身的優勢。在分工細密的時代下，貿易公司提供的是服務，在與客戶商談時，能夠提供給客戶對產品的專業知識，像能夠提供其更完備、更適合的產品及服務，比提供其較低價商品來得重要許多。

2. 產品

產品要有獨特性，選定有前途的產品，好好的成為此項產品的專家，那麼出來競爭才有大的勝算。如果總是對產品一知半解，那麼就算知道很多產品，也是行不通，因為人才輩出，永遠都會有比自己更專精的人，自己手上的訂單很快就會易主。如果不是本科系出身也沒有關係，只要用心，就可以做得很好。所謂「懂產品」並不是意謂著要會製作，而是所有的目錄都能看得懂，這樣就夠了，因為目錄並不會寫得很詳細，所以如果連看懂目錄都有困難的話，就必須要衡量一下自己的能力了。

3. 財務

由於貿易往來都有較固定的客戶及下游廠商，一般客戶都會要求不要以

國內信用狀支付，改做其他付款方式給個方便，而基於自己的信用，付現給下游廠商是最好的方式，因此如果想要有能力以自己的資本取得訂單（等於貸款給客戶之意），那麼本身的財務管理就非常重要了。不過放帳是個極具風險的方式，要有良好的收帳能力，且要事先設立一個額度，千萬不要無限度的擴張額度，萬一收不回的帳導致公司營運困難，甚至是倒閉風險的話，就太划不來了。

4. 市場

欲從事貿易首先要了解市場，才知道自己的產品可以賣給誰。參展是個很好的方式，藉由與國外客戶接觸的機會，就可以為自己擬定一個方向。至於了解市場，如果等有意出來開公司才去了解的話，就稍嫌太慢了，在進入貿易行業前，甚至是學生時代，就可以試著了解市場，利用參觀展覽是個很好的方法。目前臺灣的電腦、自行車等具創新的展覽，還能吸引許多外商前來。

貳、貿易公司之設立

公司法修改過後，已可以成立一人「有限公司」，資本額50萬即可，因此目前要先設立公司變得比以往更容易，還未修改前則需五人才行，現在就可免去了股本比例等問題。而以前如果欲成立「股份有限公司」則需要七人，還需發行股票，現在只需要二人，其中未成年人也可以，只不過不能當董事職位。因此在臺灣目前成立公司已經非常自由化。

一、獨　資

如果有意願開設貿易公司，且上述條件都能符合，有能力、有抱負，想要照著自己的方向去做的話，那麼為了省去許多意見麻煩的話，採取一人獨資是個很不錯的選擇。

二、合夥（與國人或外資合夥）

若是將來公司要擴大經營，或是有同業、談得來的朋友，其也有所成就時，那麼就可以採取合夥的方式來經營。通常會採取和外資合夥，多半是因其有訂單、有市場，而我方熟悉本國人才。但是目前在臺灣要與外資合夥，仍須經經濟部主管機關同意才行。

三、境內或境外

　　現在因為國際化，許多貿易公司因財務操作等不同因素，都已有境外公司。而要前往中國大陸投資成立貿易公司，目前還不行，因為中國境內目前只核准包含9家外商在內的36家貿易公司（27家為中國本國的公司），准許其幫助外商登記成立外商公司投資設廠，也就是說，欲前往投資必須透過這36家公司，其中只有1家是臺灣的公司（焦仁和先生）。因此在中國大陸只能投資設廠成立貿易部門，而不能單獨成立貿易公司。而如不投資設廠，純粹只是拿取訂單的貿易公司，只能成立聯絡處，不過大陸方面也有規定能成立聯絡處的建築物（設外大樓），只是中國人一向說一回事，做又是另一回事，所以其實只要登記處符合規定，並繳交相關費用，實際上要在哪兒做都是可以的，只是不能自己直接出口，須透過中國大陸的國營公司出口牌出口，以其名義來做（須繳交費用），除非年營業額達到2千萬美元，就可以特許跟中國大陸中央的國台辦申請做貿易。不過不投資設廠，光是貿易一年要達到2千萬美元是有其困難度的，所以目前在中國大陸只有少數幾間公司能符合資格，就連當地的個體戶都還需透過國營公司出口，我們期待在加入WTO後，能完整開放。（請密切關心演變）

　　一般需要合夥的公司，除了自己很強要擴張經營，不然就是自己比較弱，否則還是以獨資方式進行較好，且中國人一向有「寧為雞首，不為牛後」的觀念，要合作並不如想像中容易。

　　大陸為了因應加入WTO必須市場開放的政策，於2004年年底開放貿易權，這對兩岸三地的貿易業者而言是個大利多的好消息。

參、公司設立登記及應備資料

　　要成立公司的程序是非常簡單的，首先要找會計師，因為會計師要包辦所有的登記及註冊手續。

　　⑴包含公司中英文命名、地址、營業性質、股東的姓名、住所（或居所）、資本額、盈餘分配、股東之職權、公司的解散、轉讓、公告及實施日期等有關事項。

　　⑵公司組織：包括職務的分派及權責的分配，並繪出組織圖。

　　⑶公司資金之運用：包括開辦費用，如辦公用品、設備的購置及其他費

用（如：公司登記之代辦費、律師費、房租、銷售費用……）、流動資金的提存及每月支出之預估等。

命名：通常準備約四至五個名字，按喜好的優先順序排列，交由會計師去查詢是否與已登記公司重複，若未重複，即可使用。取公司的名稱，尤其是英文名稱，最好能夠從A字頭開始，例如Acer，因為在許多公司的名冊下，外商公司可以很快就在前面找到自己的公司，增加商機，對於公司參展更是有利。

登記：欲成立有限公司或股份有限公司，要一次就決定，不然屆時要更改是需要花費一些時間和金錢的。對於新成立的公司來說，為省去麻煩，所以只成立有限公司，結果後來發現有限公司的盈餘不能轉增資，而股份有限公司可以轉增資，且股份有限公司也可享有有限公司不能享有的政府許多鼓勵條例。而現今政策已開放，所以將來要成立公司，建議就直接登記股份有限公司即可。

肆、貿易公司之營運

在此針對出口為主（進口就以國內市場為主，相反操作即可），以下大致分為四個時期來談。首先，草創時須注意的事項；第二，草創基礎穩固後，開始成長；而成長之後開始穩定，再來就面臨再成長，或者是無法再成長時，開始面臨衰退。

一、初期（草創期）

草創期是最重要的，大家千萬不要以為開始是小公司，隨隨便便有客戶就好，一定要特別注重細節。

1. 制度之建立

一開始就必須想到制度的建立，何謂制度呢？一開始一定需要製作目錄、印製信封信紙、名片，做公司logo，此時要思考全部代表公司的東西都要有一致性，讓廠商一看到就能聯想到自己的公司，甚至十年、二十年後都還可以使用，不然一開始做每年都不同，三、五年後還需要重整，又是一項麻煩。而想好了公司的logo之後，就要馬上去登記，等自己成功後，讓別人登記了，就什麼也沒有了，這是身為一位經營者所需要的遠見。而像一些公司制度，如福利制度、分紅、甚至獎勵制度，除了要符合政府規定之外，還可以結合自己的理想。例如林勝公司從以前開始至今，員工從來不用打卡，這就是制度。如果一

個擁有上千名員工的公司，光是打卡就必須花掉許多費用。所以一個公司的制度維持是需要很有心的。而公司的制度建立，是必須配合隨時百變的法令，不是一成不變的，像信紙的製作，在設計時，要注意材質及重量，多加二頁信紙會不會超重？是不是可以多放一張名片？這些都是事先就要考量的。

(1)文化之形成

身為一個經營者要注意，公司是有文化的，文化往往決定公司的管理。文化的形成是自然的，從生活裡自然去養成，不必刻意去雕塑的，只要有幾個經營者看得出來，身體力行去做，就能將整個公司的文化帶上來，就算三、五年看不出來，十年後就可以看得出來。公司有文化，才會形成外界對你的評價，而評價的好壞就決定了公司能不能成功。許多較大的貿易公司，拿到訂單喜歡在外面吃吃喝喝，收取回扣，上司知道卻不制止，因為公司的待遇不高，造成了員工收取回扣的習慣。當公司規模愈來愈大時，老闆發現員工如有不正當的行為時，就算是跟著公司一同成長的老員工也是一樣，要如何讓其很有面子的改過，這就是身為經營者的智慧，因為當資深員工有不良的壞習慣而沒有更正時，後進的員工就會一起仿效。

(2)軟硬體之購置

既然要成立貿易公司，那麼設備使用先進一點會比較好，不論是傳真，或是傳送的任何東西，都要讓客戶有品質良好的感受。

二、成長期

1. 人才之形成

在臺灣一般做老闆的都覺得自己是萬能的，但當公司進入成長期的時候，所服務的顧客也漸漸多了，這時公司就會發生人才不足的現象，如果想要公司能順利的進行下去，那麼人才的培養即是重大關鍵。要如何看出公司是否有足夠的人才呢？其實公司老闆可以試著出國一個月，如果公司能夠正常運作的話，那就代表公司有足夠的人才。公司的成長一定是靠人才，但是訓練人才是不簡單的，要訓練非常專業的人才，更是需要長時間的培養，沒有三、五年是不可能成功的。

現代化之經營理念

現在一般臺灣的中間階層，上大學前所受的訓練就非常辛苦，而上了大學

後，又得忙著補習、報考研究所，在進入社會就業前所過的生活實在很緊湊，一刻也不得閒，所以一旦進入社會就業後，自然就有如脫韁野馬，獲得難得的解放與自由，當然就很難想到要繼續充電、累積知識。但是，人一旦進入社會後，遇見的狀況是超乎想像的，有時則是超出我們的專業領域，非自身能解決的，所以我們更需要多方面吸取新知，以應付突如其來的種種狀況。而參加各項有益的進修學習課程，更能擴展生活領域與多方知識。

2. 健全之財務

公司成立後，財務狀況須非常健全。大體上林勝公司的經營算是很成功的案例。然而，在成功的過程中仍有失敗的，例如爭取訂單的能力是很強的，買家只訂購一個貨櫃，而竟有能力說服對方多訂購二到三個貨櫃，而且還能讓買家買得愉快，並有下次再合作的意願。但是，對公司的財務處理上卻不是很用心，總認為公司體系很健全，且訂單又多，所以並沒有太關心公司的財務狀況。做國際貿易的廠商，對於臺幣與國際間的匯率變動，更需特別隨時觀測其走勢。例如：林勝公司於2000年，光是匯率上的損失就高達2,500萬臺幣，因為林勝公司主要的業務在德國，其貿易額約一千萬馬克左右，及約500萬美元，其占了公司營業額的50%，而在2000年，馬克貶值嚴重，平均一馬克將近損失三元錢幣。且其損失的原因只因公司對臺幣沒信心，且對匯兌情勢做了錯誤的判斷，所以決定把馬克放在馬克銀行戶頭裡，而沒有兌換成臺幣，就造成了如此慘重的損失，由此例我們可看出匯率對貿易公司的重要性。

另外，在押匯時也要非常注意，如果不注意的話，銀行可以扣公司5.5%到5.75%的美金利息，如果有去爭取的話，只扣4.5%而已，中間差1%，別小看這1%，其實現在大部分貿易公司的利潤也僅僅只有2%而已（以前國稅局不查帳的限制是6%的稅前毛利，而現在則不到1.5%～2%就不會查帳）。所以我們在美金押匯的利率上省掉1%，就等於替公司多賺進50%的營業額，這是非常可觀的影響。再者我們也可以貸款為例，例如：臺灣曾發生的921地震，政府提供業界3.5%的超低利貸款，如果我們能善加利用這項貸款優惠，其實同樣可以為公司創造非常驚人的利潤，且這些利潤只是純粹利用公司對資金做有效的利用或調度而產生出的純淨利。

公司對於財務的管理、資金的運用，如果不小心謹慎，加上高層主管不能時時關心匯率走動情勢及國際政經狀態，而誤做財務決策，那麼公司所蒙受的匯率損失就足以使其陷入營運危機中，嚴重者甚至倒閉。所以公司財務的管理

是否健全，操縱著公司的存亡與否。林勝公司就是利用了健全的財務管理，而替公司創造出多於同業好幾倍的利潤，使得林勝面對目前如此普遍不景氣的經濟窘況，公司不但不用裁員，年終時，公司還準備發放2～3月的年終獎金呢！由此可見，財務健全的管理絕對是時勢所趨，也是公司在此不景氣下生存的重要利器。

三、穩定期

公司制度之檢討

公司走入穩定的時期時，公司經過7、8年了，我們也必須要重新檢視一下任職於公司7、8年的資深員工們，是否已有了職業倦怠症，並且他們能發揮的潛力還有多少？此時，我們必須評估是否該設立另一套不同的制度，來促使員工產生新的動力，而進一步在事業上再做一次衝刺。讓這些老員工能融入公司，認為自己也是個老闆。雖然老員工的待遇已經是一個程度以上了，但是老員工們也會想，我已經跟了老闆這麼久了，薪水卻還是一直固定在一定的額度上而無法突破，而老闆卻一年賺得比一年多。這類想法對員工而言是非常容易導致職業倦怠症的。另外，資深員工對公司的作業流程早就一清二楚，他們大可以離職，自己創立一家貿易公司，而這對原公司而言，絕對是種損失。所以如何留住老員工，利用老員工資深的專業知識，為公司再創另一波事業成長，是值得公司去衡量的，而設立資深員工的額外獎勵制度，也是絕對有其必要性及企業價值的。

四、再成長期（衰退期）

公司過了穩定期後，接下來企業將會面臨一個難關，那就是衰退期或再成長期，企業的經營只有一個大原則，那就是「不進則退」。如果在跨進這個階段前，不懂得做好再一次接受挑戰的計畫，那麼進入此階段的同時，也代表著此一企業的死亡。有人問王永慶董事長說：「為什麼您年紀這麼一大把了，還堅持要繼續管理公司，而不選擇退休呢？」，而王永慶卻做了這個回答：「企業就是我的生命，當我脫離企業的那天，即代表著我的死亡！」由此可見一企業家，在面對自己企業時的執著與努力的態度，這其實也是企業會走入衰退期或進入企業再成長期的重要關鍵。如果，一企業維持在起飛與不起飛之間，而老闆卻不能夠秉持著與企業同進退的理念，努力設法突破，那麼企業絕對會面

臨衰退。然而，就算是企業想要衰退而不想再前進，老闆也必須做好衰退的準備，讓跟著公司這麼久的員工可以接棒或得到合理且完善的安排，這是一個企業基本的社會責任，也是絕對必須做到的責任。

伍、經營貿易公司必須隨時注意之事項

一、人才培訓

公司的人才夠不夠，老闆每個月必須要抽時間檢視一下。尤其，現在所面臨的時代不同了，現在已進入了「員工開除老闆」的時代，尤其是經營中小企業的貿易公司，員工很容易找到，一旦員工學會了貿易公司的這一套制度，加上與貿易公司聯繫的周邊廠商也清楚、熟悉時，員工其實是很容易自己創業當老闆，或容易找到其他的工作的。其實在貿易界要培養一個優秀的人才，必須花3～5年的時間才可能成功的，而且優秀的員工又非常難得；所以，只要一有機會，員工出走的可能性是很大的，由此我們可以了解貿易公司爲什麼要時時檢視公司人才夠不夠用的原因了。

二、新產品的開發

1. 市場分析

針對幾個目標市場，並對其市場特性、消費偏好加以詳細分析。

2. 產品（Products）

包括產品之選擇、品牌之選用、包裝之要求（含經濟性、功能性、情報性、魅力性及促銷性）、保證與服務之方式。

3. 定價（Price）

公司之基本定價必須考慮：價格策略、折扣、付款方式及銷售的方式。

4. 推廣（Promotion）

即促銷推廣的方式，包括在雜誌上刊登廣告編製並寄送精美目錄、參展、訪問團考察市場，尋找國外商業名錄，經外貿協會、銀行、船公司、商會之介紹……，公司可視其本身的情況加以選擇其需要的方式。

5. 銷售通路（Place）

根據市場分析的結果，行銷策略的採行及公司的目標市場設計出適當的銷售通路及方法。

現在的社會已不再只是懂得如何生產了，而是要懂得如何研發、如何創新，來賺取行銷的錢、知識的錢。因為是貿易商，所以身負重任，遠行世界各地，引進國外的技術，幫助國內的工廠開發、製造，再往國外行銷，以賺取高額的利潤，這樣的賺法已不是傳統只負責製造的利潤所能比擬的，其利潤往往高達30%～50%。林勝公司每年都會預算幫客戶開發的經費，以幫助廠商提高獲利力。而這也絕對是臺灣廠商未來應保有的核心競爭力，以區隔於大陸的純製造廠商市場。這是一間貿易公司永續經營的不二法則。

三、市場的敏銳度

貿易公司老闆一定要有足夠的市場敏銳度，在設定每一業務區的利潤時，也要有絕對的敏銳度，例如：林勝公司的同一產品在歐洲的利潤，絕對和在北美的利潤不同，歐洲大約為北美的2倍；在立陶宛市場的利潤約為德國的3倍。老闆一定要勤走於各國之間，了解各國市場狀況及行情，並努力尋找未經開發的市場，尋求更高的獲利。由上例可見，立陶宛雖然是個小市場，但是卻有如此高的獲利率，勝過在美國與同業爭相搶食市場來得事半功倍。

四、穩健的財務操作

雖然林勝在東歐市場的利潤非常高，但是由於買主的資金週轉不靈，要求林勝開60天的D/A，最後又延成120天的D/A，當時，臺灣的其他廠商也紛紛相中這塊肥美的市場，大舉投入，造成那時的產品單價在半年內狂跌了30%，而當時東歐市場並非林勝的主要市場，所以也沒特別注意到其中變化，而最後造成林勝12萬美元的呆帳。所以，公司的財務運作必須要事先規劃完善，不然只要一不注意，公司就有可能跳進陷阱，而導致財務面臨危機，甚至公司可能因呆帳而倒閉。

五、公司形象的維護

做貿易公司與工廠有著密切合作關係，而貿易商也扮演著盡力替工廠維持正常營運的角色，一旦買主不能如期匯款或延遲匯款的天數太長，那麼工廠維

持正常營運的風險就會變得更大。或者貿易商船期延遲，導致貨款延遲，也同樣會使工廠面臨風險。所以，林勝公司為維持公司的形象，無論賣方是否延遲匯款，林勝仍會如期開票給工廠，以確保工廠正常營運，同時也使得工廠對此貿易商有更好的印象。其實，公司形象的維護也是貿易公司的一種資產，因為「有好的形象、好的交情就會有好的競爭力」。再者，公司員工在外的一切行為也都代表著公司，所以員工的形象也是很重要的。如果員工在外收受不當回扣，或在外喝花酒等，都絕對會嚴重影響公司的形象。所以，老闆必須盡力勸阻員工有此類行為，如果屢勸不聽，那麼就只好予以解聘。但為完全杜絕此種行為的發生，公司應成立獎懲辦法，或者給予員工更好的薪資、年終獎勵，以阻斷員工在外收取回扣的動機。

六、國內外關係之檢視

不要以為熟的客戶或工廠，就一定是永久的客戶；也不要以為交情好的客戶就一定非得購買你的商品。其實，最安全的地方，往往也是最危險的地方，大宗採購商常常在一夕之間就拱手讓賢、不翼而飛，如果公司老闆不時時注意市場上產品價格變動的話，國外買主只要一找到比原先價錢好的廠商，它雖然不會一下子就跳槽，而會使用一樣樣脫離的方式，讓原廠商難以察覺，而原廠商又沒有足夠的市場敏銳度來予以阻斷的話，那麼就算雙方有再好的貿易關係也是於事無補的。對國內的廠商而言，由於目前貿易商供過於求，所以常陷入價格戰中，常常是不擇手段地將生意拉到手，再利用其新開發的產品利潤來彌補之前的損失。所以如何鞏固國內廠商，做好市場情報，也是同樣不可獲缺的任務。與國內、國外客戶的關係要規範、整理清楚，並要時時掌握商機、商情，避免成為惡性價格競爭下的犧牲者。

七、國際政治、經濟之走向

例如在911事件以後，業者若不能察覺美國市場此時需要什麼？國際情勢如何？美國國內經濟如何？那麼不但會平白損失掉商機，也可能遭受無謂的損失。當臺灣南部發生颱風災害時，屏東的紅豆出現大量需求，如果業者事先從巴西進口大量紅豆，那麼其獲利率必定大增。由此看來，業者如果能洞悉國際間的政經走向，貿易公司的市場利基將會隨即浮出檯面。

附錄　貿易公司之組織

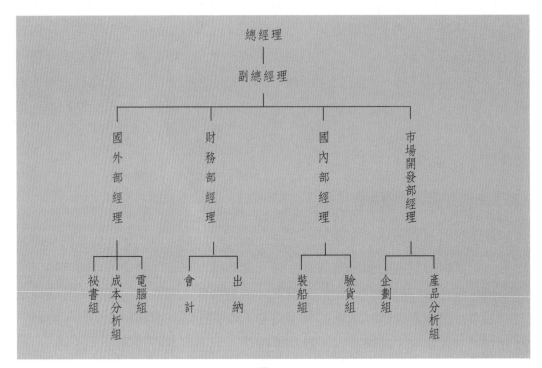

圖1-1

第 **2** 專題

國外市場開拓～以中東市場為例

主講人：董振仁　昇冠貿易有限公司／總經理

一聽到「中東」這個名詞，讓人很快聯想到911事件的賓拉登或以巴衝突之自殺炸彈攻擊，是一個充滿恐怖不安的地區。其實不然，恰好相反，中東人（即泛稱阿拉伯人）大部分信奉回教，民族性如同蒙古、新疆人，或如同臺灣較南部之鄉下人。民風善良純樸，類似中華民族，尤其對臺灣人相當友善。現在他們的處境可說有如時光倒流到清末之受洋人欺凌，八國聯軍列強想聯合沾點石油所帶來之利益一樣；當時的「義和團」，正如同現在西方國家定義的「恐怖分子」。阿拉伯人以前是遊牧民族，三餐大多以甜栗和駱駝奶果腹而已，非常落後、貧窮。他們發跡致富乃近50年發現石油後的事，相當於臺灣靠農地致富的「田僑仔」。所以大家可想像此地區的人多單純，市場多麼充滿吸引力？為什麼？因為當地的工業基礎很薄弱、工廠很少，幾乎90%的東西均須倚賴進口，真可謂「多金」且又「商機無限」的處女地。

另一吸引的地方為：中東人不像歐美生意人對產品那麼的了解、精明，只要經客戶看過同意又實惠，可以瞬間得到超乎想像的利潤。曾有一家公司賣一種阿拉伯人非常喜歡、很普遍使用的「薰香木」基座。本來是銅材質做的，他用鋅料電鍍後，比銅製的外觀看起來更漂亮，結果非常暢銷，幾乎每天出貨櫃，甚至多了好幾家工廠製造，且利潤是賣一個賺一個。一、二年後競爭者相繼模仿，利潤開始下滑；他又改良內放鐵片、外殼用塑膠真空電鍍，看起來與鋅電鍍一樣，又輕又方便，不失其功能，結果又賺了一、二年，估計賺了至少上億元。所以只要有「創意」，「變巧創新」的產品可能讓人一夕致富。因限於篇幅，很多特色之地方可上網搜尋「中東風采」之介紹，在此不再贅述，僅就與大家較有關之貿易主題簡略敘述如下：

首先對中東總體外在環境之機會與威脅，以及該區潛在商機之狀況做一描述，再以如何進入中東市場之策略與方法，就本人之淺見做一探討，期能散播一點商機種子，人人能收割，為國家多傾注一些外匯。中東地區大致可分為同質性較類似之三區：

1. 波斯灣區

以阿拉伯聯合大公國（七個酋長國組成）之杜拜為代表，包括阿曼、巴林、科威特、伊朗、卡達。

此區鄰近國家很多都到杜拜來採購，常會設分公司於杜拜，並以其為中心轉運到很多國家，例如：伊朗、伊拉克、阿曼、卡達，甚至俄國、非洲國家也有。所以初期欲拓銷此區，應以杜拜為切入點較有效率、效果。惟杜拜80%以

上大多由印度人居住及商業生意往來，公司成立及結束營業比例很高，應注意信用。此區除巴林、科威特外，品質要求不高，以價格取勝，尤其大陸貨相當多。甚至中國大陸已在杜拜設了很多零售商店直接銷售，到處充斥著仿冒品，訂購數量很少，除非轉銷他國；伊朗因兩伊戰爭，內傷嚴重復原中，外匯短缺，都到鄰近國杜拜、巴林買貨，少量多樣化是行銷此區的策略，也惟有如此才有市場和利潤空間。

2. 紅海地區

以沙烏地阿拉伯為主、葉門為輔。

沙烏地是中東很富有的國家，也是宗教信仰最虔誠的回教國家。嚴格禁酒，無娛樂場所，教律甚嚴，一天拜五次，聽到廣播朝拜時，所有商店均須暫時關門停止營業，所有客人必須在門外等他們拜完回來，所以拜訪時須控制時間；在沙國，外國女性除非已婚並且在丈夫陪同下或與參展團同進同出，否則不易進入沙國。市場很大，很多非洲國家均會來此採購。尤其每年朝聖期，會湧入幾百萬的外國人來到第二大城——「吉達」附近之「麥加」聖地朝拜，可想而知生意之好，其中內含多少商機？也許短時間某種產品很缺貨，因而在這期間會急需訂貨是常有的事。沙國的生意人很多都是來自葉門，且在葉門政商關係很好，很多在葉門都有分公司或分店，尤其葉門最近發現石油，開始愈來愈富有，應為中東市場黑馬之一。

3. 地中海區

以約旦為代表，包括黎巴嫩、敘利亞、伊拉克、以色列、土耳其、埃及（與摩洛哥、利比亞屬北非，但大多講阿拉伯語，市場大，凡跑中東線的廠商大多會去）。

此區深受歐洲文化之影響，甚至外表均像歐洲人，教育水準亦較高，品質要求高，大多用歐洲貨。但經常戰亂，尤其歷經中東六日戰爭、黎南動亂，消耗國本，普遍很貧窮，貧富差距很大，現在漸漸讓低價位之大陸貨所取代。故低價位產品可採低成本策略，高價位採差異化行銷較佳——交互運用。此區幅員遼闊、客戶不太集中，宜尋找代理商或佣金代理人去行銷較有效果。此區有一國家以色列，本來與巴勒斯坦是兄弟，來自同一種族基因（祖先），可能因宗教（猶太教）信仰太獨專排他。西元六世紀時，被「巴比倫」王國逐出當地分散到各地，直到第二次世界大戰後，才由英美協助返回已由巴勒斯坦世居一千五百多年的地方，並逐出巴勒斯坦人。搞得不知是誰鳩占鵲巢？於是引起

紛爭，相互殺戮，導致仇恨加深；冤冤相報何時了？其實是「煮豆燃豆箕，相煎何太急？」如同東西德、南北韓、南北越，甚至慶幸我們沒被以長江流域分南北中國及戰後日本一分為二。如果二方都堅持不退讓，就會讓只想到自己的利益為考量、想漁翁得利的人達到目的。「有時吃虧就是占便宜」，就不會兩敗俱傷，不是嗎？

以色列境內占領之西奈半島，還住著很多世居的巴勒斯坦人，而在約旦之生意人又大多為巴勒斯坦人，所以到這個地方要了解一下政治背景、注意安全，少去有猶太人或美國人多的地域或飯店；為何提到美國人？因目前阿拉伯人大多已取得一共識：即美國支持伊拉克打了八年的兩伊（伊拉克與伊朗）不分勝負的戰爭，最後因爆發「諾斯中校」軍售伊朗案，而自動停息兩國戰火；而伊拉克入侵科威特卻只用短短不到二天的時間解決。回顧兩伊戰爭中死傷上百萬的人何辜？收復科威特後又留下戰爭禍首——「海珊國王」，令阿拉伯人實在百思不解？所以中東人普遍認為，由以色列人影響主導的美國，只是為石油本身的利益，不是真心想幫助他們的。這也是造就本來由「美國情報局」培訓在阿富汗抗俄的「賓拉登」，現已成為阿拉伯人心中的「偉大英雄」，反而起來反美之因。反美及仇恨猶太人已深植阿人心中；政治放兩旁、經濟發展擺中間路線準沒錯。歷史告訴我們，有戰亂的地方，會阻礙國家繁榮進步，第一、二次世界大戰，沒在美國本土打過，乃造就現今最強之國家。了解了整個中東大環境的文化、政治背景後，所謂「知己知彼」才能「百戰百勝」下決策。

一、進入中東市場應採取的策略

1. 低成本策略

即有競爭性之價格，中東市場交易方式不像美國有進口商、大盤商、小盤商、零售商制度，商品到消費者手上往往是3～4倍產地價。這裡每家商店大多自己可以直接進口及販賣，同行業店面有些很集中在一起或整條街，例如臺北迪化街專賣年貨。市場價每家均很清楚，報價差1～2%就很敏感，可能被轉單，所以如果在臺灣或大陸有設廠，價格低的、很有競爭性的則適合採用。

2. 差異化策略

此區工廠少、出口最多的就是石油、礦產（大宗物質），大部分產品均進口，以前都是由歐美先進入，所以要求品質好的，高消費者還是有。如果您的產品以前是大部分銷到歐美的，則成功機會很大，因為歐美很多由臺灣OEM代

工轉銷此地，價格賣得很高，與臺灣直接外銷之產品一比較下，品質一樣、價格便宜很多，則成交率很大；或者您的產品有創意、創新特色，則可選擇一家好的代理商或經銷商據點拓銷，勿賣給很多家則利潤可期。

總之，價格有競爭性、品質客戶可接受，乃為拓銷此區長保永續競爭優勢的成功關鍵因子。

二、拓銷中東市場進入方法與管道

1. 直接拜訪

阿拉伯人民族性很保守，遊牧民族特性喜歡面對面「討價還價」之議價方式，可想而知最好的拓銷方式就是「直接拜訪」，採主動出擊較有效果。往往是見面三分情，單子也較大，如光靠書信往來，保守個性的中東人會以為「賣方」算定他急需貨才主動詢價，而會報比較高的價格給他，所以不喜歡主動（如同女人之矜持）詢價；相對的，亦不易相信陌生供應商而輕易做第一次交易。自己曾發生過有一大客戶拜訪了七次才成功：第一次連見面打招呼都沒時間，第二次「搖頭」，第三次說「NO, SORRY」，第四次說有很多「STOCKS」，第五次說「市場不景氣」，第六次說「已有跟別家公司配合了」，第七次終於精誠所至、金石為開才坐下來談，因產品價格具吸引力才成交。所以有耐心，如何找出吸引客人且適合銷售市場、有競爭性的產品，則為行銷成功關鍵。

2. 參展

如果沒時間經常拜訪，則參加當地展覽不失為有效之方法，中東地區對他們來講，猶如國內，開車或搭飛機來回很近、很方便，且同樣講阿拉伯語之地方較易出門看展。其中三個主要各區之參展代表為：①杜拜（波斯灣區）；②沙烏地阿拉伯首都——利雅得（紅海區）；③土耳其或埃及（地中海區）。參展後，順便遊覽許多古文明古蹟，尤其在夢幻燈光投射的金字塔旁，晚上享用阿拉伯大餐、欣賞美妙動感的肚皮舞，聆聽能讓人體內細胞跟著舞動、跳躍、貫穿心靈的阿拉伯音樂，會讓人午夜夢迴、餘音繞樑三日，即值回票價。這幾個展覽，鄰近國家甚至非洲客戶、東歐客戶、俄國人都會來參觀。其次德國科隆展效果亦不錯，很多中東地區大老闆都會去看。

3. 親朋介紹

中東人家庭意識很強，幾乎每個星期五會在某一個親人家相聚用餐聯誼，

連結婚對象都喜歡找親戚朋友相當親近認識的；而親朋來自各行各業、各地區的很多，經由介紹會很快取信於對方進而商機大；要不就透過做中東線且信譽好的公司介紹不同行業之客人，亦為可行之方法。另政府或工商團體有在當地參訪時，可多舉辦類似阿拉伯婚禮雞尾酒會，廣邀工商界負責人或經理聯誼，在很長的餐會中互通訊息，拉近彼此距離，效果亦不錯。

　　二十一世紀是中國人的世紀，似乎已漸成雛形，溫和的民族個性、中庸之道的傳承、不侵犯任何民族。「好感」已漸漸在全世界匯聚成除了美國之外最強的國家。尤其在蘇聯瓦解後，似乎整股利基（資金、人潮）朝中國匯流。2008年奧運、中國大陸改革開放後，低廉的工資已成為「全世界的工廠」，全球的資金不斷貫入大陸，「鋪橋造路」加速的建設，使得各國一片不景氣中，唯獨中國經濟高成長。加上兩伊戰爭，伊拉克入侵科威特，及美國911事件後，英美又惹上一民族性強悍的「阿富汗」，正在逐漸威脅、破壞、消耗以力服人的美國後果未卜，已引起大部分阿拉伯人的反感，中東人的龐大資金已漸撤出美國，以前大多向美英進口的貨物，紛紛轉向臺灣、中國大陸或其他國家購買；人人更害怕美國成為美洲的「第二個以色列」，處處人肉炸彈而裹足不前。美消中長已漸漸萌芽。

　　形勢所趨，臺灣昔日太過依賴美國市場的想法可稍微調整，學學美國的準則：「只要符合我們的利益」。何不直搗黃龍，往商機無限、容易開拓、較落後之中東市場，直接取代歐美？正如移民到較進步、已開發的國家不易糊口；反而印僑、菲僑能致富一樣。臺灣品質已不是「低劣」或OEM時代，程度應已提升到中高品質管理服務的階段。在臺灣或大陸之投資不只在加工或純製造業，應是全球化的「投資管理服務業」。即成為營運中心，在各地投資的國際企業，地位應定義為「總經理」，而不是「廠長」級；是在「運動」而非「勞動」。能根留臺灣——將所賺之錢注入臺灣，不斷提高生活品質，而不是時光倒退，犧牲生活品質去別處打拚。

　　阿拉伯人思想單純、本性善良、交往必以誠信相待，一旦信任，生意可以從父親做到兒子、再推廣至親朋中只要適合的行業均可做，像敝公司很多都已是十八載苦窯相守的老客戶。最後以十八世紀末著名的英國之工業革命布道家約翰衛理斯說過的話：「商人要⑴盡可能賺錢；⑵盡可能省錢；⑶盡可能花錢，而真正懂得花錢的人是用在公益事業上。」以此共勉之。感謝給我野人獻曝的機會，希望人人有商機，個個都有意外的收穫。

第③專題

國內外徵信調查實務

主講人：蔡敏川　玉山銀行彰化分行／前經理

（現任教於雲林科技大學財務金融學系）

壹、前言

　　企業的經營，最重要的目的為永續經營，獲得顧客的支持是相當重要的因素之一。在商場上，除了鞏固現有的客戶外；拓展自身的新客源也相當地重要。但是，不論是單一地域性或是全球性的貿易活動，與新的對象合作難免會有風險。所以，於交易前加以調查對方之信用狀態，以免日後糾紛或遭遇損失，便成了商業界普遍的做法。透過徵信調查，審慎選擇交易對象，乃為選擇交易對象之不二法寶，尤其徵信調查對出口商與進口商均屬重要，因此它也是一種不可或缺的必要工作。

　　一般企業的徵信工作，除了委託徵信公司外，最常尋求幫助的機關大概就屬銀行了。透過銀行的協助，我們可以很輕易地知道交易對象的信用狀況，這是我們最基本可以採用的做法。由於透過銀行徵信已為大眾普遍的做法，本文擬用銀行的角度來說明，徵信業務的過程及其注意事項，希望透過此一報告，能對徵信業務有更進一步的了解。

貳、徵信調查與授信業務的關係

　　在討論銀行的徵信業務之前，我們先來看看另一項與徵信有相當關係的銀行業務——銀行的授信。

　　另外，在討論這些問題之前，我們先對徵信及授信的定義來了解一下。銀行在放款時，為了確保此一借款能夠順利收回，對於借款對象會做一定的徵信動作；確保借款對象的信用可靠，即可放款（授信）。所謂的徵信，是在商場上了解交易對手的信用與資力，及未來的償還意願之行為過程，買賣雙方皆有知悉對方虛實的必要，所以徵信調查也是確保債權的必要手段；而所謂的授信是指企業對於顧客授與信用，並負擔風險的業務。在銀行指的是放款、透支、保證等，在企業指的是雙方借貸、交易所產生之應收帳款等業務。

　　對於銀行來說，有好的徵信調查，才能有好的授信品質。相對的，有翔實的徵信資料，才能提供授信准駁及訂定授信條件的依據。如何評估一個企業的優劣，當然需要考慮到種種不同的因素。接著我們來談談徵信調查的方法及應注意事項。

參、徵信調查的方法及應注意事項

做事情都是需要方法及計畫，在做徵信調查之前也是一樣。在此我們將徵信調查的方法及應注意事項分成七點來談。

一、擬訂計畫

在擬訂計畫時我們需要注意到三件事情，首先是要認清調查目的：人在變、事情也在變，我們的調查對象信用也常在變化，我們如何能夠在這多變的狀況之下了解調查對象的信用呢？有下列三點是可以注意的；

　　⑴調查對象的貨品品質良好，能按期交貨否？

　　⑵帳款能屆期收回嗎？

　　⑶貸款能如期償還嗎？

第一點代表著企業是否能正常營運，第二是對企業應收帳款回收能力的評估，第三是該企業的償債能力如何，這三點若有違反常理的狀況出現，即須注意。

二、選擇調查的事項

徵信調查可以調查的事項多如牛毛，如何選擇有利的資訊就相當的重要。該企業的經營理念及能力、信用狀況、歷史沿革、產銷能力、財務狀況、研判能力、勞資關係、環保問題……，都是我們可以注意的。

最後是決定調查計畫，在種種條件都具足之後，決定採取何種調查計畫就很重要，在這邊我們要注意的有下列三點：

　　⑴對行程、時間、空間作最妥善安排。

　　⑵以最經濟又實惠的方式來完成。

　　⑶可以隨時修正調查計畫。

三、資料蒐集

完整地蒐集資料，可供進一步分析與決策修改。另外，客戶向銀行申請授信時應請提供之徵信資料清單。一般來說，在企業的基本資料方面，企業最近登記證件的影本，如：經濟部公司執照影本、營利事業登記影本……等，這些資料是一定要拿到的。其他關於企業的財務資料，如最近三年的會計師財務查

核報告、報稅、資料負債、損益表等有關資料也是必須的。在此特別提出會計師財務查核報告，一般會計師財務查核報告，會將企業的狀況依照會計師的意見分成四種評量：首先是無保留意見，表示會計師對此一企業的評價是非常好的；其次是保留意見，表示會計師對此一企業的評價是不好不壞，還有事項仍須查證；接著是否定意見，顧名思義代表會計師對此一企業的評價不會很好；最後是無法表示意見，這是狀況最差的一種意見。

四、整理分析

在做完資料的蒐集後，便應將資料做一整理。一般來說，包括業界的動態、地位、特色、營業狀況、願景等因素；另外，再加上財務分析，如流動比率、總資產報酬率、負債比率、銷貨毛利率、自有資本比率、應收帳款週轉率等因素也需要綜合考慮。

五、實地調查與側面調查

資料皆蒐集完成後，實際的勘查及藉由其他管道來對調查對象有更進一步的了解是相當重要的。在實地查訪時，有四點是我們可以留意，首先是聽取當事人（包括董事長、總經理、財務經理至一般員工）之陳述並求證，另外，宜從各種角度調查為妥，接著是從上下游及相關部門蒐集訊息（供應商、同業間、銀行往來……），最後是要嚴守機密，不論徵信者得到何種訊息或是做了何種決定，都要不動聲色嚴守訊息，以免過早透露風聲，這也是相當重要。

六、綜合研判

就被調查對象之優劣點，根據數值分析，訪查事項相互印證，並和實際狀況加以充分檢討及整理，預測被調查對象之現況及未來的走勢，以客觀超然的態度，本著良知從各種不同角度做最公正的研判。

七、撰寫報告

徵信調查報告因所適用的對象及目的不同，其內容亦有差異，最重要的是內容必須簡潔，使閱讀者容易了解被調查對象之經營狀況及未來展望，進而研判如何因應。

肆、國際徵信實務

國內外徵信在基本上並無太大差異，其主要之目的均在降低交易風險，不過國際徵信比國內徵信更具必要性。

在國際貿易上因買賣距離較遠，且金額較大，加上牽涉層面甚廣，舉凡地理運輸、時間、空間、商業習慣、法律文字、語言差異、文化背景與外匯金融制度等，無法如國內貿易可以藉由經常面對面接觸，達到相互了解的目的。

國際貿易大多是以書面或其他通訊方式來進行，即使在今天，由於資訊科技及網際網路之蓬勃發展，可藉由電子郵件與線上交易平臺來達到快速之互動與交易，但風險仍存在。

由於國際貿易之種種特性使然，因此大多是採用信用交易，由過去著重之L/C（信用狀）、D/A（付款交單）、D/P（承兌交單），到今天由於企業全球化經營，金融環境與其他種種條件之變化，以T/T（電匯）與O/A（記帳）等方式廣為採用。

除了最初的徵信調查工作，往後也得每半年至一年做一次資料更正工作（複查），持之以恆，如此才能掌握貿易對象之動態做最佳之回應。

一、國內徵信資料的來源及國外包括大陸地區著名的徵信公司

國內徵信資料的來源，一般可從五條管道獲得資料：

(1)國內貿易或商務機構之資料室：外貿發展協會、國際貿易協會、各縣市進出口公會、商會、其他產業公會、各國駐華使館的經參處、駐華外國商會或貿易代表處等機構。

(2)交易對象所在國之工商機構、公會及我國駐該國之商務單位。

(3)中華徵信所：受理委託對國內外廠商做年度例行檢查。

(4)透過往來銀行之介紹，由該行發出Trade Inguiry委託書，並檢附廠商徵信報告一併寄向國外通匯銀行，請其從較有往來且信用良好的客戶中選擇，較為慎重。

(5)中國輸出入銀行所承辦的有下列三種業務：輸出融資綜合保險、託收方式（D/A、D/P、O/A）輸出綜合保險、中長期延付輸出保險。

二、國外著名徵信機構介紹

(1)鄧白氏（Dun Report）徵信所為美國及全世界規模最大的徵信公司，其子公司遍布全世界主要國家，大部分利用電腦提供內容翔實、可信度高的徵信報告，包含：①BIR(Business Information Report)；②PAR(Payment Analysis Report)；③DFP(Duns Financial Profile)；④SER(Supplier Evalualtion Report)。

(2)日本地區兩大徵信所：東京徵信所（Tokyo Shoko Reseach Ltd.）及帝國徵信公司（Teikoko Data Bank Ltd.）。

(3)歐洲地區如瑞士、義大利、英國、德國、法國、西班牙、丹麥、葡萄牙等。

(4)東南亞及紐澳地區：新加坡的DATA POLL、INFOCREDIT、CREDITNET、馬來西亞的BASIS、INFOCREDIT、GMA、印度的MIRA、AMS、TCMIN-DIA、印尼的PT、CISI、泰國INRA、菲律賓的CIBI、巴基斯坦及孟加拉的MAPLE、香港的AMA、DCS、紐西蘭的TCM、澳洲的ABR、ACRD-MS、及TCM。

(5)中南美洲全區域的VERITAS、祕魯的CREDIT DEPORT、S.A、巴西的SCI、LUML。

大陸地區除本國的中華徵信所在北京及上海設有分支機構，大陸的官方機構有外經貿部計算中心、國家統計局諮詢中心、國家工商局諮詢中心，另有一獨立運作的資信調查公司。

伍、信用5C評估原則

銀行就授信決策的信用評估觀點，一般公認較能符合判斷標準的評估因素，即所謂的5C因素，這些因素有：

一、品格（Character）：談吐舉止、待人接物、生活方式等形之於內、發乎其外的形象。

二、能力（Capacity）：以教育、訓練、經驗、年齡、健康、工作去評定。

三、資本（Capital）：資金減去負債的差額及資產品質之良窳。

四、擔保品（Collateral）：加強償債的後盾。

五、企業條件（Condition of business）：行業的變動及經濟的趨勢、經營

方式、公司歷史。

依這些因素再演變成5P因素，這些因素有：

(1)借款戶因素（People）。

(2)資金用途（Purpose）。

(3)還款財源（Payment）。

(4)債權保障（Protection）。

(5)授信展望（Perspective）。

在這幾項因素當中，以第一項及第三項最為重要。

銀行設計的徵信資料評分表如下：

(1)財務狀況40%（財務結構15%、償債能力10%、經營能力6%、獲利能力9%）。

(2)一般狀況20%。

(3)擔保品40%。

Robert Morris Associates所制訂的徵信檔案：

(1)比較資產負債表、比較損益表。

(2)其他財務報表。

(3)企業經營狀況（含剪報）。

(4)企業往返書信。

(5)徵信報告。

(6)其他銀行查詢紀錄（Bank Checking）。

(7)其他交易對象調查紀錄（Trade Checking）。

(8)外界照會函。

綜合結論有：

(1)完全不必擔心。

(2)還算不錯。

(3)尚可。

(4)少量交易可以。

(5)有擔保者可。

(6)不要交易，務請留心。

(7)陳述意見，言之過早。

(8)只有存款往來，無法表示意見。

陸、企業警訊

　　企業的經營不論是好是壞，一定會有一些訊息可以被發現、討論，徵信人員對於企業警訊的注意非常重要，這些訊息的出現，對於徵信的評鑑及是否對同意授信等，都有很大的影響。這些訊息的處理，徵信者自己本身需對該產業能有長足的認識，如此一來才能看出這些資訊，在此稍將徵信業間所訂的企業警訊稍做條列：

一、產能過剩。

二、出現競爭者。

三、科技改變。

四、產品改變。

五、國外競爭者。

六、保護行業開發、瓜分市場。

七、市場地位不佳。

八、被合併傳言。

九、經營者對公司信心滿滿，但說不出具體計畫。

十、超乎同業正常營收成長。

十一、整體產業賠錢（含期中自編報表），只有他賺錢。

十二、核心資產處分。

十三、財務主管、主要幹部離職。

十四、要資料不肯給銀行或有延遲（銀行對客戶資料有保密之責任）。

十五、經營生活。

十六、流動率高、股東自立門戶。

十七、主管人員不能決策，要問董事長。

十八、要與公司稽查人員、現場作業員洽談，但公司蓄意阻隔。

十九、公司有明顯改變。

二十、答應的事無法履行或既定政策無法執行。

二十一、財務惡化。

二十二、財務結構與同業不同。

二十三、借款激增，超乎平常。

二十四、其他銀行收額度（對營運正常、繳費正常者不應抽銀根）。

二十五、呆帳列入應收帳款不處理。

二十六、故意美化帳面。

二十七、第二代接班人,歷練不足或無接班意願。

二十八、要求展期或減資。

柒、結論

國際貿易基於其地域特性,使得交易進行的風險甚大,而為能使風險獲得控制,將風險降至最低,事前及定期的徵信也變得相當必要。對中小企業而言,透過本地專業徵信機構取得所需的資料,是較為適合的一種做法,至於海外設有據點的國際企業,則仍宜與各分公司所在地取得資料。一般而言,各個國家自有其經營歷史久、公信力佳的徵信機構,其對於當地商業環境變化的了解,較具完整且有深入之評析能力,資料庫亦較具保存時間,因此報告比較具參考價值。由於此一特性,跨國性之徵信機構在進入某一國家市場時,大多會選擇以策略合作或購併的方式來進行。

另外,目前受惠於電腦之普及與科技之進步,在歐美及日本,多數徵信機構都有線上存取之服務,便利客戶能自行快速取得所需的資料,主要方法有以自行開發的線上軟體,或是透過網際網路提供其客戶資訊。而在亞洲部分,線上資料庫正逐步連結建立中,中華徵信所本身則於1998年透過網際網路提供臺灣地區廠商之徵信報告予客戶使用。

最後,國際徵信一如國內徵信,其分析要素大致相同,但有所差異的是,各國當地的特殊法令與商業習慣,是較難於短期之內掌握及了解的,因此藉由專業徵信機構之分析與提示,令使用者掌握重點,做出決策。不過,在此仍須特別提到,徵信機構之報告僅是在特定時點對於某一被調查公司之狀況解說,在瞬息萬變的商業社會中,公司必須針對業務、財務人員,甚至公司整體間建立起有效且連續之徵信機制,才是降低風險的最佳方法。國際貿易中,專業徵信機構做成之報告,僅能做為在特定時點中商務決策之參考。

除了國內外企業的徵信調查外,不同之國家也有其貿易風險,國際知名Coface集團,評估世界各國的貿易風險,係就經濟成長率、通貨膨脹率、外債金額、外債／出口比例、外匯存底／每月進口金額比率加以評級,共分七個等級:

A1:國家政經穩定,企業付款良好,延遲付款少。

A2：國家政經尚稱穩定，企業付款尚可，延遲付款情況偶見。

A3：國家政經還算穩定，企業付款常受政經因素影響，延遲付款稍有。

A4：企業付款能力受政經因素影響，延遲付款情況略高，但在可接受範圍。

B：企業付款能力常受不穩定政經影響，延遲付款常見。

C：企業付款能力受極度不穩定政經影響，付款信用極度受影響。

D：國家政經極度不穩定與危險，因而付款能力深受質疑。

第 ④ 專題

專題

參 展

主講人：林昌星　林勝貿易公司／總經理

壹、前言

　　臺灣地理位置四面環海，號稱「Formosa」，意即「美麗寶島」，近年來工商業迅速發展成長，導致土地和資源逐漸缺乏耗竭，因此向外主動發展成為拓展貿易和立足世界舞臺的一項重要貿易課題。眾所皆知，我國以中小型企業為主，近年來，在政府與企業人士的配合之下從事各項建設，並積極拓展國際外銷市場，創造了臺灣經濟的奇蹟，外匯存底豐厚，且在經濟發展和國際自由化的潮流驅使之下，產業行銷方式已從傳統的登門拜訪、寄開發信函、郵購轉變到積極向外參加各種國際性和區域性展覽，由此可見，參加展覽已成為各行各業開拓貿易重要活動之一。

貳、展覽之重要性

一、展出者的目的

　　很多人都認為「接訂單」是參展最重要且唯一的目的，其實則不然，只要是有參展過的廠商都知道，除了接單之外，還能蒐集到同行的商情資料和打公司知名度、形象……。但對大多數廠商而言，礙於預算限制，無法去參加每一個展覽，所以公司往往經過審慎評估後確定要參展時，其目的就不會只有一項，以下最常見的目的有：

1. 接訂單

　　訂單和公司的關係是相互依存的，因為一家公司是否能繼續生存下去，全都在於客戶訂單的多寡，因為訂單愈多，就愈能為公司創造出更多的利潤，就像一般大型的展覽可以吸引世界各地的買主前來參觀，這也就是為什麼參展已成為現今各行各業爭相去拓展貿易活動的原因。

　　但必須注意到的一點就是在展覽會場接訂單時應如何報價，以免被拿來作為其他競爭廠商比價的標準。現場接到訂單雖然好，但報價的拿捏是要謹慎地考慮的，所以不應該把參展的成敗全部寄望於接訂單。

2. 認識新客戶

　　在展覽會場上，由於產品種類繁雜、性質不同，不是所有的產品都可以在

現場接訂單。在接待過程中，要表現出誠意，不可太急進、毛躁，以免嚇跑了客戶。

特別是買賣雙方在會場才第一次見面，在彼此都不了解的情況下就要簽訂單，實在是不太可能，也太冒險了一點。所以除了接單外，認識新的客戶更為重要。掌握住新的買主，展後再予以追蹤，相信訂單就會自然而然地接著來。

3. 聯絡老客戶

可以在參展之前，通知當地的老客戶前來參觀，讓一些平時只能以電話或傳真聯絡的老客戶，利用這個機會可以面對面、縮短距離，清楚地談論彼此間的想法構思。但如須較長的時間，就應該另外約個時間地點，以免被老客戶占去太多時間而失去與新買主接觸的機會。

從業界的動態到產品最新發展趨勢、從展覽國到客戶居住地的市場狀況、從主辦單位的新聞資料到會場內的專業雜誌，處處都充滿商情資訊。因此，在展場可以蒐集的資料計有下列四點：

(1)**業界動態**

所謂業界應包括競爭者及上、下游業者。例如競爭者是否有新的產品、新的促銷動作、新的服務等，以作為決策略之參考依據。另外也可找出自己有別於其他競爭者之優勢，缺失的地方加以檢討改進。吸取業界資訊，掌握業界最新之趨勢動態。

(2)**產品發展趨勢**

從產品本身研發到產品的銷售包裝都必須仔細注意。每參加完一個展，都要訓練自己瀏覽完一些產品後，能概括地預估未來趨勢。把這些資料作為開發新產品之參考。因為沒有比在展覽會場會有那麼多新產品資訊的地方了，所以應當及時把握住。

(3)**買主的反應**

展覽時，會有來自世界各地的買主提供開發新產品的意見資訊，利用這個機會與客戶交流意見，了解他們的期望和需要，做成資料加以分析，如此便可以發現什麼是客戶最需要的，如果能做到，對產品銷售必然有很大的助益。

(4)**新觀念及新事物**

除產品外，尚有其他資訊可以蒐集，例如：攤位的擺放、設計、免費產品試用、精美的贈品、親切的服務……。一般來說，只要普通規模

的展覽會，就會有超過五百家的參展廠商，其中一定會有許多我們沒有想到的新觀念、新事物，應該善加觀察、蒐集、把握。

4. 推出新產品

新產品是訪客參觀的主要目標，如果在展覽時推出，宣傳、造勢效果最為顯著，有助於銷售。因此，藉展覽推出新產品也常為廠商參展的目的之一。有時推出新產品旨在試探市場反應，藉由各國買主都來參觀的機會，測試其接受程度，蒐集改進意見作為產品推出之參考。

5. 打知名度或建立公司形象

比較適用於知名廠商或已經成熟的大公司，比較不適用於一般的中小型企業。大公司的客戶人脈已建立，在各地都已有代理商、經銷商，不像小公司還要努力地在展場上爭取客戶。那為什麼大公司還要繼續參加展覽呢？其實主要目的是在向顧客加強其公司的印象，繼續保持在商場上的知名度，使顧客認同該公司而購買其產品，建立起對該公司的信心與向心力。展覽可說是年度盛會，如果大公司沒出現在展場上，不免讓人懷疑該公司財務是否有問題，這樣會對公司造成莫大傷害。對於這些重要的展覽會，大公司事實上也有其不得不參加的苦衷。基於形象之建立，所有廠商還是想盡辦法參加展覽，其重點是要讓顧客知道有這樣一家公司，為日後鋪路。

6. 培訓員工

要使員工儘快成長以便獨當一面，參加展覽是最好的選擇。為了要參展，展前的準備工作足以讓他了解公司情形，而到了會場看到競爭者的產品之後，對該行業又有更進一步地了解、認識。還有，並不是每一位員工都能有到國外參展、見識的機會。選擇優秀的人員參展，回國之後必定對員工的經驗與危機處理能力有所提升。

根據資料調查顯示，僅有9%的廠商認為他們參展的目的為接單，而以「聯絡老客戶」為目的者竟高達88%。至少這項調查說明了對參展廠商而言，接單並非唯一的目的。

二、參觀者的目的

一般展覽的目標客戶多半是專業性的買主，而不是那些想順便索取紀念品或享有免費試用的一般大眾。就專業人士而言，參觀展覽的目的有下列幾種：

1. 尋找新產品

根據美國一項統計顯示，將近有80%的新產品被列為「必看不可」的展品，這也說明了為什麼會有這麼多的參展廠商選擇在展場發表新產品。在參觀者的認知裡，展覽與新產品已是不能分開的。有些顧客經常抱怨沒看到新的產品，換句話說，就是沒有新產品的展覽就不值得去看。事實上，新產品的多寡已決定了展覽吸引人潮與否。

2. 尋找新供應商

一般約有三至五成參觀者的目的為尋找新供應商，這也是展覽之所以吸引展出者參加的主要原因之一。

3. 關心該產業發展

通常是與相關產業有關的非買主，例如：現場工作人員、研發人員等。但其實參觀主要都是在了解產業的最新動態趨勢，因此蒐集相關產品資料也是參展主要目的之一。

他們並不是採購的決策者，但一定是採購的建議者，對採購有間接的影響力，不容忽視。

4. 洽談特定參展廠商或產品

有時為了商場上的需要，必須拜訪某一參展廠商，或在展場中尋找一些特殊展品之參觀者，或是和老客戶見面，進行感情上的交流和意見上的交換，換句話說就是尋找原供應廠商洽談。

5. 準備採購

這種參觀者通常已事先與供應商有所聯絡，對產品、價格的交易條件已有某種程度的了解，就只差在現場下單而已，因此這種參觀者最易在展場下單。但是調查顯示，準備在現場採購對訪客而言，為決定是否參展之中，最不重要的因素之一，由此可說明現場採購並非參觀者的主要目的。

6. 其他目的

包括尋找零組件、代理商、供應商等。

參、國外展覽會的選擇

參展是拓展市場之最佳選擇。然而，全世界每年舉辦的專業展覽數以萬計，適合參加者恐怕也有幾十個。由於資源所限，勢必無法全部參加，必須有一套評估方法，選擇最有效或最適合公司之需要者參加。而要決定是否參加一個「從來沒有參加過的」展覽，可依據下列因素綜合判斷。至於已經參加過的人，其評估方式完全以展覽績效爲依歸。

一、展覽的規模

一個展覽的規模大小，一般決定於參展廠商家數、展出的總面積，以及前來參觀的買主或觀眾的人數。我們可以把不同展覽的這三項數字相互比較，就可以了解各展之規模大小。一般而言規模大者值得參加，而規模小者仍應研究。例如：波蘭展覽會發展初期，即是定位在以國際市場爲其目標。其中最具規模的展覽區域，無疑即是波茲南國際展覽中心（International Fair In Poznan）。幾乎一半的外國參展廠商及三分之一的波蘭廠商，都曾參加過在波茲南舉辦的展覽，波蘭前八大的展覽，也都是在波茲南舉行。

不過，這只是一個初步的判斷方式，因爲規模只論其數量而未考慮其品質。因爲有些專業展限制只能由製造商或出口商參加，有些展覽則只開放給進口商或批發商參觀，所以參觀的人數和參展的家數都不多，規模也不大，惟展出者與參觀者的素質都很高，仍然是重要的展覽。

所以這三項因素只能判斷展覽規模大小，規模大的專業展可以參加，至於規模小者是不是值得參加，仍須就質的部分由公司自行決定。其中參展廠商最關切的就是前來參觀展覽的買主人數。廠商如參加某一展覽，不妨就主辦單位公布之訪客數字，估計訪客人數與預期之訂單，作爲決定是否參展之參考。

一般而言，如果展出的總面積很大，其規模大概就算是大了。尤其是專業展，選個面積大的展覽參加，大概錯不了。

在歐洲，所謂大展的一般行情是動輒使用十幾個展館，展示面積超過十萬平方公尺，參展廠商至少一千家，而參觀人數起碼數十萬人。相反地，假設一個展覽規模很小，例如只有兩、三百個攤位時，前往參展就得謹慎了。除了效果堪慮之外，參加這種展覽的風險也高，因爲有時這種兩、三百個攤位的展覽，還會由於徵展不足而夭折，造成倒帳。如擬參加這種小展，最好晚一點報

名，確定其不會夭折才繳費比較保險。有關各展的展出面積、家數以及參觀人數等資料，可以從主辦單位發布的新聞稿或展覽報告中獲得。如果沒有這些資料，也可以從「展覽名錄」之類的書中查到。

「展覽名錄」是一種專門介紹展覽基本資料的書。書中除了前述之三項資料外，還包括展覽的日期、頻率、展場位置、主辦單位名址等等，資料十分詳盡。本會臺北貿易資料圖書館中陳列的「展覽名錄」名單，詳如附錄表4-1，必要時不妨前往查閱。

二、展覽的歷史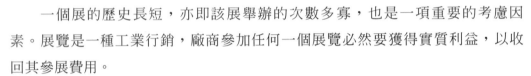

一個展的歷史長短，亦即該展舉辦的次數多寡，也是一項重要的考慮因素。展覽是一種工業行銷，廠商參加任何一個展覽必然要獲得實質利益，以收回其參展費用。

對一個歷史悠久的展覽而言，其參展廠商必然每次展出都能獲得相當的實質利益，所以彼等才願意一再的參展，而展覽才得以長久。所以，展覽的歷史也是一項重要的判斷依據，只要產業正確，選一個歷史悠久的展覽參加，雖不中亦不遠矣。

通常選擇一個具有十年歷史的展覽，只要其規模不是愈來愈小，大概都不會有問題，倒是要特別注意剛推出的新展。參加新展由於競爭較不激烈，容易占到較好的攤位位置，如果該展成功，將來可能就此永續使用，一勞永逸。除非狀況特殊，如新產業或其訴求與其他類似展覽有所區別，否則應該儘量避免選擇新展。因為有太多的新展要不是第一次辦不起來，就是辦一、兩次後就無以為繼。

三、展出的產品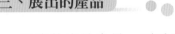

展出的產品也是一項重要的考慮因素，因為主辦單位的宣傳會針對其主題產品邀請買主，而買主也會就展覽的產品範圍決定其是否前往參觀。如果參展廠商的產品不符，展出時可能沒有買主前來洽談。主辦單位在其發行的宣傳摺頁中，對展品的範圍也會有明確之規範。

展出的產品為該產業之所有產品，免不了仍有主要及次要產品之分。選擇展覽時，應該注意本身的產品是展覽會的主題產品或邊際產品，以便掌握競爭狀況，估算自己可能接待之買主人數。例如在個人電腦展中，筆記本型電腦、桌上型電腦均屬主題產品，而滑鼠、不斷電電源供應器等次之，如果是電腦家

具或個人電腦之手提袋，就屬邊際產品了。本文前已述及，參加國外展覽所需投入之資源甚多，如果產品是該展的邊際產品，恐怕仍須仔細評估，以免無法值回票價。

四、涵蓋的市場

一個展覽所涵蓋之市場大小，可以從參展者以及參觀者的國籍或居住地來判斷。參展者的國籍代表該展的供應來源，而參觀者的國籍則代表市場所在。因此，展覽所涵蓋之市場是否與擬拓展之目標市場相符，也就成為展覽選擇的關鍵因素之一。一個展覽涵蓋之市場範圍大小，與該展是國際展或區域性展覽有非常密切的關係。

根據國際展覽聯盟（UFl）的定義，在一個展覽中，外國參展廠商家數超過20%，或外國廠商使用之攤位數占20%以上，或外國觀眾達40%以上，只要符合三者之一就稱為國際展覽，否則就稱為地方性展覽。在美國，他們以200英里為基準，把地方性展覽略分成兩類。若住在距展場200英里以內的參觀者超過40%，則稱該展為區域性展覽；如果住在距展場200英里以外的參觀者超過70%（即200英里以內的參觀者少於40%），則稱該展為全國性展覽。

事實上，展覽涵蓋之市場大小，主辦單位在辦理之初就已決定，一個地方性展覽的主辦單位文宣，必然較國際展的範圍窄，所邀請到的買主範圍亦比較小。如果我們參展的目的是拓展國際市場，除非在落後地區，沒有國際展，或參展的目的只在於開拓該地區市場，否則應該儘量避免參加區域性的展覽。

一般而言，歐洲先天上已具國際化之優勢，這可能與歐洲的地理位置以及展覽主辦單位的效率、展場的設施和當地政府支持之程度等有密切關係。歐洲展覽比較國際化，東南亞、中南美次之，北美再次之；部分歐洲的展覽甚至可以說已達世界化；在歐洲的許多展覽會中，參展廠商可以遇到來自全世界的客人和競爭者。

談到展覽設施，世界前十大展覽場中有9個位於歐洲，其中4個就在德國；世界最大的漢諾威展場，光是室內展館就多達25個，展示面積高達478,900平方公尺。

展覽為漢諾威創造了大量的就業機會，展覽公司完全是政府的股份，展覽受到政府支持之程度自然不在話下，這些都是德國展覽工業之所以為世界之冠的主要原因。

五、主辦單位

展覽的主辦單位也是考量的因素之一。談到主辦單位，最主要是要了解其辦展之目的為何。因為一般展覽公司其辦展目的在營利，必然會以其客戶——參展廠商以及參觀者的最大利益為考量。但是，有些政府單位往往會辦一些為政治宣傳、非商業目的之展覽，如以拓展市場為目的，這些展覽並不值得參加；而主辦單位的能力也是要考慮的因素之一。如果不放心，可以先前往該展參觀，實地了解展場攤位的位置、人潮的動向、競爭者展出情形、國內其他廠商參展情形……，不須冒著風險參展，以免因為不熟悉環境而造成一些無謂的損失。

選定參加某個展覽之後，要如何參加也是一個必須考慮的問題。一般可採自行前往參加或透過經常組團出國參展的單位參加。自行參展的好處是容易展現公司形象、不會與來自團內的競爭者一起展出。其缺點則為費用較高、展務工作較為繁複；而透過組團單位參展的優缺點恰與自行參展相反。

六、成本效益

若成本效益有達到10%即可以參展，估算參展的成本效益是對參展廠商本身之得失做主觀之衡量。不管展覽規模有多大、買主有多少、主辦單位如何努力等，如果沒有適當的效益回收，仍是不宜參展。參展的收穫不僅是受限於接單等可以量化之銷售目的，仍有提升公司形象、維繫既有客戶等無法量化的非銷售成效，以成本效益推估時，應該要衡量與依循著公司的目標進行。

肆、如何參加國外展覽

參加國外展覽應該只是行銷計畫的一部分，公司的行銷計畫除展覽外，還應包括如廣告宣傳、型錄製作、新產品發表會、人員訪問促銷……。

一、展前準備

展覽的準備期很長，在決定參加某一展覽之後，必須成立工作小組或指定專人負責規劃，分別交由相關部門推動。工作小組除負責與主辦單位聯絡外，亦同時負責推動部分參展工作、控制進度及各單位間之協調。展前準備動作必須配合主辦單位之進度，依照展覽舉辦頻率之不同，最早可能在一年多前就須

開始，而其準備事項有下列幾點：

1. 目標設定

參展的銷售目的，首推尋找新客戶及接單而非銷售目的，包括形象宣傳、觀摩培訓、聯絡客戶情感、蒐集商情等。公司在決定參展時，必然有其特定之目的，而設定目標時可就當初的目的設定數值，作爲展覽工作同仁努力的目標。另外，目標是考評的依據，此一數值之設定，除必須有其依據外，務求訂得合理、明確而可衡量，避免太高或太低，失去管理考核的意義。

各項目的之中，蒐集商情、觀摩培訓、形象宣傳等較爲單純，容易訂定。至於尋找新客戶與接單，則必須計算可接待到的買主人數，再據以推估，較爲複雜。由於買主人數對展中及展後之訂單有決定性之影響，預期接待之買主人數遂成爲目標設定之第一要務。

2. 預算編列

展前的準備首先應擬定達成的目標，由既定的目標決定所需的場地大小、工作人員數量、裝潢費用……，最後將各項費用加總以作爲參展預算的決定，建議最好先訂預算再設目標，展覽預算之多寡，應依照已擬定好的達成目標編列。

3. 展品準備

有關展品的包裝應該要儘量符合參展地的要求，以配合當地政府之政策，例如貨品運送到澳洲，其包裝木材須在通關前做好防蟲處理。

4. 印刷品及宣傳品之製作

產品型錄最好分送給自認爲滿意的客戶，新產品可以印單頁型錄供參觀者自由取閱。又由於參觀者常會提著手提袋在展場走動，故其宣傳效果好而深受參展廠商青睞。

5. 人員安排與訓練

參展前應加強人員對產品知識與操作訓練，以免平白喪失交易機會。

6. 檢核表之製作

也就是事先將在國外需要用到的物品，詳列清單並一一備妥，裝箱時根據清單加以核對，避免有所遺漏。

7. 進度管制

依照各展覽情況分別訂定，重點在於預留一些應變時間，以因應無法完成時，仍有時間可以擬定補救方案。

8. 參展國之了解

各國皆有不同的文化、禁忌差異，參展時應避免觸犯，造成不必要的困擾。例如：就顏色而言，綠色為回教國家之代表色，須小心使用；在土耳其，三角形及代表免費樣品的綠色應避免使用。

另外，東歐市場開放較慢且國家眾多，加上各國經貿發展程度不盡相同，故小量多樣的市場特性正足以反映出此區的特色。針對參加東歐地區的展覽而言，建議就不同地區參加不同性質之展覽，其中匈牙利的基礎設施完善、勞動力成本較西歐便宜且地理位置優越，因此許多外商也紛紛將工廠或組裝場移至此地，儼然將匈牙利設定為東歐地區的營運總部。至於羅馬尼亞及克羅埃西亞等發展較慢之地區，則仍宜以綜合性商展為佳，已先行了解市場概況再擬定拓銷策略。

此外，東歐地區資訊變化快速，利用展覽之機會蒐集並能更新廠商資料是相當不錯的方式，而若能於展後延伸至鄰近國家考察市場，並蒐集下一次參加當地展覽之資訊，當有事半功倍之效果！

二、參展的主要工作

1. 報名、接洽攤位

可由各國貿易協會及各國駐外單位等索取資料，依條件資格報名並接洽攤位。

2. 攤位布置、設計與裝潢

攤位布置也是展覽的成敗關鍵所在，對於公司形象建立和產品銷售有很大的影響，而攤位的裝潢不僅要考慮預算支出，在有限的預算內，如何把效果呈現到最佳狀態，也是另一個重點。

首先展場可以強烈鮮明的顏色、創意的設計等，並配合產品特色來突顯攤位與公司產品及形象，大部分的設計仍以滿足全方位需求居多。

而在攤位的設計上，整個攤位的擺設最好不要太擁擠：

第一部分：為形象區，分為兩個部分，一為「企業形象」，把自己企業的

CIS以攤位設計呈現出來；二為「產品形象」，得先考慮到公司的主產品與副產品，記得要把主產品或新產品擺在最顯眼、最突出的地方。

第二部分：展示區的布置，為最重要產品的展示位置，一定得有良好的規劃。

第三部分：會談區，如何提供買主與參觀者一個舒適安全的地方洽商會談。

其餘包括電話、清潔等周邊設備，大多展覽場都有提供裝潢服務，可請其提供服務。若自行布置攤位，可帶海報張貼或樣品模型展示，並留意如到國外的展場需多準備變壓器及變換插頭。

在綜合展上：

(1)**攤位設計可以店面呈現**

因參觀者中有許多屬於一般消費民眾，攤位布置應以店面設計為主，也可用展示櫥窗來陳列商品，如此可確保展品安全。

(2)**依產品特性設計不同風格之攤位**

攤位風格之設計需依產品特性與市場需求來考量，是否有必要耗費鉅資，應就實際面多加評估。

在專業展上：

(1)**可以開放式的空間設計**

專業展來訪之參觀者大多為本業或相關之業者，所以攤位設計可採開放式陳列，使參觀者能夠儘可能地看到各項產品。

(2)**攤位設計以實用為主**

專業展來訪之業者心中多已有特定產品及目標，所以攤位設計要能將自己產品特色明顯地顯示出來才是重點。

3. 展品及目錄等之運送

公司要把主打產品、次要產品在展覽前提早運到，也要有良好的防衛措施，以免在展覽前就遺失被偷，公司主管最好有展品的備份與目錄海報可隨身攜帶，或是與當地代理商、分公司多接洽。

4. 展前行銷

(1)**取得潛在進口商資料**

一旦確定參展，要能先取得潛在買主名單，事先接洽業務及寄發邀請卡取得聯繫。另外，最好能在辦展前，先去拜訪當地廠商，獲得更好

的效果。

(2)邀請周邊國家合作廠商參觀展覽

有一些國際級的展覽可以吸引鄰近或其他國家買主前來，如果事前知情，可先行通知，邀請附近國家的合作廠商至展場聚會。

5. 旅行事務

個人的食衣住行除了公司有專人一同包辦外，包括私人用品、來回機票、旅館的預定等，都應事先處理好。

6. 展中行銷

展中行銷是最重要的部分，在準備工作都依照事前計畫安排後，展覽的成功與失敗，就要看在場人員的表現如何了。展覽期間，最重要的還是如何尋找買主取得訂單，或是成功地推出新產品獲得肯定。

一般而言，最前線的展示銷售人員除了必須事先對整個內容充分了解外，個人的服裝儀容、解說能力、充分的自信心和親和力，也都要注意。流利的介紹、熟練的示範動作更能展現公司的專業。尤其敏銳的觀察，判斷參觀者類型及考慮是否該在合適的時候報價，都必須準確地了解每一位顧客的身分來歷、喜好、來訪目的……，歸納出有潛力的買主，以及盡可能給予買主滿意的答覆，在短時間有效率地抓住潛力無窮的買主。如果有時候客戶太多，也可以在每次交談後做紀錄並與對方照相留存，便於做後續的追蹤工作。

在每一天展覽結束後，召開檢討會，彼此交流意見，共同檢討改進，也是不可忽略的。

在現場參展也並不是一味的等待顧客到來，若能主動出擊，所謂知己知彼，百戰百勝，拜訪各家廠商與競爭對手，也可順道尋找協力廠商與更多合作夥伴。

在參展場上除了做生意之外，還可以利用此機會，在國際間打知名度，建立良好形象。

7. 展後處理

展後對於有關展品退場運輸、展場的設備收拾、結帳、客戶資料的建檔與追蹤、拜訪顧客、確認回程機票，以至於成果的評估等，也必須及早安排。

8. 展場的設備收拾

依照主辦單位給予的通知，遵守辦理，並盡早歸還所有租用器材，但絕不

要提前把攤子收得一乾二淨，這對於主辦單位與廠商都是不利的。

9. 買主追蹤及待辦事項

可取出展期中與客戶所拍之照片，並分類客戶之層級，如：大客戶、進口商、零售商、競爭對手、間諜與貪小便宜探價者……，儘速做事後的追蹤並與其進行洽談、報價事宜等。

10. 單據整理及經費報銷

蒐集整理洽談顧客的單據資料與參展時有關一些額外的費用支出，比如：交際費用、交通費、食宿費等雜項費用的收據，並做些註明好分辨，以便向公司申請公費補貼。

伍、參展成功的因素

一、萬全的準備

從參展前的資料蒐集，包括各國當地環境、風俗習慣的認識、老顧客買主的接洽到展場的布置、軟硬體設備、人員的專業訓練、目標的設定、展品、宣傳品準備、預算編列等，大大小小事情都要有萬全的準備，不得不慎，並入境隨俗，好踏出成功展覽的第一步。

二、參展人員的素質

最前線人員要有嚴謹且專業的訓練，因為它們都是代表著公司，他們的一舉一動，都是有關自己企業的形象，因此現場人員的工作熱忱、服裝儀態，尤其自信心更是不可少，小細節卻是大關鍵。

三、適當的產品

可依據展覽的形式，各地區的風俗習慣、顧客的需求等，挑選最適合展出產品，公司新產品能在參展時展出，是最佳的行銷時機。

四、良好的攤位位置

1. 主館

是最佳也是優先考慮的主要展覽館，可以藉由當地有關單位或人脈來進入，要能贏在起跑點，儘量讓自己的攤位進入主館。

2. 第二館

若未能進入主館，則鄰近主館的附屬館就是該考慮入場的，但也要想辦法擺設在主館邊緣。

3. 通道口

當沒有機會進駐主館或第二館時，接著要考慮的地方就是有人潮經過的通道。

4. 其他

最後鄰近餐廳、靠近廁所的地方，這裡的人潮通常也會不少。

五、選擇正確的展覽會

今日各國展覽的買主已逐漸呈現專業化的趨勢，所以在挑選展覽會時，以展覽是國際展或是區域展，儘量選擇在專業展年資已久、有豐富的辦展經驗，或是涵蓋範圍較廣的展覽來參加，且自己本身的成本效益也要考慮。

陸、參展過程中突發狀況及因應之道

茲就一些常發生的意外及其因應之道，分別敘述如下：

一、展品未到

如果確知展品已無法準時到達，其因應之道，最好是找替代品，設法就近向當地的客戶緊急借調。如果展品體積小、重量輕，而且還有人從國內來，可請其順便帶來，不過這些都是可遇不可求的事，無法一體適用。這是需要非常注意的一點。再者，即使我們已經將展品運過去，但還是發生展品未到的情況時，我們應該怎麼處理？此時就可詢問當地的代理商是否可以支援等。若真的沒有辦法時，只好以海報、目錄為展覽主軸，雖然這些東西是和展品一起運過

去，但是別忘記，參展人員的身上可以攜帶幾份，以備不時之需。

二、展品運輸途中損壞

　　展品於運輸過程中損壞亦是常見的意外之一，尤其是機械等笨重的產品最容易發生。此時是否有備用的展品？這個和展品未到也類似，能補救則儘量補救，或可找供應商及代理商等。例如機器等，在臺灣時，我們就可以事先攜帶修理的工具。展品自廠商的工廠起運，歷經出口裝櫃、進口內陸運輸至展場倉庫，再搬運至攤位上，至少搬上搬下四、五次，稍有不慎極易損及展品。所以展品的運輸保險不能像平常外銷出口那樣只保海險，也不要分段保險。應該包括竊盜險在內，從工廠一直保到展場，時間則一直保到展覽結束後一、兩天為止，這樣才不至於無法確定出險地點而遭保險公司拒絕理賠。

　　萬一不幸發現展品損壞時，應儘量保持原來的包裝狀態，洽請會場的公證單位前來處理，再憑公證報告向保險公司索賠。有關出險時的處理方法，可於投保時向保險公司詢問，以備不時之需。

三、裝潢未完工

　　其原因大概是裝潢承包商選擇不當或是參展廠商太晚洽詢承包商，致其準備不及。裝潢未完工對不同的產品有其不同程度之影響。當展期日益接近，而裝潢工程仍然沒有相對的進度時，就應採取適當之對策。除了要催請承包商努力趕工外，再者承包商通常會在該展也承包其他廠商的攤位裝潢，可採緊迫盯人戰術，促其徵調其他攤位的人力前來施工。

　　若承包商承攬了太多的工程，由於人手有限，無力完工。應設法聯絡其他裝潢公司，以備不時之需。如果裝潢公司實在無力完工，應就重要部分要求先行施工，以求對展出之影響達到最小。

四、被控仿冒

　　外商之指控大概可分為臨時起意和有備而來兩類，前者較易對付，後者則難以處理，有任人宰割之危險。臨時起意者多半是外商來參觀展覽時，發覺自己的產品被仿冒，氣憤之際立刻找展出者理論。如果是我們理虧且對方無備而來，我們只要放低姿態，好言相對或立刻把展品收掉，口頭承諾爾後不再展示及製作，大多可以擺平。

　　處理無備而來的控訴，應注意不可讓對方拿到任何證據——包括樣品、

型錄及攝影。樣品對方不易掌握，型錄則易於蒐集，如果連型錄上都印有仿冒品，麻煩就比較大了。至於拍照，幾乎所有的展覽都是禁止攝影的，要拍照必須得到展出者之同意，如果有人對著展品指指點點，還拿相機要拍照，務必予以阻止，以防萬一。

有備而來者，通常是事先已洞悉仿冒者參展，準備在會場捉拿。這時，他會先來觀察或蒐集證物，並備妥證明文件，安排律師到警察局報案。當你發現時，就是原告、警察、律師一起到攤位來取締的時候，躲都躲不掉。如果碰到這種情況，除非真的不是仿冒，否則很難招架，恐怕只好自嘆不小心，誤觸法網了。

五、展品失竊

展品可能在進出場時混亂中遺失，也可能在夜間四下無人之際遭竊。

這是在全世界都有的問題，遇到了，只好自認倒楣，雖然你會有一些事前的準備，可以向供應商及代理商求助等，但是有時候真的沒辦法了，只好將海報及目錄等展示出來。

六、財物證照遭竊

金錢或證照遭扒竊本是旅行中常見的事，不該算是參展過程的一種突發狀況，在此之所以談及，是因為已經有扒手專門針對參展廠商行竊。國際展覽會不僅是生意人聚集的盛會，也是扒手竊賊大團圓的嘉年華會，參展廠商必須特別注意防範。

歐洲扒手最多的國家首推義大利，參展廠商應特別注意。其他國家雖然沒有那麼嚴重，但是仍宜小心，避免遭扒竊。而最可怕的小偷是假裝成買主，來跟你聊產品，下班後又尾隨你，甚至是叫住你，約在飯店聊生意，而後進入你住的地方，洗劫錢包、護照等貴重物品。這要小心才是！

七、沒有買主

會發生沒有買主上門的狀況，其原因可能是主辦單位宣傳不夠，也可能是參展廠商的產品不是該展的主題產品。

展場冷清，這意味著事前沒有做好調查，但有時也會有例外情況，所以只好大家開個同鄉會？不是的，事前準備時，身上得攜帶當地的老客戶之電話，好聯絡他們，順便聯絡感情，這樣他會覺得倍感親切，你從大老遠的地方跑

來，還特地打電話給他。另外，還可以去看看其他同鄉的展覽會場，別人是怎麼設計的，互相學習。

柒、展覽績效的評估與檢討

一、有效買主

即使展覽尚未結束，從參觀者的質與量，足以對展覽的績效做初步評估。

二、現場接單

現場接單雖然不是參展的主要目的，但是其多寡亦可作為一個指標。雖然對資本設備之類的產品而言，現場接單的機會大多不如後續訂單，有時甚至近乎於零，似乎沒有評估之價值。

三、後續訂單

接單是參加展覽的最終目的。所謂後續訂單，到底是後續到什麼時候為宜，是三個月、半年或一年，還有待研究。

我國廠商參加國外展覽，展後六個月的訂單數量，應可作為評量展覽績效的一個指標。

四、成本效益

至少要有十倍的回收效益才算合理。參加國外展覽的費用，會因為展地距離我國的遠近、該地物價水準之高低等因素，造成每單位面積的參展費用也不相同，因此以接單來評估績效而忽略參展成本的做法仍未盡理想。

為反映成本因素，可就投入該展的各種直接費用總和與所接獲之訂單總和，計算參展的成本效益，作為評估之依據。

這裡的訂單總額建議用現場接單額加上展後六個月之後續訂單額，因為部分費用如水電費、電話費等，其帳單可能要在展後三到四個月才寄達，展後六個月對成本的估算較為精確。

另外，訂單多並不表示獲利率亦高；反之，訂單少也不一定獲利率就低，參展廠商也可以用獲利與支出相比，求出獲利率，如果以前也曾經參展，不妨把以前的數字拿來比較，作為展覽績效的參考。

當然，商品價格會受到產品生命週期、競爭的程度、匯率之變動、公司策略等各種因素影響而產生變動。由於展覽的時間不同，獲利的情況也會有差異，獲利率有時會無法確實反映展覽的績效，使用獲利率時應該注意。

五、目標達成率

做總評估時，亦不可只就財務上的收支做分析，不過某些目標，如：培訓員工、維持知名度、建立形象等，並無具體數字可供查核，僅能主觀認定。之前準備參展時，所訂定的目標達成率有多少。

六、綜合評估

前述方式均僅針對某一項目獨立評估，未免有以偏概全之嫌。再者，對前述各項就不同展覽加以評估時，其結果可能互有領先，難分軒輊而無法判定優劣。

因此，除了前述各項的獨立評估外，仍必須綜合評估，以作為展覽期間綜合比較之基礎以及參展優先次序之根據。

所有的參展人員回國後，所做的總檢討，評估我們自己參展的結果；檢討我們競爭對手的產品；我們競爭對手的攤位布置得如何；競爭對手所做的目錄如何；競爭對手的報價如何；做為一個公司的管理階層，一定要對這些項目做一份完整的報告。

七、展後檢討

一般展後的檢討應包括下列各方面：

(1)展品方面：自行開發製造、何種產品最受歡迎等。

(2)攤位方面：攤位的大小、裝潢設計等。

(3)宣傳方面：廣告、宣傳贈品等。

(4)買主方面：買主之數量、地緣分布等。

(5)工作人員方面：工作人員之數量、出差日程等。

(6)預算執行：超支科目、超支原因檢討。

(7)其他：如主辦單位、人員差旅、簽證等。

捌、結論

　　參展是目前最直接有效的行銷方式，展覽及其周邊產業已成為一個規模龐大的服務業，全世界每年在各地所舉辦的展覽多到數不清，展覽可說是行銷領域裡最為重要的一個推廣策略。

　　我國產業素以外銷為導向，為了要拓展海外市場，到國外參加國際商展的廠商必將有增無減，要如何提升參展的品質，以提高展覽的績效，是所有有志拓展海外市場者共同之目標。但是到目前為止，我國廠商多半不會接觸相關展覽的理論，而對參展工作之推動則以經驗口耳相傳，對展覽的各項工作也就一直依循以往之做法，至於是好、是壞、績效如何評估等，只著重於表面，過於主觀而未能切合實際，往往影響參展成果而不自知。

　　參加國外展覽是一項需長期計畫準備的工作，展前的準備工作雖多，也不一定要天天做。其中如果公司預備參加展覽的話，其規劃需要一個人專責，以專案經理的方式從頭到尾參與，比較能避免疏漏、瑕疵。因此在指派承辦人時，必須考慮到人員的安定性，防止因為承辦人辭職而使展務工作中斷。

　　展望未來，展覽在行銷領域中之重要性必將有增無減，許多展覽在歷經多年的激烈競爭後，在規模、本質等方面或多或少已產生變化，預計將來展覽將繼續朝下列幾個方向發展，廠商在選擇展覽的時候可以注意：

一、專業化

　　指的是展品的範圍愈來愈小，展覽的主題要明確。便於買主參觀，主辦單位現已盛行將展品分類分館展示，當場地不足時，最好的解決方式是將該展分為數個更專業之展覽。其結果將使得任一行業都有其專業展，不但參展廠商專業化，間接的使參觀者也專業化。另外，在開發中國家或低度開發國家舉辦之綜合展也有專業化之傾向，要不是設定展館主題產品，就是分成數個專業展。

二、兩極化

　　目前由於國際貿易普及，不但商品市場日趨飽和，展覽市場也漸漸飽和。廠商歷經多年參展，行銷通路也因此較固定，參展帶來的邊際效益便日益降低。

　　由於許多產品的開發速度趕不上展覽的舉辦頻率，參觀者總覺得展品了無

新意,而參展廠商也發覺績效欠佳。兩者都不得不就眾多的展覽中擇優參加,其結果導致展覽規模大者愈大,小者愈小;規模大者成為國際知名的盛會,而小者變成地方性的展覽。就展期而言,主辦單位可能顧及參展廠商之費用太高以及展場檔期太緊等因素,不論大小展都有愈來愈短之趨勢。

三、密集化

國際間兩個性質相近的展覽主辦單位應就展覽檔期的安排相互配合,以集合兩展的號召力,才能吸引到最多的買主來參觀。如果兩展實力懸殊,小展往往將展期安排於大展前後,以便接收大展的餘澤,其結果導致同性質展覽的檔期密集化。

四、國際化

經濟快速成長,未來新興工業國家的廠商必定大量參加國外展覽以拓展其產品市場,預計將來的參展者必然愈來愈多,使得展覽更加國際化。

此外,在主辦單位方面也有國際化之趨勢。大規模的專業展覽公司不斷利用與公會或貿易推廣單位合作的方式輸出展覽,因此相同名稱的展覽往往在不同的國家重複出現。為了借重專業展覽公司的專業知識,利用其知名度與號召力,未來跨國辦展的情形亦將更為常見。總而言之,參加國外展覽要面對最艱苦的競爭,因為所有的競爭者和所有的買主都在場,想當然耳收穫必定勝過其他任何推廣活動。

開拓客戶訣竅

主講人：莊銘國　大葉大學國際企業管理系所／副教授
早期曾擔任企業外銷部經理

壹、前言

在這國際環境變遷快速的時代，我國於2002年1月1日順利加入WTO成為正式會員，而對於國際企業貿易間的競爭更趨於激烈，但不論其整個環境如何變遷，客戶永遠是企業最珍貴的資源，能為企業創造更多的利潤，所以如何在國際大環境開拓優良的客戶、掌握更多的客源、創造彼此的貿易關係，已成為當今企業取得競爭優勢不可或缺的重點。所謂「家事，國事，天下事，事事關心。」下列是與開拓客戶技巧有關之內容，提供給大家作為參考。俾能「運籌帷幄，決勝千里；文場鏖戰，縱橫一代。」

貳、客戶分類

一、以貿易型態分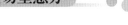

1. 與進口有關的
   (1)**國外產品在臺銷售代理的**

   通常為一些高單價、構造複雜、技術層次高的產品，而臺灣的貿易商通常扮演仲介的角色，賺取其貿易佣金，此項業務較具技術性，因其不只要開發國內的買主，還要再開發國外的供應客戶並與其取得代理權，所以此項業務更具有技術性。

   (2)**國外產品在臺銷售經銷的**

   通常是一些較不具技術性的大眾化產品，要能在國內開發據點或是直接取得客源，且在國外要能有穩定來源長期供應。

   (3)**代理國內廠商辦理進口的**

   在辦理代開信用狀進口貨物時，其風險不可不慎，所以通常對客戶的信用評估尤其重要。

2. 與出口有關的
   (1)**國內的**

   和國內有品質信用之工廠合作，共同配合生產外銷，能有固定的客戶和願配合生產外銷的工廠，外銷事業才能成功。

⑵國外的

要能開發國外具潛力的買主，並分別開發不同種類的客戶，可按其產品性質和經營方針來分。

二、以時間分

1. 新客戶

從未和公司往來過的客戶。要能以新客戶的開發，以補充舊客戶的流失，是其業務人員的首要任務。

2. 老客戶

現有客戶和曾經往來但現今已沒往來的，要能把握現在、關心過去、開創未來。檢討為什麼客戶不再和公司往來及失去客戶的原因，再研究如何重新掌握此客戶而不讓其他客戶流失。

參、尋找新客戶的方法

一、直接接觸法

對外參加國際性商展、商務研討會等展覽，把握與客戶直接接觸，爭取新訂單的機會。

可利用一些適當的場地，在外國或本國辦理一些公司的小型展示會或產品的發表會等等。

將獲得的客戶資料，親自拜訪客戶。face to face，見面三分情。「困難困難，困在家裡就難；出路出路，出去走就有路。」

二、間接接觸法

⑴可利用郵寄、報章雜誌、廣告宣傳、優惠贈品等吸引客源。

⑵可利用電話接觸招攬客源，亦可利用一些機關單位取得客戶更詳細之資料。

三、情報介紹法

透過銀行介紹、我國駐外經貿單位或外國駐我國之經貿單位、外貿協會或

其他商業服務機構，也可由親友前輩或往來的老客戶推薦。

肆、何謂具有發展潛力的客戶

一、目前營運中狀況良好的客戶。

二、公司負責人年輕積極有幹勁、品行良好；但若年紀已大但領導有方且有其傑出之繼承人亦可。

三、公司內部人才豐富卓越。

四、公司有明確之經營理念和策略，且公司全員能上下一體行動一致。

五、重視員工制度、員工福利和教育訓練。

六、公司有好形象好口碑、建立企業文化。

七、公司經營的業務極具前瞻性、對市場及競爭者高度敏感。

八、往來穩定付款乾脆之公司。

伍、開發客戶的步驟

一、設定市場業務目標

按照公司的狀況分析後，再做預測與判斷市場目標在那裡，如尋找的客戶是要進口、還是要出口？要尋找的是買主、還是供應商？在國內還是在國外？什麼項目？等等。

二、蒐集客戶資料

客戶的狀況、名稱、地址、成立日期、資本額、營業項目、行銷或採購管道如何、生產情形如何等等。

三、分析研判

根據其資料、評判並列出客戶等級，再確定要開發的優先順序。

四、確定客戶對象

根據研判結果，決定最優先爭取的客戶名單，其他客戶則建檔，以供備用。

五、拜訪、洽談，爭取成為優良客戶

擬定好拜訪名單後，可按下列程序進行，以成為公司的優良客戶。把我們的「腦袋」注入客人的「腦袋」；客戶的「口袋」裝入我們的「口袋」。

六、擬訂客戶開發計畫

可根據五W原則──When（何時開始）、What（何種方式執行）、Who（誰要去執行）、Why（用什麼方法達到什麼目的）、Where（在什麼地方），配合達成最有效率。應用SMART手法──Specific明確的、Measurable可衡量、Achievable可達到、Resource所需資源、Timeframe時刻表。

七、執行客戶開發計畫

(1)接近客戶（誠意創意人滿意，熱心耐心客人放心）。

(2)與客戶愉悅的洽談。平常要蒐集一些有用話題，必能相談甚歡。

(3)提供良好的售前服務。強調使用產品的使用利益及強調本商品才有解決問題的方法。

(4)提供完整的售後服務。我們常說100199是數學的意義，10010是品質的意義，勿使出售後變成孤兒，必要有完好的售後服務。

(5)保持聯繫（因關心而開心，因關懷而開懷）。

陸、開拓客戶方法

一、要擔任一個開拓客戶的業務員，應具備誠實熱忱的精神、流暢的語言能力、口才優越、彬彬有禮等。

二、拜訪客戶時應注意要長存感謝心，常保笑容，正確或愉悅的對話，巧妙運用打探性的詢問，進一步了解客戶想法，或反問性的詢問、或引導性的提問，來擴大自己的有利點，引導客戶了解等一些原則。

三、拜訪客戶也應把握一些要領：

(1)時間是否恰當。

(2)拜訪之人是否為適當對象。

(3)要能明確掌握拜訪的目的。

(4)訪談所需的工具是否已準備齊全。如：公事包、名片、產品型錄說明

書、文具、行程表等等。

(5)拜訪前最好先準備好一套完整的介紹話語和應對，以便能給顧客最完整的解說。例如：克服拒絕的話術（詢問法、正擊法、回擊法、轉變法）、去除顧客猶豫的話術（資料運用法、缺點變優點法、實例法）、促使成交話術（假設成交法、選擇成交法、集中成交法）。

(6)拜訪時更應要有合宜的打扮。如：清潔感、服裝儘量合宜等等。所謂TOP原則即Tidy（整齊清潔）、Occasional（場合貼切）、Pleasant（舒適力悅目）。除了賞心悅目外，還要展現個人品味及風範。

柒、客戶之類型與處理方法

如果你的客戶全都和藹可親、大方隨和，耐心聽完你的商品介紹之後，毫不猶疑就決定購買你的商品，這不是太棒了嗎？是的，的確很棒，但那只是夢想。在現實世界中，充斥著各種難纏的客戶：憤怒型的客戶惡言相向、萬事通型的客戶自大傲慢、抱怨型的客戶不斷挑毛病、猶疑不決型的客戶不斷提出各種疑問……，這就是業務人員無法避免的挑戰。

所以業務人員必須對自己的客戶做更深一層的了解和認識，將他們的特性做合理的分類，必能達到事半功倍的效果。

捌、業務人員成功之道

所謂「失敗者找藉口，成功者找方法」，業務成功之道：

(1)要有固定客戶和良好業績。

(2)做事要有擔當負責任。

(3)積極主動並協助上司。

(4)平時多培養邏輯整合及綜合分析的能力。

(5)要有忠誠敬業的觀念。

(6)要會善用時間並提高工作效率。

(7)不斷充實自己並懂得自我啟發。

過去的經驗，總認為一個業務人員必須有舌粲蓮花及與生俱來的天賦，但多年之歷練、體悟告訴我們：

(1)業務人員說得好不如說得巧。

⑵即使表達不好的人員，經過積極訓練與自我充實，仍然大有可為。

⑶要不斷反覆練習，則能熟能生巧，習慣成自然，能夠舉一反三。

⑷練習到無招勝有招，到達反射性動作，所謂「兵來將擋，水來土掩」，達到爐火純青的境界。

玖、結論

曾經有這麼一則「服務」的座右銘：「第一點：客戶永遠是對的；第二點：當客戶不對時，請看第一點。」這雖然是一則笑話，卻說明了客戶的重要性。

的確，客戶永遠是企業最寶貴的資源和利潤創造者，如何開拓客戶的技巧和方法，在現今這個經濟環境變遷的社會著實重要。路找到了，就不怕路遠了，如能有效運用一些方法，交互運用融會貫通，把握現有顧客，進一步再開拓新的客源，企業的績效將有意想不到的效果。所以平常就要學習內在美——歸納、分析、演繹；外在美——演說、辯論、談判的工夫，自然在待人處事之中，更能得心應手。

附錄：貿易推銷術

一、克服拒絕的方法

首先，我們先將在推銷的過程中，可能會被顧客拒絕的原因一一列出，再用下面所述的方法套招。

1. 詢問法

以詢問來克服的方法，就是讓對方自己說出來，而知道對方真正意思。一旦遇到對方拒絕，只要提出問題詢問之，就能化解語塞的情形，而且還可知道對方在想什麼。要訣在於配合對方的話語，不斷地詢問以進行交易。

2. 正擊法

以「是，可是……」的說法，把對方的說法接受下來，然後再以「可是」反擊。這是運用人自我的心理，通常人人都喜歡自己的意見看法能為他人所贊同，所以我們若先以「是」來贊同他，其會認為受到尊重，再以「可是……」

來向他建議時，就會比較容易接受了。這也是一種迂迴而不針鋒相對的戰略。

3. 回擊法

把對方拒絕的話完完全全地反擊回去，讓對方沒有拒絕的理由，無處可逃。回擊法可以運用在教育消費者商品專業知識時，惟值得注意的是，若推銷者語氣不夠婉轉或是過於咄咄逼人，可能會收到反效果。

4. 轉換法

也就是用話題的轉換，來引向對自己有利的話。例如：顧客由正面來拒絕，我們將之不露痕跡地忽略，轉換為強調商品的優點、特色，企圖以優點來掩飾對方拒絕的理由。

二、去除猶豫的技巧

有些顧客會對商品產生興趣，但卻有某些猶豫，這種情況下，不妨以下述方法參考之。

1. 資料應用法

以資料或工具來去除猶豫，讓對方了解而提出有具體根據的說法。資料應用法應用於平日準備有關商品的報導、統計、圖表、照片、樣品，在適當時機使用，既能去除對方猶豫，也是讓對方了解的最有效率的方法。

2. 變換法

也就是使壞處和缺點變為長處的方法，但是要有理論的根據，而非自圓其說。此時，擁有豐富商品知識的人才是最後的贏家。

3. 實例法

適時地舉出例子，如已經使用商品的客戶其使用情形和使用效果的實例，更可增加說服力，讓顧客願意購買並安心地使用商品。

三、說明使用利益的方法

1. 經濟計算法

即說明商品的經濟價值，完全站在買方的觀點，為對方做最有利的經濟計算，說明其購買商品後是如何有利的方法。

2. 問題點解消法

強調唯有本商品才有解決的方法。一起去考慮顧客的問題,而且有時還要提醒顧客其沒有注意到的地方,告訴他本產品可以解決其困擾。

四、誘導的技巧

即是以三種詢問組合來誘導,使顧客了解。

1. 打探性的詢問

用「你想……怎樣?」或「這個怎樣?」的詢問方式,來表示關心顧客的立場,得知其真意。打探性的詢問使顧客無法以「是」或「不是」來回答,而能夠娓娓道出其心聲。

2. 反問性的詢問

由顧客所說的話裡面,找出真正想說的是什麼?真正在想的是什麼?而以代答詢問的方式來測知其心意為何?進一步得知顧客猶豫的原因是什麼。

3. 引導性的詢問

從顧客所說的話中,找出對自己有利的一點,再以詢問的形式來擴大,能引導對方的意圖和了解的技巧。當找出對自己有利的那一點時,以「是不是這樣呢?」來詢問,並且用「那就是說……」來求其同意。

有了應對和說服的技巧後,大約已經能使顧客接受所推銷的商品了,接下來就是如何成交了!

五、成交的時機

最佳的成交時機就是把握顧客購買的暗示,以下即是顧客購買的暗示:

1. 說話內容改變,當對方將說話內容轉為:

- ‧有哪些國家／進口商採用過?
- ‧付款的方式(T/T或L/C)?
- ‧價格如何?有否折扣?
- ‧裝貨方式(海運、空運、陸運或聯運)?

這些都有強烈的購買暗示。

2. 態度的變化：

例如：對方突然靜下思考。

六、成交的技巧

1. 假設成交法

這是假設對方已有購買之意思，用「If……What……When……How」的方式詢問，可促使猶豫的顧客做成決定。

例如：「什麼時候交貨最好呢？」、「就送某某貨吧！」或「整櫃好嗎？」

2. 選擇成交法

用「A或B」的詢問方式，但不能有強制推銷的感覺。

例如：顏色（紅色或白色？）；付款方式（FOB、CFR、CIF或D/A、D/P、O/A）。

3. 集中成交法

將話題集中在顧客最感興趣的一點，亦即對方最需要的使用後利益。

4. 利益列舉成交法

以「因為……所以……」的詢問方式，強調購買商品的好處，使顧客無法說「不」。但利益列舉成交法並不是說服，而是以成交為目的，所以要有積極的態度。

5. 直接請求成交法

坦率地請求顧客訂購。例如：「那麼就交給你吧！」、「無論如何，拜託你了！」。

第 6 專題

國際貿易各種付款方式之實際案例研討

主講人：李淑茹　楊格國貿祕書工作室／負責人

國際貿易的交易中，付款方式往往是交易風險的一大指標。買賣雙方通常需針對自身較有利的付款方式，進行溝通協調，雙方總是以自己最有利的角度考量，賣方想先收貨款，而買方則想先收到貨後再付款，彼此都想加速資金週轉，也想避免匯率變動風險，因此需要在交易之前協商出一個雙方都接受的付款條件。

壹、裝貨付款（Payment on Shipment）

這是目前國際貿易上最常使用的方式，也是最公平的付款方法，買賣雙方所負擔的風險幾乎一樣。

一、信用狀 L/C（Letter of Credit）
——買、賣雙方都有利，雙方都有風險

以L/C作為付款工具，對買賣雙方都有保障。對出口商而言，可得到開狀銀行付款的擔保，對進口商而言，可獲得履行出貨的保障，但L/C是一種有條件的付款文件，出口商必須履行L/C上的所有規定，否則仍有收不到貨款的情形發生，除此之外，出口商所面臨的風險尚有：進口國政治、社會環境惡化、外匯短缺、匯兌管制以及銀行停業、破產等。而進口商同樣也有可能發生貨物不符及劣等品充數等風險，因為押匯銀行及付款銀行對信用狀的兌付，以審核押匯文件為準，只要內容符合信用狀要求，即獲兌現，而不過問實際貨物內容，因此如何事先防範，以降低買賣雙方風險，則是必須要特別注意的事。所有條件宜在成交之前商談妥當為佳，賣方收到信用狀時，宜先審核內容，是否與當初雙方同意的條件相同，如果有不同或矛盾之處，宜儘速請買方修改為妥。

《實例一》

國外買主訂貨30,000 PCS的環保杯，以L/C付款。言明貨分裝於二個40呎貨櫃，分二次出貨，出第一個貨櫃前夕，出口商才發現包裝彩盒缺500個，裝櫃在即，業主要求其國貿人員務必不能有瑕疵押匯的情況產生，應如何處理，才能避免數量不符瑕疵押匯的情況發生？

建議處理方式：

正常情況下，每個貨櫃應裝15,000個，但第一個貨櫃目前因包裝彩盒缺500個，致使第一批只能出14,500個。如果L/C上有規定允許一定百分比的金額和數

量的增減,則可按實際數量製作文件。不足的500個交由下一個貨櫃一起出。但如果L/C上有不允許一定百分比的金額和數量增減,出貨文件Invoice及Packing仍按L/C規定註明數量是15,000 PCS。由於L/C押匯,只著重單據文件的審核,並不過問實際貨物,但採第二個方式者,須先經國外客戶同意,以免客戶貨物通關可能有問題產生。

《實例二》

美國買主開來的信用狀有效期限為3/30,最遲裝船日亦為3/30,約定貨物分三批出口,預計分別於3/8、3/18及3/28日裝船,第一、二批貨順利出貨後,賣方因旺季趕貨,最後一批可能無法如期在3/28日裝船,需延至3/31日。買方經由在本國的代理商同意,可將第三批貨物在3/31日裝船,如此一來,賣方是否違約?可能遭拒付否?

建議處理方式:

以契約而言應是沒問題,因UCP600規定,信用狀與買賣契約或其他契約係分立的交易,但就信用狀交易而言就有問題了,因其中最後一批的裝船日3/31已超過L/C規定的有效日期及最遲裝船日3/30,開狀行本身就有權拒付。雖裝船前已取得本國的代理商同意,但仍應請買主修改L/C的最遲裝船日,對出口商才有保障。

還有一個方法,如貨物經由船務代理公司(Forwarder)負責船運,可要求其做Back Date B/L(日期倒填提單,一般Forwarder 均願意配合),就可解決此問題了。

《實例三》

香港買主因貨物運輸航程短,怕押匯文件遞送慢,影響提貨時效,遂在L/C規定: 2/3 set of clean bills of lading, one original B/L to be sent direct to buyer by beneficiary(出貨人於出貨後須將一套正本提單及文件寄給買主),此舉對出貨人有何不利?如何提出對策,保障出貨人權益?

建議處理方式:

押匯時若未提示全套提單,則開狀銀行或貨主對於貨物將失去完整之控制權,此種非全套提單押匯,除非開狀銀行信用卓著,否則押匯銀行不受理。因為進口商一拿到正本提單即可去提貨,但另一方面極可能對押匯的單據藉機挑剔,找瑕疵拒付,導致出口商可能財貨兩失。出口商若要先將正本提單寄一份給進口商,必須是相當信任的買方才可考慮。

如果對買方不信任時，所需採取的對策是，出貨人最好將貨物的主控權交給開狀銀行，亦即要求買方開狀時規定B/L的Consignee為「To order of issuing bank」，並規定由出貨人將B/L 直接寄給開狀銀行，由開狀銀行背書後再給買方，一旦貨被買方提走又拒付的話，則可找背書的開狀銀行索款，這樣對貨主較有保障。

《實例四》

某一外銷廠登記註冊地址跟實際廠址不同，一日接獲英國客戶開來信用狀，檢查後發現受益人的地址是廠址，進出口卡註冊地址，是否應該要求買主修改？另一張由日本客戶開來的信用狀中，公司的英文名字其中一個字母應是N卻誤打成H，應如何處理？

建議處理方式：

銀行審核單據一向嚴格，務必確定單據內容與信用狀所載相符，才履行兌現任務，因此務必請買方修改信用狀為宜，即使像N和H之類的誤打，也應修改，因為我們無法確定究竟是買方誤打或是有意打錯，想藉以造成日後利用此一疏忽拒付貨款，或變成趁機刁難賣方的把柄，同時出口商的文件也必須當記帳憑證，如果公司名稱有誤，日後容易引起麻煩。

二、憑單據付現CAD（Cash Against Documents）——買方較有利，賣方風險較大

此種付款方式為賣方在完成出口裝運之後，備妥有關貨運單據，根據約定在出口地、進口地或第三國向買方指定的銀行或代理人收取貨款。

若約定在進口地付款，則跟D/P類似，不同的是D/P須由賣方開出匯票，經由銀行向買方收取貨款，而CAD方式則僅憑單據求償，不須開匯票索款。

賣方在CAD付款方式中所面臨的風險，極可能因買方拒絕付款贖單而遭受損失。

《實例一》

英國買主要求付款方式，是一半金額開L/C，一半用CAD的方式，賣方可接受嗎？如果可以，則賣方何時可收到CAD的貨款？如何收款？

建議處理方式：

買方有時會因公司特殊考量，而要求二種付款方式，原則上賣方應可以配合買方，接受種付款方式。

至於以CAD方式交易，賣方何時取得貨款，則需視雙方議定的時間及地點而定。

(1)約定出口地付款：賣方在貨物交付裝運，取得船公司所簽發的提單後，就可向付款銀行提示單據，請求付款。約一週內，即可取得貨款。

(2)約定進口地付款：賣方委由其往來銀行向進口地銀行提示單據，請求付款。約需三週，可取得貨款，但若對方是中南美洲、非洲及比較落後的國家，則需一個月以上。

(3)約定買方在出口地的代理人付款：這須視買方何時授權其代理人支付貨款而定。如果代理商出貨前即接獲買方指示付款，則賣方在出貨後拿到提單時即可拿到貨款，時間約一週左右，如果買方未事先授權，則賣方收到貨款的時間就無法確定了。

《實例二》

以CAD方式交易，雖然給一些無法開信用狀的國家的變通方法，但是賣方取得貨款的過程較長，且經銀行收取貨款作業，銀行費用所費不貲。是否有替代方式，不經銀行託收而取得貨款，讓買賣雙方都較便利？

建議處理方式：

買賣雙方為節省銀行託收的時間及費用，實務上的做法是，賣方出貨後，自船公司領出提單及其他文件時，先傳真一份給買方，茲證明賣方已將貨物裝船，請買方匯款給賣方之後，賣方再寄正本提單及文件給買方供他提貨。這是目前業界普遍採用的方式，但對賣方而言，仍有一定風險，最好是交易一段時間後，評估買方的信用沒問題之後才採用此一方式。

貳、延付貨款（Deffrred Payment）

此方式是賣方須先出貨，一段時間後買方再付款，對賣方而言具高風險性。

一、記帳Open Account

屬於交貨後付款的一種，賣方先出貨，且將貨運單據逕寄給買方提貨，雙方協議定期將貨款匯付給賣方。有關付款期限則可協定分一季、半年或一年結

清一次。由於近年來跨國企業之興起，大採購商紛紛至產地國設立海外採購據點，生產業者也前往主要出口國設立發貨倉庫，加上最近產業外移，這些母子公司或母子廠之間的業務往來，並無信用風險之考量，採此方式最適合。除此之外，貿易對手之間往來頻繁，彼此了解信用狀況，或是向下游產業間或貿易對手間相互投資、融資、委託代工等情形普遍，在考慮資金調度的方便之下，許多業者紛紛捨棄傳統的L/C、D/A、D/P等。

值得注意的是，此種付款方式必須在彼此信用無虞之下才能採用，勿對第一次交易或是信用紀錄不佳的客戶使用此方式，目前美國市場很流行此一方式，但風險極大。

《實例一》

一家五金零件製造商的美國客戶，以多年良好合作關係為由，要求以一季付一次的記帳方式付款，此後買方無資金的壓力，大舉進貨，生意大好，工廠也因出口量大增而高興不已，爾後適逢美國經濟急轉直下，導致買方經營不善，資金週轉困難，一次次要求延付貨款，並請求廠商繼續出貨，工廠為了維持和客戶良好的合作關係，一再出貨給他，最後導致積欠將近五十萬美元的貨款未付，工廠此時也面臨極大的財務危機，該如何處理？

建議處理方式：

先了解對方的財務狀況及整個公司狀況，如果此公司已經瀕臨破產，毫無未來，則賣方可能必須認賠了事，如果經信調後，此公司體質仍好，只是適逢經濟不景氣的衝擊，不宜貿然停止供貨，可繼續跟他合作，以時間換取空間，唯有付款方式須作調整，之前積欠的貨款，可讓買方長期攤還，而此公司日後的訂單一律以現金交易，只要此買主繼續經營，總會有東山再起的機會。

《實例二》

一新加坡買主透過其臺灣代理商向一家具廠下單，初期雙方協議以貨到新加坡後，買主匯款，賣方再放單的付款方式進行交易。最初半年很順利，之後買方以增加數量，資金週轉較緊為由，要求賣方在貨物裝船後，即將裝船文件的正本寄給買方，買方一個月後，再將貨款匯給賣方，在最後一批貨出口之後，賣方欲聯絡其臺灣代理商，卻發現人去樓空，買方未依約在期限內付款，請問：

(1)賣方可否要求船公司不將貨物交給買方呢？

(2)賣方是否有其他方法保障自己？

建議處理方式：

(1)基本上而言，記帳對賣方毫無保障。依法交付提單即視同交付貨物一樣，除非賣方循法律途徑將貨物扣押，禁止船公司交貨，否則當收貨人將提單交付給船公司時，船公司應無理由拒交貨品，而在此緊急情況下，根本無暇採法律途徑解決。

(2)因記帳的交易是授信行為，亦可說是賣方自願承受此風險，因此賣方在交易之初，就應評估過收不到買方貨款的風險。因此，最好的保障是事先對買方的信用詳加調查。除非買方信用可靠，否則別輕易嘗試，如果硬要冒險的話，也最好再加保貨價保險，即輸出保險，將風險降至最低。

二、D/P（Documents Against Payment）付款交單，D/A（Documents Against Acceptance）承兌交單

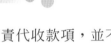

本質上，D/A、D/P同屬商業信用付款方式，銀行只負責代收款項，並不提供付款擔保，故萬一買方匯票不承兌或不付款贖單，則其風險將由賣方完全承擔。

D/A，D/P實務操作上應注意事項為何？

(1)事先徵信調查。

(2)謹慎簽訂書面買賣契約。

(3)遠期匯票付款到期日的約定方式，例如從提單日算起，對賣方較有利。

(4)貨物儘量以海運出口為主，不以空運出口，出口商宜自行投保海上保險，才能握有保險單在手中，避免貨物在海上遇難時，無法索賠，造成賣方巨大損失。

(5)投保輸出保險（中國輸出入銀行）以轉嫁風險。

(6)必須透過銀行交寄文件及收款。

《實例一》

某公司出口五金零件至德國，同意以D/A（承兌交單）為付款方式，然而付款期限已過，買方仍未付款，經賣方一再催款，買受人以品質不符為由拒絕付款，此公司應如何因應？

建議處理方式：

口說無憑，應先要求買方提出信譽卓越的公證行之公證檢驗報告，證明貨物品質確有瑕疵，若買方提不出公證檢驗報告證明，依然拒付時，賣方可檢具相關文件，委由我駐外有關機構協助跟買方協商解決。無法達成共識時，再要求買方退還貨品及賠償損失，如果買方還是置之不理，則可採取法律行動解決。

《實例二》

一汽車零件廠用D/P的方式出貨到美國，貨已被客戶領走，但代收銀行並沒有付款，我方可用何種方法追索貨款？

建議處理方式：

以D/P方式交易，一般信譽佳的銀行，均不會在未收到買方的貨款就放單，如果這麼做的話，所引起的損失，此美國銀行必須負全部責任，賠償給賣方。此外，亦可藉由臺灣的託收銀行幫忙追回貨款，也可檢具相關文件，請駐外單位協助，採取必要的行動。前者透過銀行較方便，費用也較便宜，以D/P交易，雖然跟即期L/C方式類似，但風險較L/C大，因此也可跟D/A一樣，跟中國輸出入銀行投保輸出險，以分散風險。

《實例三》

一日本客戶要求交易付款條件是D/A 30天，賣方應如何約定到期日會比較有利？

建議處理方式：

愈早收到貨款，對出口商而言愈有利，而D/A 30天到期日的計算情形有：

(1)憑發票日後30天的匯票付款（30 Days After The Date of Draft），以匯票簽發票日隔天起算30天為其到期日。

(2)憑見票後30天的匯票付款（Draft Payable 30 Days After Sight），以買方見匯票後（即承兌後）第30天為其到期日。

(3)提單裝船日後30天的匯票付款（Draft Payable 30 Days After B/L Date），以裝船日（On Board Date）後30天為其到期日。

對於賣方，以第三種算法最為有利，但實務上，但如果以買方觀點而言，通常以第二種算法對其較有利。

第 7 專題

海上保險實務

主講人：黃宏彬　明臺產物保險／協理

壹、保險基本概念

一、風險管理

危險、風險、事故、保險事故（承保範圍）。

二、人類面對危險之處理

(1)Assumption（承當）。

(2)Evasion（規避）。

(3)Avoidance（避免）。

(4)Ruction（減輕）。

(5)Transfer（轉嫁）。

(6)Combination（聯合）。

(7)Neutralization（中和）。

三、保險的重要性

保險常常是被遺忘的角色，因為在意外未發生時，我們通常未能察覺它的重要性，而待事情發生後，麻煩接踵而來時，我們才會發現保險在貿易上其實扮演著舉足輕重的角色，一旦標的物有什麼滅失時，藉由保險賠償，我們才有再站起來的機會。例如：在911事件中，雙子星大樓如果沒有投保的話，那麼一切就皆化為烏有。

四、保險功用

個人方面——可以減少痛苦支出，避免家庭經濟問題，減少生活困苦之街頭抗議，奠定社會國家安寧。例如：一個人若在上大學前，投保了儲蓄險，順利的話，四年後一畢業，創業基金也就立即湊足了，免於籌措資金的困擾。

然而對於保險重要事項，要保人必須主動詢問保險公司，而保險公司會符合「最高誠信原則」，針對您的需求，來為您解答。

五、保單分類

1. 商業保險／社會保險

汽車險，例如：當汽車肇事，被害人求償時，必須依賴政府所制訂的保險條規來做處理。

2. 人壽保險／非人壽保險

六、產物保險

海上保險──船體險／航空險。

貨物運輸險／火險。

汽車險／傷害險。

責任險／工程險。

七、保單種類

時間保單──火險、汽車險。

航程保單──貨物運輸險。

定值保單──貨物運輸險。

不定值保單──火險。

OPEN POLICY／逐筆出單。

八、保單條款

一般條款。

特約條款。

協會條款。

海上保險（貨物）A.B.C條款。

九、保單文字效力

(1)印刷體。

(2)批單。

(3)手寫。

貳、貨物運輸保險

一、核保理賠實務

「海上保險」即一般所謂的貨物運輸保險，包括了海上運輸、航空保險、郵包運送保險及陸上運輸保險。雖然現在海上保險已包括了許多與運輸有關的險種，但由於最早的運輸保險是從「海上運送」保險開始起源，因此目前習慣上仍將「貨物運輸保險」以「海上保險」統稱之。

貨物在運輸過程中，不論透過何種交通工具運送，都有其風險存在，如運輸工具發生意外事故、天災、運送人的疏忽及其他人爲破壞、偷竊等，各種危險不勝枚舉，貨物所有人一旦把貨物交予運送人，在貨物未安全送達目的前，勢必終日無法安心，在此情形下唯有購買運輸保險，才能眞正高枕無憂。

二、國際貿易與海上保險

1. 貿易條件

(1)F. O. B.（Free on Board）保險買方辦理。

(2)CFR（Cost and Freight）保險買方辦理。

(3)C & I（Cost and Insurance）保險賣方辦理。

(4)C. I. F.（Cost, Insurance and Freight）保險賣方辦理。

(5)E. X. W（EX Works）保險買方辦理。

(6)F. C. A.（Free Chrrier）保險買方辦理。

三、保險標的物

凡以船舶、飛機、汽車、火車等運輸工具載運的進出口貨物、商品、行李、郵包……，均可作爲保險標的物，向保險公司投保貨物運輸保險（俗稱水險）及其他各種附加險。

四、投保時機

投保手續必須在運送風險開始以前辦理，塡妥要保書，交保險公司訂定費率，出單後於許可範圍內派遣專人送達被保險人處，如爲進口業務起運日期或

運輸工具無法確定，亦可先行投保，並於確定後，立即通知保險公司。

五、貨物運輸保險種類

(1)海上貨物運輸保險（船舶運輸）。

(2)航空貨物運輸保險（航空器運輸）。

(3)郵包貨物運輸保險（郵局或快遞）。

(4)內陸貨物運輸保險（火車或卡車）。

六、保險條件及承保範圍

1982年1月1日以來，倫敦保險市場陸續推出有關貨物運輸保險之新式保險單及條款，各國業已相繼採用，我國亦採用世界最多國家使用之協會貨物條款。然而由於國際貿易市場上，因為信用狀使用之規定不一，目前仍有沿用1963年1月1日之舊保單與條款。

對於不同之運輸方式，均有其相對貨物所適用之保險條款，來承保其運輸過程中可能遭遇之危險。特殊之貨物另有其適用之特殊條款可以承保，如：冷凍、冷藏貨櫃運送之貨物、大宗資貨物、煤、活的動植物、原油等。

七、承保範圍與不保範圍

1. 承保範圍（以海上貨物運輸條款為例）

表7-1

貨物之滅失、毀損或費用由下列原因所致者	ICC（A）	ICC（B）	ICC（C）
火災或爆炸。	○	○	○
船舶或駁船之擱淺、觸礁、沉沒或翻覆。	○	○	○
陸上運輸工具之傾覆或出軌。	○	○	○
船舶或駁船或其他運輸工具與水之外任何外界物體碰撞或觸撞。	○	○	○
在避難港卸貨。	○	○	○
地震、火山爆發、雷閃。	○	○	×
由承保之危險所致之共同海損的犧牲。	○	○	○
因承保之危險所致之共同海損與施救費用。	○	○	○
船舶雙方過失碰撞。	○	○	○
投棄。	○	○	×
海浪掃落。	○	○	×

貨物之滅失、毀損或費用由下列原因所致者	ICC (A)	ICC (B)	ICC (C)
海水湖水或河水進入船舶或駁船、船艙、封閉式運輸工具、貨櫃、貨箱或儲存處所。	○	○	×
任何一件貨物於裝卸船舶或駁船時掉落，或落入海中之整件滅失。	○	○	×
偷竊、短少、未送達、破損。	○	×	×
彎曲、凹陷、刮傷。	○	×	×
汙染。	○	×	×
任何人員之不法行為所致保險標的物之全部或部分之損害或費用。	○	×	
海上劫掠。	○	×	×

1.○者為承保，×為不保範圍。

2.投棄：當運送途中船隻發生事故時，須丟棄部分貨物以確保船隻安全時，所選擇投棄的貨物，即隸屬此賠償項目。

3.海浪掃落：如貨櫃在天候不佳時，因強浪拍打而落入海裡，即隸屬此賠償項目。

4.戰爭暴動險方面：例如911事件發生後，保險公司立即列出不保地區，如：阿富汗、斯里蘭卡等地，而危險地區之保險費率也馬上做調漲。

5.船險，航空業方面：當發生船難時，船與船碰撞，擦撞時雙方都應估算各負擔多少費用，而船險、航空業也因911事件縮減承保範圍，突然變為辛苦行業了。

2. 一般共同除外不保範圍（以海上貨物運輸條款為例）

表7-2

貨物的滅失毀損或費用之除外範圍	備註
得諉因於被保險人的故意行為所致之毀損滅失。	
正常滲落毀損失量或自然耗損。	
不良或不當的包裝貨配置所致者（此處之包裝包括在貨櫃或貨箱裝載內之裝置，但以此裝置於本保險開始前，已由被保險人或其受僱人完成者為限。）	
保險標的物之固有瑕疵或本質所致之毀損滅失。	
得歸因於延滯所致者。	共同海損應付之費用不在此限
因船東經理人、租船人或營運人的財務及債務糾紛所致者。	
任何使用原子、核子武器或類似武器所致者。	
被保險人或其僱用人於裝載貨物時，以知情船舶、駁船或貨櫃貨箱運送工具的不是安全運送，因此造成對保險標的物的損害或費用。	
放射性之輻射汙染所致保險標的物之損害或費用。	
因戰爭內戰或敵對行為等所致者。（海上劫掠除外）	可另行加保
因罷工暴動民眾騷擾等所致者。	可另行加保

第2項——正常滲漏、自然耗損。例如5公斤黃豆，運送過程中水分自然蒸發，剩下4.5公斤。

第3項——不良包裝。例如玻璃製品，沒有經過適當的包裝時，運送途中就會損壞。

第4項——固有瑕疵。例如鹿港養的鰻魚所吃的魚飼料，在運送途中會有自燃的現象。

第7項——目前保險多是列為不承保的項目。

第10項——通常所有保險類別皆不保此項目，除了海上保險可另行加保。

第11項——即所謂的SRCC，在基本條款不保，但可另行加保。

八、兵險與罷工險承保內容

1. 兵險（戰爭保險War Risks）

保險條件——Institute Ware Clauses（CARGO）—（1/182）

本保險承保下列原因所致保險標的物之毀損或滅失。

⑴因戰爭、內戰、革命、叛亂、顛覆或由其引起之內爭，或交戰國雙方之敵對行為。

⑵因捕獲、扣押、拘留、禁止或扣留其結果，或任何威脅企圖。

⑶遺棄之水雷、魚雷、炸彈或其他遺棄的戰爭武器。

2. 罷工險

保險條件——Institute Strikes Clauses（CARGO）—（1/1/82）

本保險承保下列原因所致保險標的物之毀損或滅失。

⑴因參與罷工、停工、工潮、暴動或民眾騷擾人員引起者。

⑵恐怖分子或任何人員因政治動機之行為引起者。

九、保險期間（保險責任之開始與終止）

貨櫃場通常會有一個承攬貨物的責任，但如遇天災，貨櫃場是沒有責任的，例如：納莉颱風來襲，貨櫃場貨櫃泡水，那麼物主即遭受損失。

表7-3

運輸方法	開始	終止
一、海上運輸保險	貨物離開保單載明地點之倉庫或儲存住所。	運送至下列三種情形，以最先發生者為準而終止： 1.保險單載明之受貨人或最終儲存住所。 2.中途倉庫被保險人用為通常運送過程以外之儲存或貨物分派、配送之處所。 3.自海船在最終卸貨港卸載完畢起屆滿60天。
二、航空運輸	貨物離開保單載明地點之倉庫或儲存處所。	運送至下列三種情形，以最先發生者為準而終止： 1.保單載明之受貨人或最終儲存處所。 2.中途倉庫被保險人用為通常運送過程以外之儲存或貨物分派、配送之處所。 3.自飛機在最終卸貨港卸載完畢起屆滿30天。
三、郵包運送	郵局簽發寄送收據。	郵包送達收件人。
四、內陸運輸	貨物裝上卡車離開保單載明地點之倉庫或儲存處所。	目的地卸載完畢時為止。

十、海上保險關係人

即為進口商、出口商及付費銀行體系。通常在海上保險中，大多是以銀行為受益人。將來標的物有損失時，如果只是部分損失，銀行通常不會要求賠償；如果是全損的話，那麼銀行會先清算項目，再將保單交由廠商，由廠商來向保險公司進行索賠。

十一、保險金額

出口貨物──必須依照信用狀所規定的金額投保，通常為開狀金額另加一成投保。

進口貨物──通常依FOB或CFR價值另加一成的預期利潤或費用投保。另外可依實際需要加保各項費用，如關稅、公賣利益等，但在未來加入WTO後，在加保方面也還會有異動的。

十二、保險費率

通常保險公司提供的費率標準為參考費率，依不同貨物、不同進出口地

點、國家、運貨量之大小、貨物價值等計算，諸如化學藥品、玻璃品、罐裝貨物等危險重要物品之費率皆比一般貨物高，貨物散裝也會有不同的費率，而每年費率也會隨時小幅變動，20年前與今日的費率相差有10倍之多，雖然發生911事件，在戰爭、兵險方面，費率也會有提高之趨勢。

十三、貨物運輸保險理賠

1. 理賠須知

任何保險事故賠償時，都必須與保險事故有直接關係，投保之貨物於獲悉出險時，請立即通知保險公司且應採取減輕損失或避免損失擴大之措施，保險公司將會派員或指定公證人前往現場查驗，然其實產物保險的理賠與一般保險理賠同一道理，而其內容有下列幾點：

(1)**損害填補**

當承保物有損害時，保險公司即會進行賠償，而不是不當得利或雙重保單皆獲賠償的途徑。例如：同一標的物，物主對其保了兩張保單，一旦事故發生，物主期望皆獲兩份全額賠償，此時，物主將產生道德危機。又例如：物主擁有一棟投保多年的舊屋，當事故發生時，賠償金額需視折舊程度而定。

(2)**保險利益**

海上保險的保險認定較寬鬆，例如：進口一貨櫃，由於物價上漲，進口商即在半途出售貨物或提單等文件，此時其保險利益即轉移，只要出示文件者，其保險利益即可被認定。

(3)**最高誠信原則**

其實裝在貨櫃裡的貨物是保險公司看不見的，而保險公司只能依憑文件單據審核其標的物，而當進行理賠時，也以所標示的標的物為主。但因保險理賠事件太多，且重要事件定義含糊不清，所以其實在求償時，如果保險對於重要事件不加核問時，廠商可以避而不談，不過一切還是以最高誠信為原則。

(4)**損害求償**

災害求償與損害賠償是有關係的，有些東西壞了或被偷走，如果抓得到小偷當然可直接找小偷求償，但小偷通常是沒有錢的，所以便先找保險公司賠償，災害求償的責任就轉交給保險公司，替要保人吸收掉

無法求償的風險。例如：社會保險的汽車責任，當肇事者逃逸時，被害人就可轉向保險公司求償。此爲災害求償的最高精神。

(5)**東西損害時要尋求「主力近因」**

即所造成損害的主因，必須和保險的事項相符，才造成賠償的條件。以下有個小故事可以說明。母親出門時，告訴兒子乖乖在家，當母親出門後，兒子就跑到鄰居家偷摘蘋果，而樹枝斷裂，導致骨折。母親事後訓誡兒子的骨折是因不聽勸告，但是兒子卻說，他的骨折是因爲樹枝斷裂。你說，這個故事中的主因爲何呢？當然真正的主力近因是樹枝斷裂呀！

2. 理賠程序

(1)**進口貨物**

①索取證明文件。

②通知保險公司。

③蒐集索賠文件。

被保險人於知悉貨物出事時，應立即通知本公司，便於派員或指定公證人前往查驗公正。

(2)**出口理賠**

①於保險單載明的目的地提貨時，發現貨物異常狀況，應視實際情況（情況嚴重時應停止提貨），立即通知船公司、航空公司、倉管人員及其他有關單位，取得事故證明單，以辦理索賠。

②同時通知保險單左上方所載明本公司當地的理賠代理人（Claim Agent），就地處理公證事宜與蒐集完整文件，避免影響索賠及相關單位追償的權益。

③本公司依據理賠代理人所寄達之文件資料，辦理賠案理算。

索賠必備文件──被保險人向保險公司索賠時，須準備必要文件給保險公司，以便進行理賠。

附錄一

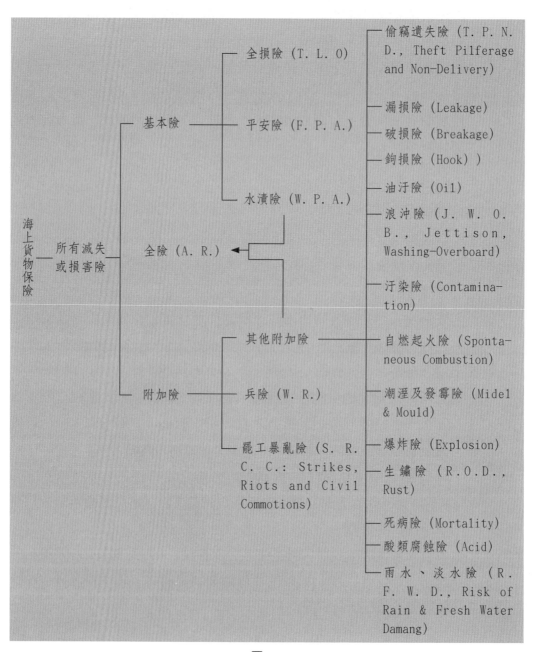

圖7-1

海空運流程

主講人：許坤金 跨世紀企業管理顧問公司／董事長

（曾任空運、海運公司總經理）

壹、敘述海空運出口運送流程

一般海上貨物的運輸，通常是利用定期船（Liner）。此項船舶係按照預定船期表（Sailing Schedule）往返航行於特定之航線上，有利於買賣雙方對裝運之安排。

一、海　運

1. 出口流程概要

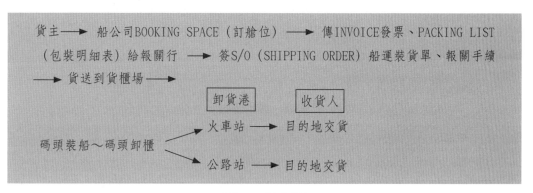

圖8-1　流程圖

2. 首先貨主必須依下列條件選擇船公司

⑴船期：船期應在買賣契約或信用狀規定的裝船期限之前。

⑵航線：該船必須停靠貨物目的港；此外，若契約或信用狀禁止轉運，應洽直達船舶；而彎靠港口不宜過多，以免航程拖長，延誤商機。

⑶船公司信用：船公司營運狀況、信用、規模大小，是否參加航運同盟。

⑷運費：同盟船公司所報運費皆一致，非同盟船公司則各家報價不一，貨主應多方詢價比較。

⑸船隻性能：船隻設備、航速、船齡等，亦可作為選船的參考，因其不僅關係到貨物運送途中的安全，也間接與貨物保險費有關。

⑹在選定船公司之後，即可向該公司洽訂艙位（Booking Space），由船公司簽發裝貨單（S/O），裝貨單是船方核配艙位給貨主的憑證，也是

貨主憑以出口報關及裝船的文件。在出口商領取裝貨單後，即可依船期委託報關行（為出口商報關、打文件、關貿網路）向海關辦理報關手續，並將貨物運送到指定的貨櫃場（可分為內陸櫃場及碼頭櫃場，內陸櫃場意指不是在碼頭內的貨櫃場，像是基隆港因為狹小、淤淺，因而無法設置貨櫃場，只能設在碼頭外。另外貨櫃場屬於保稅倉庫，須海關駐場。）

3. 海運費用

在過程中會產生的費用會有FOB和CFR（FOB：出口商不必付海運費，CFR即Cost and Freight，運費包含在內，且預付運費在臺灣已先付），而在FOB的情況下有兩種出貨的方式，一種是CFS（出貨時是以卡車把以紙箱裝的貨送到貨櫃場，此即為併櫃）；另一種為CY（是整櫃分20呎、40呎），而CFS又得付什麼費用呢？

表8-1　費用簡表

FOB		CFR/CIF	
CFS	CY	CFS	CY
卡車費	拖車費	卡車費	拖車費
併櫃費	THC（吊櫃費）	併櫃費	THC（吊櫃費）
附加費	附加費	附加費	附加費
文件費	文件費	文件費	文件費
		海運費	海運費

CFS併櫃：把貨品以卡車運到貨櫃場的卡車費，而併櫃費就是貨櫃場把你的貨裝到貨櫃裡面的裝櫃費，然後再把你的貨併在櫃子裡。所謂附加費，例如：燃料附加費〔船油費會上漲，所以會把它轉嫁給貨主（出口商）來付，然而附加費不只一種，尚包括美金貶值附加費。文件費：你拿的製作提單（文件）也要錢（是船公司的提單部所負責的〕。

CY整櫃：就不能用卡車了，要用拖車來把貨櫃拖到貨櫃場，所以得付拖車費。THC：是為吊櫃費，即貨櫃到貨櫃場後，要把貨櫃從拖車上吊上船，所以有個吊櫃費用。而CY和CFS一樣，要再付附加費用、文件費用（因為需拿提單去押匯）。

然而現今C ＆ F都改成CFR，也是分為CFS與CY，不同地方就是海運費用

了，FOB：出口商不必付海運費，而CFR是預付運費在臺灣已先付，至於其餘基本費用皆和FOB大同小異了。

※臺中結關整櫃內陸運送費：因為歐美線的船都是到高雄港（因為基隆港港口小且淺），而臺中的工廠如果要出貨，把貨交給貨櫃場後，由船公司把貨送到高雄港，而船公司會把拖車費轉嫁給出口商，即為內陸運送費。

※附加費包括：CAF（幣值調整附加費）及FAF（燃料附加費）。

4. 運送過程中會發生的異常狀況有兩種

　(1)**退關**

　　①貨主因故自動退關：倉租費、退關手續費、卡車費。

　　　根據統計國內不到3成之廠商使用信用狀，一般都是用D／P（Document Against Payment）、D／A（Document Aggainst Acceptance），這種貿易條件風險較大，因此當貨主寮覺對方有問題時，自然就不願意出貨了，但此時貨主仍應付倉租費、退關手續及卡車費。

　　②船務公司SPACE問題退關：船務公司就得負責重新處理下班船的報關手續費。這是由於船公司的艙位已滿，如同巴士、飛機等座位已額滿，所以當貨艙已滿，裝不下時，此時就應由船公司處理安排退關，坐下一班船了。

　(2)**延遲裝船**

　　①CFS倉租費。

　　②CY貨櫃滯留費。

原因也許是貨有瑕疵、貨有問題，或是買主要事先看過貨才准出貨等問題，想要等待下一班船，才要出貨。因此就得延遲裝船，再多加付一筆倉租費了。

※CFS倉租費：因延遲裝船，還是得付貨櫃場倉租費，否則放太久是不行的。

※CY貨櫃滯留費：由於空的貨櫃對於貨櫃場而言是他們的生財器具，貨櫃的週轉率愈快，對於貨櫃場當然愈好。現在出口商由於某種因素而延遲裝船，但是貨物卻仍放在貨櫃中或工廠中使用，等待裝櫃，將貨櫃場的貨櫃當作倉庫來使用。所以貨櫃場當然要向出口商索取一筆費用，稱之CY貨櫃滯留費。

※貨物遺失或毀損：由於船公司所負責範圍只到倉庫，所以領貨時得先
到倉庫觀察，如果貨物遺失，可由貨櫃場領取「海運進口貨物短溢卸報
告」來向船公司索賠；若有破損可領「海運進口貨物破損報告」；若物
品貴重也可請公證行來公證，因為船公司在此是採「推定責任主義」，
必須要舉證船公司為故意或有重大疏失才能獲得理賠，所以最好要有
「保險」以保障貨主之權益。

二、空　運

為什麼我們要用空運？舉凡重要貨物、生鮮食品、緊急貨物、海運來不
及的貨物，通常會以空運的方式來運送，以免訂單被取消。空運最大的特色就
是運送所需的時間非常短，能應付市場的需求變化，但是因為運費貴，所以適
合用來運送體積小、價值高、時效急的貨物。還有貨物本來要透過海運來運送
的，但是因為製造延遲等原因，造成客戶可能因為Delay而取消訂單，這時貨主
會利用併櫃的方式，利用空運送到買主手上。

1. 流程

寄貨人 ───▶ 委託空運公司代辦出口手續 ───▶ 先向航空公司訂位 ───▶ 再向海關辦
理通關手續 ───▶ 放行交單轉交航空公司運送 ───▶ 貨到目的地由航空公司通知

　　┌─⑴國外代理領單（再由國外代理通知收貨人（併裝方式））

　　└─⑵收貨人領單（直走方式）

圖8-2　流程簡圖

一開始寄貨人（即貨主）要先委託空運公司（空運承攬業）代辦出口手
續。這點和海運不一樣，海運是交給報關行去辦理，但是空運是較急的貨物，
所以程序也不太一樣。一般而言，空運公司會有兩個牌照，一個是空運運輸的
執照，另一個則是報關的執照。之後，空運公司會向航空公司訂艙位。在此要
再次說明，空運一定要先向空運公司辦理出口手續，然後由空運公司幫貨主向
航空公司訂位，不能直接找航空公司，因為航空公司沒有那麼多的時間去幫貨

主去攬貨，也沒有多餘的時間幫貨主報關、打文件等，因爲他們還得有地勤的人員，負責把貨物裝上飛機、機件的維修、航班的調度等等。所以每一家航空公司都會給好幾家的空運公司當代理，而並非只有一家而已。訂位後，再向海關辦理通關手續，這是由空運公司替貨主代辦的。然後放行交單，即貨放行了以後，提單轉交給航空公司，讓提單隨著飛機一起飛到國外去。

這點和海運不同，因爲海運的船是慢慢開，開得比較久，貨隨船離港了之後，提單再用寄的也來得及；但是空運的時效性是很重要的，飛機是全世界24小時都可以到達的交通工具，因此文件也必須要快速地抵達才行。最後貨到目的地由航空公司通知。而這個貨的裝載，有兩種方式：

⑴**國外代理領單再由國外代理通知收貨人（併裝方式）**

貨主SHIPPER

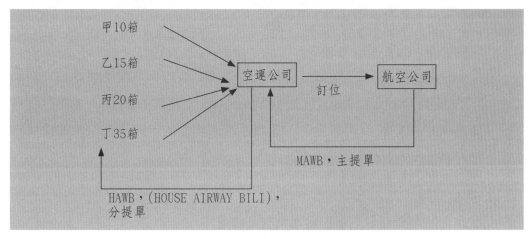

圖8-3

假設今天，有甲、乙、丙、丁等四個貨主，分別是打算空運10箱、15箱、20箱及35箱，然後全部交給空運公司來做併裝。在此先說明，空運的運費是根據重量來計算的，重量愈重，運費就愈便宜，因此空運公司就有利可圖。而今天空運公司跟四面八方的貨主攬貨後，再一次向航空公司來訂位，如此一來，空運公司可以拿到比較好的價錢，相對地，空運公司也可以提供較好的價格給貨主。因此，走併裝會比直走來得便宜；但是相對地有個缺點，就是這種併裝方式在時間上會比直走的方式來得久，不過，大致上也不會太久，大概多兩、三天。所以這就要看貨主自己衡量成本了！

而併裝方式，貨主的分提單上的Shipper，當然還是貨主；Consignee也還是原本的買主。而主提單上的Shipper則是空運公司；Consignee則是空運公司國外的代理分公司。貨到了目的地後，當然是由這家空運公司的國外代理來領貨，之後再由國外的代理公司個別去通知這些買主。

⑵**收貨人領單（直走方式）**

圖8-4

貨主找空運公司，空運公司找航空公司，而貨主直接拿航空公司發的主提單（MAWB, MASTER AIRWAY BILL=海運的B/L），當然此提單也是經由空運公司簽發的。貨到了目的地之後，航空公司就直接通知Consignee（買主）來領貨。

2. 空運費用

我們計算空運費要算毛重、材積重、計價重。

航空運費係依運輸距離與重量計算，其計算重量係以實際毛重為標準，其超過0.1公斤者，以0.5公斤計算；超過0.6公斤者，以一公斤計算。惟對於體積大而重量輕之貨物，則按下列標準收費：

⑴英制：366立方吋＝1公斤，或194立方吋＝1磅。

⑵公制：6000立方公斤＝1公斤（每立方吋等於16.39立方公分）。

上項標準，稱為標準密度。密度低者均按標準密度計算，即以體積除以標準密度，即為計算重量。航空公司之收費費率，係採國際航空運輸協會（IATA）規定之費率表。該協會為一國際組織，統一制訂國際民航客貨運規章及費率，對各種貨品依性質及距離，分別訂定費率，並統一規定各種折扣及佣金。未參加空運協會之航空公司，亦以該協會之規定作為範本。

表8-2 不同貿易條件下，所應付擔的費用

FOB	CFR / CIF
卡車費CARTA1GE	卡車費CARTAGE
倉儲費STORAGE	倉儲費STORAGE
報關費	報關費
	空運費

3. 空運的優點

航空貨運在近幾年更廣爲國際企業所樂用。綜合而言，空運具有以下多項優勢：

(1)運輸快速：原物料及商品的庫存可減至最少。

(2)交貨迅速：可迎合市場趨勢變化，強化競爭力，並爭取客戶的好感。

(3)節省包裝費用：包裝成本較海運爲低。

(4)破損率低：因而保險費率亦較低。

(5)適合運送生鮮及具時效性商品：可更擴大國際貿易商品的範圍，提升全球消費者的福祉。

(6)適應Just In Time經營理念。

(7)提早回收貨款，增加商品週轉率。

4. 空運提單

(1)意義

空運提單（Air Waybill; Airway Bill，又稱AWB）又稱航空託運單或航空貨運單，乃託運人將貨物交給航空運送人託運時，由航空運送人發給託運人證明收到貨物的憑證，也是航空運送人與託運人間運送契約的證明文件。

空運提單與海運提單都具有貨物收據及運送契約憑證的功能，但空運提單並不是憑單交貨的物權證書，其受益人多爲記名式，故不能流通轉讓，受貨人提貨時，只要能證明其爲提單上的受貨人即可，不須出示提單，這點與海運提單有很大不同。另外海運的貨物有破損時，船公司是以推定責任主義賠償；而空運則是採絕對責任，若沒報值，則是以1公斤美金20元作爲賠償。除此之外，空運的報價所採的幣值係視起飛點的幣值而定。

⑵**主提單與分提單**

主提單與分提單的形式非常近似,但可從其提單號碼的編碼方式很快
地予以識別,主提單的提單號碼係由3個阿拉伯數字起頭,爲該航空公
司的代號或IATA統一編號（例如:160就是國泰航空的代號）;分提單
的提單號碼則起首爲該空運公司的英文代號,而非阿拉伯數字。由於
航空分提單多由承攬業者以運送人身分簽發,因此只要該提單上表明
的運送人或複合運送人名稱爲貨運承攬人名稱,銀行一般都接受受益
人以該分提單辦理押匯或請求付款。

5. 異常狀況

⑴**退關**

①貨主因故自動退關,須付倉儲費、退關手續費、卡車費。

②航空公司SPACE問題延至下一班機。（航空公司的飛機有客貨兩用
機及全貨機。全貨機沒有這個問題,但若爲客貨兩用機,它會以a.旅
客行李;b.軍用物品;c.郵包;d.生鮮;e.空運貨爲優先順序,若前
面的項目就裝滿,那麼就會影響班次。）

⑵**延遲裝機**

如果貨主延遲裝機,就須負擔倉租費。

貳、敘述貨櫃場/貨運站作業流程

貨櫃運輸係指將貨物裝入貨櫃運送的作業方式。在託運人於工廠或倉庫將
貨物裝入貨櫃運送的作業方式,或由託運人將貨物運至貨櫃場或貨運站。而貨
櫃場可分爲內陸櫃場及碼頭櫃場,屬於保稅倉庫的一種,須海關駐場。託運人
裝櫃的手續,依貨櫃運送條件的不同而不同,茲分述如下:

一、海運貨運站作業方式

1. 流程

⑴**併櫃裝載**（CFS或LCL）

GFS進場 ➡ 放行 ➡ 裝櫃 ➡ 出口重櫃區 ➡ 出站 ➡ 港口裝船

圖8-5 流程簡圖

由託運人自行以卡車將貨物運至貨櫃貨物處理站（CFS），貨櫃場於核對貨物無誤後，即簽發收單予託運人，經海關駐站關員查驗無訛後，再由貨櫃管理人員丈量體積噸位，審視貨物性質和運送目的地，和其他託運人的貨物，在駐站關員的監視下，併裝入貨櫃，然後才能放在出口重櫃區，封櫃後憑駐站關員簽發的貨櫃運送單，以拖車將貨櫃運到碼頭貨櫃場裝船。

※所謂重櫃就是指櫃子裡有裝貨物，而沒有裝貨物的櫃子，就稱空櫃。

⑵**整櫃裝載（CY或FCL）**

> CY進場 ──➤ 出口重櫃區 ──➤ 放行 ──➤ 出站 ──➤ 港口裝船

圖8-6　流程簡圖

託運人先向船公司取得設備交接，再到貨櫃存放場（CY）借領空貨櫃，在自己的地方將貨物裝入貨櫃，此時海關亦派驗貨關員到場，根據出口報單查驗貨物，查驗無訛即監裝予以封櫃，並開發貨櫃運送單，貨櫃運到船公司指定的碼頭貨櫃（CY）後，即由貨櫃場簽發收貨單。但在我國大多由託運人將裝好貨物的貨櫃運至船公司指定的貨櫃場，經海關駐站關員查驗封櫃後，再將貨櫃運至碼頭貨櫃場裝船。

其作業方式可分為：

①整裝／整拆（CY/CY或FCL/FCL）。

②整裝／併拆（CY/CFS或FCL/LCL）。

③併裝／整拆（CFS/CY或LCL/FCL）。

④併裝／併拆（CFS/CFS或LCL/LCL）。

以上海運的貨櫃場有這兩種流程，而且在理貨員點收貨物、放置貨櫃時，須有公證行在場，以免造成貨物短少。

※貨櫃場：指在貨櫃碼頭中，具有相當廣泛的設備，可以進行貨櫃之收妥、保管、堆積等事項的場所。

※併櫃裝載（CFS或LCL）：CFS是Container Freight Station貨櫃集散站之意，即託運人的貨物不足一個貨櫃，由貨主直接用卡車把貨送到貨櫃場，再由貨櫃場裝入貨櫃，歐洲航線為LCL（Less Container Load）之意。

※CY或FCL（整櫃裝載）：CY是Container Yard貨櫃集散場之意，由貨主直接將貨物裝入貨櫃，再送到貨櫃場，經海運至目的地後，由收貨人整

櫃拖回自行處理。在歐洲航線則稱爲FCL（Full Container Load）。

2. 費用

⑴CFS：CFS Service Charge併裝需加收併櫃費。

⑵CY：THC整櫃需加收吊櫃費。

3. 異常狀況

⑴晚進倉：櫃場加班費——當貨物晚進倉時要付。

⑵晚出口：貨櫃滯留費——當貨物晚出口時要付。

⑶海關驗貨：CY櫃兩吊兩移——當海關要驗貨時。

二、空運貨運站作業方式

1. 流程

貨物 ⟶ 卸貨 ⟶ 進倉上架 ⟶ 打盤加網 ⟶ 裝機

圖8-7 流程簡圖

貨到了機場，需先進倉庫而不能馬上裝飛機，得先卸貨，卸完貨要清點數量，然後送進倉庫，看看外箱有無毀損，接著過磅空運（以重量計運費），過磅後要收倉租費，海運的倉租費爲五天免費，空運一進倉就要收費，進倉第一天就要開始計費，300公斤以下，1公斤5元，大於300公斤，1公斤1.5元。假設503公斤：$300 \times 5 + 203 \times 1.5 = 1,805$元。不繳錢飛機就不能起飛，貨就不能出去，接下來是海關查驗，若是屬於免驗貨物，那就直接放行，若是其他的貨物，就必須分類儲存，譬如說貨物必須冷藏保存（例如：蔬果），那就要放乾冰，貴重品（例如：晶片）要放在加鎖的倉庫裡，接著上架並打盤加網接著就裝機了。貨主卸貨時有一份託運申請書，託運申請書並不是提單。空運貨物上架的方式是用鐵盤墊底，爲了避免不可預測的氣候，會加網以防貨物損壞。過去空運公司爲了怕因爲殺價而少賺錢，便在重量上做手腳，進倉時在重量上灌水，因爲以前這些是不可以外流的，造成了作假的機會。而現在多家民營貨運站加入營運，透明的T/L，可以直接打電話問。

打盤加網件，客人的行李或貨物，在停機坪爲了防止雨水弄溼物品，加上PVC布，並加上網子以防在空運時因氣流造成貨品碰撞損壞。

2. 異常狀況

　　⑴晚進倉：倉儲加班費。

　　⑵晚出口：倉租費。

　　⑶換航線時，須收理貨費，要重貼標籤。

　　⑷重量不符。

3. 空運貨櫃形式

　　空運的貨櫃和海運的並不一樣。海運的貨櫃，皆是四四方方，有分20呎、40呎、40呎高櫃等，飛機的貨櫃大多的形狀爲六角形，會依據目的地的不同或者裝櫃的貨物性質來分配所要裝的貨櫃。圖8-8爲飛機的縱面剖切圖：左邊的爲全貨機，右邊的爲客貨兩用的客貨機，上艙載人；下艙載貨物。

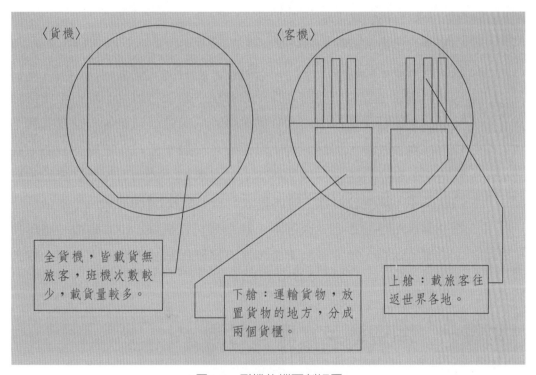

圖8-8　飛機的縱面剖切圖

4. 貨物短缺（溢）卸、破損原因

　　⑴收貨時清點不確實。

　　⑵小票貨交由託運接駁轉送，搬運次數多，造成短少破損。

　　⑶儲位弄錯，貨倒／儲位變更後未歸位，找不到貨，被錯裝。

⑷驗貨、取樣及裝櫃時破損或被偷竊,驗貨時一定要有報關人員、堆高工人及報關行人員在場,檢驗的種類分為:(a)免審免驗（70%）；(b)應審免驗（20%）；(c)應審應驗（10%）,而且,只有在無法確認稅則的情況之下才可拿樣品。

⑸標籤遺失找不到貨,裝完櫃後未清倉。

⑹包裝不固定或無內包裝被壓壞；或被堆高機撞倒受損。

⑺南北併櫃在運輸途中貨物翻落受損,以及在第二貨櫃場重新翻櫃／裝櫃時造成。

⑻在目的地拆櫃、分貨時弄錯及破損。

5. 如何使貨物受損風險降低

⑴在領貨之前先去倉庫查看貨物是否受損,如有破損,則請倉庫開證明,向船公司要求索賠。

⑵向海運公司要求索賠,必須要有舉證。

⑶包裝貨物最好要有內包裝,以免壓壞。

⑷海運是責任主義制,空運是採絕對責任主義制。因此空運不管任何物品,一定要賠。所以出口的貨物,最好向保險公司保險,空運雖然是採取絕對責任制,但是,若出口商沒有向航空公司「報值」,則一公斤只賠償美金20元。所謂的報值,就是對航空公司上報此批貨品的總價值多少,航空公司會依據此報價金額,酌收1/100的費用,當飛機遭遇失事等不可抗拒之外來因素,航空公司會根據出口商報價的總額完全賠償。可是,現今一般業者都是直接跟保險公司保險,因為保費大多只需付總額的2/1000,比出口商划算。

附錄一：海空運英文專有名詞

1. AI：All Inclusive（總價）

船公司的報價已包括基本運費,附加費等。

2. ANERA：Asia North America Eastbound Rate Agreement（遠東北美東向運費協定）

航行遠東、北美之間的船公司,為求運費穩定,彼此間對運費的協議。

3. BAF：Bunker Adjustment Factor（燃料附加費）

燃料價格調漲時，船公司營運成本會增加，為彌補此增加的成本，船公司會按變動的幅度，訂定一百分比隨著基本運費向貨主收取。

4. Break-Bulk Cargo：（散裝貨）

不是裝於貨櫃中的貨物，通常為大宗物品，如水泥，穀物等。

5. CAF：Currency Adjustment Factor（幣值調整附加費）

又稱美金貶值附加費，因船公司的運費大多以美金作為計價的單位，當美金貶值時，船公司的運費收入就減少，為彌補此損失，船公司會按貶值的幅度，訂定一百分比，隨著基本運費向貨主收取。

6. CFS：Container Freight Station（貨櫃貨物集散站）

在貨櫃場內，貨物在此併櫃或拆櫃，由於併櫃貨（LCL）是貨主用卡車送來此處裝櫃，所以把併櫃貨也叫CFS。

7. CLP：Container Loading Plan（貨櫃裝貨明細表）

又稱C. L. L.（LIST），記載貨櫃中所裝貨物的品名、箱數、目的港等。

8. CW：Chargeable Weight（計價重量）

空運運費的計算單位是以毛重（GROSS WEIGHT）及體積重（VOLUME WEIGHT）較大者做為計價的重量。

9. CY：Container Yard（貨櫃存放場）

在貨櫃場內有重櫃CY區及空櫃CY區，貨主要出整櫃貨（FCL）時，會派拖車到空櫃CY區領櫃子回工廠裝貨，再把此重櫃拖回貨櫃場的重櫃CY區等待裝船，所以一般把整櫃貨也叫CY。

10. DDC：Destination Delivery Charge（目的地移送費）

從卸貨港把貨櫃移送至貨櫃場或火車站所收的費用。

11. Demurrage：（貨櫃延滯費）

進口的重櫃放在貨櫃場的CY區，可能由於貨主尚未贖單報關等因素，以致此櫃子超過船公司所給予的免租費期（Free Time），通常為7天，每超過一天，船公司向貨主收取NTD400/20'，NTD800/40'（各家船公司略有不同），作為貨主延滯此貨櫃的罰金。

12. Detention：（貨櫃延滯費）

貨主向船公司拖空櫃回工廠裝貨，可能由於貨款尚未收到或貨物有問題，以致此櫃子一直滯留在貨主處，超過船公司給予的免租費期，船公司向貨主收取每超過一天NTD400/20'，NTD800/40'，作為罰金。

13. D/O：Delivery Order（提貨單）

運送人在收貨人交還正本提單時，發給收貨人藉以報關提貨的憑證，爲與B/L區別，提貨單被稱爲小提單。

14. EIR：Equipment Interchange Receipt（貨櫃交接驗收單）

貨櫃進出貨櫃場，檢驗櫃況的憑據，用來釐清貨櫃場或船方或貨主的責任。

15. ETA：Estimated Time of Arrival（預計船抵達的時間）

16. ETD：Estimated Time of Departure（預計船開航的時間）

由於天候、風浪等因素均足以影響船、飛機速度，因此，無法預先公布準確的抵達或開航的日期時間，以免引發糾紛。

17. FAK：Freight All Kinds（不論品名的運費）

不論何種商品，其每一CBM或1,000公斤的運費都一樣（危險品除外）。

18. FCL：Full Container Load（整櫃貨）

裝滿一個櫃子的貨。

19. Feeder Vessel：（子船或稱支線集貨船）

跑近海的船隻，載運量較小，被用來作爲母船運送貨櫃的交通船，這樣會比母船灣靠每一港口裝卸貨來得經濟、方便。

20. FI, FO：Free In, Free Out（船方不負責裝卸）

大宗貨主與船公司接洽租船事宜承運貨物時，雙方在傭船契約上，訂明船方不負擔裝船費用即爲FI，不負擔卸船費用即爲FO，如果上述傭船契約訂明裝卸費用歸船方負擔，此條件即爲Berth Term又稱爲Liner Term，好像定期船的運送貨物一樣，貨主不必負擔裝卸的費用。

21. GRI：General Rate Increase（基本運費調漲）

船公司全面調漲基本運費，通常以某百分比做爲調高的幅度。

22. Groupage：把LCL併裝成FCL，也叫Consolidation。

23. HAWB：House Air Waybill（分提單）

由空運公司（Air Freight Forwarder）發行的提單，有別於MAWB由航空公司（Air lines）發的提單。

24. HQ：High Cubic Container（高櫃）

指9呎半高的40'貨櫃。

25. HS：Harmonized Commodity Description and Coding System（調和商品分類制度）

我國稅則分類在民國60年採用關稅合作理事會稅則分類（Customs Cooperation Council Code即CCC CODE）78年採用HS又稱為「國際商品統一分類制度」。

26. IATA：International Air Transport Association（國際航空運輸協會）

27. ICC：International Chamber of Commerce（國際商會組織）

　　總部設於法國巴黎的國際性機構，目的在於公平地促進國際貿易的順利進行，大家所熟知的信用狀統一慣例及國貿條規係由ICC所制訂。

28. Imdg Code：International Maritime Dangerous Goods Code

　　國際海事組織對海上運送危險品的規定。

29. IPI：Interior Point Intermodal（內陸點運送）

　　從臺灣運往美國的內陸城市的貨櫃，在美國西岸港口卸下後，由船公司負責安排卡車或火車運往內陸的目的地，收貨人在此辦理報關提貨，例如：船公司報價IPI Chicago USD70/CBM，船公司會負責把貨送到Chicago貨櫃場，在此把貨交給收貨人。

30. LCL：Less-Than Container Load（併貨櫃）

　　不滿一個整櫃的貨。

31. L/I：Letter of Indemnity（切結書）

　　亦稱Letter of Guarantee保證書。

32. Manifest：（艙單）

　　船（飛機）上所載貨物的明細表或乘客的名單。

33. MAWB：Master Air Waybill（主提單）

　　由航空公司（Air Lines）發行的提單。

34. MLB：Mini Land Bridge（迷你陸橋跨陸運送）

　　由臺灣運往美國東岸的貨櫃，在美國西岸港口卸下後，由船公司負責安排火車或拖車橫越大陸，運到東岸的港口或城市，讓受貨人在此辦理報關提貨，這種運送方式稱為MLB，有別於另一種All Water Service，即運往東岸的櫃子，從遠東開始，全程用船運經過巴拿馬運河運抵東岸，這種方式耗時較久，約比MLB慢十天，但運費較便宜，大概1×20'相差USD150。

35. PNW：Pacific Northwest

　　臺灣到北美太平洋西北岸航線，灣靠港有Portland, Seattle, Vancouver。

36. PSW：Pacific Southwest

臺灣到北美太平洋西南岸航線，灣靠港有Longbeach, Oakland。

37. TACT：The Air Cargo Tariff（航空貨運費率表）

由IATA制訂內含航空公司代碼及清關機場等。

38. TEU：Twenty Equipment Unit（20呎櫃等量單位）

1×20'櫃子稱為1個TEU，1×40'櫃 = 2TEU。

39. THC：Terminal Handling Charge（貨櫃場處理費）

又稱為吊櫃費，由貨主交付船公司，金額視各區域不同，如東南亞線120'櫃要NTD44,419，歐洲線則要NTD4,819。

40. ULD：Unit Load Device（單位裝載器具）

空運用的櫃子，類似海運的貨櫃，但因飛機艙特殊，因此ULD的造型為配合機艙而有不同。

41. VW：Volume Weight（材積重）

長×寬×高（CM）÷6,000 = V. W.

或長×寬×高（IN）÷366 = V. W.

附錄二

臺灣是海島型貿易、貨物進出要靠海運（空運除外），所以貿易交貨條件，多為FOB/CFB/CIF，而中國推行的「陸上絲路」的「一帶一路」係由中國到歐洲，交易都經過陸地國界，其貿易交貨條件則為FCA（相當FOB）、CPT（相當CFR）及CIP（相當CIF），中國赴歐洲之運費參考如下：

計價單位：美元／每櫃

地名	櫃別	電器	紡織	玩具五金	汽車零件	罐頭	玻璃製品	電視	2	3	4	5	6	7
德國	20–	2,530	2,650	2,200	2,330	2,510	2,390	2,280	2,990	2,840	2,880	2,540	2,410	2,520
	40–	4,800	5,050	4,320	4,410	4,770	4,530	4,300	5,730	5,420	5,480	4,320	4,620	4,730
奧地利	20–	2,380	2,490	2,140	2,210	2,380	2,220	2,160	2,790	2,670	2,540	2,410	2,280	2,310
	40–	4,670	4,890	4,190	4,330	4,660	4,340	4,230	5,490	5,240	4,980	4,720	4,470	4,530
瑞士	20–	2,540	2,660	2,300	2,340	2,520	2,410	2,280	3,000	2,800	2,690	2,550	2,450	2,510
	40–	4,940	5,180	4,480	4,540	4,900	4,670	4,440	5,860	5,550	5,620	4,960	4,760	4,870
法國	20–	2,460	2,560	2,200	2,250	2,420	2,200	2,210	2,860	2,400	2,560	2,420	2,320	2,400
	40–	4,630	4,840	4,110	4,220	4,560	4,100	4,130	5,430	5,140	4,840	4,550	4,350	4,510
荷蘭	20–	2,460	2,550	2,190	2,240	2,410	2,180	2,200	2,840	2,390	2,550	2,400	2,340	2,390
	40–	4,600	4,800	4,080	4,180	4,520	4,070	4,100	5,390	5,110	4,800	4,510	4,310	4,480

地名	櫃別	電器	紡織	玩具五金	汽車零件	罐頭	玻璃製品	電視	2	3	4	5	6	7
丹麥	20-	2,330	2,430	2,070	2,120	2,290	2,230	2,080	2,320	2,580	2,430	2,230	2,180	2,210
	40-	4,474	4,576	5,945	4,050	4,380	4,260	3,970	5,240	4,960	4,650	4,370	4,170	4,420
北歐	20-	2,290	2,370	2,010	2,090	2,240	2,100	2,060	2,650	2,490	2,350	2,220	2,090	2,170
	40-	4,270	4,440	3,710	3,880	4,180	3,910	3,820	5,000	4,690	4,400	4,150	3,890	4,030
東歐	20-	2,260	2,340	1,980	2,060	2,210	2,070	2,030	2,620	2,460	2,320	2,190	2,080	2,130
	40-	4,130	4,290	3,570	3,740	4,030	3,760	3,670	4,850	4,540	4,250	9,000	3,740	3,980

附錄三：產品編號2~7請參閱如下：

運價等級	貨品
4	Abrasive Cloth and Paper
4	Advertising and printed matters
2	Agar Agar
3	Anilind Dye
5	Artificial flowers
5	Ascestos materials
6	Asphalt felt & Roofing
7	Bean NOE
3	Belting for machinery
5	Bycycle and parts
4	Blanket
3	Boats
3	Boiler & accessories
3	Books
7	Bricks
1	Bristles
5	Brush, Brushware
2	Bulbs (flowers)
2	Buttons
1	Cages all kinds including KS complete or parts
4	Camphor
5	Camping shelter
2	Carpets & rugs NOE
5	Candies
7	Cellophane
6	Cellulose wadding
7	Cement NOE
5	Chiraware and Porlelain
2	Clock, watches
2	Computers and their parts

運價等級	貨品
4	Consolidated goods
7	Containers ISO
3	Crackers
3	Cutlery NOE
4	Cane-Bambooware
5	Casein
2	Cash Register
2	Celluloid manuf ware
5	Chalk & Talc
7	Clay
7	Coal
6	Cokes all kinds
4	Dectergents NOE
2	Directson Finders
4	Display model
4	Dyes NOE
5	Earthenware, clayware NOE
2	Effects, Personal Electrical:
4	(a) cable
3	(b) Audio, video, radio, Television-sets and all their accessories and parts
3	(c) All electrical goods
2	(d) All business machines
3	(e) NOE
2	Rheostats
5	Electrodes:
	(a) carbon, copper, etc
4	Electroplated goods
4	Enamelled goods
3	Engine, diesel

運價等級	貨品	運價等級	貨品
5	Fertilizer-compound, harmless	4	Glue
2	Fibre NOE.	4	Grindstone
2	Film, cellulose Acetate.	3	Hair all kinds
4	Filter pads and tips	3	Handwarmer
2	Fire Extinguisher	3	Handware
3	Fishing maters NOE	4	Heaters
5	Fishieg NETS	4	Hose
4	Footwear all kinds	2	Houshold effects
4	Furniture Glass:	4	Ins, printing
6	(a) window, Plain, fibrewool, NOE	2	Instruments all kinds.
3	(b) fibre sheets, yarn, medicalNOE	3	Insecticide NOE

第 **9** 專題

國際匯兌及外匯交易操作

主講人：陳美蘭　五十鈴汽車公司／總經理

壹、國際匯兌之產生原因

在國際間交易活動中，從買方及賣方角度而言，產生了對另一國通貨之需求及供給；亦即產生外匯之債務及債權，其中便產生以本國以外之貨幣清償債權及債務，因而產生了國際間匯兌。

簡而言之，國際匯兌乃指不同國家或不同貨幣體系之債權、債務之清償或不同貨幣間之兌換，例如：國際間之貿易活動、進口貨物、勞務、出口貨物、勞務；國際間直接投資，間接投資於不同國家之貨幣市場、債券市場、資本市場等。

因此貿易活動或投資活動產生國際借貸，國際借貸產生就視同國際收支，國際收支必須靠國際匯兌來進行，其示意圖如圖9-1：

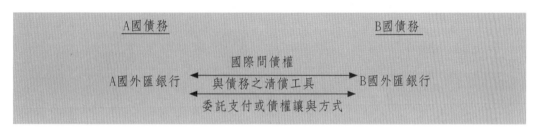

圖9-1　國際匯兌圖

國際匯兌由圖9-1即可了解國際間資金移動不透過直接運送現金，用匯兌工具以「委託支付」或債權讓與方式，來了結國際間之債權債務。

國際匯兌對於貿易依存度高之國家，其功能具有重大角色；其功能除可以便利國際間債權債務的一個清算，也可以用來作為這個國際間貨幣購買力的一個移轉，更可以節省國際間現金輸送的一個低成本以及避免現金交易風險，以及促進國際貿易的發展，並且有助於穩定國際經濟以及國際金融的發展，更可作為國際經濟金融發展的一個指標。

貳、國際匯兌之方法（工具）

外匯的國際匯兌方式按其匯票和資金流向異同，可分為順匯和逆匯兩種。

順匯指由債務人（即付款人）主動將款項交給銀行購買外匯，委託銀行付

款給國外債權人（即收款人）的一種匯兌方式。因匯票與資金流動方向相同，所以稱為順匯。

國際資本移動、僑匯、貨款預付、延期付款、分期付款、出國旅遊、對外援助、捐贈等多採用順匯。就外匯銀行而言，順匯乃是銀行賣出外匯給債務人，所以又稱之為賣匯。

在國際貿易中使用順匯方式，買賣雙方僅憑商業信用進行交易，必然要承擔巨大風險。倘若利用預付貨款的方式成交，進口商則要承擔出口商不交貨、遲交貨或以次充好等風險；若利用貨到付款的方式成交，出口商則要承擔進口商少付或拒付貨款的風險。

順匯依債務人採行結算工具之不同，可分為以下三種：

1. 電匯（Telegraphic Transfer，簡稱Ｔ/Ｔ）

順匯時若使用加押電報、電傳通知國外匯入行付款的方式叫電匯，電匯是最快的支付方式，但費用較高。

2. 信匯（Mail Transfer，簡稱M/Ｔ）

若使用信函通知國外匯入行付款的方式叫信匯，信匯途中時間較電匯長，本國銀行可占用客戶資金，因此費用比電匯低。

3. 票匯（Demand Draft，簡稱D/D）

若匯款人自行郵寄或面呈本國銀行所出具以其國外存匯行為付款人的匯票，這種方式叫票匯。

表9-1　順匯工具之比較表

	速度	安全性	費用
T/T	最快	高	昂貴
M/T	快	中	普通
D/D	慢	低	較便宜

逆匯是指由債權人（即收款人）以匯票方式，委託銀行通過國外分行或代理行向債務人（即付款人）收取款項的一種匯兌方式。因其匯票與資金流動方向相反，所以稱為逆匯。一般國際間的進出口貿易均採用逆匯。

逆匯依債務人採行結算工具之不同，可分為：

(1)押匯：逆匯的目的主要在幫助債權人（即出口商）早日收回貨款，保

障其債權。出口商在裝船之後，即可持信用狀、提單、發票、保險單、產地證明書等文件到外匯銀行結匯，此一匯兌的過程稱之為押匯。

(2)託收Collection：顧名思義，乃是委託銀行代為收取貨款。出口商（即債權人）向進口商（即債務人）發出跟單匯票，委託外匯銀行轉至國外的銀行，再由國外銀行憑匯票向進口商收取貨款。進口商在貨款付清之後，才能取得貨運單據去提貨。託收按有無附貨運單據，分為光票託收和跟單託收：

①跟單託收：指託收人將匯票連同所附的貨運單據交本地外匯銀行委託代收。

  A.付款交單（Documents Against Payment，D/P）包括即期付款交單和遠期付款交單，指被委託的代收銀行必須在付款人付清票款後，才能將貨運單據交給付款人，這樣票款和物權單據即可兩清。

  B.承兌交單（Documents Against Acceptance，D/A）是代收銀行於付款人承兌匯票後，將貨運單據交給付款人，付款人在承兌匯票到期日才履行付款義務的一種方式，使用承兌交單一定是遠期付款，因為只有遠期匯票才有必要承兌，承兌是確認到期付款責任的票據行為。

②光票託收：指託收人將匯票不須附貨運單據而直接交本地外匯銀行委託代收。

表9-2　順匯與逆匯之比較表

	順匯	逆匯
支付條件	預付貨款 分期付款 貨到付款	憑單據付款 交貨後付款
主要支付方式匯兌的方法	T/T、M/T、D/D	D/P、D/A、L/C
外匯銀行立場	賣匯	買匯
風險	較高	可轉移
匯兌的發動人	債務人或進口商	債權人或出口商
匯兌工具與資金流向	相同	相反
匯兌方式	使用委託支付方法	使用押匯、託收方法
用途	多用於非貿易性交易	多用於清償貿易貨款

就順匯及逆匯等支付工具使用狀況及風險程度如表9-3、9-4所示。

1. 出口業務：以信用狀為支付工具之比重

表9-3

單位：%

項目 \ 年度	A	A + 1	A + 2	A + 3	A + 4
L/C	24.6	21.1	19.0	17.9	16.3

資料來源：中央銀行外匯局

2. 進口業務：以信用狀為支付工具之比重

表9-4

單位：%

項目 \ 年度	A	A + 1	A + 2	A + 3	A + 4
L/C	42.5	36.1	32.7	29.1	25.6

資料來源：中央銀行外匯局

上述資料顯示L/C為支付工具方式比率逐年下降，顯示在多種匯兌工具D/A、D/P等支付方式愈來愈受重視。

3. 付款方式與進出口商之風險關係

匯率風險及外匯交易之操作方法

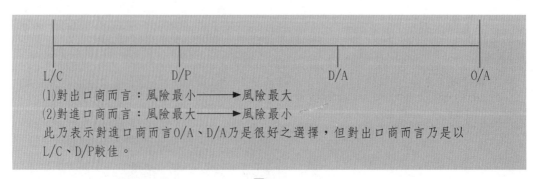

圖9-2

匯率風險及外匯交易之操作方法，在外匯市場因匯率變動而影響企業成本甚鉅，對於國際性企業經營追求穩定獲利而言，是一項相當大的挑戰，在面臨匯率風險的種類如下列：

匯率風險（Exchange Rate Risk）的定義

一般而言，公司因匯率變動而須承擔的風險有三種：

⑴**換算風險**（Translation Risk）

因為會計上處理而產生的風險，因此又稱為會計風險。

⑵**交易風險**（Transaction Risk）

係指公司以外幣計價的契約現金流的本國貨幣價值，可能會因匯率變化而產生變動的風險。

⑶**營運風險**（Real Operating Risk）

是指由於匯率變動對公司經營的影響，所導致之公司財務狀況的可能變動風險。

交易風險和營運風險可合稱為經濟風險（Economic Risk）或現金流量風險（Cash Flow Risk），因為此兩種風險會影響到公司的現金流量狀況；交易風險可稱之為契約型現金流量風險，而營運風險則稱之為非契約型現金流量風險。

避險策略

在外匯市場上已有的金融工具來避險，稱之為合約式避險（Contractual Hedges），主要有下列四種方法：

⑴遠期合約（Forward Contract Hedge）。

⑵即期交易避險（Money Market Hedge）。

⑶期貨合約避險（Futures Contract Hedge）。

⑷選擇權合約避險（Options Contract Hedge）。

另一種則是運用經營上的一些策略避險。風險轉移（Risk Shifting）在營運上，應該儘可能避免產生應收帳款與應付帳款的外匯風險。如果公司處於強勢地位。最簡單的方法是以本國幣值進行交易，這可以將外匯風險轉移到交易夥伴身上。舉例來說，如果你是某項產品的唯一供應者。通常可以辦到這點。轉移風險是最理想的避險策略。

如果必須以外幣來進行交易，儘可能根據自身的利益調整貨款收支時間。如果可能的話，儘量遵循下列的法則：

⑴在應付帳款方面，提早支付強勢的貨幣，延遲支付弱勢的貨幣。

⑵在應收帳款方面，提早收取弱勢的貨幣，延遲收取強勢貨幣。

可是上述法則有以下的問題：

⑴它們忽略資金管理上的根本原則。換言之，能夠考慮折讓與利息費用之後，儘可能提早收取應收款，延遲支付應付款。總之，提早與延遲的目的是增加利息收益或減少利息支出。

⑵這些法則假定外匯交易是在即期的基礎上進行。換言之，唯有當現金流量發生時，才進行外匯交易。我們應該區別適當的現金管理與適當的風險管理。

1. 遠期合約（Forward Contract Hedge）

遠期外匯即外匯買賣的雙方簽訂一外匯買賣契約，約定雙方於一未來特定時日，以約定的匯率和金額進行交易。

遠期外匯通常以升水及貼水方式標示。升水（premium）表示該外匯在未來有升值趨勢；貼水（discount）表示該外匯在未來有貶值趨勢。

例：USD/NTD 10天期匯率34.0，30天期匯率34.125即美金呈升值狀態，臺幣呈貶值狀態，稱之為升水。

遠期外匯避險是藉由買賣雙方簽訂的契約關係，預購或預售外匯來減少因匯率波動帶來之風險。

例：若本國貨幣有升值趨勢時，出口商可向外匯銀行預售外匯；反之，本國貨幣有貶值趨勢時，進口商可向外匯銀行預購外匯。

例：國內某一出口商出口一批貨，預計一個月後可收到貨款USD 10,000，因出口商擔心一個月後美金貶值，與銀行訂定一個月期之遠期外匯契約，以30.4匯率預售美金。

```
          銀行報價如下（假設無買賣價差）
USD：NTD即期匯率                    30.50
                遠期30天匯率    30.4
```

圖9-3

一個月後無論即期匯率為何，出口商都以當初約定好的匯率30.4結售這筆貨款。

在簽訂契約當日就能確定一個月後收入的金額，避免因匯率變動所產生的損失風險。若一個月後的即期匯率低於30.4則產生「匯兌利益」；高於30.4則有「匯兌損失」。

相較於即期外匯，除交割期限不同外，遠期外匯須簽訂遠期契約。

一般而言，廠商進行遠期外匯操作時，目的是爲了確定未來的成本或收入，因爲他不對匯率預期，不管匯率變動方向如何，完全以確定價格爲目的而進行遠期外匯交易，所以日後若有「匯兌損失」則視爲保險費，「匯兌利益」則視爲額外收入。

爲確定成本收入而進行遠期外匯交易的進出口廠商，是遠期外匯市場主要參與者，這種參與者既不承擔風險也不進行外匯投機，因其利潤主要來自商品的生產製造或買賣。

遠期外匯之均衡匯率計算方式，依利率平價理論IRPT之計算式爲：

$$\frac{F-S}{S} = \frac{r_d - r_f}{1 + f_f} \quad \text{或} \quad F = S + swap$$

F：Outright Forward：指定到期日之遠期外匯。

S：Spot Rate：外匯市場之即期外匯匯率。

r_d：本國的年利率。

r_c：外國的年利率。

Swap Points：換匯點，即兩種幣別之利率差價，以外匯點數爲表現之價格。

另銀行遠期外匯之報價計算方式如下列說明：

銀行遠期外匯買匯價(F) ＝ 銀行即期外匯買匯價(S) $\times \dfrac{[1+(R1 \times \text{Days/360})]}{[1+(R2 \times \text{Days/360})]}$

R1 ＝ 報價幣別的貨幣市場借入利率。

R2 ＝ 被報價幣別（基礎貨幣）的貨幣市場貸出利率。

銀行遠期外匯賣匯價 ＝ 銀行即期外匯賣匯價 $\times \dfrac{[1+(R3 \times \text{Days/360})]}{[1+(R4 \times \text{Days/360})]}$

R3 ＝ 報價幣別的貨幣市場貸出利率。

R4 ＝ 被報價幣別（基礎貨幣）的貨幣市場借入利率。

若R1 ＞ R2、R3 ＞ R4時，即爲即期匯率升水；若R1 ＜ R2、R3 ＜ R2時，即爲即期匯率貼水。

例：表9-5爲銀行間（Inter-bank Market）美元對新臺幣即期外匯市場之即期匯率，以及美元、新臺幣一個月期貨幣市場之雙向報價行情：

表9-5

	美元／新臺幣	美元	新臺幣
買／借入（BID）	32.10	6.25%	4.50%
賣／貸出（OFFER）	32.15	6.75%	5.25%

假設今有一進口商，預計一個月後須支付國外出口商美元貨款，擔心美元升值，因此前來銀行做乙筆預購遠期外匯的交易，以規避匯率風險。當他與銀行簽訂買入遠期外匯契約時，銀行即面臨美元升值的風險。因此銀行必須在與進口商簽約後，立即透過即期外匯市場與貨幣市場進行拋補與借貸。其流程如下：

(1)到貨幣市場借入新臺幣，期間為一個月（利率為5.25%）。

(2)到即期外匯市場，將所借得新臺幣買入美元以鎖定匯率風險（匯率為32.15）。

(3)將所購入美元於貨幣市場存出（利率為6.25%）。

因此，我們有了四個變數：即期匯率（32.15）、報價幣利率（5.25%）、被報價幣利率（6.25%）以及天期（30），將其帶入遠期外匯計算公式：

遠期匯率 = 32.15 × [(1 + 5.25% × 30/360)/(1 + 6.25% × 30/360)] = 32.124

此即為銀行承作預售（客戶預購）一個月期遠匯成本。而銀行通常會視客戶往來實績、交易成本等斟酌並加上點數（利潤）後，向客戶報價。

2. 即期交易避險（Money Market Hedge）

即期外匯避險是藉著在貨幣市場進行借貸來完成。其重點在加速通貨轉換，也就是說將未來所須做的外匯買賣，提前於目前完成，以便鎖住目前的即期匯率。

例：國內某一出口商出口一批貨，預計一個月後可收到貨款USD 1,000

銀行報價如下： USD：NTD即期匯率30.50 USD貸款利率8%／存款利率4%

圖9-4

出口商因擔心一個月後美元對臺幣貶值，今日先向銀行貸款USD兌換成臺幣（USD $\frac{1,000}{(1+8\%\times1/12)}$ ×30.5）存入銀行

一個月後：

償還美金貸款本息：$\frac{1,000}{(1+8\%\times1/12)}$ ×(1+8%*1/12)=1,000

臺幣存款的本息爲：30.5×$\frac{1,000}{(1+8\%\times1/12)}$ ×(1+4%*1/12)=30,399

意即出口商等於是以30.399的匯率（30,390/1,000）

售出USD1,000

在今日就能確定一個月後的兌換匯率爲30.399，不必承擔一個月後因匯率變動所可能造成的損失。

若一個月後即期匯率低於30.399，則會產生兌換收入；反之，若高於30.399，則會產生兌換損失。由此可見，若一個月後的匯率愈低（即USD貶值愈多），則該出口商少損失的金額就愈多，其避險效果愈顯著。

若運用即期外匯避險，匯率的變動並不一定會造成損失，有時也可能帶來收益，須視匯率變動的方向而定。

就避險者的觀點來看，只要能預先固定未來兌換的匯率，避免可能造成的損失，就算已達成目的。至於是否會失去可能的獲利機會，就不太在乎了。對一個以商品交易爲主要利潤來源的出口商而言，重要的是固定出口的利潤，而不是在外匯交易上的獲利。

3. 期貨合約避險（Futures Contract Hedge）

市場參與者預期未來將在現貨市場從事交易，遂先於期貨市場買進或賣出期貨契約，等到參與者需於現貨市場購入或售出外匯之同時，再將其原購入或售出的期貨契約於市場中了結。

本國進口商於12/30進口值100萬元的貨物，於3個月後付款。若12/30匯率爲30（現貨市場匯率），且預期三個月後新臺幣將貶值，則對沖的操作程序如表

9-6中(1)(2)(3)之過程。

表9-6

	現貨市場	期貨市場
12/30		(1)買進三個月期的期貨契約（約定的匯率為32），成本為3,200萬新臺幣
3/30	(2)購入100萬美元現貨外匯（現貨匯率為34）	(3)處分期貨契約（匯率為32）
	3,400萬新臺幣	3,200萬新臺幣

此例中進口商因預期新臺幣將貶值，必須買入期貨契約以避險，稱為買入對沖（long hedge）。

若出口商因預期新臺幣將升值，必須賣出期貨契約以避險，稱為賣出對沖（short hedge）。

此外，若市場參與者未將避險金額全數（如上例中的100萬美元）對沖，稱為「部分對沖」。

4. 選擇權合約避險（Options Contract Hedge）

(1)short position：短部位，賣超——所賣出的通貨大於所買進者（負債大於求償權）。

(2)long position：長部位，買超——所買進的通貨大於所賣出者。對沖的外匯部位並非處於open position之情況下。

藉由承擔匯率變化風險從事交易，以獲取利潤者。其資產狀態為open position。若為short position表示看跌，承擔匯率升值風險，故會「賣空」；反之，若為long position表示看漲，承擔匯率貶值風險，故會「買空」。

參、外匯選擇權市場

第一種是期貨交易所的外匯期貨選擇權市場，其所交易的選擇權是以期貨交易所中交易的外匯期貨為本體而所衍生出的選擇權。其契約規格、波動幅度、交易與交割方式、保證金的計算與清算，均由交易所做規定。外匯期貨選擇權的交易，只限於在期貨交易所中進行。

第二種是現貨外匯選擇權，現貨外匯選擇權的交易就如同外匯現貨交易

一般，由買賣雙方自行決定金額、期間、價格等契約內容，只要買賣雙方同意交易的內容即可。一般而言，現貨外匯選擇權的交易是並未透過任何的仲介機構，因此以店頭市場（Over The Counter, OTC）稱之。

一、貨幣選擇權種類

1. 陽春型選擇權（Plain Vanilla Option）

未附加任何生效或失效條件，其歐式選擇權之買方，可於到期日選擇執行或不執行其契約效力，以使其外幣保證金交易獲致最大利益或最小損失。

2. 失效型選擇權（Knock-Out Option）

於一定期間內，當市場匯價達到某一預設之價位時，該選擇權即失效，不再具執行效力。通常這類附加條件之選擇權其權利金（Premium）比較便宜。

3. 生效外匯期貨契約型選擇權（Knock-In Option）

於一定期間內，當市場匯價須達到某一預設之價位時，該選擇權方能生效，且購買者具可執行之效力。

4. 區間失效型選擇權（Range Knock-Out Option）

於一定期間內，當市場匯價觸及或超出某一預設之價位區間時，該選擇權即失效，不再具執行效力。

表9-7　進口商選擇權操作方法

	買權Call Option（+）	賣權Put Option（-）
買方（Buy）（+）	看多美金 Buy USD Call/TWD Put	看空美金 Buy USD Put /TWD Call
賣方（Sell）（-）	看空美金 Sell USD Call/TWD Put	看多美金 Sell USD Put /TWD Call

二、選擇權規避風險的方式

財務成本考量因素：

　　⑴Buy USD Call/NTD Put——支付權利金。

　　⑵Sell USD Call/NTD Put——收取權利金。

避險為考量因素：

(1)Buy USD Call/NTD Put——必須支付權利金。

(2)Sell USD Put /NTD Call——有權收取權利金。

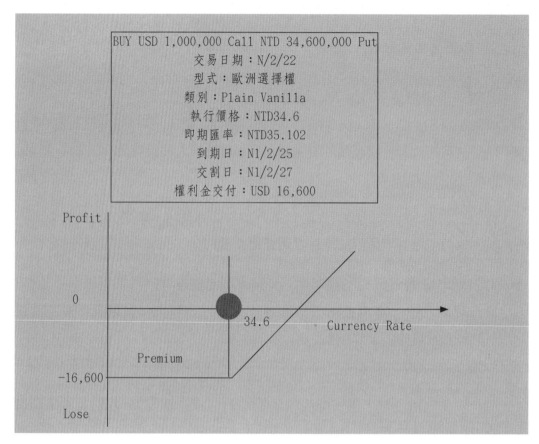

圖9-5

肆、交易說明

進口商預計於N1/02/25有新臺幣需求，但因預測新臺幣在短期之間不會有大幅度的貶值或升值；因此，進口商於N/02/22跟銀行交易一筆外匯選擇權。

買一個美金買權USD 1,000,000／新臺幣賣權（交易型態是：Buy USD Call/NTD Put），執行價格匯率在NTD 34.6/USD，歐式選擇權型式；到期日為N年2月25日，其買權權利金為USD 16,600。倘若到N/02/25時，新臺幣對美金匯率升值，其升值幅度超過NTD 34.60時，進口商可選擇放棄該選擇權改以現匯價交易。

伍、通貨交換

當雙方立定合約，同意在一段時間內以不同貨幣交換一系列利息款，並以事先同意的匯率在到期時交換本金部分，即所謂通貨交換。一般都是用在本國外匯不足時，向別國中央銀行借用外匯。

陸、外匯換匯交易（FX SWAP）

所謂外匯換匯交易（FX Swap），就是以A貨幣交換B貨幣，並於未來某一特定時日，再以B貨幣換回A貨幣的交易。惟匯率、金額及買賣之交割日，均於交易的時候確定。

將企業現有的貨幣轉換為另一種現在需求之幣別的貨幣，並事先約定好將來再換回來的匯率，不但可免除企業匯率風險，更能做為一種資金調度及拆借短期資金的工具。此工具有以下幾個特性：

(1)主要目的是軋平各貨幣因到期日不同所造成的資金缺口（Cash Flow Gap），為一資金調度工具。透過換匯交易，企業可利用其所持有之貨幣換取其所需之貨幣，以因應短期資金需求。

(2)因交割日不同，其價格間差異之點數，即為換匯匯率，該換匯匯率反映兩種貨幣之利率差額，亦即兩種貨幣交換所用之代價。

(3)到期日時，雙方以訂約時之即期匯率加計換匯點數，換回原持有貨幣，故無匯率風險，惟須承擔利率變動之風險。

外匯換匯交易（FX SWAP）之運用，舉例說明如下：

8/16，客戶手中持有美元，但有新臺幣3個月需求，即與銀行訂立換匯契約。

8/18：期初交換匯率@34.49。

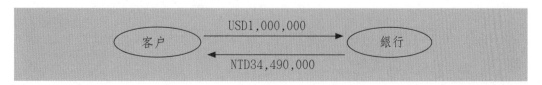

圖9-6

11/18：期末交換匯率@34.515（34.49+0.025）

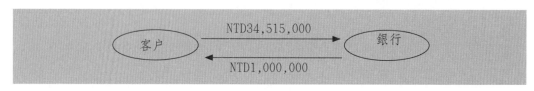

圖9-7

柒、換匯換利交易

換匯換利（Cross Currency Swap，簡稱為C.C.S.），係一種管理匯率與利率風險的金融工具。

換匯換利的交易流程如下：一、期初本金交換（Initial Exchange），係指交易雙方以即期匯率，交換兩種通貨的本金金額。二、期間利息交換，交易雙方在約定的契約期間內，交換兩種不同通貨的利息流量。三、期末交換（Final Exchange），交易雙方在契約到期日，以交易起始日約定的匯率，交換本金金額。因此，換匯換利交易不僅牽涉到利息的交換，也有本金的交換。

換匯換利可用來管理企業資產負債部分的匯率、利率風險。企業是否要承作換匯換利，端視企業對未來利率與匯率的預期；但因換匯換利契約牽涉到本金的交換，且有較多的信用風險，市場流動性亦不佳，因此，較不適合投機操作。

一、N／N+1年之外匯市場各種交易量：依交易類別區分

表9-8

單位：百萬美元

	即期交易		換匯交易		選擇權交易		遠期交易		保證金交易		換匯換利		總交易量
Jan-02	3,038.02	63.20%	730.66	15.20%	557.61	11.60%	360.53	7.50%	67.30	1.40%	53.00	1.10%	4,807.00
Feb-02	3,306.88	64.00%	795.72	15.40%	532.20	10.30%	387.53	7.50%	103.34	2.00%	41.00	0.80%	5,167.00
Mar-02	3,469.87	64.40%	851.30	15.80%	581.90	10.80%	382.55	7.10%	91.60	1.70%	11.00	0.20%	5,388.00
Apr-02	3,432.96	64.00%	772.42	14.40%	584.68	10.90%	472.03	8.80%	75.10	1.40%	27.00	0.50%	5,364.00
May-02	3,925.12	64.00%	889.29	14.50%	650.10	10.60%	533.57	8.70%	116.53	1.90%	18.00	0.30%	6,133.00
Jun-02	4,145.02	60.30%	1,347.30	19.60%	708.02	10.30%	543.05	7.90%	109.98	1.60%	21.00	0.30%	6,874.00
Jul-02	3,944.45	57.60%	1,342.21	19.60%	760.13	11.10%	623.17	9.10%	123.26	1.80%	55.00	0.80%	6,848.00
Aug-02	3,376.64	64.00%	923.30	17.50%	443.18	8.40%	364.04	6.90%	121.35	2.30%	47.00	0.90%	5,276.00
Sep-02	3,444.40	62.90%	832.35	15.20%	602.36	11.00%	438.08	8.00%	120.47	2.20%	38.00	0.70%	5,476.00
Oct-02	3,323.53	60.10%	962.22	17.40%	619.36	11.20%	492.17	8.90%	88.48	1.60%	44.00	0.80%	5,530.00

	即期交易		換匯交易		選擇權交易		遠期交易		保證金交易		換匯換利		總交易量
Nov-02	3,111.55	59.20%	977.62	18.60%	536.11	10.20%	473.04	9.00%	110.38	2.10%	47.00	0.90%	5,256.00
Dec-02	3,171.05	61.30%	936.31	18.10%	558.68	10.80%	377.63	7.30%	113.81	2.20%	16.00	0.30%	5,173.00
N年總計	41,689.49	61.95%	11,360.70	16.88%	7,134.33	10.60%	5,447.39	8.10%	1,241.60	1.85%	418.00	0.62%	67,292.00
Jan-03	3,787.48	59.90%	1,074.91	17.00%	752.44	11.90%	550.10	8.70%	107.49	1.70%	50.58	0.80%	6,323.00
Feb-03	3,698.71	59.00%	996.77	15.90%	789.89	12.60%	495.25	7.90%	156.73	2.50%	131.65	2.10%	6,269.00
Mar-03	3,916.81	61.00%	1,027.36	16.00%	770.52	12.00%	481.58	7.50%	173.37	2.70%	51.37	0.80%	6,421.00
Apr-03	3,908.83	60.80%	1,182.94	18.40%	675.05	10.50%	437.17	6.80%	180.01	2.80%	45.00	0.70%	6,429.00
May-03	3,941.44	56.50%	1,332.42	19.10%	962.69	13.80%	530.18	7.60%	181.38	2.60%	27.90	0.40%	6,976.00
Jun-03	4,165.33	57.90%	1,546.71	21.50%	776.95	10.80%	503.58	7.00%	151.07	2.10%	50.36	0.70%	7,194.00
Jul-03	4,521.49	61.30%	1,298.18	17.60%	840.86	11.40%	531.07	7.20%	125.39	1.70%	59.01	0.80%	7,376.00
Aug-03	4,365.31	59.40%	1,337.52	18.20%	852.48	11.60%	580.57	7.90%	161.68	2.20%	51.44	0.70%	7,349.00
Sep-03	5,135.35	54.90%	1,852.09	19.80%	1,187.96	12.70%	954.11	10.20%	168.37	1.80%	56.12	0.60%	9,354.00
Oct-03	5,010.72	52.80%	2,306.07	24.30%	1,091.35	11.50%	949.00	10.00%	75.92	0.80%	56.94	0.60%	9,490.00
Nov-03	3,993.99	54.60%	1,755.60	24.00%	694.93	9.50%	724.19	9.90%	80.47	1.10%	65.84	0.90%	7,315.00
Dec-03	0.00		0.00		0.00		0.00		0.00		0.00		
N+1年總計	46,445.46	57.70%	15,710.57	19.52%	9,395.12	11.67%	6,736.80	8.37%	1,561.88	1.94%	646.21	0.80%	80,496.00

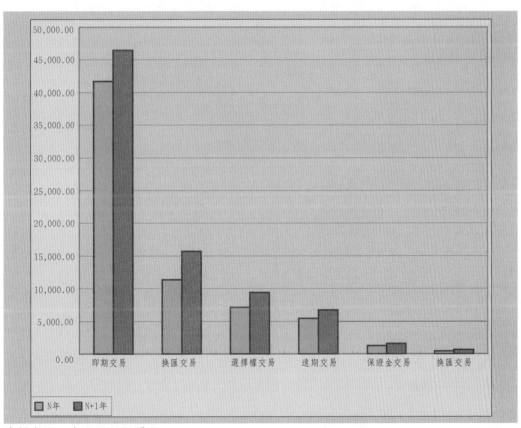

資料來源：中央銀行新聞稿

圖9-8

二、金融商品業務辦理情形

表9-9

單位：百萬美元

	外幣遠期利率協議	外幣換利	外幣利率選擇權	商品價格交換及選擇權	股價指數選擇權	外幣利率期貨	衍生性金融商品交易總額
Jan-02	114.50	75.60	23.80	17.40	2.10	1.90	235.30
Feb-02	101.70	37.60	11.80	16.90	1.70	0.20	169.90
Mar-02	156.30	104.10	10.50		5.60	2.30	278.80
Apr-02	82.70	98.70	30.20	2.20	4.00	1.40	219.20
May-02	84.20	43.50	28.80	2.90	1.20	0.70	161.30
Jun-02	234.40	80.90	4.50	3.70	0.90	11.10	335.50
Jul-02	181.00	101.50	4.40	8.10	1.40	13.00	309.40
Aug-02	171.90	84.10	8.00	11.70	1.80	18.70	296.20
Sep-02	145.00	74.50	7.80	21.10	6.40	29.40	284.20
Oct-02	125.20	98.60	16.40	12.40	1.00	27.60	281.20
Nov-02	12.40	174.70	52.90	7.60	0.80	7.10	255.50
Dec-02	47.90	87.10	11.40	0.60		1.90	148.90
N年總計	1,457.20	1,060.90	210.50	104.60	26.90	115.30	2,975.40
Jan-03	35.00	87.60	22.70	45.90	3.70	22.40	217.30
Feb-03	49.30	110.30	42.40	2.00	3.70	38.80	246.50
Mar-03	147.20	149.40	17.40	1.90	2.50	107.80	426.20
Apr-03	68.00	157.70	64.90	1.00	1.80	80.60	374.00
May-03	77.70	167.00	38.00	0.20	2.50	46.80	332.20
Jun-03	144.30	179.20	39.70	12.00	2.00	22.60	399.80
Jul-03	52.30	159.80	1,190.70	13.00	2.00	36.70	1,454.50
Aug-03	84.00	251.30	62.50	31.00	2.20	70.90	501.90
Sep-03	131.70	187.00	55.50	33.20	2.50	24.40	434.30
Oct-03	67.00	152.40	42.70		4.90	45.20	312.20
Nov-03	80.60	205.60	26.20	25.20	2.30	40.40	380.30
Dec-03							0.00
N+1年總計	937.10	1,807.30	1,602.70	165.40	30.10	536.60	5,079.20

資料來源：中央銀行新聞稿

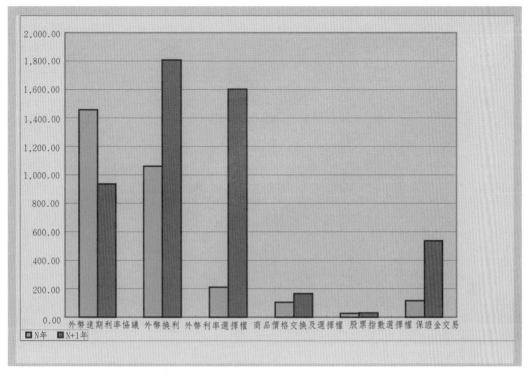

資料來源：中央銀行新聞稿

圖9-9

捌、結論及建議

　　臺灣是一個以貿易為主的國家，進出口金額逐年上升，尤其對於中國大陸市場之進出口貿易依賴，由N年15.37%升至N年22.54%，匯率提升如表9-10對於進出口廠商而言，未來臺灣企業除了面對美元、歐元、日圓等強勢貨幣匯率之變化影響外，對於人民幣之走勢亦值得企業界觀察其動向。國際企業經營其利潤受到匯率波動的影響也日益加深，在瞬息萬變的國際金融市場中，公司理財或避險，匯率已成為不可忽視的重要因素，對於避險工具的選擇與策略的運用更為殷切。然而可以運用作為規避匯率風險的工具種類繁多，包括即期外匯、遠期外匯、外匯交換或是外匯期貨及選擇權。

　　其中以選擇權最有彈性，可以依據企業的需求量身訂做，因此在國外一直是規避匯率風險的主要工具；然而我國外匯選擇權由於中央銀行開放較晚且限制較多，一般進出口廠商對於避險工具的運用並不熟悉，因此對於外匯選擇權的運用大多集中在標準外匯選擇權，而銀行承作做外匯選擇權的量並不大。

表9-10　N至N+3年8月對大陸地區進出口貿易統計表

幣別：美元

年度	中文名稱	貿易總額 名次	金額	比重(%)	增減比%(同期)	出口 名次	金額	比重(%)	增減比%(同期)	進口 名次	金額	比重(%)	增減比%(同期)
N年	總計	6	288,321,181,753		24.13	8	148,316,282,245		21.983	4	140,004,899,508		26.856
	中國大陸		10,440,540,918	3.621			4,217,429,107	2.844			6,223,111,811	4.445	
	大陸+港+澳		44,322,830,265	15.373	24.898		35,866,903,557	24.183	24.446		8,455,926,708	6.04	26.856
N+1年	總計	4	230,098,311,922		-20.194	4	122,865,884,467		-17.16	4	107,232,427,455		-7.819
	中國大陸		10,647,042,575	4.627	1.978		4,745,311,615	3.862	12.517		5,901,730,960	5.504	-5.164
	大陸+港+澳		39,780,508,639	17.288	-10.248		31,985,767,749	26.033	-10.821		7,794,740,890	7.269	-7.819
N+2年	總計	4	243,129,477,439		5.663	4	130,602,614,095		6.297	3	112,526,863,344		24.646
	中國大陸		17,898,520,637	7.362	68.108		9,951,062,002	7.619	109.703		7,947,458,635	7.063	34.663
	大陸+港+澳		50,791,506,203	20.891	27.679		41,075,670,519	31.451	28.419		9,715,835,684	8.634	24.646
N+3年8月止	總計	4	170,540,300,835		8.7	3	90,732,428,003		7.596	3	79,807,872,832		27.851
	中國大陸		18,629,271,493	10.924	4.083		11,972,470,102	13.195	20.313		6,656,801,391	8.341	-16.24
	大陸+港+澳		38,448,488,025	22.545	20.647		30,754,820,201	33.896	18.971		7,693,667,824	9.64	27.851

　　企業在匯率風險管理中，遠期外匯及外匯選擇權是較常被企業運用在避險策略的，且其避險所造成的損益是可被預期與控制及數據化的。

　　因此實務上而言，大多數廠商還是傾向使用預購或預售遠期外匯來避險，其原因為財務人員被公司要求以低風險性的金融商品，來達到外匯避險的目的。

　　外匯選擇權在臺央行剛開放，尚未被廣泛使用，僅外銀和新銀行有外匯交易室替客戶承作和詢價。老行庫如三商銀多無外匯部門來處理外匯選擇權業務。且選擇權有套利行為，操作不當將導致公司財務危機。

　　綜合而言，在國際性之企業面臨政治變化外，匯率之變化影響一企業之價值或個人財富之多寡，對於千變萬化之外匯匯率觀察動向，不得不隨時掌握國際經濟、收支狀況，以利匯率風險之規避。

補充說明

　　假設臺灣出口商向英國出口NTD1,000萬貨品，我們習慣都用美元報價，但改用英鎊報價較美元具競爭力，又省卻英進口商買賣外匯的麻煩及費用，（同理在星港地區儘量使用星、港幣，在日本使用日幣。）上述的例子若以瑞士法郎報價，又比用英鎊少了許多，若與傳統的美元報價相差更遠。如利用匯率差價配合遠期外匯操作，獲利更豐。兩種作業，同時操作，平均獲利在1%左右，亦即出口廠商增加百分之一的競爭力（浮動匯率隨時在變，運用之妙，存在一心）。

　　若有筆生意已陷入「割喉戰」（Cut Throat Competition），利潤只有1%（從保五總隊、降為保三總隊，再落至保一總隊），但利用外匯操作，則可提升至1.8%。換言之，增加0.8%的利潤與提升78%銷售金額的結果是相同的，在國際貿易上，提高78%業績談何容易，且背後的產銷人仰馬翻，而利用彈指間的外匯操盤唾手可得！如再加入外幣存概念，成果更豐碩。（匯率＋利率）。

　　一回生，二回熟，熟能生巧！「要打拚、更要打算」。

第 (10) 專題

海關實務

主講人：林秀賢　財政部臺中關稅局／保稅課課長

（曾任出口課、進口課課長）

壹、前言

　　臺灣的經濟奇蹟，不僅僅靠著臺灣人苦幹實拚的精神，還有靠著地理位置的優越。因為臺灣屬於島型國家，四面又環海，世界的貨輪、船隻、旅客，都從各地來到臺灣做貿易，尤其世界的趨勢正走向地球村的目標，像「貿易」這樣的角色只會愈來愈重要，而跟「貿易」息息相關的，那就是「海關」。它像沙漏一般，嚴密控制了貿易進出口的貨物安全。當時臺灣經濟開始起飛，進出口的貿易量之大，可說是為我國外匯賺進了大把的銀子，由此可見，「海關」的角色地位極為重要。海空運出口，雖然是國際貿易中的最後一環，可是，卻也是最重要的一環，因為送到國外的貨物，若有發生任何毀損或滅失，對海運公司是一種金錢上的耗損，連帶對出口商更有前功盡棄之感。因此，海空運的重要性在此，值得我們去了解其運作的方式。

表10-1　海關組織架構

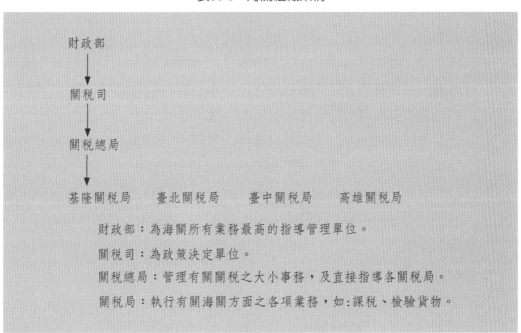

財政部

關稅司

關稅總局

基隆關稅局　　臺北關稅局　　臺中關稅局　　高雄關稅局

財政部：為海關所有業務最高的指導管理單位。

關稅司：為政策決定單位。

關稅總局：管理有關關稅之大小事務，及直接指導各關稅局。

關稅局：執行有關海關方面之各項業務，如：課稅、檢驗貨物。

貳、海關的業務範圍

一、查緝走私（進來人、物的檢查，內陸多用緝毒犬）

1. 人

一般性規定應申報：所攜隨身行李有應稅物品、新品、貨樣、機器零件、原料物料、儀器工具、不隨身行李隨後運、不擬攜帶入境之隨身行李、黃金與外幣、新臺幣、武器、槍械（包括獵槍、空氣槍、魚槍）、彈藥及其他違禁物品、放射性物質或X光機、藥品、大陸物品者。准予免稅物品之範圍及數量（禁止或管制進口物品除外）：(1)雪茄25支，或捲菸200支，或菸絲一磅及酒1公升以下，但限滿20歲之成年人始得適用。少量罐頭及食品（限由非疫區進口）。(2)上列以外已使用過之行李物品，其單件或一組之完稅價格在新臺幣10,000元以下者。(3)上列以外之物品，其完稅價格總值在新臺幣20,000元以下者，但未成年人減半計算。貨樣，其完稅價格在新臺幣12,000元以下者。

(1)**貨幣**

①黃金：攜帶黃金進口不予限制，但不論數量多寡，均必須向海關申報，如所攜黃金總值超過美金10,000元者，應向經濟部國際貿易局申請輸入許可證，並辦理報關驗放手續。

②外幣：攜帶外幣入境者不予限制，但應於入境時向海關申報，入境時未經申報者，其超過等值美金5,000元部分應予沒入。

③新臺幣：旅客攜帶新臺幣入境以40,000元爲限，如所帶之新臺幣超過該項限額時，應在入境前先向中央銀行申請核准，持憑查驗放行。

(2)**生鮮水果**

自1998.10.01起，禁止旅客攜帶入境。

(3)**違禁物品**

下列物品禁止攜帶入境（持有、使用、販售均將受嚴罰）。

①僞造之貨幣、證券、銀行鈔券及印製僞幣印模。

②賭具及外國發行之獎券、彩票或其他類似之票券。

③有傷風化之書刊、畫刊及穢淫物品。

④宣傳共產主義之書刊及物品。

⑤合於大陸土產限量表以外之大陸地區生產、製造、加工、發行或製作等之物品。

⑥槍械（包括獵槍、空氣槍、魚槍）、子彈、炸藥、毒氣、刀械以及其他兵器。

⑦鴉片、罌粟種子、大麻、高根、化學合成麻醉藥物等及其製劑，暨其他危險藥物。

⑧所有非醫師處方或非醫療性之管制物品及藥物（包括大麻菸）。

⑨槍型玩具及用品。

⑩侵害專利權、圖案權、商標權及著作權之物品。

⑪其他法律規定之違禁品。例如：土壤、未經檢疫或從疫區進口之動植物及其產品等。

⑫保育類野生動物及其製產品者，未經中央主管機關之許可，不得進口。

2. 物

例如：佛像裡可挖空藏毒品、還有利用貨櫃藏匿走私品、海上巡緝、岸上查緝、貨櫃檢查、行李檢查、運輸工具、進出口貨物、郵包。

⑴**徵稅作業說明**

①小額郵包之各項稅捐通常委託郵局於包裹送達時，憑海關填發之「小額郵包進口稅款繳納證」代收稅款。

②惟遇有需檢具主管機關輸入許可文件或相關資料者，請親臨會同驗關後，現場由郵局代收稅款。

③郵包物品之離岸價格在美金5千元（含）以上者，應繕具「進口報單」辦理通關手續，亦由郵局代收稅款。

⑵**進口郵包**

①免稅物品

a.私人餽贈物品（洋菸、洋酒除外），其數量零星經海關核明屬實，且其完稅價格在新臺幣6千元以內者，免徵進口關稅。

b.廣告品及貨樣，其完稅價格在新臺幣12,000元以下者，免徵進口關稅。

②應稅物品

a.進口郵包離岸價格（FOB）美金5千元以下或等值者，如非屬限制

輸入貨品，免辦報關手續，由海關查驗核估後，開具「小額郵包進口稅款繳納證」完稅放行。

b.進口郵包離岸價格（FOB）超過美金5千元者，或須憑簽證文件申報進口者，應辦理報關手續。

③違禁或管制進口物品

除法律另有規定外，不得郵寄進口（請查閱有關法令規定）。

⑶**出口郵包**

①免具出口報單物品：寄往國外之小額郵包，非屬「限制輸出貨品表」之貨品，且離岸價格在美金5千元以下或等值者，免具出口報單，惟須填妥郵局印製之郵包發遞單及報關單各一份，對寄物名稱、數量、價值，應據實申報，並在報關單上簽章，如屬商品或貨樣，請加附商業發票，以憑審核。寄件人填妥發遞單及報關單，連同郵包交各地郵局窗口辦理交寄手續，由郵局將郵包彙送海關抽驗放行。

②應檢具出口報單辦理報關物品：凡需繳驗簽證文件，離岸價格超過美金5千元以上或等值者，保稅工廠或申請退稅之出口郵包物品，均應繕打出口報單並檢附其他必備文件，向各地駐郵局海關辦理出口報關手續，切勿以郵局印製之發遞單、報關單向未駐海關之各地郵局郵寄。

③違禁或管制出口物品：除法律另有規定外，不得郵寄出口（請查閱有關法令規定）。

⑷**郵包寄件人與收件人注意事項**

①郵遞之信函或包裹內，有應課關稅之貨物或管制物品，其封皮上未正確載明該項貨物或物品之品質、數額、重量、價值，亦未附有該項記載者，經查明有走私或逃避管制情事時，得沒入其貨物或物品。

②納稅義務人於收到海關填發之稅款繳納證時，如不服海關對郵包物品核定之稅則號別、完稅價格、補繳稅款或特別關稅者，請於十四日內，以書面向海關聲明異議。

二、課徵（國家財政需要，以往占國家預算2/3左右）

海關主要工作包括查緝走私、課徵稅、配合執行國家政策。海關查緝的運

輸工具如船隻、飛機、大量走私毒品、彈藥等一些管制物品。課徵稅又可分為課徵關稅、船鈔與代徵稅費

1. 關稅

進口稅，高稅率，為機會稅。

關稅又為進口稅，貨物由他國進口至我國，須依貨物的不同而課徵不同金額，6,000元以上則依照海關進口稅則，依據核定本類商品種類來乘以百分率，如：關稅價格為20,000元，則關稅為20,000 − 6,000 = 14,000，再以14,000乘以核定本類商品類別所應課徵的百分比，就為其應付之關稅。

2. 船鈔

船進港後必須課稅，也就是繳船泊費。以噸為單位，150噸以下，每噸課以新臺幣3元；150噸以上，每噸課以新臺幣6元。可至臺灣銀行繳納，銀行會給一張證明即為船鈔。

船來時要課的稅，可用四個月，如果四個月裡都沒用過，超過期限後則可以使用一次。

3. 代徵收費

⑴貨物稅

高稅率，像是汽車、音響。

①貨物稅「從價課徵」者，其「完稅價格」之計算規定如下：

貨物稅完稅價格＝關稅完稅價格＝進口稅稅額＋商港建設費費額。

②「貨物稅稅額」依下列式核計：

　a.「從價課徵」者：貨物稅完稅價格×貨物稅（單位）稅額。

　b.「從量課徵」者：貨物稅完稅數量×貨物稅（單位）稅額。

　c.貨物稅完稅價格不包含「推廣貿易服務費」。

⑵營業稅

即消費稅。

①營業稅稅額＝營業稅完稅價格×營業稅稅率（5%）。

②一般營業人進口乘人小汽車以外之貨品，免代徵營業稅。非一般營業人、個人、機關（構）應徵收。

③免代徵營業稅者（營業人），則海關不代徵。

⑶**商港建設費**

①海運進口者，以全份報單各項完稅價格加總，乘以0.4%之得數填報（核計至元為止，元以下不計；不足NTD100者免收）。

②空運及郵運進口者免收。

⑷**推廣貿易服務費**

推展國際貿易。海、空運進口者，以全份報單各項完稅價格加總，乘以0.0425%之得數填報（核計至元為止，元以下不計；不足NTD100者免收）。

⑸**公賣利益**

進口洋酒，但多半在公賣局就會先行課稅，所以不一定會代徵。

三、配合執行國家政策

1. 外匯管理

過去由國家中央銀行管制，現在已經開放，隨處都可買到外匯。新臺幣50萬元的等值外匯要申報，現金5千元美金也得申報，不然會被沒收。如果是生意上的往來，要將外匯換成臺幣，則需賣給中央銀行或者是中央指定的外匯銀行。

2. 貿易管理

貿易管制進口品，意指會對國內產品造成傷害的產品都會管制，例如：未開放的大陸物品合法的申請。除保稅工廠（產品不流入國內，而且要特准，才能賣國內。）之保稅物品售予科學工業園區園區事業及加工出口區區內事業，或其他保稅工廠再加工出口者。

3. 配合主管機關政策管理

檢驗、檢疫——像電器品得由商品檢驗局；食品、動植物由農委會檢查合格後發予許可證和文件，獵槍由警政署同意，而海關只是檢查文件。因為會影響到國內產業，所以要申請許可。

參、運輸工具之通關

一、預 報

　　進口船舶所屬船公司或其代理人，應於船舶進口24小時前向海關預報，如因故提早、遲延或中止進口者，應立即向海關報明提早、延期或註銷，屬於非正式。前項預報之內容包括：海關船隻掛號、停泊碼頭、到港前一港、航行次一港及預定到港時間等所需資料。但預報資料經由港務局船舶進出港系統提供予海關者，運輸業得免傳輸船舶進港預報單訊息，或檢具書面船舶進港預報單。運輸業以電腦連線方式傳輸前項規定艙單訊息向海關申報進口者，仍應於抵達後24小時內補送書面艙單資料，惟海關得視實際傳輸情形，公告准免遞送書面艙單資料。港務局以電腦連線方式傳輸船舶進港通知予海關時，運輸業免向海關遞送書面船舶入港報告單。

二、申 報

　　運輸工具到達後，24小時內要由負責人做正式的申報，如不依照規定申報者得受罰；應由船運負責人，如船長及船公司或其代理人申報。

三、申報文件

　　如果申報錯誤，要在時限內申報，若沒有則會受到處分，據處分依據表，處分從低從寬，但累犯則加重處分。然後海關要驗貨物時，報關行的人還有堆高機的操作者要在場，以求其公正性。

　　1. 艙單

　　為載運貨物的詳細資料，如：載了多少貨櫃。但經海關登船查驗並收取者，得免檢附。進口貨物艙單應依海關規定格式載明下列各項，書面艙單資料並應由船長及船公司或其代理人會同簽章。

　　　⑴船名、國籍、噸位、船長姓名、進港日期、船舶呼號、航次及進港前最後停靠口岸。

　　　⑵船上所載貨物之名稱、標記、號碼、包裝式樣（如：桶、盤、箱、袋等）、件數、重量、規格，如遇兩包或數包貨物合裝一件者，應詳細註明該件內所裝包數。

⑶裝運及到達地點。

⑷收貨人姓名及住址。

⑸貨櫃裝運應將各貨櫃號碼、種類及運送條件加註於艙單內。同一收貨人之整裝貨櫃所載貨物如有兩批以上者，應於進口艙單上裝載有關貨物之貨櫃號碼後加註「部分」字樣；空櫃應將其號碼、數量列報於艙單最後一頁，並免加列艙單號碼。

2. 船舶入港報告單

3. 國籍證書
為運輸工具所登記之國家的證書，即船的國籍。

4. 噸位證書
如輪船有多重，但國籍證書已載明船舶淨噸位者，得免檢附。

5. 助航服務費繳納證明書
就是買船鈔。150噸以上──6元／噸、150噸以下──3元／噸。

6. 前一港口之結關證照（自國內來者）
如：基隆港到臺中港，就需要此證照。

肆、進口貨物之通關

一、收單建檔

1. 報關時限
一般進口報關時限，依關稅法第一項規定，進口貨物的申報，應由納稅義務人自裝在貨物的運輸工具進口日起（始日不計）15天內向海關辦理，否則自期限屆滿第2天起按日加徵滯報費。倘若滯報費徵滿30天仍不辦理報關者，海關可依關稅法第48條第2項規定，將其貨物變賣，所得價款扣除應繳納關稅及必須費用外，如有餘款，則由海關暫代保管，納稅義務人可於5年內申請發還，逾期則歸繳國庫。

2. 文件

⑴提單影本

海運進口貨物，報關人應先將提單向船公司換取小提單，附於報單申報；空運進口的貨物，應檢附空運提單；郵遞進口的貨物，應檢附包裹通知單。

⑵發票

國外出口商所繕製商業發票正本一份、副本三份，均由進口商加蓋與輸入許可證上申請人印鑑相同的進口商店章與負責人私章。

⑶裝箱單

國外出口商所出具的詳細包裝單。

⑷輸入許可證

免輸入許可證者免附。

⑸委任書

需一份，加蓋公司與負責人報關的印章。

⑹貨價申報書

由進口商據事自行填寫一式兩份，並加蓋進口商店號與負責人印章。

⑺副本

一定要附，因海關需要回件。

其他：如同意文件。

以上文件中，發票、裝箱單與副本是在報關時必備的文件。

3. 通關方式

以上文件經電腦作業後，會決定該採取何種方式通關。通關方式可分為以下三類：

⑴C1免審免驗：可馬上通關，3天內要補上文件，約占進口文件中的20%。

⑵C2應審免驗：隔天上班時間內補文件，約占進口件中的40～50%。

⑶C3應審應驗：隔天上班時間內補文件，約占進口件中的28%。

二、查 驗

皆為電腦派驗，原則上都採取抽驗，如果發現錯誤才要全部查驗。方式共有：

(1)簡易查驗：只看一件。

(2)一般查驗：由電腦指定貨櫃內所要查看的位置。

(3)詳細查驗：要把貨物全部檢查完。在費用方面，海關只能收特別的驗貨費1,000元印花，如上班時間外的船邊驗貨，像有時因情況或貨物的特殊性，進口商會要求船邊驗放，海關則需收1,000元的費用，而且必須先估價再驗，完全對就馬上放行，若有問題，至少取三件驗。

三、分類估價

1. 審核報單內容包括

(1)納稅義務人：為負責人。

(2)進口日期。

(3)合訂本。

(4)生產國別。

(5)國定稅率。

　①第一欄：為不開放的稅率。

　②第二欄：與我國有關稅互惠的國家或地區，所採用的稅率。

　③從價稅率與從量稅率以較高的為準。

(6)稽徵特別規定：如取消退稅、不得保稅、應課徵貨物稅、營業稅、公賣利益及特定稅，則增註減免關稅等項目，分別用不同代號予以註記，以供通關時作業之參考。

(7)輸出入特別規定：尤以輸入重要，如大陸貨品不准輸入、由貿易局簽發輸入許可證等規定，分別用以不同代號標記。

2. 稅則分類

(1)特殊處理（整體貨物），為零散的零件，必須組裝成一體才能使用，則整體課稅而不零散的課稅。

(2)委外加工（國內把原料拿到國外製成成品後再運回），則課加工費〔（回來的價值減出去的價值）×稅率〕。

(3)租賃，租賃費或使用費課稅之進口貨物，以其租賃費或使用費（包括運費及保險費）作為完稅價格。但其累積之租賃費或使用費高於最近進口之同類貨物的完稅價格者，得經納稅義務人於進口時申請，按該等同類貨物之完稅價格，核定其完稅價格。但每年租賃費或使用費不

得低爲貨物本身完稅價格的十分之一。租賃費或使用費課稅之進口貨物，除按租賃費或使用費繳納關稅外，應就其與總值應繳全額關稅之差額提供保證金，或由授信機構擔保，俟其租賃或使用期限屆滿報運出口，或經財政部核准銷毀時發還或解除授信機構保證責任。前項進口貨物部分毀損，由納稅義務人付出之賠償費，應併入租賃費或使用費再計算；全部毀損者，按進口時之完稅價格計徵全額關稅。

⑷修理、裝配之機械、器具，以其修理、裝配所需費用，作爲計算根據。其修理裝配所需費用（不包括運費及保險費）作爲完稅價格課徵關稅。

⑸轉讓，假如甲轉讓給乙，甲免稅但乙要課稅，則要申報補稅。

⑹機動稅率係穩定國內經濟因素，而給予的優惠，最長爲期一年，50%由行政院決定。

稅則分類不一定很準確，有錯誤就要更正，有可能是廠商跟海關要錢或海關跟廠商要錢。而且因爲生產國別會有管制和價格的不同，所以廠商有可能投機造成海關誤判（有異議時，由原產地認定委員會仲裁），海關查驗會以三次的基本取樣量送去鑑定。

3. 暫准通關制度

適用通關證之貨品，包括下列三類：

⑴專業器材、設備（Professional Equipment）：

①第一類爲記者、廣播電視傳播使用之器材。②第二類爲電影製作器材。③第三類爲其他專門職業用器材。

⑵供展覽（Exhibitions）、國際商展（Fairs）、會議或類似活動陳列、使用之貨品。

⑶爲招攬交易而供展示或示範之進口商業樣品。

4. 免稅之條件範圍

不包括「輸入時提供勞務所收取之費用」（註：免收「推廣貿易服務費」；但「商港建設費」仍應繳納）。

5. 免填進口報單

維持書面作業

⑴使用通關證貨品，免填進口報單或轉運申請書。惟：①應由收單單位

鍵入有關資料，以利計收商建費。②應在通關證上填註報單號碼。

⑵應由專案股指派專人優先處理。

6. 計稅

⑴完稅價格（現以CIF來課徵）：

取決於交易價格，其計價的次序為：實付或應付的價值→按同類貨物輸出國輸出的價值為多少→類似貨物→按國內的銷售價格（國內同樣或類似貨物按輸入狀態計價，例如：數量的多寡）→按進口貨物的計算價格計算（成本、運費、利潤……）→關稅局自己查的價格。

⑵外幣匯率：

用前一旬的中間日，經濟日報有公布。

⑶進口稅。

⑷商港服務費：交通部於2002年1月1日實施新收費制，請參考進出口價格計算方法。

⑸推廣貿易服務費×0.0425%。

⑹貨物稅完稅價格。

⑺營業稅貨物稅。

⑻公賣利益菸×230/200、酒×160/100。

7. 其他文件

⑴稅則增註減（免）稅文件。

⑵主管機關同意文件：例如CITS瀕臨絕種的生物要有對方的文件證明。

四、徵 稅

共有以下六種方式：

1. 繳現

2. 繳納保證金

在稅款尚未確定時所做的押金處理，在4個月內要補稅，如果不行，則4個月內要申請延期。

3. 先放後稅

先繳一些能保證繳稅的物件，如：定期存單、存摺或者由銀行做擔保，此

種方法較爲省事。

4. 線上扣繳

5. 彙總清關

信用優良及規模較大的公司申請，一個月固定進口多少貨物，皆不須繳稅，留待下個月5日結清，目前裕隆汽車正向臺中關稅局申請之。

6. 專案記帳

如：臺電，至於繳費期限，應自海關填發稅款繳納證之日起14天內繳納。若逾期，自繳款期限屆滿的次日起，照欠繳稅額按日加徵滯納金萬分之五，滯納金徵滿16天仍不繳納時，由海關變賣貨物，扣除應繳納關稅及必須費用外，如有餘款，由海關暫代保管，納稅義務人可於5年內申請發還，逾期則歸繳國庫。

五、放　行

如果完成上述之收單建檔、查驗、分類估價、計稅及徵稅的程序，海關將會出具放行通知，電腦也會顯示，負責人就可前往提領貨物。另有一種爲「暫准通關」，其爲與我國有簽署雙邊或多邊互惠的國家或地區，如：新加坡、香港，可申請暫准通關證，大多爲了使展覽品進出通關方便。

伍、出口貨物通關

出口報關一定要先進倉，通常出口爲免稅，只需繳納商港服務費，也可先出貨，再於14天內繳納即可。以下爲出口之作業程序：

一、收單建檔

二、查驗：如產地標示。

三、分類估價：依照輸出規定

    1. 商標

    2. 匯率

    3. 離岸價格

陸、處分與行政救濟

　　所謂行政救濟，爲若所欠之稅在5,000元以下補徵，5,000元以上處罰1～2倍，如果是管制商品少繳稅，則貨物沒入，且罰1～3倍的原商品價值。海關之處分與行政救濟可依循下列四種法規：

　　一、關稅法。

　　二、海關緝私條例。

　　三、懲治走私條例。

　　四、其他相關法律。

第 11 專題

報關實務

主講人：李聰賦　高偉報關行／董事長

壹、報關行的現況

　　報關行，日韓兩國稱為「稅關貨物取扱人」，英文名稱為「Customs Broker」。以代理人辦理報關納稅業務為專業，並收取適當費用以提供此項服務。報關行在世界各國均甚通行，不過進出口商利用其服務程度甚有差異。臺灣地區係以國際貿易為導向的經濟型態，進出口貿易是極龐大的商業活動，過去數十年來，隨著進出口成長驚人，一般貿易商人員因業務繁忙，多半將這份與海關打交道的事務，交予具有本業專門素養、知識的報關行業者承擔，因而形成這項服務業。

　　報關乃是指本國的產品向他國市場銷售時，或他國商人向本國銷售產品時，互相適應各國政府所訂定的種種法規，所辦理的各種手續，得以完成國際間的交易行為。例如：產品之輸出入均需經過各國經濟貿易主管官署的許可，商人才得以向港口海關辦理通關手續，使商品得以順利達成進口或出口的目的。不同的產品要向不同的主管官署申報、檢核以不同的報表，通關之後，產品才能流通交易。

　　報關行的負責人須對國際經濟、本國財經知識、關務、稅務法令規章等有相當之素養，在其辦理報關業務時，才能在適當程度內保全業主的利益，並減少稅關業務執行之困難，並可調和稅關與業主間之歧見，亦即為貿易商及商品直接用戶與稅關間的橋梁。報關行之執行業務，係按政府公布之「關稅法」規定，而通關手續繁瑣費時，為世界各國之通病，每關必報，幾乎人人談「關」色變。因此，才有報關行的存在，是為我國當今關稅稽徵業務中不可缺少的部分。其經營狀態，有單獨存在、直接服務客戶，或隸屬各該公司為報關部門，代客報關及運送服務一貫作業，目前後者的營運狀況較佳。

　　一般而言，報關行因運輸工具之不同，分為空運報關行及海運報關行，近幾年來也有同具兩者性質的報關行。空運報關行又多隸屬航空貨運承攬公司的報關部，依業務種類區分為空運出口報關與空運進口報關。航空貨運承攬公司為航空公司之代理商。海運報關行則純為客戶之海運出、進口報關。報關從業員之工作，大略可分為：外務員、文件處理員、報關士、會計等組合而成，其工作內容隨公司或部門之大小而不同。

　　報關從業員之工作依海關作息而定，海關上班、報關從業員也上班，假日亦相同。外務員除辦公室外，多半是在外奔走，到銀行、公會、商品檢驗局等

處，取送文件、簽證、收放文件。內勤的文件處理員、報關士，則負責所有相關報單文件及完成押匯之必要資料之填寫。報關士是具有國家檢定考試及格之專責報關人員，負責在公司內簽署各種通關文件；或在機場、碼頭協助與海關交涉通關事宜，多依職限區分工作內容。以上描述可見，除了文件處理員是固定在辦公室內外，其他如外務員及報關士的工作場所是多樣且富變化的。

目前的商業社會環境，已是資訊技術領導社會發展模式，企業與企業間業務往來的商業文件如能擺脫以往人工交付或電信傳真的聯絡方式，改由網際網路的傳輸方式替代，商業文件就可以最快速的方式被傳送，也可免去人工重複輸入，節省時間與人力，增加企業競爭力及跨國企業的貿易能迅速且有效率地達成。傳統的報關行是使用人工處理資料的方式來進行報關程序，不但速度較慢，同時容易產生人為上的疏失。雖然現在利用網際網路的便捷，經由電腦連線的方式來報關投件，情況較以往改善不少，但此方式只限於海關與報關行之間的聯絡程序，就進出口貿易公司與報關行方面而言，依舊是採用半人工的方式聯絡，要改善目前的情況並增進報關行的競爭力，是現在重要的目標。

貳、報關行管理及降低抽驗比率作業規定

受廠商委任的報關行，其服務品質攸關廠商權益；而海關為提升報關品質所實施的「降低貨物抽驗比率作業」，正是對報關行獎優汰劣，並減少廠商成本、提高競爭力的便民措施。

在工商社會裡各行各業分工合作，而為進出口廠商提供服務的報關業，也在發展國際貿易中，扮演海關與廠商間橋樑的重要角色，且隨著我國經貿不斷擴張，其重要性與日俱增。

關稅法規定：「進出口貨物應辦之報關、納稅等手續，得委託報關行辦理」，財政部亦據以制訂「報關行設置管理辦法」，對報關業的申請設立、管理及違規處罰等，均有明確規定。一般而言，報關行受廠商委任辦理進出口貨物通關的各項手續，包括簽認查驗結果、繳納稅費、提領貨物，以及辦理出口貨物的退關、退關轉船等事項，其服務品質攸關貨物通關速度，並影響廠商權益。

由於少部分報關業者常因不諳法令或作業疏失，而發生違反關章情事招致處分，非但損及自身或廠商權益，更影響國家形象或稅收。廠商進出口貨物，80%以上均委託報關行辦理貨物通關的各項手續，如不了解報關行信譽及營運情

形，即有可能招致極大損失，不可不慎。

一、詳填各類單證書據

在報關行的管理方面，相關規定如下：

⑴報關行受委任報關應附委任書，並應切實遵照關稅法、關稅法施行細則、出口貨物報關驗放辦法及其他關務法規之規定，詳填各項單證書據及辦理一切通關事宜。

⑵在遞送貨物進出口報單方面：

①投單報關時應加附有關報單副本一份，經海關加蓋收單戳記後，取還妥為保管，期間為二年。海關得隨時查核或調閱報單副本，報關行不得拒絕。

②報單上應蓋用報關行公司行號印章，及負責人或授權掌理報關業務人員印章。報單投遞前，應經專責報關人員審核簽證。

③投遞進口報單應檢附（海運）提貨單或空運提單（連線申報者免附）、發票或商業發票二份、裝箱單（散裝、大宗或單一包裝貨物免附）及其他進口必須具備之有關文件（如委任書、輸入許可證、貨價申報書等）。

④投遞出口報單應檢附裝貨單或託運單、發票或商業發票一份（無輸出許可證及其他價值證明文件者）、裝箱單（散裝、裸裝或貨櫃）、貨物進倉證明及按規定必須繳驗的輸出許可證、檢驗合格證及其他有關文件（如委任書等）。

二、報關行應配合事項

1. 連線申報的規定

⑴辦理連線申報時，應依據原始真實發票、提單或其他有關資料文件，按照海關規定方式，正確申報貨名、稅則號別或其他應行申報事項，以及製作進口報單或其他報關文件，再利用通關網路進行傳送。

⑵受委託辦理連線申報時，其「電腦申報資料」與「報關有關文件正本」的內容必須一致，經由專責報關人員進行審查無訛後，再行簽證輸入。

2. 連線通關方式的規定

⑴經核定為C1免審免驗通關方式者，其書面報單及其他有關文件正本應自放行之日起，依報單號碼逐案按規定期限（進口案件二年、出口案件一年）列管，海關於必要時得命其補送或前往查核。

⑵經核定為C2文件審核或C3貨物查驗通關方式者，限在海關電腦連線通知之翌日辦公時間終了前，補送書面報單及其他有關文件正本，以供查核或查驗貨物。

3. 查驗貨物的規定

⑴進口貨物應自報關日起十日內，申請海關查驗；逾期，海關得會同倉庫管理人逕行查驗。

⑵應備足夠員工負責辦理應驗貨物的搬移、開啓及事後恢復包裝等事項。

4. 稅款誤寫誤算情事的更正、發還或補繳

發現稅款繳納證內所填稅款數額有誤寫、誤算情事，應立即向海關申請更正。其在繳納後發現，而未逾關稅法第44條規定期限者，若為溢徵，得通知納稅義務人向海關申請發還；若為短徵，則應即報明海關補徵，並通知納稅義務人補繳。

員工向海關辦理報關納稅各項業務，應視為代表報關行，報關行對其報關業務有關行為應負全部責任。而在海關轄區內辦理報關業務之員工，應佩帶報關證，並嚴守秩序及接受關員合法指導。員工不得在其他報關行兼職，更不得向委託人浮收費用，或與委託人有串通舞弊及其他違反報關行管理辦法規定之情事，更不得洩漏客戶所交付之貿易文件內容或工商祕密。報關行也不得出借其名義，供他人經營受託辦理進出口貨物報關納稅的業務，或借用他人名義辦理進出口貨物報關納稅的業務。

至於受託辦理報關業務應收費用的項目，由所屬報關公會核實議訂公告並通知海關，變更時亦同。其收費項目表應在營業場所張貼，俾供眾覽，並依照收費，不得任意更改或巧立名目。收費時應掣給統一發票或正式收據，並開列詳細清單。若前列統一發票、正式收據、清單有未列的收費項目，進出口廠商應拒絕支付，以維護本身權益。此外，報關行應按年設置專簿，逐日將經辦的進出口報單號碼、貨名、件數及貨主等資料詳予登記，海關得隨時會同報關商

業同業公會查核有關帳簿單據。

參、「降低抽驗比率」提升通關品質

　　為鼓勵報關業者彼此間良性競爭，提高服務品質，海關依據「報關行設置管理辦法」第50條之一規定，訂定「報關行申請降低貨物抽驗比率作業規定」。其立意在於藉此對符合規定條件的報關行，其所受委託辦理的進出口貨物，享有降低抽驗比率，冀以獎勵方式，促其提升報關品質，加速進出口貨物通關，減少廠商成本，進而提高其競爭力。現行「報關行申請降低貨物抽驗比率作業規定」其主要內容如下：

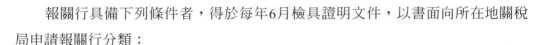

一、申請報關行分類

　　報關行具備下列條件者，得於每年6月檢具證明文件，以書面向所在地關稅局申請報關行分類：

　　⑴設立達3年以上，申請時之前2年均有營業盈餘者。「營業盈餘」之審查認定，係採「自行依法調整後金額」為依據。

　　⑵員工待遇合理者。「員工待遇合理者」之評定方式，包括員工每月薪資大於基本工資之110%，及員工合理待遇隨基本工資之調整而自動調整，毋須另訂固定之薪資金額。

　　⑶與海關完成電腦連線者。

　　⑷連線報關行於申請之前2年，未發生有申報進口貨物之稅則號別不正確或其他申報不實事項，致規避簽審規定或構成漏稅，而其貨價或所漏進口稅額超過新臺幣10萬元者。

　　⑸申請之前2年未受停業處分者。

　　⑹員工人數達15人以上者。

　　⑺全年報單數量在該關區居前25%者，「全年報單數量……」的計算方式，依據關稅總局核示，包括轉運申請書在內，惟辦理評鑑時，宜將二份轉運申請書以一份報單數列計。

　　⑻年錯單率（錯單數量與申報的報單總數相比）未超過千分之五者。

　　⑼僱用專責報關人員達2人以上者。

　　⑽僱用之專責報關人員按時參加海關所舉辦的講習。

　　具備前項十款所列條件者為第一類報關行；具備前項第一款至第五款各款

及第六款至第十款中任三款所列條件者為第二類報關行。第一類及第二類報關行，其承受進、出口廠商的委託申報進、出口貨物時，分別按海關進、出口報單抽驗規定的抽驗比率予以降低，其降低抽驗比率，第一類為25%至50%，第二類為25%以內。但依規定必驗者，不得降低抽驗比率。前項降低抽驗比率的期間為一年。

二、取消降低抽驗比率資格

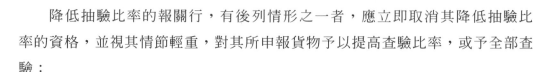

降低抽驗比率的報關行，有後列情形之一者，應立即取消其降低抽驗比率的資格，並視其情節輕重，對其所申報貨物予以提高查驗比率，或予全部查驗：

(1)報關行僱用之員工，對關員威脅、利誘或施暴者。

(2)申報之進出口貨物有走私、漏稅，其貨價或所漏進口稅額或溢沖退稅額超過新臺幣10萬元者。

(3)申報之進出口貨物有侵犯智慧財產權、仿冒或違反高科技貨品輸出入管理規定者。

(4)連線報關行申報進口貨物之稅則號別不正確，或有其他申報不實事項，致規避簽審規定或構成漏稅，而其貨價或所漏進口稅額超過新臺幣10萬元者，或在新臺幣10萬元以下未依規定補繳有關文件或稅款者。

(5)其他違法情事者。

三、慎選報關行減少非必要損失

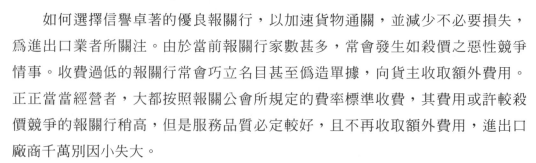

如何選擇信譽卓著的優良報關行，以加速貨物通關，並減少不必要損失，為進出口業者所關注。由於當前報關行家數甚多，常會發生如殺價之惡性競爭情事。收費過低的報關行常會巧立名目甚至偽造單據，向貨主收取額外費用。正正當當經營者，大都按照報關公會所規定的費率標準收費，其費用或許較殺價競爭的報關行稍高，但是服務品質必定較好，且不再收取額外費用，進出口廠商千萬別因小失大。

選擇優良報關行，首先必須注意該報關行是否為第一類或第二類報關行、是否享有降低抽驗比率的資格。其次，要注意報關行的營業項目，由於通關手續及相關法令牽涉甚廣，報關業者需具備關務、外匯、貿易、檢疫、運輸等專業知識及海關實務經驗，才能勝任。另外，報關行的歷史、規模也須列為考慮

的重點。目前報關行經營執照規定的資本額為新臺幣500萬元，但是有不少小型報關行只有一、二位職員，或借用牌照營業，進出口廠商在選擇報關行之前，最好先調查清楚，以免吃虧上當。

　　報關業者與海關關係密切，相輔相成。如何建立一套完整的報關行管理系統，提供進出口業者查詢參考，為海關再造努力的方向。為配合政府行政革新政策，海關已積極研擬各項便民措施，推行通關透明化、無紙化作業，並適度將法令鬆綁，與業者建立策略聯盟，依各報關行的風險係數分別管理，並予以不同查驗比率。對高危險群報關行加強查核管理，以杜絕不法，藉以淘汰不良業者，而對優良報關行則予降低抽驗比率，獎優汰劣，雙管齊下。此外，海關與優良報關行進行策略聯盟，互助合作，相輔相成，以利更進一步加速通關、簡化手續，提升國家競爭力。

肆、報關行的設置與辦法

一、報關行的定義

　　指經營接受辦理進出口貨物報關納稅等業務之營利事業。

二、報關行的設置

　　設置報關行，應於申辦公司設立登記或商業登記前，將擬設之報關行名稱、地址、組織種類、資本額、負責人姓名及專責報關人員姓名、考試及格證書或資格測驗合格證書字號，由報關所在地關稅局或其分支局審查許可。其資本額應在新臺幣500萬元以上。

三、報關行管理

⑴報關行受委任辦理報關，應檢附委任書。

⑵報關行向海關遞送之報單，均應經專責報關人員審核簽證。

⑶專責報關人員須經專門職業及技術人員考試之專責報關人員考試及格。

⑷專責報關人員應克盡審核簽證有關報單文件之職責，並不得有違反海關規章等行為。

附錄：報關人應具備知識

　　1.關稅法；2.空海運進口通關；3.快遞貨物進出口通關；4.海關處理智慧財產權措施；5.進出口貨品稅則分類；6.進口貨物價格核估法令；7.保稅制度及保稅報單通關；8.退稅制度；9.轉口通關作業；10.報關與報驗；11.報關文件製作；12.關務行政救濟；13.輸出入簽審規定；14.復運進出口貨物通關作業等。

國貿英文寫作心得

主講人：莊銘德　英貿貿易公司／總經理

壹、國貿英文寫作之前提

在進入國貿英文寫作之前，有個很重要的前提必須讓大家了解，做國際貿易，一定要了解對方，尤其是歐美國家這些西方人的文化和他們的行為模式。除了對話，我們常常更近一步地跟客戶用寫文章來溝通，但西方文化跟中國儒家文化有非常大的不一樣，因為這個不一樣，常常造成這個文化的衝突或戰爭。清朝在康熙時，開始和西方接觸，康熙是個很偉大的皇帝，他懂很多天文歷史地理，直到乾隆時鎖國，因為文化不同造成衝突而發生戰爭。像300多年前，乾隆時期，外國使節馬喀爾拜見乾隆卻不願雙腳拜跪，只因在他們國家只有用一隻腳和女王叩頭，乾隆皇帝卻要他雙腳跪下，這樣造成了中西方文化的衝突和誤會，到最後實地相見後，中國還是輸人一成。所以說，中文書信寫得好的人，不代表英文就寫得好，必須了解西方，了解外國人怎麼做生意，在這方面才能處理得好。而英文寫作是需要技巧的，它不像工廠處理的是產品，假如是到工廠的外貿部門上班，英文不是很好無所謂，因為賣的是產品；如果到貿易公司的話，文章寫得不好對業績絕對有影響。在西方文化裡，會因為一個字用得不好而有生命危險，也會因為一個字沒有寫好，導致生意沒接到。

貳、中西方文化之差異

一、西方的社會是比較科學，世界偉大的發明幾乎都是來自西方，而東方就比較藝術，較講究精神層面。

二、西方是一種唯物主義，無限地追求物質文明就像西方的棒球明星，一年可以打3千萬美金，合臺幣10幾億。王建民在大聯盟一年只拿不到50萬美金，為什麼呢？因為美國是靠制度在運作，所有菜鳥再好都只能拿那樣的薪水，就是一切都是追求物質文明。而東方就比較本位主義。中國人的口語常說，「怎麼樣、你怎麼樣」，都是以自己為出發點。

三、西方社會講法、理、情。而東方則是情、理、法。西方的社會一切依法，沒有法的時候就講理，沒有理，就講情。中國文化重情、重關係。法律放一邊，道理放一邊。

所以當物質和人本主義相碰撞的時候，矛盾會產生。所以我們必須要知道

對方文化的精髓在哪兒，才能與之溝通。所以當我們寫作，用字遣詞要精確，才能跟對方溝通得好。

本人四十幾年前第一次出來工作，很慶幸碰到一個非常好的老闆。我在他手下訓練了七年。我的每一封信都是經由他改過，而學了十八般武藝。一次，一個國外的詢價信來，我照上次他改的送進辦公室給他，他又幫我改了一大堆，一時不服，對他說：「這是上次照你改的，我這次還是照抄給你，你是不是否定你自己。」

他說：「不是。」又對我說：「學武藝就是要學十八般，一篇文章也有不同的寫法。」從此以後，我就覺得，年紀輕就該多學一點，和有經驗的長輩多學習。在他的公司裡，前六個月，他不叫我做任何事，每天叫我到臺北市的五星級飯店，臺北有專門的雜誌，報導每天外國人到臺灣住哪些飯店，要哪些產品。有相關的產品老闆就會叫我去，一個禮拜連續要跑三到四次旅館。想辦法聯絡到老外，和他推銷。就算你沒法推銷成功，這卻是很好的實務經驗。培養你的膽識以及和外國人做生意的經驗。本人也是從那樣的情況，經過3、40年到現在可以站在臺上講一些東西，所以年輕就是本錢，一定要抓住任何的機會。

參、英文寫作的重點

做生意的人不喜歡花太多時間，看一篇很長的文章。雖然寫得很好，但若用字遣詞過深，或是詞不達意，導致對方看不懂。浪費對方的時間，別人只會將它丟進垃圾桶裡。英文要看得懂不會太難；要聽得懂也不會太難，只要懂得抓住重點，大概就可懂得意思。最難的就是寫作，因為寫作的功力看得到。寫得好、寫不好，在生意上有很大的影響。所以說國貿書信寫得好，一定要把握住以下幾個重點。

一、可以用一個字表達時，不要用到兩個字

可以用兩個字表達就不要用片語；可以用一個片語表達的不要用一個句子；可以用一個句子去表達的不要用兩個句子。東方和西方是剛好相反的，舉例說：假如今天下雨我就帶傘。翻譯成英文「If it is rain today, I will bring umbrella.」但這是兩個句子，句子要剪短，如要變成一個句子就會變成「I will bring umbrella if it is rain today.」

二、寧短勿長，直接切入重心

寫英文書信不需問候，直接切入重點。

例一：「How are you doing? Long time no see.」寫這些都沒意思，可直接回：我已收到你的回信，有什麼事情？我打算如何處理？

除非是很熟的外國客戶才用到問候句。如這句「Looking forward to seeing you soon.」太長，很浪費客戶時間，如能改成「Hope to see you soon.」就更簡單。

例二：假如品質不好，就不要出貨（If quality is not good, we won't ship it.），如何將它變成一個句子，既可寫成「We won't ship it if quality is not good.」，所以在寫信時，不要將if放在前面。

三、肯定主動，否定被動

不論中西方文化都一樣，一般人都喜歡被肯定或稱讚，都不喜歡被否定或指責。就算被否定時，也不要太主動說那個部分不好。

例一：我們可以準時出貨（We can ship your order on time.），肯定就用主動式，有正面的效果。如無法準時出貨時，則寫成「Your order can't be shipped on time.」（否定被動式）會比較好，但若寫成「We can't ship your order on time.」（主動否定式）就不太好了。若寫成「你的訂單無法被準時裝船出去」的原因可能很多，並非我們能力不好，對看的人來說心情較舒服。但若寫成「We can't ship your order on time.」則是我們不能準時出貨，可能就是我們能力欠佳了！買主當然不喜歡與能力欠佳的人做生意了！

例二：我們不能接受你的品質「We can't accept your quality.」這是一個否定句。給人的感覺會像是「你的品質不好，不能被接受」。不如改成被動式，寫成「Your quality can't be accepted.」（你的品質不能被接受）代表可能有其他原因，不是我不接受，或是不能被市場接受也有可能。所以否定一定要以被動式的寫法，用主動就太得罪人了。

四、寧簡勿繁

　　做生意的人，時間很寶貴。寧願簡單不要用字過深令對方看不懂，對方可能會不太高興。生意做不成的機會就會變大。

例一：「謝謝你的恩賜」（Thanks for your patronage.）。但有很多人不知道「patronage」（恩賜）這個意思而去查字典，倒可寫成「Thanks for your favor」或是「Thanks for your support.」，簡單又明瞭。

例二：「很困難將產品打入市場」（It's very difficult to penetrate the product into the market.）、這是段很文謅謅的字。如寫成「It's very hard to market the product.」，用「hard」困難這個字用，文意就簡單多了。

例三：縮短字數，讓句子簡單明瞭。

　　這個產品競爭力很強（Competitiveness of this product is very strong.，7個字），可寫成「This product is very competitive.」（5個字）

例四：可用一個片語表達者，不要用一個句子

　　「油價高漲造成成本大增」（High oil price causes huge cost increase.，1個句子）。為什麼是一個句子？因為它有一個動詞，主詞加上一個動詞就是一個句子。如用一個片語去表達，則可變成「Huge cost increase from high oil price.」，這個句子比起上一個句子給人的感覺有教養、有競爭力多了。

五、句子精簡，但也要注重文法

　　寫信簡短是必要，但是文法一定要對。

例一：「我們收到你的訂單，謝謝！」We received your order with many thanks.這句是錯的。Received是過去式，但沒有時間副詞出現，則此句話是我們過去收到你的訂單，但可能訂單未被處理，還是未被接受都有可能，總之是講過去的事情，往事只能回味矣。

例二：收到訂單後，就要交給工廠去生產。如這個動作就像還沒被處理完，或還沒被交出去，或是還沒被生產好的。所以這個動作直到現在還在進行，所以要用現在完成式。「我們已收到您的訂單了，很

謝謝你！」We have received your order with many thanks.須用現在完成式，表示我們已收到此訂單，正在處理中的意思，或「Your order received with many thanks.」，此句話是「Your order has been received with many thanks.」的縮寫，表示你的訂單已被收到，正在處理中的意思。

例三：貨已裝出去啦！Shipment made already.這句是對的，但如寫成「Shipment was made already.」或寫成「Made shipment already.」這句就不對了。因為already 是跟現在完成式放在一起。意思是「Shipment has been made already.」的縮寫。而「Shipment」意思是被動的，是被裝出去的而不能主動地裝出去。為什麼要用被動式原因就在這裡。

六、用字要精準，否則會讓人誤解而錯失商機

例一：西方國家比較科學、進步，他們要求比較精準。這可以影響到文字表達及生活習慣。用字精確與否，與外國人做生意是非常重要的。在國外的萬聖節，每家都張燈結綵，有一日本人到別人的社區，因看到很漂亮的燈而走進別人家的花園裡。他的主人在屋內看到了，出來叫了一聲「freeze！」意思是要他不要動，不要再往前走。那個日本人英文不是很好，他聽到please請進，而外國人就用槍把他打死了。這是事實，所以英文精不精確很重要。

修改信用狀，L/C的修改是Amend。修改信用狀不能用Revise L/C，雖Revise也有修改的意思，如寫成Revise L/C，則讓對方判斷你是國貿菜鳥，有機會就予取予求了。

七、一封信只講一件重點就好，愈多愈不好

回一封信愈短愈好，而不是寫文學作品。一次最好講一樣事情，不要講太多事情，長篇大論。強調事情最多到三樣，否則會不知道重點在哪裡。例如向別人推薦產品時就是一個技巧，一般人常會認為每個月都要有新產品出來，但是不能出來太多，與其每次都推給他三、五樣，不如一個禮拜推一次，也不要一個月推一次；一次推二、三十樣。

以上向同學報告的東西，雖不是什麼艱深的學問，但卻是我這二、三十年

的經驗。如能掌握住這些重點，你的寫作就不會太差。希望同學能多運用。

　　由於現代人工作繁忙，時間緊湊，因此信件中太冗長的字句已很少使用，且e-mail的回信都為簡單扼要表達給對方，在此補充說明如下：

　　1. 首先切入重點

　　第一段即可說明主旨，切勿將重要訊息放在第二段。

　　2. 善用主旨欄

　　主題欄應該寫明電子郵件的主旨，例如，OX股份有限公司要求報價，讓收件人一目了然，並且知道郵件是否具有急迫性及重要性。

　　3. 確切的提出需求

　　用詞切勿太委婉，應清楚表達寄發電子郵件的原因。

　　4. 內文精簡扼要

　　郵件中段落不宜過長，可使用條列式濃縮資訊，以減少收件者在閱讀時的壓迫感。

　　5. 慎選收件人及副本

　　將郵件寄送給主要關係者，並同時副本給次要關係者。

　　6. 視對象用詞

　　視收件對象判定用詞、應避免誤會之詞句、以禮貌的開頭或結尾，令對方感到善意。

　　7. 最後總檢查

　　按下寄送郵件的按鈕前，重複核閱郵件，確定郵件中有無錯別字、標點符號使用是否有誤，以及是否將所需附件附上。

最實用 圖解

職場專門店

五南文化事業機構
WU-NAN CULTURE ENTERPRISE

書泉出版社
SHU-CHUAN PUBLISHING HOUSE

國家圖書館出版品預行編目資料

國際貿易實務／莊銘國，李淑茹合著.－－六
版.－－臺北市：五南，2018.05
　　面；　公分
　ISBN 978-957-11-9700-5（平裝附光碟片）

1.國際貿易實務

558.7　　　　　　　　　107006162

1O34

國際貿易實務

作　　　者	莊銘國、李淑茹
發 行 人	楊榮川
總 經 理	楊士清
主　　　編	侯家嵐
責任編輯	黃梓雯
文字校對	石曉蓉
封面完稿	謝瑩君
出 版 者	五南圖書出版股份有限公司

地　　　址：106台北市大安區和平東路二段339號4樓

電　　　話：(02)2705-5066　　傳　　真：(02)2706-6100

網　　　址：http://www.wunan.com.tw

電子郵件：wunan@wunan.com.tw

劃撥帳號：01068953

法律顧問　林勝安律師事務所　林勝安律師

出版日期　2004年10月初版一刷
　　　　　2005年10月二版一刷
　　　　　2006年10月三版一刷
　　　　　2010年 3月四版一刷
　　　　　2014年 1月五版一刷
　　　　　2018年 5月六版一刷

定　　　價　新臺幣790元